中国审判理论研究丛书
中国法学会审判理论研究会知识产权审判理论专业委员会

中国知识产权审判研究

(第七辑)

30 VOLUME

STUDY ON CHINESE IPR TRIALS

中国法学会审判理论研究会知识产权审判理论专业委员会　编

法律出版社
LAW PRESS · CHINA

目 录

案例研究

审判动态

中国法院知识产权司法保护状况(2016年)

前　言

2016年,人民法院在以习近平同志为核心的党中央坚强领导下,在各级人民代表大会有力监督下,全面贯彻党的十八大和十八届三中、四中、五中、六中全会,中央政法工作会议和全国科技创新大会精神,深入学习贯彻习近平总书记系列重要讲话精神和治国理政新理念、新思想、新战略,牢固树立"四个意识",切实贯彻实施国家知识产权战略和国家创新驱动发展战略,紧紧围绕"努力让人民群众在每一个司法案件中感受到公平正义"目标,忠实履行宪法和法律赋予的审判职责,全面实施"司法主导、严格保护、分类施策、比例协调"知识产权司法保护基本政策,以执法办案为重心,积极发挥司法保护知识产权主导作用,深化知识产权审判体制改革,加强审判监督指导,深入推进司法公开,着力打造审判队伍,充分展示人民法院知识产权司法保护的良好形象,为服务国家创新发展大局,建设知识产权强国和世界科技强国提供了有力的司法保障。

一、发挥审判职能,公正高效审理知识产权案件

习近平总书记在全国科技创新大会上提出到新中国成立100年时建成世界科技强国的伟大目标。要实现这一目标,归根结底要依靠创新驱动,推动新技术、新产业、新业态蓬勃发展。完善的知识产权保护制度是激发创新原动力的基本保障,而司法一直都是保护知识产权最有效、最根本、最权威的手段。一年来,人民法院充分发挥司法保护知识产权的主导作用,以民事审判为基础,行政审判和刑事审判并行发展,公正、高效地审理大量知识产权案件。2016年,人民法院共新收一审、二审、申请再审等各类知识产权案件177,705件,审结171,708件(含旧存,下同),比2015年分别上升19.07%和20.86%。

(一)妥善审理知识产权民事案件,维护权利人合法权益

一年来,人民法院加强知识产权民事审判工作,严格保护知识产权,给权利人提供充分的司法救济。2016年,地方各级人民法院共新收和审结知识产权民事一审案件136,534件和131,813件,分别比2015年上升24.82%和30.09%,一审结案率为83.18%,同比上升0.52%。其中,新收专利案件12,357件,同比上升6.46%;商标案件27,185件,同比上升12.48%;著作权案件86,989件,同比上升30.44%;技术合同案件2401件,同比上升

62.23%;竞争类案件2286件(含垄断民事案件156件),同比上升4.81%;其他知识产权民事纠纷案件5316件,同比上升71.87%。全年共审结涉外知识产权民事一审案件1667件,同比上升25.62%;审结涉港澳台知识产权民事一审案件1130件,同比上升291.99%。地方各级人民法院共新收和审结知识产权民事二审案件20,793件和20,334件,同比分别上升37.57%和35.33%;共新收和审结知识产权民事再审案件79件和85件,同比分别下降31.30%和25.44%。

2016年,最高人民法院新收知识产权民事案件369件,审结383件,新收和审结与去年同比基本持平。其中,新收和审结二审案件7件和11件;新收和审结申请再审案件319件和331件;新收提审案件32件,审结32件。

一年来,人民法院审结的具有较大社会影响的知识产权民事案件有:礼来公司诉常州华生制药有限公司侵害发明专利权纠纷案;松下电器产业株式会社与珠海金稻电器有限公司、北京丽康富雅商贸有限公司侵害外观设计专利权纠纷案;上海晨光文具股份有限公司与得力集团有限公司、济南坤森商贸有限公司侵害外观设计专利权纠纷案;北京庆丰包子铺与山东庆丰餐饮管理有限公司侵害商标权与不正当竞争纠纷再审案;江苏省广播电视总台、深圳市珍爱网信息技术有限公司与金某某侵害商标权纠纷再审案;杭州大头儿子文化发展有限公司与央视动画有限公司侵害著作权纠纷案;河北省林业科学研究院、石家庄市绿缘达园林工程有限公司与九台市园林绿化管理处等侵害植物新品种纠纷再审案等。

(二)妥善审理知识产权行政案件,发挥监督促进职能作用

人民法院按照建设社会主义法治国家的目标,严格适用新修订的《中华人民共和国行政诉讼法》,充分发挥司法对知识产权授权确权和行政执法行为的监督作用,严格规范知识产权行政执法行为,积极促进行政机关依法行政。2016年,地方各级人民法院共新收知识产权行政一审案件7186件,其中,专利案件1123件,商标案件5990件,著作权案件37件,其他行政案件36件。审结一审案件6250件,其中,涉外、涉港澳台案件2394件,占38.30%。在审结的一审案件中,判决维持具体行政行为的有4241件,判决撤销的有1263件。地方各级人民法院新收知识产权行政二审案件3233件,审结3069件,同比分别上升44%和31.77%。其中,维持原判2560件,改判418件,发回重审7件,撤诉49件,驳回20件,其他方式结案15件。

2016年,最高人民法院新收和审结知识产权行政案件355件和352件,与去年基本持平。其中,新收申请再审案件282件,审结283件。

一年来，人民法院审结的具有较大社会影响的知识产权行政案件有：迈克尔·杰弗里·乔丹与国家工商行政管理总局商标评审委员会、乔丹体育股份有限公司商标争议行政纠纷再审案；国家知识产权局专利复审委员会、诺维信公司与江苏博立生物制品有限公司发明专利权无效行政纠纷再审案；拉菲罗斯柴尔德酒庄与国家工商行政管理总局商标评审委员会、南京金色希望酒业有限公司商标争议行政纠纷再审案等。

（三）妥善审理知识产权刑事案件，惩治侵犯知识产权犯罪

一年来，人民法院坚持宽严相济刑事政策，依法运用各种刑事制裁措施，严厉惩治和震慑侵犯知识产权犯罪，保护权利人合法权益，维护合法有序的社会经济秩序。

2016 年，地方各级人民法院共新收涉知识产权刑事一审案件 8352 件，同比下降 23.9%。其中，侵犯知识产权罪案件 3799 件，其中，侵犯注册商标犯罪案件 3565 件，侵犯著作权罪案件 195 件，同比下降 22.67%；涉及侵犯知识产权的生产、销售伪劣商品罪案件 2765 件，同比下降 29.55%；涉及侵犯知识产权的非法经营罪案件 1567 件，同比下降 18.51%；涉及侵犯知识产权的其他案件 221 件，同比上升 3.27%。

地方各级人民法院共审结涉知识产权刑事一审案件 8601 件，同比下降 20.43%，一审结案率为 89.06%，同比基本持平；生效判决人数 10,431 人，同比下降 18.13%；给予刑事处罚 10,334 人，同比下降 17.85%。其中，审结侵犯知识产权罪案件 3903 件，生效判决人数 5167 人；涉及侵犯知识产权的生产、销售伪劣商品罪案件 2855 件，生效判决人数 3032 人；涉及侵犯知识产权的非法经营罪案件 1551 件，生效判决人数 1790 人；涉及侵犯知识产权的其他罪名案件 292 件，生效判决人数 442 人。在审结的侵犯知识产权罪案件中，假冒注册商标罪案件 1793 件，生效判决人数 2604 人；销售假冒注册商标的商品罪案件 1543 件，生效判决人数 1823 人；非法制造、销售非法制造的注册商标标识罪案件 311 件，生效判决人数 420 人；假冒专利罪案件 5 件，生效判决人数 1 人；侵犯著作权罪案件 207 件，生效判决人数 274 人；销售侵权复制品罪案件 4 件，生效判决人数 2 人；侵犯商业秘密罪案件 40 件，生效判决人数 43 人。

地方各级人民法院共新收涉知识产权的刑事二审案件 787 件，同比基本持平；审结 812 件，同比上升 3.83%。

一年来，人民法院审结的具有较大社会影响的知识产权刑事案件有：汪紫平侵犯商业秘密犯罪案；沈靓等假冒注册商标等犯罪案；邓丰成、程先荣等假

冒注册商标和销售假冒注册商标的商品犯罪案;彭梵侵犯商业秘密犯罪案。

2016 年,人民法院知识产权案件审判工作呈现出下列四个新特点:

案件数量再创新高。2016 年,人民法院新收知识产权民事、行政和刑事案件数量大幅增加,其中,一审案件 152,072 件,比 2015 年上升 16.80%。知识产权民事一审案件上升幅度最为明显,达到 24.82%。北京、上海、江苏、浙江、广东五省市法院收案数量一直保持高位运行态势,新收各类知识产权案件数合计 107,011 件,占全国法院的 70.37%。其中,广东同比上升 22.36%,上海同比上升 20.74%。山东、福建新收各类知识产权案件同比增幅也均在 20% 以上。其他一些省份也一改往年案件数量偏少的状况,如贵州法院随着工业强省、城镇化带动战略的推进,案件数量增长迅猛,同比上升了 58.20%。重庆法院的知识产权案件数量也大幅攀升,全年新收知识产权案件同比上升 57.85%。湖南、安徽法院知识产权一审案件数量也增长迅速,分别同比上升 52.02% 和 45.4%。

审理难度逐步增大。知识产权案件尤其是技术类案件涉及复杂技术事实认定,案件审理难度大。一年来,涉及高精尖技术的专利案件,涉及新技术合作开发、技术成果应用纠纷等技术类案件明显增加,无疑增加了事实查明和分析判断的难度。2016 年,山东法院技术合同案件收案同比上升 119%;上海知识产权法院审结的一审案件中,涉及专利、计算机软件、技术秘密等技术类案件占 95% 以上。北京法院审结的“含核苷酸类似物的复合物或盐及其合成方法”发明专利权无效行政纠纷案涉及马库什权利要求等复杂的医药化学问题。除了技术类案件以外,一些商标纠纷案件由于涉及知名品牌利益保护,一些著作权纠纷案件涉及互联网新技术,一些垄断及不正当竞争纠纷涉及市场竞争秩序维护,社会关注度高,案件事实复杂难辨,法律适用新奇特殊,使知识产权审判不断面临新挑战。如北京法院审理的“枭龙”商标行政纠纷案涉及枭龙战机;腾讯公司“宫锁连城”作品纠纷案涉及信息网络传播权解释;奇虎诉百度不正当竞争纠纷案涉及 ROBOTS 协议等。

审判质效稳中向好。一是再审率大幅下降。2016 年,地方各级人民法院审结的知识产权民事一审案件虽然同比上升 30.09%,但是二审案件的改判发回重审率为 5.94%,与上一年基本持平,再审率下降 45%。知识产权行政二审案件的改判发回重审率为 13.85%,同比下降 1.56%。二是案件调撤率大幅上升。地方各级人民法院民事一审案件调解撤诉率达到 64.21%,二审案件调解撤诉率达到 27.44%,取得了良好的法律效果和社会效果。上海法院知识产权民事案件调撤率为 73.92%;山东法院知识产权民事一审案件调撤率达到 69.70%。天津三级法院上下联动,积极发挥司法能动性,在查清案件事实的基础上,圆满调解了涉齐白石作品的数百起著作权纠纷案,使双方当事人历经十余年的纠纷全部得以化解。江西法院创新调解方式,引导 20 多家文化传媒公司与集体管理组织签订著作权许可使用合同,化解了社会矛盾,规范了版权市场秩序,降低了社会成本。三是结案数量大幅上升。重庆法院审结一、二审知识产权案件同比上升 62.74%;湖南法院审结知识产权一审案件同比上升 48.79%;广东法院审结知识产权民事案件同比上升 42.82%;江苏法院审结知识产权民事一审案件同比上升 30.8%。

赔偿力度有所提升。人民法院逐步探索将市场价值作为知识产权赔偿数额计算的参考,依法加大对关键核心技术和知名品牌的保护力度。通过对律师费等诉讼合理支出在赔偿额中单独计算和推进适用惩罚性赔偿等措施,使赔偿数额与知识产权市场价值相适应。北京市高级人民法院审结的松下电器产业株式会社与珠海金稻电器有限公司、北京丽康富雅商贸有限公司侵害外观设计专利权纠纷案,全额支持松下株式会社 300 万元的赔偿请求。北京知识产权法院在"紫玉"商标侵权上诉案和书生公司系列侵犯著作权上诉案中,也全额支持权利人的赔偿额请求。与此同时,严厉惩处诉讼不诚信行为,对提供伪证、虚假陈述、故意逾期举证、毁损证据、妨碍证人作证等不诚信诉讼行为,依法给予程序和实体制裁。北京市高级人民法院在青岛科尼乐机械公司专利侵权案中,对拒不履行法院生效保全裁定的当事人处以 50 万元的罚款。

二、推进司法改革,科学完善知识产权审判体系

2016 年是"十三五"规划的开局之年,也是人民法院全面深化司法体制改革的攻坚之年。人民法院锐意改革、勇于创新、精准发力、定向施策,积极推进知识产权司法体制机制改革,推动知识产权司法保护体系和能力向现代化迈进。

(一)大力推进知识产权法院建设

2016 年,北京、上海、广州知识产权法院各项工作有序开展,司法职能有效发挥,全体法官凝心聚力,依托司法科技创新和制度创新,努力推进专业化、精细化、法治化建设,改革成效和标杆作用逐步显现,司法公信力和国际影响力持续增强,展示了中国知识产权司法保护的新形象。知识产权法院率先进行司法改革,形成院、庭长办案常态化机制,转变审判委员会职能,探索审判委员会参加案件审理的方式,成效良好。2016 年,三家知识产权法院共受理知识产权民事和行政案件 17,268 件,审结 14,896 件,结案率 86.26%。北京知识产权法院大力推进案例指导研究基地建设工作,上海知识产权法院积极服务上海科技创新中心建设,广州知识产权法院大力加强知识产权市场化研究,树立了中国法院知识产权审判的新形象。最高人民法院知识产权审判庭深入调查研究知识产权法院在改革发展中遇到的困难和问题,完成《知识产权法院设立及工作情况》,积极推进"知识产权法院建立重大问题研究"课题项目的调研工作,为建立知识产权上诉机制提供实践指引。

(二)全面深入推进"三合一"改革工作

2016年,知识产权审判"三合一"工作取得重大进展与突破。除知识产权法院暂不执行"三合一"以外,"三合一"工作在全国法院全面推开。7月5日,最高人民法院《关于在全国法院推进知识产权民事、行政和刑事案件审判"三合一"工作的意见》印发。7月7日,最高人民法院在江苏省南京市召开全国法院知识产权审判工作会议暨全国法院推进知识产权审判"三合一"工作会议,全面部署推进"三合一"工作,"三合一"工作迈上新台阶。目前,最高人民法院正在与有关部门就知识产权刑事司法实施方案进行积极沟通,以期尽快会签订相关文件,全面推进"三合一"工作,提高知识产权司法保护的整体效能。

(三)筹划设立知识产权专门审判机构

最高人民法院知识产权庭拟定在南京、苏州、武汉、成都等地设立知识产权专门审判机构及其案件管辖的具体方案。2017年年初,上述四个专门审判机构相继挂牌,开始受理案件。南京知识产权法庭、苏州知识产权法庭分别以南京市中级人民法院和苏州市中级人民法院知识产权庭为基础组建,按独立机构模式运行,在省内分别跨区域管辖专利等技术类知识产权一审民事案件等。武汉知识产权审判庭实行"三合一",除管辖武汉市辖区知识产权民事、行政和刑事案件外,还跨区域管辖湖北全省有关专利等技术类一审知识产权民事和行政案件。成都知识产权审判庭跨区域管辖四川省内专利等技术类一审知识产权民事、行政案件。

(四)优化技术事实查明机制

完善的技术事实查明机制对知识产权案件公正裁判具有极其重要的作用。最高人民法院已经出台了《关于知识产权法院技术调查官参与诉讼活动若干问题的暂行规定》,正在抓紧制定知识产权法院技术调查官选任工作指导意见。上海市高级人民法院制定《关于知识产权民事诉讼中涉及技术事实司法鉴定的操作指引》,完善多元化技术事实查明机制。北京知识产权法院成立技术调查室,制定《技术调查官管理办法》,该院2016年技术类案件收结比率同比上升27.5%。广州知识产权法院从行政机关、院校、科研机构等单位聘请29名专家,组成技术专家咨询委员会,为案件审理提供专业意见。该院2016年共有88件案件启用技术专家或技术调查官,案件调撤率达64.7%。贵州省高级人民法院与贵州省科技厅合作,聘请科学技术咨询专家,为案件中涉及的专门性技术问题提供咨询意见以查清技术事实。四川省高级人民法院遴选电子信息技术、机械制造、医药、植物新品种等领域的专家进入知识产权技术专家库,丰富技术事实认定体系。

(五)健全多元化纠纷解决机制

近年来,人民法院的知识产权案件呈现逐年增长的趋势,“案多人少”的矛盾日益突出。因此,健全和加强多元化纠纷解决机制建设,对提高知识产权司法质量和效率具有重要的现实意义。北京法院加强与北京市保护知识产权举报投诉服务中心、中国互联网协会调解中心等相关单位的对接,充分调动行政调解、行业调解、人民调解组织的力量,推进纠纷的和解解决。上海知识产权法院与中国互联网协会调解中心、上海市软件行业协会、上海市生物医药行业协会、市工商联民商事人民调解委员会、东方公证处等10家社会组织和机构建立诉讼与非诉讼相衔接的多元化纠纷解决合作机制,推进诉前调解、诉调对接,形成优势互补、资源共享的多元化纠纷解决机制。2016年一年,该院经双方当事人同意进入诉前调解的案件96件,调解成功23件。福建法院注重发挥行业协会和科技专家的专业技术优势,实施委托调解、行业调解、科技专家调解,发挥协同解决知识产权纠纷作用,公正、有效地解决了一大批案件。

三、强化监督指导,切实保障司法裁判标准统一

统一司法裁判标准是提升司法公信力,树立司法权威的重要手段。2016年,人民法院继续加强司法解释和司法政策的制定工作,完善审判监督和审判管理工作机制,不断提高知识产权审判工作水平,确保司法裁判标准的统一。

(一)加强司法解释和司法政策的制定工作

最高人民法院制定《关于审理侵害专利权纠纷案件应用法律若干问题的解释(二)》。该解释由最高人民法院审判委员会于2016年1月25日通过,自2016年4月1日起施行。该解释进一步完善了专利侵权判定规则,明确权利要求的选择、权利要求解释、近似外观设计、间接侵权、抵触申请抗辩、标准实施抗辩、生产经营目的、合法来源抗辩、赔偿数额的计算、《中华人民共和国专利法》(以下简称《专利法》)第47条的适用等法律应用问题,将有效促进《专利法》的正确适用。

最高人民法院制定《关于审理商标授权确权行政案件若干问题的规定》。该规定由最高人民法院审判委员会于2016年12月12日通过,自2017年3

月 1 日起施行。该规定针对司法实践中存在的突出问题,在 2010 年发布的《关于审理商标授权确权行政案件若干问题的意见》基础上制定,主要涉及审查范围、显著特征判断、驰名商标保护、著作权、姓名权等在先权利保护等实体内容,以及违反法定程序、一事不再理等程序内容,对商标授权确权行政案件所涉及的重要问题和审判实践中的难点问题进行了明确。该规定是最高人民法院总结审判实践经验、完善商标授权确权法律适用标准的重要举措,对倡导诚实信用理念、形成良好的商标申请和注册秩序、统一裁判标准具有重要意义。

最高人民法院制订《中国知识产权司法保护纲要(2016 ~ 2020)》。该纲要共分为前言、成就回顾、指导思想、基本原则、主要目标、重点措施和结束语七个部分,为未来五年人民法院知识产权司法保护明确指导思想和目标,确定保护原则和措施,规划发展路径和蓝图。该纲要着力补齐短板,提出了知识产权司法保护的努力方向和解决方案,从根本上破解司法保护良性发展的瓶颈问题。该纲要是最高人民法院第一次就专门审判领域制定发布保护纲要,是最高人民法院贯彻落实中央精神的具体举措,是加强产权保护和将经济发展新理念融入知识产权司法保护工作中的集中体现,是贯彻落实习近平总书记系列重要讲话精神和治国理政新理念、新思路、新战略,指导知识产权司法保护实践的重要成果。该纲要于 2017 年“4 · 26”期间发布。

此外,最高人民法院正在抓紧研究《关于审查知识产权与竞争纠纷行为保全案件适用法律若干问题的解释》《关于充分发挥司法保护知识产权主导作用加快知识产权强国建设若干问题的意见》,通过完善司法解释和司法政策更好地监督指导全国知识产权司法保护工作。

(二)加强审判指导和审判调研工作

推动法律编纂修订工作。积极参与民法典、专利法、著作权法、反不正当竞争法、种子法、商标法实施条例等法律法规的编纂修订工作,提出修改意见并建议将知识产权纳入民法典。最高人民法院专门成立跨部门专利法修改调研小组,积极开展调研,系统总结专利法实施 30 年来司法实践中积累的经验,深入研究专利审判中遇到的困难和问题,向国务院法制办提出了专利法修改的总体方案以及具体条文修改意见。

加强法律适用的专题研究。最高人民法院开展“商业模式等新形态创新成果的知识产权保护办法”专题调研工作,对审理电影作品和以类似摄制电影的方法创作的作品民事纠纷案件适用法律问题以及著作权集体管理制度的相关问题进行调研,配合全国工商联开展民营企业知识产权保护专题调研,参与“标题党”整治工作，为净化网络环境提供法律支持。北京市高级人民法院在调研的基础上形成并发布《关于网络知识产权案件的审理指南》，对商标、专利授权确权案件出台了审判参考问答。上海市高级人民法院对“商标多重许可中的法律问题”“涉深层链接的著作权侵权问题”“计算机软件专利权保护”开展调研。江苏省高级人民法院开展“供给侧结构性改革可能引发的法律问题及司法应对”调研，完成《关于侵犯商标权纠纷案件相关审理问题的调研报告》《技术创新背景下的专利案件裁判尺度》等调研报告。湖南省高级人民法院完成《知识产权案件技术事实查明机制研究》《知识产权行政保护与司法保护的冲突和协调研究》等课题。贵州省高级人民法院完成《黔茶知识产权保护问题研究——模式、问题及对策》调研报告及贵州省重点课题《非物质文化遗产保护》。吉林省高级人民法院积极开展朝医朝药调研，以推进中医药的知识产权保护。

重视与行政机关的沟通交流。最高人民法院知识产权审判庭与国家知识产权局专利复审委员会开展业务交流，进一步明确和统一专利授权确权纠纷解决的法律规则；与商标评审委员会开展业务交流，就商标保护相关法律适用问题进行深入沟通和研讨；与农业部种子局共同启动植物新品种保护司法解释修订的调研工作。北京市高级人民法院与国家工商行政管理总局商标局、商标评审委员以及国家知识产权局专利复审委员会会多次召开专题研讨会，对具体法律适用问题进行研讨。内蒙古自治区高级人民法院与文化市场行政管理部门沟通协调，尝试从源头解决涉卡拉 OK 经营者著作权纠纷系列案件，初步形成呼和浩特地区版权使用费的三级收费标准。

发挥案例指导作用。最高人民法院知识产权审判庭定期发布典型案例，编辑出版《知识产权审判指导》《中国知识产权指导案例评注》。筛选出北京奇虎科技有限公司诉腾讯科技(深圳)有限公司等滥用市场支配地位纠纷案等 10 个案例，作为最高人民法院发布的第 16 批指导性案例，该批案例已经于 2017 年 3 月 6 日发布。最高人民法院知识产权案例指导研究(北京)基地总结案例指导工作的经验，积极开展案例指导研究工作。

四、落实司法公开，营造良好司法保护法治环境

“正义不仅要实现，还要以看得见的方式实现。”2016 年，人民法院全面深化司法公开，着力构建开放、动态、透明、便民的阳光司法机制，实现司法公开的转型升级，让公开更规范、更实效、更贴心、更均衡。

(一)加强司法公开，促进司法公正

努力做好重大案件的庭审公开。最高人民法院在“4·26”期间公开审理

“乔丹”商标争议行政纠纷案,陶凯元副院长担任审判长,通过全媒体对案件的审理和宣判进行了直播。来自美国、欧盟、日本、韩国等国家的驻华使节以及美国全国商会代表到庭旁听了案件的庭审。新华社、中央电视台和新加坡联合早报等 20 余家中外媒体记者全程旁听案件审理并进行现场报道,中国法院网、最高人民法院官方微博等对案件庭审全程无缝隙直播。仅新浪法院频道全程直播累计观看人数超过 150 万,覆盖人数达 9800 万人次。该案的审理向国内外各界人士展现了中国法院公开透明、公正司法、平等保护中外双方当事人合法权益的良好风貌。

积极做好裁判文书公开。人民法院不断完善知识产权裁判文书公开上网管理机制,对于适宜公开的裁判文书,督促将裁判文书及时上网,接受全社会的监督,以公开促公正,让人民群众切实感受到司法的公平正义。

不断推进审判流程公开。在中国审判流程信息公开网及时推送知识产权案件流程信息,保障当事人和人民群众的知情权、监督权。

(二)加强交流与合作,提升司法形象

最高人民法院以“中国知识产权司法保护国际交流(上海)基地”为平台,健全知识产权司法保护的国际和区际交流,加强与国际组织、其他国家之间的交流合作。派员参加中美法治对话、中欧知识产权对话及工作组会议、自由贸易区知识产权章节谈判以及中瑞、中美、中澳、中俄知识产权工作组会议等各类对外工作会议并提交书面意见。派员赴美国及欧洲出访,参加越南河内召开的“UPOV 公约下植物育种者权利的执行”研讨会和在韩国召开的中国知识产权保护制度说明会。上海市高级人民法院成功举办“中欧法官论坛——创新驱动与知识产权司法保护”国际会议,全年接待来自十多个国家、地区及国际组织的官员、司法机构人员和企业代表。重庆市高级人民法院与西南政法大学知识产权学院共同举办多期“中国知识产权法官讲坛”,上海知识产权法院与华东政法大学、同济大学建立合作共建机制,与上海对外经贸大学和上海政法学院建立法律服务志愿者机制。

(三)拓宽宣传渠道,实现宣传常态化

最高人民法院继续开展“4·26”世界知识产权日宣传周活动,形成知识产权司法宣传常态化。组织中央媒体“知识产权司法保护浙江行”,召开媒体见面会和新闻发布会,发布《中国法院知识产权司法保护状况(2015)》(中英文)、2015 年中国法院 10 大知识产权案件和 50 件典型知识产权案例及《最高人民法院知识产权案件年度报告(2015)》。地方各级人民法院也积极拓宽宣传渠道,富有成效地开展工作。江苏省高级人民法院在其新浪微博、微信公众号同步开设“知产视野”栏目，交流总结全省重大疑难知识产权案件的裁判经验。浙江省高级人民法院成立“浙江法院新闻网·知之汇”子网，发布全省知识产权动态等信息，网站年点击量逾19万次。广东省高级人民法院规定参与评选优秀庭审的案件均应通过网络进行直播，快播公司著作权行政处罚纠纷、“非诚勿扰”商标侵权纠纷等受到社会广泛关注的重大案件庭审均通过广东法院网进行了视频直播。上海知识产权法院开通中英文版互联网站和官方微博、公共微信平台，接受媒体专访，在新华社、中央电视台等媒体刊发稿件156篇。陕西省高级人民法院“4·26”期间通过网络视频直播对5起社会关注度高的新型疑难和重大典型知识产权案件进行了集中公开宣判，西安日报和人民法院报相继予以报道。

五、加强队伍建设，全面提升司法审判队伍素质

队伍建设是知识产权司法保护的基础和保障。必须深刻把握党和国家工作大局对知识产权审判队伍建设提出的新要求，坚持全面从严治党，按照党中央《关于新形势下加强政法队伍建设的意见》要求，努力打造一支信念坚定、司法为民、敢于担当、清正廉洁的知识产权审判队伍。

（一）加强思想政治建设，提升政治素养

知识产权审判队伍建设始终坚持党的领导，牢固树立“四个意识”，深入学习贯彻习近平系列重要讲话精神，坚定不移走中国特色社会主义法治道路，在思想上、政治上、行动上始终同以习近平同志为核心的党中央保持高度一致。积极开展“两学一做”学习教育活动，注重从中华优秀传统文化中汲取道德人文素养，弘扬社会主义先进文化和人民司法优良传统，自觉践行并坚决捍卫社会主义核心价值观。

（二）加强履职能力建设，提高专业水平

提升履职能力，是知识产权司法队伍建设的重要目标。必须大力加强履职能力建设，不断提升审判专业水平，着力培养一批讲大局、懂法律、懂技术、具有国际视野的复合型知识产权法官队伍，以适应知识迅速更新、实践快速发展的新形势。最高人民法院组织全国法院知识产权法官业务培训，陶凯元副院长为学员作专题讲座。北京市高级人民法院将年度集中培训与专题讲座相结合，拓宽业务培训的渠道。北京知识产权法院发挥资深法官的传帮带作用，对青年法官进行形式多样内容丰富的专业培训。上海市高级人民法院举办“法经济学高级研修班”“法经济学·反垄断高级研修班”，提升法官理论水平和业务能力。安徽省高级人民法院将新业务规范、新审判理念列入集体学习内容，利用部门微信群拓展“八小时”以外学习平台。海南省高级人民法院提出“一条主线、两个结合、三型党支部、四种意识、五大发展、六个原则”的工作方法,使各项工作整体推进。

(三)加强司法作风建设,树立良好形象

“打铁还需自身硬”,队伍强则事业兴,司法廉洁建设是队伍建设的重要环节。全国法院要坚持标本兼治,深入推进党风廉政建设和反腐败斗争,坚持从严教育、从严管理、从严监督,以“零容忍”态度惩治司法腐败,确保司法公正廉洁。大力加强自身建设,锤炼对党忠诚的政治品格,锻造严以律己的过硬作风,从违法违纪案件中汲取教训,及时发现和纠正不正当的苗头倾向,切实做到防微杜渐。注重家庭教育,形成廉洁家风,强化亲情助廉措施,让家人当好审判队伍的“守门员”。

结　语

2017 年是实施“十三五”规划的重要一年,也是深化司法体制改革的决战之年,更是知识产权司法保护大发展之年。人民法院知识产权司法保护将深入贯彻习近平总书记系列重要讲话精神和治国理政新理念、新思路、新战略,牢牢抓住新一轮科技革命的历史性机遇,积极主动适应国际形势新变化和经济发展新常态,牢固树立“四个意识”,按照“五位一体”总体布局和“四个全面”战略布局要求,遵循“创新、协调、绿色、开放、共享”发展理念,深入贯彻实施国家知识产权战略,积极完善产权保护制度,依法保护产权。紧紧围绕“努力让人民群众在每一个司法案件中感受到公平正义”的目标,坚持司法为民、公正司法,充分发挥司法保护知识产权主导作用,加强知识产权司法保护力度,为推动国家创新驱动发展战略实施营造良好法治环境,为建设知识产权强国和世界科技强国提供坚强有力的司法保障,以优异成绩迎接中国共产党第十九次全国代表大会的胜利召开!

2016年中国法院10大知识产权案件和50件典型知识产权案例

2016年中国法院10大知识产权案件

1. 迈克尔·杰弗里·乔丹与国家工商行政管理总局商标评审委员会、乔丹体育股份有限公司商标争议行政纠纷再审系列案[最高人民法院(2016)最高法行再15、20、25、26、27、28、29、30、31、32号行政判决书]

2. 北京庆丰包子铺与山东庆丰餐饮管理有限公司侵害商标权与不正当竞争纠纷再审案[最高人民法院(2016)最高法民再238号民事判决书]

3. 江苏省广播电视总台、深圳市珍爱网信息技术有限公司与金阿欢侵害商标权纠纷再审案[广东省高级人民法院(2016)粤民再447号民事判决书]

4. 国家知识产权局专利复审委员会、诺维信公司与江苏博立生物制品有限公司发明专利权无效行政纠纷再审案[最高人民法院(2016)最高法行再85号行政判决书]

5. 拉菲罗斯柴尔德酒庄与国家工商行政管理总局商标评审委员会、南京金色希望酒业有限公司商标争议行政纠纷再审案[最高人民法院(2016)最高法行再34号行政判决书]

6. 松下电器产业株式会社与珠海金稻电器有限公司、北京丽康富雅商贸有限公司侵害外观设计专利权纠纷上诉案[北京市高级人民法院(2016)京民终245号民事判决书]

7. 上海晨光文具股份有限公司与得力集团有限公司、济南坤森商贸有限公司侵害外观设计专利权纠纷案[上海知识产权法院(2016)沪73民初113号民事判决书]

8. 杭州大头儿子文化发展有限公司与央视动画有限公司侵害著作权纠纷上诉案[浙江省杭州市中级人民法院(2015)浙杭知终字第356号民事判决书]

9. 河北省林业科学研究院、石家庄市绿缘达园林工程有限公司与九台市园林绿化管理处等侵害植物新品种纠纷再审案[山东省高级人民法院(2014)鲁民再字第13号民事判决书]

10. 汪紫平侵犯商业秘密上诉案[江苏省高级人民法院(2015)苏知刑终

字第00012号刑事判决书]

2016年中国法院50件典型知识产权案例

一、知识产权民事案件

(一)侵犯专利权纠纷案件

1. 蒂森克虏伯机场系统(中山)有限公司与中国国际海运集装箱(集团)股份有限公司、深圳中集天达空港设备有限公司、广州市白云国际机场(股份)有限公司侵害发明专利权纠纷再审案[最高人民法院(2016)最高法民再179号民事判决书]

2. 昆山山桥机械科技有限公司与天珩机械股份有限公司确认不侵害专利权纠纷上诉案[江苏省高级人民法院(2016)苏民终610号民事裁定书]

3. 温州宁泰机械有限公司与温州钱锋科技有限公司侵害发明专利权纠纷上诉案[浙江省高级人民法院(2016)浙民终506号民事判决书]

4. 埃斯科公司与宁波市路坤国际贸易有限公司侵害发明专利权纠纷案[浙江省宁波市中级人民法院(2015)浙甬知初字第626号民事判决书]

5. 肇庆市衡艺实业有限公司与杭州阿里巴巴广告有限公司、建阳顺意贸易有限公司侵害发明专利权纠纷上诉案[福建省高级人民法院(2016)闽民终1345号民事判决书]

6. 李占全与赵金山侵害实用新型专利权纠纷上诉案[山东省高级人民法院(2016)鲁民终1684号民事裁定书]

7. 江苏腾天工业炉有限公司与重庆沃克斯科技股份有限公司、通裕重工股份有限公司侵害发明专利权纠纷上诉案[山东省高级人民法院(2016)鲁民终2427号民事判决书]

8. 胡崇亮与佛山市南海迪利装饰材料厂、董峰侵害外观设计专利权纠纷上诉案[广东省高级人民法院(2015)粤高法民三终字第517号民事判决书]

9. 深圳市基本生活用品有限公司与深圳市思派硅胶电子有限公司侵害外观设计专利权纠纷上诉案[广东省高级人民法院(2016)粤民终1036号民事判决书]

10. 克里斯提·鲁布托与广州问叹贸易有限公司、广州贝玲妃化妆品有限公司、广州欧慕生物科技有限公司侵害外观设计专利权诉前禁令案[广州知识产权法院(2016)粤73行保1、2、3号民事裁定书]

11. 美国催化蒸馏技术公司申请陕西华浩轩新能源科技开发有限公司侵害专利权诉前证据保全案[陕西省西安市中级人民法院(2016)陕01证保2

号民事裁定书]

(二)侵害商标权纠纷案件

12. 张绍恒与沧州田霸农机有限公司、朱占峰侵害商标权纠纷申请再审案[最高人民法院(2015)民申字第3640号民事裁定书]

13. 杭州奥普卫厨科技有限公司与浙江现代新能源有限公司、浙江凌普电器有限公司及杨艳侵害商标权纠纷再审案[最高人民法院(2016)最高法民再216号民事判决书]

14. 沈阳广播电视台与沈阳吉宝广告传媒有限公司侵害商标权纠纷案[辽宁省沈阳市中级人民法院(2016)辽01民初588号民事判决书]

15. 哈药集团三精制药有限公司与北京三精日化有限公司等侵害商标权及不正当竞争纠纷案[黑龙江省哈尔滨市中级人民法院(2015)哈知初字第155号民事判决书]

16. 广州市指南针会展服务有限公司、广州中唯企业管理咨询服务有限公司与优衣库商贸有限公司、优衣库商贸有限公司上海船厂路店侵害商标权纠纷上诉案[上海市高级人民法院(2015)沪高民三(知)终字第97号民事判决书]

17. 樱花卫厨(中国)股份有限公司与苏州樱花科技发展有限公司、屠荣灵等侵害商标权及不正当竞争纠纷上诉案[江苏省高级人民法院(2015)苏知民终字第00179号民事判决书]

18. 安徽省高速地产集团(苏州)有限公司与钓鱼台美高梅酒店管理有限公司侵害商标权纠纷上诉案[江苏省高级人民法院(2016)苏民终1167号民事判决书]

19. 参考消息报社与福建百度博瑞网络科技有限公司侵害商标权纠纷上诉案[福建省高级人民法院(2015)闽民终字第1533号民事调解书]

20. 深圳市引领平安文化传媒有限公司与中国平安保险(集团)股份有限公司、中超联赛有限责任公司侵害商标权纠纷上诉案[广东省深圳市中级人民法院(2016)粤03民终15570号民事判决书]

21. 广东微信互联网服务有限公司与腾讯科技(深圳)有限公司等侵害商标权及不正当竞争纠纷案[广东省佛山市中级人民法院(2016)粤06民终3137号民事判决书]

22. 安佑生物科技集团股份有限公司与自贡联合饲料有限公司、深圳安佑康牧科技有限公司侵害商标权纠纷上诉案[四川省高级人民法院(2016)川民终319号民事判决书]

23. 捷豹路虎控股有限公司与成都路虎商贸有限公司、南通诚荣贸易有限公司、吴晓春、成都洋洋摩尔百货有限公司侵害商标权纠纷上诉案[四川省高级人民法院(2016)川民终350号民事判决书]

24. 西双版纳同庆号茶业股份有限公司与云南易武同庆号茶业有限公司、高丽莉侵害商标权及不正当竞争纠纷上诉案[云南省高级人民法院(2016)云民终534号民事判决书]

25. 重庆松江管道设备厂与上海松江环福橡胶制品厂、重庆环德信管道设备有限公司、重庆市高新技术产业开发区昌元阀门销售部侵害商标权纠纷上诉案[重庆市高级人民法院(2016)渝民终151号民事判决书]

26. 海宁中国皮革城股份有限公司与重庆空港浙商皮革城管理有限公司侵害商标权及不正当竞争纠纷诉中禁令案[重庆市高级人民法院(2016)渝民终536号民事裁定书]

27. 小米科技有限责任公司与宁夏华润万家生活超市有限公司银川市正源北街店、宁夏华润万家生活超市有限公司、东方通信股份有限公司侵害商标权纠纷上诉案[宁夏回族自治区高级人民法院(2016)宁民终13号民事判决书]

(三)著作权侵权、权属纠纷案件

28. 孙新争与马居奎侵害著作权纠纷申请再审案[最高人民法院(2016)最高法民申2136号民事裁定书]

29. 齐良末等与湖南美术出版社有限责任公司、天津市超越世纪图书商贸有限公司侵害著作权纠纷申请再审案[天津市高级人民法院(2016)津民申200号民事裁定书]

30. 上海耀宇文化传媒股份有限公司与广州斗鱼网络科技有限公司侵害著作权及不正当竞争纠纷上诉案[上海知识产权法院(2015)沪知民终字第641号民事判决书]

31. 江苏林芝山阳集团有限公司与磊若软件公司侵害计算机软件著作权纠纷上诉案[江苏省高级人民法院(2015)苏知民终字第00300号民事判决书]

32. 叶宗轼与浙江冠素堂食品有限公司著作权权属、侵权纠纷上诉案[浙江省高级人民法院(2016)浙民终118号民事判决书]

33. 上海美术电影制作厂有限公司与杭州玺匠文化创意股份有限公司侵害著作权纠纷上诉案[浙江省高级人民法院(2016)浙民终590号民事判决书]

34. 安少康与长江文艺出版社有限公司等侵害著作权纠纷上诉案[湖北省高级人民法院(2015)鄂民三终字第00158号民事判决书]

(四)不正当竞争、合同纠纷案件

35. 钦州锐丰钒钛铁科技有限公司与北京航空航天大学技术合同纠纷上诉案[最高人民法院(2015)民三终字第8号民事判决书]

36. 浙江唐德影视股份有限公司与上海灿星文化传播有限公司、世纪丽亮(北京)国际文化传媒有限公司等申请诉前行为保全案[北京知识产权法院(2016)京73行保1号民事裁定书]

37. 深圳市恒大饮品有限公司与吉林冰泉食品股份有限公司、湖北承恩山泉饮品股份有限公司、湖北凤源春武当道茶生物科技有限公司不正当竞争纠纷案[吉林省长春市中级人民法院(2016)吉01民初310号民事判决书]

38. 北京爱奇艺科技有限公司与深圳聚网视科技有限公司其他不正当竞争纠纷上诉案[上海知识产权法院(2015)沪知民终字第728号民事判决书]

39. 李瑞河、漳州天福茶业有限公司与刘建致擅自使用他人企业名称、姓名纠纷上诉案[福建省高级人民法院(2016)闽民终563号民事判决书]

40. 兖州市量子科技有限责任公司与邹城兖煤明兴达机电设备有限公司、吴宝庆、何金良侵犯商业秘密纠纷上诉案[山东省高级人民法院(2016)鲁民终1364号民事判决书]

41. 湖南富丽真金家纺有限公司与湖南富丽真金家具有限公司不正当竞争纠纷上诉案[湖南省高级人民法院(2016)湘民终545号民事判决书]

42. 湖南省梦洁家纺股份有限公司与深圳市富安娜家居用品股份有限公司、南通市名巢靓家家居用品有限公司商业诋毁纠纷上诉案[湖南省长沙市中级人民法院(2016)湘01民终1380号民事判决书]

43. 北京紫御湾科技有限公司与华润水泥(平南)有限公司技术服务合同纠纷案[广西壮族自治区贵港市中级人民法院(2015)贵民三初字第63号民事判决书]

二、知识产权行政案件

(一)专利行政案件

44. 吕汉杰与汕头市知识产权局、第三人林明海专利行政处理决定纠纷上诉案[广东省高级人民法院(2016)粤行终1134号行政判决书]

(二)商标行政案件

45. 深圳市柏森家居用品有限公司与国家工商行政管理总局商标评审委员会商标驳回复审行政纠纷申请再审案[最高人民法院(2016)最高法行申

362 号行政裁定书]

46. 格里高利登山用品有限公司与鹤山三丽雅工艺制品有限公司、国家工商行政管理总局商标评审委员会商标异议复审行政纠纷申请再审案[最高人民法院(2016)最高法行申 2154 号行政裁定书]

47. 布鲁特斯 SIG 有限公司与国家工商行政管理总局商标评审委员会商标驳回复审行政纠纷申请再审案[最高人民法院(2016)最高法行申 2159 号行政裁定书]

三、知识产权刑事案件

48. 沈靓等假冒注册商标罪、销售假冒注册商标的商品罪、销售非法制造的注册商标标识上诉案[安徽省蚌埠市中级人民法院(2016)皖 03 刑终 194 号刑事裁定书]

49. 邓丰成、程先荣等假冒注册商标罪、销售假冒注册商标的商品罪上诉案[湖北省武汉市中级人民法院(2016)鄂 01 刑终 147 号刑事裁定书]

50. 彭梵侵犯商业秘密罪上诉案[贵州省高级人民法院(2016)黔刑终 593 号刑事裁定书]

审判研究

(一)著作权

“反向署名”的诉讼选择及裁判思考

——兼评《著作权法》第48条

邓旭明[*]

摘要:“反向署名”,是指在非作者的作品上擅自署上他人的姓名。“反向署名”并不是一个严格的法律概念和用语,“反向署名”行为可能造成多种损害后果:一是侵害他人的姓名权;二是侵害他人的名誉权;三是误导了作品的读者;四是扰乱了正常的文化市场秩序。“反向署名”的性质存在侵犯署名权和侵犯姓名权之争、侵犯署名权与侵犯隐私权之争,当事人对于诉由的选择不同,直接导致证明侧重不同,从而影响到权利救济,同时法院在审判过程中对于“反向署名”行为的性质也存在差异。本文通过从实证角度分析“反向署名”存在的问题,结合著作人身权理论基础,从立法目的、立法技术和比较法角度,以《中华人民共和国著作权法》(以下简称《著作权法》)第48条第8项为着眼点,分析“反向署名”的性质及调整方式,并期望通过本文的分析,达到法律特殊调整以及一般调整的作用。

关键字:反向署名　署名权　姓名权　隐私权

署名是表明作者身份的最重要途径,抄袭是最显而易见的侵犯署名权的方式,但是在《著作权法》上也不乏搭乘“顺风车”的情况,即故意在自己作品上署上他人的名字以提高作品的知名度或销量,因为这种情形与抄袭正好相反,是盗用他人的姓名、声望,所以又称为“反向署名”。近年来,因“反向署名”引发的纠纷频频诉诸于法律,见诸于媒体,相似案情、不同诉讼选择、不同判决的情况常引起群众“同案不同判”的误解,因此更值得我们关注和讨论。

现实中,“反向署名”涉及不同法律中的概念,是《著作权法》规定的著作人身权——署名权,还是《中华人民共和国民法通则》(以下简称《民法通则》)所规定的姓名权、名誉权、隐私权等人身权利,现有法律法规和司法解释对如何调整这一新的社会现象并无明确规定;是选择以侵犯著作人身权为由

---

* 邓旭明,2007~2015年就职于北京市东城区人民法院民五庭,中国人民大学法学院本科及民商法学硕士,2013年获香港城市大学(青年法官班)普通法硕士学位。

提起诉讼进行救济,还是选择以侵犯人身权为由提起诉讼,这是当事人在诉讼选择方面存在的困境;同一事件选择的诉由不同,直接导致法院在相关案件裁判方面的不一致,而法官对于这一事件的理解,也存在差异,给当事人的诉讼留下了无限困惑,也给法官的自由裁量留下了巨大空间,导致"同案不同判"。例如,2009 年,《知音》杂志刊登了以毕淑敏名义发表的题为《毕淑敏母子环游世界 114 天:眺望更高远的人生》文章,毕淑敏认为杂志社的行为侵犯了其姓名权、肖像权、名誉权,将《知音》杂志社告上法庭①。再如,2009 年,北京市东城区人民法院同时受理了两起案件,为同一原告以不同诉由向同一被告提起了侵犯名誉权之诉②和侵犯署名权之诉③:原告黄华国认为被告世纪慧泉文化公司策划、被告中国纺织出版社出版发行图书《巴菲特带你走出金融危机》,该书作者署名为原告黄华国,并附有原告履历的简介。但原告并未创作涉案图书,亦未委托他人出版涉案图书。二被告假冒原告署名,策划、出版涉案图书的行为,侵犯了原告著作人身权中的署名权,同时该作品降低了黄华国的社会评价,侵犯了黄华国的名誉权,两起案件分别由民事审判庭与知识产权审判庭审理。两起案件中,针对侵犯名誉权案件,被告认为出版书籍并未降低黄华国的社会评价,认为不侵犯原告的署名权;针对侵犯署名权之诉,被告认为著作人身权的产生,必须与某个特定的作品相联系,本案并不涉及原告的任何作品,所以原告据以主张著作人身权中的署名权,缺乏依据。在前述两起案件的审理过程中,民事审判庭法官认为"反向署名"的情况并未导致原告社会评价降低,因此驳回原告诉讼请求。而知识产权审判庭一审和二审法官则对被告的行为是否侵犯署名权拥有不同认识,一审法官认为该案原告应当选择以侵害姓名权为由提起诉讼,在向当事人释明后,原告仍然坚持其诉请,故判决驳回原告诉讼请求,二审法官则认为《著作权法》规定"假冒署名"属于侵犯署名权行为,应当承担《著作权法》规定的民事责任。从各案的裁判过程,不难发现,法官在认识上的差异和该差异对处理结果的影响,法官对于法律理解的差异不仅直接关系当事人甚至第三方的利益,更在一定程度上影响着全社会对法律的理解和对法院的判断,因此必须理清思路,及早统一司法裁判尺度,引

---

① 韩蕾:《以他人名义登"文摘稿"毕淑敏告〈知音〉杂志》,载 http://bjgy.chinacourt.org/public/detail.php? id=80678,2011 年 5 月 15 日访问。

② (2009)东民初字第 06598 号民事判决书:法院经审理认为,被告未经原告许可,即以原告的名义出版发行了《巴菲特带你走出金融危机》一书。其行为侵害了原告的合法权益。但以原告名义出版发行涉案书籍,并不必然导致原告的名誉权受到侵害。界定名誉权是否受到侵害,是以社会的客观评价为标准,故判决驳回原告的诉讼请求。

③ (2009)东民初字第 06262 号民事判决书;(2010)二中民终字第 05274 号民事判决书。

导当事人理性诉讼,节约司法成本。

一、"反向署名"的法律界定

所谓"反向署名",是指在非作者的作品上擅自署上他人的姓名。"反向署名"并不是一个严格的法律概念和用语,其过于直白的字面表述为它的法律界定带来了一定难度。笔者认为,界定反向署名必须从署名权开始,结合《著作权法》规定予以界定。署名权是作者在作品的原件或者复印件上标示其姓名,表明作者资格的权利①。《著作权法》第48条第8项规定,制作、出售假冒他人署名的作品的,属于著作权侵权行为,应当承担相应的民事责任、行政责任和刑事责任。笔者认为,从字面解释,假冒署名有两种情形:一是在作者已完成的作品上擅自署上他人的姓名;二是在非作者的作品上擅自署上他人的姓名。在第一种情况下,未经许可,在他人作品上署名或抄袭、剽窃他人作品,是较为常见的侵犯署名权的行为,其法律责任《著作权法》第47条亦有规定。"反向署名"特指假冒署名的第二种情形,即在非作者的作品上擅自署上他人姓名。"反向署名"的特点必须从作品实际创作人和署名人两个方面分析,与剽窃等侵犯著作权的行为相区分,特点在于:第一,虚假性,署名人并未参与作品的创作,不应当在作品上署名。第二,非自愿性,署名人对在非自己创作的作品上署名的情况事先并不知情,署名情况违背了署名人的意愿②。第三,作品的实际创作人对于该署名情况明知或者应知,虚假署名的结果是作者或出版者所希望、放任的。第四,损害性,署名情况对于非创作人造成了实际损害。

二、对"反向署名"的实证考察分析

当事人对于"反向署名"情形下的诉讼选择与裁判结果是密切相关的,而裁判结果又会进一步地影响当事人在诉讼方面的选择:例如,吴冠中诉上海朵云轩、香港永成古玩有限公司侵权案③,认定"反向署名"系侵犯署名权的行为,而毕淑敏诉知音杂志社侵权案,认定"反向署名"系侵犯名誉权的行为。在"反向署名"的情况下,"被署名"的民事主体权益必然受到了损害,那么损

---

① 李琛:《知识产权法关键词》,法律出版社2006年版,第116页。

② "反向署名"必须与同意在非作者创作的作品上署名相区分,例如,见诸报端的指导教师未参与论文创作,但是与学生联合署名的情形,在这种情况下,虽然作品的实际创作人与署名人并不对应,但是由于署名人对该情况认可,那么就不存在损害署名人利益或者社会公众利益的问题,首先,由于非创作人的署名人和创作人对联合署名的情况认可,因此并未损害署名人的合法权益。其次,联合署名意味着连带责任,署名人对作品可以负责。

③ 《吴冠中诉上海朵云轩、香港永成古玩有限公司出售假冒其署名的美术作品纠纷案》,载《最高人民法院公报》1996年第2期。

害从哪个方面救济,则是存在一定争议的,从笔者所收集的各法院的判决和学者的文章来看,基本存在以下几个观点:

第一,"反向署名"的性质存在侵犯署名权和侵犯姓名权之争。第一种观点认为,在非作品上擅自署上他人的姓名,只能侵犯他人的姓名权,而不能侵犯他人的署名权。因为署名权是决定公开作品与作者身份的权利,署名权产生的前提和基础是作品,没有作品,就没有署名权,因而,就不存在侵犯署名权的问题。第二种观点认为,"反向署名"属于《著作权法》规定的侵犯著作权的情形。根据《著作权法》第48条第8项,制作、出售假冒他人署名的作品是著作权侵权行为,应当承担相应的民事责任。第三种观点认为,在非作品上擅自署上他人姓名,构成法条竞合。所谓法条竞合,是指对于同一个事实,均具备数个规范的要件,该数规范间具有位阶关系,或为特别关系,或为补充关系,或为吸收关系,而仅能适用其中一种规范①。"反向署名"既侵犯姓名权,也侵犯他人署名权,是法条竞合,受害人有权选择对自己有利的一种诉因提起诉讼。由于姓名权规定于《民法通则》,署名权规定于《著作权法》,按照特别法优于一般法的规则,应当以署名权提起诉讼并得到权利救济②。

第二,"反向署名"存在侵犯署名权与侵犯名誉权之争。基于前述所分析的"反向署名"情况,还有观点认为"反向署名"构成"请求权基础规范竞合",即在某些情况下,同一生活事实可以被纳入不同的请求权基础规范,而只产生一个请求权,只是该请求权的基础规范有多个③,当事人可以选择任意一个诉由来进行诉讼,但是只能获得一次赔偿。"反向署名"构成侵犯名誉权的原因是,反向署名行为一般是借用名人的声望来促进作品的销售,而作品反映了作者的个人水平和理论深度,同时,部分作品能够透露作者的个人信息,如以描述其个人生活作为内容的作品,署名行为降低了社会公众对于知名作家的社会评价,因此侵犯了被署名人的名誉权。

第三,不同主张的诉请证明责任存在差异,导致裁判结果存在迥异。诉讼方式的选择决定了权益是否可以得到维护。比较而言,以侵犯署名权为由提起诉讼,证明责任更容易实现,被告更难免除赔偿责任,因此更受到维权人的"青睐"。

---

① 王泽鉴:《契约责任与侵权责任之竞合》,载《民法学说与判例研究》(第1册),中国政法大学出版社2005年版,第353页。

② 吕国强:《〈毛泽东肖像画〉案若干法律问题探讨》,载《知识产权研究》第3卷,中国方正出版社1997年版,第147页。

③ [德]卡尔·拉伦茨:《德国民法通论》(上册),谢怀栻等译,法律出版社2002年版,第355页。

以“反向署名”证明侵犯著作权为例，前引的“吴冠中诉上海朵云轩、香港永成古玩有限公司侵权案”中，法院认为：本案讼争的画《毛泽东画像》，落款非原告吴冠中署名，是一副假冒吴冠中署名的美术作品。……两被告在获知原告对该画提出异议，且无确凿证据证明该画系原告所作，落款非原告本人署名的情况下，仍将该画投入竞拍出售，获取利益，违反了《著作权法》第46条第7项①的规定，属于出售假冒他人署名美术作品的侵犯著作权的行为。二审法院认为：上诉人上海朵云轩与原审被告拍卖有限公司在依协议联合主办的拍卖活动中公开拍卖了假冒吴冠中亲笔署名的美术作品。共同构成了对吴冠中著作权的侵害。可见，该案原告主要需要证明以下几个问题：(1)美术作品并非原告创作；(2)美术作品署有原告姓名；(3)被告制作或者出售了涉案的美术作品，出售和制作行为都单独构成直接侵权，不存在责任分担问题。

以“反向署名”侵犯姓名权为例，根据《民法通则》第99条，公民享有姓名权，有权决定、使用和依照规定改变自己的姓名，禁止他人干涉、盗用、假冒。若前引案例主张姓名权，则需证明：(1)美术作品并非原告创作，即原告不是作品的作者，也不应该在作品上署名；(2)美术作品署有原告姓名；(3)原告并未允许被告使用原告的姓名。在这种情况下，制作人和销售人承担的是共同侵权责任，真正制作冒名画作的人是直接侵权行为人，被告的行为仅仅是拍卖或者出售，只是在客观上帮助了直接侵权行为人实施侵权行为，真正制作本案冒名画作的人没有找到，出售冒名作品的被告仍要承担侵权责任。可见，以侵犯姓名权为由诉讼，如果被告可以证明其对侵权行为不存在过错，则可以免除侵权责任，比较起以署名权维权，诉讼风险大。

以“反向署名”侵犯名誉权为例，界定名誉权是否受到侵害，因此原告的需要证明：(1)作品并非原告创作；(2)作品署有原告姓名；(3)在作品上署名的行为直接导致原告的社会评价降低。而证明社会评价降低，是以社会的客观评价为标准，而非以受害人自身的感受为判断标准，并且行为人的行为只有贬损他人名誉的性质，才能构成侵害名誉权而使其行为具有违法性，由于证明责任较高，而且不确定性强，因此获得支持的可能性较低②。

通过以上分析，不难发现，实践中的争论可以归结为两个问题：第一，区分《著作权法》规定的署名权与民法上人格权的差异，即如何理解署名权，署名权与人格权(包括姓名权、名誉权)有何区别和联系；第二，如何解释《著作权

---

① 此案裁判于1996年，此时并未修订《著作权法》，法条顺序与现有法律不同，在内容方面，对“反向署名”的规制仍然限于美术作品。

② 前引(2009)东民初字第06598号民事判决书。

法》第 48 条第 8 项“假冒署名”,如何理解《著作权法》第 48 条与《民法通则》第 99 条、第 101 条之间的关系。

三、对署名权及《著作权法》第 48 条的理解

1. 署名权是因作品的创作而产生的权利,这是其与姓名权、名誉权等人身权利最本质的不同。署名权是著作权的一项重要权能,是作者重要的人身权利。有学者指出,知识产权的客体是人的智力成果,既不是人身或者人格,也不是外界的有体物或者无体物,所以既不能属于人格权,也不能属于财产权①。著作权之所以与其他民事权利不同,源于其为“智力成果权”,而智力成果是精神创作,是一个人人格的具体体现②。因此,将“财产—人格一体性”作为《著作权法》权利设计基础,尤其是以署名权、修改权、保护作品完整权、发表权等为具体内容的著作人身权。署名权具有表明作者身份的作用,即公众可以通过署名情况来判断谁是作者,即署名具有推定作者的作用,同时,作者可以支配署名,一般认为,这项功能包括几个内容:第一,作者署名或者不署名的决定权,即作者可以选择是否在其创作的作品上公开其与作品的所属及对应关系;第二,作者决定署名方式的权利,署其本名、笔名、别名或假名的选择决定权;第三,署名排列的决定权,即合作作品作者顺序排列。

署名权与姓名权、名誉权不同:姓名权体现的是人格利益的归属,即将自己区别于他人的人格利益,归属于自己。因此,姓名权本质上是一种区别标志③,是作为符号用来区分民事主体的。名誉权是保护公民、法人的人格尊严的。而署名权是保护作者的身份权,即作者与作品的精神或人格关系,属于著作权人身权的范畴④。姓名权、名誉权是自公民出生就具有的权利,因而具有普遍性。但署名权并非与生俱来,而是基于作品而产生的一项民事权益。人人都享有姓名权、名誉权,但并非都享有署名权。只有那些创作作品的人,才有权在作品上署名,来昭示自己的身份。署名权是作者对其特定作品享有的权利,即在该作品上署名的权利。离开了作品的作者姓名本身并不是《著作权法》而是民法调整的对象⑤。姓名权与署名权区别的关键在于,署名权是基于作品产生的,不因主体消亡而受到影响,而姓名权、名誉权是与生俱来的,受

---

① 谢怀栻:《论民事权利体系》,载《法学研究》1996 年第 2 期。

② 谢铭洋:《智慧财产权与法律体系》,载《中国知识产权评论》2002 年第 1 卷。

③ 王泽鉴:《民法总则》,中国政法大学出版社 2001 年版,第 132 页。

④ [德]Adolf Diezt:《德国著作权中的人身权利》,许超译,载刘春田主编:《中国知识产权评论》(第 2 卷),商务印书馆 2006 年版,第 115 页。

⑤ [德]Adolf Diezt:《德国著作权中的人身权利》,许超译,载刘春田主编:《中国知识产权评论》(第 2 卷),商务印书馆 2006 年版,第 115 页。

主体存续与否的制约，也是与生俱来，在主体消亡之后仍然受到保护。

2. 以《著作权法》规制“反向署名”在理论上具有不完备性。根据前文对署名权的分析，结合“反向署名”的具体情况，不难发现以《著作权法》规制“反向署名”的矛盾之处。“反向署名”保护的是被假冒的署名人的利益，而其不是作品的创作人，从对署名权的分析中，只有创作作品才能享有署名权，而不创作作品的人，就不能要求保护其署名权，因为署名权与作品是一一对应的，署名人与作品并不存在创作上的对应关系，在智力成果不存在的情况下，无法保护智力成果权，因此，署名权产生的权利基础并不存在，自然也不应该保护不存在的“署名权”。

3. 以姓名权、名誉权为基础禁止“反向署名”行为，具有可行性。“反向署名”的直接受侵害人主要是被署名人，根据被署名人和作品内容的情况，如果作品内容不存在降低被署名人的社会评价的问题，那么其以姓名权为由提起诉讼完全可以获得停止损害、消除影响的救济。而如果被署名人属于知名作家或者名人，如果作品的内容确实降低了其社会评价，以名誉权为由诉讼是完全可行的，前文所引用的毕淑敏诉《知音》杂志社侵权案中，北京市海淀区人民法院就以侵犯毕淑敏的名誉权为基础，判决被告《知音》杂志社消除影响、赔偿损失。在非作者的作品署上自己的姓名就是意图通过混淆作者的身份，并以此获得利益。这种行为可能造成多种损害后果：一是侵害他人的姓名权；二是侵害他人的名誉权；三是误导了作品的读者；四是扰乱了正常的文化市场秩序。

4.《著作权法》禁止“反向署名”体现了《著作权法》维护公共利益和经济秩序的本意，但是将保护范围扩大到不创作作品的人，是对作者权的扩大理解，将保护内容从作品扩展到作品传播和作品创作。

从立法技术角度考虑，《著作权法》第 48 条列举了一系列需承担民事责任、行政责任和刑事责任的著作权侵权行为，其中第 8 项为“制作、出售假冒他人署名的作品的”。第 47 条与第 48 条的比较而言，不难发现，第 47 条主要是为维护作者或出版者单独的权益而设，而第 48 条则对损害公共利益和经济秩序的情况进行规定。同时，在责任类型上，也不仅限于民事责任。从立法目的的角度来看，第 48 条不但保护作者的权益，更需要通过保护作者的权益，达到保护使用者利益、维护正常的文化市场的目的。

从比较法角度考察，《著作权法》第 48 条第 8 项所规制的“反向署名”，实际上扩张了《著作权法》的保护范围。以日本、法国为代表的大陆法系国家都将署名权作为一项重要的著作人身权予以规定，并且认定署名具有推定作者的作用,虽然对署名权未做定义性的规定,但是都将署名权的不可转让性确定下来①。而英美法系国家更倾向将著作权视为财产权,以此为基础,英国一直把禁止假冒他人之名作为著作权的一项重要内容。《著作权法》将“反向署名”纳入调整范围,实际上也与英国的做法不谋而合,体现了《著作权法》立法过程中将作者权体系与出版者权体系兼收并蓄的特点②。也有观点认为,就我国而言,仅认定侵害姓名权,对作者尤其是知名作家的权利保护力度不够,因为假冒署名,有时对他人名誉或声望,如在冒充作者发表劣质作品时,不但损害其人格,损害其作品的市场价值,而且会直接损害购买者的利益,扰乱正常的文化市场,这些都是现有姓名权、名誉权的有关规定难以救济的。③ 笔者认为,认定“反向署名”行为侵犯姓名权,完全可以达到保护被署名人的目的,即公民姓名权不得被冒用,而将“反向署名”纳入《著作权法》,将这一保护效果扩大化,强调作者署名的识别和区分作用,将著作人身权扩展到类似商标作为符号的识别意义,将简单的保护作品的权利扩大到作品不被读者误认,将署名权扩大为在作品上署名且禁止在非自身创作的作品上署名,对于可能存在的出版者利用署名来谋取不正当利益的情形,完全可以通过姓名权之诉中对制造、出售“反向署名”作品者的连带赔偿责任进行,实现法律一般预防和特殊预防的作用。

从目的限制理论分析④,第 48 条第 8 项“假冒他人署名”包含两种类型,侵犯著作权法意义上署名和“反向署名”。在被冒名者(原告)享有著作权的作品上,签署自己姓名(被告)的行为,属于著作权法意义上的假冒署名,被告对此需要承担侵犯著作权的侵权责任。原告除可以要求被告承担侵权责任之外,还可以对持有该作品的任何人行使作者的权利。而“反向署名”,被冒名者(原告)不享有著作权的作品上,签署自己姓名(被告)的行为,不属于著作权法意义上的假冒署名,被告对此承担的是侵犯原告姓名权的侵权责任。原告只可以请求被告承担侵权责任,对持有该作品的其他任何人没有请求权。

四、结语

根据《著作权法》及《民法通则》的规定,当事人可以通过提起侵犯名誉权之诉、侵犯姓名权之诉、侵犯名誉权之诉来打击“反向署名”,维护个人合法权

---

① 王光:《论署名权》,载《吉林大学社会科学学报》1993 年第 1 期。

② 李琛:《论知识产权法的体系化》,北京大学出版社 2005 年版,第 21 页。

③ 燕华然、宋秋香:《试析著作权的署名权》,载 http://www.chinacourt.org/public/detail.php?id=168884,2011 年 5 月 15 日访问。

④ 孙珉:《论假冒他人署名与法学方法》,载 http://china.findlaw.cn/info/minshang/minfa/minfalunwen/65538_8.html,2011 年 5 月 17 日访问。

益，但是从署名权的性质和《著作权法》协调统一性角度，应该以保护姓名权为出发点来规制反向署名行为，不宜赋予未创作作品的人以著作权的对世性效力。针对《著作权法》第 48 条第 8 项中"假冒署名"过于宽泛的问题，笔者建议采用司法解释或者发布指导性意见的方式将其内容予以限定。

贵州民族民间文化知识产权保护问题研究

——民间文学艺术表达的传承与发展

肖　瑶*

摘要:贵州民族民间文化历史悠久、资源丰富,是全国乃至世界不可多得的重要的参与者。近些年,随着政府对民族民间文化发展的重视,出现了很多对民族民间文化进行利用和再造的民族工艺,在这个发展进程中,由于保护手段和方式的缺失,参与到民族民间文化创造及发展的各方当事人利益产生冲突,引发纠纷。本文通过实地调研,在知识产权保护的框架下,分析贵州民间文学艺术发展的现状、存在的问题及应对的措施。

关键词:民间文学艺术　知识产权保护　传承　政府引导

一、贵州民间文学艺术发展及保护概况

民族民间文化的定义是广泛而极具包容性的,包括民间文学艺术(表现形式为舞蹈、音乐、手工艺品、外观设计、故事和艺术品)、传统医药知识、民族聚居生活方式、民族共同价值观体系、生活传统礼仪和信仰等多方面的内容。本文讨论的民族民间文化,主要针对民间文学艺术在知识产权范畴内的保护状况,对于医药及其他方面的内容暂未提及。

(一)民间文学艺术的概念

所谓民间文学艺术,根据世界知识产权组织(WIPO)公开发布的定义:传统文化表达,也称民间文学艺术表达,泛指包括音乐、舞蹈、艺术、设计、符号标志、表演、仪式、传统建筑、手工艺品或其他的艺术文化表现形式。① 其核心内涵可总结为:(1)形式不限,即包括可以表达传统文化的物质形式或非物质形式,甚至二者的结合的任何形式;(2)由特定族群创造并由其掌握主要的专业知识和技能;(3)该文学艺术在群体内部被世代传承、维系和发展,能表达群体内部核心的价值观和信仰,并在族群内部被广泛传播。贵州省是少数民族聚居区,各民族在世居的交流和融合中,积累了极为丰富的民族文化资源,以

* 肖瑶:贵州省高级人民法院知识产权审判庭法官助理。

① Http://www.wipo.int/tk/en/folklore/, Traditional cultural expressions (TCES), also called "expressions of folklore", may include music, dance, art, designs, names, signs and symbols, performances, ceremonies, architectural forms, handicrafts and narratives, or many other artistic or cultural expressions.

表现形式区分,贵州的民间文学艺术可以分为语言或文字表现形式,以水族水书为例;音乐或声音表现形式,以侗族大歌、八音坐唱为例;动作表现形式,以傩戏、地戏为例;物质表现形式,以安顺蜡染、玉屏萧笛等为代表。

民间文学艺术是历史的积淀产物、民族集体的智慧结晶,但时代总有变迁,不能应变时代变迁的艺术只能被时间所淘汰。所以,在民间文学艺术的发展与传承中,个人贡献是不可忽略的,而对个人贡献应当施以保护,以确保民间文学艺术知识产权保护的激励作用能有效发生。鉴于此,有学者将民间文学艺术表达分为母型和子型,所谓母型是指民间文学艺术表达的基本范式,可体现为民间故事中的"脚本"或"程式"、剪纸中的"花样"、舞蹈中的基本动作、民歌中的语调和腔曲调式、民间工艺中的造型风格和记忆诀窍等。子型则是指对民间文学艺术母型的再现、模仿、表演、汇编或演绎成果。[①] 民间文学艺术的母型和子型互为依存,不可分割,却也极不容易分辨。子型附着于母型得以存续,母型在子型的存在和发展中不断稳定、成熟。对二者进行分别对待,分别保护,首要原因是因为民间文学艺术本身就是一个庞杂的系统,蕴含的艺术价值多样,如果不进行区分,对其保护途径容易呈现单一化,利益无法得到公平的分享,势必影响民间文学艺术来源群体的利益及传承人自身的利益,影响民间文学艺术在整个社会生活的保护效果。针对母型保护倾向于利用行政手段、公权力,子型保护倾向于利用传统知识产权制度进行保护的特点,本文将分别论述母型与子型的保护状态及保护路径。

(二)贵州民间文学艺术的保护现状

对民间文学艺术作品的母型作品和子型作品区别对待施以保护,可分为公法保护和私法保护。公法保护的角度是通过政府公权力构建制度、合理分配资源,比如建立非物质文化遗产制度、传承人保护制度等。私法保护则因民间文学艺术的"智力成果"与著作权的保护客体契合,利用知识产权制度保护。

1. 非物质文化遗产保护

民间文学艺术的母型保护,最为典型的保护方式就是以非物质文化遗产保护进行。当前,贵州省拥有人类非物质文化遗产代表作名录 1 项,国家级和省级名录分别达到了 74 项(125 处)、440 项(568 处),其中包括侗族大歌、苗族古歌、苗族芦笙舞、木鼓舞、布依戏、傩戏、安顺地戏、水族马尾绣、苗绣、玉屏萧笛制作技艺、苗族银饰锻制技艺、水书习俗、皮纸制作技艺、苗族蜡染技艺等

① 张耕:《民间文学艺术的知识产权保护研究》,法律出版社 2007 年版,第 40 页。

传统民间文艺。国家级传承人57名,省级传承人301名。建立了国家级文化生态保护试验区1个、省级文化生态保护区2个,国家级生产性保护示范基地3个、省级生产性保护示范基地28个,以非物质文化遗产为主要内容的"多彩贵州"逐步成为代表贵州的文化品牌。

2014年贵州省正式颁布实施了《贵州省非物质文化遗产保护发展规划(2014~2020年)》(以下简称《规划》),涵盖了"十二五"后期及整个"十三五"时期的专项规划,对全省的非物质文化遗产工作进行全面部署,将非遗保护工作提升到了全省的战略高度。《规划》还确立了建立全省非物质文化遗产数据库的任务,对非物质文化遗产进行文字、图片、音频、视频资料数据全程、全景式收集整理。

此外,建立博物馆,将民间文学艺术的传统知识、技艺、习俗固定成型,供公众参观,也是保护母型作品一种极为有利的手段。贵州省建立了民族博物馆,以展示贵州省17个世居少数民族的生产生活实物资料为主,反映各民族历史和文化的传统服饰、银饰、面具、生产、生活用品、民族文献古籍等民俗文化。2015年,贵州省建立的非物质文化遗产博览馆于7月开馆,馆内展示了贵州非物质文化遗产的独特项目,分为展示厅和传承厅,通过展陈展演和互动体验的方式,辅以动漫和视频等现代传播手段,展示贵州各民族文化与生活的多样性、独特性和原生性。在开馆期间,贵州省又召开了首届国际民族民间工艺品文化产品博览会,以博览会为契机,将贵州的民间文学艺术推向全国,推向世界。据统计,贵州省先后建立民族用品定点生产企业89个,推出民族民间工艺品400多种,涉及非物质文化遗产的个体工商户426家,从业人数10,828人,实现增加值4.82亿元。①

2. 知识产权保护

通过各国立法与实践得知,利用传统的知识产权制度包括著作权、商标权、专利权、商业秘密、地理标志证明商标进行保护是常态,而少数国家会选择通过创设新型的知识产权特别权利进行保护。我国没有针对民间文学艺术设立特别的权利,而仅是在立法上承认了对民间文学艺术进行知识产权保护。基于多民族生活与文化共存的需要,贵州成为少数专门制定地方立法对民间文学艺术进行保护的地区,先后出台《贵州省民族民间文化保护条例》和《贵州省非物质文化遗产保护条例》,分别对民间文学艺术保护工作的原则、职责部门、抢救和保护的要求、民间文学艺术传承人和传承单位的命名、开发和利用的

---

① 贵州省统计局、贵州省文化改革发展办:《贵州省2014年文化产业统计报告》。

原则、保障措施和法律责任等进行规定。除立法之外,对于传统工艺,贵州也在积极地申请地理标志认证保护,目前,包括安顺蜡染、玉屏萧笛、大方漆器、牙舟陶等已经获得地理标志认证保护。而一些民间组织则建立专门网站对贵州的民间文学艺术表达进行宣传,或者对民间文学进行较为系统的归纳与整理,编印《苗族文学史》《布依族文学史》《侗族文学概况》《民间文学资料》《中国民间故事集成·贵州卷》《中国民间歌谣集成·贵州卷》等书籍。

为强调政府对民间文学艺术资源的珍惜和重视,贵州政府通过创造"多彩贵州"文化创意品牌,将其注册为全类商标,该商标是全国第一个以地名、省名成功获得注册的商标。目前,该商标已涉猎文化、演出、互联网、白酒、茶叶、饮品等多个行业。政府试图依托该品牌,将贵州丰富多彩的民间文化资源推向全国乃至世界,使其成为贵州的一张响亮的名片。

二、贵州民间文学艺术知识产权保护存在问题分析

民间文学艺术的非物质文化遗产保护与知识产权制度保护相互协调补充,非物质文化遗产保护在前期收集资料、整理数据,为知识产权保护奠定坚实的基础。民间文学艺术发展到一定阶段,经济利益的诉求成为来源群体、传承人、政府矛盾的根源。调研中,尽管贵州省对民间文学艺术的发展非常重视,但由于先天条件限制、观念意识错误及制度缺陷,对民间文学艺术保护的效果不佳,重申报、轻保护、重开发、轻传承的问题突出。

(一)利益分配不均

1. 政府引导不力

民间文学艺术的保护,是一个政府、民间组织、传承人及相关公众共同参与构建的生态系统。政府在其中扮演着指导者、监督者、执行者等多重身份,然而正是因为多重角色的因素,政府过于使用公权力保护民间文学艺术,轻视或忽视了对族群、传承人及相关公众进行私法保护的引导,知识产权保护流于形式,在调研中我们发现知识产权保护的作用微乎其微。

对于传承人,政府有相应政策进行鼓励,如国家和地方政府对于传承人,都会给予一定的经济补贴,但这些经济补贴只能是杯水车薪,大多数传承人无法平等地享用民间文学艺术的资源,甚至连基本的生活水平都无法保证,因此会选择放弃民间文学艺术的传承,改投他行。例如,贵州省雷山县控拜苗寨的银饰手工制作,技艺精湛,造型奇特。20 世纪 80 年代控拜村从事手工银饰制作的银匠几乎家家户户,然而到了现在,由于模具石膏施蜡法制作银饰的兴起,对手工银饰制作匠人的利益形成冲击,控拜村只有极为少数的银匠从事手工制银饰。模具石膏施蜡法制作银饰虽然进行批量生产,但产品的第一个银

饰必须使用手工制作,这个环节就存在很多批量生产的厂家或个体户盗用银匠的手工银饰做模版的问题。由于维权的艰难及利益的受损,很多手工银匠选择了改行。同时,民间文学艺术来源群体的利益也是受到忽略的。如贵州农民画,以其朴实的风格被公众喜爱,但是在农民画对外销售和宣传的过程中,农民画家作为著作权人,未能完整享有版权和相关财产权,取而代之是零售商或者代理商。再以玉屏萧笛为例,地方政府成立玉屏侗族自治县萧笛行业协会,就玉屏萧笛的证明商标进行管理。同时,政府也成立国有企业玉屏萧笛厂,专门生产玉屏萧笛。萧笛行业协会对符合地理标志标准的企业,发放证明商标,就商标在使用过程中的事宜进行监督和管理。然而在这个过程中,玉屏萧笛的的制作范围被扩大,在发放证明商标的过程中,标准不一,监管不力,玉屏萧笛的假货充斥,很多技艺人选择在萧笛上刻下制作人的姓名来辨别真伪,却无法解决市场的混乱以及制作群体的利益的受损。

2. 保护意识不强

对于传承人而言,民间文学艺术保护意识不强,对由其创作的子型作品,不知道采用何种方式进行保护,在权利受到侵害的时候,不能采取合理方式进行维权,甚至不知如何维权。相关企业在从事商事活动时,尽管懂得利用商标制度保护,但在商标使用过程中,却常常出现错误使用的情形,比如,走访过程中,一家企业已经获得了注册商标证,但是其在使用注册商标时未标注,容易使其他公众认为其商标还在注册过程中,而不是已经获得注册的注册商标。极为特殊的是,部分企业分不清注册商标、企业名称与地理标志之间的区别,常常误认其企业名称就是注册商标,而一旦纠纷发生的时候,将无法保障自己的合法权利。

至于族群,由于缺少知识产权保护意识导致民族文化流失。在贵州,就已经发生不少这样的案例。例如,几年前,一位日本老太太及其孙女来到贵州凯里市某农户家,以高价收购她家生产的公益品为诱饵,住了 4 天,录制了蜡染工艺的全过程,又如不久前,一位日本人出资在贵州省某县兴建侗族鼓楼,借机将从伐木到完工建造鼓楼的全过程录下。[①] 这样案例的发生直接原因就是族群对于自身文化的保护意识不强,造成技艺的外泄或者流失。

(二)保护制度不完善

1. 主体制度

我国立法虽承认对民间文学艺术进行保护,却只停留在抢救性保护和传

① 索晓霞:《中国西部民族民间文化知识产权保护研究——以贵州为例》,中国书籍出版社 2011 年版,第 88 页。

统知识产权保护的层面,未能从根本上确定民间文学艺术的所有权和使用权归属问题。众所周知,知识产权的私法性决定了其权利主体必须是明确的,如果主体未能明确,知识产权的保护只能是一纸空谈。民间文学艺术表达最显著的特征是由聚居生活的族群人经过世代沿袭或创作而成的,由于主体的不确定性,对于这类创作主体不明确的文学艺术表达常常会被冠以“公共财产”或“公共利益”的名头被社会各界公开共有,成为典型的公用地,这不仅会在实践中造成无谓的纠纷,严重的还会导致文化的没落和消亡。

芦笙是贵州少数民族的古老乐器之一,民间流传的芦笙多为六管,音域较窄。贵州省歌舞团著名苗族芦笙演奏家东某 1998 年以自己设计和制作出新型芦笙的名义,向国家专利局申请 18 管芦笙专利权,并获专利证书。之后东某发现莫某仿造这种芦笙并在市场上出售。随后东某要求莫某停止制作属于本人享有专利的 18 管新型芦笙(包括 8 管、11 管、12 管、13 管、15 管在内),莫某不以为然,认为他家祖辈 4 代都是芦笙制作艺人,早在东某申请专利前,他就生产过 15 管芦笙,故未构成侵权。双方互不相让,单某随后向法院起诉要求判令莫某停止侵害原告的专利权,并赔偿其经济损失。此案最终以东某撤诉结案。① 该案是典型的文学艺术表达母型和子型的权利人在利益分配上出现不均而发生冲突导致的。作为传承人,莫某祖辈 4 代都是芦笙制作艺人,他认为芦笙的管数多寡并不是关键核心因素,且自己也曾制作过 15 管芦笙,对于熟练掌握芦笙制作的艺人而言,制作芦笙时增一管减一管不是困难的事,故也无所谓侵权。而东某却是依照法律程序向国家申请了专利权,并获得专利证书的权利人,他向国家申请的 18 管芦笙的制作程序及方法当然地受法律保护,在维权时却重重困难,最终以其撤诉了结。导致该案产生的原因有三:一是未能将民间文学艺术表达的母型和子型予以划分;二是对于母型民间文学艺术的权利主体未能明确;三是未能考虑民间文学艺术表达应用于市场时利益如何分配。

2. 立法体系

立法方面,国内民间文学艺术表达保护立法尚处于探索阶段,有关民族文化的法律法规有《传统工艺美术保护条例》《国家级非物质文化遗产保护与管理暂行办法》《中华人民共和国文物保护法》《中华人民共和国非物质遗产法》《关于加强我国非物质文化遗产保护工作的意见》《中华人民共和国专利法》《中华人民共和国著作权法》《中华人民共和国商标法》等,然而这些法律法规的保护

---

① 吴一文:《18 管芦笙专利纠纷的背后》,载《贵州日报》2003 年 6 月 17 日。

是有限的。就地方立法而言,贵州政府也只是从宏观上制定了保护原则、保障措施,对民族民间文化进行了开放性的概括式描述,划定了保护的范围。但在操作层面仍然欠缺,执行力度不够。

3. 保护途径

如前所述,民间文学艺术表达划分为母型和子型,其最有利的即是可区别对待,有针对性地进行保护。贵州省对民间文学艺术表达的保护,除了地方立法,就是通过文化部门对参与文学艺术创作、传承和发展的主体进行监督、引导。然而,行政保护需要与知识产权保护进行结合,调研中发现,贵州省行政保护与知识产权保护是脱离的,参与主体对知识产权保护了解不够,对申请商标保护、著作权保护等手段和方式极为陌生,不能充分采取有效的风险预控手段对权利进行立体保护。在利益受到侵害时,对侵权行为也只能采取物理手段进行制止,而不善于通过法律途径进行解决。这与贵州民间文学艺术处于发展阶段的时代特征有关,权利人更多选择关注经济利益,而忽略法律保护可能产生的预期利益。保护途径及手段的单一化,使无论是民间文学艺术的母型作品,还是子型作品,都不能获得健康有序的发展。

(三)服务体系不健全

知识产权的中介服务体系的产生和发展,是知识产权行业的社会分工和市场竞争日益加剧的必然结果。目前贵州业内涉及民间文学艺术知识产权服务的中介机构缺乏,除单一的专业律师事务所、商标事务所和著作权登记代理机构外,贵州目前还没有专业性或者综合性的文化知识产权咨询服务机构。

此外,机构数量不足和专业人才缺乏也是贵州知识产权中介服务机构存在的突出问题。

三、贵州民间文化艺术表达保护对策

除了公法保护,赋予民间文学艺术知识产权的保护是目前最为有效的途径,其根本目的在于通过利益分享机制激发有关民间文学艺术来源群体保护和传承自身传统知识的积极性、主动性和创造性。立法制度的不完善由于众多学者早有讨论,本次调研重点也不在此,故本文对立法制度的完善建议不予讨论,重在从知识产权制度构建、主体制度构建方面展开论述。

(一)著作权保护

著作权保护,在部分国家又称为版权保护。无论民间文学艺术的母型作品还是子型作品,都能在著作权制度中找到契合点,获得良好的保护。

首先对于母型作品,部分学者否认民间文学艺术母型的知识产权可保护性,认为其从客体到期限都不符合现代著作权保护的基本条件。我国法律规定,著作权法所保护的作品,是指文学、艺术和科学领域内具有独创并能以某种有形形式复制的智力成果。成为作品,需要满足四个条件:智力成果、独创性、可复制性、保护期限。

1. 智力成果

WIPO 对民间文学艺术界定的范围包括:音乐、舞蹈、戏剧、故事、礼仪和典礼、油画、绘画、雕刻、陶器、镶嵌、木器、金属器皿、珠宝饰物、篮筐编织、刺绣、纺织品、地毯、服装、乐器、建筑、雕塑、版画作品、实用艺术作品、诗歌和图案设计。民间文学艺术来源群体创造了该类文学艺术,凝结了其群体的精神结晶,完全符合著作权法上对智力成果的定义,国际社会、国际论坛及各国政府对民间文学艺术属于智力成果这一事实也是予以普遍认可。

2. 独创性

独创性是检验智力成果是否属于著作权保护对象的重要标准之一。各国对于独创性的要求程度不一样,大陆法系国家要求独创性必须具备一定的高度才能予以保护,而曾经美国司法中奉行“额头流汗”原则,认为只要作品不是复制或剽窃的,均能够获得保护,但之后就对这个原则明确否定,要求作品必须具有一定高度,体现最低限度的作者技巧、风格等个性化智力活动特征。只有付出了“创造性”劳动而形成的具有“独创性”成果才能享有版权。我国司法实践同样也持此标准,对于作品创造性的解读必须具有一定创造性价值的劳作,非剽窃或复制他人的作品,能够反映一定的情感或思想的表达。民间文学艺术是特定部落、民族或特定地域的若干民族在千百年来的生产生活实践中共同创造出来的具有文学和艺术价值的各种知识、技术、诀窍和经验的结晶。其独创性是显而易见的,有自身独特的表达方式和思想表达。如贵州著名的安顺蜡染,其技艺手法及自创的图形独具匠心地表达了这一手工艺作品的艺术价值。

3. 可复制性

民间文学艺术母型的可复制性,是其在社会生活中得以传承的必备要件。贵州民间文学艺术中,无论音乐、舞蹈、手工艺品、建筑艺术品等,都可以通过一定的形式进行复制。也正是在复制的过程中,产生出了民间文学艺术的子型。民间文学艺术子型包括模仿型、再现型、表演型、汇编型、演绎型几种类型,根据现行法律,如果在模仿、再现的过程中,具备独创性,能反映一定思想或情感,也能获得著作权的保护。

4. 保护期限

阻碍民间文学艺术,尤其是其母型成为著作权法保护的对象还有一个主要因素,作品的保护期限限制。我国法律规定作品保护期为自作品创作完成之日起至作者死亡后50年。而反对民间文学艺术母型纳入著作权法保护的学者认为民间文学艺术由族群创作,无法确定具体的作者,也因此无法确定作品保护的期限。学者认为,民间文学艺术的保护期限可以参照自然人作者的保护期,规定为该民间文学艺术来源群体存续期间加存续后50年。① 笔者赞同这个观点,民间文学艺术是历史的沉淀,只要该来源群体仍然存续,在法律规定的期限内其民间文学艺术的著作权就能够获得保护,这种方案是与现存法律既有规定最为契合的一种,能在法律体系和内容保持一致,从法经济学利益去衡量,也能节约造法成本,使法律更快速地被执行和遵守。

(二)地理标志保护

我国地理标志制度是在商标制度中发挥作用的,根据TRIPs第22条第1款关于地理标志概念的规定,本协议的地理标志,系指下列标志:其标示出某商品来源于某成员地域内,或来源于该地域中的某地区或某地方,该商品的特定质量、信誉或其他特征,主要与该地理来源相关联。我国《商标法》也同样对地理标志进行了界定:"前款所称地理标志,是指标示某商品来源于某地区,该商品的特定质量、信誉或者其他特征,主要由该地区的自然因素或者人文因素所决定的标志。"根据这一定义,民间文学艺术出于其自然因素或者人文因素,正好契合了利用地理标志制度对其进行保护的理论内涵。

贵州省获得地理标志认证的民间文学艺术所占比重不大,目前,只有玉屏萧笛、安顺蜡染、牙舟陶、大方漆器获得了地理标志认证,占比不到1%。以玉屏萧笛为例,2009年,"玉屏箫笛"证明商标在国家工商行政管理总局成功注册,成为全国首个获得地理标志类证明商标的乐器产品。2015年2月,又成功在日本、韩国获得注册。商标注册人玉屏侗族自治县箫笛行业协会在自治县政府的领导下,对于符合标准的企业,严格按照标准发放证明商标。通过成立协会对地理标志产品进行管理是符合民间文学艺术作品的集体性,但是协会如何进行管理,如何确保地理标志认证下民间文学艺术产品的真实性,在哪些情况下能够适用证明商标,如何在使用和管理证明商标过程中保持利益的衡平等问题依然无法获得良好的解决。在笔者看来,这些问题的解决都先得明确民间文学艺术作品的主体,即主体是谁,享有什么权利,如何行使权利,受谁监督。玉屏萧笛的做法是通过协会的代理主体地位进行管理和执行,但是并没有将萧笛行业协会的具体职能、权能予以明确,因此,笔者建议,在贵州省

① 张耕:《民间文学艺术的知识产权保护研究》,法律出版社2007年版,第172页。

可采用玉屏萧笛协会的做法，成立专门的行业协会代为管理申请的地理标志，使其成为来源群体集体的利益代表人，在成立时必须明确行业协会代行的职权范围、具体职能，确保申请地理标志认证的产品的真实性，以及标准的确立。协会由传承人选举出的代表进行管理，对来源群体负责，以平衡来源群体利益和传承人利益为管理原则。

（三）主体制度的构建

民间文学艺术是集体创作的智慧结晶，被视为人类社会、国家政府共有的文化财产，国家通常采用行政权力进行保护，如前文所述，如果来源群体的主体地位在法律上一直未被认可，将会直接导致来源群体在法律上的法律利益和财产利益无法得到保障，间接地对民间文学艺术的保护产生负面影响。承认民间文学艺术来源群体的主体权利地位，通过构建知识产权的主体制度，保障民间文学艺术母型得以健康长久平稳的发展，保障来源群体的族群能够控制自己的文化艺术，为人类社会创造更多丰富的文学艺术。更为重要的是，承认来源群体的主体地位，通过著作权法特有的人身权制度从法律层面强制性地要求民间文学艺术利用者应当表明民间文学艺术的创造者主体身份，可以最大限度地增强特定群体的文化自觉和文化主体意识，把文化多样性的道德义务上升为法律义务，把文化多样性的政策性宣传转化为制度层面可具操作性的措施，构建民间文学艺术主体制度，使民间文学艺术参与者能公平分享传统文化的利益。在我国现行的法律制度中，针对集体作品或者职务作品，其权利主体都是法人或其他组织，如果承认了民间文学艺术来源群体的主体地位，则可以通过引进民事代理制度中的法定代理制度解决权利主体的行为能力障碍，规定由国家各级政府中的文化行政主管部门或者来源群体所在的地方政府作为法定代理机构，代表民间文学艺术群体完成有关民间文学艺术商业性使用许可合同的签订、履行、仲裁、诉讼等权利并承担义务。如果部分群体具有“法人”或“其他组织”的资格，则可以由其自己进行管理或具体事务的执行。黑龙江省饶河县四排赫哲族乡政府与郭颂、中央电视台、北京北辰购物中心侵犯民间文学艺术作品著作权纠纷一案，北京市第二中级人民法院的判决对于在司法中确立民间文学艺术来源群体的主体地位具有典型意义。在判决中，法院认为，民族乡政府既是赫哲族部分群体的政治代表，也是赫哲族部分群体公共利益的代表。在赫哲族民间文学艺术可能受到侵害时，鉴于权利主体状态的特殊性，为维护本区域内的赫哲族公众的权益，原告可以以自己的名义提起诉讼。① 这是全国首例涉及民间文学艺术母型作品的著作权纠纷案，法院依据《民事诉讼法》及《著作权法》等相关法律的规定解决了诉讼主体的资格问题，首次认可了地方政府可以作为文化来源群体的法定代理人进行诉讼，有效地解决了民间文学艺术来源群体主体制度空缺的问题。

(四)建立和完善知识产权保护的社会服务体系

对于民族文化企业申请维权方面的困扰除了加强宣传，提高知识产权的保护意识外，还要建立知识产权服务人才队伍培育机制和人才引进机制，大力培育扶持中介机构发展，鼓励专利代理机构发展，壮大代理人队伍，提高服务能力，确保创新成果能够方便快捷地转化为高质量的专利产品。

大力培育民间组织，发挥行业协会在知识产权保护工作中的积极作用。文化产业诉讼维权建议找维权机构进行维权。大力培育扶持行业民间组织，作为民族文化权利的主张者和维权者。民族文化的民间组织在具体的知识产权案件中，可以代表权利人诉讼维权，也可以推荐专家提供准确的技术鉴定意见。

① 邵明艳:《民间文学艺术作品的法律保护——〈乌苏里船歌〉纠纷案法律问题探讨》，载 http://www.chinacourt.org/public/detail.php? id = 179144&- title。

聚合型平台深层链接侵权问题探析

何　琼*

摘要：聚合型平台是为用户整合视频、新闻等分散网络资源的新型互联网商业形态。如果聚合型平台主张自己应用的是深层链接技术，则应就该事实承担举证责任。在被链内容的上传已经权利人许可的情况下，设链方的行为不构成对著作权的侵害；如果被链内容的上传未经权利人许可，则设链方在具有主观过错时应承担间接侵权责任。在被链方或权利人起诉设链方不正当竞争的案件中，如果当事人之间存在市场竞争关系、设链方有违商业道德并造成损害后果的，可以考虑适用《中华人民共和国反不正当竞争法》（以下简称《反不正当竞争法》）的一般条款对设链行为予以规制。

关键词：聚合型平台　深层链接　间接侵权　注意义务　不正当竞争

引　言

聚合型平台应用软件主要是指那些依托搜索、链接、转码等网络技术，对互联网上的海量信息进行定位、分析、选择，将分散的网络资源整合于一个平台，从而方便用户访问的网络服务。近年来，随着 WIFI、4G 等移动网络的发展和智能手机、平板电脑等移动上网设备的普及，聚合型平台应用软件因其信息丰富、界面友好、操作便捷等优势在短时间内得到快速发展，出现了涉及各种内容类型的平台软件。如“百度视频”“开迅视频”等视频类软件，“今日头条”“百度新闻”等新闻类软件，“蘑菇街”等电商类软件，还有“边锋云端桌面”一类集文字、游戏、视频等多种资源于一体的平台软件。

聚合型平台的迅速崛起和网络用户对其依赖程度的不断加深，触动了权利人与传统内容提供商的利益，引发了“渠道”与“内容”之争。① 聚合型平台通过链接等技术手段集中网络资源，不花分毫版权费用却吸引了极大比例的网络流量，令那些斥资耗力拿到版权的内容提供商苦不堪言。2014 年“今日头条”案的版权争议②

---

* 何琼，浙江省高级人民法院知识产权审判庭法官，南京大学经济法专业硕士研究生。

① 崔国斌：《著作权法下移动网络内容聚合服务的重新定性》，载《电子知识产权》2014 年第 8 期。

② 马冉冉：《“今日头条”引发的网络版权之争》，载 http://media.people.com.cn/n/2014/0825/c40628-25531074.html，2015 年 1 月 30 日访问；刘小珊：《国家版权局拍板：“今日头条”构成侵权》，载 http://www.infzm.com/content/104191，2015 年 1 月 30 日访问。根据报道，国家版权局经调查确认“今日头条”使用其他权利人的部分新闻作品及图片均是由其网站存储传播，而非链接跳转方式，构成侵权。

以及此前“百度影音”因涉嫌视频盗版遭版权方群起起诉的事件①,都是其中的典型代表。在这类纠纷中,如何界定平台服务商的行为性质、其设链行为是否构成对他人著作权的侵害、能否受到《反不正当竞争法》的规制等问题引发热议,却尚无定论。本文拟对聚合型平台中的深层链接②问题进行梳理和分析。

一、提供行为的界定

关于深层链接的争议在传统互联网络中已经存在,只是在移动网络环境下更加突出。比如“今日头条”通过“加框链接”方式屏蔽被链网站的标识、广告等附加内容,仅呈现设链者需要的主文内容;“百度影音”等视频类平台的深层链接则完全撇开被链网站网页界面,直接指向目标视频文件。这种不脱离设链界面直接指向图片、音乐、视频或网页的所谓深层链接方式③,是否属于《著作权法》规定的通过信息网络提供作品的行为呢?

根据《著作权法》对信息网络传播权的定义,直接受该权利控制的行为是“以有线或者无线方式向公众提供作品,使公众可以在其个人选定的时间和地点获得作品”的行为,简称提供行为。由于语义上的模糊性,在司法实践中,对提供行为的认定一直存在两种标准。一种是服务器标准,即将作品上传至向公众开放的网络服务器的行为;另一种是用户感知标准,即不管作品实际由谁上传,只要作品传播时的外部表现形式使得用户认为系被诉网站或软件的经营者直接提供了该作品,就可以认定构成提供行为。

鉴于上述争论的存在,2013 年起施行的《关于审理侵害信息网络传播权民事纠纷案件适用法律若干问题的规定》第 3 条第 2 款对上述问题作了回应:“通过上传到网络服务器、设置共享文件或者利用文件分享软件等方式,将作品、表演、录音录像制品置于信息网络中,使公众能够在个人选定的时间和地点以下载、浏览或者其他方式获得的,人民法院应当认定其实施了前款规定的提供行为。”该条款明确采纳了服务器标准,但同时为适应网络技术的发展现状,对传统的服务器标准作了扩大理解,即不但包括上传至服务器的行为,还

---

① 宋雪莲:《版权方群起起诉百度影音涉嫌视频盗版侵权》,载 http://it. sohu. com/20111025/n323263138. shtml,2015 年 1 月 30 日访问。

② 聚合类平台被诉侵权的技术模式主要有两种:一种是深层链接,另一种是网络转码。限于篇幅,文本仅讨论前一种侵权模式。

③ 浅层链接指向被链网站的主页或其他网页文件(文件扩展名为. html 或. htm),点击链接后能够清晰地呈现出网站间的跳转过程和路径。深层链接的对象既可以是图片、音乐、视频等非网页文件,也可以是除主页之外的其他网页文件,但与浅层链接所指向的网页不同的是,深层链接在指向他人网页时没有跳转过程,也不显示该网页的网络地址,如某些“加框链接”。陈加胜:《信息网络传播权与链接的关系》,载《电子知识产权》2010 年第 2 期。

包括通过文件分享技术等其他方式将作品置于信息网络的行为。① 据此，在聚合型平台侵权纠纷中，如果平台服务商提供的只是搜索链接服务，并且被链作品系他人合法上传的作品，也没有设置技术措施②，那么就不构成著作权领域的侵权行为；如果其在明知或应知被链作品系非法上传作品的情况下，仍提供搜索链接服务，则应承担间接侵权责任；如果其未经许可实施了上传等作品提供行为，就必须承担直接侵权责任。

之所以采取服务器标准，主要原因在于链接是互联网中应用最为广泛的技术之一，深层链接与浅层链接相比，在汇集信息、优化界面、提升用户体验方面具有独特作用，也并非所有被链方都排斥这种技术的使用，深层链接所引发的问题将来可能由技术自身的发展来解决。如果法律把这种普遍存在的链接形式都纳入提供行为中，权利人的利益固然得到了加强，但网络技术的发展和信息传播的效率却受到了阻碍，整体社会福利很可能不增反减。在一项公共政策的效果尚不明确的前提下，对于立法者而言，采取温和保守的态度无疑是明智的。当然，面对聚合型平台不断侵占著作权人和内容提供商利益的局面，目前的司法实践也并非毫无作为：一是在举证责任分配方面，让设链方对自己实施的是搜索链接行为而非作品提供行为承担客观上的举证责任，并设置较高的证明标准；二是在《著作权法》之外追究设链者的不正当竞争责任，由于《反不正当竞争法》制止的是明显违背商业道德损害竞争对手的行为，因此尚不至于影响到所有深层链接技术的合法性。上述两点都将在下文中展开论述。

二、举证责任的分配和相关证据的认定

被诉行为究竟是作品提供行为还是搜索链接服务，往往是涉聚合型平台纠纷争议的焦点。原告一般认为，既然涉案作品能够直接在视频软件上观看或下载，那么就可以认定被告作为平台经营者提供了该作品。被告则通常辩称其提供的仅仅是针对视频的搜索链接服务，并未上传或在其服务器上存储相关视频。由于原告只能根据涉案软件播放视频时所呈现的外观来判断被诉行为的性质，而被告则是实际掌握软件技术的一方，因此，由被告就该事实承担更多的举证责任是适当的。具体而言，在原告提交初步证据证明被告提供

---

① 王艳芳：《〈关于审理侵害信息网络传播权民事纠纷案件适用法律若干问题的规定〉的理解与适用》，载《人民司法》2013 年第 9 期。

② 根据《著作权法》第 48 条第 6 项和《信息网络传播权保护条例》第 4 条的规定，他人不得故意避开或者破坏权利人采取的保护著作权的技术措施，不得故意制造、进口或者向公众提供主要用于避开或者破坏技术措施的装置或者部件，不得故意为他人避开或者破坏技术措施提供技术服务。但是，法律、行政法规规定可以避开的除外。

了相关作品的情况下(如视频播放时未跳转至被链网站的网页),应由被告对其提供的仅仅是搜索链接服务承担举证责任,当这一事实处于真伪不明的状态时,应由被告承担举证不利的法律后果,即认定其实施了提供行为。

限于篇幅,本文以涉视频类平台纠纷为例,对被告辩称其系提供搜索链接服务的主要理由和证据作一分析。被告一般会提供以下证据证明其实施的是搜索链接行为:1. 搜索结果列表的每个视频旁均已标注被链网站的名称,如乐视网(LeTV)、优酷网(Youku);2. 所播视频上有第三方网站的水印;3. 被告自己在软件介绍中发布的声明,称其内容均来源于第三方网站;4. 视频界面显示有 URL 地址;5. 链接实验证据,即在电脑上安装用于解析网络地址的软件(如科来网络分析系统、WireShark 软件),在涉案软件播放视频时监测视频来源(IP 地址或 URL 地址)。

在不同的案件中,被告提交的可能仅是其中一份证据,也可能是全部,并且证据的具体形式也千差万别,法院需要根据案件的具体情况,结合各项有效证据及相关事实,较为严格地把握高度盖然性标准,对被告的行为作出认定。一般而言,对于证据 1,由于在视频旁标注的网站名称或 LOGO 很可能系被告自行设置,不一定能够反映视频的真实来源,因此仅凭该证据不能证明被告提供的是链接。证据 2 中的水印一般是有权传播该视频的网站通过技术手段添加于视频之上,即使视频已被下载至其他服务器,水印也依然存在,所以显然不能据此认定链接。证据 3 属于被告的单方声明,也不能作为认定链接的依据。

证据 4、证据 5 相对复杂一些。证据 4 中的 URL 全称为统一资源定位符(Uniform Resource Locator),在互联网上的每个信息资源都有一个唯一的 URL 地址。通过 URL 可以看到资源所在服务器的域名系统(DNS)主机名或 IP 地址,以及资源类型等信息,如 http://www. letv. com/ptv/vplay/1089992. html 这个 URL 显示资源所在的主机名为 letv. com,类型为 html 即网页,如果是视频资源,则后缀通常为 wmv、rm、rmvb、flv 等。在以往通过 IE 等浏览器播放视频的案件中,根据网络常识,浏览器顶端“地址栏”所显示的网页地址就是该网页真实的 URL 地址。但是,聚合型平台应用软件不同于传统浏览器,URL 一般是直接显示在视频缓冲或播放界面上,在这种情况下,显示的 URL 是否就是真实的 URL 就不得而知了。此时,可以将该 URL 输入 IE 浏览器的地址栏进行验证,如果进入该地址后能够播放涉案视频或出现该视频的下载框,就说明该地址上存有相关视频,被告视频也很可能来源于该地址。

证据5是运用第三方软件直接检测所播视频来源的方法。例如,在上海观视文化传播有限公司诉被告杭州开迅科技有限公司等侵害作品信息网络传播权纠纷一案[①]中,被告为了证明被诉视频来源于乐视网,通过公证方式对链接实验的过程进行了保全:首先将公证处的某台电脑设置为无线热点,用手机连接该电脑无线热点,并关闭手机其他所有数据连接,使手机与互联网的所有数据交换均通过电脑实现。其次在公证处电脑上安装"科来网络分析系统软件"。再分别用手机上的"开迅视频"和"乐视影音"软件播放涉案视频,播放时科来网络分析系统软件分别依次记录流媒体数据来源的IP地址。最后将两者的IP地址进行比较,如果来源一致,就说明"开迅视频"提供的是链接服务。在此类链接实验中,由于引入了中立的第三方分析软件,因此能够客观地显示相关视频的网络来源。但需要注意的是,由于被告的这种实验往往是在被诉后才进行的,因此该证据也只能证明公证当时所播视频的来源,不能直接证明侵权当时的视频来源。为了进一步查明事实,可以要求被告当庭演示链接实验,并随机选择多个视频比较其IP地址,若确实来源于其他网站,则当前的被诉软件提供的应系链接,如果公证时的软件版本与当前软件一致,那么基本可以认定公证时被告提供的亦为链接服务。在确有必要的情况下,法院还可以前往被告的经营地进行现场勘验。

三、是否尽到注意义务的判定

如果被告提供的确系搜索链接服务,那么只有在其对直接侵权行为的发生存在过错,或者说未尽到合理注意义务的情况下,才构成间接侵权。在涉聚合型平台案件中,除了接到权利人通知后立即删除作品、未对作品进行过人工编辑、未直接通过作品获得收益以及作品知名度较低等常见的被告主张其已尽到注意义务的理由之外,还有一个较为特殊的理由,即被告系将搜索链接的范围限定于可信赖的合法网站。例如在前述"开迅案"中,开迅公司辩称:其开发的"开迅视频"的检索模式并非全网检索,而是将检索范围限定于乐视网、爱艺奇、搜狐视频、腾讯视频等13家正规视频网站的网络地址,其正是基于对这些网站内容合法性的信赖才提供了相关链接。

对此,一种意见认为,网络上的视频数量众多,搜索链接服务提供商无法事先对所有视频的权属作一一审查,所以如果设链软件已经对被链网站的经营资质进行了审查,并将检索范围限定于业界公认的版权状况良好的网站,那就说明其已尽到了注意义务。

---

① 杭州市西湖区人民法院(2013)杭西知民初字第547号案件,该案最终和解撤诉,此后被告对其平台进行了全面改版,采用链接到视频所在完整页面的方式,并保留了被链网站的广告。

但是,就目前提供网络视频的国内网站来看,还没有一家能够保证其提供的所有视频在版权方面不存在瑕疵,因此,即使被纳入检索范围的网站均具有合法的经营资质,并且版权状况在业界具有良好的口碑,也不能仅以此为由证明设链方已尽到了合理注意义务。并且,聚合型平台的深层链接绕过了被链网站的广告等页面内容,直接指向他人的文字、音乐、影视作品,甚至添加了自己的广告,相当于将他人服务器当作其外部存储器来为自己获得利益。在这种情况下,如果设链者只需要审查被链网站的资信情况即可免责,那么一方面,其可以不支付版权费就从这些较为可靠的网站获得视频资源为已所用;另一方面,一旦被链网站出现侵权行为,其还可以基于对被链网站的合理信赖为由免除赔偿责任,这显然会导致权利义务的失衡。因此,仅以信任被链网站资信为由主张无过错的理由是不充分的。

四、不正当竞争行为的构成

在作品提供行为系经权利人许可的前提下,设链者虽然不会直接侵害他人著作权,但却可能构成不正当竞争行为。[①] 由于此类行为未被纳入《反不正当竞争法》具体侵权行为条款的规制范围,所以只能适用该法第 2 条即一般条款予以处理。

然而,对于一般条款的适用应当慎重对待,一方面,它固然能够使《反不正当竞争法》适应形势变化对新形态的侵权行为予以规制;另一方面,如果适用不当,则容易出现损害自由竞争和阻碍网络技术发展的后果。因此,在按照一般条款认定不正当竞争行为时,需要满足几个条件:一是当事人之间存在市场竞争关系,当然这种竞争关系是比较宽泛的,不局限于同类产品或服务;二是违反自愿、平等、公平、诚实信用的原则,违背行业公认的商业道德;三是产生了破坏市场竞争的后果,对起诉的竞争者造成了损害,如果仅仅是利己而不损人的行为,则尚未达到需要公权力干预的程度。

具体到本文所述的聚合型平台中的深层链接行为,是否构成不正当竞争应当着重注意以下几点:

1. 原告应当是与平台服务商存在竞争关系的被链网站经营者,而非被链作品的著作权人。如果原告是以著作权人的身份提起诉讼,那么寻求的应当是《著作权法》范围内的救济。在不正当竞争领域,由于著作权人与平台服务商之间一般不存在竞争关系,因此无法符合不正当竞争行为的构成要件。

---

① 如上海汉涛信息咨询有限公司与爱帮聚信(北京)科技有限公司不正当竞争纠纷上诉案,北京市第一中级人民法院(2011)一中民终字第 7512 号判决书;北京鸿宇昊天科技有限公司诉沈某不正当竞争纠纷案,北京市海淀区人民法院(2004)海民初字第 19192 号判决书。

2. 被告提供深层链接的方式是否造成了对被链网站内容的实质替代[①]并损害其竞争利益。在多数引发纠纷的聚合型平台中，被链网站的广告、标识等信息均被略去，用户在平台界面上仅看到文字、音乐、视频等作品本身，这就导致了不但利己而且损人的后果：一方面，设链者利用被链网站的版权和网络带宽资源为自己获得利益；另一方面，去除了能够为被链网站带来利益的广告等内容，影响其发展经营。这种行为应当受到法律规制。

而另一些聚合型平台虽然绕过被链网站的主页指向其中的分页，但这些分页内容得到了完整的保留，其上仍有被告的广告、标识等信息，未影响被链网站的利益，甚至反而为被链网站增加了流量，就不应受到责难。例如，在德国"报童"案中，被告在"www. paperboy. de"（报童网站）上从事新闻类搜索引擎服务，用户在点击链接后可以直接进入文章所在的具体网页。德国联邦最高法院认为，被告通过汇集这些信息资源提供了极为有价值的服务，而那些被浏览的文章的来源并没有受到影响，原告在利用互联网提供业务的同时，也应该接受网络技术的限制，不能要求只能通过网站首页来阅读文章而排除不使用网络链接技术的可能性。[②]

3. 平台服务商违反 Robots 协议搜索他人网站内容的行为构成不正当竞争。Robots 协议全称 Robots Exclusion Protocol，通常被译为爬虫协议、机器人协议等。[③] 根据该协议，网站服务商可以在网站程序的开头部分写入一段网络程序，即 Robots. txt 文件，告知搜索引擎爬虫机器人不得抓取的内容。但 Robots 协议并非技术措施，而是国内外互联网行业内普遍通行、普遍遵守的技术规范。如果平台服务商不遵守被链网站的 Robots 协议，其行为无疑违反了搜索引擎行业内公认的商业道德，应当承担相应的法律责任。[④]

结　语

网络技术的复杂性与创新性不断挑战着现行的法律制度和法官们的智识。随着搜索链接技术的进步，聚合型平台应用软件顺应网络用户的需求和偏好而生，无疑具有其特定的社会价值，如何认定链接双方尤其是平台提供商一方的行为性质及民事责任，关系到网络技术的运用和整个行业的发展。另

① 如石必胜法官提出的链接不替代原则，石必胜：《论链接不替代原则——以下载链接的经济分析为进路》，载《科技与法律》2008 年第 5 期。

② 江清云：《从德国司法判决比较超链接的著作权侵权界定》，载《德国研究》2008 年第 2 期。

③ 百度百科"Robots 协议"词条，载 http://baike. baidu. com/view/9274458. htm，2015 年 1 月 30 日访问。

④ 北京百度网讯科技有限公司诉北京奇虎科技有限公司不正当竞争纠纷上诉案，参见北京市第一中级人民法院（2013）一中民初字第 2668 号判决书。

外,链接技术本身固然是中立的,但运用技术的目的和具体形态却并不中立,它不可避免地影响着相关方的利益格局。聚合型平台在强化渠道控制、吸引网络流量的同时,不应采取不正当手段过度侵占权利人和内容提供商的利益,以致对作品创作的源头和正当购买版权的企业造成毁灭性打击。因此,在处理涉聚合型平台纠纷时,不仅要对作为其内核的深层链接技术本身的运作过程有所了解,而且要综合考量权利人、内容提供者、平台提供商以及社会公众的多方利益,在现有的法律框架下,充分贯彻知识产权法的利益平衡原则,不断尝试寻求更为合理的解决办法,引导新商业模式的规范发展。

天津市音乐电视作品侵权案件的问题与对策

咸胜强* 张 胜** 张军强***

摘要:通过梳理近五年天津市电视音乐作品侵权案件的相关情况,本文发现这些案件存在以下问题:每部作品平均赔偿数额差距大、确定赔偿数额的考量因素不明确、对法定赔偿数额考量因素不举证、著作权集体管理运行机制不健全、司法保护仍需进行政策考量。上述问题产生的主要原因是:审判理念不同,部分审判人员更重审判效率;版权意识淡薄,经营者更重经济效益;举证能力有限,权利人更重赔偿数额;功能定位不清,著作权集体组织管理混乱。这些问题导致天津市KTV等娱乐产业背负着沉重的侵权赔偿负担,产业发展整体性进入瓶颈期。法院应当调整司法政策,合理控制侵权诉讼对KTV等娱乐产业造成的打击性影响。一方面要理顺赔偿方法适用顺序,避免法定赔偿泛滥化;另一方面合理确定侵权赔偿数额,避免赔偿标准差异化。确定法定赔偿数额要以权利人可能的损失与侵权人可能的获利为前提;以音乐电视作品权利价值为中心线,避免法定赔偿额过高或过低;以侵权人的过错程度确定法定赔偿额的幅度;用其他因素辅助确定法定赔偿的具体数额。通过调整司法政策倒逼各个唱片公司重新回归著作权集体管理组织模式。最终实现权利人、经营者、社会大众三方利益平衡,推动音乐产业的健康良性发展。

关键词:音乐电视作品 损害赔偿 法定赔偿 著作权集体管理组织

近年来,文化市场不断繁荣,文艺形式丰富多样,网络电视等媒体媒介影响力不断增加。随着群众文化消费选择的多样化,传统娱乐业面临经营困境。娱乐业经营者为了生存,侵权行为增多,又因版权人维权意识增强,导致天津市音乐电视作品侵权案件数量大幅提升。天津市各级法院对音乐电视作品的保护程度高低不同,适用法定赔偿方法标准不够统一,导致判决数额存在较大差异。如何规范法定赔偿方法,统一裁判尺度,平衡好版权人与娱乐业经营者的利益,既能有效保护版权人的合法利益又促进娱乐行业健康发展成为一项重要课题。

---

* 咸胜强,天津市高级人民法院民三庭庭长,法律硕士。

** 张胜,天津市高级人民法院民一庭法官,法律硕士。

*** 张军强,天津市高级人民法院民三庭法官助理,中国政法大学博士研究生。

一、天津市音乐电视作品侵权案件概况

(一)基本情况

1. 收案数逐年提升,判决率与调解率基本持平

根据我们调研统计,天津市音乐电视作品案件的收案数近几年呈逐步上升态势,增长幅度较大。2010 年、2011 年两年的收案数仅为 16 件,且多为著作权集体管理组织作为原告进行统一诉讼。之后,唱片公司作为原告进行诉讼的案件数量开始增加。(见图一)

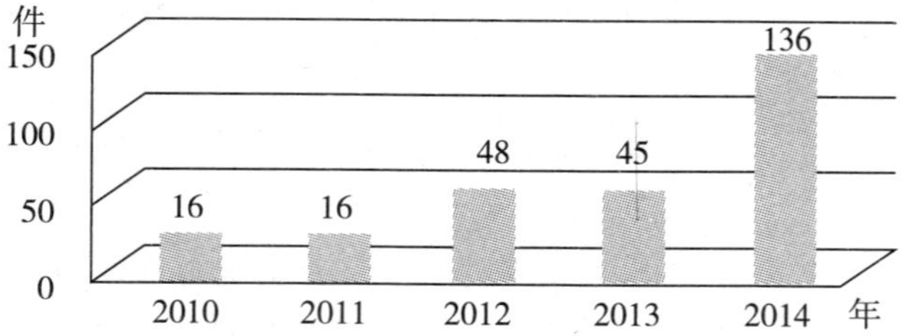

图一 近五年天津市电视音乐作品案件收案数

通过分析近五年音乐电视作品案件的结案情况,可以发现此类案件调解撤诉率稍高于判决率,但两者差距不明显,基本持平。其中判决率为 46%,调解撤诉率为 53%。(见图二)

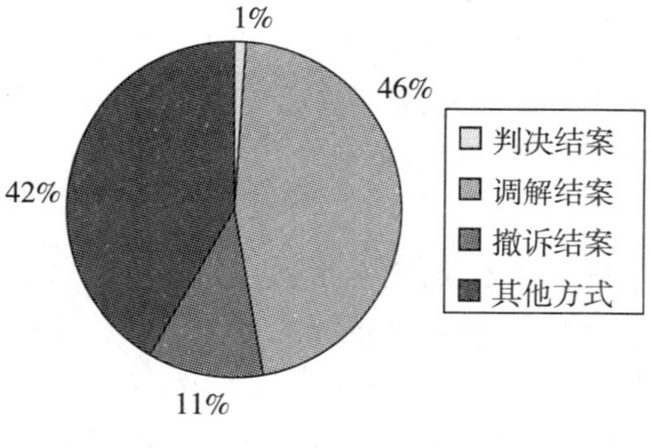

图二 天津市电视音乐作品案件结案方式统计

2. 在诉讼主体上,维权人批量诉讼较多

在诉讼主体上,2010 年、2011 年主要为著作权集体管理组织作为原告提起诉讼。2012 年以后,诉讼主体多为各家唱片公司,而且每家唱片公司在天津起诉时往往同时起诉多家娱乐业经营者,如北京天语同声信息技术有限公司在 2011 年起诉了 10 家 KTV 经营者。在诉讼中,对不同侵权人起诉的也是较为固定的几十部侵权作品。同时,同一个侵权人会被多家唱片公司先后起

诉,如天津东方之珠夜总会有限公司在2014年被4家唱片公司先后起诉。

3. 在赔偿数额上,判决对诉讼主张数额的支持率较低

在调研中,我们通过对以判决方式结案的案件进行梳理与分析,发现权利人主张的赔偿数额与最终判决支持的数额之间差距较大,其主要原因是:原告起诉时请求的赔偿数额过高。通过分析,在2010年与2011年判决赔偿数额支持率较低(判决赔偿数额支持率计算方式是指将判决数额除以原告诉讼主张数额得出的比率,该比率能反映法院对权利人主张的支持程度),大部分案件的判决数额支持率在24%以下。此后几年原告的诉讼主张赔偿数额趋于理性,判决支持率有所上升,基本维持在45%左右。(见表一)

表一 2010~2014年判决数额支持率的情况

年份	2010	2011	2012	2013	2014
支持率(%)	22	24	46	51	45

4. 在赔偿标准上,各法院法定赔偿标准不统一

通过对近五年音乐电视作品著作权案件每部侵权作品的法定赔偿数额进行分析,可以发现不同法院对法定赔偿标准的掌握各有差别。由于天津市第一中级人民法院与和平区法院是上下级法院,故两院的法定赔偿标准较为一致,但天津市第二中级人民法院的法定赔偿标准普遍高于天津市第一中级人民法院、和平区法院。(见图三、图四、图五)

2014年和平区法院判决的每部侵权作品的赔偿平均额为600元左右,这个数字明显低于此前几年。但图三仅反映了每部侵权作品的平均额,在统计时发现2014年部分案件也存在每部作品赔偿额达到1500元的情形,可见法官在适用法定赔偿时并未单纯考虑作品数量,还综合考虑了侵权情节、过错程度、KTV包房数量等因素。

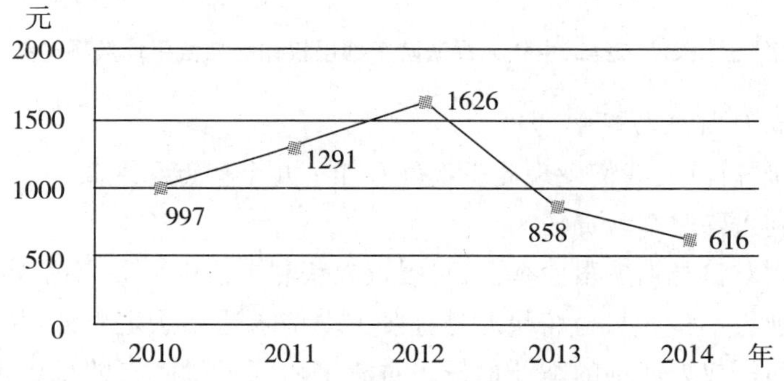

图三 和平区法院每部侵权作品赔偿平均数额走势

天津市第一中级人民法院的每部侵权作品赔偿平均额与和平区法院基本持平,也经历了一个由高到低的变化过程。

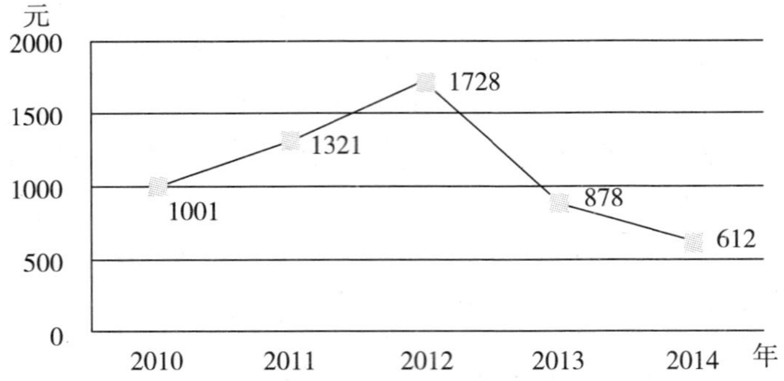

图四 天津市第一中级人民法院每部侵权作品赔偿平均数额走势

天津市第二中级人民法院的每部侵权作品赔偿平均额也同样经历了一个由高到低的变化过程,但是近三年基本稳定在每部作品1000元左右,高于天津市第一中级人民法院的每部作品600元。综上,我们发现,涉及音乐电视作品的侵权赔偿总体是呈下降趋势的。

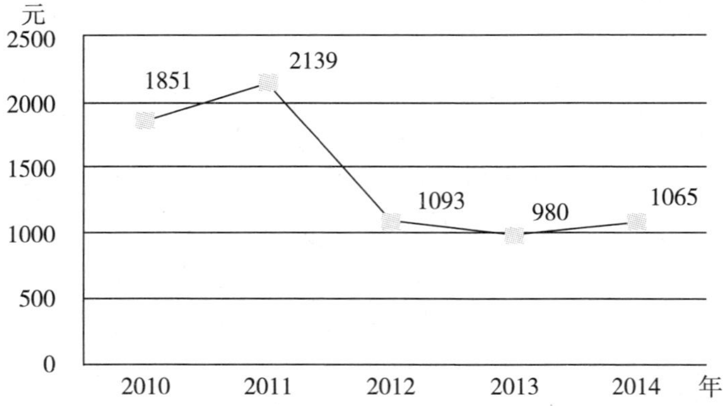

图五 天津市第二中级人民法院每部侵权作品赔偿平均数额走势

(二)诉讼特点与现象

在调研统计中,我们发现此类案件有如下几个特点和现象。

1. 权利人躲避举证责任

权利人对自身损失很少举证,对侵权人获利则很难举证,对法定赔偿考量因素的举证也不多。甚至在起诉时直接主动请求适用法定赔偿,从而避开对自身损失与侵权人获利的举证责任。对法定赔偿考量因素的举证形式化,起诉理由套路化,权利人提交证据模式化。权利人往往只提交版权权属证明、证明侵权行为的公证、收费发票、合理损失票据等证据。对权利价值、侵权人主观过错、侵权规模等法定赔偿考量因素举证较少,这不利于科学确定法定赔偿额度。

2. 权利人诉讼模式化

原告多为唱片公司,在不同的案件中面对不同侵权人,其公证的被侵权歌曲几乎为同一批歌曲。甚至诉讼请求中要求赔偿的数额也是固定的,如2014年北京鸟人艺术推广有限责任公司在天津市第二中级人民法院的批量诉讼中,涉案作品均为58首歌曲,诉讼请求均为8万元人民币。除此之外,诉讼理由、提交证据等情况也基本一致。

3. 侵权人著作权法律意识不强

通过调研发现,侵权人出庭答辩较少,在判决结案的案件中,63%的案件都是缺席审判。即使被控侵权人出庭应诉,答辩理由也多为套路化表达,答辩理由主要为:权利人并非著作权人;KTV点唱对消费者是免费的,盈利主要依靠酒水饮料;权利人进行公证的方式为偷拍偷录,公证手段违法不应认可;公证消费时开具的发票并非被诉侵权人的企业发票;购买的VOD点歌系统已经支付费用等。经过统计发现,被控侵权人往往存在侥幸心理,只有极少数被控侵权人曾与中国音像著作权管理协会订过协议。

4. 合理费用支持率较高

法院对原告的合理费用支持率达到96%,支持的项目多为公证费、交通费、食宿费等。少数案件没有支持合理费用,主要原因是该案的合理费用已经在其他案件中得到解决。在适用法定赔偿时,合理费用多被并入侵权赔偿数额项进行综合考虑,而不单独列明。

5. 一审案件原告胜诉率较高,二审案件维持率较高

经过统计发现,一审案件原告胜诉率为86%,只有少数案件被驳回,被驳回的原因主要为:原告公证取证时进行消费的发票不是娱乐业经营者开具的,不能证明侵权行为的存在。近五年,音乐电视作品案件二审判决维持率为98%。原因是:一审法院在计算赔偿数额时多适用法定赔偿方法,侵权人上诉后虽对酌定的赔偿数额提出异议,但很难提供有效证据推翻酌定的赔偿数额。

二、音乐电视作品侵权案件中的主要问题

(一)存在问题

1. 每部作品平均赔偿数额差距大

天津市目前由第一中级人民法院、第二中级人民法院、和平区人民法院进

行音乐电视作品侵权纠纷案件一审的审理。① 上诉案件中,较为集中的上诉理由是几家法院判决的每部音乐电视作品侵权赔偿平均数额不统一。其中天津市第二中级人民法院判决的每部音乐电视作品侵权赔偿平均数额高于天津市第一中级人民法院和和平区法院。当然,侵权赔偿数额要考虑作品本身价值、侵权情节、侵权规模等因素,每部作品的赔偿数额应有所差别。但是,两份平均数额差距较大的裁判文书被作为对比文书,同时出现在法庭上时,会使法院面临司法尴尬。裁判尺度的差异性会导致司法权威下降,缺乏相应的标准,会使侵权人产生对酌定赔偿数额是否科学、准确的合理怀疑。相应地,上诉率自然居高不下。

2. 确定赔偿数额的考量因素不明确

从天津市著作权侵权纠纷案件审理情况来看,目前天津市法院在确定音乐电视作品侵权赔偿数额的考量因素时缺乏精准化适用,一审判决对考量因素的表述呈现套路化。虽然裁判文书中,表述为综合考虑各种因素酌定赔偿数额,但是未讲明各个考量因素在确定赔偿数额时所占的比重,而且作品知名度、获奖情况、市场影响力、市场价值等考量因素因为难查明而被忽略,作品数量往往成为决定赔偿数额的关键因素。同一法院内,不同的法官在确定不同作品的赔偿数额时会呈现出协调一致的相似性,很少考虑不同案件之间的特殊性。法定赔偿虽然不像按照权利人受到的损失或侵权人获利来计算赔偿数额那么严格,但也不是随意赔偿,更不是赔偿计算的虚无化,应考虑案件的特殊性,科学确定赔偿数额的参考因素。

3. 对法定赔偿数额考量因素不举证

从审判实践中来看,权利人往往只提供能够证明自己是权利人的证据以及证明侵权行为的公证文书,对决定赔偿数额的作品类型、市场价值、侵权规模、侵权手段、主观恶性、侵权情节等因素不积极举证,甚至在诉讼中习惯性地请求法院直接适用法定赔偿。被诉侵权人,往往消极应诉,甚至不出庭应诉。侵权人对赔偿数额的举证,多为机械套用中国音像著作权集体管理协会(以下简称音集协)的收费计算公式,即每包房每天收取的费用。侵权人往往提供虚假的经营账簿和财务报表。法院在审理过程中既不重点查明法定赔偿数额的考量因素,也不要求双方当事人就考量因素进行充分举证。若权利人直接在诉状中主张适用法定赔偿,法院会打破赔偿方法适用顺序,直接适用法定赔偿,这样更加剧了双方当事人对举证责任的逃避。

---

① 2015 年天津市滨海新区人民法院也取得审理涉及知识产权案件的管辖权,但在调研时,该法院尚未审结过音乐电视作品侵权纠纷案件,故该法院不在本次调研范围之内。

4. 著作权集体管理运行机制不健全

一方面，著作权集体管理组织未发挥引导作用。音乐电视作品侵权具有易发性，而著作权集体管理组织制定收费标准时行政色彩过于浓重，导致娱乐业经营者对其制定的收费标准不认同。从司法统计了解情况来看，近年来天津市娱乐业经营者向著作权集体管理组织的缴费率偏低，音乐电视作品侵权在经营者群体中具有行业普遍性。另一方面，著作权集体管理组织未发挥规模作用。个案分散性诉讼取代统一诉讼。经过对天津市近五年的音乐电视作品侵权案件进行整体分析以及与天津市娱乐业协会、KTV 行业代表座谈，发现中国音乐著作权协会（以下简称音著协）、音集协将权利人的诉讼权利返还给权利人，偏离了集体组织集中行使权利形成规模效应的制度初衷。导致同一经营者先后被多家唱片公司重复性诉讼。除此之外，著作权集体管理组织管理混乱，存在多头收费现象，这也影响了娱乐业经营者的缴费率。

5. 音乐电视作品司法保护仍需努力

在当前大力加强知识产权保护力度的整体语境下，人民法院还应该考虑不同行业的特殊性，适当调整对不同知识产权的保护。目前娱乐行业面临经营受阻、成本加大、普遍利润率不高的产业深度调整期，应当合理确定知识产权保护力度，平衡好权利人、经营者、消费者三者之间的利益。2014 年 10 月，天津市高级人民法院民三庭、和平区法院知产庭同天津市娱乐业协会及部分娱乐业经营者代表开展座谈，娱乐业经营者表示，KTV 等娱乐产业正在经历低谷期，若司法保护力度过大，该行业利润空间将被进一步压缩，大量相关企业将会被迫关闭。娱乐业协会呼吁法院在裁量赔偿数额时，应该确定一个合理的赔偿数额区间，既能激励权利人继续创作，同时又能繁荣文化市场、促进产业发展，保证社会大众有条件、有途径进行文化消费。

（二）深层原因分析

1. 审判理念不同，有些审判人员更重审判效率

法院在审理音乐电视作品侵权纠纷案件时，相比对个案的公平来讲，更加注重审判效率，适用法定赔偿较多。查明权利人损失和侵权人获利需要耗费较大的司法成本，同时，查明酌定赔偿因素的比重也需要相当多的时间和精力。并且天津市部分法院审理知识产权案件的审判庭，同时也审理其他案由的案件。与其他类型案件相比，知识产权案件审理难度大、审理周期长、所需专业知识精。在案件数量居高不下、审判压力有增无减的情况下，法官更加注重审判效率，重心往往在于审理标的额更大的其他类型案件，对音乐电视作品案件审理一般会按照该审判庭以往判例，直接适用法定赔偿。同时在裁判文

书中附带一句权利人的损失和侵权人的获利无法证明,因此适用法定赔偿。法定赔偿的泛化导致赔偿数额缺失应有的精准度和科学性。

2. 版权意识淡薄,经营者更重经济效益

娱乐业经营者多存在知识产权法律意识欠缺,版权意识淡薄的问题,在经营 KTV、夜总会、会所等项目时,不考虑购买音乐电视作品的版权,认为只要购买了 VOD 点歌系统,就相应地获得放映权。并且经营者在购买 VOD 点歌系统时,也不审查 VOD 点歌曲库的供应商是否获得著作权人的授权。经营者在使用作品的过程中普遍存在侥幸心理,片面追求短期经济效益,认为权利人向自己追责概率较低。不积极获取授权,而是消极等待被诉。未被诉,就逃避责任继续使用;若被诉,就通过调解等方式解决纠纷。

3. 举证能力有限,权利人更重赔偿数额

从客观上讲,权利人举证能力确实有限。一方面,权利人往往拥有一个规模较大的著作权作品池,作品池中的部分作品被侵权导致的损失很难确定,也难以举证;另一方面,能反映被诉侵权人获利情况的相关财务报表、公司账簿等证据通常掌握在被诉侵权人手中,权利人接触不到,也很难取得。即使使用证据妨害规则,又因被诉侵权人的经营获利取决于多种经营因素,如何确定 KTV 点唱在其获利中所占的贡献率十分困难。从主观上讲,充分细致的举证需要花费巨大成本和精力,权利人也不愿意就作品类型、市场价值、侵权规模、侵权手段、主观恶性等因素进行举证,在诉讼时往往主动请求适用不需过多举证的法定赔偿。赔偿数额的多少,才是权利人真正关心的问题。

4. 功能定位不清,著作权集体组织管理混乱

从性质上讲,著作权集体管理是一种民事权利管理制度,是信托的一种法律形式。[①] 著作权集体管理组织本应该是非营利机构,并且是著作权市场上的平等民事主体。在知识产权保护意识相对淡薄的情况下,著作权集体管理维持一定的行政性、半官方性,能有效增强其向一般使用者征收许可使用费的力度。同时,这也导致其在制定收费标准时契约精神不足,收费计算公式并未与市场主体充分协商,认可度不高导致缴费率过低。各地普遍以国家版权局 2006 年第 1 号公布的 12 元/天/终端(包房)为标准,进行上下幅度调整。

著作权集体管理组织将诉权返还给权利人极富策略性,一方面使中小唱片公司可以在全国范围开展诉讼以获得高额赔偿金;另一方面饱受诉讼之苦的 KTV 等相关行业经营者,在经历诉讼海洋之后,缴费率上升,此时著作权集

---

① 胡开忠:《中国音乐作品著作权集体管理制度的现状与未来》,载《佛山科学技术学院学报》2008 年第 6 期。

体管理组织再与权利人协商将诉权收回。

而且音集协和音著协专业人员缺乏,管理机制混乱。我国的著作权集体管理采用分立垄断的模式,统一由音著协和音集协两家机构进行集体管理。但收取期限、收取标准、收取渠道等并不规范。例如,天合公司作为天津地区的音乐电视作品著作权收费单位,近几年,并未向天津市 KTV 等相关经营者收取许可使用费,导致经营者交纳费用渠道受阻。个别工作人员打着公司旗号,私自收费并向部分经营者颁发无效的许可使用证书,如(2014)二中民三知初字第 144 号鸟人公司诉海澎夜总会一案。经营者就面临着既交纳了费用,同时又要被唱片公司诉讼的局面。

三、完善音乐电视作品侵权赔偿案件的对策和建议

(一)理顺赔偿方法适用顺序,避免法定赔偿泛滥化

根据我国《著作权法》的规定,著作权侵权案件确定赔偿数额应当依次按照权利人的损失、侵权人的获利、法定赔偿的顺序进行适用。法定赔偿具有被动适用性,因此只有当损失与获利无法查明时,才能适用法定赔偿。

但准确计算损失和获利需要大量翔实的证据,而音乐电视作品侵权案件中权利人的举证能力有限。适用法定赔偿能简化对财务账簿的举证,能提高审判效率。除此之外,二审法院对一审法院酌定的赔偿数额很难找出明确的改判依据,这降低了二审法院的发改率。法官出于提高效率和降低审判风险的考虑,在大多数案件中都适用法定赔偿,造成了法定赔偿的泛滥化。

对于音乐电视作品权利人在诉讼时主动请求适用法定赔偿的情况,人民法院仍应按照赔偿顺序,对权利人损失和侵权人获利进行查明。“侵权行为造成的实际损失,应当是损害赔偿计算的中心。任何一种方法都不能脱离实际损失或者损害事实而单独存在,否则成了无源之水,无本之木。”①因为法定赔偿是权利人损失、侵权人获利无法查清时考虑司法效率的一种替代性方法,权利人不举证直接主动请求适用法定赔偿属于消极举证,逃避举证。法定赔偿不是在法定幅度内随意赔偿,当事人仍然应当就确定赔偿数额的因素进行积极举证,使酌定的赔偿数额尽量客观真实。

(二)合理确定侵权赔偿数额,避免赔偿标准差异化

法定赔偿的考量因素过于原则和粗线条,法官对这些因素的理解差异较大,导致裁判尺度缺乏同一性。考量因素应当力求具体可操作性,同时还应该类型化地确定各个考量因素对确定赔偿数额的影响力大小。将虚化的价值判

---

① 蒋志培:《论知识产权侵权损害的赔偿》,载《电子知识产权》1998 年第 2 期。

断转变成量化性较强的公式化计算。

第一,要以权利人可能的损失与侵权人可能的获利为前提。法定赔偿虽然无法查明损失与获利,但应以填平权利人的全部损失为原则,不应超额赔偿,亦不应低额赔偿。权利人可能的损失与侵权人可能的获利最贴近案件赔偿数额的客观公正,因此法院仍应要求原、被告对这些情况进行积极举证。除此之外,还应举证确定法定赔偿数额的参考因素有:侵权行为发生时的合理转让价格、合理许可费用、MTV 行业内的通常许可使用费、MTV 行业稿酬标准、音著协和音集协的许可使用费等。因权利人可能会提供价格虚高的音乐电视作品转让合同,法院应对转让价格和许可费用进行严格审查。

第二,应以音乐电视作品权利价值为中心线,避免法定赔偿额过高或过低。音乐电视作品权利价值越高,被侵权后给权利人造成的损失就越大。首先要确定音乐电视作品的通常市场价值,应当考量音乐电视作品的知名度、获奖情况、市场影响力。因为音乐作品实体专辑售卖时代已经过去,取而代之的是数字化传播。而且音乐电视作品主要为了更好地展现其中的歌曲,其受展现歌曲及该歌曲演唱者的影响很大,因此其市场影响力应重点考量音乐使用情况和音乐关注度,这一点可以借鉴认定驰名商标的参考因素。这些考量因素具体包括权利人的知名度、歌曲演唱者知名度、音乐排行榜、KTV 歌曲排行榜、歌曲下载数量、彩铃下载数量、APP 应用中的下载数量及歌曲热度等。

第三,以侵权人的过错程度确定法定赔偿额的幅度。在确定法定赔偿数额时考量侵权人主观心态,主要是实现对恶意侵权者惩罚与制裁。侵权主观因素是适用法定赔偿时重点考量的因素,因为侵权者不同的过错程度直接决定不同的赔偿幅度。[①] 主观恶意程度越高,法定赔偿额应越大。侵权人主观过错往往通过侵权客观行为方式来体现和查明。音乐电视作品侵权客观行为方式主要表现为:直接侵权还是间接侵权、权利人发出侵权警告后侵权人的表现、侵权人对生效判决未予执行或完整执行的记录、是否重复侵权、是否恶意侵权、侵权持续时间等因素。

第四,其他因素辅助确定法定赔偿的具体数额。在确定赔偿中心线和赔偿额幅度之后,就要结合其他因素确定具体数额。这些因素包括:侵权规模(KTV 房间数量、收费标准、地理位置、消费人气)、侵犯复制发行权(VOD 曲库提供商)还是侵犯放映权(娱乐业经营者)、侵权后果严重程度、是否存在停止营业期间等因素。

---

① 张春艳:《问题与对策:著作权法定赔偿适用考量的因素》,载《天津大学学报》(社会科学版)2014 年第 9 期。

作品的独创性程度、创作投入、创作难度、创作周期等因素不应作为侵犯音乐电视作品法定赔偿的考量因素。著作权法定赔偿在确定赔偿基准时应以著作权权利价值为中心。著作权的价值是由作品的市场价值来决定。[①] 音乐电视作品、歌曲的价值在市场交易中得以实现,并具体体现在市场需求、作品效用、价格协商中。音乐电视作品的创作投入、创作周期只能体现该作品在创作之后进入市场之前特定时间段的价值。而且音乐电视作品的创作受创作灵感、创作才情、天赋智力等不稳定因素影响较大,难以用流程化的劳动强度、劳动时间来计算。因此,不能以投入时间多少、投入物资多寡来衡量作品价值。著作权有较强人身属性,作品价值与创作团队、作者的知名度关联密切。

在确定赔偿数额方面,应注重考量因素的全面性,并注重对考量因素与赔偿数额之间的关系,既要维护权利人的权利,充分保护音乐产业,也要正确确定侵权者的责任,促进娱乐业行业的健康发展,合理平衡权利人、经营者与社会大众之间的权利义务关系。

(三)理性调整著作权保护力度,平衡各方利益

1. 适当降低权利人的证明标准,合理分配举证责任

对被控侵权人主张获利较低而提供的财务账簿信息应认定属于证明力较小的证据。实践中侵权人的获利可以通过申请法院查封被控侵权人的财务账簿等方式获得,但天津市 KTV 等行业经营者多为中小企业,部分甚至为个体经商户,其财务账簿缺乏真实性、客观性,难以反映获利情况。

对侵权行为与侵权损失、获利之间的因果关系应从宽掌握。在音乐电视作品侵权案件中,权利人拥有多部作品的著作权,侵权人经营的 KTV 等场所往往仅侵犯部分作品的著作权,被侵权作品在整体作品池中占比例较小。权利人部分作品因侵权受到的损失很难被割裂而单独计算。因利润降低会受到经营状况、质量控制、宣传力度、消费习惯、行业整体情况等多因素影响,即便权利人提供了企业的财务账簿等证据,但是很难证明营业利润降低与侵权之间存在直接因果关系。法官针对某项证据,可以根据自身的社会阅历和经验,对该证据的证明力进行判断,以决定其证明的待证事实是否成立,并进而决定提供证据责任的是否转换。[②] 在当事人提供基础事实证明之后,对侵权行为与侵权损失、获利之间的因果关系,虽然难以科学确认,但该因果关系的存在更符合生活常理的待证事实,可以根据日常经验和常识认知进行宽松认定。

---

① 张以标:《论以权利价值为中心的著作权法定赔偿制度》,载《电子知识产权》2009 年第 3 期。

② 顾韬:《论知识产权诉讼中证明责任分配及证明标准》,载《法律适用》2007 年第 1 期。

对继受取得著作权的权利人是否享有著作权,被控侵权人提出抗辩意见的,应当根据公平原则、诚实信用原则,结合当事人的举证能力,遵循逻辑推理、日常生活经验对证据有无证明力和证明力大小进行判断,并在裁判文书中公开判断的理由和考量因素。对被控侵权人提供消极事实证据的证明力进行严格认定。

对被控侵权人是否侵权,应该由权利人提供证据。实践中权利人一般会对侵权行为进行公证,并提交公证录像光盘。在权利人提交公证录像光盘之后,对公证消费发票与被控侵权人信息是否具备一致性问题从宽掌握。

对被控侵权人主张侵权期间有较长时间停止营业,应当由其提供在工商、税务机关的营业登记证明,并进行严格认定。

2. 充分运用举证妨碍制度规则,确定赔偿数额考量因素

举证妨碍规则是在一方当事人实施证明妨碍行为,使负有举证责任的一方当事人不能提供对证明主要案件事实具有相当分量的证据,导致待证事实真伪不明的情形下行为人应当承担的法律后果。[①] 从性质定位上讲,举证妨碍制度并非一项赔偿确定方法,而是一项进行价值判断之后的查明实体公正的司法技术。其制度价值不仅能突破被控侵权人持有证据却拒不提供致使案件审理难度加大的困境,而且在当前法定赔偿泛化背景下,这是试图查明确定赔偿数额考量因素的一种严谨的司法态度,能够有效避免法院对损失和获利的敷衍审查而直接适用法定赔偿。

在确定赔偿数额时,被控侵权人无正当理由拒绝提供其所掌握的经营场地、包房数量、会计凭证、财务账簿等证据,同时权利人提供了计算侵权人获利的合理方法和依据的,可以对权利人的方法和依据进行认定。一方面,要注意分清是权利人怠于举证还是真正的举证不能,只有权利人穷尽各种方法仍无法查清侵权人所掌握证据时,才可以适用举证妨碍制度。另一方面,要注意举证妨碍制度的限制条件,对被控侵权人是否存在正当理由而不提供其掌握的证据进行审查,如其财务账簿涉及商业秘密等。

3. 适当体现惩罚性赔偿

惩罚性赔偿相较于补偿性赔偿而言还具有惩罚性、预防性等作用,对权利人保护力度更大,是一种特殊的民事责任。目前我国仅《商标法》中规定了惩罚性赔偿,但我国著作权修改草案中试探性地增加了惩罚性赔偿。

具有知识产权特色的合理费用赔偿制度本身具备一定惩罚性。在目前

① 张泽吾:《举证妨碍规则在赔偿确定阶段的适用及其限制——兼评新〈商标法〉第63条第2款》,载《知识产权》2013年第11期。

《著作权法》尚未明确规定惩罚性赔偿的情况下,应当以合理费用认定为突破口加大知识产权保护力度。音乐电视作品侵权纠纷案件中,往往会出现公证费、律师费、差旅费等合理费用项目,除对律师费应严格认定之外,对其他费用应该从宽掌握。

在一些国家立法中,侵权人的主观恶性也是确定损害赔偿额的重要因素,我国实务界也有人主张这一观点,这种观点实质上是主张在知识产权侵权损害赔偿领域内采用惩罚性赔偿原则。[①] 法定赔偿因考虑侵权人过错程度、侵权情节,也具备一定惩罚性。应当根据恶意侵权、重复侵权、侵权期间较长、社会影响大、损害后果严重等情节相应提高法定赔偿数额。

(四)加强对经营者政策引导,避免集体管理无序化

应当通过司法审判引导各个唱片公司重新回归著作权集体管理组织模式。由于知识产权的无形性,权利人难以从技术上全面掌握音乐电视作品被使用及被侵权情况。权利人"以点对面"的授权模式在时间成本、谈判成本上的居高不下,导致权利人无法对广泛的、不特定的使用者进行费用收取和管理。著作权集体管理组织的合理性和必需性表现的越发明显。司法审判应该合理确定赔偿数额,既要充分保护权利人,又要科学确定侵权者的责任,合理控制对 KTV 等娱乐产业造成的打击性影响,倒逼各个唱片公司重新回归著作权集体管理组织模式,通过著作权集体管理组织进行统一维权和管理。使著作权集体管理组织可以集中帮助权利人行使权利,有效收取许可使用费,降低交易成本,重新将授权模式由"以点对面"变为"以线对面",形成规模效应。

向著作权集体管理组织提出司法建议,建议其在天津地区尽快统一收费主体,明确收费标准,颁发可信的授权凭证,改变天津地区经营者缴费无门,收费混乱的版权使用局面。

结　语

著作权法定赔偿问题一直属于学术界和实务界的热点和难点问题。在如何确定法定赔偿标准的问题上,本文主张采取分层考量法:确定法定赔偿数额要以权利人可能的损失与侵权人可能的获利为前提;以音乐电视作品权利价值为中心线,避免法定赔偿额过高或过低;以侵权人的过错程度确定法定赔偿额的幅度;用其他因素辅助确定法定赔偿的具体数额。通过对音乐电视作品侵权赔偿数额的准确划定以及在裁判文书中对确定赔偿数额考量因素的充分

---

① 李永明:《知识产权侵权损害法定赔偿研究》,载《中国法学》2002 年第 5 期。

阐述,促使著作权集体管理组织科学合理制定收费标准。提升 KTV 等相关行业经营者的版权使用意识及专业素养,提高其与著作权集体管理组织在制定收费标准时的协商能力。使全社会尊重知识产权,权利人、经营者、社会大众三方利益平衡,推动音乐产业的健康良性发展。

网络游戏知识产权的司法认定

张学军*

摘要:根据知识产权法定原则,司法保护知识产权应当从现行法律规定出发来确定网络游戏知识产权的权利主体和客体,对权利的边界进行界定。司法无法也不应针对现有知识产权法定客体类型的不足,创制出法定之外的新客体类型,来适应网络游戏智力成果保护的需要。网络游戏知识产权客体类型包括软件作品、美术作品、以摄制电影的手法创作的作品、专利、商标、知名作品的特有名称以及知名商品(服务)的包装装潢等。一个单纯的智力活动规则或者商业方法网络游戏软件,在被《专利法》认定为人类智慧的基础单位和科学、技术工作的基本工具从而不予授权的情况下,司法不应认定未经许可模仿和使用该等规则和方法的人,属于违反基本商业伦理道德和诚实信用原则的不正当竞争行为,以此保证知识产权各部门法之间的协调性和目标价值一致性。未经许可商业使用网络游戏作品的知名角色形象,通过将该形象与不同的商品或服务相联系而推广后者的,应当认定为不正当竞争行为。

关键词:知识产权法定　网络游戏　权利客体　权利归属　角色形象权益

根据中国互联网络信息中心(CNNIC)的定义,网络游戏是指以电脑为客户端,互联网络为数据传输介质,必须通过 TCP/IP 协议实现多个用户同时参与的游戏产品,用户可以通过对游戏中任务角色或者场景的操作实现娱乐、交流的目的。该定义从网络游戏传播途径和产品形态出发告诉受众何为网络游戏,并不涉及网络游戏的知识产权法律属性,网络游戏究竟是何种类型的知识产权,也就是说,网络游戏究竟属于何种知识产权的客体,关系到网络游戏是否可以受法律保护以及通过哪个知识产权部门法予以保护,这至关重要。

一、知识产权法定原则是确定网络游戏知识产权客体类型的基本准则

司法的特性决定了其必须在现行法律框架下行使国家强制力。知识产权法定原则,按照郑胜利教授的说法,是指“知识产权的种类、权利以及诸如获得权利的要件及保护期限等关键内容必须由法律统一确定,除立法者在法律

* 张学军,广东省高级人民法院民三庭副庭长,法学博士。

中特别授权外,任何人不得在法律之外创设知识产权”。[①] 该原则要求司法保护知识产权必须在现行法律框架下,根据法律规定对请求保护的权利的主体和客体予以确定,对权利的边界进行界定,无权利则无权益,也就无保护。

非法定的创新成果能否受法律保护?司法能否针对现有知识产权法定客体类型的不足,自创规则将更多的智力成果纳入知识产权客体的范畴?主张法律适用创新者认为可以。实践当中,很多游戏开发者作为原告起诉时,都会想当然地认为游戏中的场景、服装、道具、游戏方法、规则,甚至是游戏人物的武打招式等,都应该像法定权利一样无条件地获得保护。司法者内部也一直都不乏主张法律适用创新并将之付诸实践的人。笔者个人对此持异议的态度。因为,首先,“法律适用创新”,应该严格限制在司法者适用法律处理案件时解释法律,或者在法律缺乏规定或者规定模糊不清时,根据立法精神和宗旨创造规则处理纠纷。相反,绝非在法律有明确规定的前提下,根据司法者自己理解的“更好的、更为公平的、更有价值的规则”修改和否定已经存在的具体法律规定。司法者无权代行全国人大的职责和功能制定具体的法律条文。其次,立法是通过一套法定程序,历经各方利益博弈,最终达成一致行为规则并推向全社会实施的活动。既然是通过法定程序保障的各方利益博弈的结果,即便与司法者自己认识的最终“公平”和“保护创新的价值观”有差距,司法者也不应以自己的主张替代这种既成规定。最后,知识产权法定的最终价值在于,以明确的法律规定划清权利边界,使行为人对自己的行为有明确的预期,在按照既有法律规定行为时不会动辄得咎。若是非法定的创新成果可以按照法定知识产权那样获得保护的话,就意味着行为人在行为之前无法预期他人权利的边界,也无法规范自己的行为,可是在行为之后就可能面临被惩罚的后果。因此,知识产权法定实质是社会公权公益与知识产权私权私益之间的平衡。

知识产权的权利类型分为专利权、商标权和著作权三种,另外不正当竞争法赋予了相关主体部分法益。如果网络游戏无法确定为上述三种权利的客体,或者反不正当竞争法保护的法益的,则意味着未经许可实施网络游戏的行为并不被知识产权法禁止,则“无权利者不受保护,无权益者不受保护”。同时,更为重要的是,当网络游戏维权者主张自己知识产权的时候,其可以选择用上述三种权利或者反不正当竞争法规定的法益来请求保护,而无论选择哪一种权利,都受该种权利所属部门法所确立的判断标准和侵权成立标准所规

① 李杨:《略论知识产权法定原则》,载《电子知识产权》2004年第8期。

范。例如当权利人主张商标权时,法院需遵循商标法内在逻辑体系、特点和规则规范来判断侵权成立;主张著作权时,《著作权法》的逻辑体系、特点和规则规范又不同于《商标法》。而现在的司法实践中,不乏权利人希望把《专利法》《商标法》《著作权法》的侵权成立要件拆开来,综合拼接成一套对自己最有利的规则,这显然违反知识产权法的内在规律。

二、网络游戏的知识产权客体类型

(一)网络游戏构成软件作品

网络游戏运行的核心部分是软件。《计算机软件保护条例》第2条规定,软件是指计算机程序及其有关文档。第3条规定,程序是指为了得到某种结果而可以由计算机等具有信息处理能力的装置执行的代码化指令序列,或者可以被自动转换成代码化指令序列的符号化指令序列或者符号化语句序列。同一计算机程序的源程序和目标程序为同一作品。文档是指用来描述程序的内容、组成、设计、功能规格、开发情况、测试结果及使用方法的文字资料和图表等,如程序设计说明书、流程图、用户手册等。据此,一个网络游戏软件的源程序、目标程序及程序设计说明书等,均是《著作权法》保护的客体即软件作品。

(二)网络游戏构成美术作品

《中华人民共和国著作权法实施条例》(以下简称《著作权法实施条例》)规定,美术作品是指绘画、书法、雕塑等以线条、色彩或者其他方式构成的有审美意义的平面或者立体的造型艺术作品。我们根据该定义来审视网络游戏的截图,可以判断出其属于以线条和色彩构成的有审美意义的平面造型艺术,构成美术作品。

造型艺术作品的特征是:(1)二维平面或者三维立体;(2)由线条、色彩以及其他方式构成;(3)与外观设计的联系是:外观设计和造型艺术作品在创作手法上均由形状、色彩、图案三要素来表达。二者区别之处在于:造型艺术的功能是为了满足人类对审美的追求和表达感情的需要;而外观设计是工业产品的实用功能和装饰美感的结合。外观设计是在保障工业产品的实用功能和增强其装饰美感二者之间不断协调和统一的过程。因而,当原告请求以美术作品来保护其网络游戏截图时,法院应当根据美术作品作为造型艺术作品的特征来判断其权利边界和比对原则。

(三)网络游戏构成以类似摄制电影的手法创作的作品

《著作权法实施条例》规定,电影作品和以类似摄制电影的方法创作的作品,是指摄制在一定介质上,由一系列有伴音或者无伴音的画面组成,借助适当装置放映或者以其他方式传播的作品。从这个定义我们可以发现以类似摄制电影的方法创作的作品具有以下特点:(1)需要某种介质作为载体,例如胶片、磁盘等;(2)有伴音或者无伴音;(3)以一系列画面形成动画效果;(4)借助设备和装置传播;(5)电影作品与录像制品之间的区别在于是否具有独创性,达到一定独创性属于电影作品,独创性不高的机械录制成果,则属于制品。

笔者认为,根据上述定义来看,网络游戏完全符合前四个要件。比较疑难的是第五个要件。区别电影作品与录像制品的“独创性”要件的内涵是:电影作品一般具有电影制片者与电影导演鲜明的个性化的创作特征;在摄制技术上以分镜头剧本为蓝本,采用蒙太奇等剪辑手法;由演员、剧本、摄影、剪辑、服装设计、配乐、插曲、灯光、化妆、美工等多部门合作;投资额较大,等等。相反,对戏剧、小品、歌舞等表演进行拍摄时,拍摄者采用镜头拉伸、片段剪辑、机位改变、片头片尾美工设计、将场景从室内改变到室外等摄制方式,均不能够产生电影作品,其拍摄成果应认定为录音录像制品。[①] 从电影作品与制品的分野出发,当一个网络游戏开发者希望享有著作权权项如放映权时,其必须证明网络游戏构成电影作品,也就是说,他必须证明自己的网络游戏开发投资较大,综合了角色、剧本、美工、音乐、服装设计、道具等多个创作手段,具有丰富的故事情节和创作者独特的思想个性、作品风格,可以构成作品。否则,网络游戏就只能通过音像制品去主张权利。

(四)与网络游戏有关的其他类型的知识产权客体

有些网络游戏服务开发商和提供商为自己的网络游戏注册了商标。网络游戏商标能够注册的商品类别主要是:(1)第9类:已录制的计算机程序、软件。这里特别要指出的是:第9类商品是指仪器、器具、机械等有形商品,因而权利人将商标用于软件注册并获得授权的商品类别是已录制在相关载体上的程序和软件。即该软件必须固定在硬件介质上成为有形物。(2)第41类:服务商标,包括个人或者团体提供的人财物智力开发方面的服务,以及用于娱乐或者消遣时的服务。[②] 例如,暴雪娱乐有限公司为魔兽世界大型网络游戏注册了“魔兽世纪”文字商标。其中在第9类上注册了“可用于个人用电脑、电

---

① 张学军、岳利浩、肖少杨:《解读〈广东省高级人民法院关于审理侵害影视和音乐作品著作权纠纷案件若干问题的办案指引〉》,载《民事法律文件解读》(2012年第12辑),人民法院出版社2012年版。

② 《类似商品和服务区分表——基于尼斯分类》(第9版),国家工商行政管理总局商标局2007年版。

视游戏系统、便携式游戏系统、国际互联网或移动电话的游戏软件”;在41类上注册了“在全球计算机网络上提供在线的计算机游戏及相关的技巧和战略”。

三、网络游戏知识产权归属

(一)归属软件著作权权利人

《著作权法》第11条规定,作品权利属于创作作品的公民。第16条规定,软件构成特殊职务作品的,作者仅仅享有署名权,其余权利属于软件开发者等。据此,网络游戏软件的权属一般情形下应当属于程序编写人或者属于网络游戏开发公司等。

(二)归属美术作品著作权权利人

根据《著作权法》第10条的规定,美术作品的著作权归作者。但是当原告以网络游戏单幅截图作为美术作品来请求保护的时候,究竟权利归属美术作者例如漫画家,还是归属网络游戏开发公司,必须结合网络游戏的电影作品权利归属来考虑,不能简单化地认为其权利归属美术作者本人。

(三)归属以类似摄制电影的手法创作的作品的制片者

《著作权法》第15条规定,电影作品的著作权归属制片者。对于该条款,全国人大常委会出版的《中华人民共和国著作权法释义》阐明,根据创作产生著作权的原则,首先应当承认电影作品是由编剧、导演、摄影、作词、作曲等作者创作完成的。考虑到制片人的巨额投资和电影作品的商业运作,将电影作品的著作权赋予制片人,在理论上讲是将著作权法定转让给了制片人。但是,编剧、导演、摄影、作词、作曲等作者仍享有署名权以及取得报酬权。也就是说,与创作产生版权不同的是,《著作权法》对电影作品著作权归属的立法目的主要是保护投资人;制度设计的核心是协调作品的编剧、导演、摄影、作词、作曲等作者与制片人的关系。

根据《著作权法》第15条的规定,电影作品的整体著作权归制片人,剧本、音乐等可以单独使用的作品的作者,有权单独行使其著作权。这里“单独使用”主要是指脱离电影作品本身而另行制作。如编剧作者另行出版其创作的剧本;词曲作者另行将其为电影创作的词曲许可给其他表演者表演,之后再将该表演录制为录音录像制品予以复制发行,等等。但是,该条款中的“可以”也就表明了并非所有电影中包含的作品都可以“单独使用”。笔者认为,“可以单独使用”成立的要件应当包含:(1)可以以一种不同于电影或者电影画面的形式另行制作出版;(2)这种重新制作出版不会影响电影制片者的权益;(3)可以单独使用的作品的著作权与电影作品的著作权是分别独立的权利。

以某文化公司起诉某超市公司的案件为例,文化公司享有奥特曼系列影视作品的著作权许可使用权,其主张某超市公司销售的玩具侵害了电影截图中的奥特曼角色形象的美术作品著作权。二审判决认为,动漫电影作品的制片人对于被告使用的电影人物形象不享有著作权,著作权应该由电影美工人员即美术作品作者享有。笔者认为,按照前述要件进行判断,电影中的角色形象不属于可以单独使用的美术作品。因为当角色形象作为造型艺术时,其色彩、线条的组合是具有独创性的、特有的。如果被告将原告角色形象的色彩、线条进行较大改变后进行使用,使该角色外观与电影中的形象完全不相似的,则被告使用的根本不是电影中的角色形象。如果被告不对原告的角色形象进行大的改动,只是在服装和动作上进行微小修改的,则这种所谓的重新制作,呈现出来的还是电影中的角色形象。可见,电影作品的角色形象不具有区别于电影画面的、新的表达形式。当被告将该角色形象制成玩具复制发行时,就会影响电影作品著作权人对该角色美术作品的复制发行权。因而,如果要主张角色形象美术作品著作权的话,适格的原告应该是电影作品的著作权人即制片者,而非电影美工人员即动漫作者。

还有人主张,网络游戏的特点是玩家的参与以及玩家之间的互动,这种参与和互动是一种创作行为,因而,玩家参与之后呈现出来的网络游戏画面和情节演进构成一部新的电影作品。玩家是这部新的电影作品的创作人和权利人;若是不将玩家每次"打出来"的游戏结果认定为新作品,就无法解释为何每次玩家"打出的"结果都不一样。笔者认为这种主张非常值得商榷。

首先,网络游戏玩家的行为实质是在网络游戏公司创作好的场景中,以网络游戏公司创作好的角色身份,按照网络游戏公司设计好的游戏规则,进行智力游戏和娱乐。这种智力闯关活动实质上类似于体育竞技活动,与编剧的剧本创作活动有本质区别,与制片者的投资活动更有天渊之别。其次,玩家每次过关或者过关失败,都会产生不同的情节和结果,可是这种情节和结果是按照网络游戏公司设计的游戏规则和技巧自动生成的。即使不同的玩家,只要竞技水平相同,就可以得出相同的结果,这就说明这种"闯关"活动不具有创作所特有的个人思想和独特表达的特征。最后,每次闯关活动成功或者失败产生的游戏进程和结局都不同,但是很难说这些不同之间构成作品之间的实质区别,尤其是在作品的场景和人物形象相同的情况下,仅仅情节和结局不同能否构成新的电影作品,值得认真观察分析。

四、网络游戏知识产权保护的困境与出路

在我国知识产权各部门法制定之时,网络游戏尚未如今时今日一样具有

如此广泛的用户即所谓玩家,更不具备广泛的产业规模和影响力。没有一个部门法针对网络游戏,系统地去考虑其知识产权属性。网络游戏自身的综合性使其权利客体具有多样性,这种多样性后面隐含了非专门性和边缘性。也就是说,将网络游戏作为任何一种知识产权客体去保护,其实都有很大的局限和困难。

(一)作为软件作品的保护困境

软件作为作品,著作权保护的是其表达而非思想。TRIPs 第 9 条第 2 款规定,版权保护应延及表达,而不延及思想、工艺、操作方法或数学概念本身。与传统作品不同,计算机软件中的构思技巧和技术方案恰是软件作品中最具有价值的部分,是程序作品的精华。专业人士只要掌握这种构思,即可开发出大同小异的软件,版权保护不能解决采用不同表达方式但却抄袭同一程序方案的问题。另外,将流程图代码化的工作对于专业人士来说是件非常简单的事情。[①] 针对一些著名的大型网络游戏软件进行“改写”,将其构思技巧、技术方案和流程等作为核心重新编译代码,就可以得出一个完全不同表达形式的新的软件作品。鉴于这种困难,司法实践中,网络游戏开发者和服务提供者一直向法院主张:网络游戏的游戏规则、技巧、商业方法属于高科技创新和智力成果,应当受到《著作权法》保护;如果在《著作权法》架构下无法实现的,则应当通过《反不正当竞争法》予以调整。例如,在某网络游戏公司诉某网络科技有限公司擅自使用知名商品特有装潢纠纷、虚假宣传纠纷、其他不正当竞争纠纷一案中,某网络游戏公司指控被告抄袭原告游戏规则的行为具有明显的不正当性,违反了《反不正当竞争法》的基本原则。法院判决认为:

“游戏规则尚不能获得著作权法的保护,并不表示这种智力创作成果法律不应给予保护。游戏的开发和设计要满足娱乐性并获得市场竞争的优势,其实现方式并不是众所周知的事实,而需要极大的创造性劳动。同时,现代的大型网络游戏,通常需要投入大量的人力、物力、财力进行研发,如果将游戏规则作为抽象思想一概不予保护,将不利于激励创新,为游戏产业营造公平合理的竞争环境。因此,本院对被告的辩称不予采纳。”

以上判决理由和结果是否符合知识产权法定原则,是否给予了网络游戏软件不符合现行法律标准的保护,笔者认为可以从以下几个方面进行分析:

1. 从软件的专利化问题出发看游戏规则是否应当获得保护

把软件作为思想来予以保护,一直是软件业界选择作为改善软件保护条

① 任玉翠:《计算机软件著作权保护中的两个问题》,载《华东政法学院学报》2007 年第 2 期。

件和环境的最合适路径。[①]《专利法》对是否给予计算机程序专利未予明确。2010年《专利审查指南》第二部分第九章“关于涉及计算机程序的发明专利申请审查的若干规定”中指出,根据《专利法》第25条第2项的规定,涉及计算机程序的发明专利申请不授予专利权的情况主要有:(1)其发明主题仅是该计算机程序本身或者仅是存入存储器内,磁带磁盘等可读介质上的计算机程序本身;或因该计算机程序实质上是一种智力活动的规则和方法而不能授予专利权;(2)该程序是一种特定的数学方法,例如存入公知计算机存储器内的除法捷径算法,也不能授予专利权。也就是说,我国的专利授权审查的标准是,涉及计算机程序的发明专利申请只有在构成《专利法》第2条第2款规定的“技术方案”的条件下,即运用技术手段解决技术问题并获得技术效果时,才能成为专利权保护的客体。计算机程序本身、程序是智力活动的规则和方法时,或者程序是特定的数学方法时,都无法授权专利权,《专利法》对于该等程序不予保护,以此防止科学研究的“基本工具”被独占。

即便在对软件保护水平最高、强度最大的美国,利用计算机实施的发明是否能够授予专利权也一直备受争议。2010年美国联邦最高法院在Bilski v. Kappos案中判决一项商业方法属于抽象概念,不具有可专利性。在2014美国联邦最高法院终审的Alice Corp. Pty. Ltd. v. CLS Bank Int. 一案中,全体大法官一致认为应当适用“Mayo二步分析法”判断涉及自然规律、自然现象和抽象概念的发明的可专利性问题,并在此基础上判决一项利用计算机实施的商业方法及相关计算机系统和存储媒介不具有可专利性。该判决表明了美国联邦最高法院近年来对专利政策的调整,以及抑制专利制度过于扩张的立场。联邦最高法院认为,对利用计算机实施的发明,尤其是涉及商业方法的发明进行过度保护,难免会将一些本属于公共领域的基本概念、理论和业务方式等划归私人垄断,因而在判断此类发明的可专利性问题时必须非常谨慎。[②]

据此,我们可以看出,即便将网络游戏程序中体现的智力活动规则、技巧或者商业方法作为专利权的客体去予以保护,前提也必须是其权利要求在对其进行限定的全部内容中既包含智力活动的规则和方法的内容,又包含技术特征,即该权利要求就整体而言并不是一种智力活动的规则和方法。因而,如果网络游戏软件仅仅是智力活动规则、技巧或者商业方法时,其无法获得专利权保护。也就是说,其在著作权领域从表达角度得不到保护的东西,在专利权

---

① 吴道同、吴林:《计算机软件保护的法律分析》,载《知识产权》2006年第5期。

② 李洁琼:《利用计算机实施的发明的可专利性研究——美国联邦最高法院确认“Mayo二步分析法”的适用》,载《中山大学学报》(社会科学版)2015年第2期。

领域的思想角度,依然不是法律保护的权利客体。

2. 从法定的权利产生程序出发看游戏规则是否应当获得保护

与著作权由创作产生不同,专利权由国家授权产生。网络游戏软件的开发者和服务者主张其游戏规则应作为智力成果获得保护的,首要的权利义务是向国家授权机关申请专利。申请和授权的程序有一整套法律规范予以调整。该程序是否具有可专利性,是否属于包含了智力活动规则和技术特征的技术方案,应当经过专利授权机关审查。相反,在民事侵权诉讼中,司法者对于一项尚未获得专利权的程序,无权限审查其是否具有可专利性。侵权诉讼的法官无权决定某个程序中是否既包含智力活动的规则、技巧、商业方法,又包含技术特征,属于技术方案,在此基础上判决该程序所体现的商业方法和智力活动规则等应当作为法定创新成果和知识产权的客体去获得保护。

3. 从知识产权的立法精神和司法政策出发看游戏规则是否应当获得保护

首先,《专利法》和专利授权审查标准之所以不对单纯的智力活动规则、技巧、算法和商业方法计算机程序授予专利权,是因为自然规律、自然现象和抽象概念是人类智慧的基础单位,是科学和技术工作的基本工具,对这些基本工具赋予垄断性权利将会阻碍创新,将不利于专利制度目的的实现。这正是知识产权利益衡平原则的具体体现。其次,从我国的现行知识产权司法政策来考量,如果一项智力成果既不属于《著作权法》保护的表达,也不属于《专利权法》保护的技术方案即思想,更不属于《反不正当竞争法》中保护的技术秘密的,也就意味着这些信息本身就属于公众的权利范畴,不应当被个人所垄断。同时,一个单纯的智力活动规则或者商业方法网络游戏软件,在被《专利法》认定为人类智慧的基础单位和科学、技术工作的基本工具的情况下,却由法院判决未经许可去模仿和使用该等规则和方法的人,属于违反基本的商业伦理道德和诚实信用原则,因而构成《反不正当竞争法》应当制止的行为。这种逻辑推理的起点和过程都无法使人看到知识产权各部门法之间的协调性和目标价值一致性。最后,从国家创新政策出发,网络游戏与动植物和人类疾病的诊断方法相比,与事关国计民生的重大科技发现发明相比,并不具有足以使司法超越立法去赋予其更高标准保护的现实迫切性。综上所述,笔者认为,前述案件关于现代大型网络游戏通常需要投入大量的人力、物力、财力进行研发,如果将游戏规则作为抽象思想一概不予保护,将不利于激励创新,不利于为游戏产业营造公平合理的竞争环境的主张,实在值得再思考和讨论。

(二)作为电影作品保护的困境

网络游戏作为以类似拍摄电影的手法创作的作品来请求保护的,与一般电影作品相比,也有其自身特点带来的困难。主要是:首先,网络游戏的特点是让玩家按照角色性格,在设定好的场景中,依照一定的游戏规则去进行智力测试活动并得出相应的结果。因而,网络游戏的故事情节和人物性格一般相对比较简单,有的甚至没有情节,其作为电影作品要主张高独创性较为困难。其次,作品名称、题材、主题和情节本身不属于《著作权法》保护的客体。如原告使用"斗破苍穹"网络游戏名称,被告使用"斗破乾坤"名称,原告很难主张"斗破苍穹"四个字属于著作权保护的作品。再如,"见龙在田"游戏,讲述"一个流落民间的小王子,经过游历和历险,拜访形形色色的人物后,最后终于到达目的地,成为一代帝王的故事"。这一用几行字就可以描述完毕的情节和构思本身,很难由某个著作权人予以垄断。最后,由于故事情节简单,人物没有台词,在原告网络游戏电影作品的场景、朝代、人物形象被置换后,电影作品整体就"改头换面"为另外一个新的作品。如在暴雪公司"炉石传奇"案①中,被告将原告的游戏场景由未来世界改为三国时代,将人物改为三国中人物,服饰、道具、音乐重新设计,此时从以类似摄制电影的手法创作的作品类型出发,已经变为一部新作品。

(三)关于游戏中的画面和人物是否属于商品或者服务装潢的辨析

鉴于上述困难,网络游戏公司转而希望通过《商标法》以及《反不正当竞争法》中的商标、知名商品的特有名称以及包装装潢来保护网络游戏。如前所述,网络游戏公司或者在软件磁盘商品、娱乐服务上注册商标,或者主张网络游戏的名称为知名商品的特有名称,或者主张游戏中的画面和人物构成知名商品或者服务的装潢。

作品的名称是否可以构成知名作品的特有名称并通过《反不正当竞争法》去进行保护,笔者在《作品名称应否作为独立作品获得著作权法的保护》②一文中有过详细的论述,在此不再赘述。当网络游戏公司出版发行网络游戏软件时,对软件的有形载体进行包装装潢的,也与普通商品的包装装潢没有本质区别。现在的难点和重点是,如何看待网络游戏公司主张游戏播放过程中连续出现的画面和人物截图构成知名商品或者服务的装潢这一争议。

1. 商品和服务装潢成立的法律要件

装潢从语源上讲是指"装裱",即古代书画用潢纸装裱。现代器物或商品外表的装饰称为装潢。在《反不正当竞争法》的架构下,商品装潢具有特定法

---

① (2014)沪一中民知初字第22号民事判决书。

② 张学军:《作品名称应否作为独立作品获得著作权法的保护》,载《人民司法》(案例版)2009年第10期。

律含义。国家工商局《关于禁止仿冒知名商品特有的名称、包装、装潢不正当竞争行为的若干规定》第3条规定，特有，是指商品名称、包装、装潢非为相关商品所通用，并具有显著的区别性特征。装潢，是指为识别与美化商品而在商品或者其包装上附加的文字、图案、色彩及其排列组合。从上述定义出发，笔者认为知名商品的特有装潢具备下列要件：(1)识别性。所谓识别性，指装潢具有标示商品来源的功能，代表商品的质量和信誉，足以区别不同企业生产的相同产品或类似产品。只有具有识别性功能的装潢才是反不正当竞争法意义上的包装装潢；纯粹为了美化商品、消费者并不据此来区别商品的装潢，不属于反不正当竞争法规范的客体。(2)外观性。为了实现识别功能，装潢附加于商品之上时，必须置于商品的外表；附加于商品的包装上时，即成为包装的组成部分。装潢作为商品或者商品包装的表面附着物，与商品或者商品包装融为一体。(3)特有性，即装潢必须为某个商品独有而非同类商品通用，以此保证装潢权益人对该装潢的垄断。(4)稳定性。为了保证公众便于识别装潢所标识的商品的来源，权利人必须将自己的装潢固定为某个特有的文字、图案、色彩及其排列组合，而不能主张多个、非固定的、在播放过程中不断动态变化的文字、图案、色彩及其排列组合作为一个商品或者服务的特有装潢。(5)为知名商品所享有。

当装潢从商品外观扩张到服务外观时，就形成了服务装潢，服务装潢在必须具备上述5个要件的同时，其载体由商品变成了经营者营业场所的装修装饰，营业用具如杯碗碟筷、车辆，以及营业人员的服饰等，这些综合起来构成具有独特和固定风格的整体营业形象。如“东北人”饭馆服务员穿着的红绿碎花乡土风格服装以及饭馆外墙装饰的红绿碎花图案等，就构成服务装潢。

2. 文化娱乐商品或者服务装潢的界定

(1)文化娱乐商品的装潢

以小说为例，某些时候一本小说的封面可能会有两个图案：一个是丛书的标识图案，往往置于书籍左上角；另一个是作品插图，置于书籍封面的主要位置，作品的主题情节人物不同，封面插图也就各自不同。我们以上述装潢成立的法律要件来分析，明显可以看出，能够作为商品装潢的应当是丛书左上角的标识性图案。因为它具有稳定性，为了保证公众便于识别该书籍来源于某个特定出版商，权利人必须将自己的装潢固定为特定的图案。相反，权利人不能主张每本书各自不同的、不固定的全部插图每一幅都是自己出版的书籍的特有装潢，因为不固定和多变的图案导致相关公众无法辨识文化商品来源。对于该等插图，权利人只能通过美术作品去请求保护。

(2)网络游戏的装潢

同理,大型网络游戏播放过程中出现的众多画面、角色形象、角色武打招式和道具图案,不属于一个稳定不变的、固定的图案,相关公众无法据此识别这些图案标识的商品或者服务来源。因而,网络游戏公司不能主张其网络游戏中的众多(或者说每一个截图中的)场景和人物、道具形象等构成网络游戏商品或者服务的装潢,而只能以美术作品来主张权利。例如,著名网络游戏"魔兽世界"的商业标识"魔兽世界英文文字 + 花边"组合图案(见图一),具有稳定性和唯一性,便于相关公众识别这是由暴雪公司提供的游戏商品和服务,可以用来作为装潢使用。而游戏中巨大魔兽的形象在整部网络游戏播放过程中随情节不同而不断变化外观,其功能是用于表达思想和审美,而非识别商品和服务来源,自然不属于装潢。

图一

(四)关于网络游戏角色的商品化权

世界知识产权组织对"角色商品化权"的描述是:虚拟角色的创作者,或该角色的真实人物,或其他一个或多个经授权的第三方,对该角色的主要个性特征进行改编或二次利用,通过将该形象与不同的商品或服务相联系,使得预期的消费者因为对该形象的熟悉和认同而购买该商品或服务。也就是说,角色商品化权既可能是影视剧中由真实人物扮演的角色,也可能是动漫作品中虚拟人物扮演的角色。一个成功的动漫角色必然对公众产生强烈的广告效应和巨大的商业价值,动漫角色的权利人在此基础上所形成的把能够产生商品信用的动漫角色进行商业化使用的无形财产权,就称为"动漫角色商品化权"。①

① 牛巍、宋伟:《自主创新视角下我国动漫产业发展及其知识产权保护》,载《科技与法律》2012年第6期。

笔者认为，著名电影、美术作品的角色，是著作权人经过大量投资和创造性劳动创作产生的人物形象，该形象具有独特的视觉效果和个性特征，同时拥有较大的知名度。因而，将该角色的主要外观和个性特征进行改编或二次利用，通过将该形象与不同的商品或服务相联系，会使消费者因为对该形象的熟悉和认同而购买该商品或服务。角色形象能够为著作权人带来巨大的经济效益。当其他经营者未经许可对该角色形象进行同样的使用的话，无疑会剥夺原属于著作权人的商业机会和商业利益。因此，应当将其作为《反不正当竞争法》中的一种与知名商品的特有名称、包装装潢类似的权益来予以保护。由此，角色商品化使用的要件是：(1)角色具有广泛知名度；(2)表现形式为角色名称(文字)或者角色形象(美术作品)；(3)未经许可进行商业化使用。以著名电影角色福尔摩斯为例，对其进行商业性使用就包括对该角色的名称权、角色形象权(包括角色穿着的特定服装、使用的特殊道具)进行商业性使用。

结　论

对网络游戏的司法保护应该遵循知识产权法定的原则，网络游戏中包含的软件作品、美术作品和网络游戏构成以类似摄制电影的手法创作的作品，依照《著作权法》的相关规定予以保护。网络游戏软件开发者和经营者对于网络游戏游戏规则、技巧和商业方法软件主张保护的，应该依法申请专利授权，并依照授权结果受专利权保护。网络游戏的众多人物和场景画面不构成网络游戏商品或者服务的装潢。未经许可商业使用网络游戏作品的知名角色形象，通过将该形象与不同的商品或服务相联系而推广后者的，应当认定为不正当竞争行为。

三网融合的挑战与应对:网络著作权保护法律适用问题研究

——以各地法院相关判例为切入点

苏志甫*

摘要:三网融合对我国现行著作权制度提出了挑战,但更是对司法保护的挑战,裁判结果的不统一使司法保护难以有效发挥对产业发展的导向作用。裁判结果的不统一可归结为两方面原因:一是《著作权法》在权项设计上存在缺陷;二是对现行《著作权法》的司法运行不畅。在《著作权法》的制度缺陷尚未通过立法修订得以完善的情况下,首先应研究如何在现行《著作权法》体系下统一裁判标准,通过对现有法律的扩张解释或适用兜底条款可以为相关案件的裁判找到依据。但上述方法只是权宜之策,相关问题有待通过《著作权法》第三次修订实现制度上的完善从而予以根本解决。

关键词:三网融合　制度漏洞　裁判标准　广播权　信息网络传播权

著作权法律制度是科学技术发展的产物。近年来,新技术的迅猛发展和广泛运用,不断对著作权法律制度和司法裁判者提出挑战。三网融合的出现提出了同样的挑战。自2010年国务院常务会议决定加快推进三网融合进程开始,三网融合在近年来取得了实质性进展。在三网融合下,原有的互联网、广播电视网和电信网之间的壁垒被打破,传播终端设备日趋多功能化。近年出现的互联网电视就是三网融合技术在电视传播终端的典型表现,其既可以通过无线或有线信号接收电视节目,又可以直接获取互联网上的内容。三网融合方便了消费者的生活,促进了信息的传播和新兴产业的发展,同时也产生了新的法律问题。从著作权角度来看,三网融合本质上是一种关于作品传播的新技术,丰富和改变了作品传播的途径和媒介,关系著作权人的切身利益。随着三网融合的推进,各种相关的著作权纠纷案件日益增多,由于此类案件涉及较为复杂的技术问题和法律问题,成为近年来司法保护中的热点和难点问

* 苏志甫,北京市高级人民法院审判员、主审法官。

题。[①] 同时,三网融合相关法律问题凸显了我国现行《著作权法》在制度设计上的不足,相关问题在《著作权法》修订过程中为理论界和立法部门所关注。因此,研究三网融合下网络著作权保护的法律适用问题具有重要的实践和理论意义。

一、现象管窥:三网融合背景下裁判观点分歧综述

影视作品是网络上传播的商业价值较高的作品类型,影视作品著作权人通过新的传播途径获得许可收益的愿望最为强烈。从全国各地法院审理的三网融合相关著作权案件来看,绝大多数案件为影视作品的著作权人作为原告提起的诉讼。从各地法院对相关案件的裁判结果来看,裁判不统一的现象较为突出。

(一)现象之一:权利性质的认定分歧

1. 网络定时播放

网络定时播放是指网络服务提供者按照事先安排的时间表向公众提供影视作品的在线播放。对此类案件有两种处理意见。

第一种意见认为,网络定时播放属于信息网络传播行为。就电视剧的定时播放来讲,虽然用户在其选定的时间不能获得电视剧的全部或任意一集的内容,但却能够获得该网站正在播放的那一集的内容,故构成对信息网络传播权的侵犯。[②]

第二种意见认为,网络定时播放不符合信息网络传播权行为的交互式特征,应适用《著作权法》第 10 条第 1 款第 17 项“其他权利”进行保护。[③]

2. 网络实时转播

网络实时转播是指网络服务提供者在电视台、广播台直播节目的同时,将节目信号通过采集、转换为数字信号后输入网络服务器并实时上传网站供网络用户观看。对该类案件有三种处理意见。

第一种意见认为,网络实时转播可以作为信息网络传播行为予以规制,该行为侵犯信息网络传播权。[④]

第二种意见认为,网络实时转播不属于信息网络传播权保护的范围,但侵犯著作权人享有的“其他权利”。[⑤]

---

① 2014 年 4 月 24 日,最高人民法院知识产权庭曾专门组织召开“三网融合”知识产权法律问题研讨会。

② 北京市海淀区人民法院(2008)海民初字第 4015 号民事判决书。

③ 北京市高级人民法院(2009)高民终字第 3034 号民事判决书。

④ 广东省广州市中级人民法院(2010)穗中法民三初字第 196 号民事判决书。

⑤ 上海市浦东区人民法院(2011)浦民三(知)初字第 168 号民事判决书。

第三种意见认为,对电视台以无线方式广播的电视节目进行网络实时转播,属于以有线方式传播广播的作品,应认定侵犯广播权。①

3. IPTV 电视回看服务

IPTV 电视回看服务是 IPTV 系统实时对直播电视节目进行录制、存储,以供用户在近日随时选择回看的一种服务方式。目前涉及的纠纷主要是电视上播出的影视作品的著作权人或信息网络传播权人起诉 IPTV 回看服务经营者的案件。对该类案件的分歧在于 IPTV 回看属于广播权控制的行为还是属于信息网络传播权控制的行为。

第一种意见认为,提供回看服务的行为属于广播行为,不侵犯信息网络传播权。②

第二种意见认为,回看服务可以使用户通过网络以回看的形式对电视节目随时点播观看,该行为属于信息网络传播权调整的范围,侵犯信息网络传播权。③

(二)现象之二:责任主体的认定分歧

1. 网络播放设备在线播放影视作品

网络播放设备在线播放影视作品是指互联网电视、网络播放器厂家自行或通过与第三方合作等方式向使用其设备的用户提供影视作品在线播放服务,供用户在电视终端欣赏来自互联网的影视作品。此类案件的分歧主要是对网络播放设备厂商法律地位界定及责任认定上的不同,有两种处理结果。

第一种处理结果是认定网络播放设备厂商系网络内容提供者,直接判令其承担侵权责任。④

第二种处理结果是认定网络播放设备厂商系网络服务提供者,在其对侵权事实明知或应知情况下承担共同侵权责任。⑤ 在认定设备厂商系网络服务提供者的案件中,既有以其存在过错、认定侵权成立的案件,也有认为其不存在过错、未判令承担侵权责任的案件。⑥

2. 手机客户端实时转播电视或在线播放影视作品

主要是指手机客户端软件的运营者通过其软件向手机用户在线提供电视

---

① 北京市第一中级人民法院(2013)一中民终字第 3142 号民事判决书。

② 广东省广州市中级人民法院(2013)穗中法知民终字第 1173 号民事判决书。

③ 广东省深圳市福田区人民法院法院“乐视网诉天威视讯盗播《甄嬛传》案”,裁判结果检索自互联网,载 http://www.legaldaily.com.cn/index_article/content/2014-03/19/content_5373512.htm?node=5955,2014 年 10 月 23 日访问。

④ 北京市第二中级人民法院(2012)二中民终字第 10166 号民事判决书。

⑤ 北京市朝阳区人民法院(2011)朝民初字第 17348 号民事判决书。

⑥ 前者参见北京市高级人民法院(2010)高民终字第 2581 号民事判决书;后者参见北京市海淀区人民法院(2013)海民初字第 23584 号民事判决书。

实时转播或影视作品在线播放服务。此类案件与电脑端或电视端相同情况的认定本质上没有区别。多数客户端运营者通常抗辩称其仅为链接服务提供者,从已有判例来看,既有认定手机客户端运营者属于网络内容提供者的案例,也有认定属于网络服务提供者并判令其免予承担赔偿责任的案例。①

二、原因剖析:新技术对法律制度及其运行的冲击与挑战

三网融合相关著作权案件裁判结果的不统一,存在案情差异的因素,但更多的是法律适用上的差异。裁判结果的不统一有损司法的权威和形象,更不利于发挥司法保护对行业发展的导向作用。因此,研究三网融合著作权保护的法律适用问题,首先有必要对现有司法判例不统一的原因进行分析。笔者认为,总体上可以归结为著作权自身制度设计缺陷和司法运行不畅两方面原因。

(一)制度漏洞:著作权权项设计缺陷

著作权制度设计缺陷主要体现为《著作权法》在著作权权项设计上存在缺陷,这种缺陷是立法技术的弊端形成的。我国《著作权法》对著作权内容的规定采取了详尽列明权项的方式,并且明确规定每项权利的内容,在定义权利时又根据传播技术、传播媒介来予以确定。有学者将之称为技术主义立法路径,即立法对于著作财产权利的设定不是以权利所规范的行为为标准,而是根据一种传播媒介来设定权利,没有考虑这种传播媒介的技术特征是否有必要在法律上构成一种独立的利益类型。② 上述立法体例的突出弊端就是造成著作权各个权项调整范围的封闭性,对技术发展的应对过于被动,且增加了法律适用的难度。

在三网融合时代,《著作权法》上述立法体例的弊端越发凸显,在技术进步的背景下,权利之间产生重合或者出现不能覆盖的漏洞,导致司法实践中法律适用的困境。作为与三网融合关系最为密切的两项权利即广播权和信息网络传播权,在调整新的传播方式上均存在局限。现行《著作权法》中的广播权专为广播技术创设,所控制的行为属于社会公众在自己选择的地点、根据既有的时间表接收广播节目,规范对象限定为无线方式下“非交互式”直接传播以及以有线方式转播无线广播,不包括直接以有线方式传播;而信息网络传播权是为规范以信息网络方式传播作品的行为所设定,规范对象限定为有线或无线方式下的“交互式”传播,强调社会公众可以不受时间和地点的限制获得节目。对于三网融合下出现的网络定时播放、网络直播等以“非交互式”方式直

① 北京市朝阳区人民法院(2013)朝民初字第15308号民事判决书。

② 焦和平:《三网融合下广播权与信息网络传播权的重构》,载《法律科学》2013年第1期。

接传播作品的行为,上述两种权利均不能涵盖。正是由于这种制度设计上的不完备,导致司法实践中对于新出现的传播行为存在两种适用法律的倾向:一种做法倾向于对广播权或信息网络传播权进行扩张解释,将原本不属于该权利调整的行为纳入其调整范围;另一种做法倾向于适用兜底条款,将新出现的作品传播行为纳入《著作权法》第10条第1款第17项"其他权利",从而出现了前面提到的同一种传播行为被认定侵犯不同权利的裁判结果。

(二)运行偏差:著作权制度司法运行不畅

1. 对于当事人主张的具体权利的内涵及权利控制范围的理解和把握存在偏差

《著作权法》对作品的保护是通过赋予著作权人专有权利的方式实现的,法律规定著作权人享有的每项专有权利均控制着一类特定行为。在司法实践中,认定被控侵权人侵犯某项著作权权利的前提是被控侵权行为落入该项专有权利的控制范围。因此,在进行侵权判定时,首先必须确定原告主张权利的客体是什么、享有什么权利以及权利的控制范围。但从部分三网融合相关案件的处理情况来看,某些裁判结果的差异是由于对相关权利的内涵和权利控制范围的理解、把握存在偏差。以网络定时播放为例,其特点是在特定的时间将事先准备好的节目提供给公众,相关公众无法在自行选定的时间获得该节目,而只能在该节目提供者预设设定的播放时间段才能收看该节目。因此,司法实践中认定网络定时播放行为侵犯信息网络传播权的裁判结果,有违信息网络传播权仅规范"交互式"网络传播行为的立法本意。

2. 确定相关经营主体法律地位及责任时把握的标准不统一

网络经营者及其从事的作品传播行为是网络著作权保护的焦点问题。在现行《著作权法》体系下,根据网络经营者提供服务内容的不同将其区分为网络内容提供者和网络服务提供者。网络内容提供者是指将网络信息内容以上传或其他方式置于向公众开放的网络服务器的服务商;网络服务提供者则是指为他人在网络上传播信息内容提供存储空间、搜索链接等技术服务的服务商。二者区分的法律标准在于其实施的是直接提供信息内容的行为还是为他人传播信息提供技术服务的行为。

虽然上述区分标准在理论上是清晰的,但在现实中,随着网络技术的发展和商业模式的多样化,网络服务的类型趋于多样化和复杂化。有的服务性质是明显的,其服务所呈现的形式使得对其行为的界定较为容易;但有的服务模式的外在形式并不清晰,有的在模式上可能提供的是技术服务,但服务的外在形式却可能使用户误认为其提供的是内容服务。①

在三网融合下,多数经营主体出于提升用户体验和自身商业利益的考量,在使用来自第三方的影视作品时倾向于采取深层链接的方式,即播放影视作品时的步骤和界面趋于简洁,往往没有跳转过程,有的仅在作品简介页面上标示第三方网站图标,有的甚至没有任何第三方信息。而权利人在对相关平台进行取证时,往往仅对该平台提供影视作品播放服务的外在过程进行公证,并不会查验数据的真实来源。此种情况直接导致在纠纷发生后对相关经营主体法律地位界定的分歧。在实践中,由于对当事人举证责任分配和证明程度要求标准把握上的不同,直接导致了裁判结果的差异。例如,在全国首例网络播放器侵犯著作权纠纷案中,一审法院依据第三方监控软件监测的结果,认定涉案精伦 H3 播放器播放的电影《画皮》来自第三方网站 www. pplive. com,确认被告对涉案电影提供了链接服务。二审法院则认为:一审法院进行勘验时已在原告公证取证之后且在诉讼期间,故勘验时的状态不能等同于原告公证取证时的状态,同时结合其他证据,认为被告未能尽到其提供的是搜索链接服务的举证责任,推定其为侵权影片的直接提供者。②

三、问题解决之司法应对:统一三网融合相关案件裁判标准

如前文分析,当前司法实践中对三网融合相关著作权案件的不同裁判结果,既有《著作权法》自身制度设计缺陷的因素,也有裁判者对法律理解、适用不够准确的原因。在《著作权法》的制度缺陷尚未通过立法修订得以完善的情况下,解决当前三网融合相关著作权案件司法裁判不统一问题,首先应研究如何在现行《著作权法》体系下统一裁判标准。

从目前各地法院审理的三网融合相关著作权案件所涉法律问题的实质来看,总体上可以划分为以下两类问题:一是因网络定时播放、网络实时转播、电视回看等新的作品传播方式产生的法律问题,核心是应适用何种权利调整的问题;二是因互联网电视、移动客户端软件等新的作品传播终端产生的法律问题,核心是对相关经营主体的法律地位和责任判定问题。前文归纳的五类案件裁判结果的差异,根源于对以上两类法律问题的认识不同,统一裁判标准实质上就是要统一对该类问题的处理意见。

(一)权利性质的认定:新技术与既有权利的匹配

著作权作为一种法定权利,其权利内容和保护范围均由法律明确规定。

---

① 陈锦川:《著作权审判:原理解读与实务指导》,法律出版社 2014 年版,第 220 页。

② 分别参见北京市朝阳区人民法院(2011)朝民初字第 17348 号民事判决书、北京市第二中级人民法院(2012)二中民终字第 10166 号民事判决书。

由于现行《著作权法》上的各项财产权利是按照传播技术、传播媒介所设定，权利人在行使权利或者对外进行许可时，基本是按照单项专有权利或者单个传播终端进行，在三网融合前，各个权利的边界总体上是清晰的；但在三网融合下，各个权利的边界被打破，相互间产生重叠或者出现了对于新的传播方式均不能覆盖的漏洞。在此背景下，准确界定权利调整问题，不仅关系法律适用的准确性，更关系到相关作品权利人、使用人的切身利益。在三网融合下，处理对新的传播方式的权利调整问题，首先，应正确把握法律已创设权利的控制范围，通过文义解释的方法优先适用现有权利调整新的传播方式；其次，在相关权利的文义解释无法涵盖某类行为时，可以在符合立法本意的前提下对法律已创设的权利适当进行扩张解释；最后，在通过扩张解释仍无法将新的传播方式纳入法律已创设权利控制范围的情况下，如果对该类行为不予禁止将明显有损权利人利益时，可以适用兜底条款进行调整。

1. 关于IPTV电视回看服务的认定

IPTV提供的回看功能使得用户在特定节目播出一段时间之后仍能“点播”已经播出的节目，从而改变了用户错过节目直播时间就无法观赏节目的局面。虽然用户的“点播”不是完全随意的，但起码在“回看”服务的时间段内，用户可以在自行选定的时间和地点随意观赏节目。因此，IPTV电视回看服务对节目内容的传播符合信息网络传播权控制的交互式传播行为的特征。对于未经许可，提供影视作品回看服务的行为，应认定构成对信息网络传播权的侵害。

2. 关于实时转播行为的认定

首先，应区分被控侵权的行为是对某电视台、广播台节目的整体转播，还是对个别节目的同步转播。其次，应界定清楚原告主张权利的客体以及权利的性质和内容。从司法实践来看，针对实时转播行为提起诉讼的原告既有影视作品的著作权人，也有播出影视节目的广播组织。由于两类主体主张权利的客体不同，其在著作权法上享有的权利也有所区别。当原告依据具体影视作品提起诉讼时，从不同的法律解释角度可以分别得出侵犯广播权和其他权利两种处理意见。上述两种意见均有一定合理性。笔者认为，通过对“有线方式转播”中的“有线”扩大解释为包括互联网所使用的网线的方式，既可以将实时转播纳入广播权的控制范围，也更契合广播权规制初始传播行为系“无线广播”的后续转播行为之立法本意。在同一行为已经由广播权调整的情况下，按照邻接权保护不能与著作权保护冲突的原则，广播组织显然无法依据广播组织者权主张权利。当然，广播组织在未获得影视作品著作权人有关广播权或著作权“其他权利”维权授权时，若认为其合法权益因实时转播行为受到损害，仍可通过《侵权责任法》或《反不正当竞争法》寻求保护。

3. 关于网络定时播放的认定

如前文所述，网络定时播放不符合交互式传播行为的特征，不属于信息网络传播权调整、控制的范围。同时，网络定时播放也不属于广播权控制的范围。因为根据《著作权法》第 10 条第 1 款第 11 项的规定，广播权控制的“有线传播”仅指以有线传播或转播的方式向公众传播或广播的作品，不包括直接以有线方式传播作品。而网络定时播放所涉及的行为并非先接收到以无线方式传输的内容，再通过网络加以转播，而是直接通过网络进行的传播。因此，在现行的《著作权法》体系下，适用“其他权利”调整网络定时播放行为是较为稳妥的选择。

需要指出的是，在司法实践中，对于兜底性权利条款的适用，应采用较为严格的标准。因为权利法定为著作权权利设定的基本原则，过多地适用兜底条款，客观上将达到通过司法裁判创设新权项的效果，有损权利法定原则。并且，《著作权法》上的“其他权利”仅限于作品的著作权人，并没有赋予表演者、录音录像制作者兜底的权利，将过多新的使用方式纳入“其他权利”的调整范围，将会出现相同情况给予不同保护的局面。

（二）归责主体的确定：新技术与法律责任的对应性

在三网融合下，随着终端设备的日益多功能化，相关经营主体的身份亦随之变得复杂和多元化。以互联网电视为例，互联网电视厂商不再仅仅是设备的生产者，其可能还是互联网电视所访问影视节目的内容提供者或技术服务提供者。对三网融合下新的传播终端相关经营主体法律地位和责任的判定，核心在于对技术中立原则和过错责任原则的准确适用。

1. 对相关经营主体法律地位的界定

按照技术中立原则，法律对某项行为的定性，应当以行为人的目的和行为的后果为依据，具有相同后果的行为应受到相同的法律评价，不能因实施行为的技术手段不同而发生变化。在三网融合相关著作权案件的审理中，同样应遵循技术中立原则。但应注意到此处的“中立”指向的仅是技术本身的中立，不包括对技术的使用行为。界定被控侵权主体属于网络内容提供者还是网络服务提供者，根本的区分标准在于其实施的行为属于直接传播作品的行为还是为他人传播作品提供技术服务的行为。此时，应更多地关注当事人依托技术所形成的商业模式及其在该模式中实施的具体行为，对其是否构成侵权的判断应基于该行为自身的特征和后果，与技术本身无关。

当然,上述区分标准属于法律上的标准,在个案中的适用必须以相应的事实为依据,而固定事实的关键在于对最高人民法院《关于审理侵害信息网络传播权民事案件适用法律若干问题的规定》第6条的准确适用。[①] 该规定主要是考虑到网络技术的复杂性,要求权利人来分辨相关网络服务提供者是具体从事了提供作品的侵权行为,还是仅为该提供行为提供网络服务,是不现实的,也超出了权利人的举证能力;考虑到对权利人的保护,并在权利人和网络服务提供者举证能力之间作出平衡,司法解释规定了权利人承担证明网络服务提供者提供相关作品的初步证明责任。如网络服务提供者以其提供网络服务为由进行抗辩的,则由网络服务提供者承担其提供的是网络服务的举证责任。[②]

上述规定对权利人与网络服务提供者之间就网络服务提供者是否实施了诉争作品的提供行为的举证责任分配进行了规定,为司法机关在案件审理过程中准确界定被控侵权主体的身份指明了方向。但在三网融合下,对于平台或客户端经营者提供的服务外观形式与后台数据真实来源可能不一致的情形,在界定相关经营主体法律地位时,不能简单地通过举证责任分配来完成,否则,法院认定的法律事实将与客观事实形成严重背离。在个案的认定中,应结合经营者提供服务的外在形式、当事人举证以及法庭勘验情况等多方面因素综合作出判断,既要根据证据规则和网络司法解释的规定合理分配双方当事人的举证责任,引导当事人积极举证;又要在当事人举证能力受限的情况下,主持当事人进行勘验,充分利用专业软件监测数据来源、与第三方网站影片播映信息相印证等方式最大化地还原案件事实,使法律事实尽量与客观事实相吻合。

2. 对相关经营者主体责任的确定

按照过错责任原则,在界定相关经营主体法律地位的基础上,确定其是否承担法律责任,还需要考虑其是否存在过错。在网络著作权案件中,区分经营主体法律地位的最大意义在于认定侵权成立时的过错标准不同。经营者属于网络内容提供者的,一般可以直接推定其存在过错,侵权成立要件较易满足;经营者属于网络服务提供者的,认定其构成侵权的前提是其对他人利用其提供的技术服务实施的侵权行为具有过错,即明知或应知。

---

① 该条规定,原告有初步证据证明网络服务提供者提供了相关作品、表演、录音录像制品,但网络服务提供者能够证明其仅提供网络服务,且无过错的,人民法院不应认定为构成侵权。

② 王艳芳:《〈关于审理侵害信息网络传播权民事纠纷案件适用法律若干问题的规定〉的理解与适用》,载《人民司法·应用》2013年第9期。

经权利人通知仍不采取删除、断链等必要措施,是网络服务提供者构成明知的典型情形。与明知的认定相比,应知的判断属于当前网络著作权案件中的难点。实践中,认定网络服务提供者是否构成应知的核心在于对网络服务提供者注意义务高低的界定。按照权威观点,应在坚守诚信善意之人注意义务的基本标准的基础上,充分考虑网络服务提供者系为他人信息传播提供中介服务的特点,在促进网络行业健康发展与保护权利人合法权益之间寻找合适的平衡点,不能失之过严,也不能操之过宽;认定应知的前提是侵权事实非常明显,即当存在明显侵权行为的事实或者情况,网络服务提供者从中应当能够意识到侵权行为的存在时,就可以认定其有过错。① 在个案的认定中,需要结合被传播作品的类型、网络服务提供者的商业模式以及依托相关技术服务实施的具体行为等各方面因素综合作出判断。

四、问题解决之制度完善:对《著作权法》第三次修订相关内容的解读

如前所述,在三网融合时代,现行《著作权法》中的广播权和信息网络传播权已经无法控制和有效解决新的信息传播手段产生的著作权保护问题。尽管通过对现有法律的扩张解释或适用兜底条款可以为相关案件的裁判找到依据,但上述方法只是权宜之策,如成为常态,将明显有违著作权的权利法定原则,并将破坏著作权法体系的系统性,问题的根本解决有待通过著作权法的修订、完善来实现。

当前正在进行的《著作权法》第三次修改对网络环境下出现的新的传播方式进行了积极回应。国家版权局向社会公布的《著作权法(修改草案)》第1稿、第2稿以及内部征求意见的第3稿均对广播权和信息网络传播权的定义进行了修改。其中,第3稿使用播放权替代了广播权,并对信息网络传播权的内涵进行了扩充。该稿第11条第2款第6项规定:“播放权,即以无线或者有线方式公开播放作品或者转播该作品的播放,以及通过技术设备向公众传播该作品的播放的权利。”第11条第2款第7项规定:“信息网络传播权,即以无线或者有线方式向公众提供作品,使公众可以在其个人选定的时间和地点获得作品,以及通过技术设备向公众传播以前述方式提供的作品的权利。”根据国家版权局向社会公布的修改说明,上述变化旨在将播放权适用于非交互式传播、信息网络传播权适用于交互式传播,以解决实践中的定时播放、网络直播以及转播等问题。②

---

① 陈锦川:《著作权审判:原理解读与实务指导》,法律出版社2014年版,第245页。

② 国家版权局:《关于〈中华人民共和国著作权法〉(修改草案第二稿)修改和完善的简要说明》(2012年7月6日)。

在《著作权法》修订过程中,关于著作权权项的设定,仍存在两种不同的观点:一种观点认为权项设定应尽量详细列举,便于法官在裁判案件时准确适用法律;另一种观点则认为详细列举式的立法体例无法适用科技的迅速发展,主张仅保留复制权、向公众传播权、演绎权等少数几项财产权。从目前的《著作权法(修改草案)》来看,该草案采取了中庸的态度,既没有机械地详细列举,也没有简单地高度概括,而是采取了列举加概括的立法方式。① 具体到对广播权和信息网络传播权的调整,修改草案并未沿用国际条约的做法即设定统一的“向公众传播权”,而是基于解决“广播权”“信息网络传播权”调整范围有限以及难以区分的困境,将凡是以非交互方式使用作品的行为归结到“播放权”,凡是以交互方式使用作品的行为归结到“信息网络传播权”。上述修改方案显然可以填补现行《著作权法》中广播权和信息网络传播权的规范漏洞,但按照使用作品行为的传播方式及后果的不同分别由两种权利调整,虽然较现行《著作权法》有很大的进步,但仍算不上彻底的行为主义立法路径。有学者指出:修改草案在立法技术上采取的仍然是技术主义的立法路径,将同属于通过互联网传播他人作品,交互式传播和单向式传播在行为方式、所利用的传播媒介、造成的侵权后果完全相同的情况下,却将其割裂为两种行为,对其分别定性从而适用不同的法律规定,不但徒增法律适用和作品授权的难度,而且与人们日常生活认知亦相差甚远。该学者还建议将该两项权利整合为“无线或有线传播权”,从而将以无线或有线方式传播作品的行为均纳入其控制范围。②

笔者认为,上述观点有一定道理,但任何一项法律制度的设计不仅要合乎理论、具有前瞻性,更要符合现实需要、能够解决实际问题。虽然将《著作权法(修改草案)》第3稿中“播放权”和“信息网络传播权”整合为一项权利来调整现有或将来可能出现的所有“无线或有线”传播方式,能使《著作权法》充分适应未来技术的发展,但对于现行法律制度的完善必须兼顾现实情况,在信息网络传播权的概念以及交互式与非交互式传播的区分经过长期的法律实践并被广为接受的情况下,与重新创设新权利的方案相比,对现有法律概念适当完善的修改方案更为稳妥,尤其是考虑到现实中数量众多的权利人已将信息网络传播权作为一项独立的权利对外许可或者单独转让的情况,如果在修法过程中,将现有的信息网络传播权取消,必将造成现实中已经许可或转让的权利在行使上的混乱。因此,笔者较为赞成当前修改方案中对播放权、信息网络

---

① 王自强:《解读〈著作权法〉第三次修改》,载《北京仲裁》2014年第1期。

② 焦和平:《三网融合下广播权与信息网络传播权的重构》,载《法律科学》2013年第1期。

传播权的修改意见,该方案通过设置播放权以及对信息网络传播权内涵的扩充,使两项权利各自的调整范围清晰明确,既填补了制度上的漏洞,又能使两项权利适应科技的发展,具有一定的前瞻性。从法律适用的角度来看,上述修改方案同样增强了《著作权法》的可操作性,有利于裁判结果的统一。

(二)商标权

论商标撤销程序中行政权与司法权的关系

赵 克*

摘要:在商标撤销制度中,行政权与司法权都在撤销程序中起着非常重要的作用,如何做好二者之间的平衡和衔接就显得异常关键。行政机关撤销注册商标,本质上是对商标不再发挥出识别功能的一种确认。行政权介入撤销程序因其独有的优势,而具有合理性。然而,基于知识产权的私权属性,必须要对行政权进行必要的限制。司法权在撤销程序中的作用是决定性的,也是终局性的,在坚持司法最终裁决的原则下,行政权与司法权通过良性互动的方式使得撤销程序的运行更加科学、更加理性。

关键词:商标撤销 行政权 司法权 平衡

商标权是私权,但是其获得或确认是通过行政程序,对其剥夺也可以通过行政程序。在美国、日本等国,撤销制度中行政机关的程序都是依申请才被动启动,而我国还保留着行政机构主动启动撤销程序的做法。研究该制度中私权与公权之间的关系,能够更好地构建相关程序制度,厘清认识中的误区。

一、注册商标撤销的正当程序

(一)商标撤销程序中的程序合法

我国目前实行的是商标权的注册取得制度,商标局核准注册后,注册人方能获得商标权。商标局的核准注册对于商标权的产生发挥了何种效用?一种观点认为,商标注册属于行政授权。按照此种观点,商标权是由行政机关(商标局等)授予的权利。① 另一种观点认为,注册是对当事人原本已经享有的权利的确认,商标局作为行政机关赋予商标权的意义是确认,而并非赋予。② 商标只有在使用中才能产生价值。商标专用权的根本意义在于使用,仅注册,未使用,无异于浪费商标资源,也耗费了行政审查注册资源。故商标注册仅仅是权利的宣示,但无法赋予真正意义上商标专用权的价值。③ 因此,有学者认为

---

* 赵克,重庆市第五中级人民法院法官,法学博士。

① 吴汉东:《知识产权法》,中国政法大学出版社2004年版,第10页。

② 付继存:《形式主义视角下我国商标注册制度价值研究》,载《知识产权》2011年第5期。

③ 董葆霖:《〈商标法〉修改的意义和应当关注的要点》,载《学术论坛》2007年第4期。

只有放弃管制观念,赋予市场主体以自由,将商标注册视为权利宣示手段,把其性质定位行政确认,才能化解商标一旦获得注册即可获得绝对保护的怪现象。[①] 在商标制度中,行政机关对民事主体的私权利主张进行审查,对符合法律规定的请求予以核准,若相关各方仍有异议的,可以再次审查。这种做法符合现代社会的惯例。[②] 有学者认为 WTO 成员国必须专门为当事人设计提出行政撤销请求的程序,并将其独立于对行政性注册商标撤销程序的司法审查。[③] 撤销注册商标也不属于行政处罚,而是属于行政机关对商标授权确权的管理行为,这与一般的具体行政行为具有非常大的区别。商标局只是以行政机关的身份处理商标纠纷,当事人之间的争议以及当事人与商标评审委员会之间的争议,都只是民事权利。法律赋予了商标局处理当事人之间商标争议的职权,由商标授权机关的商标局来行使商标权撤销与否的权力是合法的。

2001 年我国《商标法》修改之前,在商标撤销程序中,商标评审委员会的决定作出之后,双方当事人就再没有其他救济途径。由商标评审委员会作出终局决定的优势显而易见,它使注册商标撤销程序变得简单且高效,在一定程度上能够减轻当事人的负担,尽快确定不稳定的法律关系。但是,由商标评审委员会作出终局裁决同样存在弊端,主要有二:一是公正性受到广泛质疑。商标评审委员会作为商标局的一个部门,对商标局作出的注册商标撤销与否的决定进行审查,并作出终局性的决定,具有"自审自纠"之嫌,公正性难免会遭受质疑。二是与国际通行的行政裁决接受司法审查的原则相背离。TRIPs 在第 62 条明确了司法最终审查的原则。注册商标撤销程序实质是商标权人维持商标权效力的程序,我国亦作为世界贸易组织的成员国理应接受此条规则。因此,为了克服由商标评审委员会作出终审决定的弊端,也为了实施 TRIPs,2001 年在我国《商标法》第二次修改之际,引入了司法审查程序,赋予了当事人司法救济的权利。与《商标法》引入司法审查的规则相协调,商标评审规则也发生了变化,分别在 2002 年和 2005 年作出了修改。新评审规则在保留一般行政程序优点和体现商标权私权性质基础上,大量吸收司法程序的优点,如回避制度、评审调解、公开评审、围绕申请与答辩进行评审等制度,对商标评审委员会的职能范围和行使进一步具体化、明确化、规范化,充分保障了当事人

① 徐家力:《百年商标之争——知名商标案例及解读》,上海交通大学出版社 2013 年版,第 170 页。

② 刘春田:《民法原则与商标立法》,载《知识产权》2010 年第 1 期。

③ 杨建锋:《商标注册制度——基于 TRIPs 协定下的研究》,中央编译出版社 2013 年版,第 87 页。

的知情权、参与权、辩论权等商标合法权益。①

注册商标撤销程序中司法审查的对象是由作为行政机关的商标评审委员会作出的,我国在诉讼模式上也选择了行政诉讼模式。人民法院在收到起诉书并立案后,应当通知商标评审程序中与原告方相对的另一方当事人作为第三人参与行政诉讼。通常行政诉讼的审查局限于行政行为的合法性。然而,对商标撤销程序中的行政行为进行司法审查却具备特殊性,该类案件也不同于一般的行政案件。知识产权是私权,需要经过行政程序授予的专利商标等知识产权仍然是私权,对于此类授权确权行为,司法机关应进行充分的审查,在确保授权正确的同时,对不符合授予条件的权利则撤销或宣告无效。这种司法审查归根结底是决定民事权利的有无,当属于司法的"特别独占权利"。正是由于知识产权是民事权利,知识产权授权确权行为决定是否授予权利,或者是否属于无效民事权利,这决定着当事人的民事权益,人民法院应当能够全面行使司法审查权,切实增强司法审查的深度广度,没有太多的尊重行政裁量之类的局限。② 同时,因为被告系商标评审委员会,故诉讼的性质为行政诉讼,人民法院若认定商标评审委员会作出的决定不合法,只能作出撤销或者部分撤销商标评审委员会被诉决定或者裁定,并可责令其重新作出决定或者裁定,但不能直接作出确权判决。评审裁决被撤销后,商标评审委员会执行法院判决重新作出裁决的,被视为具体行政行为,仍具有可诉性,这就容易造成了循环诉讼的现象和行政资源、司法资源的浪费,也是对司法判决权威性的挑战。③

(二)商标撤销程序中的公正与效率

注册商标撤销程序的设置必定是围绕充分保障当事人的权利而展开,既要兼顾程序设置的公平,又要兼顾程序设置的效率。目前,大多数国家都同时规定了行政救济和司法救济,普遍落实了司法最终裁决的原则。这一方面丰富了当事人的救济渠道,另一方面也克服了行政救济"自审自纠"的尴尬局面。在商标撤销程序中,对商标权人使用商标的情况及使用方式进行审查尤为重要,其亦是保障争议得以公平处置的前提条件。在商标撤销的行政救济程序中,一般情况下,商标评审委员会不会查明争议商标的实际使用情况,多数当事人也不具备提交此类证据的意识。如果对司法审查的深度和广度加以

---

① 董炳和、谭筱清、徐俊:《商标法体系化判解研究》,武汉大学出版社 2008 年版,第 58 页。

② 孔祥俊:《知识产权保护的新思维——知识产权司法前沿问题》,中国法制出版社 2013 年版,第 68 页。

③ 国家工商行政管理总局:《商标注册与管理》,中国工商出版社 2012 年版,第 200 页。

限制,其有违司法审查制度设立的初衷。因此,在注册商标撤销的司法救济方面,对案件事实审查应更加全面。在诉讼过程中,人民法院可以根据需要,以恰当的方式核实相关情况,并作为裁判考虑的因素;若当事人在案件审理过程中补充提交此类证据的,人民法院可酌情灵活处置。当然,对于当事人在评审期间提交的证据,人民法院也可对这些证据进行质证,进而查明案件的相关事实。[①] 由法院居于居中裁判的角色所决定,司法救济程序确保了注册商标撤销程序更加公平公正。

在司法逻辑中,公平与效率往往是不可兼得的两个目标。对于注册商标撤销程序而言同样如此,它依然要平衡公平和效率两种价值追求。以我国的注册商标撤销程序为例,撤销一个注册商标要经历商标局作出撤销与否的决定、商标评审委员会复审、行政诉讼一审、行政诉讼二审四个程序,如果行政诉讼的结果是商标评审委员会重新作出裁决,则有可能又要经历行政诉讼一审、二审,这种烦琐的程序设置基本上确保了结果的客观公正,但是它使此类商标纠纷长时间地处于悬而未决的状态,不利于维护当事人的正当权益。当一个商标的效力长时间处于未定的状态,商标权人对商标继续宣传、对商品质量持续投资的动力就将降低,因为如果商标被撤销,他的投入可能会付之东流。同时,商标效力长时间处于未决状态,对其他竞争者而言也同样是有所忌惮。提出商标撤销申请的一方往往是已经使用或打算使用相同或近似标识的竞争者,在注册商标撤销之前的无权使用会面临侵权的风险。因此,无论是对于商标权人抑或是其他竞争者而言,优化撤销程序设置,提高注册商标撤销的效率,都具有十分重要的意义。

目前,司法职能已由最基本的解决个体之间纠纷的功能逐渐扩大到社会秩序的综合控制功能和公共政策的调整功能,法官通过裁判可以为市场行为提供激励与导向,并影响社会资源的配置。[②] 注册商标撤销的司法审查及司法裁判程序,同样可以激励当事人正确地使用商标,使商标真正意义上发挥出市场区别作用。同时,应当看到,目前我国采取的行政诉讼模式同样对审判效率有一定的负面影响,让商标评审委员会进行举证质证将增加时间成本。在司法审查的过程中,商标评审委会的身份是被告。其为证明相关裁决的合法性,应提交答辩、准备证据、出庭应诉。司法审查的重心在于审查商标确权机关作出决定的合法性以及合理性,但实际上,当事人更加关注争议商标的权

---

① 孔祥俊:《最高人民法院知识产权司法解释理解与适用》,中国法制出版社 2012 年版,第 159 页。

② 董皞:《司法前沿的逻辑与实证》,人民法院出版社 2007 年版,第 152 页。

属。鉴于商标确权案件的特殊性质,在我国商标确权的司法审查中,应合理界定商标评审委员会的地位,以实现对商标权作为私权利的有效保护,促使商标司法审查制度进一步助推我国知识产权事业的发展。①

二、商标撤销程序中行政权与司法权之间的平衡

对于注册商标撤销事由的事实认定,行政机关和司法机关都有权力作出,只是认定的场合以及认定的后果不同,但效力都是一致的。行政机关对注册商标撤销事由的事实认定,只能出现在注册商标撤销程序之中,注册商标连续不使用或退化为通用名称等事实是否成立直接决定着注册商标能否撤销。司法机关对行政行为进行司法审查时,当然地可以认定行政机关据以作出决定的事实是否成立。除此之外,出于必要性的考量,司法机关在侵权诉讼中同样会对类似注册商标撤销事由的事实作出判断,大致可分为两种情形:一是在侵犯商标权诉讼中,被告以商标权人未使用注册商标为由进行抗辩,主张不承担侵权责任或免于经济赔偿;二是在侵权诉讼中,被告以注册商标属于通用名称为由主张不侵权。在侵权诉讼中,法院对注册商标是否使用以及注册商标是否属于通用名称的认定与注册商标撤销并没有直接关系,也不会直接引发注册商标撤销的后果,注册商标撤销事由的事实成立与否只会与个案相关,决定着被诉侵权人是否承担侵权责任以及是否承担赔偿责任。

在侵权诉讼中,被告或其他人向商标局申请撤销注册商标,在商标局已经受理撤销申请的情况下,侵权诉讼是否应当中止?对这一问题的处理涉及对行政权与司法权各自行使范围的把握。由于法律规定并未对此有明确的规定,实践中做法不一。一种做法是中止侵权案件的审理,在商标权效力确定之后再继续审理;另一种做法则是不中止诉讼,由法院继续审理侵权案件。以上两种做法都有一定程度上的合理性,但对该问题不应"一刀切"地来僵化处理。从中止的合理性以及效率的角度考虑,在一般情况下,不应当中止审理,只有在商标权的效力确实存在问题,对侵权认定有重要影响时,方可中止诉讼。其理由在于:首先,商标局以及商标评审委员会对商标的撤销历时较长,就注册商标的撤销而言,在复审之后还有可能经过诉讼一审和二审。如果侵权案件中止,将会极大地影响诉讼效率,使当事人之间的争议久拖不决,实质上是一种非正义的体现。其次,商标具有强烈的市场属性,而市场则是瞬息万变,商标权人既有可能随着时间的流逝而放弃商标,也有可能企业都已经消亡。如果不能及时地对涉嫌侵犯商标权的行为作出侵权认定,放任这种行为

---

① 中华商标协会:《商标法25年(1982~2007)》,中国工商出版社2007年版,第34页。

的发生,会对商标权人造成无法挽回的后果。再次,我国《民事诉讼法》规定了应当诉讼中止的情形,其核心就是以必要性为前提。法院不能把本属于自己应当查明的事实的责任推诿给行政机关,让行政机关代替其作出事实认定。甚至在一些案件中,当事人提出的撤销申请明显是想拖延诉讼,证据明显薄弱,还有一些情况是属于侵权认定与否甚至不用以后续的商标是否撤销为基础。在这些情况下,法院要继续审理侵权纠纷。最后,从域外的立法经验来看,对中止也是明确限制的。《欧共体商标条例》第96条规定,①只有商标权人同意中止诉讼并提出申请单,诉讼才会中止。

三、商标撤销程序中行政权与司法权之间的互动

在注册商标撤销程序中,除了把握行政权与司法权之间的平衡,使司法权与行政权通过良性互动实现更理性、更科学的制度运行更加重要。行政权与司法权的互动,首先体现在司法审查程序之中。由于知识产权是民事权利,知识产权授权确权行为是决定是否授予或者是否无效民事权利的行为,决定着当事人的民事权益,人民法院应当能够全面行使司法审查权,切实增强司法审查的深度广度,没有太多的尊重行政裁量之类的局限。② 司法审查不仅审查行政决定的合法性,还要审查行政机关据以作出决定所依据事实的真实性,行政机关对其作出行政行为的合法性和案件事实进行举证,这也是行权机关与司法机关最直接的交锋。

行政权与司法权之间的良性互动,要求司法机关对于行政机关认定的事实及结果要予以有条件地尊重,不能以行使自由裁量权为由随意撤销行政裁决。尊重行政认定的事实和作出的结果,并不是不行使监督职权,也不是对行政机关裁决的错误及瑕疵置之不理,这种尊重是有条件的尊重。司法机关审查行政机关作出的行政裁决是否适当,所依据的事实必须是行政机关作出决定时的事实。当行政机关对注册商标撤销争议的处理是按照合法程序进行,依照当时的事实和证据作出的裁决,如果没有非常明显的不合理,司法机关不能擅自改变。即使在司法审查中,发现行政机关据以作出决定的事实发生了变化,或者有一些新提交的证据足以推翻行政机关作出的决定,这已不是行政机关所能控制,不属于行政机关作出的行政裁决不当。

---

① 《欧共体商标条例》第96条规定,审理要求撤销或宣布无效的反诉的共同体商标法院,可以经共同体商标所有人的申请中止诉讼程序,在听审其他当事人后,可以要求被告在法院规定的期限内向协调局提交要求撤销或宣布无效的申请。

② 孔祥俊:《知识产权保护的新思维——知识产权司法前沿问题》,中国法制出版社2013年版,第68页。

行政权与司法权之间的良性互动,同样要求行政机关在既定情形下要尊重司法认定的事实。在侵权商标权诉讼中,法院根据案件的情况会作出注册商标有无使用和是否属于通用名称等方面的事实认定,在侵权诉讼之后,任何人可以依据司法机关认定的事实向商标局提起撤销注册商标的申请,行政机关在商标撤销争议中不宜作出与司法机关认定事实不一致的认定。不过,行政机关有条件地尊重司法机关认定的事实并非绝对,毕竟侵权诉讼与行政机关处理授权确权纠纷的审理重点并不相同,更不排除在后面的商标授权确权纠纷中当事人举示新证据的情况。

行政权与司法权之间的良性互动,还有一个更为重要的程序衔接问题。在侵犯商标权诉讼因为商标授权确权纠纷而中止审理时,授权确权纠纷的审理进度直接关系所中止的侵权诉讼的审理。因此,建立司法机关与行政机关之间的互动沟通机制尤为重要。侵权案件的当事人可以以案件中止为由,要求商标局及商标评审委员会加快审查进度,人民法院也可以建立与商标局和商标评审委员会的沟通机制,使侵犯商标权纠纷能够尽早进入审理程序。

网络环境中商标指示性使用的边界

——以“以纯”案为切入点

代小晞[*] 兰 田[**]

摘要:随着互联网经济的蓬勃发展,网络销售逐渐成为一种居于主流地位的销售模式。在这种新型模式下,销售者对商品的展示方式呈现由实物展示向信息披露的变迁,而脱胎于传统的交易模式下的《商标法》及司法实践对于这种变化的应对明显滞后。一方面,由于《商标法》中对商标指示性使用未做明确规定,销售者在使用商标时缺乏指引,往往存在大量不规范使用他人注册商标的行为;另一方面,商标权人存在滥诉的问题,而使销售者承担不合理的风险。笔者在审理一起商标侵权案件时,研究了大量各地法院的相关判决,发现各地法院对于这类案件的法律性质、举证责任分配等存在不同的意见,甚至导致了截然相反的判决结果。为了明确裁判尺度,为商标的合理使用划出一片空间,笔者从商标法基本原理出发,厘清了“商标权的本质”“混淆”“指示性使用”“商标权利用尽”等概念性的问题及其之间的关系,梳理了国内、国外立法和司法实践中对商标指示性使用的立法及判例,对商标指示性使用的构成要件及举证责任分配等问题进行了深入探讨,以期理论反馈实践。

关键词:商标权的本质　混淆　指示性使用　商标权利用尽

引　言

法律的生命不是逻辑,而是经验。问题的提出,来源于合议庭受理的一件商标侵权纠纷案件。该案中,原告是东莞市以纯集团有限公司,被告是在淘宝上开设网络店铺的个人。原告作为商标权人,诉称被告在开设的网店中大量、频繁地使用“以纯正品”“YISHIO以纯正品”“YISHION以纯专柜正品”等词汇来描述其展示的“宝贝”,给人以该网店系以纯服装网上专卖店的错觉,侵犯了原告的注册商标专用权。被告辩称,其在淘宝店所销售的

* 代小晞,成都市中级人民法院民事审判第三庭代理审判员,中国政法大学民商经济法学院民商法硕士研究生。

** 兰田,成都市中级人民法院民事审判第三庭法官助理,中国政法大学民商经济法学院知识产权法学硕士研究生。

衣服均为以纯正品,在"宝贝"描述中加入"以纯"字眼是对该商品属性的等正常描述,属于合理使用,不构成商标侵权。根据商标权一次性用尽规则,原告在首次将商品投入市场后无权干涉该商品以任何方式流通或使用。本案中的法律问题,涉及商标法中一些重要的概念,如指示性使用、商标权利用尽。在查询了各地法院的判决后,笔者困惑地发现,各地法院对这类案件的事实认定、法律适用作出了不一致甚至截然相反的结论,以至于合议庭在审理本案的最初无法厘清头绪,在经过了大量、广泛调研基础上,合议庭找到了正确的方向并作出了本案判决。有感于此,笔者认为有必要将审判过程中智慧的火花、逻辑的经验整理成文,为司法实践提供一些参考性意见。①

一、网络销售者使用他人注册商标现状分析

(一)网络销售者使用商标的特点

目前网络销售的模式是,网络店铺依托于电子商务平台开设,消费者进入电子商务平台后,将需要购买的商品进行关键词搜索,搜索结果中显示多家销售该商品的网络店铺。消费者在点击进入任意一家网络店铺后,该店铺中会以图片的形式展示商品,并配以文字说明商品信息。消费者浏览商品后,决定是否购买并完成下单、在线支付等行为。与传统的实体店销售相比,网络销售的特点在于无实体商品的展示,商品的展示是通过信息发布完成的。这种销售模式的变迁,投射在商标法上,由此带来一些商标法上的现象是:(1)在传统销售模式下,商标附着在商品上,商品实物陈设于店铺进行展示,同时,销售者也会在店铺中设置标牌、宣传海报等,对产品的情况进行说明,此时的商品展示行为存在生产者即权利人使用商标和销售者使用他人(生产者)注册商标的两种行为;在网络销售的模式下,商品展示是通过图片展示完成的,生产者与商品相分离,只存在销售者使用他人注册商标的行为。(2)由于网络销售者通过对商品进行文字描述来完成商品展示,为了更好地传递商品的信息,帮助消费者完成信息筛选,销售者往往在网络店铺的页面中大量地使用他人注册商标,使消费者能快速而准确地得知自己购买的商品或服务的特性。就这个角度而言,网络销售者使用他人注册商标有一定的必要性,用以客观地说明自己的商品特性或服务范围。对此,笔者得出的结论是,在网络环境下,销售者使用他人注册商标天然带有指示性的成分。

① 为了限定本文所探讨的范围,文中所指的网络销售者,特指在电商平台下,经营网店的销售者,而不包括电商平台本身。

（二）审判实践中对此类案件的处理情况

网络销售者在店铺的网页中大量使用他人注册商标，使用形式多种多样，例如，在作为搜索关键词、介绍商品信息、作为商品分类标签等。同时，在使用中，也伴随着大量不规范的使用行为，如突出使用、在海报上使用等。以网络销售者为被告的商标侵权的案件数量多、地域范围广。在这类案件中，各地法院对是否构成指示性使用这个问题的认识不尽统一。以"以纯"案为例，审理过程中原被告均提交了大量各地法院的生效判决，其中，杭州法院认为这种行为是指示性使用，不构成商标侵权①；而江苏、河南、江西、辽宁等地的法院均认为在描述商品时使用了他人注册商标的行为，构成商标侵权，即使是认为构成商标侵权，在说理和在法律适用上也出现了不同的认识。有些法院在处理上模糊化，回避了商标性使用和指示性使用的判定问题，而从商品是否具有合法来源角度进行处理②；有些法院则明确认定属于商标性使用，法律适用方面则引用《商标法》第57条第1项、第2项关于构成商标侵权的情形。其次，在举证责任分配方面，各地法院的做法也不尽相同。一些地区的法院坚持"谁主张，谁举证"，将证明被诉侵权商品是假冒产品的举证责任分配给原告。另一些法院则将证明被诉侵权商品是正品、具有合法来源的证明责任分配给被告。举证责任分配的不同往往导致了判决结果的巨大差异。

二、"以纯案"涉及的商标法原理及前提

（一）商标的本质及商标权的范围

商标的本质是特定符号与特定商品信息或服务信息之间的对应关系。一方面，商标符号不能脱离商品或服务而孤立存在；另一方面，商标反映或承载了商品或服务信息，包括商品或服务的来源信息（提供者信息）、商品或服务的种类信息、商品或服务的品质信息（质量信息）、消费者对商品或服务的评价信息（商誉信息）、商品或服务的宣传信息（广告信息）等方方面面的内容。③

---

① 例如，杭州市中级人民法院在（2014）浙杭知终字第80号民事判决中的表述："张某在其销售的商品信息中使用'以纯正品'等文字内容，并未将上述文字置于显著位置突出使用，该文字系出于对其商品品牌描述所需，符合一般商业习惯。若张某在其网店上销售的被控侵权商品系经涉案商标权人许可的'以纯'系列正品，则其并不侵犯涉案商标专用权，张某在商品信息中使用'以纯正品'等文字内容亦系对涉案商标的正当使用。"

② 例如，江苏省如皋市中级人民法院在（2014）皋知民初字0108号民事判决中所表述的："刘某在其经营的网店中销售标注'以纯'标识的服装，但未能提供证据证明其销售的'以纯'服装系正品或具有合法来源，构成对原告以纯公司涉案商标权的侵犯……刘某必须能够提供证据证明其销售的系正品或至少应当提供证据证明所售的产品的合法来源。"

③ 刘期家：《商标权概念的反思与重构》，载《知识产权》2009年第4期。

通过商标及其上所承载的商誉,生产者(服务提供者)—商品—消费者被联系起来了。商标法的主旨,即保护三者之间的这种联系,对该联系的破坏,意味着对商标权的侵害。为此,商标法赋予商标权人专用权,包括对商标的使用、收益和处分;同时,商标法还赋予商标权人一定的禁用权,禁止他人未经许可利用商标权人的商标与特定商品或服务之间的特定关系进行营利(相同商品上使用相同商标)、干扰(在相同商品上使用类似商标、在类似商品上使用相同或近似商标)、割裂(反向假冒)、淡化(跨类使用商标使用人的驰名商标)商标所有人的商标与特定商品或服务信息之间的对应关系的行为。商标是一种识别性标识,而商标权是一种标识权,即识别商品或者服务来源的权利。[①]

(二)“混淆”是否包括销售渠道的混淆

商标标识着商品或服务的来源,混淆则是判断他人商标使用行为是否使相关公众发生误认或者关联性误认。混淆是商标识别功能被扭曲的一种形式,造成的结果是生产者(服务提供者)—商品—消费者之间的联系被破坏。制止混淆是商标法的核心内容,是否存在混淆是判断商标侵权的最重要的构成要件。传统的混淆理论是针对商品或服务来源的混淆,随着经济形势的发展,混淆理论出现了扩张。但无论是从横向的“直接混淆”扩展到“间接混淆”,还是从纵向的“售中混淆”扩展到了“售前混淆”“售后混淆”,混淆的范围从商品/服务来源拓展到与来源有一定“附属、相关或联合关系”[②]或具有一定的经济联系,其本质上依然是紧紧围绕商品/服务来源这个出发点,而不包括销售渠道混淆。究其原因,在于保护市场公平、自由竞争的政策考量。若将销售渠道混淆也纳入商标法保护的范围,将使其他竞争者无法与商标权人公平自由竞争,发展至极致,商标权人将凭借其商标权阻止竞争对手进入相关市场,以致发生垄断市场的情形。另外,商标权人还可以凭借其商标专用权控制市场的相关信息,过滤竞争对手的信息,从而使消费者除了商标权人的信息外,无法获得其他经营者的信息,从而不能主动选择商品/服务,阻碍商品/服务的自由流通。所以,不能仅仅因为商标权人取得了商标,而剥夺其他人使用商标传递真实信息的权利。鉴于此,商标法也创设了“商标权利用尽制度”来保障商品首次销售后的进一步流通。

(三)指示性使用的概念

指示性使用是指使用者在经营活动中善意合理地使用他人的商标,客观

---

① 孔祥俊:《商标法适用的基本问题》,中国法制出版社 2012 年版,第 58 页。

② 参见《兰哈姆法》第 43 条,关于有关来源的规定。

地说明自己商品的用途、服务范围及其他特性,与他人的商品或服务有关。[①]指示性使用的合法性基础在于,商标的功能在于防止传递错误信息,第三人之所以不能擅自使用他人的商标,在于该行为可能给消费者以错误的信息并导致其做出错误的决策。如果,第三人使用他人注册商标传递的信息是真实的,这种商标使用行为就不能判定为商标侵权。关于混淆与指示性使用的关系,有的学者认为,混淆可以与指示性抗辩并存。[②] 对此笔者并不认同,由于指示性使用和商标性使用相区别,商标性使用的功能在于联系商品与其来源;指示性使用在于客观说明商品的用途、服务范围及其他特性,并不会产生商标使用者与商标权人之间存在某种联系的联想,排斥了"联系商品来源"的可能性,也就不存在后续的"混淆"及商标侵权。指示性使用没有进入商标权的支配范围,自然也未落入商标侵权范围,不构成商标侵权责任的豁免情形。正如孔祥俊所持的观点:"在商标侵权判断中,被诉标识必须被用作识别商品来源的商标时,或者说构成商标意义上的使用行为时,才具有构成侵权的可能性,否则,非商标意义上的使用行为,不会构成侵权(通常是正当使用)……实际上,商标意义上的使用是认定被诉商标侵权的性质所当然决定的,因为非商标意义上的使用行为不会给注册商标权利造成商标意义上的侵害,这种精神当然可以读入《商标法》第 51 条第 1 项的规定之中,成为其应有之义。"[③]

三、国内外关于指示性使用的立法、司法情况

(一)国内关于指示性使用的立法、司法情况

目前国内对于商标指示性使用还缺乏的明确法律规定,但是北京市高级人民法院 2006 年发布的《关于审理商标民事纠纷案件若干问题的解答的司法解释》[④]中第 27 条第 3 项对指示性使用进行了描述"在销售商品时,为说明来源、指示用途等在必要范围内使用他人注册商标标识的",并将之定性为正当使用商标标识的行为。同时该司法解释的第 26 条还对正当使用商标标识的行为的构成要件进行了回答,即"(1)使用出于善意;(2)不是作为自己商品的商标使用;(3)使用只是为了说明或者描述自己的商品"。值得注意的是,北京市高级人民法院在这个司法解释中并没有采用合理使

① 参见 New Kids on the Block v. News America Publishing, Inc. ,971 F. 2d302(9th Cir. 1992)。

② 李雨峰、刁青山:《商标指示性使用研究》,《法律适用》2012 年第 11 期。

③ 孔祥俊:《商标法适用的基本问题》,中国法制出版社 2012 年版,第 72 ~ 73 页。

④ 参见北京市高级人民法院京高法发〔2006〕68 号《关于审理商标民事纠纷案件若干问题的解答的司法解释》。

用或者指示性使用的表述,而是提出了“正当使用商标标识的行为”的概念,笔者推测该司法解释的本意在于避免与现行法律的冲突,从事实认定上就将这些行为排除在侵权行为之外,而不需要再以合理使用进行不侵权抗辩。

虽然国内并未对指示性使用进行立法层面的明确规定,但是与指示性使用有关的案件却并不少见。其中较为著名的是“FOR VOLVO”案。该案的原告是沃尔沃商标控股有限公司,被告是瑞安市长生滤清器有限公司,原告起诉被告未经其许可在自己销售的滤清器上突出使用VOLVO商标构成侵权,而被告辩称“FOR VOLVO”是为了说明该零件适用于“VOLVO”汽车,属于合理使用。上海市浦东新区人民法院经审理认为被告使用的“FOR VOLVO”文字含义不清,又未在滤清器上表征产品制造商的名称等能够识别商品来源的文字,客观上易使消费者联想到该商品的来源与“VOLVO”商标注册人存在某种联系。因此,被告的行为不属于对注册商标的合理使用,已构成了对原告注册商标专用权的侵犯。① 该案虽然被告以指示性使用进行抗辩,但是在实际使用中,并不符合指示性使用的构成要件。

与之相反,“立邦漆”案则得出相反的判决结果。该案原告(上诉人)为立邦涂料(中国)有限公司,被告(被上诉人)为上海展进贸易有限公司和浙江淘宝网络有限公司。展进贸易公司在淘宝网上销售油漆,并在其网店中使用了立邦漆广告及“Nippon Paint 立邦漆”进行宣传,但其同时还销售其他油漆品牌的产品,也并未突出使用立邦漆商标。原告认为两被告未经许可使用其商标的行为构成侵权。一审法院上海市徐汇区人民法院经审理认为,展进公司在销售立邦公司商品时,在促销宣传中使用涉案注册商标的方式合理,符合一般商业惯例,判决驳回立邦公司要求展进公司承担商标侵权责任的诉讼请求。② 二审法院上海市第一中级人民法院经审理认为,展进公司为指示其所销售商品的信息而使用上诉人立邦公司的注册商标,未造成相关公众的混淆,且在商标使用过程中,也不存在对商标的贬损,或是商标显著性或知名度的降低,不存在造成商标权人其他商标利益的损害,不应被认为构成商标侵权。③

而上文提及的“以纯”案则更能体现国内不同法院对指示性使用所采取的不同审查标准和审判态度。“以纯”商标的权利人在全国多个地区均对在

① 陈惠珍:《“FOR VOLVO”与商标合理使用辨析》,载《电子知识产权》2006年第11期。
② (案例)详见上海市徐汇区人民法院(2011)徐民三(知)初字第138号民事判决书。
③ (案例)详见上海市第一中级人民法院(2012)沪一中民五(知)终字第64号民事判决书。

网络店铺中销售以纯服装的经营者提起诉讼，认为其未经许可使用"以纯"商标构成侵权。而这些经营者也多数答辩称其销售的"以纯"服装来源于"以纯"实体店，是正品，因此不构成侵权。

在案情类似的前提下，浙江省杭州市余杭区人民法院认为，根据商业惯例，被告的行为应视为指示其所销售商品，应属于商标指示性使用，不构成侵权。原告未能证明被告销售的系侵权商品，承担举证不能的法律后果，判决驳回原告的诉讼请求。[①] 杭州市中级人民法院认可了一审法院的观点，维持了一审判决。[②] 而持相反观点的，江苏省如皋市人民法院认为，被告未能证明其销售的"以纯"服装系正品或具有合法来源，构成商标侵权。[③] 河南省信阳市中级人民法院[④]和江西省景德镇市中级人民法院[⑤]也持此观点。而更具戏剧性的则是，辽宁省辽阳市中级人民法院在一审中认为根据"谁主张，谁举证"原则，原告并未证明被告销售的系侵权商品，因此驳回了原告的诉讼请求[⑥]；而二审辽宁省高级人民法院则认为，被告有义务证明其销售的"以纯"服装来自授权经销商，而被告提供的证据不能证明这一事实，一审法院分配举证责任不够妥当，应予纠正，最终改判被告构成商标侵权[⑦]。

通过上述案例可以看出，因为指示性使用法律规定的缺位，致使各地法院在网络销售行为中商标使用行为是否构成侵权的问题上，出现了截然不同的审理思路。在指示性使用问题上，究竟应该如何分配举证责任缺乏统一的标准。除杭州法院明确以指示性使用驳回原告诉讼请求外，其余法院究竟是以商标权利用尽原则、合法来源还是指示性使用来审查被告的抗辩则不明晰。而各地法院的不同态度则会导致市场规则的混乱，权利人很可能为了加强商标权的控制千方百计地选择支持其请求的法院；而对网络店铺的经营者而言，不同地区法院的审理结果可能截然相反，也显失公平。就司法一致性的角度而言，如此混乱的裁判思路，也是对司法权威的一种损害。

（二）国外关于指示性使用的立法、司法情况

指示性使用最早是在美国 1992 年的 New Kids On The Block v. News

---

① （案例）详见浙江省杭州市余杭区人民法院(2013)杭余知初字第 113 号民事判决书。

② （案例）详见浙江省杭州市中级人民法院(2014)浙杭知终字第 80 号民事判决书。

③ （案例）详见江苏省如皋市人民法院(2014)皋知民初字第 0108 号民事判决书。

④ （案例）详见河南省信阳市中级人民法院(2014)信中法民初字第 13 号民事判决书。

⑤ （案例）详见江西省景德镇市中级人民法院(2014)景民三初字第 1 号民事判决书。

⑥ （案例）详见辽宁省辽阳市中级人民法院(2014)辽阳民三初字第 9 号民事判决书。

⑦ （案例）详见辽宁省高级人民法院(2014)辽民三终字第 00223 号民事判决书。

America Publising. Inc. 一案(也称 New Kids 案)中确立的,该案中法院阐明了指示性使用的构成要件:“(1)若不使用该商标产品或服务将无法轻易使人辨识;(2)在必要且合理的限度内使用;(3)不得暗示其与商标权人存在赞助或者认可关系”。[①] 此后在 2003 年的 Brothers Records, Inc. v. Jardine 一案(也称 the beach boys 案)中法院对指示性使用进行了更进一步的修订。在该案中,法院修正了指示性使用的第三构成要件,要求被告必须证明不存在混淆可能性,以满足指示性使用抗辩的要求。[②] 事实上,这两个典型案例的变化也与上文中我国法院在举证责任分配上的分歧非常类似,在 New Kids 案中,法院将举证责任分配给原告;而 the beach boys 案中法院则将举证责任分配给被告,虽然这一变化遭至了多方的批评。

欧盟商标立法虽然没有明确提出商标指示性使用,但是突出强调商标权人不得禁止第三人“用商标表示商品或服务的特征、用途”。《欧共体商标条例》第 12 条在使用符合工商业务中的诚实惯例的前提下,规定了对共同体商标权的限制,其 c 款更强调,需要用来表明商品或服务用途,特别是用来表明商品零部件用途时,权利人不得禁止第三方使用商标。[③] 受其影响,欧盟中多个国家的商标法中都对指示性使用进行了描述,并作为商标权的限制存在。例如《法国知识产权法典》第 713 - 6 条的第 2 款规定了只要不致产生误认,权利人不得禁止在他人在说明商品或服务尤其是零部件的用途时,使用相同或近似商标进行必需的参照说明。[④] 又如《英国商标法》第 11 条也规定了商标权的限制,其中第 2 款 c 项规定根据工商事务中的诚实原则,当有必要说明

---

① 刁青山:《商标指示性使用研究》,西南政法大学 2012 年硕士学位论文。

② 刁青山:《商标指示性使用研究》,西南政法大学 2012 年硕士学位论文。

③ 《欧洲共同体商标条例》第 12 条规定:共同体商标效力的限定

共同体商标所有人无权制止第三方在贸易过程中使用:

(a)其自己的名称或地址;

(b)有关品质、质量、数量、用途、价值、产地名称、生产商品或提供服务的时间的标志,或有关商品或服务的其他特点的标志;

(c)需要用来表明商品或服务用途的标志,特别是用来表明商品零部件用途的商标;只要上述使用符合工商业务中的诚实惯例。

④ 《法国知识产权法典》第 713 - 6 条规定:商标注册并不妨碍在下列情况下使用与其相同和近似的标记:

1. 用公司名称、厂商名称或标牌,只要该使用先于商标注册,或者是第三人善意使用其姓氏;

2. 标批商品或服务尤其是零部件的用途时必须的参照说明,只要不致导致产源误认。但是,这种使用损害注册人权利的,注册人得要求限制或禁止其使用。

某一产品或服务的用途（尤其是附件和备用件）时，使用商标不构成侵权。①

欧盟在指示性使用方面最为著名的案例是“宝马”案。在本案中被告Deenik是一家汽修厂的厂主，主营保养、维修以及销售二手宝马汽车，但其并非宝马公司的经销商；原告宝马公司及其荷兰关联公司认为被告在广告中使用“BMW 修理维护”的字样，并自称是“BMW 专家”侵犯了其商标权。本案从荷兰地方法院一直上诉到荷兰最高法院，最后荷兰最高法院向欧共体法院寻求初裁意见。欧共体法院对案件事实分析之后得出以下两点结论：第一，被告有权在广告中使用原告的商标，若不使用该商标，被告就不可能将他专业从事该车型的销售和维修的信息传达给消费者；第二，被告有权使用原告的商标说明其经营与服务范围。② 由此可见，欧盟在司法实践中认可了指示性使用的存在，但是对于指示性使用的前提是不构成混淆还是符合商业惯例则欧共体内的各国有不同的规定。但无论如何，因为有了法典的明确规定，使得法院在审理过程中有章可循，裁判尺度得以统一。

四、指示性使用的判定标准

（一）属于非商标性使用

非商标性使用的情形中，第三人对他人注册商标使用的本质是对他人商标构成要素中的公有领域的信息来描述自己的商品或服务，而不是指向商标权人的商品或服务。在司法实践中，对于指示性使用的认定，可以从第三人规范使用商标，如在使用的商标上加注“©”“TM”或“注册商标”字样表明自己

---

① 《英国商标法》第 11 条规定：11. 注册商标效力的限制

（1）如果在注册的商品和服务上使用一个注册商标，该使用不构成对另一个注册商标的侵权［但见第 47（6）（声明注册无效的效力）］

（2）一个注册商标未被下列侵权，如果

（a）一个人使用自己的名字或地址，

（b）使用关于种类、质量、数量、用途、价值、地理来源、商品的生产日期或服务的提供、或商品或服务的其他特点的说明，或

（c）当有必要说明某一产品或服务的用途（尤其是附件和备用件）时，条件是这种使用是根据工商事务中的诚实原则进行的。

（3）某一在先权利在商业活动中在某一特定地点的使用不构成对一个注册商标侵权（这一地点正是其适用的唯一的地点），此处的“在先权利”指某人或前任以自己的名义将一个未注册的商标或别的标记连续使用在有关的商品或服务上，而这种使用先于下列情况：

（a）由注册商标所有人或前任者以自己的名义在那些有关的商品或服务上对商标的使用，或

（b）以注册商标所有人名义或以一个前任者自己的名义在有关商品或服务上注册

则该在先权利应被认为在该地区使用，如果在先权利在某地区的使用是受法律规定所保护的（尤其是假冒法）。

② Bayerische Motorenwerke AG（BMW） and BMW Nederland BV v. Ronald Karel Deenik，Case C－63/97. 转引自刁青山：《商标指示性使用研究》，西南政法大学 2012 年硕士学位论文。

使用的是商标,或者在使用的商标旁附加说明,表明是商品/服务来源于使用者而与商标权人无关。北京市高级人民法院《关于审理商标民事纠纷案件若干问题的解答》第 27 条对规范使用他人注册商标的行为作了列举,如(1)使用注册商标中含有的本商品的通用名称、图形、型号的;(2)使用注册商标中直接表示商品的性质、用途、质量、主要原料、种类及其他特征的标志的;(3)在销售商品时,说明来源、指示用途等在必要范围内使用他人注册商标标识的等。该条规定对于判定非商标性使用有非常重要的参考价值。

(二)有使用商标的必要

商标指示性使用的目的是传达商品的真实信息,但即使是允许第三人对商标权人的商标进行使用,也要满足"必要性"的条件,即如果不使用他人的商标,自己的产品或服务将难以描述;不得大量使用商标权人的商标,以达到说明、描述目的为限。

(三)使用出于善意

虽然在商标侵权领域,行为人的主观状态不是侵权责任的构成要件,但是在判定商标指示性使用时,行为人的主观动机有直接的影响。从立法例来看,各国普遍将"善意"外化为"正当、诚实使用""符合商业交易习惯之诚实信用方法"等标准,即使用他人商标不得有不正当竞争之目的。在司法实践中,该标准可以具体化为使用他人商标符合商业惯例,如是否在显著位置突出使用、是否明显引起他人注意等。

五、网络销售者使用他人商标的法律后果分析

正如前文所述,由于网络销售特殊性,销售者使用注册商标"天然带有指示性的成分"。所以,要根据使用的具体情况进行甄别。当销售者使用满足指示性使用的构成要件时,则销售者为合理使用,不够成商标侵权。

当使用者的行为不构成指示性使用时,网络销售行为中的商标使用行为是否构成侵权可以从以下几个方面进行考察。

若使用者销售的是假冒产品,那么毫无疑问侵害了商标权人的权利,应当按照《商标法》第 57 条第 1 项、第 2 项进行侵权认定。

但如果使用者销售的是来源于权利人的商品,即正品时,商标使用行为本身不会导致对商品来源的误认,此时需要考察这种使用行为是否会导致消费者认为使用者与商标权人存在某种联系,即是否暗示了使用人与商标权人存在赞助或者认可关系。如果这种对二者关系的误认存在,那么也应当认定为侵权。此时虽然使用人销售的是商标权人售出的正品,但是仍然不能援引商标权权利用尽来免除责任,其原因在于,首先在网络销售行为中,使用人使用的商标并非附着在商品上的商标，权利人用尽的仅是附着在本身商品的商标的权利；其次，商标法保护的是通过商标所承载的权利人的商誉，保护的是生产者（服务提供者）—商品—消费者之间的联系，网络销售商暗示其与权利人存在某种关联正是对这种联系的破坏，既会损害权利人的商誉，也会对消费者的购买决策产生误导，损害消费者的权益。因此，并不能当然的认为只要销售的是正品，就一定不会构成商标侵权。值得注意的是，此时适用的法律应当是《商标法》第 57 条第 1 项还是第 7 项？就"以纯"案而言，判决被告侵权的法院均是适用现行《商标法》第 57 条第 1 项、第 2 项或《商标法（2001）》第 52 条第 1 项、第 2 项进行判决。但是如前文所述，销售者其实并非在同类商品上使用相同商标，而是在网络店铺中使用商标，被使用的商标并未附着于商品之上，因此适用《商标法》第 57 条第 7 项从逻辑上来说更为严密。只是第 7 项的适用非常严格和少见，这类案件也并非新类型案件，因此适用《商标法》第 57 条第 1 项、第 2 项反而成了传统。

如果使用者销售的是来源于权利人的正品，且不会导致消费者误认二者之间存在某种特殊联系，那么此时应当就是属于本文所讨论的指示性使用的范畴，不应当认定为商标侵权。但是存在一种可能，即虽然使用者构成指示性使用，但是商品本身不具有合法来源（如平行进口、盗窃、半成品加工等）时，是否构成侵权？笔者认为，这时要根据具体情况适用相关法律进行评判，但是仅就使用人在网络店铺中使用商标的行为而言，不应当认定为侵权。

在此，笔者提请注意的是，在商标侵权纠纷中，判断商标侵权又与举证责任的分配息息相关。在司法实践中对举证责任的分配出现了不同的做法。一些法院直接将证明商品是正品，具有合法来源的举证责任分配给了被告，即原告举出权属证据和被告使用商标的证据后，如果被告不能证明其销售的是正品，就承担败诉的风险。笔者认为似有不妥。证据规则确定的举证责任的分配原则是"谁主张，谁举证"，对于适用举证责任的倒置的情形也有严格的规定，商标侵权案件不在此列。笔者认为适用举证责任的"转移"更为妥当，即如果原告举出了被诉侵权商品与正品的若干不符点，使裁判者对被诉侵权产品为正品产生了合理怀疑，此时，举证责任转移至被告，被告需就其销售的商品为正品举证。

结　　语

在电子商务日渐成为主流商业模式的前提下，销售者使用商标的方式与传统贸易下的相比，出现了一些新趋势和特点，最主要的，即销售者以数据信息的方式对商品进行展示，为了更好地披露商品信息，促进销售，销售者不可避免要使用他人的注册商标。这种使用行为是必然的，到底是天然具有合法基础，还是构成商标侵权？笔者认为不能一概而论。“罪”与“非罪”的界限在何处？目前司法实践中对此回应还没有形成统一的司法尺度。笔者带着这个疑问，回溯了商标法中基本理论问题，廓清了商标权的“边界”，即指示性使用他人的注册商标，未进入商标权的专有权和禁止权的领域内，不构成商标侵权。在对国内外立法、司法实践进行梳理的基础上，对判定指示性使用的构成要件，以及后续的举证责任分配等问题进行了初步的探讨，意图在司法实践中，给使用者划定一片可以自由再现他人商标的合法空间。

论新《商标法》第63条的理解与适用

蔡卓森*

摘要：损害赔偿数额是体现知识产权市场价值的重要方面。如何科学确定侵犯知识产权的损害赔偿数额是司法实务中的难点问题，也是热点问题。2014年5月1日起施行的新《商标法》第63条健全了损害赔偿数额确定制度，是当前知识产权部门法中最为完善的损害赔偿数额确定机制。本文通过对司法实务的实证研究分析，反思当前确定赔偿数额中存在的主要问题，探讨如何准确理解适用新《商标法》第63条，旨在避免在法律施行后继续大量适用法定赔偿确定赔偿数额的尴尬局面。

关键词：新《商标法》　损害赔偿数额　法定赔偿

2013年修正的《商标法》已于2014年5月1日起施行。这是我国《商标法》自1983年以来的第3次修改。[①] 按照立法机关的意图，本次修改的主要目的之一即为"加大对侵权行为的打击力度，加强对商标专用权的保护"。[②] 具体到损害赔偿制度的修改有：引入了惩罚性赔偿制度以及文书提供令制度、重新规定了赔偿数额的确定方式及适用顺序。可以说，就我国知识产权单行法而言，新修正的《商标法》所规定的赔偿数额确定制度是最具有系统完整性和开拓创新性的，为《专利法》《著作权法》的修正确定了新方向。本文反思和检讨当前侵害知识产权案件中，法定赔偿方式适用的泛化，以新修正的《商标法》为样本，阐述如何理解和适用该法第63条提供的制度设计，发挥司法智慧，既让赔偿数额的确定回归到侵权责任法的本质，又体现知识产权无形性及强烈的公共政策性特点，切实提高实际损失、侵权获利、许可使用费及其配套的惩罚性赔偿制度的适用率，真正贯彻"司法主导、严格保护、分类施策，比例协调"的知识产权司法政策。[③]

---

* 蔡卓森，浙江省温州市中级人民法院知识产权审判庭法官，法学硕士。

① 前两次分别是1993年和2001年修正。

② 郎胜主编：《中华人民共和国商标法释义》，法律出版社2013年版，第5~6页。

③ 2016年7月，在南京召开的全国法院知识产权审判工作座谈会上，最高人民法院将知识产权司法政策调整为"司法主导、严格保护、分类施策、比例协调"。

一、当前侵害商标权案件中以法定赔偿方式的适用概要

(一)法定赔偿方式的高适用率

以笔者所在的温州市中级人民法院为例,2010 年至 2014 年,共办结了 391 件侵害商标权纠纷一审案件,有损害赔偿的判决共有 65 件,其中适用法定赔偿方式判决的案件共 62 件,适用实际损失或侵权获利方式确定赔偿数额的案件仅有 3 件,仅占有损害赔偿判决的 4%。可见,法定赔偿在温州市中级人民法院是最为常用的确定赔偿数额的方式。然而,温州地区或者浙江地区并不是高度适用法定赔偿方式确定赔偿数额的孤例。有学者以北京市第一中级人民法院官方网站公布的 2009 年到 2013 年侵害商标权案件为样本进行了统计,法定赔偿比例高达 98%。[①] 中南财经政法大学知识产权研究中心 2012 年 8 月完成的《知识产权侵权损害赔偿案例实证研究报告》指出,在商标侵权案件的判赔中,采用法定赔偿标准的案件占全部商标侵权案件的比例为 97.63%。法定赔偿方式的极高适用率亦不局限于侵害商标权案件。实务部门有研究表明,法定赔偿成为专利案件中占据统治地位的赔偿数额确定方式,总体适用率为 99%。[②]

(二)法定赔偿高适用率的影响

笔者认为,绝大部分侵害知识产权案件适用法定赔偿方式确定赔偿数额将会使法律规定的其他几种赔偿方式流于形式,使权利人的救济脱离《侵权责任法》的一般规则,造成知识产权司法保护的效果失真。对于商业维权类案件,权利人或者代理人往往利用法定赔偿的高适用率这一特点,简单举证,怠于举证,迳行要求以法定方式确定赔偿数额,虽然赔偿数额可能低于平均赔偿数额,但由于案件数量庞大,其获得的赔偿数额可能远超实际损失,以至于很多法官对于这类案件产生了主观抵触情绪。而对于需要加大保护力度的某些案件,法官若习惯性地适用法定赔偿确定赔偿数额,即便按照 300 万元上限判决可能也难以弥补权利人因侵权受到的实际损失,甚至难以弥补维权支出费用,再加上法官对权利人提出的赔偿数额有“折后确定”的心理冲动,[③]最终

---

① 孙那:《我国新〈商标法〉背景下商标侵权案件损害赔偿的司法适用》,载《科技与法律》2014 年第 5 期。

② 中国专利代理(香港)有限公司法律部:《专利侵权损害赔偿的理论与实践》,载《中国专利与商标》2009 年第 4 期。

③ 全额支持权利人的赔偿数额请求占比较低,这是我国法院在确定赔偿数额时的一个现象。根据孙那的统计,从商标侵权案件对于经济损害的判赔支持度来看,约 50% 的案件支持力度低于 20%,全部案件的平均支持度 34.81%。孙那:《我国新〈商标法〉背景下商标侵权案件损害赔偿的司法适用》,载《科技与法律》2014 年第 5 期。

这部分权利人的维权热情得不到司法保护的回应。知识产权司法保护不仅体现在制止侵权,更要体现在对创新以及品牌建设的激励。在法律规定了如此完善的赔偿数额确定机制的情况下,法定赔偿高适用率产生的上述危害与知识产权司法保护的终极目的不相契合,需要引起司法的反思。

（三）法定赔偿高适用率的原因分析

有学者认为,法定赔偿高适用率现象的原因可能是法院对证据的要求过于严格,民事诉讼制度未能提供有效手段让权利人有效举证以及法院长期以来在赔偿数额方面奉行谦抑政策。① 笔者认为,上述分析有一定道理,但不能反映全部原因,法定赔偿方式被过度运用有以下几个主要原因。第一,适用法定赔偿不需要另行提供计算数额的证据,最具有可操作性,改判风险最低。法律仅仅规定实际损失、侵权获利、许可使用费难以确定时,就可以根据侵权情节适用法定赔偿方式在一定限额之内行使自由裁量权。法官往往不愿意厘清"难以确定"的标准以及忽视法律对举证责任的规定,直接适用法定赔偿方式确定赔偿数额。而且,大多数案件的判决书中只是笼统地写明"根据侵权行为的性质、影响、侵权时间长短等因素,结合权利人为制止侵权行为所支付的合理开支,酌情确定侵权损害赔偿的金额"。第二,在大量案件中,权利人怠于举证或者举示的证据不充分,法官也未倚赖民事诉讼法、证据规则或者知识产权法律规定的举证妨害制度要求侵权行为人举证,这就使实际损失等赔偿方式的适用遇到了事实障碍。

检讨过去的司法实践,由于存在上述原因,笔者在经办的数个案件中都错失了适用实际损失赔偿方式确定赔偿数额的机会。如在原告施耐德电气公司、施耐德电气(中国)有限公司与被告施耐德电气股份有限公司、朱某某、周某某侵害商标权及不正当竞争纠纷一案中,②在被告施耐德电气股份有限公司、朱某某、周某某具有明显的侵权恶意,施耐德电器股份公司、朱某某制造、销售的侵权产品被工商行政管理机关查处多达6次的情况下,温州市中级人民法院根据原告的请求,适用法定赔偿方式,支持100万元的赔偿数额(原告提出的赔偿数额为508万元,100万元还是针对侵害商标权及不正当竞争行为两项侵权行为顶格适用50万元法定赔偿得出的),可能长期适用法定赔偿方式的影响。如瑞安市人民法院办理的原告杭州上岛咖啡食品有限公司与被告平阳县萧江镇上岛咖啡美食店侵害商标权及不正当竞争纠纷一案,原告专业从事咖啡厅特许经营,在庭审中主张参照商标许可使用费的倍数合理确定

---

① 崔国斌著:《专利法:原理与案例》,北京大学出版社2012年版,第785页。

② 参见温州市中级人民法院(2012)浙温知初字第18号民事判决书。

赔偿数额,并提供了加盟费收取标准,要求确定赔偿数额为 15 万元,法院以提供的加盟费收取标准为复印件为由不予采信,适用法定赔偿方式确定赔偿数额为 5 万元。本案固然有权利人怠于举证的因素,但是也反映了法定赔偿的长期影响。

(四)法定赔偿高适用率的解决

笔者认为,应当根据法律提供的多元化的赔偿数额确定方式,严格依照法律规定的顺位和标准,引导当事人举证以及按照法律规定的举证责任分配制度,结合个案情况科学确定赔偿数额,既不刻意回避某种确定方式的适用,也不惯性地适用法定赔偿方式。以下具体分析论述。

二、新《商标法》第 63 条的理解

(一)填平原则在商标法的贯彻

知识产权是民事主体依法对其在科学、技术和文化等知识领域内创造的智力成果享有的权利。① 我国民法通则将知识产权独列为一类民事权利,与财产所有权和与财产所有权有关的财产权、债权、人身权并列于第五章民事权利。从侵权行为的构成要件分析,侵害知识产权属于一般侵权行为,因而其构成须同时具备行为的违法性、损害、因果关系与过错四个要件。② 侵害商标权属于侵害知识产权行为的一种类型,也是一种一般侵权行为,承担侵权民事责任中最为重要的方式即为赔偿损失。赔偿损失应当遵循填补的属性,即通过赔偿一定数量的财产,使受害人的财产、精神状况尽可能地恢复到受害前的状况。③《中华人民共和国侵权责任法》(以下简称《侵权责任法》)第 19 条规定了侵害财产权损失计算的方法,规定侵害他人财产的,财产损失按照损失发生时的市场价格或者其他方式计算。该条坚持了填平原则。作为特别法的新

---

① 王利明主编:《民法・侵权行为法》,中国人民大学出版社 1993 年版,第 309 页。转引自张新宝著:《中国侵权行为法》,中国科学社会出版社 1998 年第 2 版,第 235 页。

② 张新宝:《中国侵权行为法》,中国科学社会出版社 1998 年第 2 版,第 236~237 页。虽然本文主要研究赔偿问题,但仍有必要对知识产权理论界对侵害知识产权归责原则的争论稍加梳理。已故著名知识产权学者郑成思曾经指出,"当然,最可取的路子,仍是以多数外国法的成例及 TRIPs 的要求为参考,制定出在适当场合,在知识产权领域适用无过错责任的明文"。郑成思:《侵害知识产权的无过错责任》,载《中国法学》1998 年第 1 期。吴汉东教授认为,知识产权如同所有权一样,在效力上存在"物上请求权",该项请求权在构成条件上不考虑行为人的主观过错。吴汉东:《试论知识产权的"物上请求权"与侵权赔偿请求权——兼论〈知识产权协议〉第 45 条规定之实质精神》,载《法商研究》2001 年第 5 期。但是程永顺认为,侵害人既然是工商业者,既然要搞发明创造,其在研制开发新产品之前就应当查阅(专利公报),有义务进行检索,而且只要其想查阅,就能查阅到,但他竟然没有查阅,所以应当认定其行为有过失。程永顺著:《中国专利诉讼》,知识产权出版社 2005 年版,第 207 页。

③ Prosser: Law of Torts, 4th Ed, pp. 9-10. 转引自张新宝著:《中国侵权行为法》,中国科学社会出版社 1998 年第 2 版,第 190 页。

《商标法》第63条第1款，针对侵害商标权行为应承担损失同样贯彻了侵权行为责任法的填平原则，明确"按照权利人因被侵权所受到的实际损失确定"。同时，该款规定了两种替代计算方式，即"按照侵权人因侵权所获得的利益确定"与"该商标许可使用费的倍数合理确定"。笔者认为，这样的规定虽然尚未明确实际损失的内容，但相对于2001年修正的《商标法》[①]是一种进步，确立"实际损失"作为首选的赔偿数额确定方式，与《侵权责任法》保持了一致。

(二) 惩罚性赔偿制度的引入——仍以实际损失为基础

惩罚性赔偿的基本含义是，超出受害人的实际损失数额，判决被告支付一笔额外的赔偿费用给受害人，以示对侵权行为人的惩罚。惩罚性赔偿仅适用于一些故意侵权且情节十分恶劣的案件。[②] 我国《侵权责任法》针对具体的某些恶意侵权行为规定了惩罚性赔偿制度，如第47条规定，明知产品存在缺陷仍然生产、销售，造成他人死亡或者健康严重损害的，被侵权人有权请求相应的惩罚性赔偿。在知识产权法领域，新《商标法》第63条首次针对恶意侵权行为确立了惩罚性赔偿制度。但是需要指出的是，这种惩罚性赔偿有严格的限制，一是以实际损失（或者侵权获利、许可使用费）为基础，二是要求查明主观恶意且侵权情节严重，三是有倍数限制，即在实际损失的1倍以上3倍以下确定。与一般侵权法（如上述产品责任）下惩罚性赔偿受到严峻的挑战或者引起广泛争议不同，在知识产权领域引入惩罚性赔偿制度因为以上严格的限制条件，"争议要小很多"。[③] 从立法的角度来看，引入惩罚性赔偿制度是因为实践中存在商标侵权案件中受害人维权成本高、"赢了官司赔了钱"的现象。笔者认为，在《商标法》引入惩罚性赔偿是一种政策性安排，是考虑到知识产权的无形性特征，赋予司法机关一定的自由裁量权，仍然以原告遭受的实际损失为基础，甚至在一定程度上仍可以视为实际损失的扩大化计算方式。

这一点在美国《兰哈姆法》中也有所体现。《兰哈姆法》第35条a项规定，在评估损害时，法院可以根据实际情况判定一个高于实际损害但不超出其3倍的金额。如果法院认定，基于被告利润所得确定的救济金额不足或过多的，法院可以根据实际情况确定一个其认为公正的数额。但上述情况下确定

---

① 原《商标法》第56条第1款规定，侵犯商标专用权的赔偿数额，为侵权人在侵权期间因侵权所获得的利益，或者被侵权人在被侵权期间所受到的损失，包括被侵权人为制止侵权行为所支付的合理开支。

② [日]森岛昭夫：《不法行为法讲义》，有斐阁1987年版，第337页。转引自张新宝著：《中国侵权行为法》，中国科学社会出版社1998年第2版，第190页。

③ 崔国斌著：《著作权法：原理与案例》，北京大学出版社2014年版，第912页。

的数额仅是补偿金额,不是惩罚金。[①] 通常认为,对于依据《兰哈姆法》提起的诉求不能适用惩罚性赔偿,但依据州法或普通法提起的诉求允许适用惩罚性赔偿。[②] 因此,从比较法的角度来看,中国商标法规定的惩罚性赔偿与一般侵权责任法的惩罚性赔偿制度在性质上也是有所区别的。

(三)新《商标法》四种赔偿数额确定方式的顺位问题

笔者认为,新《商标法》第63条规定的确定赔偿数额的方式,在适用顺位上应该具有排序,即根据填平原则确定实际损失;若实际损失难以确定,则以侵权获利或者许可使用费的合理倍数代替实际损失;若实际损失、侵权获利、许可使用费的合理倍数难以确定,则根据侵权情节在三百万元以下赔偿。这种顺位本质是按照实际损失与法定赔偿区分排列,其中侵权获利、许可使用费的合理倍数都是实际损失的替代方式。或许有人会认为这种顺位与立法者的意思不相一致。根据立法者的解释,确定侵犯商标专用权的赔偿数额按法定顺序有以下几种方式:(1)按照侵权人因被侵权所受到的实际损失来确定。(2)实际损失难以确定的,可以按照侵权人因侵权所获得利益确定。(3)权利人的损失或者侵权人获得的利益难以确定的,参照该商标许可使用费的倍数合理确定。此外,实践中,有很多侵犯商标专用权的案件,难以取得充分的证据以确定被侵权人所受到的实际损失、侵权人因侵权所获得的利益或者注册商标许可使用费。在这种情况下,人民法院可以根据侵权行为的情节判决给予被侵权人法定的侵权赔偿。[③] 这种解释与笔者的解释还是相一致的,只不过没有强调实际损失的填平原则,并依次罗列分解条款内容,给人造成一种侵权获利、商标许可使用费都是与实际损失相互独立的、递进适用的确定赔偿数额的方式。新《商标法》规定参照商标许可使用费的倍数合理确定赔偿数额的前提是"权利人的损失或者侵权人获得的利益难以确定的",按照字面解释,结合侵权获利的适用前提,只要权利人的损失难以确定,是可以直接参照商标许可使用费的倍数确定赔偿数额,而不以侵权获利难以确定为前提。

(四)赔偿数额确定方式的递进标准——难以确定

新《商标法》坚持了原《商标法》中赔偿数额确定方式的递进标准,即"难以确定"标准。这基本上是一个证据的认定问题,是指法官对于权利人支持其主张的赔偿数额确定方式的证据是否达到可以采信的程度。笔者尚未检索

---

① 杜颖译:《美国商标法》,知识产权出版社2013年版,第46页。

② 黄武双、黄骥著译:《美国商标案件金钱偿还数额的计算:原理与判例》,法律出版社2014年版,第101页。

③ 郎胜主编:《中华人民共和国商标法释义》,法律出版社2013年版,第122~123页。

到有司法解释或者司法实践对"难以确定"进行具体的细化。最高人民法院在其制定有关损害赔偿法律适用的司法政策指出,在确定损害赔偿时要善用证据规则,全面、客观地审核计算赔偿数额的证据,充分运用逻辑推理和日常生活经验,对有关证据的真实性、合法性和证明力进行综合审查判断,采取优势证据标准认定损害赔偿事实。对于难以证明侵权受损或侵权获利的具体数额,但有证据证明前述数额明显超过法定赔偿最高限额的,应当综合全案的证据情况,在法定最高限额以上合理确定赔偿额。① 可见,难以确定并非难以精确计算,而是根据案件证据,法官形成内心确信后行使自由裁量权得出赔偿数额。这种赔偿数额仍然是填平原则的实际损失,法官只要做到尽量接近权利人所受到的实际损失即可,无须精确计算。这就为"难以确定"提供了比较大的裁量空间,司法实践中称为裁量性赔偿。最高人民法院知识产权审判庭原庭长孔祥俊指出,有一定的事实和证据能够证明实际损失超过法定定额赔偿数额,但实际损失确实难以一一精确印证,则可以在法定定额赔偿的最高额以上适当裁量赔偿数额,这种裁量不是适用法定定额赔偿,不能混同于法定定额赔偿的适用。② 这也为提升实际损失的适用率提供了方向性指引。如在上诉人宝马股份公司与上诉人广州世纪宝驰服饰实业有限公司、被上诉人北京方拓商业管理有限公司及被告李某某侵害商标权及不正当竞争纠纷一案中,法官认为,损害赔偿应当是对因权利受侵害而发生的损害加以赔偿,按照法律规定,实际损失或者侵权获利均应由主张者即原告承担举证责任,而这往往是比较困难的。在司法实践中,也有原告为证明被告的获利,在起诉时申请对被告的财务账册进行证据保全,之后通过财务会计审计确定被告的营利情况。而本案中,宝马公司在本案原审诉讼中未能提供证据证明其因侵权行为所受到的实际损失,也未能提供证据证明广州世纪宝驰公司因侵权行为获得的利益,原审法院在原审证据的基础上,依据法律相关规定,酌情确定侵权损害赔偿数额 50 万元并无不妥。但宝马公司在本案二审诉讼中补充提交了大量新的证据,这些证据足以证明广州世纪宝驰公司侵权的主观恶意明显、侵权时间长、侵权范围广、侵权获利巨大,远远超过 200 万元人民币,侵权情节极其严重,为保障权利人合法权益的充分实现,加大侵权代价,降低维权成本,在宝马公司二审提交了新证据的情况下,法院对宝马公司关于赔偿 200 万元人民币的诉

---

① 最高人民法院《关于当前经济形势下知识产权审判服务大局若干问题的意见》(法发〔2009〕23 号)第 16 条。

② 孔祥俊:《在全国法院知识产权审判庭庭长研讨班上的总结发言》(2013 年 4 月 24 日)。

讼请求,予以全额支持。① 这一判决是法官以"难以确定"标准,根据案件事实,评估实际损失后得出的科学合理的赔偿数额,具有典型意义。该案被评选为2012年中国法院知识产权司法保护50件典型案例、2012年北京市法院十大知识产权典型案例、北京市首届知识产权十大案件。

三、实施新《商标法》第63条存在的主要问题及其解决路径

有实务界人士认为,2008年《专利法》修正案施行后,尽管规定了确定损害赔偿数额的顺序,法院在实际操作中的做法与2001年《专利法》的规定并无二致,即并没有也不可能严格遵循法律规定的相关顺序确定损害赔偿数额。此次《商标法》修正案做了与《专利法》类似的规定,实践中可能遇到与专利实践相同的问题,即有关确定损害赔偿额顺序的规定在实践中难以操作。②

笔者认为,如上所述,解决确定赔偿数额以法定赔偿方式为主的不正常现象,应当充分理解确定赔偿数额的法律规范,就侵害知识产权损害赔偿的性质再次达成共识,消除法律适用倾向于法定赔偿方式的"惰性",积极引导当事人举示证据,利用好法律规定的举证妨害制度等程序规则,从而增强损害赔偿的补偿、惩罚和威慑效果,降低维权成本,提高侵权代价。具体地,需要明确以下做法:

(一)尊重知识产权私权属性

知识产权本质上是一种私有权利,在权利受到侵害时,权利人可以决定发动诉讼,以获得司法保护。因此,在决定适用哪种计算方式确定赔偿数额时,应当充分尊重当事人的主张和选择。实际上,这一理念在最高人民法院《关于审理商标民事纠纷案件适用法律若干问题的解释》第13条就已经得到了贯彻。该条规定,人民法院依据法第56条第1款(2001年修正的《商标法》)的规定确定侵权人的赔偿责任时,可以根据权利人选择的计算方法计算赔偿数额。在正常状态下,由于注册商标商品的单位利润会高于侵权商品的单位利润,因此按照实际损失确定的赔偿数额会大于按照侵权获利确定的赔偿数额。而商标许可使用费倍数合理确定的赔偿数额则可能会高于实际损失,也可能会低于实际损失。法律允许当事人选择较高的赔偿数额主张,这是对私权利的尊重。

(二)追求裁判结果的公平合理性

笔者认为,在特定情况下,如果权利人主张实际损失或者侵权获利、商标

---

① 李燕蓉:《如何确定侵害商标权案件的侵权赔偿数额——宝马股份公司诉广州世纪宝驰服饰实业有限公司等侵害商标权纠纷案评析》,载《科技与法律》2013年第4期。

② 程永顺:《第三次〈商标法〉修正案亟待澄清与完善的若干问题》,载《知识产权》2013年第9期。

许可使用费偏离了公平合理的观念时,不再符合《商标法》立法宗旨的时候,即便所谓的赔偿数额表面上看起来不是“难以确定”时,也要驳回当事人的主张。在上诉人厉某某因诉温州快鹿集团公司侵害商标权纠纷一案中,[①]厉某某主张与温州快鹿集团公司签订过涉案商标许可使用合同,合同终止后,温州快鹿集团公司继续使用涉案商标,以致讼争。厉某某主张按照原合同约定的许可使用费的2倍,外加律师费等维权合理费用,确定赔偿数额为16万元。法院审查后认为,在权利人的实际损失、侵权人因侵权所获得的利益难以确定情况下,厉某某有权要求人民法院参照涉案商标的许可使用费的倍数合理确定,但是适用该种赔偿数额确定方式的前提应当是涉案商标的许可使用费具有时效性,即许可使用费能够客观真实地反映侵权行为持续期间注册商标的市场价值。但根据现有证据,厉某某自2008年11月涉案商标获核准注册至今,仅在2010年3月至2012年3月许可温州快鹿集团公司使用过涉案商标,并未在侵权行为持续期间使用或者许可其他市场主体使用涉案商标。因此,由于厉某某没有进一步举证证明涉案商标在侵权行为持续期间的市场价值,且由于涉案商标已经闲置将近3年,在客观上也无法证明这一事实,故对厉某某关于参照2010年涉案商标许可使用合同确定的许可使用费确定本案赔偿数额的主张,不予支持。这个案件坚持了结果的公平合理性原则,表面上本案商标许可使用费是明确的,也是同一被许可人自愿履行过的,但是对于一枚闲置将近3年的商标是否仍具有相当的市场价值则不得而知,故最终法院依据职权适用法定赔偿计算赔偿数额。这一判决与最高人民法院的司法政策也是相符的。最高人民法院指出,注意参照许可费计算赔偿时的可比性。[②] 上述案件中,法院提出了时效性要求,正是可比性的具体化。

(三)消除实际损害赔偿数额与法定赔偿数额之间的差距

上述实务界人士还认为,如果当事人因为无法确定或出于诉讼策略的考虑,不提交证据支持其损害赔偿主张,法院应当是以难以确定为由,直接适用法定赔偿,还是以当事人举证不能驳回其关于损害赔偿的诉讼请求?如果是前者,那么第63条第1款在实践中可能会流于纸面;而如果是后者,则第63条第3款实际上在实践中是难以适用的。在当事人举证的前提下,由于有了第63条第2款的规定,法院实际上不可能难以确定“被侵权人所受到的实际损失、侵权人因侵权所获得的利益、注册商标许可使用费”,在这种情况下,同

① 参见温州市中级人民法院(2014)浙温知民终字第36号民事判决书。

② 最高人民法院《关于当前经济形势下知识产权审判服务大局若干问题的意见》(法发〔2009〕23号)第16条。

样不会导致第63条第3款的适用。[①] 笔者认为,当前面临的问题是法定赔偿方式过度适用。当事人出于诉讼策略的考虑直接主张按照法定赔偿方式确定赔偿数额的根源在于适用63条第1款与第3款之间存在人为的差距。换句话说,法院在适用法定赔偿方式的时候并没有考虑尽量使赔偿数额接近于实际损失,偏离了侵害知识产权损害赔偿的本来面目。另外,由于我国大量中小微企业并不严格按照会计准则制作财务账册,同时我国民事诉讼法也没有规定英美法上的证据开示制度,导致当事人不敢轻易主张实际损失或者侵权获利来计算赔偿数额。也正因如此,法律才规定了文书提供令制度,并规定了举证妨害制度,这都是为法院适用实际损失确定赔偿数额提供工具。如果因为这些制度的确立,导致适用法定赔偿方式确定赔偿数额成为例外情形,则《商标法》的修改目的也就达到了。司法裁判应当消除两种赔偿数额确定方式存在的差距,引导当事人尽量按照实际损失主张赔偿数额,做到实事求是,该少支持的少支持,该多支持的多支持,实现赔偿数额的差异化,纠正因为过度适用法定赔偿带来的失灵现象。

---

① 程永顺:《第三次〈商标法〉修正案亟待澄清与完善的若干问题》,载《知识产权》2013年第9期。

商标侵权内在逻辑的再梳理

——并延及立体商标近似的认定

王　晓*

摘要：随着社会主体的商标保护意识和能力逐渐增强，涉及立体商标的侵权纠纷也在逐渐增多，如何针对立体商标的特殊性相应调整近似认定的标准成为处理这类纠纷的关键。与此同时，司法实践中部分法官对商标侵权认定的原理认知不够，存在机械适法、笼统判决的情况。在此背景下，本文通过对商标侵权原理的分析，总结出商标侵权的实质是相关公众从侵权标识联想到商标，进而联想到商标背后的商标权人"两次联想"过程的完成，同时指出商标特定要素是否具备指示功能是第二次联想产生的关键，以及判断指示功能是否具备必须要考虑的两个判断步骤，即考察商标特定要素的可识记性和标识性，由此本文梳理出了商标近似乃至侵权认定的内在逻辑。在此基础上本文针对立体商标的特殊性提出了"在商标近似认定中商标整体结构相似的作用被弱化"以及"判断立体商标的可识记性考虑商品的正常使用状态，判断立体商标的标识性应排除法定形状和商品的惯常设计"的观点。希望通过本文，为商标乃至立体商标侵权审判实务的强化提供一点启发。

关键词：联想　商标要素　立体商标

近年来，随着国家知识产权战略的实施，社会主体在知识产权创造、运用、管理乃至保护上的意识和能力均大幅度提升。从2016年开始，在成都市中级人民法院受理的商标侵权纠纷中，逐渐出现了涉及立体商标的案件。与平面商标相比，立体商标在自身设计以及使用方式上均有所不同，使案件审理中的商标比对乃至商标近似的最终认定受到了一定的影响。与此同时，笔者还发现，有的法官平时在处理商标侵权纠纷时，牢记的始终是"商品比对、商标比较"，但对二者之间的逻辑关系、商标近似认定的原理认知不够，依葫芦画瓢、凭感觉办案、笼笼统统判决的现象比较突出。因此，笔者认为还是有必要对这类知识产权法官平常接触较多却又感觉模糊的问题进行再思考，梳理商标侵

---

* 王晓，四川省成都市中级人民法院知识产权审判庭副庭长。

权认定的内在逻辑,厘清商标近似认定的作用和原理,并在上述思考的基础上,进一步对立体商标近似认定的特殊之处进行讨论,以期为强化商标案件的审理工作提供一点思路。

一、商标侵权认定的内在逻辑

TRIPs 第 15 条规定,任何能够将一企业的商品或服务与其他企业的商品或服务区分开的标记或标记组合,均能够构成商标。可见,商标的基本作用在于区分商品(或服务,下同)的来源,即基于商标与特定经营者之间的固定联系,使相关公众能按“标”索骥识别商品来源,方便公众挑选商品。同时,也有利于企业开拓市场和积累商誉。而商标权作为一种控制商标使用的权利,实质就是对商标的上述定向指示作用的垄断。因此,所谓商标侵权行为实际上是对这种指向特定经营者的指示作用的盗用,使侵权商品在相关公众心中被“或明或暗”地引导向了商标权人:要么使相关公众将侵权商品的来源误认为是商标权人,要么使相关公众误认为侵权商品提供者与商标权人具有某种关系,从而影响相关公众挑选商品的判断。

(一)混淆产生的前提和关键

商标指示作用的盗用,在结果上将会引起相关公众对商品的来源产生上述混淆,进而影响相关公众挑选商品的判断,最终产生挤占商标权人市场份额的后果。因此,混淆是导致商标权人经济利益受损的最直接原因。从无损害则无侵权的角度来讲,商标侵权的成立一般是以混淆的产生为表征。因此,是否产生混淆,是商标侵权判定过程中最为核心的问题。根据最高人民法院《关于审理商标民事纠纷案件适用法律若干问题的解释》的规定,商标侵权判定的各个环节,包括类似商品认定、近似商标认定等,均是围绕混淆是否产生进行。①

由于混淆是相关公众的一种主观认知状态,故对混淆的探讨,离不开对相关公众“内心”的分析。从逻辑上讲,相关公众必定要经历以下几个阶段才会产生混淆(见图一):

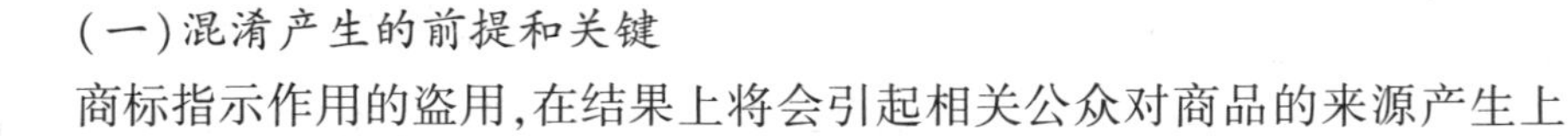

图一

① 最高人民法院《关于审理商标民事纠纷案件适用法律若干问题的解释》第 9 条第 2 款、第 11 条第 1 款分别规定:“商标近似,是指被控侵权的商标与原告的注册商标相比较……易使相关公众对商品的来源产生误认或者认为其来源与原告注册商标的商品有特定的联系”;“类似服务……相关公众一般认为存在特定联系、容易造成混淆的服务”。

具言之,当相关公众在侵权商品上看见侵权标识时,产生了对商标的联想,进而产生对商标背后商标权人的联想,混淆由此而生。要完成这个过程,对于相关公众而言,首先,必须在发现侵权标识之前,就对待保护的商标有所认知,包括商标的外观、商标的具体使用领域以及商标的持有人,使相关公众在发现侵权标识之前,已经在脑海里留下了商标的印象,并且建立起了商标与商标权人之间的指向关系。或者说,两件标识有机会共存于一人之大脑,这是混淆产生的前提。这个前提背后的意思就是要求商标权人将商标投入到实际使用中,通过使用使公众产生印象、建立联系。其次,相关公众能够因发现侵权标识而联想到商标,进而产生对商标背后商标权人的联想,两次联想完成后,带来商标侵权所需要的混淆。这是混淆产生的关键。

(二)商品比较是判断侵权标识和商标是否共存于一人之大脑的工具

根据《商标法》及其司法解释的规定,认定商标侵权时,除对商标是否相同或者近似进行判断外,还需对商品是否相同或类似进行认定;在认定商品类似时,还应考虑是否容易造成相关公众混淆。商品比较之所以能在商标侵权认定中占据一席之地,首先是基于对商标权的权利边界的考虑。具言之,商标权的保护范围,是由被核准的商标设计和被核定的商品种类两个因素进行限定。因此,被视为进入了商标权保护范围的商标侵权行为,自然也要从商品种类的角度进行评判。这是商标侵权认定离不开商品比较的直接原因。除此之外,基于商标侵权的实质在于混淆,本文认为,之所以商标侵权离不开商品比较,更为重要的原因在于商品比较是判断混淆前提——两件标识共存于一人之大脑的工具。

由于混淆只是法官基于客观情况对相关公众主观状况的一种探寻,并且相关公众也只是一个法律拟制群体,故对混淆是否产生进行判断的整个过程,严格来讲都是一种可能性的判断,或者说是一种应然而非实然的判断。这对于判断两件标识是否共存于一个大脑,以及标识与标识之间能否产生联想这两个与混淆有关的问题来讲都是如此。具言之,就商标和侵权标识共存于一人之大脑而言,它是指能见到两种标识并施加注意力的人有无存在的可能。一般来讲,唯有特定商品的相关公众才会对商品之上的标识施加注意力。因此,上述可能性是否存在,取决于分别承载两种标识的商品的相关公众是否重合或交叉。由于相关公众是指商品的消费者以及与该商品营销有关的经营者,是一个抽象的人群,因此判断两种商品的相关公众范围是否重合或交叉,最直接的办法便是考察两种商品的种类是否相同或类似。两种商品的种类越是接近甚至相同,其相关公众的范围就越有可能交叉甚至重合,能识记两种标识的人存在的可能性就越大。这就是商标侵权判断离不开商品比较的原因。

(三)商标比对是判断第一次联想是否产生的工具

在上述前提具备的基础上,相关公众能否通过侵权标识联想起商标,即完成第一次联想。从心理学的角度来讲,联想是指在一个事物的基础上想到另外一个具有相同特点的事物,如“霜叶红于二月花”。人们之所以能够通过枫林红叶联想到二月春花,原因就在于二者具有共同的鲜明特点:红色。相关公众唯有看见具有共同特点的相同或近似的事物,才可能刺激自己的大脑以产生对另一个已存入大脑事物的联想。因此,以寻找两件标识是否具有共同特点的商标比对,就是专门用来解决能否产生联想这个问题的工具。一方面,两件标识之间的共同特点越多,两者之间越容易产生联想,这是隔离比对的必然规律;另一方面,被联想的事物在大脑里留下的印象越深,也就越容易被外界的刺激所唤醒,这是商标比对需要考虑商标知名度和显著性的原因。

(四)考察商标要素是否具备指示功能是判断第二次联想能否产生的工具

上文已述,第二次联想是以第一次联想的产生为基础。第二次联想是指对商标背后特定经营者的联想。唯有产生第二次联想,才会出现相关公众将侵权商品的来源误认为是商标权人,或认为侵权商品的提供者与商标权人具有某种关系这两种混淆的具体表现形式。从商标比对的结果上讲,第一次联想可分为商标相同的联想和商标不完全相同的联想两种情况。前者是指侵权标识与商标在视觉上基本无差别。在此情况下,由于商标在整体上必然与特定经营者之间具有稳定联系,故由侵权标识联想到商标,再由商标联想到特定经营者,即产生第二次联想是顺理成章的事。但在司法实践中,绝大部分的情况都是后者,即侵权标识与商标相比,两者不完全相同,但有部分商标要素相同或相似,或者各要素组合后的整体结构相似。在这种情况下,能否产生第二次联想,关键在于考察引发第一次联想的相同或相似的特定商标要素、相似的商标整体结构是否具有指示特定经营者的功能。有关指示功能的内容将在下文详述。

二、对商标要素指示功能的分析

(一)第二次联想能否产生一般取决于商标要素具有指示功能

最高人民法院《关于审理商标民事纠纷案件适用法律若干问题的解释》第9条第2款规定,商标近似,是指被控侵权的商标与原告的注册商标相比较,其文字的字形、读音、含义或者图形的构图及颜色,或者其各要素组合后的整体结构相似,或者其立体形状、颜色组合近似,易使相关公众对商品的来源产生误认或者认为其来源与原告注册商标的商品有特定的联系。根据司法解释对商标近似的定义,商标的特定要素近似,如商标的文字部分在音形义上近似、图形部分在构图及颜色上近似,或者商标各要素单独比较不一定近似,但组合成整体构成近似,均可能被认定为商标近似(一般来讲,商标要素是指能够由视觉区分的商标组成部分,包括文字、图形、字母、数字、三维标志、颜色等,但在本文中,商标要素可作广义理解,即不仅包括上述视觉可区分部分,也包括文字商标的"音、形、义")。换言之,侵权标识与商标相比较,并非完全相同,但又有部分特征一致。这些一致的特征要么体现在商标的特定要素相同或相似上,要么体现在商标的整体结构相似上。① 同时,这种相似还要具有产生联想的可能性:相关公众能够基于这种相似由侵权标识联想到商标,进而联想到商标权人,其中"牵线搭桥"的既可能是商标的部分要素相同或相似,也可能是各个要素组合成的整体结构近似,而这种联想的最终效果是提示了商品来源于商标权人,或是暗示了商品生产者与商标权人的特定关系。从这个角度来讲,这种近似成立的前提在于,作为"中间体"的商标部分要素或商标整体结构具有指示特定经营者的功能。很明显,商标整体具有指示特定经营者的功能,但商标的特定构成要素是否具有指示功能则需要加以分析,比如外文单词"Baekje"(百济,古代朝鲜半岛上建立的国家,现已被韩国旅游业协会注册为一款旅游信息 APP 的软件名称)若在中国被注册为商标,则从文字本身而言对于国内的相关公众较为生僻,并且其字母组合也不易于按照相关公众所熟悉的拼音或者英语规则进行发音,故能够为相关公众所识记的是其"形",而非其"音""义";又如在图文组合商标中(见图二),其龙腾祥云加彩带的图形较为复杂,与此相比,文字部分"司龙铁板烧"容易被识别,能够被呼叫,在使用过程中更容易被相关公众所识记。上述商标中容易被识记的部分,相较于商标的其他部分使用频率更高,更容易在相关公众心目中发挥标示来源的作用,在商标的长期使用过程中就会建立起与商标权人的稳定联系,也即产生指示功能。

---

① 实际上,商标特定要素或者整体结构的相似又可以进一步区分其中的相同特征和不同特征,因为任何相似实际上都是相同特征与不同特征的混合体。逻辑上讲,对商标近似进行解释必须最终落脚在相同特征和不同特征的讨论上。司法解释用"相似"去解释"商标近似",难免会给人一种循环论证的感觉,但如果要从"特征"这个层面去论述"商标近似",由于特征太过具体,不能脱离具体案例进行分析,难以从法律定义的高度进行抽象和概括,这也是本文最终还是选择从商标特定要素相似或整体结构相似的层面进行讨论的原因。

图二

(二)确定商标要素指示功能的两步骤

上文说明,通过商标特定要素的相同或相似来认定商标近似,需要该商标要素具有指示特定经营者的功能,而对具有指示功能的特定商标要素的确定,需要一个甄别的过程:第一步是考察该要素是否便于识记,即可识记性。上面已提到,容易为相关公众所识记是指示功能产生的基础。只有在心中留下印象,才有进一步与特定经营者建立联系的可能。所谓商标要素的可识记性,一般是指该要素容易被公众所识别和记忆,或者说是容易被大脑所接纳。研究表明,人的视觉器官在接受和处理光信号时,如果视觉对象是文字时,大脑会将文字符号“解码”为语音符号,进而理解其意义;相对的,如果视觉对象是图形时,由于视觉器官天生是用来感知影像的,大脑不需额外“解码”,因此接受信息更快,效率更高。从这个角度来讲,图形相对于文字更容易被识记,即图形优于文字。另外,无论是文字还是图形,越简单的视觉对象越容易被大脑所理解和记忆,比如就是比较典型的例子,即简单优于复杂。同时,商标要素的可识记性,也会受制于商标本身标注来源作用的影响,比如在商品流转中,商标承担了为相关公众迅速辨析商品的职能,这时商标中能够被呼叫的商标要素,就成为指代商标乃至特定品牌的关键词,具有较强的可识别性,比如商标(见图三)中的“陇阳”二字能够被直接呼叫;商标中的“”图形经常被所属领域的相关公众呼叫为“公鸡”或“雄鸡”,其相对于文字部分更具有可识记行;Kappa商标中的“”图形经常被呼叫为“靠背”,非常形象且便于理解,具有很强的可识记性。上述例子说明,在商标要素中,可呼叫部分优于纯视觉部分。第二步,可识记性的商标要素,还必须具有“标识性”,即必须能够让相关公众意识到该要素是一个标识,而非仅仅意识到其“第一含义”。比如,注册在家电产品上的“松下电器”商标中的“电器”二字;注册在饲料产品上的“”图文商标(见图四)中的“”图等。上述商标要素,即便能够被相关公众所识记,但其所起作用仅仅是用其“第一含义”来提示公众商品的特定种类或某种品质,不能让人将其视作一种标识。一般而言,确定商标要素标识性之有无,需结合该商标核定使用的商品来进行判断,原则上是商标要素与商标所核定使用的商品“相距越远”,该要素的“标识性”越强,反之越弱,即与“臆造大于任意,任意大于暗示,暗示大于叙述”这样一种思路大致相符。

图三

图四

综上所述,商标整体结构上的相似必然会产生混淆所需的第二次联想,能够最终认定商标近似;而商标特定要素上的相同或相似能否导致第二次联想的产生,取决于相同或相似的商标要素是否具有指向特定经营者的指示功能;商标要素是否具有指示功能,通过“可识记性”“标识性”两个步骤进行判断。

三、立体商标的近似认定

立体商标,顾名思义是以三维形态呈现的特定商标种类。与平面商标相比,立体商标具有更强的视觉冲击力,更具有识别商品或服务出处的能力,因此越来越受到经营者的青睐。实践中,立体商标通常表现为以下几种形态:一是所核定使用商品本身的外观,在实际使用过程中商标通常直接由商品形状进行展示,如本田“超级幼兽”摩托车“”(见图五);二是所核定使用商品包装的外观,即由商品包装进行展示,如可口可乐的流线型瓶身“”(见图六);三是与所核定使用商品及其外观无关的三维形态,这类立体商标与商品及其包装相互独立,容易让相关公众加以区分,如劳斯莱斯汽车的飞人商标“”(见图七),麦当劳的小丑商标“”(见图八)等。

图五

图六

图七

图八

上述第三种立体商标形态脱离了商品本身及其包装,往往属于臆造、任意、暗示商标的范畴,在实际使用过程中也与商品及其包装"泾渭分明",因此对这类立体商标近似的认定,与平面商标近似认定一致,即区分侵权标识与商标之间仅是部分要素相同或相似,还是二者在整体结构上已构成相似。如果是后者,基于商标在整体上具有指示特定经营者的功能,可以直接认定已经产生了混淆所需的第二次联想,构成商标近似;如果是前者,则还需从"可识别性""标识性"两个角度进一步甄别特定商标要素是否具有指示功能。

对于第一、二种立体商标形态而言,由于商标一般体现为其所核定使用的商品及其包装,侵权标识往往也直接以侵权商品或其包装体现出来,因此在商标与商品及其包装混合呈现时,商标近似认定的情况略有不同,表现在以下几个方面。

(一)整体结构相似在商标近似认定中的作用被弱化

由于第一、二种立体商标往往是基于商品本身或其包装进行设计,其整体形象受商品或其包装的固有功能及惯常设计的影响较大,否则其商品质量、性能将会受到影响。可以想见,这两类立体商标所代表的商品与其他相同或者近似种类的商品在整体外观上往往是相似的。在个案审理中,若对立体商标的外观不加甄别,而径行以被控商品展现了与立体商标整体上相似的外观就认定两者构成商标近似,进而以商标侵权为由禁止其他类似商品的生产和销售,无疑是变相排挤了类似商品生产者的竞争,不当扩大立体商标的保护范围,损害了社会公共利益。比如,在号称"中国立体商标纠纷第一案"的雀巢公司"棕色方形调味瓶"一案中,法院最终认定涉案立体商标属于商品容器,在注册为商标之前,已在中国大陆地区被众多酱油生产企业作为包装物使用,显著性较弱,被告使用外观整体上相似的调味瓶的行为不构成侵权。因此,在这两类立体商标的近似认定中,整体结构近似的地位应当被弱化,至少不能发挥出"一锤定音"的作用;商标权人如果主张立体商标在整体上与商品及包装的功能设计、惯常设计区别较大的,应当承担相应的举证责任。

(二)以要素比对为重点,但在"可识记性"与"标识性"判断时应注意立体商标的特性

对这两类立体商标进行近似认定时,应将重点放在立体商标的要素比对上,其中既可能是三维标识的一个局部形状,也可能是依附于三维标识之上的其他二维标识,如文字、图形等。根据上文分析,通过商标要素相似性比对来进行商标近似判断时,应对商标要素是否具有指示功能进行甄别,包括"可识记性"与"标识性"两步骤。

1. 对“可识记性”进行判断时,应考虑商品的正常使用状态

上文已述,“可识记性”是指特定商标要素容易被相关公众所识别和记忆,判断规律是图形优于文字、简单优于复杂以及可呼叫优于纯视觉。但在第一、二两类立体商标领域,商标与商品及其包装不相分离,商标的外观往往是直接通过商品及其包装进行展现。相关公众在正常选购商品时,能否在被控商品上发现与立体商标相对应的每一个商标要素,取决于该商品在被展示、被使用过程中能否对特定商标要素加以充分展现,比如花瓶底部的形状及图案或者家具靠墙一侧的设计通常就不容易被相关公众在选购、使用商品过程中所注意。因此,在对立体商标要素“可识别性”进行判断时,除上述规律外,还应考虑商品的正常使用状态。

2. 对“标识性”进行判断时,应注意“两个排除”

“标识性”是指商标的特定要素能够让相关公众意识到该要素是一个标识,进而为指示功能的产生打下基础。在对立体商标的“标识性”进行考察时,除了上文所提到的结合核定商品判断商标要素与商品距离远近外,还需注意以下“两个排除”:

一是排除法定形状。我国《商标法》第12条规定:“以三维标志申请注册商标的,仅由商品自身的性质产生的形状、为获得技术效果而需有的商品形状或者使商品具有实质性价值的形状,不得注册。”该规定是对立体商标授权程序提出的要求,但它实际强调了立体商标权的保护范围不能扩大到商品自身性质产生的形状,比如轮胎的圆形等,以避免变相排挤竞争;不能涵盖为获得技术效果而需有的商品形状,比如为降低风阻而设计的特定机身形状,因为这属于发明和实用新型专利权所调整的范围;使商品具有实质性价值的形状,即使商品具有美感从而刺激公众购买欲望的形状,比如卡通人物形状的饼干等,这通常属于外观设计专利权或者著作权的领域。因此,在考察特定商标要素的“标识性”以决定是否将该要素作为衡量商标近似乃至侵权的指标时,应首先判断该要素是否属于上述三种法定形状之一。若是,则加以排除。

二是排除惯常设计,即对相关公众而言是一种由来已久、众所周知的形状、图案的设计,比如红酒瓶往往都是在瓶身中部横向一圈粘附瓶贴,即“”(见图九)。之所以要排除惯常设计,原因在于惯常设计往往会对“标识性”产生一种“屏蔽”作用。当相关公众在商品上看见属于惯常设计的特定形状或图案时,他们只会认为这是一种通用造型,而不会意识到这是具有“标识性”的设计。因此,处于惯常设计的商标要素,一般不具有“标识性”。值得一提的是,惯常设计在“标识性”的判断上具有一定的拓展性。有的商标权人在设

计立体商标时为了与商品的惯常设计相区别,通常会对惯常设计进行细微的调整或添附,比如在红酒瓶的瓶颈处增加一圈装饰带。如果这种细微的调整或者添附并没有超出相关公众对特定种类商品惯常设计的认知范围,其仍然处于惯常设计的“屏蔽”下,不具有“标识性”。

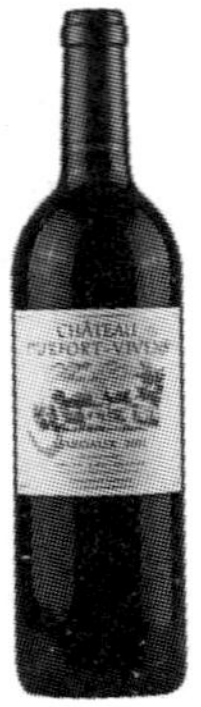

图九

结　　语

随着我国社会经济的发展,社会主体的商标保护意识日趋加强,随之而来的是商标侵权纠纷的案情越发复杂,涉及立体商标纠纷的案件逐渐出现并增多。这在一定程度上为知识产权法官在处理商标纠纷案件时应从商标侵权内在逻辑着手提出了现实的需求。处理商标侵权纠纷特别是立体商标纠纷时,应当坚持普遍性与特殊性相统一,在准确把握商标侵权内在逻辑这一核心要素的基础上,结合具体案件事实,做出合理的判决。

网络搜索关键词的商标侵权问题研究

罗瑞雪*

摘要:随着互联网的迅速发展,电子商务飞速发展,网络营销应运而生。竞价排名是搜索引擎服务商网络营销的核心手段,这一服务发展迅速,也带来了一定的法律问题,将他人商标作为网络搜索关键词使用就是其中之一。我国就出现了不少相关案件,通过对这些案例的分析,在司法实务中对网络搜索关键词商标侵权纠纷主要在商标的使用、混淆可能性和搜索引擎服务商的审查义务上存在争议。商标的使用,需满足商业性使用和商标性使用。将他人商标作为网络搜索关键词使用的行为实质上是一种网络环境下衍生出来的广告行为,满足商业性使用的条件。而且,当搜索结果展现在消费者眼前时,关键词的使用就不具有了内部性,可以起到区分和识别特定商品或服务的作用,满足商标性使用的条件。混淆可能性是认定商标侵权的重要标准,而传统的理论坚持售中混淆。由于网络环境的特殊性,传统的售中混淆理论在实际操作中遇到了瓶颈,应当适当引入售前混淆理论。但是售前混淆存在弱化商标权人举证责任、损害消费者权益和造成垄断的不足,需要从商标使用的方式、是否线上销售和传统混淆理论的考虑因素等方面对售前混淆的适用加以限制。搜索引擎服务商的审查义务是决定搜索引擎服务商是否承担责任的关键。搜索引擎服务商具有主动审查和被动审查的可能性和义务,但是从经济性和可操作性的角度考虑,搜索引擎服务商的审查应仅限于对关键词和链接题目的形式审查,且主动审查的范围应仅限于知名商标。

关键词:竞价排名　商标使用　售前混淆　审查义务

随着互联网的迅速发展,近年来电子商务得到了长足的发展,网络营销已经逐渐地由概念转变为具体形式,越来越被消费者所熟知。在注意力经济时代,如何在网络浩如烟海的信息中率先吸引消费者的注意力对现在的商家而言尤为重要。与此同时,搜索引擎从单纯帮助用户搜索信息的功能中演变出网络营销的商业功能。竞价排名是现在搜索引擎网络营销的核心手段之一,这一技术发展迅速,也带来了一定的法律问题,将他人商标作为网络搜索关键

* 罗瑞雪,四川省成都市中级人民法院知识产权审判庭法官助理。

词使用就是其中之一。

近年来，世界各国都出现了将他人商标作为网络搜索关键词使用的商标侵权纠纷的案件。在我国，早在2008年就有了相关的判决，而近些年来相关案件更是呈现出递增的态势。但是在这一领域目前仍然没有具体的法律或者司法解释，学术界对于这一问题的认识也不统一，司法实务中各地的判决也出现了较大的区别。

一、国内外典型案例

从2008年的上海"大众"百度案和广东"绿岛风"谷歌案开始，我国出现了大量将他人商标作为网络搜索关键词使用的商标侵权纠纷，各地法院均进行了判决。这些案件在案情上存在一些区别，在判决结果上也呈现出了一定的差异，下面选取一些典型案例进行分析。

（一）"大众"百度案①

本案原告为"大众"商标的商标权人。在百度中输入关键词"上海大众搬场物流有限公司"后，百度搜索结果首页的左侧有13个包含关键词的网站链接，右侧有8个包含关键词中部分内容的网站链接。这些链接均不是原告的官网，且这些网站网页的显著位置上有突出显示"上海大众搬场物流有限公司"等字样。上海市第二中级人民法院认为，百度的竞价排名行为不应被认定为直接侵权，但是百度对于用户选择使用的关键词有义务且有条件进行审查。本案中，百度应当知道存在第三方网站侵权的可能性，但没有进一步审查第三方网站的经营资质，未尽到合理的注意义务，主观上存在过错，客观上帮助了第三方网站实施了侵权行为，并造成了损害结果，应当承担连带责任。

（二）"绿岛风"谷歌案②

本案原告为"绿岛风 Nedfon"商标的商标权人。在 Google 中输入关键词"绿岛风"后，谷歌搜索结果首页的右栏赞助商链接第一项显示的是，"绿岛风—第三电器厂"及其链接，在该链接的网站网页内容中没有出现"绿岛风"的商标字样，显示的均为被告第三电器厂本身的产品信息。原告与被告属于同业竞争者，生产相同产品。广州白云区法院一审认为，被告第三电器厂实施了被控侵权行为，该行为实质上是广告行为，第三电器厂使用"绿岛风"作为关键词，并以"绿岛风—第三电器厂"将两者联系在一起的形式出现，显然是出于"搭便车"的目的，构成商标侵权。但是，谷歌对第三电器厂在广告中的

---

① 上海市第二中级人民法院（2007）沪二中民五（知）初字第147号民事判决书。

② 广州市白云区人民法院（2008）白法民三初字第3号民事判决书、广州市中级人民法院（2008）穗中法民三终字第119号民事判决书。

网络信息不具备编辑控制能力且对该网络信息的合法性没有监控义务，同时在诉讼过程中已及时停止提供“绿岛风”关键词广告服务，因此无须承担共同赔偿责任。但是广州市中级人民法院二审对一审法院的判决进行了部分改判，认为谷歌应当承担连带赔偿责任。广州市中级人民法院认为谷歌关键词广告行为是广告行为，根据《广告法》的相关规定，谷歌公司作为广告经营者对广告主发布的广告内容负有审查义务。谷歌没有尽到审查义务，客观上对侵权行为提供了帮助，应当承担连带责任。

（三）“喜郎儿”百度案①

本案原告为“喜郎儿”商标的商标权人。在百度中输入关键词“喜郎儿”后，百度搜索结果页面的上、下部的“推广链接”的阴影框内有“喜郎儿休闲食品店”等内容的链接，进入该链接网站后，网站网页显示为“味优特休闲食品店”。上海市第二中级人民法院认为，被告迪亿公司未经许可亦无合理理由将“喜郎儿”作为百度推广服务关键词，标在链接题目中使用了“喜郎儿”，这些行为足以使相关公众对其开设的休闲食品店及其中销售的商品来源于“喜郎儿”商标权人产生误认和混淆，构成商标侵权。但是，对于被告百度公司，上海市第二中级人民法院认为关键词的设置是被告迪亿公司自行完成的，且涉案商标“喜郎儿”的知名度尚不足以导致百度公司在合理谨慎的情况下知道或应知可能存在侵权。并且，百度公司在收到起诉状副本后已经删除了上述关键词，百度公司主观上没有过错，不构成侵权，不应承担侵权责任。上海市高级人民法院二审维持了该判决。

（四）“慧鱼”百度案②

本案原告是“慧鱼”商标的商标权人。在百度中输入关键词“慧鱼”后，百度搜索结果页面的右上方的“推广链接”的第 3 个链接名称为“美坚利化学锚栓一体化服务”；在百度中输入关键词“德国慧鱼”后，百度搜索结果页面的右上方的“推广链接”的第 4 个链接名称为“美坚利化学锚栓一体化服务”。该链接的网站网页内容中不包含“慧鱼”字样。北京市第一中级人民法院认为，被告美坚利公司将“慧鱼”设置为推广链接的关键词属于计算机系统内部操作，不属于商标性的使用。并且美坚利公司的链接题目和网页内容足以表明其提供的商品的来源，不会造成相关公众的误认和混淆。且美坚利公司的行

---

① 上海市第二中级人民法院（2011）沪二中民五（知）初字第 156 号民事判决书、上海市高级人民法院（2013）沪高民三（知）终字第 97 号民事判决书。

② 北京市第一中级人民法院（2011）一中民初字第 9416 号民事判决书、北京市高级人民法院（2013）高民终字第 1620 号民事判决书。

为导致搜索“慧鱼”信息的网络用户在搜索结果中不能或难以发现原告的网站链接,对原告的权益的侵害程度轻微。因此,被告美坚利公司的行为不构成商标侵权,不承担侵权责任。百度公司的推广服务本身不涉及对关键词的商标性使用,也不构成商标侵权,不承担侵权责任。北京市高级人民法院维持了该判决。(见表一)

表一 网络搜索关键词商标侵权纠纷案件类型及判决结果归纳

案件名称	商标的使用方式	判决结果	搜索引擎服务商的责任
“大众”百度案	关键词、链接题目、网页正文均使用	构成侵权	连带责任
“绿岛风”谷歌案	仅关键词、链接题目使用	构成侵权	连带责任
“喜郎儿”百度案	仅关键词、链接题目使用	构成侵权	不承担责任
“慧鱼”百度案	仅关键词使用	不构成侵权	不承担责任

从前文的典型案例中可以看出,目前我国涉及将他人商标作为网络关键词使用的案件基本上都与竞价排名有关,多数案件将网络搜索引擎也列为共同被告,在自然排名中的元标签案件在我国尚未出现。因此,本文主要讨论竞价排名中的将他人商标作为网络搜索关键词使用的行为。通过前文的典型案例及其判决结果的对比分析可以看出,在司法实务中对这类案件主要有三个问题:商标的使用、混淆可能性及搜索引擎服务商的审查义务。

二、商标的使用

将他人商标作为网络搜索关键词使用是否构成“商标的使用”是判定该行为是否构成商标侵权的先决条件。如果不能对“商标的使用”进行认定和判断,其后的混淆判定也就无从进行,也就很难认定是否构成商标侵权。

在2013年修订《商标法》之前,我国的《商标法》对于“使用”并没有定义,司法实务中对于“使用”一般采用了2002年《商标法实施条例》第3条的规定①。2013年修订的《商标法》在此基础上,在第48条中对商标的使用进行了规定②。相较于条例的第3条,修订后的《商标法》添加了“用于识别商品来源”的要求。由此可以看出,“使用”需要具备两个要件:(1)在商业活动中使

---

① 2002年《商标法实施条例》第3条规定,《商标法》和本条例所称商标的使用,包括将商标用于商品、商品包装或者容器以及商品交易文书上,或者将商标用于广告宣传、展览以及其他商业活动中。

② 《商标法》第48条规定,该法所称商标的使用,是指将商标用于商品、商品包装或者容器以及商品交易文书上,或者将商标用于广告宣传、展览以及其他商业活动中,用于识别商品来源的行为。

用。(2)使用具有识别商品来源的功能,即商标的使用必须同时满足“商业性使用”和“商标性使用”。

(一)商业性使用

我国部分学者认为将商标作为网络搜索关键词使用不是将商标以任何形式依附于商品,也不是将商标用于任何营销活动,因此这种行为并不符合商标的商业性使用的要求。他们认为关键词只是在网络搜索时使用的一种工具,关键词本身不会向消费者提供商品或服务的信息,消费者只能通过网络链接的题目和链接的内容才会获得商品或服务的信息,因此将他人商标作为网络搜索关键词的“使用”并非商标的商业性使用。①

这种观点将关键词与其对应的相关链接完全割裂开来进行考量的做法是值得商榷的。网络时代的一大特点就是信息爆棚,为了使人们更快速地在浩如烟海的网络信息中获取想要的信息,搜索引擎应运而生。而关键词作为网络搜索的起点,对整个网络搜索过程而言是必不可少的,正是因为关键词的存在,才使得消费者获取了后面的相关链接。链接所有者使用他人商标作为关键词,目的在于利用他人商标所承载的商誉来吸引潜在消费者,抢占消费者的注意力,使自己能够在竞争中占得先机,实际上是一种利用网络进行营销的广告行为,符合商业性使用的要求。

(二)商标性使用

北京市高级人民法院在费希尔、慧鱼与百度、美利坚一案中认定将相关文字设置为推广链接的关键词系在计算机系统内部操作,并未直接将相关文字作为商业标识向公众展示,不会使公众将相关文字识别为区别商品来源的商标,因此不属于商标性使用。我国部分学者也认为关键词只是一个隐形的存在,对消费者而言不具有可见性,消费者只看得到搜索的结果,对搜索引擎的运作过程并不知情,因此关键词不会产生区别不同商品或服务来源的功能,不符合商标性使用的要求。

但是,通过上文的分析,将他人商标作为网络搜索关键词是传统广告和宣传在网络环境下的一种衍生,关键词在搜索引擎内部进行使用的行为对消费者而言是不公开的。但是,关键词建立起了消费者的搜索与相关链接之间的联系,从某种意义上来说关键词向消费者指示了相关链接。这种联系和指示在搜索结果展示在消费者面前时得以显现。消费者对搜索引擎的运作过程并不清楚,但是消费者对于搜索的开始和结果是清楚的,而关键词作为消费者的

① 郑建滨:《竞价排名关键词与商标侵权判定》,载《知识经济》2010 年第 2 期。

搜索与结果之间的联系点,在其中起到了指示对应链接和区分其他链接的作用,而这些链接本身一般指向了特定的商品或服务,这种紧密联系和过程的顺接性使关键词具有了一定的区别商品或服务的作用。且这里的关键词本身就是他人的商标,对于一些显著性较强的商标而言,其与特定商品或服务之间本身具有着极强的联系。因此在这种行为中关键词实际上具有了识别商品或服务的功能,符合商标性使用的要求。

三、混淆可能性

(一)售中混淆与售后混淆

商标的基本功能在于区分商品或服务的来源,商标保护的首要任务就是确保这项基本功能免受不法侵害。长期以来,我国在司法实践中确立了“混淆可能性”作为商标侵权的判定标准。2013 年修订的《商标法》在第 57 条第 2 款中明确了“容易导致混淆的”,使我国商标侵权的判定标准在立法上得到了确认。

传统的混淆理论强调“售中混淆”,即认为消费者的混淆应当发生在购买过程中,其结果是使消费者将商品或服务误认为来源于商标权人或者与商标权人存在某种商业联系,如赞助、许可、系列产品、配套产品等。但是将他人商标作为网络搜索关键词使用的行为的意图更多的是利用他人商标的商誉吸引消费者的注意力,这种“搭便车”的行为并不一定导致消费者的“混淆可能性”一直持续到最终的购买阶段,消费者最终购买是可能基于主观意愿而非混淆导致的。在网络环境下,传统的混淆理论遇到了“瓶颈”,也使司法实务中对于这一问题多采用了回避的态度或从不正当竞争层面进行阐述。

对于网络商标侵权纠纷而言,笔者认为可以适当地引入售前混淆理论。售前混淆也称初始利益混淆,最早由美国与 1973 年的 Grotrian v. Steinway & Sons 一案中提出,是指“消费者在搜索特定商标权人的商品时,却被竞争对手使用的相同或近似商标所引诱,最终(在未对购买商品来源发生混淆的情况下)购买了竞争对手的商品”①。这一理论可以有效地解决传统混淆理论在网络商标侵权的判定中遇到的问题,但是这一理论也存在一定的问题。

(二)售前混淆理论的不足

首先,售前混淆理论弱化了商标权人的举证责任。传统的售中混淆理论在司法实务中已经有了较长时间的运用,对其判定的考虑因素也有了一定的归纳,商标权人对商标侵权需要从商标相似性、商品或服务的相似性、容易使

---

① 文学:《商标使用与商标保护研究》,法律出版社 2008 年版,第 70 页。

消费者发生误认等多个方面进行举证。而对于售前混淆理论在司法实务中一般则只要求商标权人举证证明对方当事人将自己的商标作为网络搜索关键词,且双方的商品或服务具有竞争关系,就推定存在"搭便车"的嫌疑,并据此判定构成商标侵权。这种判断标准显然大大弱化了商标权人的举证责任。

其次,售前混淆理论可能损害消费者的利益。售前混淆过度强调了对商标权人的保护,过于注重对商标权人商业信誉的保护,导致商标权人利益与消费者利益之间的失衡。网络搜索引擎的目的在于帮助消费者从数以万计的网站中寻找到其所寻求的商品或服务,消费者在使用一个特定商标进行搜索时,并不一定只想搜索该特定商标的商品或服务,也可能希望通过搜索找寻同种或类似的商品或服务。通过搜索,搜索引擎为消费者提供更多的购买选择,消费者获得更多的选择机会。且消费者在最终购买时是通过理性考量的,选择最能够满足自己需求的商品或服务,而不是取决于前期的"搭便车"行为。若将售前混淆理论不加限制地适用于网络商标侵权纠纷中,则可能导致消费者利益的损害。

最后,售前混淆理论可能造成行业垄断。售前混淆实际上是对混淆的一种扩张解释,将混淆在时间上往前推移,扩展了混淆的内涵。网络搜索具有便捷性和廉价性的特点,消费者通过搜索引擎进行网络搜索的整个过程非常的便捷和快速。消费者即使在前期产生了混淆,也还是有充足的条件和机会去选择自己真正想要购买的产品,且这一过程几乎不会产生实质的成本或损失。且由于网络搜索的廉价性,售前混淆一般不会给商标权人带来较为严重的实际损失。对于其他竞争者而言,在网络搜索中向消费者进行广告宣传,在不造成混淆的前提下向消费者提供替代产品的选择,也是其正当权利。若将售前混淆理论不加限制地适用于网络商标侵权纠纷中,则可能导致行业其他竞争者无法运用廉价便捷的宣传途径向消费者提供替代选择,从而造成行业垄断。

(三)售前混淆理论的限制

售前混淆理论能够解决网络商标侵权纠纷的理论难题,对网络环境下,通过冒用他人商标、借用他人商誉来抓取消费者的注意力的行为加以规制。但是作为对传统混淆理论的一种扩张,在运用中必须谨慎,充分考虑多方面的因素,对适用范围加以严格限制。

1. 商标的使用方式

从前文的典型案例中可以看出,在将他人商标作为网络搜索关键词使用的行为中,商标的使用方式有三种常见情形:仅在关键词中使用,仅在关键词和链接题目中使用,在关键词、链接题目和网页正文中均使用。

对于第一种情形,即仅在关键词中使用,在一般情况下不宜适用售前混淆理论。对于消费者而言,搜索结果显示的是链接的题目,在链接题目不包含其搜索的商标时消费者一般会自然地排除该链接与搜索的商标之间的联系,不会产生售前混淆。且在该链接的网页正文中也不含有商标,在此情况下消费者一般不会产生混淆。至于这种情形是否构成不正当竞争本文不作论述。

对于第二种情形,即仅在关键词和链接题目中使用,则需要根据个案综合考虑其他因素对是否适用售前混淆理论进行判定。在这种情况下,因为网页正文本身不含有商标,消费者在最终购买时产生混淆的可能性不高,但是消费者在售前产生了混淆。这种混淆是否足以构成商标侵权还需要综合考虑其他因素。

对于第三种情形,即在关键词、链接题目和网页正文中均使用,一般情况下首先适用售中混淆理论,特殊情况也可以适用售前混淆理论,甚至售后混淆理论①。这种情形在客观上已经具备了引起消费者混淆的可能性。而且一般情况下消费者会因为这种混淆而进行购买,对此适用传统的售中混淆理论进行判定更为合适。对于特殊情形,消费者在购买时并未混淆的才可根据案情适用售前混淆理论和售后混淆理论。

2. 在线销售与否

并非销售前所有阶段的混淆都属于售前混淆理论的调整范围。消费者使用关键词进行搜索与其真正的购买之间关系并不一定是紧密连接的,而当其中出现空隙时,可能就不会侵害商标权人的权益。

笔者认为,对于没有进行在线销售的网站,不宜适用售前混淆理论。售前混淆是在销售前的环节中冒用他人商标、借用他人商誉来吸引消费者的注意力,进而使消费者购买自己商品或服务的行为。从消费者的误认开始,到消费者的关注,最后到消费者的购买应当是一个具有连贯性的完整的过程。如果这一过程不连贯,那么商标权人权利受到损害的可能性是会大大降低的。对没有在线销售的网站而言,消费者的误认和关注是在线上完成的,而消费者的购买行为则是在线下完成的。这两个不同的阶段之间在衔接上并不紧密,存在明显的时间差和空间差。消费者最初在网上的混淆对最后的购买行为起到的作用很小,这种情形不属于售前混淆。

而对进行在线销售的网站则可以适用售前混淆理论。进行在线销售的网站最常见的就是电子商务网站,网站提供产品的购买服务。对于这种网站,消

---

① 在看到消费者使用所购商品的时候,潜在的消费者以及其他公众对商品的来源产生了混淆。例如,“知假买假”的购买者本人并未发生混淆,但却让他人误以为该产品就是真品。

费者从误认到关注再到购买是一个具有连贯性的完整的过程,几乎不存在时间差和空间差,售前混淆对消费者的最后购买起到了较为决定性的作用,造成商标权人商业利益损失的可能性很大。因为当潜在消费者产生了误认并且对相应链接进行了关注之后,即使在购买前了解到了商品或服务的差异,对于差异也仅能通过网络上显示的参数进行考量,缺乏实际体验和感知,对最后的购买不会有太大影响。而且很多电子商务网站里面的商品几乎不存在差异,潜在消费者选择哪个电子商务网站可能全凭搜索引擎的搜索结构显示。因此,当售前混淆与销售环节紧密衔接时,可以适用售前混淆理论作为判断商标侵权与否的判断依据。

3. 传统混淆理论的考虑因素

售前混淆理论是对传统混淆理论的扩张,传统混淆理论的考虑因素对售前混淆理论同样适用,但是对于售前混淆理论,双方的竞争关系和链接所有者的主观恶意有着更为重要的意义。

从前文的典型案例中可以看到,几乎所有网络搜索关键词的商标侵权纠纷中的商标权人与链接所有者之间存在竞争关系。当消费者在网络上搜索某一商标时,其目的并不一定是购买该商标的商品,也可能是对相关信息的一个了解,甚至可能是为了同其他产品进行比较。为了迎合这一需求,一些网站将他人商标作为关键词并在网页中使用,其目的在于提供更多关于该商标或品牌的相关信息或者进行对比,这种使用就是一种合理使用,不会损害商标的识别功能,不能适用售前混淆理论。只有当链接所有者销售的商品或服务与商标的商品或服务相同或者类似的时候,才能适用售前混淆理论。由此可见,“存在竞争关系”是售前混淆的一项重要条件,这一条件能够有效地防止商标权演变成信息的垄断权,维护网络领域的只有竞争。

将链接所有者的主观恶意作为判定是否构成售前混淆的依据之一,则可以加重商标权人的举证责任,避免售前混淆理论所引起的举证责任过轻的弊端。商标权人也可以通过举证证明链接所有者的主观恶意,排除商标的合理使用情形,给推定链接所有者具有“搭便车”的意图提供依据,使其行为更具有可责性。

四、搜索引擎服务商的审查义务

在我国的相关案件中,搜索引擎涉及的将他人商标作为网络搜索关键词使用的商标侵权纠纷基本是与搜索引擎的竞价排名相关的。而在竞价排名或者关键词广告服务中,搜索引擎服务商不是关键词的设置者。这种情况下,搜索引擎服务商并没有直接实施侵权行为,搜索引擎服务商是通过帮助、提供技术等方法促使了链接所有者将他人商标作为网络搜索关键词使用,损害商标权人的权益,是一种间接侵权。通过前文的典型案例及其判决结果可以看出,判定搜索引擎服务商是否应当承担责任最重要的标准就是搜索引擎服务商是否尽到了注意义务。

（一）主动审查与被动审查

《侵权责任法》第 36 条对网络服务商的侵权行为分别规定了“通知条款”和“知道条款”。① 根据这两个条款,搜索引擎服务商的审查分为主动审查和被动审查两种。对于搜索引擎服务商的被动审查争议不大。当商标权人发现侵权并向搜索引擎服务商明确主张存在关键词侵权,如发出书面通知并附上充分证明后,搜索引擎服务商已经知道了侵权行为的发生,就应当立即进行删除、屏蔽,禁止链接所有者在搜索引擎中投放涉嫌侵权的链接。如果搜索引擎服务商人不作为,则应当承担侵权责任。

但是搜索引擎服务商的主动审查义务仍存在争议。笔者认为,搜索引擎服务商有主动审查的义务和可能性。首先,从技术上讲,链接所有者选择的关键词在正式投放使用前都会通过操作平台提交至搜索引擎,搜索引擎完全可以通过技术手段对链接所有者提供的关键词进行监控。其次,搜索引擎服务商作为网络平台供应商应当具有优化、净化网络环境的责任,而不是帮助企业利用网络侵犯他人商标权。如果搜索引擎服务商不进行主动审查,就是对链接所有者使用他人商标的纵容,会助长不法企业的“搭便车”行为,造成网络交易环境混乱,最终阻碍互联网的发展。最后,竞价排名是有偿服务,搜索引擎服务商通过这一服务获得了经济利益,也就应当承担对应的责任。因此,搜索引擎服务商应当进行主动审查。

（二）审查义务的界定

搜索引擎服务商具有审查义务,但是这种审查义务必须具备必要性和可操作性,也应该是与其权利相对等的。从商业角度来看,竞价排名是企业和品牌在网络环境下进行传播的重要途径之一,就其本质而言是一种合理的广告推广方式。虽然竞价排名暴露出了一些商标侵权纠纷,但其也为消费者提供了更多的替代选择,促进了商业在互联网上的发展。因此,对于搜索引擎服务商的审查义务需要考虑多方面的因素来进行合理的界定。

---

① 通知条款,即“网络用户利用网络服务实施侵权行为的,被侵权人有权通知网络服务提供者采取删除、屏蔽、断开链接等必要措施。网络服务提供者接到通知后未及时采取必要措施的,对损害的扩大部分与该网络用户承担连带责任”。知道条款,即“网络服务提供者知道网络用户利用其网络服务侵害他人民事权益,未采取必要措施的,与该网络用户承担连带责任”。

1. 审查的范围

搜索引擎服务商进行审查的范围应该仅限于关键词和链接题目。首先，对于关键词，链接所有者将关键词提交给搜索引擎服务商是竞价排名的起点，搜索引擎服务商对此也能够进行审查。其次，对于链接题目，链接题目会作为搜索结果呈现于消费者眼前，对消费者的选择会产生较大的影响，是竞价排名的效果体现之一。且链接题目相比于网页正文较短，对其进行监控具有可操作性。对于网页正文则不应纳入搜索引擎服务商的审查范围，因为网页内容可能随时发生变化，网页正文内容完全由网站所有者本身控制和决定，搜索引擎服务商无法干预。且网站正文也不是竞价排名或关键词广告的服务范畴，不应将其纳入审查范围。

2. 仅进行形式审查

考虑搜索引擎服务商的审查义务合理与否应当充分考虑到搜索引擎服务商的实际能力和条件。当链接所有者提供的关键词包含了商标时，搜索引擎服务商仅需要对其提交的材料进行形式审查，而不需要进行实质审查。如果搜索引擎服务商对所有的竞价排名客户都开展实质审查的话，那么搜索引擎服务商的工作量将是巨大的。而且竞价排名的客户会随着营销策略的变化调整购买的关键词及链接题目，对此均进行实质性审查是不具有可操作性的。此外，实质审查必然会涉及诸多法律问题，如相近似的判断等，这些问题交由一个网络平台去判定也是不具有可操作性的。

3. 仅对知名商标进行主动审查

搜索引擎服务商的审查义务合理与否应当充分考虑涉案商标的知名度。搜索引擎服务商主动审查的对象应仅限于知名商标。因为要求搜索引擎服务商对每一个关键词都进行主动审查既不经济也不现实，而知名商标的较强显著性和市场知名度决定了对知名商标的保护范围更广。将主动审查的范围限定于知名商标上一方面体现了搜索引擎服务商注意义务的合理性、经济性；另一方面也使搜索引擎服务商能够把握尺度，对自己的行为有更准确的预期。同时，人民法院对知名商标也可以从商标的相关荣誉、市场占有率、销售的时间和区域等方面进行综合考虑认定，具有一定的自由裁量权，不会过于机械。

结　语

随着网络营销的发展，我国出现了许多将他人商标作为网络搜索关键词使用的相关案例，在不同的案例中对是否构成商标侵权及搜索引擎服务商是否应当承担责任都有不同的认定。即使认定相同，对其中的法律问题也有不同的认识。对此，笔者认为对于将他人商标作为网络搜索关键词使用的案件，首先这种使用行为构成了商标使用。对于混淆可能性的判定需要从商标的使用方式上进行区分:对仅在关键词中使用的,一般不能认定构成商标侵权;对仅在关键词和链接题目中使用的,可以适用售前混淆,对有线上销售的链接所有者进行综合考虑认定是否构成侵权;对在关键词、链接题目、网页正文中均使用一般仍应坚持传统的售中混淆,特殊情况可以考虑售前混淆甚至售后混淆。对于搜索引擎服务商,其具有审查义务,但是仅有当其没有尽到合理谨慎的审查义务时才承担责任。出于经济性和可操作性的考虑,搜索引擎服务商的审查应仅限于对关键词和链接题目的形式审查,且主动审查的范围应仅限于知名商标。

商标民事侵权与授权确权交叉案件的审理进路之检讨

——以中国裁判文书网110份裁判文书为研究样本

徐　真*

摘要：商标民事侵权案件审理中，当事人因商标效力争议而引发的商标授权确权程序能否触发案件中止，我国现行法律尚未有明确规定，司法实践中也存在分歧。本文收集了中国裁判文书网因商标授权确权程序而被当事人提出中止审理申请的商标侵权案件作为研究样本，对该问题进行全方位及多维度的剖析。剖析发现法院对该类案件是否应当中止做法不一；且在不中止审理的案件中，法院的说理思路迥异；法院在该类案件审理中陷入中止与否的两难。要解决上述问题，我们不仅要寻求问题背后的原因，还要厘清理论认识方面的困惑，包括民事诉讼程序公正价值与效益价值的平衡、正确认识"司法越权"之隐忧、民事侵权与授权确权程序对商标效力认定标准上的差异，法院对中止审理形式审查与实质审查的抉择。本文提出如下建议：尝试建立效力预判基础上的中止审查制度，避免"一刀切"；尝试建立不同机关商标效力认定标准的协同机制，弥合民事裁判结果与授权确权结果在商标效力认定标准上的冲突；尝试简化冗繁的商标确权程序，建立行政一审加司法一审的商标确权制度，与民事侵权案件的中止制度良好衔接。

关键词：商标民事侵权　商标效力　授权确权　中止审理

商标民事侵权案件中，被告往往以民事案件的审理须以行政授权确权结果为前提之由要求中止诉讼。但是相较于最高人民法院《关于审理专利纠纷案件适用法律的若干规定》《关于审理侵犯专利权纠纷若干问题的解释（二）》对专利侵权诉讼中止情形的明确规定，商标授权确权程序的进行可否触发商标侵权案件的中止尚属制度空白。这不仅会造成人民法院在裁判依据上的无所适从，也会引发法院系统内部在同类案件上出现不同裁决。同时，由于商标授权确权程序往往耗时较长，法院是否准予中止对诉讼进程乃至诉讼结果都有着重大影响，当事人对此十分关注，如不妥善处理，易引发当事人的不满和质疑。最高人民法院民事审判第三庭编写的《知识产权审判指导与参考》一

* 徐真，重庆市渝中区人民法院知识产权审判庭助理审判员，法学硕士。

书就曾指出:“在审判商标权纠纷案件中还有许多法律适用的新问题未作解释,比如因商标授权确权行政程序可能造成民事纠纷案件诉讼中止等,还要在实践中总结经验、调查研究,留待以后的法律适用实践中不断总结、解决。”[①]因此,对这一难题的研究和回应具有十分重要的现实意义。本文基于此,以中国裁判文书网为载体,梳理和总结了近几年来各地人民法院关于商标权民事侵权与授权确权案件交叉案件的审理情况,分析其中存在的问题和问题产生的原因,并提出相应的对策和建议。

一、商标权民事侵权与授权确权交叉案件处理的现实困境

对涉及商标民事侵权和授权确权交叉的案件,笔者通过中国裁判文书网,输入“侵犯商标权”“中止审理”等关键词进行检索,检索到 280 份裁判文书。由于检索条件有限,为确保调研样本选取的准确性,笔者通过逐份阅读,剔除案由不属于侵犯商标权纠纷[②]或者中止事由并非商标授权确权程序[③]的裁判文书,共得到有效样本 110 个。笔者通过对这 110 份裁判文书的整体描摹和纵横向剖析,发现如下问题和规律。

(一)整体描摹:分歧的意见和混乱的说理

1. 分歧的意见

在 110 份裁判文书中,针对被告以民事案件的审理须以行政授权确权结果为前提而提出的中止申请,法院裁定中止审理的有 19 件,不中止审理的共 91 件。在不予中止审理的案件中,法院明确阐释理由的有 86 件,对被告中止诉求未予说理回应的有 5 件。[④](见图一)由此可见,法院对于商标授权确权类行政程序或者案件的进行是否可以触发中止程序的处理存在分歧。概而言之,法院对于该类案件是否应当中止而等待商标授权确权结果出来后再继续审理处于一种十分尴尬的状态。一方面,法院担忧如不中止则易引发侵权案件裁判结果与行政授权确权结果对原告权利效力的认定不一致。另一方面,法院又深受审限制度严格约束而无法承受商标授权确权程序漫长烦冗之重。举一典例予以说明。

---

① 最高人民法院民事审判第三庭编著:《知识产权审判指导与参考:第 6 卷》,北京大学出版社 2003 年版,第 15 页。

② 如在著作权侵权纠纷的文书中涉及“侵犯商标权”之语词又刚好有“中止”之词语而误中的;又如在商标授权确权行政诉讼文书中恰巧包含该关键词的。

③ 如因诉讼主体的原因而中止或者因牵连的其他民事案件未决而中止等。

④ 样本中的很多案件经历了一审二审,甚至部分案件经历再审,但是当事人和案情是一样的,因此可有多种样本分类方式。此处是以法院回应被告中止申请的意见作为分类标准。

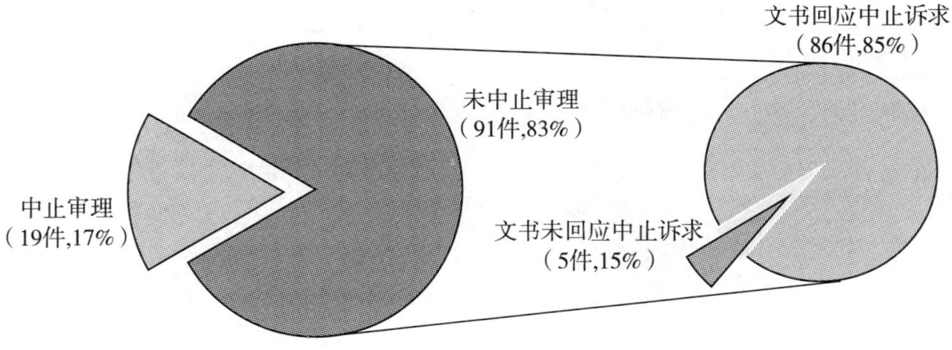

图一

[案例一]"AOPU 奥普"商标侵权案①

2009 年,浙江现代新能源公司将杭州奥普厨卫公司起诉至苏州市中级人民法院,认为奥普厨卫公司生产的标有"AUPU 奥普©"商标的金属吊顶侵犯了其"AOPU 奥普"注册商标专用权。一审审理过程中,奥普厨卫公司以商评委已受理案外人奥普电器公司针对原告商标的注册商标争议为由,要求法院中止审理。一审法院未中止并支持了原告的诉讼请求。奥普厨卫公司上诉于江苏省高级人民法院,江苏省高级人民法院裁定中止审理该案。但由于商评委到 2014 年 7 月仍未对该争议作出决定,江苏省高级人民法院在中止该案 4 年后决定继续审理。

2. 混乱的说理

准予中止的理由大都相同②,而不予中止的理由却各有不同。而值得注意的是,在上诉审中,一审法院不予中止审理成为上诉人与被上诉人的重要争议焦点。上诉人往往认为一审法院无视商标行政授权确权程序的进行而裁定民事侵权案件不予中止,此举属于程序违法;此外,原审法院不等商标行政授权结果出来而径行对争议商标的效力进行认定亦属司法越权。因此,无论中止与否,法院的说理都显得必要且意义重大。

在商标侵权诉讼中,影响到案件结果的授权确权程序主要有两种情形,一是原告的权利基础受到挑战;二是被告获得权利。本文分这两种情形分别对样本中不予中止的裁判文书说理归纳如下。(见表一、表二)

---

① 生效判决案号:(2011)苏知民终字第 0143 号。

② 一般为《民事诉讼法》第 150 条第 1 款第 5 项和第 6 项,即本案必须以另一案的审理结果为依据,而另一案尚未审结的;其他应当中止诉讼的情形。

表一　原告权利基础受到挑战类案件的文书说理

序号	代表案例	具体思路
思路1	(2015)粤高法民三终字第145号	民事侵权案件的审理无须以授权确权程序(如行政诉讼等)为依据
思路2	(2014)浙甬知终字第37号	原告商标虽被宣告无效,但在本案诉讼期间,其仍处于合法有效的状态,应受法律保护
思路3	3.1(2014)沪一中民五(知)终字第62号	法院综合审查了商标授权确权程序中双方的理由和证据,认为原告商标被宣告无效的可能性不大
	3.2(2015)粤知法商民终字第98号	法院认为被告宣告涉案商标无效的证据不足,进而认为被告的中止申请具有恶意,目的不正当,例如拖延侵权时间等
	3.3(2015)津高民三终字第0033号	法院认为被告提交的证明其已提出商标争议的程序不符合要求。如被告只是提交了原告商标信息查询状态为"无效宣告中"的间接证据而非商标行政部门出具的书面受理通知
思路4	(2015)吉民三知终字第90号	法院认为不仅要考虑权利人的权利尚未被宣告撤销或无效,也应该考虑权利人的维权时间成本,因此不应中止

表二　被告获得权利类案件的文书说理

序号	代表案例	具体思路
思路1	(2015)湖德知民初字第1号	被告申请的相关商标虽已进入初审公告,但权利状态并不稳定(如被原告或案外人提出异议),因此不能与原告的已注册商标形成对抗①
思路2	(2014)豫法知民终字第143号	被告申请的相关商标虽已进入初审公告,但是该申请商标与原告的商标不同或有明显区别,即便核准注册也不能作为有效抗辩②

通过以上归纳对比可以看出,无论是第一种情形还是第二种情形,法院的做法不同,说理思路亦不同。总体而言,法院的处理方式分两种:第一种是对商标授权确权程序的证据予以审查。但是审查方式和力度各不相同。如表一中的3.1案例所示,法院不仅对行政授权确权程序中的证据进行了全面审查,而且还对原告的权利效力进行了预判;3.2案例中,法院虽然也做了证据审查,但其主要论证侧重点在于被告中止诉讼的目的正当性;3.3案例中,法院

① 本案中,原告的商标为"裸心",被告初步公告的商标为"裸心泰/LUOXINYAI"。

② 被告初步公告的商标往往与原告的商标的构成要素等方面构成某种程度的相似,如(2014)豫法知民终字第143号一案中,原告主张权利的商标为"予华 YUHUA""予华仪器 YUHUAYIQI",而被告初步公告的商标为"英峪予华"。而前述商标的核定使用范围都为第9类。

则直接对被告提出的证据形式予以了否定。第二种是不对授权确权证据进行审查径自决定不予中止。具体而言又分为两种思路:①直接认定民事侵权案件的审理无须以授权确权程序(如行政诉讼等)为依据。②只要原告的商标权尚处于有效状态,则其权利就应获得保护。

(二)微观解构:不中止的局限与中止的弊端

1. 不中止的局限

在我国,民事侵权案件由各地中级人民法院或者最高法院指定的基层人民法院审理,而商标争议案件则由商标局或者商评委受理,如果当事人对前述行政机关作出的裁决不服,还可向北京知识产权法院和北京市高级人民法院寻求救济。行政机关及受理行政诉讼的法院都要对原告或被告的权利效力进行审查确认,而如果民事侵权案子不中止,则法院在判决时实际上亦对原被告之间争议的权利效力进行了预判。如此可能引发授权确权结果与民事侵权案件处理结果之间的冲突。这种冲突样态是实践中最常见,因此也是最大的困扰。举一典例予以说明。

[案例二]“歌力思”商标侵权案①

歌力思公司于1999年取得第1348583号歌力思文字商标,核定使用类别为服装等。王某某于2008年取得第4157840号歌力思图文商标,核定使用类别为钱包手袋等。2012年王某某向杭州市中级人民法院起诉称被告生产的女包擅自使用其拥有的歌力思图文商标,侵犯了其注册商标专用权。一审期间,歌力思公司向法院提交中止申请并提交《商标异议裁定书》和《商标评审申请受理通知书》作为证据以证明原告的商标证系误发且该商标进入商标授权确权程序。一审法院未中止审理并支持了王某某的诉讼请求。歌力思公司向浙江省高级人民法院上诉称一审法院在原告的商标并未确权的情况下径行裁判属司法越权,并要求浙江省高级人民法院中止审理本案。浙江省高级人民法院未予中止并维持原判。二审宣判后,商评委作出裁定,对被异议商标予以维持。歌力思公司不服该裁定,向北京市第一中级人民法院提起行政诉讼获支持,北京市第一中级人民法院认为争议商标与歌力思公司注册在先的引证商标构成近似商标,且损害了歌力思公司的在先商号权,不应核准注册。王某某不服该行政判决,上诉于北京市高级人民法院,北京市高级人民法院维持一审行政判决。授权确权程序结束后,歌力思公司向最高人民法院申请民事侵权案件的再审,最高人民法院撤销了一二审民事判决,改判驳回王某某的全部诉讼请求。

---

① 终审判决案号:最高人民法院(2014)民提字第24号。

2. 中止的弊端

如果一律中止的话也会带来一些弊端。我国商标异议包括商标局、商评委以及两级法院四道程序;而商标无效宣告至少包括商评委、两级法院三道程序。根据现行《商标法》的规定,商标异议的最长处理期限为18个月,商标复审程序的最长期限亦为18个月。一审行政诉讼审限为3个月,二审行政诉讼的审限为2个月。同时,据数据统计,2013年以来我国商标申请总量和累计注册量均连续数年居世界第一。[①] 由于商标行政部门工作量巨大,实践中商标授权确权的处理时间往往更长。如果民事侵权案件一律中止等待行政授权确权结果,就会造成民事案件久拖不决。这一方面,可能使权利人的商标权成为一个"瘫痪的权利"而得不到有效保护。另一方面,也会助长部分当事人滥用授权确权程序拖延诉讼之不诚信行为。

二、厘清与检视:困境的原因呈现与理论辨析

困境缘何而生?我们应当因循何种路线处理商标授权确权程序给民事侵权案件审理带来的问题?

(一)公正价值与效益价值的平衡

公正和效益是民事诉讼程序的两大重要价值。程序公正从某种意义上来说,是民事诉讼程序的最高价值。[②] 没有程序公正之保障,就没有实体公正之实现。诉讼效益反映的是诉讼活动中投入成本、费用与获得效果之间的关系,其价值目标是以最小的诉讼投入和成本获得最佳的效果。[③] 就诉讼而言,"无论审判能够怎样完美地实现正义,如果付出的代价过于昂贵,则人们往往只能放弃通过审判来获取正义的希望"。[④] 对于商标民事侵权和授权确权交叉案件而言,一方面,要保证程序公正,即对程序审慎把握以尽力达至实体公正;另一方面,要兼顾诉讼效益,否则无限制地拖延诉讼,即便因正当程序而实现了结果正义,但这一结果对当事人会毫无意义可言。因此,对于商标侵权民事诉讼遭遇授权确权程序时是否应中止这一问题,我们应当平衡程序的公正价值和效益价值,不能偏废任何一方。一律不中止诉讼,可能会给被告带来极大不公。而一律中止诉讼会造成极大的程序拖延,对于更强调效益原则的知识产权民事诉讼而言是致命的。

---

① 金武卫:《〈商标法〉第三次修改回顾与总结》,载《知识产权》2013年第10期。

② 肖建国:《民事诉讼程序价值论》,中国人民大学出版社2000年版,第177页。

③ 张耕:《知识产权无效程序的反思与重构——以诉讼效益为视野》,载《知识产权》2005年第11期。

④ [日]棚濑孝雄:《纠纷的解决与审判制度》,王亚新译,中国政法大学出版社1994年版,第266页。

(二)形式审查与实质审查的选择

从前文对110份裁判文书说理部分的梳理情况来看,法院即便慎重看待诉讼程序公正与效益价值的平衡而采取审查主义。但在审查的程度和方式上却又有不同。一种做法是形式审查,即只对被告的中止审理请求及证据进行审查。在审查力度上,主要审查商标异议或争议是否确被商标局或商评委受理,对异议或争议商标的效力并不进行审查和判断;在审查内容上,仅审查中止事由及所依证据,且对证据形式要求严苛,甚至要求申请人必须提交商标行政机关出具的书面通知,其他形式的可证明相同内容的证据却不被认可。另一种做法是实质审查,即要求对当事人提交商标确权程序中提交给商标确权机关的证据并予全面审查,以对诉争商标的权利效力进行预判,并在此基础上决定中止与否。

我们认为,第二种做法较为合理。理由如下:第一,形式审查无法缓解不中止审理状况下可能出现的民事侵权与授权确权程序对同一商标的效力做出相反认定的问题。第二,形式审查看似效率高,但其仅审查当事人所提之商标争议是否确被商标局或商评委受理,有些法院还对证据形式要求严苛。采取这种方式,易导致法院认定中止与否时的懈怠和随意,其说理形式也容易招致当事人不满。

(三)司法越权与程序合法的辨析

在商标民事侵权与授权确权交叉案件的处理中,若受理侵权诉讼的法院采取审查主义对争议商标的效力进行预判并据此决定中止与否,绕不开的一个问题是该行为是否属于司法越权。尤其是在不中止审理的情况下,被告在上诉中称原审程序构成司法越权的比率几乎达到百分之百。[①] 同时,在商标侵权案件中,法院直接认定引证商标与争议商标是否构成近似、构成混淆,进而认定侵权是否成立。此时,受理侵权诉讼的法院实际上属于"变相确权"[②],这其中牵涉到司法越权之问题。

我们认为,在商标民事侵权案件中对争议商标的效力作出预判,并以此为基础作出中止与否的裁定和侵权成立与否的判决,不构成司法越权:第一,从《民事诉讼法》以及商标相关的法律规定来看,我国法律并未明确规定商标侵权案件必须以授权确权程序的处理结果为依据。也就是说,授权确权程序的介入并不当然能够中断侵权案件的审理。第二,知识产权有效性争议本质上

---

① 实践中,法院在判决中回应当事人这一辩称意见时一般会回避司法越权这一说法。例如最高人民法院在(2014)民提字第24号判决书中的表述是:"由于第某号商标是否获准注册的事实关系到本案中的部分权利基础是否存在,在歌力思公司已经对此提出异议并提交了初步证据的情况下,一审、二审法院未根据歌力思公司的申请进一步调查核实的做法却有不当,本院予以纠正。"

② 廖文彬:《知识产权确权问题研究》,北京大学硕士2005年研究生学位论文,第13页。

属于民事争议。[①] 商标争议始终是申请人和被申请人的对抗,属于双方当事人程序,商评委居中裁决。这一争议本质上属于平等主体之间的民事争议。这种裁决行为与行政处罚、行政许可等具体行政行为存在本质差别。因此,从法理上讲,由侵权之诉的法院审查商标效力并不会造成司法越权。

(四)民事认定标准与授权确权标准的差异

如前文所述,在法院不中止审理而使得商标民事侵权案件的审理与授权确权程序并行交叉的情况下,极易导致两者对争议商标的效力作出相反的认定。这其中很大一部分原因来自法院与商标局或商评委对争议商标效力进行认定时所持标准有差异。由于判断在先权利、通用名称以及判断商标近似所要依据的相关公众、类似商品、类似服务等因素具有较强的主观性,导致审理民事侵权案件的法院与商标局、商评委乃至后续确权行政诉讼的两审法院的对争议商标的效力认定不一致。具体表现形式如表三所示。

表三　民事侵权和授权确权程序认定结果互相冲突的案件示例

争议商标名称	商评委结论及理由	确权行政诉讼结论及理由	民事侵权案结论及理由	民事侵权案再审结论及理由
歌力思 GLEAS 及图[②]	与被告在先注册的"歌力思"文字商标不构成近似,予以核准注册	与被告在先注册的"歌力思"文字商标在构成要素及整体上构成近似;且该商标核定使用的钱包、公文包等使用商品范围与被告商标核定使用的服装类属于类似商品。因此,该商标不应准注册	原告的注册商标有效并享有注册商标专用权	原告的商标未被核准注册,因此无权据此向他人提起侵害商标权之诉
WHY ME 歪蜜[③]	与被告在先使用并有一定影响的"WHY ME"标识构成近似,在被告已使用的服务种类上无效	无	被告在组织表演(演出)、娱乐服务项目上使用 WHY ME 标识与原告的注册商标不构成近似	无

① 郃中林:《知识产权授权确权程序的改革与完善》,载《人民司法》2010 年第 19 期。

② 最高人民法院(2014)民提字第 24 号。

③ 重庆市渝中区人民法院 2015 年第 05094 号。

续表

争议商标名称	商评委结论及理由	确权行政诉讼结论及理由	民事侵权案结论及理由	民事侵权案再审结论及理由
十景①	“十景”属于通用名称，缺乏显著性，宣告无效	“十景”不属于核定使用商品的通用名称，商标有效	原告的“十景”商标有效并享有注册商标专用权	无

三、渐进式前进：困境的现实出路与应然的改革方向

对于商标权民事侵权与授权确权程序交叉案件审判实践中出现的上述问题及问题产生的原因，笔者在总结各地人民法院经验的基础之上，提出如下建议。

（一）理性回归：建立在效力预判基础上的中止审查制度

通过对110份裁判文书的分析，我们发现法院在处理商标民事侵权与授权确权交叉案件时的程序中止问题上分歧严重、说理混乱、立场两难，但是实践经验是最宝贵的，我们可以从上文所述的处理方式和说理思路中总结差异和规律，进而推导出较为理性的制度模式。笔者认为，在现行法律框架下，具有可操作性的做法是由侵权受诉法院对争议商标的效力进行预判，再据此决定是否中止审理。

具体思路是：在商标侵权案件中，当事人在答辩期间提出其已向商标局或商评委提出商标争议而要求中止审理的，其应当向受诉人民法院提交相应证据（包括商标局或商评委已受理商标争议的证据和与其确权诉求有关的证据等）。人民法院应当对当事人的中止申请及相应的证据进行审查，对争议商标的效力作出预判，对理由成立的予以裁定中止审理；反之，不予中止审理。此外，在商标侵权案件中，当事人在答辩期届满后提出其已向商标局或商评委提出商标争议而要求中止审理的，人民法院不应当中止诉讼，但经审查认为有必要中止诉讼的除外。在这一制度中，有以下几点需要注意：第一，提出时间的限制。一般应当在答辩期期间内提出，答辩期满提出一般不予准许，以防止当事人恶意拖延诉讼。② 第二，证据内容的把握。当事人不仅要提交其商标争议已被受理的证据（包括但不限于受理通知书），还应当提交其预备在商标确权程序中提交的证据以方便人民法院对效力进行初步判断。第三，审查力

---

① 湖南省长沙市中级人民法院2012年第0125号。

② 韩笑：《商标争议制度中的行政权与司法权的界分》，载《湖南科技学院学报》2013年第7期。

度的把握。人民法院要全面审查当事人提交的证据,并对争议商标的效力做出预判,之后决定中止诉讼与否。建立该制度后,商标民事侵权与授权确权交叉案件的处理方式会更加完善。[①] 具体流程如图二所示。

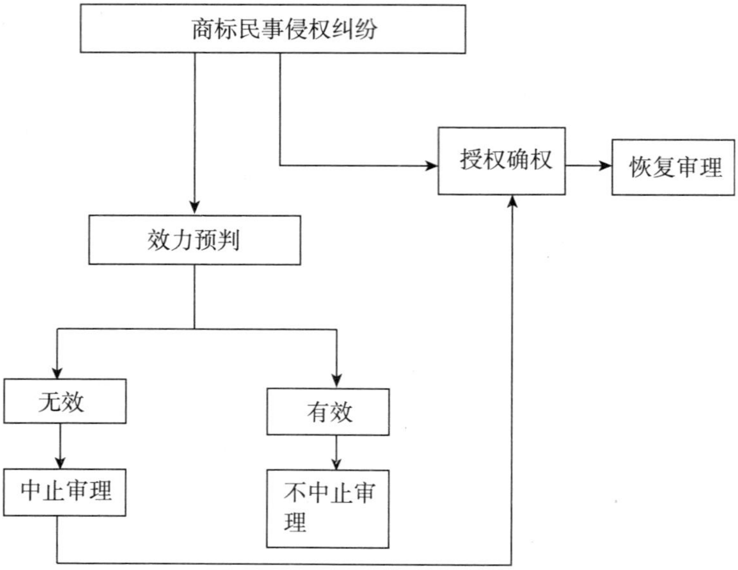

图二

(二)差异弥合:建立不同机关商标效力认定标准的协同机制

由商标侵权案件受诉法院在效力预判基础上作出中止诉讼与否的决定使得该类民事侵权与授权确权交叉案件的程序更加趋于理性,但是有一个问题仍无法解决,那便是法院对争议商标效力的预判结果与授权确权程序最终认定的结果会产生冲突。这一冲突的根源在于进行效力认定的主体多元。实际上,世界上多数国家都采用法院直接判断知识产权无效的制度,如美国、德国等。但制度改革非一朝一夕之功,根据现阶段的实际情况,我们可尝试建立效力认定标准的协同机制。

商标侵权民事认定与授权确权标准产生的原因主要有以下几点:第一,当事人程序参与度不同。商标侵权案件中双方当事人在民事诉讼程序中直接对抗,双方当事人可迅速知晓对方的诉求、证据和理由,从而调动所有积极性以

---

① 样本中,有些法院采用这种方式已经取得了较好的效果。如北京市东城区人民法院 2014 年第 5638 号案中,法院认为二原告广州指南针会务服务公司、广州中唯企管咨询服务公司持有注册商标多达 2600 余件,明显超出了正常生产经营的需要,且试图高价转让涉案商标牟利,其目的难谓正当,因此未中止审理,从而避免了不必要的诉讼拖延。

为法院裁判提供更充分翔实的证据。而在授权确权程序中,商评委的评审活动主要以书面形式办理,当事人提交材料和发表意见可能不如在民事诉讼程序中充分。商标确权行政诉讼中,商评委系被告,而商评委跟诉讼的审理结果并无直接利益关系①,其积极性显然不可能与确权程序的对方当事人同日而语。第二,商评委与法院对待《类似商品和服务区分表》的态度不同。商评委系"应当参照",法院则坚持该表只是作为判断近似商品的参考。② 第三,说理充分程度不同。我国数次民事审判文书样式改革中均强化了民事判决书的说理,因此法院必须给出更加翔实和具有说服力的理由,相比之下商评委的裁定在说理上往往趋于简单。

基于上述原因,笔者认为建立商标效力认定标准的协同机制必要且可行。第一,加强商标侵权案受诉法院与商评委在工作机制和方法上的联通,促进商标侵权法院与授权确权诉讼审理法院在商标效力认定上的标准统一。例如,以开展研讨会的形式,探索法院与商评委在商标效力认定方面所持标准的差异,并予以针对性解决等。第二,商评委应当加强商标争议当事人双方举证的指导工作,力求给争议双方更充分的陈述意见与理由的机会并且在裁决文书中加强说理。

(三)程序改良:迈向行政一审加司法一审的商标确权制度

依效力预判之裁判规则,如果争议商标被宣告无效之可能性较大,那么商标侵权受诉法院认为案件应当等待授权确权的结果而中止审理显然更符合程序理性。但是,我国现行的商标确权程序复杂而冗长(以无效程序为例,目前无效程序是商评委→北京市知识产权法院→北京市高级人民法院三级审理),如一直等待授权确权的最终结果出来,则极有可能造成关联侵权案件的不当拖延。实践中,多数侵权案件之受诉法院在此种情形下会出于及时定纷止争的考虑,或出于审限监督的压力等原因而不得不恢复审理,造成"应(欲)中止而不得"之情形。前文案例一即是如此。因此,对我国烦冗的商标确权制度进行改革是解决问题的根本对策。

我国目前的商标异议程序为商标局→商评委→北京知识产权法院→北京市高级人民法院,无效程序为商评委→北京知识产权法院→北京市高级人民法院。虽然商标行政机关和行政诉讼司法机关的定位和分工不同,但实际上这些机关所从事的审查行为的法律意义是一致的,都是对商标可注册性或可

① 付莎:《知识产权无效程序的反思与重构》,西南政法大学2006年硕士学位论文。

② 陈志兴:《商标权司法保护中类似商品的判断与说理——以入世十年来商标授权确权司法审查为背景的研究》,载《中国专利与商标》2013年第1期。

存续性的判断。[①] 因此,改革现有的三级程序或四级程序为两级程序在法理层面具有可行性。改革成为两级程序后亦可在某种程度上缓解现在四个机关对同一商标所作结论可能产生摇摆反复的问题。具体而言,笔者建议取消商标异议复审环节,由商评委担任异议审理的职责。如此一来,可将商标异议四级程序变为跟商标无效宣告一样的三级审查程序。当事人对商标异议裁定、商标无效宣告决定不服的,可以自收到通知之日起 3 个月内以对方当事人为被告向人民法院起诉,由人民法院一审终审。商评委可以申请或者应人民法院要求,对有关问题出庭或者书面予以说明。关于受理该类案件的人民法院,可由最高人民法院指定。笔者认为,北京知识产权法院和北京市高级人民法院皆可。因为从《民事诉讼法》对该二法院的定位来讲,其都在某个层面拥有终审权,如此设置可以不突破现有的法律框架和制度设置。如此一来,既大大提高了商标确权的效率,商评委不再作为被告也减轻了商评委的负担,还与 TRIPs 第 62 条第 5 款的规定"任何程序的行政终局裁决均应由司法或者准司法机关进行审议"保持了一致。

---

① 杨叶璇、臧宝清:《我国商标确权机制改革的分析与思考》,载《知识产权》第 17 卷第 98 期。

《商标法》中“其他不良影响”的认定

周　波*

摘要：判断诉争商标是否具有“其他不良影响”，应当结合具体案情加以具体把握。但从司法实践看，应当以相关领域的特定群体作为特定标志是否具有“其他不良影响”的判断主体。而在判断过程中，应当遵循标志整体判断、审查标准一致、消极推定原则等原则，同时，也应当将商标申请主体情况、商标申请注册行为纳入考虑范围，但标志的实际使用情况、标志是否具有误导可能性均不属于“其他不良影响”的考虑因素。对于具有多种含义的标志，如果其中的一种含义属于具有“其他不良影响”的情形，则该标志就会被认定为具有“其他不良影响”。具体到一些类型化的案例，“其他不良影响”的认定也有一定的规律可循。但司法实践始终处于变动之中，对司法裁判的动态的及时跟进，才是理解和把握“其他不良影响”认定的最有效手段。

关键词：商标法　其他不良影响　判断主体　认定原则　考虑因素　申请注册行为　类型化分析

《商标法》第10条第1款第8项规定，“有害于社会主义道德风尚或者有其他不良影响的”标志不得作为商标使用，在实践中，该条款也经常成为商标注册主管机关驳回商标注册申请或者撤销商标注册的法律依据。但对于何种标志属于具有“其他不良影响”的情形并不容易把握，所以就该条款的适用争议颇多。虽然最高人民法院《关于审理商标授权确权行政案件若干问题的意见》（以下简称《商标授权确权意见》）第3条已就“其他不良影响”的判断作出了进一步的规定①，但面对千差万别的商标审查实践，上述规定的具体适用还需要结合具体案情加以具体把握。本文拟对新近司法裁判案例有关“其他不良影响”审查判断的做法加以归纳，以有助于商标审查实务的开展。

一、“其他不良影响”的判断主体

在对诉争商标是否具有“其他不良影响”进行判断时，存在多种选择：相

---

* 周波，北京市高级人民法院审判员，北京航空航天大学2017级博士研究生。

① 《商标授权确权意见》第3条规定：“人民法院在审查判断有关标志是否构成具有其他不良影响的情形时，应当考虑该标志或者其构成要素是否可能对我国政治、经济、文化、宗教、民族等社会公共利益和公共秩序产生消极、负面影响。如果有关标志的注册仅损害特定民事权益，由于商标法已经另行规定了救济方式和相应程序，不宜认定其属于具有其他不良影响的情形。”

关公众、一般公众以及相关领域的特定群体。相关公众是一个有特定含义的概念,特指案件中具体的诉争商标所指定使用商品或服务的消费者或与其有密切关系的其他经营者。与此相反,一般公众则不限于诉争商标所指定使用的商品类别,泛指社会上的普通民众。由于涉及不良影响的情形多种多样,包括政治、经济、文化、宗教、民族等多方面,因此不能简单地以相关公众或者一般公众为判断主体。相关标志或其构成要素是否具有不良影响,应当根据其涉及的不良影响的具体类型,以其相关领域的特定群体为判断主体。①

比如在第1218394号“城隍”商标争议案中,二审法院即认为,虽然“城隍”具有“护城河”等含义,但除此之外,“城隍”也被用来指代道教的特定神灵。在此情形下,将“城隍”作为商标加以使用,将对信奉道教的相关公众的宗教感情产生伤害,并对社会公共利益和公共秩序产生消极、负面的影响。因此,争议商标的注册使用违反了《商标法》第10条第1款第8项的规定,依法应予撤销。②

在此后的第3011175号“泰山大帝”商标争议案中,最高人民法院认为,判断“泰山大帝”是否系道教神灵的称谓,是否具有宗教含义,不仅需要考量本案当事人所提交的相关证据,也需考量相关宗教机构人士的认知以及道教在中国民间信众广泛的历史渊源和社会现实。即便官方文献未记载“泰山大帝”为“泰山神”或“东岳大帝”,“泰山大帝”不是“东岳大帝”或“泰山神”称谓的唯一对应,但相关证据和宗教界机构人士的认知表明,“泰山大帝”均指向“泰山神”或“东岳大帝”,而不是指向其他道教神灵,“泰山大帝”的称谓客观存在,具有宗教含义,争议商标的注册可能对宗教信仰、宗教感情或者民间信仰造成伤害,从而造成不良影响。因此,争议商标的注册属于《商标法》第10条第1款第8项规定的情形,应予撤销。③

显然,法院在“其他不良影响”的判断主体上做法是统一而明确的,即只要该特定群体认为诉争商标标志或其构成要素具有不良影响,就可以认定该商标标志具有不良影响。

二、“其他不良影响”认定原则

回顾现有司法裁判案例,似乎可以从中总结出“其他不良影响”认定的以

① 周波:《不良影响判断主体的确定——评析上海城隍珠宝有限公司诉商标评审委员会、上海豫园旅游商城股份有限公司商标争议行政案》,载北京市高级人民法院知识产权庭编:《北京法院商标疑难案件法官评述》(第4卷),法律出版社2015年版,第116页。

② 最高人民法院(2016)最高法行再21号行政判决书。

③ 北京市高级人民法院(2014)高行(知)终字第3390号行政判决书。

下原则：

（一）标志整体判断原则

在判断诉争商标标志是否具有“其他不良影响”时，应当以商标标志构成要素的整体为审查对象，而非通过对商标标志的某一部分进行判断进而得出该标志整体是否具有“其他不良影响”。在第7574214号“玉山台湾原窖1950及图”（见图一）商标和第7476154号“台湾原窖1950玉山及图”（见图二）商标申请驳回复审两案中，商标评审委员会及一审法院认为数字“1950”为商品的生产年份，从而具有不良影响。但二审法院认为，“台湾原窖”是申请商标的显着识别部分，在此种情形下即使申请商标中包含有“1950”字样，亦不构成具有“其他不良影响”的情形。①

图一　第7574214号商标　　　图二　第7476154号商标

而在第10159137号“义乌故事”商标申请驳回复审案中，虽然申请商标除“义乌”外，还包含“故事”二字，但在“义乌”与县级以上行政区划的地名“义乌”读音相同、字形相近的情况下，如果申请商标获准注册，使特定主体在特定的服务项目上获得与“义乌”地名近似的商标标志的专用权，则此种商标注册行为不仅会使相关公众对商标和地名各自基本功能的认知产生紊乱，损害市场上不特定的市场经营主体参与市场公平竞争的合法权益，而且也将对其他主体的商标申请注册行为产生误导，导致其他与地名相同或者近似的标志被作为商标加以申请注册，扰乱正常的商标注册秩序。因此，二审法院认定即使申请商标的商标标志除“义乌”二字外，还包含“故事”二字，但申请商标

① 北京市高级人民法院（2015）高行（知）终字第99号行政判决书、北京市高级人民法院（2015）高行（知）终字第169号行政判决书。

作为整体加以申请注册,仍然具有“其他不良影响”。[①]

(二)审查标准一致原则

“个案审查原则”是商标法中常被提及的一个话题,“每个个案中的商标标识力、商品及相关大众的特性均有不同,进而影响混淆之虞的认定结果。因此,商标法上混淆之虞的判断先例(包括商标局之处分实务),对于系争后案之具体认定,鲜能够有任何拘束力可言,此即混淆之虞认定上普遍承认‘个案审查原则’”。[②] 但是,相对于商标近似性判断、驰名商标认定、在先权利保护等商标注册相对禁止事由的认定,因具体案件案情有所差异而认定结论有所出入的情况不同,在涉及商标注册绝对禁止事由认定的案件中,通常要坚持一致的审查标准。具体到“其他不良影响”的认定,也应当坚持同一标志在全类商品或服务上审查判断标准相一致的原则。

在第10086879号“老海军”商标申请驳回复审案中,由于商标评审委员会之前对第10065828号“老海军”商标在相同商品上准予注册,并未认定存在不良影响,因此,二审法院认为,商标评审委员会在本案中又认定申请商标具有不良影响,违反了审查标准一致性的原则,同时进一步指出“个案审查”的理由并不适用于标志本身是否有不良影响等绝对理由的审查。[③]

在第3499443号“冶春及图”商标争议案中,一审法院认为,“冶春文化风情”作为扬州市的非物质文化遗产,属于当地人民共有财富,不应被任何特定的民事主体所独占。[④] 但实际上,提出商标撤销申请的申请人也在其他类别上注册了“冶春”商标并实际进行使用,因此,二审法院指出,如果为保护非物质文化遗产而使该标志不能被特定民事主体所独占,则提出商标撤销申请的申请人也不能使用和注册与“冶春”相关的商标,据此二审法院认定一审法院及商标评审委员会适用法律错误。[⑤]

在第6611392号“VANITYFAIR”商标申请驳回复审案[⑥]、第8647078号“MICHAEL JACKSON”商标无效宣告请求案[⑦]等案件中,法院也都强调了审查标准的一致,认为在相同的标志已经作为商标注册且未产生不良影响的情况下,不宜再认定本案中的诉争商标具有“其他不良影响”。之所以强调在“其

① 北京市高级人民法院(2015)高行(知)终字第2471号行政判决书。

② 刘孔中:《商标法上混淆之虞之研究》,五南图书出版公司1997年版,第17页。

③ 北京市高级人民法院(2015)高行(知)终字第911号行政判决书。

④ 北京市第一中级人民法院(2014)一中知行初字第29号行政判决书。

⑤ 北京市高级人民法院(2014)高行(知)终字第3876号行政判决书。

⑥ 北京市高级人民法院(2015)高行(知)终字第1283号行政判决书。

⑦ 北京知识产权法院(2015)京知行初字第4262号行政判决书。

他不良影响”认定时，应当坚持全类商品判断标准一致原则，主要还是由于该条款在性质上属于商标注册的绝对禁止性条款，因此，对于具有“其他不良影响”的标志，无论何种性质的民事主体在何种类别的商品或者服务上，都不应获准商标注册也不应作为商标使用。

（三）消极推定原则

鉴于某一标志被认定具有“其他不良影响”的后果十分严重，完全排除了该标志作为商标注册的可能性，因此，法院对“其他不良影响”的认定相当慎重，采取了类似于“无罪推定”的消极推定原则。比如在第1111841号“SINGAPORE EXHIBITION & CONVENTION BUREAU 及图”（见图三）商标申请驳回复审案中，二审法院就以商标评审委员会并未提供有效证据证明申请商标标志本身会对国家政治、经济、文化、宗教、民族等社会公共利益和公共秩序产生消极、负面影响为由，并在实质审查的基础上，认定申请商标不具有“其他不良影响”。①

图三　第1111841号商标

三、“其他不良影响”认定时的考虑因素

除了前述在司法实践中被普通遵循的“其他不良影响”认定原则外，还有一些虽然称不上原则的因素，在司法实践中被反复提及，甚至在相当程度上决定了案件的最终处理结果，因此，有必要对这些司法实践中考虑的因素加以分析。

（一）申请主体对“其他不良影响”认定的影响

根据《商标授权确权意见》第3条规定，“其他不良影响”的认定应当以商标标志或者其构成要素为审查对象，商标注册的申请主体并不是认定该标志是否具有“其他不良影响”的考虑因素。但是在实践中，很多案件的裁判往往

---

① 北京市高级人民法院（2015）高行（知）终字第3416号行政判决书。

考虑了商标申请注册的主体情况。就某些案件而言,如果申请商标注册的主体不同,也许裁判的结果也会发生变化。在第 11733424 号“莫言”商标申请驳回复审案中,二审法院认为,在未经诺贝尔文学奖得主莫言本人同意或经其许可的情况下,他人以“莫言”作为商标注册,属于具有“其他不良影响”的情形,但法院同时指出,“当然,莫言本人或经其许可申请的商标除外”。①

对于这种情况的出现,其实更多地要从实践的立场出发加以认识。在商标申请驳回复审案件中,只有商标注册申请人和商标注册主管机关两方当事人,商标注册主管机关不能主动引入他人在先权利以商标注册的相对禁止事由予以审查。但如果涉及明显损害他人权益的商标,商标注册主管机关不予制止而使其获得初步审定,则不仅会使后续的商标异议、商标无效宣告请求案件数量大增,而且也会鼓励不正当的商标抢注行为进一步泛滥。在此情形下,作为一种变通手段,商标注册主管机关将原本属于仅损害特定民事权益的情形纳入到“其他不良影响”的调整范围,这实属无奈之举。“法律的生命不在于逻辑,而在于经验”。② 如果法院对这种做法予以调整,也将难以承受案件激增带来的巨大压力。所以,将申请主体作为“其他不良影响”的考虑因素,完全属于适应司法实践的变通之举。相应地,在这种情形下,相关行为就会被解释为既损害了特定主体的民事权益,同时也损害了社会公共利益和公共秩序,进而被纳入到“其他不良影响”的考虑范围。

(二)商标申请注册行为对“其他不良影响”认定的影响

虽然商标申请注册行为不是判断诉争商标是否具有“其他不良影响”的主要考虑因素,但实践中无法回避的是,在一些案件中有些商标申请注册行为还是会被纳入到“其他不良影响”的判断过程中。在这其中,较为突出的是以下几种类型:

1. 大量抢注他人商标的申请注册行为

总体而言,《商标法》第 10 条第 1 款的规定系基于对公共利益及公共秩序的维护,而非对私权的保护,故其第 8 项亦只有在涉及损害公共利益及公共秩序的情形时才予以适用。但是,商标注册主管机关出于制止实践中出现的在不同商品或者服务类别上大量抢注他人商标的行为,也将此类实质上只涉及行为而不涉及标志本身的情形,纳入到了认定“其他不良影响”的考虑因素中。比如在第 4149507 号“劳斯 · 莱斯 ROUSI REISI 及图”商标异议复审行政

---

① 北京市高级人民法院(2015)高行(知)终字第 3061 号行政判决书。

② Oliver Wendell Holmes, *The Common Law*, The Lawbook Exchange, Ltd., Clark, New Jersey, 2005, p. 1.

案中,法院实际上认可了商标评审委员会的做法,将被异议商标注册申请人大量在不同类别上注册与罗尔斯—罗伊斯公司具有较高知名度的商标相近似的商标的行为所具有的不正当性,纳入"其他不良影响"认定的考虑因素之中,从而认定该被异议商标的申请注册违反了《商标法》第10条第1款第8项的规定。①

应当看到,自2014年年底以来,法院在法律适用方面发生了重大变化,将2001年《商标法》第41条第1款②适用于尚未核准注册的商标异议复审案件领域后,上述现象已得到了较为彻底的改变。在第5226659号"爽歪歪"商标异议复审案中,注册申请人除本案被异议商标外,还在多个类别的商品或服务上申请注册了150余件其他名称各异的商标,商标评审委员会据此认定被异议商标具有"其他不良影响",但法院认为,被异议商标由中文"爽歪歪"构成,其并不属于可能对国家政治、经济、文化、宗教、民族等社会公共利益和公共秩序产生消极、负面影响的标志,并不属于具有"其他不良影响"的情形。在此基础上,二审法院进一步指出,被异议商标的申请注册虽未违反《商标法》第10条第1款第8项的规定,但这并不意味着其必然属于可以注册使用的商标,如其属于"以欺骗或者其他不正当手段取得注册的"情形,则亦可根据2001年《商标法》第41条第1款的规定予以处理。③ 2015年11月16日,北京市高级人民法院审判委员会第19次(总第387次)会议讨论通过的北京法院参阅案例第24号进一步确认了这一做法,只是明确此处是对2001年《商标法》第41条第1款的"参照"适用而非直接适用。④

2. 有悖公平竞争的商标申请注册行为

商标的申请注册应当遵循诚实信用原则,按照社会已经形成的基本秩序进行注册,若商标标志本身系由多个含有相互独立的要素构成,并且其中独立、易于识别的部分有可能使商标申请人获得有悖于正当竞争的利益,则即使该商标其他要素能够形成区分商品来源的功能,也不能以损害社会经济秩序及正当竞争为代价而获准注册。所以,这种有悖公平竞争的商标申请注册行

① 参见北京市高级人民法院(2013)高行终字第44号行政判决书。

② 对应2013年《商标法》第44条第1款,即"已经注册的商标,违反本法第十条、第十一条、第十二条规定的,或者是以欺骗手段或者其他不正当手段取得注册的,由商标局宣告该注册商标无效;其他单位或者个人可以请求商标评审委员会宣告该注册商标无效"。

③ 北京市高级人民法院(2014)高行(知)终字第3372号行政判决书。

④ 刘庆辉:《【参阅案例】注册商标无效宣告程序中禁止以欺骗手段或者其他不正当手段申请注册商标的规定,类推适用于商标申请审查及核准程序》,载《北京审判》微信公众号,2015年11月20日。

为，应当被认定为可能对市场经济秩序产生消极、负面影响，属于具有“其他不良影响”的情形。在第 8164841 号“淡雅古井青花及图”（见图四）商标申请驳回复审案中，申请商标上部由两列纵排的“古井”和“淡雅”文字组成，下部由“青花”二字及其汉语拼音、“净含量 500ml”“正宗淡雅　古井首创”“安徽古井贡酒有限公司”的企业名称及相对应的英文翻译纵向排列在矩形框内。商标评审委员会和一、二审法院均认为：若准予申请商标的注册，该商标申请注册人可能在实际的使用过程中获得不当利益，从而造成对市场经济秩序的损害，因此认定申请商标属于具有“其他不良影响”的标志。[①] 就标志本身而言，此类案件或许在很大程度上涉及的是商标标志是否具有显着特征问题，但从引导商标申请注册行为、营造良好的商标注册秩序的角度看，法院也不排除从商标注册行为引申到商标标志本身具有“其他不良影响”的可能性。

图四　第 8164841 号商标

3. 规避其他法条适用的申请注册行为

从理论上讲，《商标法》的每一个法律条款都应当有其明确的适用范围，但是，实践中总有人会想方设法寻找法律条款字面的边界，在商标申请注册过程中打“擦边球”，可是这种行为明显有违《商标法》的基本精神，所以在一些案件中，法院会从裁判结果实质正义的角度出发，适当放宽“其他不良影响”的认定标准。

---

① 北京市高级人民法院（2014）高行终字第 362 号行政判决书。

在第9521470号“红木大会堂”商标争议案中，由于《商标法》第10条第1款第1项仅适用于标志相同的情形，而不包括标志近似的情形[①]，因此，二审法院明确指出：“红木大会堂”与中央国家机关所在地特定地点的名称及标志性建筑物“人民大会堂”的名称不属相同的情形，因此不应适用《商标法》第10条第1款第1项的规定撤销争议商标，而是应当依据《商标法》第10条第1款第8项的规定对争议商标的注册予以撤销，即应当认定争议商标具有“其他不良影响”。同理，在第10159137号“义乌故事”商标申请驳回复审案中，二审法院认为申请商标中的“义乌”与县级以上行政区划的地名“义乌”并不相同且还包含有“故事”二字，因此，不属于《商标法》第10条第2款规定的不得注册的情形，但是，为避免此种商标注册行为损害市场上不特定的市场经营主体参与市场公平竞争的合法权益、扰乱正常的商标注册秩序，二审法院还是认定申请商标具有”其他不良影响”。[②]

4. 考虑商标申请注册行为的正当性

受《商标授权确权意见》规定的影响，对具有“其他不良影响”的认定，容易被限制在标志及其构成要素的判断上，并认为商标申请注册行为并非相关标志是否具有“其他不良影响”的考虑因素。但无论是从《商标授权确权意见》自身的规定看，还是从《商标法》条文的规定看，都不应当将商标申请注册行为完全地排除在“其他不良影响”判断的考虑范围之外。

首先，《商标授权确权意见》强调的“应当考虑”标志或者其构成要素是否可能对国家的政治、经济、文化、宗教、民族等社会公共利益和公共秩序产生消极、负面影响，这只是一种列举式的表述方式，不是对“其他不良影响”的准确定义，因此并不意味着除此之外的因素就不属于“其他不良影响”的考虑范畴。

其次，有关注册商标转让的《商标法》第42条第3款规定：“对容易导致混淆或者有其他不良影响的转让，商标局不予核准，书面通知申请人并说明理由。”就同一部法律而言，其所使用的术语内涵应当一致。既然同样是对行为的调整，在商标转让行为中会涉及“其他不良影响”，那么也没有理由将商标申请注册行为中可能涉及的“其他不良影响”情形排除在外。

最后，实践中虽然有坚持认为商标申请注册行为不属于“其他不良影响”

---

① 周波：《含义明确的法律条款不宜扩张解释——评析北京居然之家投资控股集团有限公司诉商标评审委员会、人民大会堂管理局纪念品服务部商标争议行政案》，载北京市高级人民法院知识产权庭编：《北京法院商标疑难案件法官评述》（第4卷），法律出版社2015年版，第146页。

② 北京市高级人民法院（2015）高行（知）终字第2471号行政判决书。

调整对象的判例[①],但前述“莫言”商标申请驳回复审案[②]和“义乌故事”商标申请驳回复审案[③]也反映出如果不将商标申请注册行为纳入到“其他不良影响”的考虑范畴内,会有很多现实的问题无法得到解决。面对纷繁复杂的具体案件,如何使案件的处理结果得到社会的认同,是法院必须面对的现实问题。

因此,在认定相关标志是否具有“其他不良影响”时,将商标申请注册人的注册行为纳入到考虑范围,是有其合理性的。

(三)不考虑标志的实际使用情况

在商标授权确权行政案件中,虽然应当考虑相关商业标志的市场知名度,尊重相关公众已在客观上将相关商业标志区别开来的市场实际,注重维护已经形成和稳定的市场秩序,但这种对市场客观实际的尊重不应违背《商标法》的禁止性规定。所以,一旦法院认定某一标志具有“其他不良影响”,就不会再考虑其是否进行了实际使用或者是否经过使用具有知名度。在第1218394号“城隍”商标争议案中,在认定争议商标具有“其他不良影响”的情况下,二审法院指出,即使争议商标经使用具有了较高知名度甚至曾被商标局认定为驰名商标,也不应因此而损害法律规定的严肃性和确定性。因此,仍然判决维持了商标评审委员会撤销争议商标注册的裁定。[④] 而在第3011175号“泰山大帝”商标争议案中,法院则更为直接地指出:“《商标法》第十条第一款第(八)项的规定为绝对禁止条款,其并未规定具有不良影响的商标通过使用能够获得注册的除外情形。”因此,对当事人有关争议商标已经注册多年,通过长期宣传和使用未造成不良影响的诉讼主张不予支持。[⑤]

当然,实践中也能够看到考虑商标标志使用情况进而认定是否具有“其他不良影响”的案例。在第13172795号“夺魂之镰”商标申请驳回复审案中,法院就是考虑了申请商标使用情况,结合商标注册申请人运营的包含诉争商标文字的游戏已经国家新闻出版广电总局审批通过的事实,以及申请人对使用该商标的游戏进行的商业宣传和市场表现情况,认定申请商标不会导致相

---

① 如在第4967542号“美赞臣”商标异议复审案中,一审和二审法院均强调被异议商标申请注册人非以使用为目的大量注册与他人知名商标相同或近似商标的行为,并非《商标法》第10条第1款第8项所规制的行为。参见北京市高级人民法院(2015)高行(知)终字第1646号行政判决书。

② 北京市高级人民法院(2015)高行(知)终字第3061号行政判决书。

③ 北京市高级人民法院(2015)高行(知)终字第2471号行政判决书。

④ 北京市高级人民法院(2014)高行终字第485号行政判决书。

⑤ 北京市第一中级人民法院(2014)一中知行初字第6325号行政判决书。

关公众产生误解并产生不良的社会影响。① 但这种对商标标志使用行为的考虑,只是一种"其他不良影响"认定的补充手段,并未与前文提及的"其他不良影响"消极推定原则相冲突。仍以"夺魂之镰"商标为例,法院其实是先根据申请商标指定使用的商品均与计算机游戏相关,结合计算机游戏类商品名称、画面和内容情节设置上通常具有的特点,首先认定了申请商标的含义并未超过其相关公众的接受和容忍标准,已得出了申请商标不具有"其他不良影响"的总体结论,其次才在此基础之上对商标标志的实际使用情况进行了补强式的论述。②

(四)不考虑相关标志是否具有误导可能性

从新近裁判来看,法院并不将"易使消费者对指定商品的质量、功能用途等特点产生误认,从而误导消费"作为判断相关标志是否具有"其他不良影响"的考虑因素。③

在第 10652581 号"通寻兵"商标申请驳回复审案中,二审法院认为,即使申请商标使用在指定商品上易使相关公众认为该商品为通信兵系统的军工产品,继而误导消费,但这也非《商标法》第 10 条第 1 款第 8 项规定的对我国政治、经济、文化、宗教、民族等社会公共利益和公共秩序产生消极、负面影响的情形,因此申请商标不属于具有"其他不良影响"的标志。④ 在第 11859280 号"白富美 BAIFUMEI"商标申请驳回复审案⑤、第 11100397 号"歇脚亭 SHARE TEA"商标申请驳回复审案⑥中,法院也都坚持了相同的观点。

当然,在相关标志具有误导可能性的情况下,不考虑其是否具有"其他不良影响",并不意味着该标志就可以作为商标获准注册,法院有时也会在判决中就相关法律条款的适用作出指引,引导商标评审委员会适用其他法律条款对诉争商标是否应予注册作出审查。如在第 10879300 号"妇因洁"商标申请

① 北京知识产权法院(2015)京知行初字第 3471 号行政判决书。

② 北京知识产权法院(2015)京知行初字第 3471 号行政判决书。

③ 但对于商标标志所标示的主体与商标申请注册人明显不一致的商标,法院通常仍会坚持认为该标志具有"其他不良影响"。如在第 6081872 号"THE HARRIS PRODUCTS GROUP"商标驳回复审案中,法院就认为:申请商标"THE HARRIS PRODUCTS GROUP"可翻译为"HARRIS 产品集团",商标申请人林肯公司的商号为"LINCOLN GLOBAL, INC.",与申请商标并不一致,由林肯公司申请注册"THE HARRIS PRODUCTS GROUP"商标,易使相关公众误认为该商标指定使用的商品来源于 HARRIS 产品集团,这种对相关公众的误导损害了不特定消费者的利益,是对公共利益的损害,具有"其他不良影响"。参见北京市高级人民法院(2012)高行终字第 1085 号行政判决书。

④ 北京市高级人民法院(2014)高行(知)终字第 2456 号行政判决书。

⑤ 北京市高级人民法院(2015)高行(知)终字第 2475 号行政判决书。

⑥ 北京市高级人民法院(2015)高行(知)终字第 3456 号行政判决书。

驳回复审案中,二审法院就在认定申请商标不具有“其他不良影响”的前提下明确指出,商标评审委员会在重新评审时,对申请商标“妇因洁”使用于人用药等特殊商品上,是否易使消费者误认其标识的商品仅对特定的人群产生特定的疗效,进而对商品的功能、用途产生误认,从而误导公众,是否构成2001年《商标法》第10条第1款第7项之规定作出认定。[①]

(五)对具有多种含义的标志的认定

对于具有多种含义的标志,如果其中的一种含义属于具有“其他不良影响”的情形,则该标志就会被认定为具有“其他不良影响”而不应作为商标使用。在第1218394号“城隍”商标争议案中,“城隍”被用来指代道教的特定神灵外,还具有“护城河”等含义,但法院并未因具有“护城河”的含义,而改变对争议商标整体具有“其他不良影响”的认定。[②]

四、“其他不良影响”认定案例类型化分析

分析现有的司法案例,可以将常见的涉及“其他不良影响”的案例作一个类型化的梳理,虽然这种分类未必准确,但可以较好地对相关案件的处理结果作出预判。

(一)未涉及特定主体利益的案例

这一类属于纯粹对商标标志本身是否具有“其他不良影响”进行判断的案件,而不需要在判断过程中考虑商标注册申请主体、商标申请注册行为等其他因素,因此,也相对较为简单。如在第11250852号“THE PARISIAN”商标申请驳回复审案中,法院认为申请商标“THE PARISIAN”可译为“巴黎的、巴黎人”,该标志本身不会对国家政治、经济、文化、宗教、民族等社会公共利益和公共秩序产生消极、负面影响,因而不具有“其他不良影响”。[③]

综观近期此类案件的裁判就不难发现,法院尤其是作为二审的北京市高级人民法院,正在以一种更加积极、开放的态度对待当事人申请注册的商标标志。在第7624460号“THE UNIVERSITY FOR CREATIVE CAREERS”商标申请复审案中,二审法院认为,申请商标的文字无论是翻译为“一所致力于创新性事业的大学”还是“创新性事业的大学”,其内容均不会对国家政治、经济、文化、宗教、民族等公共利益和公共秩序造成消极负面的影响。因此,申请商标不具有“其他不良影响”。[④] 在第8379885号“VANITYFAIR”商标申请驳回

---

① 北京市高级人民法院(2015)高行(知)终字第1038号行政判决书。

② 北京市高级人民法院(2014)高行终字第485号行政判决书。

③ 北京市高级人民法院(2015)高行(知)终字第3451号行政判决书。

④ 北京市高级人民法院(2014)高行(知)终字第2888号行政判决书。

复审案中，二审法院认为，“名利场”系对现实社会现象的一种客观描述，其本身是中性的，既无贬损之含义，亦未宣扬违背善良风俗之行为准则、风俗习惯，且相同的商标标志已经在其他商品类别上获准注册。因此，考虑到申请商标标志本身的含义和审查标准一致性的原则，应当认定申请商标不具有“其他不良影响”。①

最能体现出这种趋势的案例，是一系列涉及网络热词“高富帅”和“白富美”的案例。在第11592794号“高富帅及图”商标申请驳回复审案中，二审法院认为，“高富帅”系近年流行的网络用语，意指某种类型的男性，并无明显的贬低、丑化该类男性的含义，因此难以认定其具有“其他不良影响”。② 在第11874601号“白富美BAIFUMEI”商标申请驳回复审案中，二审法院更是进一步指出，“有害于社会主义道德风尚或者其他不良影响”是指申请注册为商标的标志对《商标法》法域内整个社会所要保持的善良风俗的违反。善良风俗在一定的时间内固化于人们的行为和意识之中，并不容易发生突变，但是中国大陆社会自实行市场经济以来，尤其是加入世界贸易组织以来，社会生活和社会风气发生了较大的转变，展现中国人美好的一面、通过正当的行为获取财富都已经为整个社会普遍认可和追求，“白富美”作为描述相貌姣好且具有大量财富的女性的词汇，其本身是中性的，并无任何贬损含义，不存在有害于社会主义道德风尚或者有其他不良影响的情形。③

（二）公共利益与特定主体利益同时并存的案例

如前所述，在一些案件中，出于现实的需要，法院会认定某些标志既损害特定主体民事权益，又可能对公共利益和公共秩序产生消极、负面影响，因此认定其属于具有“其他不良影响”的情形。除2012年审结的“刘德华”商标争议案④外，前述的“莫言”商标申请驳回复审案⑤即为法院作出的最为典型的裁判。

---

① 北京市高级人民法院（2015）高行（知）终字第1283号行政判决书。

② 北京市高级人民法院（2015）高行（知）终字第1711号行政判决书。

③ 北京市高级人民法院（2015）高行（知）终字第2549号行政判决书。

④ 在该案中，法院认为，刘德华是香港著名歌手、演员，是华人娱乐圈内有极高知名度和广泛影响力的公众人物。争议商标与艺人刘德华的姓名完全相同，由于“刘德华”文字已经与艺人刘德华建立了高度密切的联系，故争议商标注册、使用在化妆品等商品上，不仅可能不正当借用艺人刘德华的知名度和影响力，从而使其合法权益受损，还难免引起广大消费者对相关商品与艺人刘德华之间关系的猜测和联想，进而产生误认和误购。因此，争议商标已经构成《商标法》第10条第1款第8项所述的“有其他不良影响的标志”，不得作为商标注册和使用。参见北京市第一中级人民法院（2011）一中知行初字第2272号行政判决书。该案未进入二审程序，一审判决已发生法律效力。

⑤ 北京市高级人民法院（2015）高行（知）终字第3061号行政判决书。

但是,法院内部对上述做法的观点并非完全一致,实践中仍不断有判决坚持认为不应当将"其他不良影响"条款的适用扩及特定主体的民事权益领域。如在第8132817号"罐罐香米线"商标无效宣告请求案中,法院就坚持认为:《商标法》第10条第1款的规定系基于对公共利益及公共秩序的维护,而非对私权的保护,故作为该规定兜底条款的第8项亦只有在涉及损害公共利益及公共秩序的情形时才予以适用。[①] 所以,在此类案件中,相关标志是否会被认定为具有"其他不良影响",仍存在较大的不确定性。

(三)涉及已故知名人物的案例

相对于在世名人的姓名被他人抢注为商标时,存在是否属于仅损害特定主体民事权益,还是同时也损害社会公共利益和公共秩序因而属于具有"其他不良影响"的争议不同,对于涉及已故知名人物的商标案件,法院的做法较为一致,即通常认定此类申请注册的商标具有"其他不良影响"。如最早确立此规则的第3858717号"李兴发 LIXINGFA 及图"商标争议案,法院就考虑到李兴发生前系茅台酒厂的副厂长,为茅台酒的酿造工艺做出一定贡献,在酒行业内具有一定的知名度和影响力,将其姓名作为商标注册在"酒精饮料(啤酒除外)"商品上,易使相关消费者将商品的质量特点与李兴发本人或茅台酒的生产工艺相联系,因而认定该商标的申请注册具有"其他不良影响"。[②] 而近期审结的第4309469号"李小龙"商标异议复审案[③]和第3775967号"MICHAEL JACKSON"商标无效宣告请求案[④]也再次确认了这一做法。

五、结论

当前,《商标法》第10条第1款第8项中的"其他不良影响"从法律性质上看,是属于第10条第8项的兜底条款,还是第10条的兜底条款,抑或是整个《商标法》的兜底条款,仍存有争议。在此种情形下,对"其他不良影响"的认定标准就难免会有所模糊。而且,即便寄期望于立法的进一步完善,也难以对《商标法》所需解决的问题逐一作出清晰准确的规定,概括性的法律条款仍有其存在的必然性。"其他不良影响"的规定在可预见的未来仍将长期存在。

尽管如此,相关的商标争议仍需及时解决。因此,从现有司法裁判的经验总结入手,归纳总结"其他不良影响"的判断主体、认定原则以及考虑因素,并

---

① 北京知识产权法院(2015)京知行初字第681号行政判决书。

② 北京市高级人民法院(2010)高行终字第1503号行政判决书、最高人民法院(2012)知行字第11号行政裁定书。

③ 北京市高级人民法院(2014)高行(知)终字第1630号行政判决书。

④ 北京知识产权法院(2015)京知行初字第4262号行政判决书。

对类型化案件作出分析,从而更好地为今后相关案件的裁判作出指引,无疑是最为切实可行的方法。当然,“生命之树长青”,在这一过程中,相关的认定原则或许还会发生变化,一些认定过程中的考虑因素也可能会上升为原则,对司法裁判动态的及时跟进,才是理解和把握“其他不良影响”认定的最有效手段。

(三)专利权

专利标准化对专利侵权判定的影响

宋 妍*

摘要:专利被纳入标准并形成一定范围内需要共同遵守的准则,势必引发专利权人、标准的实施者、标准的制定者以及社会公共利益的冲突。我国法律无论是从《专利法》的角度还是从《标准化法》的角度,都没有对专利与标准的关系及救济方式进行明确规定。专利被纳入标准并非专利法上法定的侵权抗辩事由,这必然引发司法的争论,对专利侵权判定产生影响。专利被纳入标准后,专利权人对标准实施者提起专利侵权之诉,从程序上需要考虑标准实施者是否为适格的主体,是否需追加标准的制定者为共同被告;从实体上需要考虑专利权人是否同意将专利纳入标准或参与了标准的制定,专利权人是否向标准的制定者披露了专利,纳入标准的专利是否为必要专利,实施的标准是否为强制性标准。要解决专利标准化的法律难题,最重要的是遵循诚实信用、利益平衡原则、公平合理无歧视的许可原则。

关键词:专利　标准　必要标准　强制性标准　侵权抗辩事由

随着现代科学技术日新月异及世界经济向全球化方向深入发展,标准与专利呈现不断融合的新趋势。在专利与标准的融合中,专利和标准作为不同法律保护的权利客体,其在保护的权利内容、保护的方式、保护的程度上均存在本质差异,这使得二者融合后必然产生各种法律冲突。① 由于专利私权属性和标准公权属性的对立、专利垄断性与标准统一性的对立、专利与标准保护手段的对立,专利被纳入标准并形成一定范围内需要共同遵守的准则,势必引发专利权人、标准的实施者、标准的制定者以及社会公共利益的冲突。如何解决由此引发的法律问题,各国或国际标准化组织进行了制度设计,主要体现在必要专利制度、专利的披露与许可制度。相比国际通行的做法,我国目前对专利标准化的法律制度仍在探索之中。在立法层面,无论是从《专利法》的角度

---

* 宋妍,宁波市中级人民法院民四庭法官,硕士研究生。

① 郭济环:《国家标准与专利融合后的法律冲突分析与研究》,载《科技与法律》2012 年第 2 期。

还是从《标准化法》的角度，我国都没有明确对专利与标准[①]的关系及救济方式进行规定。最高人民法院《关于充分发挥审判职能作用为深化科技体制改革和加快国家创新体系建设提供司法保障的意见》第2条第7项规定："妥善处理专利与标准的关系，合理平衡各方利益。对于涉及国家、行业或者地方标准的专利侵权纠纷案件，要结合行业特点、标准性质、制定程序等，根据公平合理无歧视的原则，合理确定当事人的法律责任，推动专利信息事先披露、许可费支付等标准制定程序和规则的完善。合理规范和平衡专利权人与社会公众之间的利益关系，规范公众可以获得实施许可的方式、条件和程序，既要鼓励专利的标准化，发挥标准对技术创新的推动作用，又要防止标准对技术创新的阻碍，实现标准和技术创新的互相促进和良性循环，共同提高创新主体的核心竞争力。"该意见只是一项司法政策，且规定较为笼统。2014年年初，国家标准化管理委员会、国家知识产权局出台了《国家标准涉及专利的管理规定（暂行）》，对必要专利、专利披露、许可制度进行了初步规范，但该规定仅适用于国家标准，对于数量众多的行业标准，仍缺乏明确的法律规范，且有些条文仅是管理性和倡导性的，违反相关规定没有明确的法律后果。

专利标准化已经切实成为世界潮流，专利被纳入标准后，专利权人对标准的实施者提起专利侵权诉讼的案件逐年增加，专利被纳入标准并非《专利法》上法定的侵权抗辩事由，标准在制定、修订的过程中也并非严格遵循了专利的披露制度，这必然引发司法的混乱，对专利侵权判定产生影响。

一、程序问题

（一）标准实施者是否为适格的主体

专利被纳入标准后，专利权人对标准实施者提起专利侵权之诉，要解决的首要问题是诉讼能否成立。专利权人依据其享有的合法专利权，作为适格的原告提起侵权之诉，不存在争议。标准实施者的地位，有观点认为，实施者只是执行某项标准，根源在于标准的制定者，不应将标准实施者作为专利侵权诉讼的适格被告，应以此驳回专利权人的起诉。但就标准实施者而言，其在实施某项标准时，因专利被纳入了标准之中，也必然实施了专利，成为专利的实施者，专利权人以其未经授权实施专利为由提起诉讼是可以成立的，标准的实施者作为专利侵权诉讼的适格被告符合《专利法》的规定。

（二）是否需追加共同被告

在专利侵权诉讼中，就标准的实施者而言，由于其是为了执行标准才侵犯

---

① 按照《标准化法》的规定，标准可分为国家标准、行业标准、地方标准和企业标准，国家标准、行业标准又可分为强制性标准和推荐性标准。

他人专利权的,因此,制定标准的行为客观上导致了标准实施者直接侵犯了他人的专利权。然而,标准的制定者至少可以三个理由进行侵权抗辩:第一,标准的制定者本身不具有任何“生产经营的目的”;第二,将专利纳入标准的范围并不等于鼓励人们未经专利权人许可免费实施其专利,相反,实施者在执行标准的过程中,完全可以就标准所涉及的专利问题,与专利权人协商,从而避免侵犯专利权;第三,制定标准,尤其是国家行政部门制定标准的行为是一种抽象的行政行为,要求标准的制定者对抽象的行政行为承担“共同侵权”的法律责任,就目前的法律规定而言,是没有法律依据的。故在专利侵权诉讼中,如果标准的实施者和制定者并非具有共同的故意,共同实施了侵权行为,专利的制定者和实施者不是必要共同诉讼的被告,不必追加专利制定者为共同被告。但如果有证据表明,标准的制定者也从中获取了收益,则可追加其作为共同被告参加诉讼。

二、实体问题

专利被纳入标准后,专利权人对标准实施者提起的侵权之诉能否获得支持,标准实施者是否构成专利侵权,以下理由需要考量。

(一)专利权人是否同意将专利纳入标准或参与了标准的制定

《国家标准涉及专利的管理规定(暂行)》第9条的规定:“国家标准在制修订过程中涉及专利的,全国专业标准化技术委员会或者归口单位应当及时要求专利权人或者专利申请人作出专利实施许可声明。该声明应当由专利权人或者专利申请人在以下三项内容中选择一项:(一)专利权人或者专利申请人同意在公平、合理、无歧视基础上,免费许可任何组织或者个人在实施该国家标准时实施其专利;(二)专利权人或者专利申请人同意在公平、合理、无歧视基础上,收费许可任何组织或者个人在实施该国家标准时实施其专利;(三)专利权人或者专利申请人不同意按照以上两种方式进行专利实施许可。”由此可见,对于专利是否同意许可采取的是自愿态度,这体现了对私权的保护。在此规定出台前,大量的标准在制定时并未要求专利权人作出专利实施许可声明,对此情形,如果专利权人明确同意将专利纳入标准,或参与了标准的制定且在标准制定过程中未明确拒绝许可,可视为专利权人与标准的制定者达成协议。最高人民法院针对辽宁省高级人民法院就(2007)辽民四终字第126号季某、刘某与朝阳市兴诺建筑工程有限公司专利侵权纠纷一案的请示,曾出具〔2008〕民三他字第4号答复函,意见是“鉴于目前我国标准制定机关尚未建立有关标准中专利信息的公开披露及使用制度的实际情况,专利权人参与了标准的制定或者经其同意,将专利纳入国家、行业或者地方标准的,视为专利权人许可他人在实施标准的同时实施该专利,他人的有关实施行为不属于专利法第十一条所规定的侵害专利权的行为。专利权人可以要求实施人支付一定的使用费,但支付的数额应明显低于正常的许可使用费;专利权人承诺放弃专利使用费的,依其承诺处理”。法院在专利侵权案件审理中发现此种情形的,可以向专利权人进行释明,由专利权人决定是否变更诉讼请求,将专利侵权纠纷变更为许可使用费纠纷,如专利权人同意变更,可以径行根据公平合理无歧视的原则裁判标准实施者支付相应的专利许可使用费,避免诉累,如专利权人不同意变更诉请,仍坚持提起侵权之诉,可在查明事实的基础上,实体上判决驳回专利权人的诉讼请求。

另外,对于专利权人拒绝许可的处理办法,《国家标准涉及专利的管理规定(暂行)》第 8 条规定:“除强制性国家标准外,未获得专利权人或者专利申请人根据第九条第一项或者第二项规定作出的专利实施许可声明的,国家标准不得包括基于该专利的条款。”第 12 条规定:“国家标准发布后,发现标准涉及专利但没有专利实施许可声明的,国家标准化管理委员会应当责成全国专业标准化技术委员会或者归口单位在规定时间内获得专利权人或者专利申请人作出的专利实施许可声明,并提交国家标准化管理委员会。除强制性国家标准外,未能在规定时间内获得专利权人或者专利申请人根据第九条第一项或者第二项规定作出的专利实施许可声明的,国家标准化管理委员会可以视情况暂停实施该国家标准,并责成相应的全国专业标准化技术委员会或者归口单位修订该标准。”如专利权人明确拒绝将专利纳入标准或未参与标准的制定,逻辑上并不能推导出标准的实施者必然构成侵权的结论,一般情况下,可以认为构成侵权,但还要考量标准的类型、标准的制定过程和专利权人的行为是否存在欺诈、垄断等因素。

(二)专利权人是否向标准的制定者披露了专利

从国外的立法来看,多数国家有关披露制度的规定也只是鼓励和倡导性的,披露和许可制度相结合。我国关于专利的披露义务,《国家标准涉及专利的管理规定(暂行)》第 5 条规定:“在国家标准制修订的任何阶段,参与标准制修订的组织或者个人应当尽早向相关全国专业标准化技术委员会或者归口单位披露其拥有和知悉的必要专利,同时提供有关专利信息及相应证明材料,并对所提供证明材料的真实性负责。参与标准制定的组织或者个人未按要求披露其拥有的专利,违反诚实信用原则的,应当承担相应的法律责任。”第 6 条规定:“鼓励没有参与国家标准制修订的组织或者个人在标准制修订的任何阶段披露其拥有和知悉的必要专利,同时将有关专利信息及相应证明材料提交给相关全国专业标准化技术委员会或者归口单位,并对所提供证明材料的真实性负责。”这些规定对于参与标准制定的专利权人的披露要求是相对严格的。

上述最高人民法院作出的批复中,无论是否将专利予以披露,专利权人参与标准的制定即视为许可专利实施,实际上已经对专利权人的披露义务作了严格的要求,在专利权人参与标准的制定过程中,即使未披露专利,或者标准的制定者对于专利披露不作要求,也不能成为专利权人再提起侵权之诉的理由。这在总体上符合诚实信用原则的要求,对于专利权人来说,不应该既通过参与标准制定,以标准推广专利谋求利益,同时又以专利侵权再获取额外的利益。如专利权人未参与标准的制定,无论其是否披露专利,由于披露义务并非法定,只要未经其许可,均可以提起专利侵权之诉并获得支持,除非其行为构成欺诈、垄断,或有其他证据表明其应当履行披露义务。

(三)纳入标准的专利是否为必要专利

纳入标准的专利应当在技术上和商业上具有不可替代性,这是国际通行的做法。纳入标准的专利应为必要专利,这是标准制定过程中应当遵循的规则。如果专利具有可替代性,应当寻找可替代的技术方案,避免不必要的纷争;如果专利不可替代,标准制定者应当和专利权人展开磋商,并引导专利权人和标准潜在的实施者进行许可费的谈判,寻求解决之道。如果专利未征得专利权人的同意被纳入标准之中,则无论是否为必要专利,均构成对私权的侵犯,专利权人均可提起侵权之诉。因此,无论纳入标准的专利是否为必要专利,并不影响专利侵权的判断,但可能对赔偿额的计算产生一定影响。

(四)实施的标准是否为强制性标准

关系人身、财产安全的强制性标准,根据《标准化法》规定是必须执行的。因此,对相关产业来讲,按照国家强制性标准的要求规范相关的经营活动是一种法定义务,强制性标准实际上就是国家颁布的强制执行的技术法规。① 如专利未经专利权人许可被纳入强制性标准,对于标准的实施者而言,遵照标准开展经营活动和尊重专利权人的专利,都是其应尽的法律义务,这将使其导致两难局面。因此,对于专利纳入强制性标准的应该格外谨慎,程序也应当更加严格。《国家标准涉及专利的管理规定(暂行)》第 14 条规定:“强制性国家标准一般不涉及专利。”第 15 条规定:“强制性国家标准确有必要涉及专利,且专利权人或者专利申请人拒绝作出第九条第一项或者第二项规定的专利实施

① 曹刚、周祥:《国家强制性标准与专利权的冲突、协调与平衡》,载《科技与法律》2005 年第 4 期。

许可声明的，应当由国家标准化管理委员会、国家知识产权局及相关部门和专利权人或者专利申请人协商专利处置办法。”在专利未经权利人许可或权利人未参与标准制定，而被纳入强制性标准后，标准实施者是否构成侵权，可区分不同情况讨论。

第一种情形：纳入的专利事关重大公共利益。此种情形下，可对现行专利法中的强制许可制度进行扩充解释，标准的实施者因执行国家强制性标准而实施专利的行为可视为已获得法定许可，不宜认定构成专利侵权。至于专利许可使用费，原则上应由国家标准化管理委员会、标准制定机关、标准实施者的代表与专利权人协商解决，协商不成的，可通过诉讼途径解决。

第二种情形：纳入的专利对公共利益影响不大。此种情况下，标准制定者有义务修改该标准。在标准修改之前，标准实施者的行为属于未经专利权人许可实施专利，侵犯了专利权人的合法权益，构成专利侵权，在标准修改前，标准实施者是为了履行法定的义务，可不判决其停止侵权行为，其主观上不具有过错，但能从标准实施过程中获取收益，故也应当适当赔偿专利权人的损失。针对此种情形，有必要设立统一的磋商机制，并设立专门的备用基金，即当专利权人发现其专利未经许可被纳入强制性标准后，应当首先与标准的制定者寻求磋商解决方法，按照一定的标准由国家财政支出获得补偿，尽量避免由专利权人对标准的实施者逐一提起侵权诉讼，这将导致整个行业的无所适从。

三、应遵循的原则

要解决专利标准化的法律难题，从根本上说是有待相关制度的建立和规范，但在法律相对缺失的状态下，司法机关也无权拒绝司法，且个案的判决对法律制度的建立具有积极的推动意义。在处理专利纳入标准后的专利侵权纠纷及许可使用费纠纷时，最重要的是遵循诚实信用原则、利益平衡原则、公平合理无歧视的许可原则。既不能以制定标准为由，对专利权人的权利进行不合理的限制；也不能以实施标准化战略为由，将专利权与标准“捆绑”在一起，从而为某一个或几个专利权人谋利。在纠纷的解决过程中，需要洞察利弊，合理界定标准制定者、实施者和专利权人之间的权利义务关系。

(四)其他

发挥司法主导作用　促进市场公平竞争

徐春建*

在市场经济中,知识产权是一种重要的竞争性资源。知识产权法律制度通过赋予权利人某种程度的垄断利益,鼓励企业不断创新科技和商业模式,努力争取更大的市场份额。知识产权司法保护通过优秀、重要、终局性的裁判,为市场经营者的行为提供明确的行为指导,使侵权人的恶意行为受到严厉制裁,使权利人获得充分的法律救济,最大限度地激发市场竞争力。

市场通过经营者追求利益最大化的动机来激发竞争,有效配置资源。但同时,竞争和获利的刺激又往往导致一些经营者不顾诚信,弱肉强食,为争取利益不择手段,破坏市场秩序。近年来,广东知识产权司法保护领域呈现的两大特点就恰好证明了市场的两面性。一是由于品牌价值在企业利润中所占的权重日益增加,企业围绕品牌的市场份额发生激烈争夺。2011 年至 2017 年 9 月,广东法院共受理商标侵权一审民事案件 17,125 件,占同期知识产权民事案件的 20.01%。二是不正当竞争和垄断纠纷案件大幅增加,不正当竞争行为多样化,显示市场急需建立公平公正的竞争秩序。2011 年至 2013 年,广东法院受理的不正当竞争和垄断纠纷一审案件分别为 139 件、130 件和 232 件,分别同比增长 6.92%、-6.47%、78.46%。上述数据表明,国内市场竞争日趋激烈,经营者对"丛林规则"反感,强烈期待建立公平、有序的市场竞争环境。

针对上述情况,广东法院围绕国家知识产权战略实施,以突出加强保护为导向,依法履行审判职能。通过审理一大批商标、不正当竞争和垄断纠纷案件,依法作出停止侵权、销毁侵权产品、赔偿权利人损失的判决,彰显了对权利人、社会公众和市场秩序的司法保护力度。通过开展完善民事诉讼证据制度、加强驰名商标司法保护、互联网环境下的不正当竞争行为认定等专题研究,对商标混淆标准、驰名商标认定标准、侵权损害赔偿数额认定等热点和难点问题进行分析梳理,提出创新性的法律适用原则,为有效解决与市场秩序相关的知识产权纠纷探明路径。通过开展"三合一"审判方式改革、科学调整知识产权

---

* 徐春建,广东省高级人民法院副院长。

管辖布局和推动设立知识产权法院,不断提高对市场竞争的司法保护水平,有效回应经营者对建立公平、有序的市场竞争环境的需求和期望。坚持平等保护国内外当事人合法权益的基本审判原则,依法保护一大批国际知名企业拥有的创新程度、知名度、显著性高的品牌。

在知识产权司法保护工作中,我们不断收获经验和启迪,同时也引发对如何运用好民事裁决规则,在定分止争的同时保护和促进市场公平竞争的思考和探索。主要有如下三个问题。

一、如何在知识产权民事案件中最大限度地体现涉案知识产权的市场价值

知识产权的价值只有在市场中才能得到充分实现,市场是知识产权价值的最佳判断者。知识产权本身具有无形性,导致权利价值和收益难以准确评估,这是一个世界各国的知识产权民事案件都共同面临的难题。虽然我国知识产权相关法律法规规定了知识产权侵权损害赔偿认定的条款,但是,规定过于原则,可操作性不强,法官在适用这些法条的过程中,缺乏与现行诉讼制度和证据规则有机配套适用的意识,导致在以往的司法实践中,多数判决都集中适用法定赔偿作为知识产权侵权损害赔偿的主要方式,判决不能真正体现涉案知识产权的市场价值。针对这个问题,我们秉持知识产权的市场观念,从创新、完善民事诉讼的证据制度和规则入手,通过查明权利人实际损失或侵权获利,来确定反映知识产权真实市场价值的赔偿数额。这些制度和规则包括:(1)证据披露制度。民事诉讼的基本原则之一是“谁主张,谁举证”,负有举证责任却不能举证的当事人自行承担败诉后果。针对证明侵权获利的财务账册等证据往往掌握在侵权人手中而权利人无法取得的情形,基于民事诉讼的诚实信用原则和法院的查证、认证职责,我们确立了与“谁主张,谁举证”原则相辅相成的证据披露制度。无论持有人是案件当事人还是案外人,也不论该证据对持有人是否有利,诉讼当事人均可以申请法院责令证据持有人披露相关证据。(2)举证妨碍制度。针对那些持有证据无正当理由拒不提供,而对方当事人主张该证据的内容可以证明自己主张的侵权损害赔偿数额成立的,我们会结合有关情况推定该主张成立。(3)优势证据标准。对于不能准确计算侵权受损或侵权获利的具体数额,但有证据证明前述数额明显超过法定赔偿最高限额的,我们会综合全案的证据情况,在法定最高限额以上合理确定权利人的实际损失或侵权人的侵权获利数额。(4)专家辅助人制度。针对法官对财务账册、审计报告等金融、财会专业知识不熟悉的情况,我们大力提倡专家辅助人制度。批准或要求当事人委托审计、会计等相关专业领域的专家人士出庭,对销售数额、行业利润率、同类产品单价及财务报表等作出评价和说明。

综合配套适用上述诉讼证据规则,我们判决了一批典型案件。例如,在佛山海天公司诉高明威极公司侵害商标权及不正当竞争纠纷案中,适用优势证据规则,以原告海天公司的平均利润和销售额减少量查明侵权损失,最终认定威极公司应向海天公司赔偿655万元。在珠海格力公司诉广东美的公司侵害发明专利权纠纷案中,以侵权方美的公司提供的部分产品的获利作为标准,结合适用证据披露、举证妨碍规则来查明侵权方全部侵权产品的获利,判决其赔偿200万元。(5)促进双方在调解的博弈中达到利益平衡,以此实现知识产权的市场价值。例如,广东省高级人民法院审理的苹果公司诉深圳唯冠公司IPAD商标权属纠纷案中,该商标因附着苹果公司的商誉和产品口碑而产生巨大的市场价值。如果该商标最终被法院判决归属唯冠公司,那么它就会失去与苹果公司的商誉和品质的特定联系,从而失去巨大的市场价值。考虑到该案中唯冠公司的真实目的并不是将该商标用于生产经营,而是想通过提起侵权诉讼和行政查处迫使苹果公司与自己谈判,最终获得高额的商标转让费;而苹果公司如果败诉,会面临高额侵权赔偿、行政处罚和更换产品商标的局面。研判该案争议权属的具体情况,我们主导双方进行调解,促成双方成功转让该商标,使商标的市场价值得到实现,社会经济效益得到最有效的发挥,消费者的权益也获得最佳保护。

二、如何正确界定不正当竞争行为,有效制止"丛林法则"

当前,信息技术迅猛发展并向经济、政治、文化等社会各领域推广应用,为了获得优势的市场份额、强化自身竞争力,经营者不断推出新的商业模式,通过关键词广告搜索、竞价排名和深层链接等网络服务行为进行不正当竞争、利用网络打分进行商业抵毁以及利用近似域名混淆互联网服务来源等新类型的不正当竞争行为层出不穷,竞争高度白热化。新商业模式下千姿百态的经营行为不可能由《反不正当竞争法》一一定性,如何正确划定不正当竞争行为与正当竞争行为的边界,是知识产权司法保护中的难题,也是保护公平竞争,建立一个公平有序的市场环境的关键。针对这个问题,在腾讯公司诉奇虎公司不正当竞争纠纷案中,我们从《反不正当竞争法》的立法精神和基本准则出发,准确界定被控行为的性质,提出了新的法律适用原则。包括:(1)关于安全软件开发商是否有权研发并向网络用户提供软件服务,拦截其他软件平台服务者发布的广告和增值服务。我们在判决中认为,安全软件平台经营者在经营中具有其他软件所不具备的权力,必须承担与其权力和技术能力相匹配的谨慎义务,以公开、透明的方式公平、公正地判断其他软件的性质。无权假借查杀病毒或者保护用户利益之名,开发软件侵入其他服务者合法软件的运行进程，擅自修改他人软件，破坏他人合法经营。奇虎公司以保护用户利益为名，专门开发软件损害其他经营者软件及服务的安全性、完整性，减少腾讯公司的广告收益和增值服务交易机会，达到推广自己产品和服务的目的，构成不正当竞争。(2)关于安全软件开发商为其他软件“打分”是否构成商业诋毁。我们认为，《反不正当竞争法》规定经营者针对特定或者特定类型的竞争对手，故意或者过失地捏造、散布虚伪事实，损害竞争对手的商业信誉和商品声誉的，构成商业诋毁。奇虎公司将腾讯公司 QQ 扫描和用户隐私泄露联系在一起，暗示 QQ 利用安全扫描功能窥视并收集、泄露用户隐私；以极低的“打分”警示 QQ 用户其电脑处于极端不安全状态，引导用户使用奇虎公司的软件去禁用、屏蔽 QQ 软件的插件、广告，之后再给出 100 分的打分结果，诱使用户破坏他人的合法经营。因此，我们判决认为，在认定是否构成商业诋毁时，应该综合考虑“打分”和经营者在“打分”过程中所发布的一系列明示或者暗示的言论将会给用户造成的影响和效果，而不能孤立、割裂地看待某个“打分”行为，从而认定奇虎公司故意捏造、散布虚伪事实的行为构成商业诋毁。(3)关于通过篡改其他软件的功能界面来取代其他软件，从而推销自己产品。我们认为，奇虎公司通过将自己的产品和服务嵌入其他知名软件的界面，依附其他经营者驰名软件产品和服务的庞大用户资源推销自己的产品，拓展自身软件产品及服务的市场，通过损害他人利益推销自己的产品，增加自己的交易机会，构成“搭便车”的不正当竞争。

综上，我们认为，虽然新经济和新商业模式下的竞争行为，呈现出多样化、易变化的特点，但是审判者应明白“万变不离其宗”的道理，拨开层层迷雾，寻找复杂事实后面的行为实质。审查经营者是否在自己的经营中违反公认的商业伦理道德，不当攫取他人利益，来确定其行为是否具有正当性。司法对行为规范的确定，是保证市场摒弃“丛林法则”，公平有序发展的关键。

三、如何正确适用《反垄断法》，有效保护竞争强度

近年来，在一些经营者集中的产业领域，市场龙头企业为巩固和扩大竞争优势，涉嫌实施滥用市场支配地位等垄断行为，致使其他经营者发起诉讼，对超大型企业的地位以及这种地位给公平竞争造成的影响提出质疑和挑战。在反垄断民事诉讼案件中，最大的难题是对相关市场的界定。在传统市场上，围绕相关市场的界定，法学家和经济学家就存在严重的分歧；互联网的环境下，由于产品之间的相互替代性有了较大变化，地域市场有了扩展，相关市场的界定变得更加困难。另外，如何认定互联网产品及服务的免费行为对市场支配地位的影响，如何认定软件“捆绑”是否构成搭售等，这一系列的难题都需要解决。针对这些问题,我们在相关反垄断民事诉讼案件的判决中,提出了解决原则。包括:(1)关于相关市场的界定。在华为公司诉美国IDC公司滥用市场支配地位纠纷案中,我们判决认为标准必要专利与一般专利不同,不存在充足的、实际的,或潜在的近似替代品。标准带来的封锁效应与专利权自身具有的法定垄断属性相结合,使涉案必要专利成为该领域产业参与者唯一且必须使用的技术,而无法做规避设计以绕过该必要专利。通过充分论证"不可替代性",界定了相关市场。(2)关于经营者是否具有市场支配地位。在奇虎公司诉腾讯公司滥用市场支配地位纠纷中,我们认为,奇虎公司对本案相关市场的界定过于狭窄,不能客观、真实地反映腾讯公司在相关市场中的份额和地位。同时在互联网这个区别于传统实体经济市场的新兴市场中发生的竞争行为,不能简单适用传统的反垄断法理论和规则来进行规范,而要与时俱进,充分考虑新经济市场的特征。考虑到腾讯公司不具有控制商品的价格、数量或其他交易条件的能力,不具备阻碍、影响其他经营者进入相关市场的能力;网络效应和用户锁定效应对于即时通信产品和服务来说并非不可逾越的壁垒等等事实,我们判决认定,腾讯公司的市场优势地位并未抑制和缩小其他即时通信产品的市场发展空间,腾讯公司即使拥有较大的市场份额,也不具有市场支配地位。(3)关于经营者是否构成滥用行为。在华为公司诉美国IDC公司滥用市场支配地位纠纷案中,我们认为要认定IDC公司具有不公平的高价、不合理的搭售等滥用市场支配地位的行为,不能仅根据IDC公司的产品定价在不同地域存在高低差别、具有产品捆绑销售的事实作简单判断,而必须根据所在地域的经济情况,结合行业背景、商业模式和发展趋势等,考量高定价行为与搭售行为的相关后果是否符合效率与消费者福利、是否有利于创新与经济发展、是否符合公共利益和市场竞争等进行价值、利益衡量,才能作出正确的判断。

综上,我们认为,由于反垄断纠纷往往涉及创新和产业政策,市场和技术的发展瞬息万变,反垄断自身的转型加剧了对垄断行为界定的复杂性。需要根据我国《反垄断法》的立法宗旨,综合考量公平与效率两个因素,既要促进形成公平竞争的市场环境,也要避免错误认定垄断而挫伤那些真正具有竞争能力而在市场上胜出的企业。

尽管经济生活与社会生活错综复杂、矛盾重重,尽管市场经营行为花样翻新、千姿百态,但是法官作为裁判主体的创造力和智慧也是无限的。只要我们在审判中坚持法律的基本精神和规定,公平界定行为主体的权利和义务,给予侵权人相应的制裁,就能够在知识产权保护中发挥司法应有的主导作用,为企业竞争创造一个公平、有序、透明、开放的市场环境。

“三审合一”改革中知识产权刑事审判模式的重构

——以审判中心主义为导向

郑 晔[*] 潘爽爽[**]

摘要：知识产权三审分立机制下，知识产权刑事案件被归类于一般经济类犯罪，通常由基层法院刑庭审理，其特殊性和专业性长期被忽略。基于同一基础事实的知识产权民、刑案件常常得出完全相反的判决结果，严重影响了知识产权司法保护的公正性和效率性。本文以温州地区试行知识产权“三审合一”为背景，通过对知识产权刑事典型案件及相关数据的实证分析，指出知识产权审判模式重构的关键在于要以审判中心主义为导向，在诉讼全过程实行以司法审判标准为中心。这就意味着刑事审判的基本价值目的不再是“依靠国家职权打击犯罪”，而转变为“依法查明案件客观事实”，这样一种价值理念要冲破庭审阶段的范围，进而拓展到整个刑事诉讼程序的各个阶段，切实发挥审判程序应有的制约、把关作用，形成一种倒逼机制，促使公检法三机关办案人员树立案件必须经得起法律检验、庭审检验的理念。本文还就知识产权刑事审判模式重构的具体措施、近远期规划提出了建议。

关键词：三审合一 审判中心 刑事审判模式 重构

引 言

知识产权审判“三审合一”改革试点，是指由法院知识产权审判庭统一审理知识产权民事、行政和刑事案件。知识产权三审分立机制下，知识产权刑事案件被归类于一般经济类犯罪，通常由基层法院刑庭审理，其特殊性和专业性长期被忽略。传统刑事审理思路聚焦于审查损害后果即非法经营额的大小，对知识产权权属及权利有效性等基础性事实不予重视甚至直接忽略。基于同一基础事实的知识产权民、刑案件常常得出完全相反的判决结果，严重影响了知识产权司法保护的公正性和效率性。“不识庐山真面目，只缘身在此山中。”发现上述问题的契机在于近年来全国多地先后开展的知识产权三审合一试点改革。温州地区法院从 2014 年 1 月起开始知识产权案件三审合一试

---

* 郑晔：温州市中级人民法院民三庭副庭长。

** 潘爽爽：浙江联英律师事务所律师，原温州市中级人民法院民三庭法官。

点以来,从中探索、总结了一些经验,发现了一些问题,一改之前知识产权刑事案件缺乏系统规范的审判业务指导、理论研究滞后的制约及特殊性和专业性长期被忽略的窘境,并将"审判中心主义"作为今后知识产权刑事审判的导向,给知识产权刑事审判带来了全新的理念和改革重构的契机。本文对于知识产权刑事审判模式的反思,基于所在地区法院刚刚起步的"三审合一"审判实践,更基于对知识产权特有属性和刑事诉讼制度的解读。希望通过实证分析和理论解析,重塑知识产权刑事审判的正确理念,探寻知识产权刑事审判模式的改革重构路径。

一、实例:"三审合一"语境下知识产权刑事案件审判的实证分析

(一)典型知识产权刑事案件的实证分析

案例一:郑某某挪用公款、贪污罪再审案

被告人郑某某曾担任杭州市普通教育研究室信息技术学科教研员,主持编写了《中学信息技术》《小学信息技术》系列教材。教研室根据出版合同,以版税名义从浙江科学技术出版社取得《中学信息技术》《小学信息技术》系列教材书价的20%,其中8%由出版社直接支付给郑某某。2004年12月31日至2010年1月7日,郑某某在发放稿费过程中,将部分款项用于个人购买基金进行营利活动,后退回全部款项。2011年7月28日,杭州市下城区人民法院以被告人郑某某犯挪用公款罪,一审判处其有期徒刑六年。① 2011年11月2日,杭州市中级人民法院二审以相同罪名改判郑某某有期徒刑五年。② 2011年9月27日,郑某某就著作权权属纠纷向杭州市中级人民法院起诉教研室,要求确认其为《中学信息技术》《小学信息技术》的著作权人。杭州市中级人民法院一审判决驳回郑某某的诉讼请求。③ 郑某某不服上诉,浙江省高级人民法院于2012年11月21日终审判决确认郑某某为《小学信息技术》和《中学信息技术》的著作权人之一。④ 2013年11月26日,杭州市中级人民法院以"将郑某某挪用其他编者款项的行为性质认定为挪用公款,依据不足"为由,再审判决郑某某无罪。⑤

案例二:王某某假冒注册商标罪案

2014年9月19日,瓯海区人民法院一审以销售假冒注册商标的商品罪

---

① (2011)杭下刑初字第26号刑事判决书。
② (2011)浙杭刑终字第498号刑事判决书。
③ (2011)浙杭知初字第995号民事判决书。
④ (2012)浙知终字第105号民事判决书。
⑤ (2013)浙杭刑再字第2号刑事判决书。

判处被告人王某某有期徒刑2年,并处罚金25万元;已被扣押的假冒注册商标的商品予以没收。[①] 被告人王某某不服一审判决提起上诉。温州市中级人民法院审查认为,原审法院在公诉机关未提供反映王某某销售涉案商品及其标识等相关证据的情况下,没有对涉案商品及其使用的标识与对应注册商标进行比对,即认定涉案商品属于假冒注册商标的商品,进而对原审被告人王某某定罪量刑,属于事实不清,证据不足,于2014年11月3日裁定撤销原判,发回瓯海区人民法院重新审理。[②]

案例三:蔡某某假冒注册商标案

2014年5月6日,苍南县人民法院以被告人蔡某某犯非法制造注册商标标识罪判处有期徒刑2年2个月,并处罚金人民币40,000元。[③] 被告人蔡某某不服一审判决提起上诉。温州市中级人民法院经审理认为,蔡某某生产加工的"车身反光贴"系可独立销售的商品,而非商标标识,原判以非法制造注册商标标识罪定罪,属定性不当。同时,考虑到蔡某某假冒注册商标的车身反光数量虽多,但价值较小,经营数额不大,结合其社会危害性,于2014年7月9日以蔡某某犯假冒注册商标罪,改判有期徒刑2年2个月,缓刑3年,并处罚金人民币40,000元。[④]

上述典型知识产权刑事案件发生在浙江省试行"三审合一"前后,反映出长期以来传统的知识产权刑事审判模式存在着较大的问题:

一是现有先刑后民的刑事审判模式不能适应知识产权刑事案件的审判需要。知识产权犯罪不同于一般刑事案件,其显著特点在于知识产权刑事案件的首要前提是对权属、侵权能否成立等民事问题进行判断,涉及大量的技术性问题。如果把知识产权刑事案件简单地当作普通刑事案件来处理,因刑事诉讼程序的审理周期短,没有中止程序,从而影响案件的事实认定,导致办案质量下降。案例一之所以被再审改判无罪,正是因为在后的民事判决确认被告人是涉案著作权人之一,从而导致在先刑事判决的法律基础不复存在。

二是传统刑事审判模式虚化了知识产权刑事案件庭审,未能有效发挥查清事实的功能。在传统刑事审判模式中,知识产权刑事案件审判仍然遵循一般涉财产类犯罪的审理思路,将审查重点放在与犯罪行为和损害后果相关证

---

① (2014)温瓯刑初字第1142号刑事判决书。
② (2014)浙温知刑终字第6号刑事裁定书。
③ (2014)温苍刑初字第448号刑事判决书。
④ (2014)浙温知刑终字第2号刑事判决书。

据的审查上,忽略了对知识产权权利状况以及侵权比对等内容的审查。以案例二为例,该案定罪量刑的主要证据链以证人证言,被告人供述以及现场搜查笔录、鉴定笔录等证据为主,缺乏反映涉案商品及被控标识的证据材料。而且普通刑事案件庭审程序缺乏对涉案商标的比对程序,直接导致控辩双方对是否属于"相同商标"及"同一种商品"等定罪的关键事实无法充分发表意见,整个诉讼程序无论在实体和程序上均存在重大瑕疵。

三是知识产权刑事案件定性较为复杂,需要对相关专业知识较深入的理解。在涉及商标权的刑事案件中,是否属于相同商品是罪与非罪的前提,而商品分类表在许多情况下仅能作为参考,审判中需要通过对涉案商品销售渠道、用途及功能与商标核定使用商品是否相同进行判定。以案例三为例,罪与非罪,此罪与彼罪的区分涉及对涉案商品类别的定性,一旦定性错误,就会对定罪量刑产生不利影响。

(二)温州地区法院试行"三审合一"后知识产权刑事案件的实证分析

自1995年上海浦东新区法院试行知识产权"三审合一"以来,"三审合一"改革试点已经走过了近20年的历程。截至2014年12月,全国共有5个高级法院、94个中级法院和104个基层法院开展了知识产权审判"三审合一"或"二审合一"改革试点工作。[①] 温州地区法院从2014年1月起在温州市中级人民法院及瑞安、乐清两家基层法院试行知识产权案件"三审合一",通过对2014年前后温州地区知识产权刑事审判质效数据进行分析,可以从整体的层面归纳总结出知识产权刑事审判模式的一些特点。

一是知识产权刑事案件整体数量稳定,但占刑事案件总数的比重较低。[②] 除2012年因为公安机关集中打击假冒伪劣专项行动导致知识产权刑事案件数量激增外,温州地区知识产权刑事案件数量占刑事案件总数的比率大致保持在1%左右。由于案件数量少,知识产权案件的个性在一定程度上湮没在了刑事案件的共性中,专业化程度必然受到影响。(见表一)

---

① 李嵘:《知识产权审判"三合一"改革试点工作情况报告》,载陶凯元主编:《知识产权审判指导》2014年第2期。

② 为统计方便,本文中对于知识产权刑事案件的数量统计,均不包括因同时构成知识产权刑事犯罪和销售假冒伪劣商品罪或者非法经营罪,因择一重罪处罚的原则而最终以后罪论处的案件数量。

表一　2011～2014 年温州地区一审知产刑事案件数量

年份	一审知产刑事案件数量（件）	一审刑事案件总量（件）	所占比重(%)
2011	86	11,759	0.7
2012	436	15,810	2.7
2013	155	15,447	1
2014	150	15,857	0.9

二是知识产权刑事案件缓刑适用率与普通刑事案件相比明显过高。虽然考虑到大部分被查获的知识产权犯罪规模不大，未达情节特别严重，符合缓刑的适用条件①，但从温州地区的实践来看，并未形成统一的知识产权刑事案件适用缓刑标准，许多案件以被告人是否达成民事和解，是否有能力缴纳罚金乃至被告人的户籍地（便于社区矫正）作为考量因素。与缓刑适用率高相对应的是上诉率相应地下降，意味着大部分的知识产权刑事案件在一审程序后即生效。（见表二）需要着重指出的是，上诉率较低并不意味着案件质量较高，二审知识产权案件由中院知识产权庭审理后，二审发改率高达 30%②，许多案件虽然没有发改，但均或多或少存在瑕疵，该数据足以说明现在发现的问题只是冰山一角。

表二　2011～2014 年温州地区知产刑事案件缓刑适用率及上诉率

年份	生效判决罪犯人数（人）	缓刑适用率（%）	普通刑事案件缓刑适用率（%）	知产刑事案件上诉率（%）	普通刑事案件上诉率（%）
2011	111	57.66	12.99	1.16	8.82
2012	526	70.53	16.96	0.46	7.99
2013	205	79.51	18.94	1.29	9.24
2014	178	76.97	23.94	4.67	10.68

三是涉及知识产权刑事犯罪的类型相对集中，与公安机关运动式打击密切相关。在侵犯知识产权犯罪的七个罪名中，侵犯著作权案件数量最多，其次

---

① 最高人民法院、最高人民检察院《关于办理侵犯知识产权刑事案件具体应用法律若干问题的解释（二）》（法释〔2007〕6 号）第 3 条规定，侵犯知识产权犯罪，符合刑法规定的缓刑条件的，依法适用缓刑。有下列情形之一的，一般不适用缓刑：（一）因侵犯知识产权被刑事处罚或者行政处罚后，再次侵犯知识产权构成犯罪的；（二）不具有悔罪表现的；（三）拒不交出违法所得的；（四）其他不宜适用缓刑的情形。

② 温州市中级人民法院知识产权庭自 2014 年 1 月开始试行三审合一后，共受理 10 件知识产权刑事上诉案件，其中 1 件发回重审，2 件改判。

为侵犯商标权案件,侵犯商业秘密罪案件极少,假冒专利罪案件为零(见图一、图二)。侵犯著作权案件虽然数量居最多,但实际上多为批案,大部分是公安机关打击盗版光碟集群战役的直接结果。笔者认为,知识产权犯罪类型相对集中一方面反映出温州现阶段经济发展的水平和现状,另一方面与侵犯商业秘密罪、侵犯专利罪专业性较强,取证难度较高有关。公安机关缺乏足够的人员和收集证据的相关专业知识。即使权利人有机会通过民事诉讼的途径去主张自己的权利,但从危害性和造成的损害后果来看,侵犯商业秘密罪、侵犯专利罪并不小于商标类及著作权类犯罪。

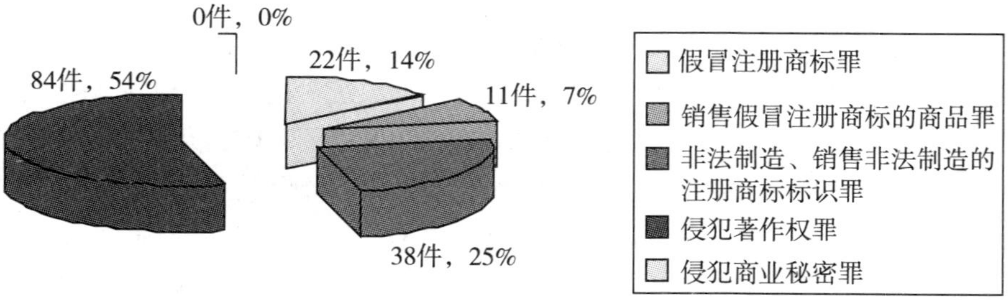

图一　2013 年各罪名数量及比例

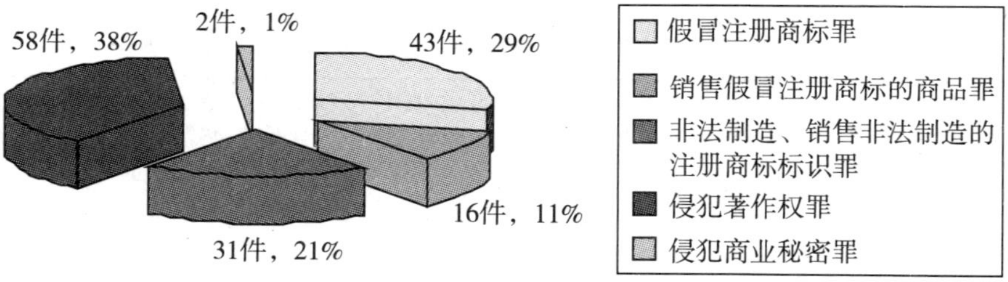

图二　2014 年各罪名数量及比例

二、探索与诠释:审判中心主义的实质内涵及知识产权刑事审判模式的再认识

(一)审判中心主义的实质内涵

基于贯彻“无罪推定”,保障刑事司法的公正性的诉讼理念,我国从 1996 年刑事诉讼修改至今的十年间确立了法官中立审判,控辩双方当庭进行举证辩论的抗辩式审判方式,一改我国过去法官审前实现阅卷,举证质证流于形式的职权主义审判构造。根据《刑事诉讼法》的规定,公、检、法三机关在刑事诉讼中应当分工负责、互相配合、互相制约。这是符合中国国情,具有中国特色的诉讼制度,但在司法实践中,这一原则在实际执行中并不理想,三机关之间

或多或少存在"配合有余、制约不足"的问题。理论界和实务界往往将审判中心主义的内涵局限在法庭审判阶段的认识中,并过分强调了由此显现出来的"控辩对抗",类似于"庭审改革朝着法官中立,对抗性增强的方向发展,出于强化控诉职能,增强控辩对抗的需要,侦查与起诉应成为控诉的基础与支撑,公诉机关应成为审前追诉主体的中心"[①]等观点屡见不鲜。此类观点对刑事审判而言,实质上狭隘地理解了审判中心主义及抗辩式诉讼构造的实质内涵,尤其在知识产权刑事审判中,确定知识产权权属、保护范围及损失数额是定罪量刑的前置要件,而基于知识产权无形性、抽象性、权利保护范围相对不确定性的特点,单纯强调庭审阶段的"控辩对抗"显然不能完全满足知识产权刑事审判的需要。

笔者认为,审判中心主义体现在刑事审判中,其实质内涵在于诉讼全过程实行以司法审判标准为中心。一是"事实清楚,证据确实、充分"作为"司法审判证明标准"同样也是侦查终结、提起公诉、审判定罪应当达到的证明标准。二是审判程序具有终局性。侦查、审查起诉工作是否符合法律规定、是否达到法定标准,只能通过公开、公正的审判加以检验和确认。三是不能把以审判为中心简单地理解为以法院为中心。以审判为中心,是就侦查、审查起诉和审判这三个诉讼程序之间的相互关系而言的,而不是就公安、检察、法院三机关之间的相互关系而言的。[②] 这就意味着刑事审判的基本价值目的不再是"以依靠国家职权打击犯罪",而转变为"依法查明案件客观事实",这样一种价值理念要冲破庭审阶段的范围,进而拓展到整个刑事诉讼程序的各个阶段。也即,较之我国过去控审不分的审判方式,在如今法官中立裁判的格局下,审判中心主义的真正含义在于整个刑事司法活动的公正价值最终通过公正的审判来实现,而不能仅仅作为法官审判独立的方式,应当根据案件的特点以能够实现公正审判作为刑事诉讼法和整个刑事诉讼程序的中心建构符合"审判要求"的刑事审判模式,切实发挥审判程序应有的制约、把关作用,形成一种倒逼机制,促使公检法三机关办案人员树立案件必须经得起法律检验、庭审检验的理念。

(二)知识产权刑事审判的再认识——以审判中心主义为导向

以审判中心主义审视知识产权刑事案件,原有普通刑事案件审判模式并不能适应知识产权刑事案件的内在要求,需要在推进知识产权"三审合一"改革的过程中,在审判理念和审判模式上从理论层面和制度层面进行积极探索、

---

① 周虔:《我国审判中心主义改革的实质辨析》,载《江西公安专科学校学报》2006 年第 3 期。

② 沈德咏:《如何加快推进以审判为中心的诉讼制度改革》,载《中国法学》2015 年第 3 期。

及时总结和反思。

一是以侦查为中心的传统刑事审判模式亟须改革。诉讼产生于当事人不同的事实叙述和诉讼主张,因此,确定案件事实并在此基础上适用法律,是诉讼的基本任务。从诉讼的过程看,审判是认定事实行为链上的最后一个环节,是确定案件事实的权威性活动。在民事诉讼中,法官指挥下的审判活动即是确定事实的中心环节,审判中心主义是顺理成章的。[①] 但在当前的知识产权刑事审判中,审前的侦查机关收集证据和公诉机关审查起诉往往成了决定性的环节,法院对公、检提交的证据基本只做形式上的审查,对控诉方确定的事实很少质疑,实质上运行的是一种以认定犯罪为中心环节,以打击犯罪为归宿点的侦查中心主义刑事诉讼模式。这就导致审判未能有效发挥其实质性的审查与决定功能,极有可能使有问题的侦查证据成为定案根据,使根据不足的侦查结论成为判决意见。而知识产权案件的基础性事实是知识产权侵权行为,判断知识产权权利是否存在或构成的审查和判断较一般侵权行为涉及的人身权、财产权复杂得多——涉及人身权的侵权行为几乎无须作人身权是否存在或构成的审查或判断,一般情况下亦以动产持有人或不动产登记人视为财产权利人。这种诉讼模式,显然与知识产权刑事审判的专业性无法匹配。

二是现有知识产权案件管辖机制亟须改革。当前的"三审合一"试点是自下而上的,不同知识产权案件在司法管辖权方面的冲突难以得到化解。即使在实行知识产权案件"三审合一"后,基于专利、商标、著作权、商业秘密等相同法律事实或行为的知识产权民事、刑事案件,由于案件性质不同,由此产生的相对应法律关系仍分别由不同审级的法院调整。大部分知识产权刑事案件仍由基层法院管辖。虽然在已经具有一般知识产权民事案件管辖权的基层法院(如义乌法院),上述级别管辖不一致的问题已基本得到解决,但对其他基层法院而言,其无权审理知识产权民事案件,却能够审理本应更加慎重对待的知识产权刑事案件,从而直接影响到知识产权案件的整体审判质量。

三是审判机关与公安、检察机关的沟通机制亟须改革。刑事案件不仅牵涉到法院本身,而且与公安、检察直接关联,需要各部门的协调和配合。刑事司法程序的特殊性,决定了公安和检察机关的配合是"三审合一"试点工作能否收到实效的关键。现有侦查、审查起诉的程序并未充分考虑知识

---

① 龙宗智:《论建立以一审庭审为中心的事实认定机制》,载《中国法学》2010 年第 2 期。

产权刑事案件的特殊性，对法律规定的证明标准往往各有各的理解、各有各的把握。审前程序缺乏对审判程序应有的重视，审判程序缺乏对审前程序有效的制约，这是导致有的案件从源头上就出现问题，而后续程序又难以发挥制约、纠错功能的重要原因。某些地方试点经验表明，刑事诉讼三机关的配合程度，既取决于法院对这项改革的认知和主动性，更取决于当地党委、人大、政府对国家知识产权战略的落实程度。故如何将公、检与刑庭已经形成的沟通机制，结合知识产权审判的特点，引入至“三审合一”后的知识产权庭，也是亟待解决的问题。

四是刑、民交叉案件的协调转化机制亟须改革。知识产权刑事案件的审理常常需要以民事诉讼为基础和前提，以防止民事和刑事程序的矛盾，避免发生错误的判决，但一方面民事确权程序无法由公安机关启动，公安机关在立案以及收集证据时往往无法对该部分程序予以兼顾；另一方面民事诉讼程序与刑事诉讼程序在证明标准和举证责任上依据不同诉讼法的原则和宗旨，采取了不同的标准。刑事审判程序的控辩方式与民事审判程序中的诉辩对抗本质上也存在区别，且又不存在中止制度，导致无法保证刑事与民事结果的一致性。

三、重构：知识产权刑事审判模式的路径选择及改革建议

（一）以审判为中心的知识产权刑事审判模式的路径选择

知识产权保护在本质上是各国为促进本国的经济社会发展而采取的政策性手段。在当前形势下，应当积极推进建立符合我国经济转型升级和创新驱动发展需要的民事、行政和刑事保护层层递进的保护体系，即当发生侵权行为后，权利人首要考虑的应当是民事侵权救济；行政执法的强度应当以足以制止侵权行为为限，要限制公权力在保护民事权利时的不当或过度扩张；而通过刑法保护知识产权，应当侧重于维护公共利益和公共秩序，重点制裁知识产权严重违法行为。一方面，刑罚手段因涉及限制人身自由属于最为严厉的制裁手段，且刑罚手段需要动用公安和检察等刑事司法力量，是最为昂贵的制裁手段，因而保护范围不宜过宽；而另一方面，知识产权作为法定权利，权利本身具有不稳定性，与有形财产有着根本差异，因而当刑事保护难以准确识别知识产权客体的特殊性和复杂性时，应当充分体现刑法罪刑法定原则与刑法谦抑性原则。在此基础上，可以将推进以审判为中心的诉讼制度改革规划为近景、中景和远景三个目标阶段：近景目标，是要在现行《刑事诉讼法》的框架内，通过改革审判方式，统一刑事司法标准，加快实现法院审判以庭审为中心，进而促进整个诉讼程序实现以审判为中心；中景目标，应当是通过深化司法改革，进

一步优化刑事司法职权配置,以实现审判对侦查及公诉活动的有效制约;远景目标,应当是推动《刑事诉讼法》的全面修改,实现以审判为中心的诉讼程序改革,建立更加符合法治规律、具有中国特色的刑事诉讼制度。①

(二)以审判为中心的知识产权刑事审判模式重构

在明确知识产权刑事审判模式路径选择的基础上,要改变现有知识产权刑事案件审判以侦查为中心、业务能力不足、案件审理流程不完善、量刑标准不统一的状态,可以在三审合一的基础上,按照审判中心主义的要求对现有审判模式进行改革重构,达到更好的保护知识产权、打击犯罪的目的。

1. 革新刑事司法理念

从知识产权刑事审判模式的远景目标来说,确立现代刑事司法理念是推进以审判为中心的诉讼制度改革的首要条件。具体而言,就是在知识产权刑事审判中树立罪刑法定、程序正义的刑事司法理念,就是要尊重知识产权案件的特性,将民事审判中关于侵权比对、民事确权的审判程序和审理理念与刑事审判进行结合,将刑事审判的基本价值目的由"以依靠国家职权打击犯罪"转变为"依法查明案件客观事实"。具体到知识产权刑事案件的侦查环节,一定要改变原有"由供到证"的取证模式,强化对客观性证据的收集,尤其要及时固定用于侵权比对和确定非法经营额或者违法所得的证据,将该部分证据作为侦查阶段收集、固定证据的主要着力点,全面收集、固定、移送与定罪量刑有关的所有证据材料。

2. 合理利用司法资源,发挥集中审理的优势,解决好知识产权刑事案件裁量统一的问题

知识产权刑事案件的审理重点和难点与知识产权民事案件一样,均在于对案件专业性事实的认定和实体法上专业性问题的法律适用,各类知识产权案件并不因为诉讼程序的不同而有明显差别,案件同质性重于程序性。但无论从全国还是温州地区知识产权刑事案件的受案情况来看,知识产权刑事案件的数量远低于民事案件,如果让这些为数不多的案件分散在不同的基层法院,办案人员客观上不可能投入过多的精力进行学习和研究。因此从审判中心的角度出发,集中审理是知识产权刑事审判模式重构的内在要求。笔者认为,鉴于知识产权案件的特殊性,应以建立统一的知识产权审判系统,根据知识产权案件数量的分布情况,打破行政区域的划分,设立相应的知识产权中级法院、基层法院,系统管辖知识产权三类性质案件作为远景目标。但在目前阶

① 沈德咏:《如何加快推进以审判为中心的诉讼制度改革》,载《中国法学》2015年第3期。

段，可以灵活采用跨区管辖、提级管辖等方式对知识产权案件集中管辖，综合提升公检法办案人员的业务素质和统一裁判量刑标准，解决好知识产权刑事案件侦查、公诉、审判程序等各个环节专业化、人员素质问题，统一各个环节证明标准和知识产权确权程序，以实现庭审实质化。要认识到知识产权案件对公检法人员的要求不同于普通刑民法官，从知识产权刑事案件进入侦查阶段开始，办案人员就要对案件涉及权属、侵权能否成立等民事问题有初步的判断。同时，尽量将不同诉讼程序中，基于同一基础事实产生的知识产权案件由同一合议庭解决，避免同一事实反复审理，是“三审合一”制度设计的题中之义。具体来说，即在受理刑事案件时，告知被害人立案情况与具体案情，释明不提起民事诉讼会影响其权利；在审理民事时如涉嫌严重犯罪，则中止民事审理，将犯罪线索主动移交公安机关，在公诉提起后与民事案件一并审理。

3. 发挥司法推动知识产权法律制度完善的重要作用，建立知识产权刑事案件民事确权的配套机制

我国《刑事诉讼法》和相关司法解释对刑事附带民事诉讼范围的界定中不包括知识产权犯罪。主要原因是考虑到知识产权民事权利的复杂性及可能带来权利人的复杂性会使刑事附带民事程序产生较为复杂的程序性难题和复杂的实体问题。[①] 笔者认为，在现有法律框架下，最高人民法院《关于刑事附带民事诉讼范围的规定》第 1 条第 2 款和第 2 条排除了遭受精神损失的附带民事赔偿，并划定了“因犯罪行为已经遭受的实际损失和必然遭受的损失”，尽管《最高人民法院公报》在以公布判决的方式肯定了知识产权刑事案件可以附带民事诉讼[②]，但最高人民法院并没有在此后出台相应的指导意见、具体范围和受理后的审理程序。在知识产权侵权这种特殊领域，适用刑事附带民事诉讼并不能体现出对知识产权权利人的全面保护。因此，在立法层面未作修改之前，在司法实践中，各级公安机关应树立先确权再立案的观念，检察机关应与司法机关相互衔接，以确权为首要问题，可以按照“分开诉讼，同步进行，互相协调，通盘考虑”的原则审理刑事和民事案件。刑民诉讼同步进行在审理进度上可保持一致，以利于查明事实，承担责任上两者兼顾。对民事赔偿已经协商解决的，可以此为基础通盘考虑对被告人适当量刑；在民事赔偿达不成调解时，也应在作违法所得收缴、罚金等刑事处理时，通过发还权利人，责令退赔及把握执行顺序等方式，注意与权利人民事权利的实现相衔接，以确保既有效惩罚犯罪又切实保护民事实体权利。

---

① 丁寿兴、陈惠珍：《三审合一中相关问题的探讨》，载《人民司法 · 应用》2010 年第 15 期。

② 丁寿兴、陈惠珍：《三审合一中相关问题的探讨》，载《人民司法 · 应用》2010 年第 15 期。

结　语

虽然近年来我国知识产权司法保护工作已经有了很大的发展,但“三审合一”模式的推广实践仍处在起始阶段,还存在不同的意见和声音,仍需在实践中不断改革和完善我国知识产权立体审判模式,围绕审判为中心,重构知识产权刑事审判模式,切实发挥审判程序应有的制约、把关作用,形成一种倒逼机制,促使公检法三机关办案人员树立案件必须经得起法律检验、庭审检验的理念,以期真正实现知识产权刑事审判的公平正义。

畅通"诉答":民事案件审判模式的解构及重构

——以知识产权民事侵权案件为切入点

桂　舒*

摘要:我国民事审判历经民事诉讼法的修改和审判方式改革后,已确立了以当事人主义为主,职权主义为辅的诉讼模式。十八届四中全会通过的《关于全面推进依法治国若干重大问题的决定》明确提出了"构建以审判为中心的诉讼制度",本轮司法改革实质上提出了从庭审实质化改革向庭审优质化改革迈进的改革目标,主要是围绕庭审程序应当置于诉讼程序的整体结构中进行改革,对民事案件审判模式提出了新的要求。在现有的审判模式下,司法资源浪费较为突出,案件繁简分流、人员整合配置尚未达到科学合理,尤其是目前庭前程序受到的重视度不够,未能充分发挥其应有的过滤案件的效果,导致大量无谓的案件均流入庭审程序,造成目前民事案件审判质效提高困难、法官审判成就感及当事人获得感不高的困境,民事案件的审判质效因为审判模式的制约而在提高的过程中艰难挣扎。针对该问题,本文通过分析《民事诉讼法》的基本价值理念,阐述了庭前程序的正当性、必要性及特殊价值,提出通过构建全面公开的诉答机制,实现分流、过滤案件的效果,在庭审前即达到案件诉辩主张明确、事实证据清楚、法律依据明晰、程序事项无误的状态,将案件开庭审判的司法资源集中于法律判断之中,并通过审判人员与审判辅助人员的配合,缓解案多人少的尖锐矛盾带来的压力。

关键词:民事诉讼　诉答机制　庭前程序

民事诉讼活动是当事人通过法律主张权利、保护自身合法权益的法律程序,法院通过民事案件的审理实现公平正义的法律价值。我国法院的民事诉讼审判模式经过多年的发展和演变,并经《民事诉讼法》及相关司法解释的修改,已基本达成了注重当事人参与诉讼的当事人主义的价值取向,十八届四中全会通过的《关于全面推进依法治国若干重大问题的决定》明确提出了"构建以审判为中心的诉讼制度",新的一轮司法改革和诉讼制度改革对民事案件审理提出了更高的要求。然而,虽然我国民事案件审理在庭审的规范化、合理

---

* 桂舒,四川省成都市中级人民法院民三庭审判员,法学硕士。

化构建上取得了长足的进步,目前却仍然存在较为明显的诉讼效率不高、司法资源配置不尽合理、人民群众司法满意度尚待提升等问题。

一、破题:当前民事案件审判模式的困境及反思

(一)现状:以S省C市知识产权民事案件为例

以四川省成都市中级人民法院知识产权民事案件审判为例,近年来,知识产权案件数量保持高位运行,案件类型涉及全面,纠纷发生总量在全省持续高居榜首,且"案多人少"的矛盾日益突出,案件审理效益展现出在困境中艰难攀升的状态。[①]

1. 案件审理周期缩短不明显

由表一可见,普通民事一审案件审限为180天,知识产权个案的审理周期通常均接近审限的上限,甚至因为案件事实或法律适用复杂疑难,或需要进入鉴定程序等特殊因素,审理周期远超正常审限规定,即便是相对简单的类型化案件,[②]亦难以完全达到高效审结[③]的要求,当庭裁判率亦远低于提升审判效率的期望值。

表一　成都市各法院案件审理周期情况

	成都中院		武侯法院		高新法院		晋江法院		郫县法院	
	14年	15年	14年	15年	14年	15年	14年	15年	14年	15年
所有案件平均审结时间(天)	146.72	106.97	74.92	102.93	87.29	112.48	95.61	83.12	61.21	86.33
类型化案件平均审结时间(天)	105	77.53	73.22	98.39	88.63	109.37	94.93	82.94	52.57	86.33
个案平均审结时间(天)	267.57	172.73	100.86	131.69	80.38	134.24	137.1	89	260	无

2. 审判资源配置不足

下图所反映的单个知产案件可分配审理资源的计算方式为:[全年工作日(250天)×知产案件占法官总办案数的比例]÷知产案件人均结案数。由此可见,如果以时间作为测量审判资源的单位,可以通过将知识产权法官全年法定工作时间平均分配到他审结的全部知识产权案件的方式,来计算单个案

① 本部分数据均来自四川省成都市中级人民法院所编写的《2015年知识产权司法保护状况》。

② 类型化案件一般指同一权利人就同一权利针对不同当事人就相同性质的侵权行为提起的多个民事诉讼;个案通常指类型化案件之外的其他知识产权民事案件。

③ 根据四川省成都市审判管理的要求,高效审结的案件应当至少在法律规定正常审限的一半时间内完成全部审判工作。

件所需要的审判资源。2015 年每一件知识产权案件可以分配到的审判资源都在减少,基层法院减少幅度尤其明显,造成 2015 年以来知识产权民事案件的结案率指标、质量指标、效率指标反而较 2014 年有所下降。(见图一)

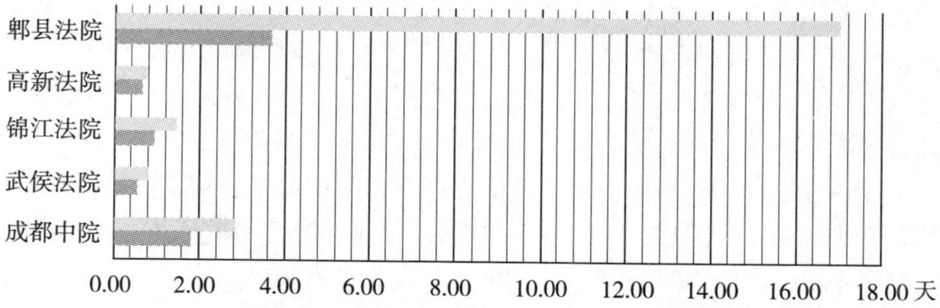

	成都中院	武侯法院	锦江法院	高新法院	郫县法院
2014年	2.87	0.86	1.46	0.80	17.00
2015年	1.83	0.57	0.95	0.67	3.70

图一　单个知产案件可分配的审理资源

(二)反思:造成困境的原因分析

立案登记制施行后,案件数量明显增加、类型化案件比例的降低,致使案件审理难度进一步加大,而法官的时间精力毕竟有限,但案多人少的矛盾依然突出,长期超负荷工作,致使法官的投入有所下降,进而影响到案件审判的质效。此外,目前案件审理模式导致司法资源浪费较为突出,案件繁简分流、人员整合配置尚未达到科学合理,尤其是目前庭前程序受到的重视度不够,未能充分发挥其应有的过滤案件的效果,导致大量无谓的案件均流入庭审程序,造成目前民事案件审判质效提高困难、法官审判成就感及当事人获得感不高的困境,也给新一轮的司法改革提出了更大的挑战,民事案件审判模式需要进行重构。

二、解构:民事案件庭审模式的诉讼法功能与价值

(一)民事诉讼基本原则:公平公正与诚实信用

1. 公平公正原则

我国《民事诉讼法》第 7 条即明确规定了人民法院审理案件必须以事实为依据,以法律为准绳的原则,该原则是贯穿整个民事诉讼程序和实体审理内容的根本价值取向,即程序和实体的公正。换言之,公正的民事诉讼基本价值意味着民事诉讼程序必须保障实体法的有效实施,使诉讼当事人的民事权益能够为实体法律规定所正确、有效地保护,此即案件审判的外在价值;同时,民事案件的审判行为还应当通过诉讼行为和诉讼程序自身的运行来满足公众对

秩序和公平正义的需要,这也是案件审判活动自身的内在价值。

因为民事诉讼所处理的是公民、法人及其他组织之间的财产关系或人身关系而引起的纠纷,参与诉讼的主体均为平等民事主体,因此,《民事诉讼法》的另一基本价值即为保障各方当事人均具有平等的诉讼权利,即我国《民事诉讼法》第8条所规定的“人民法院审理民事案件,应当保障和便利当事人行使诉讼权利,对当事人在适用法律上一律平等”。《民事诉讼法》价值语境下的公平原则不仅意味着案件实体处理的公平——毕竟“实体公平”更多的是一个相对性概念——而更多是指诉讼程序性权利的公平,更加强调参与诉讼的各方平等地享有陈述、举证、辩论的权利,在此基本价值取向下,“双方当事人都有平等的主张、举证和辩论的机会,双方当事人提出的主张、证据都应受到相同程序的重视”。[①]

2. 诚实信用原则

诚实信用原则在民商法领域内早已成为被普遍接受的“帝王准则”,在民事诉讼活动中也具有贯穿始终的基础性地位,我国《民事诉讼法》第13条即作出了“民事诉讼应当遵循诚实信用原则”的明确规定,该原则亦在《民事诉讼法》及其司法解释中多有具体体现。在民事诉讼的价值领域,诚实信用原则对当事人的诉讼行为产生法律约束,要求当事人在诉讼过程中不得通过不正当的手段获得利益或取得诉讼有利地位,亦不得滥用诉权而损害对方当事人的利益。具体而言,诚实信用原则对当事人诉讼行为的约束力主要表现为以下三个方面:第一,禁止诉讼突袭,即通过举证期限的规定禁止一方当事人在庭审中突然提出某一项新的主张或新的证据,而使对方当事人难以及时做出有效回应或防御继而处于诉讼不利地位;第二,禁止无正当理由地推翻已做出的陈述或已发表的意见,即禁止当事人在不通过正当程序、无充分证据支撑的情况下,在诉讼过程中随意变更己方的诉讼意见,给法官及对方当事人掌握案件事实真相刻意制造障碍;第三,保护正当诉权,遏制恶意诉讼,即受到民事诉讼程序保护的法益应当是正当的、客观的,任何一方当事人都不得为达到不正当目的而滥用诉权,包括禁止恶意提起诉讼及滥用异议权利而恶意拖延诉讼进程等。

(二)庭前程序:以全面公开为要求的诉答机制

1. 庭前程序的内涵及外延

民事诉讼中的庭前程序,学界中亦称为“审前程序”,是指“法院受理原告

---

① 杨荣新、谭秋桂:《论司法公正》,载江伟、杨荣新主编:《民事诉讼机制的变革》,人民法院出版社1998年版,第23页。

起诉以后到开庭审理之前,由案件承办人员依法进行的一系列准备工作的总称”。[①] 庭前程序在世界主要国家的民事诉讼领域中均有规定并具有相应的操作机制,我国《民事诉讼法》体现为第12章第2节的“审理前的准备”,具体包括案件受理与答辩、管辖异议处理、诉讼权利义务告知、庭前调查等内容,同时最高人民法院《关于适用〈中华人民共和国民事诉讼法〉的解释》(以下简称《民诉解释》)亦在第208条至第227条对此进行了更为具体的补充规定。可见,庭前程序是衔接当事人起诉与案件进入庭审的过渡阶段,包含当事人的诉答、证据的准备与开示、无争议事实的明晰、争议焦点的归纳等重要内容。

作为衔接当事人诉讼主张与法院开庭审理的重要诉讼程序设置,庭前程序具有其独特的价值理念。首先,庭前程序具有庭审导向的价值,即庭前程序可以甄别、过滤案件,确保进入庭审的案件主体适格、管辖适当,从而发挥减少司法资源浪费、提升庭审有效率的功用。其次,庭前程序能够为庭审诉讼提供充分准备为目标,正如学者指出,“审前准备程序的主要价值在于可以最大限度地提高庭审的功效,把庭审的主要资源配置于当事人对案件事实问题和法律问题的辩论中”[②],从而得以使庭审内容集中在案件实质争议点上,以实现审理的集中化,达到提高诉讼效益的价值追求。此外,庭前程序有助于实现民事诉讼公平公正与诚实信用的基本原则,通过在庭前程序中进行诉答整理、证据开示、争议点归纳等内容,当事人得以全面、充分的陈述并发表诉讼意见,且其所发表的意见一经固定即具有约束效果,从而能够有效防止庭审中出现诉讼突袭等非正当诉讼行为,达到程序安定的目的。

2. 诉答机制的基本内容及功能

庭前程序在民事案件审判过程中具有重要的价值,在司法审判实务中,为了充分发挥庭前程序的功能,则必须建立合理、完善的诉答机制。

通说认为,民事诉讼中的诉答机制是指原告通过起诉状明确自己的诉讼请求,被告针对原告的起诉主张进行答辩的程序,其“以原告向法院提交起诉状开始,以被告的答辩或原告对被告的大便进行在答辩而结束”。[③] 原告的起诉是整个民事诉讼过程的起点,其主张请求权的事实基础和法律依据为整个案件的审理划定基本范围,该范围通过被告的反驳或抗辩主张而得以进一步细化和明确,因此,起诉和答辩的程序及内容对于民事诉讼活动的程序与实体

---

① 江伟:《民事诉讼法》,高等教育出版社、北京大学出版社2000年版,第239页。

② 张卫平:《论民事诉讼中失权的正义性》,载《法学研究》1999年第6期。

③ 常书燕:《民事诉讼诉答程序制度探析——从美国民事诉讼诉答程序制度看我国相关制度的改革与构建》,中国政法大学2006年硕士学位论文。

审理均居于首位,诉答机制自然也成为庭前程序的核心和起点。通过诉答程序,双方当事人得以在开庭前知晓对方的主张及证据,并有针对性地组织证据予以防御,从而保障案件的审理建立在双方均得以进行意思表达的基础上,满足民事诉讼公平公正的基本价值要求;同时,诉答机制存在的目的即为给双方留足了解对方的时间并赋予应对的余地,与民事诉讼的诚实信用原则一脉相承,对诉讼突袭和滥用诉权等为民事诉讼法价值取向所禁止的行为具有内生的抑制作用,因而能够发挥保护当事人正当诉讼权利的功能。因此,良好而完整的诉答结果能够明晰案件所涉及的事实及法律争议,串联证据的举证与质证,达到使法院及双方当事人皆在案件进入庭审程序之前即能全面了解案情的功效和目的。

3. 诉答机制的价值取向

正是因为诉答机制具有明确双方当事人各自主张、划定案件审理范围的功能,全面公开便成为其最本质的自身价值取向。诉答机制是民事诉讼活动中公平公正与诚实信用基本价值原则的集中体现,要求双方均完整向对方展示己方主张及证据,禁止为开庭审理“保留底牌”,以使庭前程序完成后涉及案件审判的所有信息均得以公开并经双方检验。可以说,全面公开不仅是诉答程序的内在要求和基本价值取向,也代表整个民事诉讼活动的原则理念,只有建立在全面公开之上的诉讼活动才可能实现程序与实体的公平公正,保障任何一方当事人的合法权益。

在全面公开的基础上,诉答程序的另一重要价值取向即为充分交流。我国民事审判在历经《民事诉讼法》的修改和审判方式改革后,已确立了以当事人主义为主、职权主义为辅的诉讼模式,在当事人主义的语境下,要求民事诉讼活动充分尊重和保障当事人发表意见的权利,扩大当事人主动参与诉讼活动的内容和范围,而诉答机制正是在民事诉讼程序启动之初最直接的交流平台,并得以贯穿案件审判始终。值得特别注意的是,诉答机制中的充分交流,不仅指原被告在起诉与答辩中针锋相对的诉讼主张和证据交换,还更意味着法院审判思路的充分披露,即为了实现厘清双方诉辩主张、确定案件审理范围、明确案件集中审理内容的过程中,法院必须行使适当的释明权,通过适度披露审判思路提高当事人证据组织及意见交流的有效性,这也是我国有学者提出的“协同型诉讼模式”的价值要求,即“现代民事诉讼既要利用当事人主义中的优势充分发挥当事人的主导作用,同时也要利用职权主义诉讼模式中的优势,恰当发挥法院的职能作用”。[①]

需要指出的是,为了更好地实现庭前程序对开庭审理的整理、固定、明晰作用,笔者认为,司法审判实务中的诉答机制并不应仅止于原告起诉与被告答辩的过程,还应包括法院组织双方举证、质证的庭前会议内容,对此将在本文第三章中予以论述。

(三)开庭审理:以集中审理为目标的效益追求

1. 庭审的价值与要求

庭审制度是整个民事审判活动的重要组成部分,亦是诉讼最为关键的环节,决定着案件审理的质量、效率和程序正义等重大问题。开庭审理是当事人向法院阐述案件事实、论证法律适用的最终平台,也是当事人在民事诉讼中参与审理活动最具象化的表达方式,因此庭审对民事诉讼活动的开放性部分[②]而言,具有终局性的意义。

正如前文所论述,建立在诉答机制上的民事诉讼活动的庭前程序是整理、归纳性的,着重强调的是当事人对事实的主张和证据的陈述,并在此基础上明确双方对案件整体无争议的事实部分以及事实和法律的争议焦点。经过庭前程序对开庭审理的导向、过滤、归纳之后,法院的庭审活动便不应再重复进行已经庭前程序处理的诉讼内容,而应当突出双方对案件证据证明力及法律适用的辩论活动,换言之,如果以诉答机制为载体的庭前程序强调的价值取向是全面公开和充分交流,那么开庭审理所应有的价值取向就是有的放矢和对抗辩论。在开庭审理中,法院审查的是原告起诉所主张的请求权的事实及法律基础,以及被告针对原告起诉所行使抗辩权的立论依据和反驳主张,强调按照法律规定的要件审查已经庭前程序固定的证据的证明力,并对各方当事人的主张是否符合法律规定作出判断。

2. 庭审的目标与效益

对诉讼参与人而言,开庭审理是其能够全面参与案件审理过程的最终平台,其有关案件的所有证据、观点都必须在开庭审理中进行完全表达,从案件审理节点及表现形式而论,在审判长敲下法槌宣布休庭时起,当事人便进入了“案件审理结束,等待法院判决”的心理状态。开庭审理的此种外观表现形式以及当事人的心理获得感,便要求案件开庭审理应当以最终裁决为目标,庭审

---

① 汤维建:《理念转换与民事诉讼制度的改善和完善》,载《法学家》2007 年第 1 期。

② 此处所称的“开放性”,是指当事人能够充分参与其中的法院审理活动,即当事人得以陈述观点的审判阶段,在休庭后的案件评议及宣判阶段,当事人即无法再继续参与法院的案件审理过程,故庭审后至案件作出判决的审判阶段具有“闭合性”。

应当是内容明晰、观点确定的,并且以作出裁决的效率为效益考察指标。换言之,开庭审理的目标是集中审理,即在庭前准备工作的基础上,实现集中持续地开庭审理,并以此达到一次性审理的效益,当事人对案件发表的证据及法律意见、法官或合议庭对案件的判断及裁决等审判活动,都在庭审中得以完成,通过一次庭审进行转化并得出结论,甚至在有条件时应当当庭作出裁决,实现案件审判质效提升的民事诉讼法律效益。

三、重构:以"分段结合"实现民事案件审判模式优质化

(一)建立合理的庭前与庭审衔接程序

庭前会议是在明确原告诉讼诉请及被告抗辩主张的基础上,通过法院行使审判职能组织双方当事人依据请求权基础、法律构成要件进行举证、质证,从而达到固定双方当事人的争议焦点,先行处理可能影响诉讼进程的程序性事项的诉讼目的,防止事实和证据突袭,平等保障双方诉讼权利。庭前会议以双方当事人的诉答机制为基础,并以法院主动介入为动力,通过证据交换的开示活动,完成案件进入开庭审理之前的整理工作。

我国《民事诉讼法》第 133 条第 4 项规定了庭前会议程序,并在《民诉解释》第 225 条详细列明了庭前会议的内容。必须注意的是,庭前会议与开庭审理作为审理模式中的不同阶段,各有职能,所涉及的内容应当有所区别,审查重点不应重复。为了实现庭前程序对开庭审理的导向和整理效益,建立合理的庭前会议与开庭审理的内容衔接,尤为关键。根据法律及司法解释规定,笔者认为,庭前会议的内容应当包括:(1)明确诉讼请求和答辩意见,固定诉讼请求、诉讼标的和反诉请求;(2)决定管辖异议、回避申请、鉴定申请、调查取证申请以及是否转入督促程序和适用简易或普通程序等程序性事项;(3)组织证据交换,明确和分配当事人的举证责任,协商举证期限和阐明庭审中的举证顺序、证据出示方式和证据调查方式等;(4)确定和整理当事人在事实、证据和法律问题方面的争议焦点;(5)在明确争点和证据交换的基础上,除法律规定不得调解的案件外,根据自愿、合法原则,组织庭前调解和允许当事人自行和解。

在庭前会议中双方当事人达成的合意和法官作出的决定,应当对正式开庭审理产生相应效力。具体而言:(1)对于管辖异议、远程开庭、约定适用简易程序等单纯程序性问题或申请证据调查等缘起程序性问题的实体性问题或事项,在庭审中一般不再对该程序性问题或事项作出变更处置;(2)对于是否鉴定等缘起程序性问题的实体性问题或事项,法官不能直接作出倾向性裁决,而应将没有达成合意的实际情况记入笔录,待庭审法庭调查、法庭辩论后再作

出裁判;(3)对当事人自认的事实和证据,应当详细记录在卷,庭审中不再组织调查和辩论;一方当事人自认后双方没有其他争议的,法官可以组织调解或引导当事人自行和解。调解、和解达成协议的,按照相关程序,终结案件的审理。

(二)整合分工合作的审、辅人员配合结构

目前我国法院普遍存在案多人少的尖锐矛盾,且在法官员额制改革、司法责任制度改革完成后,承办法官所承受的案件数量、质量的压力将会进一步加大,因此,合理分配法官与审判辅助人员在民事案件审判模式中承担的职责,根据案件审判的各阶段分流工作内容和压力,对优化我国民事审判模式具有关键作用。

法官助理作为审判辅助人员,应在日常审判活动中协助法官安排案件审理中的各流程节点,处理日常事务,并在法官指导下代为处理案件程序及实体性问题,除现已形成统一认识的采取保全措施、送达法律文书等程序实务外,笔者认为,法官助理还可以在法官的指导下,就民事案件的审判程序和内容承担一定的职责,具体包括:(1)对新收案件进行初步形式审查,包括原告诉讼请求是否清楚、证据提交是否齐全等;(2)根据法官的安排,主持庭前会议、程序问题听证、询问及调查、组织调解等审理活动;(3)查明案件诉争的法律问题,针对该问题收集相应资料、查询法律文书,并提出初步分析处理意见;(4)根据法官或合议庭意见,撰写裁判文书初稿等。就庭前程序与庭审程序的衔接而言,通过审、辅人员配合实现民事案件审判模式的优化,具体即为建立庭前会议的汇报制度,即处理庭前事务的法官或法官助理可以在开庭前向其他合议庭成员介绍案件事实和证据争议点,庭前会议内容比较简单的,也可以庭前会议记录代替庭前会议报告。

(三)设计灵活的庭审阶段分配模式

我国《民事诉讼法》明确将开庭审理过程中的法庭调查和法庭辩论规定为两个独立的庭审阶段,虽然《民诉解释》第230条规定法院可以根据案件情况并征得当事人同意后将法庭调查与法庭辩论合并进行,但此规定在学界尚存一定争议。[①] 虽然如此,必须认识到法庭调查和法庭辩论之间存在内在关联和内在逻辑,虽然在理论上,法庭调查强调审查案件事实、证据内容,法庭辩论注重法律适用,但在审判实务中,多数时候无法将案件事实调查与法律规则

---

① 例如,汤维建教授在2016年4月4日在成都市中级人民法院进行的民事庭审优质化改革的讲座中,便认为法庭调查和法庭辩论是庭审中的两个主要的环节,各有自己的使命和任务,互相不能替代。

适用予以严格区分,这正是案件审理系按照法律规定的要件进行证据认定和法律判断的客观规律决定的,正如一些观点提道,“在我国当代民事审判中,法庭调查与法庭辩论有很多相似之处,法庭调查中会有关于事实问题与法律问题的争议,同样,在法庭辩论中会有很多因为事实不清楚,进而需要对事实进行调查的情况”。[①] 因此,笔者认为,可以根据案件繁简难以情况,灵活决定案件采取不分阶段进行审理,即针对争议焦点既有事实认定也有法律适用的,一般应当分阶段进行,分为双方当事人陈述和答辩实际形成的初期论辩阶段、事实调查及相关证据辩论阶段和法律适用问题辩论阶段;对争议焦点主要系证据采信和事实认定的,或者争议焦点为与事实认定密切相关的法律问题的,除仍需保留各方当事人陈述和答辩形成的初期论辩阶段外,则可以告知并在征得当事人同意后,将法庭调查与法庭辩论合并进行。

(四)优质化实践:四川省成都市知识产权侵权类案的审理新模式

四川省成都市中级人民法院目前正在进行民事审判庭审优质化改革工作,旨在面的案多人少矛盾突出的情况下,落实庭前程序、提高审判效率,实现案件繁简分流,提升庭审质效。在该改革进程中,知识产权审判庭针对知识产权侵权类型化案件庭审效率不高、未能实现快审快结效果的矛盾和困境,针对侵权行为较为简单的知识产权类案中设计了“两表指导,审助分流”的审判新模式,以达到案件的快速化和专业化审理。

1. 模式设计内容

“两表指导、审助分流”的知识产权类型化案件审判新模式主要包括以下内容:

(1)“诉讼要素表”及“有效抗辩释明表”:两表是新模式的基础。“诉讼要素表”按侵权构成的法律要件、以逐项列明相应证据材料的方式披露审判思路和内容,在案件受理时交由原告逐一填写和回收,并在庭前送达程序中交由被告填写相应的质证意见和反驳证据,用以固定要件事实及非法律判断;“有效抗辩释明表”旨在向双方释明案件裁判的法律依据,披露常见的没有法律依据的主张、抗辩、质证方式,提升双方主张、抗辩、质证的有效性。两表根据案件的权利基础、侵权行为等情况,针对不同案件进行相应调整和修改,以适应不同案件的审理需求。

(2)庭前会议。庭前会议是新模式有效运行的关键环节。法官助理接受合议庭的委派,主持庭前会议,其内容包括:收回双方填写完毕的“诉讼要素

---

① 王晨阳:《我国社会主义庭审制度的改革与完善》,载《法制博览》2012 年第 11 期。

表”,对当事人的疑问进行释明和指导;固定原告的诉讼请求、基础事实、法律依据,明确被告的答辩意见;组织双方就诉辩主张进行举证、质证,对双方当事人无异议的事实、证据予以确认,整理双方的事实和法律争议点;组织庭前调解;对无法达成调解、需要移交合议庭审理的案件,制作信息交换表,向合议庭汇报庭前会议的情况,以供合议庭确定庭审内容。

庭前会议具有案件审理的效力,即经庭前会议确认的双方的诉辩主张、对案件事实和证据效力的一致陈述,以及就案件的事实和法律的争议问题,在无其他补充或反对的情况下,将由合议庭直接予以说明和确认,不在庭审中再次陈述。法官助理应在进行庭前会议前对当事人就此予以充分说明。

(3)开庭审理。新模式下的开庭审理采取不区分法庭调查和法庭辩论的集中审理模式。合议庭根据法官助理的汇报及双方填写确认的“诉讼要素表”的内容,确定庭审需要审理的问题,审判长在开庭时归纳和确认双方已发表的诉辩主张、无争议的事实及证据、争议问题及双方意见,并允许当事人进行补充,随后围绕争议问题以提问的方式进行审理,控制当事人的陈述内容,并原则上应当庭作出认定和裁判。

2. 新审判模式运行状况

新模式设计完成后,知识产权审判庭已将其推广应用到商标及著作权侵权的类型化案件中,并经过实践检验,取得了较为满意的效果。其中,香奈儿股份有限公司(CHANEL)诉兄弟皮具经营部、成都市宏正市场开发管理有限公司、成都市宏正商业广场有限公司侵害商标专用权纠纷一案①中,不仅涉及普通销售者的侵权行为,还涉及市场开办者及管理者的侵权行为和法律责任认定,案情较为复杂,并非典型的知识产权侵权类型化案件,但在适用新模式进行审理的过程中,通过在庭审前向双方送达并填写两表,法院向双方当事人详细、充分地披露了案件审理思路和内容,使案件在进入庭审之前即充分保证案件主体适格、诉请明确无矛盾、要件事实主张齐备、管辖适当,在庭前程序中搭建起了良好的诉答机制;本案的开庭审理时间较普通审判模式减少了一半,其中合议庭对销售侵权行为的审理仅耗时 10 分钟,新模式充分展现出其针对简单案件极大减少合议庭工作量的优势,取得了满意的成效。

另外,在广东羊城晚报数字媒体有限公司诉成都九正科技实业有限公司著作权侵权纠纷②十六案中,原告通过填写“诉讼要素表”,充分了解法院在认定“法人作品”与“职务作品”的著作权权属过程中对当事人举证的要求和法

---

① (2015)成知民初字第 942 号。

② (2016)川 01 民初 602 号等。

律判断标准,认识到其提起此次诉讼尚缺失权利证明的关键证据,主动在举证期限届满前即向法院申请撤回起诉,实现了庭前诉答机制中甄别、过滤案件,有效节约司法资源的初衷和目的。

从"截辕杜辔"到"破竹建瓴"

——知识产权损害赔偿领域证明妨碍制度的审视与重构

秦善奎* 张万江**

摘要:继十余年前证据规定引入证明妨碍制度后,基于其制度本身的价值,近两年又频现立法和司法解释之中。2013 年颁布的《商标法》和 2016 年颁布的最高人民法院《关于审理侵权专利权纠纷案件应用法律若干问题的解释(二)》(以下简称《专利法司法解释二》)也引入了该制度,立法者欲以此在知识产权侵权损害赔偿判定中减轻权利人举证负担,加大知识产权赔偿力度。经实证研究可发现立法者的立法目的暂时落空,笔者将其原因归纳为法条背后证明妨碍理论支撑的杂糅、法条之间证明妨碍法律后果的冲突以及法条本身证明妨碍立法技术的欠缺,每种原因背后均引入相对应的案例进行实证分析,指出我国知产损害赔偿实践中适用证明妨碍规则存在以不同的学说为指导、立法的规定与裁判的意旨不一致以及将证明妨碍与法定赔偿混用,弱化证明妨碍救济措施的价值,并造成知产损害赔偿计算方式的混乱等诸多问题。在对我国知产损害赔偿领域证明妨碍制度立法和司法实践中的种种不足之处进行分析总结的基础上,分别指出证明责任转换说、证据自由评价说、拟制真实说、多元化适用说之不足,提出我国知产损害赔偿领域证明妨碍救济措施的理论支撑应定位为证明标准降低说,并在该理论的指导下,从实体到程序构建了完整的知产领域证明妨碍法律制度。

关键词:证明妨碍 证明标准降低说 损害赔偿

引 言

为解决传统证明责任分配法则内在机制的疏漏,证明妨碍作为一项古老而又长青的诉讼证据制度被两大法系国家广泛采纳,我国立法和司法解释也多处确立这一制度,[①]学界亦有较为深入的研究。然纵观现有成果,立法上存

---

* 秦善奎,绍兴市中级人民法院民三庭副庭长,法学硕士。

** 张万江,绍兴市中级人民法院民三庭法官,法学硕士。

① 参见最高人民法院《关于民事诉讼证据的若干规定》(以下简称《证据规定》)第 75 条、最高人民法院《关于适用〈中华人民共和国民事诉讼法〉的解释》(以下简称《民诉法解释》)第 112 条、《中华人民共和国商标法》(以下简称《商标法》)第 63 条第 2 款、《关于审理侵犯专利权纠纷案件应用法律若干问题的解释(二)》(以下简称《专利法司法解释二》)第 27 条。需要说明的是,各国立法对证明妨碍行为的法律后果除要求妨碍者承担民事责任外,还视程度处以一定的公法制裁,我国立法和司法解释亦不例外,如上述民诉法解释第 113 条等,本文仅讨论证明妨碍行为的民事法律后果。

在法条之间相互冲突,法律后果规定不一之情形;理论研究上对证明妨碍一般探讨者众多,在部门法领域深入研究其特殊适用者较为少见。在"大众创业、万众创新"的新形势下,知识产权损害赔偿领域适用该制度有其特殊使命和意义,本文以知识产权损害赔偿领域的证明妨碍制度为视角,来探讨其在司法实践之适用。

一、现状:知识产权损害赔偿证明妨碍立法预期遭遇现实尴尬

证明妨碍,又称证明妨害、举证妨碍,是指不负证明责任的一方当事人,基于故意或过失,以作为或不作为,妨害负证明责任的当事人之证明使得其对要证事实之证明陷于不能,该妨害证明之人将被课以一定的不利益之法理。[①] 其既是特定的行为,又是该特定行为所产生的法律后果。[②] 证明妨碍作为一项诉讼证据制度,各国一般规定于民事诉讼法之中,[③]我国除诉讼法对证明妨碍行为作出规制外,又在知识产权法中予以特别规定,观各国知识产权法,尚未有如此规定者。究其原因,立法和司法解释在《商标法》和《专利法》损害赔偿部分作如此安排,乃适应当前形势下破解权利人举证难题,加大知识产权司法保护力度之需要。最高人民法院在不同场合表达出上述观点,如第三次全国法院知识产权审判工作会议指出要强化举证妨碍制度的运用,加大损害赔偿力度,充分维护权利人利益。[④] 然立法者在知识产权侵权损害赔偿领域寄予厚望的证明妨碍制度在审判实践中的适用是否又能够达到预期呢?

为找到答案,笔者在中国裁判文书网上以最高人民法院《关于民事诉讼证据的若干规定》(以下简称《证据规定》)第 75 条、《民诉法解释》第 112 条、《商标法》第 63 条第 2 款、《专利法司法解释二》第 27 条进行检索(检索日期:2016 年 6 月 15 日),结果是:知识产权权属与竞争纠纷中适用《证据规定》第 75 条的案件共有 35 件,其中在损害赔偿领域适用该规定的案件有 10 件;适用《民诉法解释》第 112 条、《商标法》第 63 条第 2 款、[⑤]《专利法司法解释二》第 27 条的案件数量均为 0 件。检索结果反映出以下事实。

① 占善刚:《证明妨害论——以德国法为中心的考察》,载《中国法学》2010 年第 3 期。

② 毕玉谦:《民事诉讼证明妨碍研究》,北京大学出版社 2010 年版,第 1 页。

③ 如德国《民事诉讼法》第 427 条、日本《民事诉讼法》第 224 条、我国台湾地区"民事诉讼法"第 282 条等。

④ 《最高法院明确当前知识产权审判七大重点》,载《人民法院报》2013 年 3 月 22 日。

⑤ 在中国裁判文书网检索到引用该款的案件共 1223 件,但均是对《商标法》第 63 条共 3 款法条内容予以整体引用,判决依据的第 63 条第 1 款或第 3 款。

（一）知识产权领域举证妨碍制度适用比例极低

虽然《专利法司法解释二》刚颁布不久，但《民诉法解释》已颁布一年有余，《商标法》颁布近两年，在知识产权损害赔偿领域却无一适用；证据规定实行已十余年，根据中国裁判文书网的检索，整个民事领域共有 3434 例案件适用该规定第 75 条，在知识产权赔偿领域却仅有 10 例案件适用，由此可见，知识产权损害赔偿领域适用证明妨碍制度的案件数量极少，这一事实宣告到目前为止，立法者在该领域适用证明妨碍制度以加大知产司法保护力度的立法预期落空。（见图一）

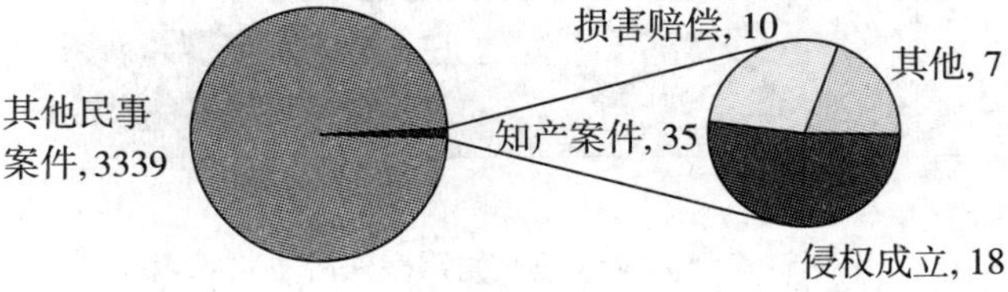

图一　证据规定第 75 条在知识产权案件中的适用

（二）知识产权权利人存在“重侵权、轻赔偿”的证据收集传统

我国于 2008 年颁布《国家知识产权战略纲要》，加大司法惩处力度，加强知识产权保护已经上升为国家战略，最高人民法院也在不同场合多次强调要加强知识产权司法保护力度，但权利人对此的回应和努力却稍显不足，表现在权利人往往在侵权证据的收集上作出较多努力，而在赔偿证据的收集和证据规则的运用上则逊色很多，大多数案件要求适用法定赔偿。因此，尽管近年来权利人诉请的赔偿额有增多的趋势，但多数终因赔偿依据不足而获得较低比例的支持。从《证据规定》第 75 条的使用也可以看出，该条适用于推定侵权成立的案件有 18 件，适用于推定权利人赔偿数额主张成立的案件有 10 件，前者为后者的近两倍，鉴于被妨碍证据的提交需要依权利人的申请进行，权利人在赔偿领域较少请求适用该规定是其在审判实践中极少运用的重要原因。

（三）知识产权领域权利人主张举证妨碍获法院支持比例较高

《证据规定》第 75 条适用于推定侵权成立的 18 件案件中，获得法院支持的有 16 件，适用于推定权利人赔偿数额主张成立的 10 件案件中，获得法院支持的有 8 件。从所涉案件来看，多体现在证据保全或法院调查取证过程中被告拒绝配合，从而法院或直接推定或结合其他证据、考量因素推定权利人的主张成立。因此，尽管当前《商标法》第 63 条第 2 款和《专利法司法解释二》第 27 条尚未得到有效适用，但其能够在知识产权侵权领域发挥其

应有作用应属无疑。(见图二)

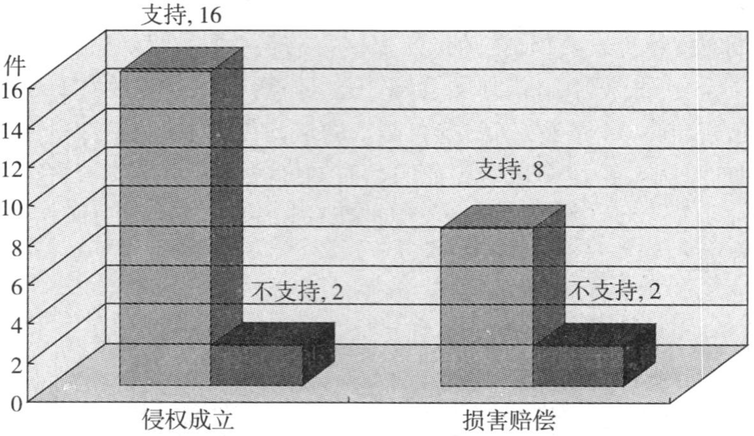

图二　权利人主张证明妨碍获法院支持情况

二、阐释:知识产权损害赔偿证明妨碍制度存在的问题分析

虽然现有案件肯定证明妨碍规则的适用,但仔细考量会发现这些案件在适用证明妨碍规则过程中却存在一些问题,除法官的司法水平不同外,我国证明妨碍规则本身的缺陷是最重要的原因。规则本身不完善,其适用效果必定大大折扣,以下试分析之。

(一)法条背后证明妨碍理论支撑的杂糅

本文主旨在解决实践问题,笔者本不欲多加笔墨介绍立法背后的理论渊源,然对法条进行深入分析后发现,采纳何种理论学说直接导致法条在审判实践中适用的法律后果,实有探讨的必要。

证明妨碍行为发生后对被妨碍者救济措施的选择,历来有证明责任转换说、①证据自由评价说、②证明标准降低说、③拟制真实说④等学说存在,立法和司法机关的不同选择直接导致立法和判例的分歧。从《证据规定》第75条和《民诉法解释》第112条“推定或认定当事人主张成立”的表述来看,该两条采

---

① 该说认为,一方当事人为证明妨碍行为造成证据缺失,致使案件事实陷入真伪不明的状态,则将本应由被妨碍者承担的对该案件事实的证明责任,转由妨碍者承担。

② 该说认为,证明妨碍情形下,法院可以基于经验法则认定被妨碍者之主张为真实,但如果妨碍者申请证据调查,法院仍应依一般原则进行证据调查。法院根据证据调查的结果以及言词辩论的全部意旨,对被妨碍者之主张是否成立作出认定。

③ 该说认为,证明妨碍行为使法院认定案件事实的证据基础变得薄弱,在此情形下降低证明标准,法院以较低程度的心证认定案件事实。

④ 该说认为,证明妨碍情形下,负有证明责任的一方当事人的主张视为已经得到证明。

纳的是拟制真实说应无疑问,《商标法》第63条第2款、《专利法司法解释二》第27条则较难判断。从最高人民法院《专利法司法解释二》新闻发布会上民三庭宋晓明庭长针对该条"将有关侵权人获利的举证义务分配给侵权人"①的解读来看,似《专利法司法解释二》采纳的是证明责任转换说;从《商标法》第63条第2款、《专利法司法解释二》第27条关于"人民法院可以根据(参考)权利人的主张和提供的证据认定侵权人因侵权所获得的利益(判定赔偿数额)"的表述来看,似采纳的是证据自由评价说;从《商标法》第63条第2款要求权利人尽力举证、《专利法司法解释二》要求权利人提供侵权人侵权获利的初步证据的表述来看,上述两法条似采纳的是证明标准降低说。然依证明责任转换说,妨碍者举证不能,则推定被妨碍者的主张为真实;依证据自由评价说,法院一般应依经验法则推定权利人主张成立;依证明标准降低说,法院得依较低程度的心证推定权利人主张成立。《商标法》第63条第2款、《专利法司法解释二》第27条并无上述相关表述,因此,笔者认为该两条并非采纳某种单一学说,而系上述三种学说的杂糅,可称为"修正的证明标准降低说+证明责任转换说+证据自由评价说"。

证明妨碍理论支撑的杂糅不仅影响到立法的效果,同时也直接影响着我国的审判实践。根据笔者检索到的有关知识产权损害赔偿领域适用证明妨碍的案例,采纳证明标准降低说有之,采纳证据自由评价说者亦有之。前者如上诉人三阳机车工业有限公司诉被上诉人本田技研工业株式会社等侵害外观设计专利权纠纷一案中,原审法院认为,在无法获得妨碍人持有证据的情形下,原告依照第三方发布的数据推演计算的方法为估算,其估算结论难谓与实际情况相符,但其已尽到其能力范围内的举证责任,在被告未提出反驳证据的情况下,该院对原告主张的被告侵权获利予以采纳,二审予以维持。② 后者如朱某某等诉吕某某侵害外观设计专利权纠纷案,该案汕头市中级人民法院根据证据规定第75条,以及涉案专利权类型、侵权行为性质、被告在工商查处后产品仍在市场销售等事实,推定原告关于损害赔偿数额的诉讼请求成立。③ 不同的判决体现法官在提高赔偿数额方面所做出的不同努力,也表明证明妨碍法律制度的适用有待统一。

---

① 最高法发布侵犯专利权纠纷案司法解释(二),载 http://www.chinacourt.org/article/detail/2016/03/id/1826424.shtml,2016年6月18日访问。

② 详见福建省高级人民法院(2014)闽民终字第641号民事判决书,同类判决还可参见浙江省绍兴市中级人民法院(2014)浙绍知初字第50号民事判决书。

③ 详见广东省汕头市中级人民法院(2013)汕中法民三初字第29号民事判决书,同类判决还可参见江西省高级让人民法院(2014)赣民三终字第18号判决书等。

(二)法条之间证明妨碍法律后果的冲突

法律制度如果没有可供强制实施的惩罚手段,就像一把不燃烧的火、一缕不发亮的光一样,不能实现其维持秩序和正义的基本职能。[①] 证明妨碍法律后果的择定是证明妨碍法律制度最重要的内容,直接关系到该制度的立法目的能否实现。大陆法系民事诉讼立法对证明妨碍的法律后果出现过修正,在德国、日本和我国台湾地区的旧法时代,采纳了拟制证据本身为真实的立法例,日本《民事诉讼法》和我国台湾地区新修订的"民事诉讼法"则规定法院可以推定文书所应证明的案件事实本身为真实这一层面。[②] 我国学者对此见解不一,有学者认为,证据偏在型诉讼下,被妨碍人无从知晓证据的内容,法院应当拟制被妨碍人的主张为真实;[③]也有学者认为,对证明妨碍行为的救济仅需达到与未实施妨碍行为一样的效果即为已足,因此证明妨碍的法律后果应为拟制证据的内容为真实,即使在证据严重偏在情形下拟制当事人的主张为真实也有过分严苛之嫌疑。[④] 根据《证据规定》第 75 条和《民诉法解释》第 112 条,证明妨碍的法律后果是拟制被妨碍的证据的内容为真实;根据《商标法》第 63 条第 2 款和《专利法司法解释二》第 27 条,证明妨碍的法律后果是根据权利人的主张判定损害赔偿额或侵权获利的数额。显然,我国诉讼法和知识产权法关于证明妨碍法律后果的选择出现了分歧。

前述《商标法》第 63 条第 2 款和《专利法司法解释二》第 27 条尚未适用于审判实践中,审判实践中对证明妨碍行为予以规制,适用的是《证据规定》第 75 条,因此并没有出现上述法律适用的分歧,但笔者通过案例研究发现,审判实践中却出现司法裁判意旨与《证据规定》第 75 条的背离。如上述朱某某等诉吕某某侵害外观设计专利权纠纷案中,汕头市中级人民法院依照原告的申请要求被告提交财务账册及产品样品而被告拒不提交,该院判定证明妨碍行为成立,但在判定法律后果时并非按照证据规定推定财务账册的内容为真,而是"推定原告关于损害赔偿数额的诉请成立"。[⑤] 在吴江信电纺织子管有限公司诉美利肯公司(MILLIKEN & COMPANY)侵害发明专利权纠纷案中,一

---

① [美]博登海默:《法理学、法律哲学与法律方法》,邓正来译,中国政法大学出版社 1999 年版,第 344 页。

② 占善刚:《证据协力义务之比较法研究——以大陆法系民事诉讼为重心》,武汉大学 2009 年博士学位论文。

③ 于鹏:《民事诉讼证明妨碍研究》,中国政法大学 2011 年博士学位论文。

④ 赵信会:《论证明妨碍救济措施之创设——以对英美法律制度的分析为参照》,载《证据科学》2014 年第 3 期。

⑤ 广东省汕头市中级人民法院(2013)汕中法民三初字第 29 号民事判决书。

审法院明确向被告释明逾期不提交财务账册的不利后果，被告仍拒不提交，该院酌定被告赔偿美利肯公司 80 万元（诉讼请求为 100 万元），二审予以维持，一、二审法院亦是根据权利人的主张来确定赔偿数额。[①] 由此可见，现有案例对证明妨碍规则的适用，并不符合证据规定第 75 条的规定，证明妨碍的两种法律后果孰优孰劣，亟待予以明确。

（三）法条本身证明妨碍立法技术的欠缺

前述大陆法系国家关于证明妨碍法律后果的选择的存在拟制证据本身的内容为真和拟制证据所要证明的要件事实为真的分野，我国《商标法》第 63 条第 2 款对证明妨碍法律后果表述为“可以参考权利人的主张和提供的证据判定赔偿数额”，《专利法司法解释二》第 27 条的表述为“可以根据权利人的主张和提供的证据认定侵权人因侵权所获得的利益”，从该种证明妨碍的救济措施来看，其并没有直接表述为推定权利人的主张成立，不仅与大陆法系国家的规定不相符合，也与我国民事诉讼立法和司法解释存在冲突。更为重要的是，《商标法》第 63 条第 2 款和《专利法司法解释二》第 27 条作如此安排直接导致其与法定赔偿制度之间的冲突和混乱。后者法条直接表述为解决侵权获利问题，《商标法》第 63 条第 2 款虽然没有直接表述为是解决侵权获利问题，但该款妨碍行为所指向的证据是与侵权行为相关的账簿、资料，该证据即是用来计算侵权获利所需，结合《专利法司法解释二》对该款进行借鉴又修正来看，该款所要解决的待证事实也是侵权获利。侵权获利在我国知识产权损害赔偿四种计算方法中是排在第二位的，法定赔偿排在最后，侵权获利等无法确定才适用。问题即在于上述两条款规定根据权利人的主张和提供的证据认定侵权获利，与法定赔偿的认定方法是一致的，法定赔偿也是根据权利人提交的证据和权利人的主张酌定赔偿数额，由此便导致知识产权损害赔偿计算顺序的混乱。

实际上，《商标法》和《专利法司法解释二》的上述规定，是对审判实践中一些做法的沿袭。如在汕头市华美塑料模具实业有限公司诉潮安怀兴不锈钢制品有限公司侵害外观设计专利权纠纷案中，汕头市中级人民法院认为，根据证据规定第 75 条，结合怀兴公司在其网页自认员工人数多、销售区域广等情况，确定赔偿数额为 10 万元。[②] 又如在上述吴江信电纺织子管有限公司诉美利肯公司（MILLIKEN & COMPANY）侵害发明专利权纠纷案中，江苏省高级人民法院明确信电公司因证明妨碍行为应承担不利后果，又列举了法定赔偿的

① 江苏省高级人民法院（2013）苏知民终字第 0068 号民事判决书。

② 广东省汕头市中级人民法院（2012）汕中法民三初字第 132 号民事判决书。

考量因素,最后“在法定赔偿范围内酌定”赔偿80万元。[①] 这些案件中,证明妨碍行为的法律后果并未得到真正体现,证明妨碍行为实际演化为法定赔偿的参考因素之一,证明妨碍制度独有的法律效果得到极大的弱化。

综上分析,我国证明妨碍制度立法和审判实践中出现的问题如影随行,甚至相互影响,不利于证明妨碍制度功能的有效发挥。

三、重构:知识产权损害赔偿证明妨碍制度的完善

(一)知识产权损害赔偿领域证明妨碍制度的理论支撑

从《专利法》《商标法》《著作权法》关于损害赔偿计算方法来看,权利人损失、侵权人获利等表述,均贯彻了民法上的损害填补原则,而并没有制裁之意;从证明妨碍制度的立法目的来看,其在于恢复当事人之间因妨碍行为出现而造成的控辩对抗上失衡的状态。证明妨碍规则之所以规定于知识产权损害赔偿领域,其目的在于拟制侵权人获利,侵权人获利之计算方式尚为救济权利人损害之需要,无制裁之本意,则证明妨碍行为的法律后果亦不宜施加惩罚性制裁之意。证明责任转换说将导致本不承担证明责任的一方当事人败诉,故对此应持谨慎态度,[②]且证明责任倒置限于法律明确规定的情形,在知识产权领域仅有新产品制度方法发明专利适用举证责任倒置。因此,基于证明责任转换说法律效果的严厉性和极端性,[③]以及法有明文规定才能适用的考量,证明妨碍法律后果不应当采纳证明责任转换说。关于拟制真实说,区别于证据自由评价说或证明标准降低说兼考量或要求提供案件其他证据,如《证据规定》第75条所示权利人主张证据之内容不利于持有人即可其主张成立,而不管推定的内容与案件真实是否相符,似也有惩罚制裁之意,与现行知识产权损害填补立法原则不符。此外,笔者认为拟制真实说不应单独成为证明妨碍行为的法律后果,无论证据自由评价说、证明标准降低说还是证明责任转换说,只要符合该三种学说的设定条件,其法律后果都是拟制真实,可以说拟制真实说是其他三种学说可能的法律后果。关于证据自由评价说,鉴于在我国审判实践中容易导致证明妨碍行为沦为法定赔偿的参考因素而丧失其独立性,也

---

① 详见江苏省高级人民法院(2013)苏知民终字第0068号民事判决书;相似案例还可参见江西省高级人民法院(2014)赣民三终字第18号民事判决书;广东省汕头市中级人民法院(2013)汕中法民三初字第29号民事判决书。

② 姜世明:《新民事证据法论》,新学林出版股份有限公司2009年修订三版,第312页。转引自于鹏:《民事诉讼证明妨碍研究》,中国政法大学2011年博士学位论文。

③ 于鹏:《民事诉讼证明妨碍研究》,中国政法大学2011年博士学位论文。

不宜采取此说。关于多重法律效果说,[①]笔者认为,每种学说背后均有其深厚的法治土壤和理论渊源,均是各国长期以来历史传统,文化积淀等多种因素综合作用的结果,将其全部移植为己用,似有不妥,只有寻找最接近我国现实的理论支撑,否则可能会出现法律移植水土不服的后果。综上,以上学说均不应成为我国知识产权损害赔偿领域证明妨碍制度的理论支撑。

笔者认为,我国知识产权证明妨碍立法应采纳证明标准降低说。首先,证明标准降低说最符合立法本意。从《商标法》第 63 条第 2 款和《专利法司法解释二》第 27 条要求权利人"尽力举证"或提交侵权获利的"初步证据"来看,"尽力举证"暗含并不需要完全达到证明标准之意,"初步证据的重要特点是不能对待证事项提供充分的证明力","用初步证据证明待证事项意味着降低了待证事实的证明标准",[②]权利人提交初步证据或尽力举证后,本达不到侵权获利的证明标准,当妨碍行为出现后,可根据权利人的主张认定侵权获利,即降低了侵权获利的证明标准。其次,证明标准降低说有利于弥补法定赔偿滥用之不足。证明标准降低说是为解决侵权获利问题而设,在出现证明妨碍行为时,通过降低证明标准以明确侵权获利,可以减少当前法定赔偿过多适用的不足,有利于构建良好有序的知识产权侵权损害赔偿计算方式。最后,证明标准降低说减轻权利人举证难题的同时,又平衡当事人双方利益。相较于证明责任转换说的严苛及证据自由评价说的过大自由裁量权,证明标准降低说在妨碍行为出现后,并非不要求权利人作任何努力,直接推定权利人的主张成立,权利人仍然需要举出初步证据证明侵权获利,较好地平衡了双方当事人之间的利益。

(二)知识产权损害赔偿证明妨碍制度的具体设计

1. 实体安排

在法律条文的拟定上,《商标法》第 63 条第 2 款和《专利法司法解释二》第 27 条的立法目的相同,二者的条文表述应当统一。前文已论述该两条均为解决侵权获利而设,应肯定《专利法司法解释二》第 27 条直接明确立法目的

---

① 我国有学者认为,不宜采取单一性的方式救济被妨碍者,应构建证明妨碍法律效果的多元化适用。韩静茹:《民事诉讼证明妨碍问题之反思——理论、实践及制度优化语境下的思考》,载《时代法学》2012 年第 6 期;包冰锋:《多元化适用:证明妨碍法律效果的选择路径》,载《现代法学》2011 年第 9 期。

② 薄晓波:《论环境侵权诉讼因果关系证明中的"初步证据"》,载《吉首大学学报》(社会科学版)2015 年第 5 期。有学者也认为诉讼法上证明标准有三个层级:初步表面之证据(低度盖然性)、优越之证据(优越之盖然性)以及明白有力之证据(高度盖然性)。黄国昌:《民事诉讼理论之新展开》,北京大学出版社 2008 年版,第 147 页。

是为解决侵权获利,而不应当采纳《商标法》第63条第2款的表述;同时应肯定《专利法司法解释二》第27条用“初步证据”替代《商标法》第63条第2款中的“尽力举证”,“初步证据”的表述更加具有可操作性;对于证明妨碍行为的法律后果,为避免证明妨碍行为成为法定赔偿的考量因素,应摒弃《商标法》和《专利法司法解释二》的表述,直接规定为可推定权利人关于侵权人获利的主张成立。据此,笔者试拟定我国知识产权损害赔偿领域证明妨碍规则的条文为:“权利人因被侵权所受到的实际损失难以确定的,人民法院应当要求权利人对侵权人因侵权所获得的利益进行举证;在权利人已经提供侵权人所获利益的初步证据,而与专利侵权行为相关的账簿、资料主要由侵权人掌握的情况下,人民法院可以根据权利人的书面申请,责令侵权人提供该账簿、资料;侵权人无正当理由拒不提供或者提供虚假的账簿、资料的,人民法院可以推定权利人关于侵权人因侵权所获得利益的主张成立。”对此,还需要明确以下问题:

关于初步证据。提交初步证据是证明标准降低说下权利人的义务,是证明妨碍推定法律效果成立的前提。“初步证据”,又称为表面证据,其概念可见于《中华人民共和国海商法》以及最高人民法院环境资源审判司法政策意见等规范性文件中,但目前尚没有法律和司法解释对其作出定义,①更没有对其进行类型化以指导审判实践,法院在判定初步证据的标准时享有较大的自由裁量权。司法实践中认定为初步证据的证据有行政处罚决定书、②根据第三方发布的数据进行推演计算的方法、③当事人的网站统计数据、上市公司披露的被诉侵权产品的年营业收入及利润率等。④ 初步证据的判定尚需要在司法实践中不断完善。

关于妨碍推定。鉴于与侵权行为相关的账簿、资料由侵权人掌握,如侵权人拒不提供,权利人和法院均无从了解和知悉账簿、资料的内容,此时如拟制账簿、资料的内容为真实,无法实现证明妨碍制度的功能和价值,因此,应拟制权利人关于侵权获利的主张为真实,我国知识产权和民事诉讼立法的冲突,可以特别法优于普通法的原则来解决。

关于证明妨碍与法定赔偿的关系。应当纠正当前司法实践中法院判定证明妨碍推定成立后,又以法定赔偿方式酌定赔偿数额的做法。证明妨碍情形

---

① 《布莱克法律大辞典》将其解释为“除非相反的证据被提出,否则据此证据已能确立某项事实或支撑某项判决”。我国有学者借鉴该解释将其定义为在没有相反证据的条件下成立的证据。尹伟民、刘云龙:《简议海事诉讼中的初步证据》,载《当代法学》2011年第11期。

② 浙江省高级人民法院(2013)浙知终字第56号民事判决书。

③ 福建省高级人民法院(2014)闽民终字第641号民事判决书。

④ 浙江省绍兴市中级人民法院(2014)浙绍知初字第50号民事判决书。

下，权利人提交初步证据的，应直接认定权利人关于侵权人获利的主张成立；权利人未提交证据，或者提交的证据达不到初步证据的证明标准时，应适用许可费合理倍数直至法定赔偿来确定赔偿数额。

2. 程序保障

首先，程序的启动及法院的通知、释明。应根据《民诉法解释》第 112 条的规定，由权利人在举证期限届满前向人民法院提出责令对方当事人提交与侵权行为有关的账簿、资料的书面申请。鉴于证明妨碍推定事关对方当事人的重大利益，人民法院在权利人申请理由成立后需书面责令当事人提交上述资料，载明需要提交证据的名称、数量、提交的期限，并明确释明拒不提交可能导致的法律后果并注明法律条文。其次，妨碍者的抗辩权。鉴于妨碍推定救济措施的严厉性，妨碍者的程序保障不可缺少，妨碍者可以基于以下事由提出抗辩：一是账簿、资料不存在的抗辩，如没有建立账簿，有账簿、资料却由于其他原因已经毁损、灭失；或虽存在，但与被诉侵权行为不相关的抗辩；二是账簿、资料含有当事人商业秘密的抗辩。在此情形下，当事人仍有提交的义务，可根据当事人的申请不公开审理，并要求对方当事人签订保密承诺书，违反保密义务需要承担相应的法律责任，以平衡双方之间的权利义务。最后，证明妨碍与证据保全、调查取证的关系。司法实践中，证明妨碍行为多发生在人民法院证据保全和调查取证过程中当事人拒不配合的情形，与人民法院书面责令提交相比，证据保全和调查取证可减少证据灭失的可能性，更加有可能获得相关财务资料，在此，应肯定权利人的程序选择权。

结　论

证明妨碍制度对破解知识产权司法领域长期存在的举证难题具有重要作用，完善的证明妨碍制度能够适应立法者提高侵权赔偿数额、加大知识产权保护力度的期许。然我国证明妨碍制度立法及实践中的不足与缺陷导致证明妨碍制度的功能并没有有效发挥，笔者采用理论和实践相结合的方法，从理论支撑到法条设置再到个案分析，全面的剖析了上述不足与缺陷，并在证明标准降低说的理论支撑下从实体到程序尝试构建了完整的知识产权损害赔偿证明妨碍制度，以期对我国司法实践有所裨益。

《反垄断法》禁止的限定交易与搭售行为认定研究

姚建军*

摘要:垄断行为的主体是市场经营者。在垄断案件中,界定“相关市场”是认定市场支配地位的前提和基础。对市场地位进行界定是《反垄断法》中确认是否滥用市场地位制度的基础性工作。市场支配地位是经营者在特定市场上所具有的可以决定产品产量、产品价格和产品销售等方面的控制力量。限定交易行为与捆绑交易行为作为滥用市场支配地位的表现形式,既是司法实践中经常遇到的问题,也是审判实践中的难点所在。如何正确适用我国《反垄断法》,解决由此引发的垄断纠纷案件,引导、规范市场竞争机制健康有序发展,是每一个知识产权法官所必须关注的问题。本文采用实证研究和对比研究的方法,以垄断行为的主体是市场经营者为出发点,从共性基础工作即相关市场精确界定、条款适用前提即具有市场支配地位、个性行为识别即滥用市场支配地位等与限定交易行为与捆绑交易行为有关的三个层面涉及的问题展开论述。作者结合中外颁布的法律法规、中外典型案例及理论研究成果,对与限制交易行为、捆绑交易行为关联的相关市场的内涵和考量因素、市场支配地位的法律属性及判定标准、限制交易行为与捆绑交易行为的本质和构成要件进行了研究探讨,期望对我国反垄断案件的司法审判有所裨益。

关键词:垄断纠纷　相关市场　市场支配地位　限定交易　捆绑交易

引　言

垄断行为的主体是市场经营者,我国《反垄断法》第12条规定,本法所称经营者,是指从事商品生产、经营或者提供服务的自然人、法人和其他组织。由此规定可以解读出:经营者是参与市场竞争的主体,具有直接或者间接营利目的,享有自主经营权,在市场经营活动中具有独立性。判断是否为市场经营者应当按照是否从事或者参与市场行为的客观标准进行认定。凡参与经营活动的人均可以视为经营者,不具有参与市场竞争的主体虽然并非《反垄断法》所言的“经营者”,但若其为经营者提供帮助实施垄断行为,即共同从事了垄断行为,则可以视为《反垄断法》所称的“经营者”。经营者在从事市场经营

* 姚建军,陕西省西安市新城区人民法院法官。

中,是否在相关市场占有支配地位及滥用市场支配地位,是司法实践中经常遇到的问题。笔者原所在的西安市中级人民法院涉及的垄断案件,均是以滥用市场支配地位为由引发的纠纷。基于此,本文选择限定交易与捆绑交易问题进行研究,以期统一审理此类案件的裁判路径。

一、共性基础工作:相关市场精确界定

在判断企业是否具有市场支配地位过程中,精确界定相关市场是所有案件必须进行的基础工作。只有界定了相关市场,才能进一步界定是否具备市场支配地位,以及诉争行为是否妨碍了市场竞争、构成垄断。在垄断案件中,界定"相关市场"是认定市场支配地位的前提和基础。相关市场界定的目的在于界定对相关产品供应商的竞争约束。如果供应商把价格提高到竞争水平以上或降低产品质量,这种市场力量会使其利润降低。如商品甲的购买者在制造甲的企业显著提价时只能转向商品乙,那么乙就是甲唯一的竞争约束。一般情况下,竞争约束的强度决定了我们考虑的商品供应商的行为是否会损害竞争和消费者。① 对此,从以下几方面分析:首先,相关市场的内涵。相关市场又称为特定市场,确定相关市场需要考虑产品和地区两个核心要素。②《中华人民共和国反垄断法》第 12 条第 2 款规定,本法所称相关市场,是指经营者在一定时期内就特定商品或者服务(以下统称商品)进行竞争的商品范围和地域范围。《国务院反垄断委员会关于相关市场界定的指南》第 3 条规定,在反垄断执法实践中,通常需要界定相关商品市场和相关地域市场。相关商品市场,是根据商品的特性、用途及价格等因素,由需求者认为具有较为紧密替代关系的一组或一类商品所构成的市场。这些商品表现出较强的竞争关系,在反垄断执法中可以作为经营者进行竞争的商品范围。相关地域市场,是指需求者获取具有较为紧密替代关系的商品的地理区域。这些地域表现出较强的竞争关系,在反垄断执法中可以作为经营者进行竞争的地域范围。也有学者指出:从经济学的角度,特别是是从生产者或者经营者的角度来看,市场一般是指企业销售其产品的场所。竞争法中的市场,一般是指相关市场。③美国《横向合并指南》规定:"一个市场可以定义为一种产品和一个地域,该地域生产或销售产品的厂商以利润最大化为逻辑前提。包括产品市场和地域市

---

① 国际竞争网络(ICN)2008 年单边行为工作组报告:《在评估市场支配地位/显著市场力量时的推荐方法》,载 http://www. internationalcompetitionnetwork. org/uploads/library/doc317. pdf,2016 年 7 月 1 日访问。

② 黄勇、董灵:《反垄断法经典判例解析》,人民法院出版社 2002 年版,第 67 页。

③ 尚明主编:《反垄断法理论与中外案例评析》,北京大学出版社 2008 年版,第 163 页。

场。”我国台湾地区的“公平交易法”规定:“特定市场,系指事业就一定商品或服务,从事竞争之区域或范围。[①] 其次,产品市场界定的出发点。产品市场界定的出发点是产品的可替代性。确定产品市场,需要从消费者的角度去衡量,所有与经营者的产品存在替代性的产品均应包括在内,即相互间的竞争产品或因该产品的存在而使某一经营者随意定价的能力受到限制。[②] 欧共体《关于为欧共体竞争法目的定义特定市场的通告》(1997C372/3)规定:“一个特定市场包括产品市场和地域市场。特定产品市场由所有在消费者看来在其特征、价格和用途方面具有可替代性的产品和/或服务组成;特定地域市场由在产品或服务的供给和需求方面相关企业从事经营活动的区域组成,在该区域内竞争条件充分趋同并显著区别于和其相邻的地区,在其相邻区域内有着足够不同的竞争条件。”[③]由此可以推出,相关产品市场是指根据产品的特征、价格及其使用目的,从消费者的角度可以相互交换或者相互替代的所有产品和/或者服务。对于产品是否具有可替代性的判定,欧共体委员会提出了一系列方法,特别是提出要使用经济学和计量经济学的方法界定产品市场和地域市场,从而明确地将经济分析法引入了欧共体竞争法。根据欧共体的司法实践,决定几个产品之间是否具有可替代性,主要考虑以下因素:(1)产品的性能和使用目的;(2)产品价格;(3)消费者的喜好。[④] 我国学者认为,对产品市场划分标准应考虑如下因素:产品的性质,产品的用途,产品价格,消费者的喜好。[⑤] 与此同时,我国学者在考察外国司法实践之后提出,在界定相关市场时,所适用的基本规则可归纳为:第一,经济学上的“需求交叉理论弹性”,是用于界定相关市场所应当遵循的基本原理。它不能直接用于反垄断的司法实践,需要对其作相应的修正,使之满足法律实践的需求。第二,“合理的互换可能性”标准、“特有性质及用途”标准以及“次级市场”概念和“商品群”概念,都是司法审判机关依据“需求交叉理论弹性”,将该理论用于界定相关市场,并对其作适于法技术需要所作的改造、补充和再构建而成的法学意义上的标准和概念。第三,界定相关市场,主要是通过考察不同商品或服务的价格、物理特征、用途以及需求者的消费习性和偏好等因素,并注意考虑需求和供给

① 尚明主编:《反垄断法理论与中外案例评析》,北京大学出版社2008年版,第164~165页。
② 黄勇、董灵:《反垄断法经典判例解析》,人民法院出版社2002年版,第67页。
③ 尚明主编:《反垄断法理论与中外案例评析》,北京大学出版社2008年版,第168页。
④ 王晓晔:《欧共体竞争法》,中国法制出版社2001年版,第77~79页。
⑤ 尚明主编:《反垄断法理论与中外案例评析》,北京大学出版社2008年版,第167~172页。

这两个方面的交叉弹性。① 法院在审理奇虎公司与腾讯公司垄断纠纷案过程中对案件涉及的相关市场作了深入分析。在相关商品市场上，广东省高级人民法院在确定本案相关商品市场的界定时采取了下列方法：根据需求者对QQ 软件及其服务的功能用途需求、质量的认可、价格的接受以及获取的难易程度等因素，从需求者的角度定性分析不同商品之间的替代程度；同时亦结合考虑供给替代的影响，最终得出的结论是综合性的即时通讯产品及服务构成一个独立的相关商品市场的主张不能成立。最高人民法院根据现行规定结合多种定性与定量分析方法，认为：本案相关商品市场应界定为即时通信服务市场，既包括个人电脑端即时通信服务，又包括移动端即时通信服务；既包括综合性即时通信服务，又包括文字、音频以及视频等非综合性即时通信服务。在相关地域市场的界定上，广东省高级人民法院以境外经营者可向中国大陆地区用户提供即时通信服务、被上诉人也向世界各地用户提供服务、有一定数量的境外用户在使用被上诉人提供的即时通信服务等作为重要论据，认定本案相关地域市场应为全球市场。最高人民法院指出：首先，境外经营者可向中国大陆地区用户提供即时通信服务并不等于其能够及时进入并对境内经营者形成有力的竞争约束。其次，相关地域市场界定关注的是境外经营者能否及时进入并对境内经营者形成有力的竞争约束，境内经营者是否向境外用户提供服务以及境外用户是否使用境内经营者提供的服务与此并无直接关联性；根据相关市场界定的替代性原理及相关地域市场通常呈现的基本特性，认为该案件的相关地域市场应当为中国大陆市场。

二、条款适用前提：具有市场支配地位

市场支配地位的概念最初来自于德国《反限制竞争法》，对市场地位进行界定是反垄断法中确认是否滥用市场地位制度的基础性工作。在某种意义上讲，“市场支配地位”属于一种经济现象，是企业的一种市场状态，这种状态本身就是指企业在某一特定的市场上形成一家独大的市场结构。在这种市场结构下，具有市场支配地位的经营者能够自由地提高或者降低价格，能够自由地实施对其经营者的竞争限制，而不用担心消费者或者与其具有交易关系的经营者会背弃它而选择其他竞争性企业的产品。换言之，“市场支配地位”是指经营者在特定市场上所具有的某种程度的支配或者控制力量，拥有决定产品产量、价格和销售等方面的控制力量。《联合国竞争法范本》将市场支配地位解释为一企业单独或连同少数其他企业控制某一种或某一类商品或服务的相

---

① 商务部条法司编：《中国企业并购反垄断审查相关法律制度研究》，北京大学出版社 2008 年版，第 20 页。

关市场。《中华人民共和国反垄断法》第17条第1款规定:“禁止具有市场支配地位的经营者从事下列滥用市场支配地位的行为:(一)以不公平的高价销售商品或者以不公平的低价购买商品;(二)没有正当理由,以低于成本的价格销售商品;(三)没有正当理由,拒绝与交易相对人进行交易;(四)没有正当理由,限定交易相对人只能与其进行交易或者只能与其指定的经营者进行交易;(五)没有正当理由搭售商品,或者在交易时附加其他不合理的交易条件;(六)没有正当理由,对条件相同的交易相对人在交易价格等交易条件上实行差别待遇;(七)国务院反垄断执法机构认定的其他滥用市场支配地位的行为。”由此规定说明,具有市场支配地位的经营者有能力足以影响市场的有效竞争。具有市场支配地位的经营者构成要件为经营者可以自由行动,无须考虑其他竞争者和消费者的反映;消费者或用户对该经营者具有相当程度的依赖性;经营者的独立行动可以影响或妨碍市场的有效竞争。需要明确的是具有市场支配地位的企业不等同于垄断企业。垄断企业从经济学角度讲就是一种产品或者服务的唯一供货者,该企业在它所生产的产品或者提供服务的市场上没有可替代品,此时垄断企业达到了完全支配市场的程度。市场支配地位反映了企业与市场竞争的关系,拥有市场支配地位的企业基本上不受竞争的约束,进而可以不考虑竞争者或者交易对手的反映就可以自由定价或者做出经营决策。欧洲法院在联合商标一案中给出的界定为“一个企业所享有的经济力量,即通过给予其在相当程度上不受其竞争对手、客户以及最终消费者影响而自行其是的能力,能够使行为人防止或至少阻碍在相关市场上保持有效的竞争”。而欧共体委员会在1972年关于“大陆罐”(Continental Can)一案的裁决中指出:“一个企业如果有能力独立地进行经济决策,即决策时不必考虑竞争者、买方和供货方的情况,它就是一个处于市场支配地位的企业。如果一个企业通过与市场份额相关的因素,例如技术秘密、取得原材料和资金的渠道以及其他重大的优势如商标权,能够决定相关市场一个重大部分的价格,或者能够控制它们生产和销售,这就存在着市场支配地位。市场支配地位不是说这个势力必然剥夺市场上全体参与者的竞争自由,而是强大到总体上可保证这个企业市场行为的独立性,即便这个势力对市场的不同部分有着强度不同的影响。”①由此可见,市场支配地位核心指向经营者在相关市场内的控制能力。因此,《中华人民共和国反垄断法》第17条第2款明确指出:“本法所称市场支配地位,是指经营者在相关市场内具有能够控制商品价格、数量或者

① 商务部条法司编:《〈中华人民共和国反垄断法〉理解与适用》,法律出版社2007年版,第110页。

其他交易条件,或者能够阻碍、影响其他经营者进入相关市场能力的市场地位。”

根据各国的实践来看,判断企业是否具有市场支配地位整体上有三种标准,即市场行为标准、市场效果及市场结构三种标准。市场行为标准认为,如果经营者在指定产品的价格或者在作出经营决策之时,可以不考虑其他竞争者的定价行为或者经营决策的相关影响,就可以判断该经营者具有市场支配地位。市场行为标准实际上就是以市场力量进行考量。市场力量是关于一种商品的供应商能将价格提到完全竞争价格之上的能力。大部分商家都有一定的市场力量;但反竞争行为只可能来自于具有显著市场力量的公司。市场效果标准就是依据经营者经营的效果来判断是否具有市场支配地位。市场结构标准是认定经营者市场地位最直接的标准,其含义是从经营者的市场份额、市场占有率来判断市场地位。[①] 我国法律目前采用了考量多种因素的判定标准。《中华人民共和国反垄断法》第 18 条规定:“认定经营者具有市场支配地位,应当依据下列因素:(一)该经营者在相关市场的市场份额,以及相关市场的竞争状况;(二)该经营者控制销售市场或者原材料采购市场的能力;(三)该经营者的财力和技术条件;(四)其他经营者对该经营者在交易上的依赖程度;(五)其他经营者进入相关市场的难易程度;(六)与认定该经营者市场支配地位有关的其他因素。”第 19 条规定:“有下列情形之一的,可以推定经营者具有市场支配地位:(一)一个经营者在相关市场的市场份额达到二分之一的;(二)两个经营者在相关市场的市场份额合计达到三分之二的;(三)三个经营者在相关市场的市场份额合计达到四分之三的。有前款第二项、第三项规定的情形,其中有的经营者市场份额不足十分之一的,不应当推定该经营者具有市场支配地位。”在奇虎公司与腾讯公司垄断纠纷案的司法审判过程中,法院根据现行立法进行了综合分析。最高人民法院在终审判决中指出:本院将从市场份额、相关市场的竞争状况、被诉经营者控制商品价格、数量或者其他交易条件的能力、该经营者的财力和技术条件、其他经营者对该经营者在交易上的依赖程度、其他经营者进入相关市场的难易程度等方面,对被上诉人是否具有市场支配地位进行考量和分析。……综上,本案现有证据并不足以支持被上诉人具有市场支配地位的结论。一审法院认定被上诉人不具有市场支配地位,并无不当,上诉人的相应上诉理由不能成立,本院不予支持。此外,在西安市中级人民法院审理的咸阳联合客运公司诉秦都出租车服

---

① 尚明主编:《反垄断法理论与中外案例评析》,北京大学出版社 2008 年版,第 159 ~ 161 页。

务部等限定交易纠纷案中,[1]法院认为,秦都、渭城、华光服务部管理服务的车辆在咸阳市城区出租汽车服务市场的份额合计达到四分之三,且每个服务部服务车辆的市场份额均超出了十分之一,但正如联合公司所称其不能进入出租汽车服务市场是因客运处作为出租汽车的管理机构,未给其颁发道路运输经营许可证和车辆营运证所致。反言之,若客运处给联合公司颁发了相关证照,其也不可能提起本案民事诉讼。由此也证明秦都、渭城、华光服务部在咸阳市出租汽车服务市场内并不具有控制出租汽车的服务费用、出租汽车数量的能力,也不具有阻碍、影响其他经营者进入出租汽车服务市场的能力,故秦都、渭城、华光服务部在咸阳地区出租汽车服务市场不具有市场支配地位。在吴某某与陕西广电网络传媒(集团)股份有限公司垄断纠纷案中,[2]西安市中级人民法院认为,由于有线电视传输服务市场实行省级专营,陕西广电网络传媒(集团)股份有限公司是经陕西省政府批准,陕西境内唯一合法经营有线电视传输业务的经营者和唯一的电视节目集中播控者,因此陕西广电网络传媒(集团)股份有限公司当前在陕西省境内的有线电视传输服务市场上占有百分之百的份额。同时,有线电视传输服务市场实行省级专营,市场进入本身存在很大的障碍。法院考虑到有线电视传输服务需要建立大规模的传输网络,投入成本较高,即使不存在专营,市场进入也较为困难。故陕西广电网络传媒(集团)股份有限公司在答辩时称其在陕西省境内的有线电视传输服务市场上占有支配地位,依法予以认定。

三、个性行为识别:滥用市场支配地位

(一)限定交易

限定交易行为是指具有支配地位的企业对其贸易合作者规定的强制性义务,即对方只能与其进行交易,而不能与其他竞争者进行交易。限定交易一般分为限定销售或限定供应两种表现形式。前者是指处于市场支配地位的供应商限定销售商只能销售自己的产品或者自己指定的产品;后者是指处于支配地位销售商限定供应商只能向自己或者指定的销售商供应。[3] 构成《反垄断法》所禁止的限定交易行为,需要满足的条件是:经营者在相关市场内具有支配地位;经营者利用在相关市场内的支配地位进行了限定交易行为;经营者限定交易行为缺乏正当理由。在规制限定交易的市场滥用行为之时,应区别对待本身违法原则和合理原则。首先,要从该行为是否损害消费者和竞争的角

---

① 陕西省西安市中级人民法院(2013)西民四初字第00246号民事判书。

② 陕西省西安市中级人民法院(2012)西民四初字第00438号民事判书。

③ 尚明主编:《反垄断法理论与中外案例评析》,北京大学出版社2008年版,第226页。

度,来检测该行为是否具有违反竞争的效应。其次,要考量该行为是否具有促进竞争的效应,比如促进效率。最后,要衡量违反竞争的效应是否超过了促进竞争的效应。[①] 如果一种行为是违反竞争的,那么它必须使得参与该行为的企业能够在大部分市场中可以排斥其竞争对手。[②] 如果一种行为能够在大部分的市场中排斥竞争对手,那么参与该行为的企业将会提高价格进而损害消费者。如果该行为不能在大部分市场中排斥竞争对手,那么参与该行为的企业将不可能提高价格,消费者也将继续从企业间的竞争中受益。这也就是为什么美国的法院[③]和欧盟委员会要求提供充足的证据,以证明滥用行为将导致排斥市场中的大部分竞争者。[④]

最高人民法院在审理奇虎与腾讯垄断纠纷案过程中对此作了充分的分析。在关于被上诉人实施"产品不兼容"行为对竞争的实际影响上,最高人民法院针对即时通信服务市场指出:尽管被上诉人实施"产品不兼容"行为仅持续一天,却给该市场带来了更活跃的竞争。在被上诉人实施"产品不兼容"行为后2~3周,其主要竞争对手MSN、飞信和阿里巴巴等的用户数量均有较高增幅。MSN更是在月覆盖人数长期负增长之后实现局势逆转,增长率高达61.93%,实际比上月增长2300多万人。新的竞争者移动飞信、新浪UC等乘机进入市场,下载量猛增。同时,根据被上诉人所委托专家的计算结果,被上诉人自身的市场份额降低了约1%。结合竞争对手的市场变化,有理由相信,如果"产品不兼容"行为持续更长时间,被上诉人的市场份额将大幅下滑。而被上诉人的市场份额实际未发生较大变化更可能是由于"二选一"行为持续时间太短、用户迅速回流所致。最高人民法院针对安全软件市场指出:被上诉人实施的"产品不兼容"行为的确对上诉人的市场份额造成一定程度的消极影响。但是,《反垄断法》所关注的重心并非个别经营者的利益,而是健康的市场竞争机制是否受到扭曲或者破坏。根据上诉人所委托专家的计算结果,在"二选一"行为期间,360安全卫士和360杀毒软件的周用户数量比上周降低了10%,360保险箱的周用户数量降低了12%。如果转换成市场份额,根据被上诉人专家的计算结果,则上诉人在安全软件中的市场份额下降了3.3

---

① 国际竞争网络(ICN)2008年《关于单一品牌与限制交易的报告》,载http://www.internationalcompetitionnetwork.org/uploads/library/doc355.pdf,2016年7月1日访问。

② Massimo Motta:《竞争政策:理论与实践》,剑桥出版社2004年版,第273页。

③ Tampa Electric Co. v. Nashville Co., 365 U.S. 320(1961); Jefferson Parish Hospital District v. Hyde, 466 U.S. 2(1984).

④ James D. Veltrop(1994), "Tying and Exclusive Purchasing Arrangements under EC Competition Law," *Common Market Law Review*, 31, 549–573.

个百分点,即从74.6%下降至71.3%。在同一时期,被上诉人的市场份额则仅仅增长了0.57个百分点,即从3.89%增长至4.46%。可见,被上诉人实施的“产品不兼容”行为对安全软件市场的影响是极其微弱的,并未显著排除或者限制安全软件市场的竞争。

(二)捆绑交易

捆绑交易行为又称搭售行为是指具有市场支配地位的经营者违背交易惯例、消费习惯等或者无视商品的功能,将不同商品强制捆绑销售或者组合销售。换言之,捆绑交易是指卖方与买方签订合同时,要求买方购买与合同标的相独立的产品或服务的行为;也即经营者销售一种商品时以买方购买另一种商品为条件,限制了用户的选择权。在柯达公司诉图像技术维修公司案中,美国最高法院在判决要点中指出:搭售协议即协议的一方出售一种产品以买方购买另一种不同的(搭售)产品或至少同意将不从其他供应商处购买该产品。[①] 搭售行为具有“强迫性”及“产品独立性”两项特征。首先,卖方“要求”买方购买搭售的产品(以下简称“搭卖品”)具有一定的强迫性,也即因为卖方具有的结卖品市场支配地位而使得买方不得不接受搭卖品。[②] 搭售关键在于,是否实质性地抑制了相对方选择的自由。也就是说,是否强制相对方放弃对“其他商品”的独立判断。在海德案中,美国法院提出了搭售行为的一个基本判定标准:被告在主产品市场具有市场垄断力;在搭售产品市场具有构成实质性威胁的市场力量;存在经济上的合理理由将两种产品视为不同的产品。其构成要件为存在两种不同的产品;卖方将两种产品作捆绑销售;卖方在主产品市场存在市场垄断力;搭售协议搭售产品市场的交易量有重大影响。[③] 例如,成套销售的场合,如果买方能够容易地选择分散销售的方式,就不属于“强制”(例如,牙刷和牙膏)。[④] 其次,搭售行为的构成要求结卖品与搭卖品是两种不同的产品。[⑤] 当然,是不是不同的产品,可以从消费者的需求、产品性质、商业习惯、产品用途、产品价格等方面来判断。此外,是否为“其他商品”,并不只是从商品的客观特征等来进行判断。按社会常理,不认为是搭配

---

① 黄勇、董灵:《反垄断法经典判例解析》,人民法院出版社2002年版,第419页。

② 许光耀:《欧共体竞争法通论》,武汉大学出版社2006年版,第405页。

③ 黄勇、董灵:《反垄断法经典判例解析》,人民法院出版社2002年版,第451页。

④ [日]根岸哲、舟田正之:《日本禁止垄断法概论》,王为农、陈杰译,中国法制出版社2007年版,第246页。

⑤ 许光耀:《欧共体竞争法通论》,武汉大学出版社2006年版,第404页,

销售“其他商品”的场合，就应当作为一个商品来看待（例如，钢笔和插笔筒）。[①] 再者，搭售商品必须同时购买；最后，就是法律规定的没有正当理由。至于构成《中华人民共和国反垄断法》上的附加不合理的条件，必须满足：交易对方当事人进行交易时被附加条件；所附加的条件要求对方当事人在进行交易时必须同时接受；所附加的条件违背了交易对方当事人的真实意愿；附件条件没有合理理由。在对搭售和附加不合理交易条件的法律适用原则上，有过本身违法性原则和合理原则的争议。现在学界通说赞成采用合理原则。[②] 在奇虎公司与腾讯公司垄断纠纷案的审理过程中，最高人民法院依据合理原则进行了全面分析，包括搭售的构成要件及其对竞争的潜在影响、市场支配力量的衍生情况、合理性及其定性依据等，最终依法认定被上诉人的行为不构成滥用市场支配地位。

结　语

保护消费者利益是《中华人民共和国反垄断法》的目标之一，在反垄断规制过程中，消费者利益永远是永恒的话题。正如在学习反垄断法期间，香港城市大学顾敏康教授所言：垄断状态不违法，但不能利用自己的垄断地位来损害他人的合法权益。笔者期待立法及执法机构尽快出台相关审查指南或司法解释，明确判定垄断行为的具体规则，从而统一裁判路径，维护法律适用标准的统一。

---

① ［日］根岸哲、舟田正之：《日本禁止垄断法概论》，王为农、陈杰译，中国法制出版社2007年版，第245～246页。

② 尚明主编：《反垄断法理论与中外案例评析》，北京大学出版社2008年版，第233～234页。

改革背景下的知识产权审前调解工作的发展思路

钱翠华*

摘要:我国社会管理体制正走向多主体、多元化治理新模式,司法本身是社会管理的一部分,与社会管理体制改革背景相适应,应架构和完善与多元主体之间有序合作的法院调解新模式——审前调解。审前调解通过法院自身独有的方式,借助审判权的行使介入社会管理,展现其独特的社会管理功能,是以司法改革创新助推社会管理创新的生动样本。

本文试从改革背景入手,论述我国传统法院调解模式与社会发展的不适应性,探讨知识产权审前调解模式的设计与发展思路,以期对完善协调"法官员额制"与"立案登记制"的矛盾找到最佳切入点,旨在对法院推进建立健全知识产权审前调解的体制与机制有所裨益。

关键词:改革　知识产权　审前调解

一、我国社会管理体制正走向多主体多元化的治理新模式

社会管理,是指以维护社会公共秩序为核心,调节社会关系,解决社会问题,为人类生存和发展提供社会多元主体融合共存的政治、法律和社会环境,最终实现社会结构整合的最佳状态和社会各部分的协调发展的活动。也就是说,社会管理既是"政府对有关社会关系和社会事务进行规范和制约的过程",也是"各种社会力量(如自治组织、社会组织和公民)依据一定的规章制度和道德约束,规范和制约自身行为的过程",即社会自治管理和社会自我协调的过程。①

改革开放前,我国社会管理体制是一种政府负全责的、行政的、非专业的、封闭性的体制。改革开放以来,这种管理体制已逐步发生变化,党的十七大报告将"完善社会管理,维护社会安定团结"列为加快改善民生的六大任务之一,逐步形成了"党委领导、政府负责、社会协同、公众参与"的社会管理格局。

---

* 钱翠华,广东省深圳市中级人民法院知识产权庭审判员(审判长),华东政法学院大学本科学历、学士学位,武汉大学法律硕士学位。广州知识产权法院法官遴选委员会委员,广东省审判业务专家,深圳市知识产权专家。

① 中国行政管理学会:《加快我国社会管理和公共服务改革的研究报告》,载《中国行政管理》2005年第2期。

可见，我国社会管理体制正逐渐发生变化，走向多主体、多元化的治理新模式。

十六届四中全会以来，我国社会管理体制改革取得了不少成绩，也积累了丰富的经验，但目前仍有许多问题不能适应社会发展的需要：一是社会管理理念滞后。重经济建设、轻社会管理。二是社会管理主体单一。政府负全责，重控制，轻协商，包揽一切非诉讼纠纷的解决。三是社会管理手段不灵活。重事后灭火，轻源头治理；非诉讼解决纠纷机制自身协调性也不够，与诉讼解决机制缺乏衔接机制。四是社会管理法规有待完善。如何把非诉讼纠纷解决机制与政府依法行政、依法管理衔接结合，还有文章可做。五是社会管理机制不科学。有些机制缺失或处于建立初期，还很不完善，如应急管理机制、群体突发事件监测预警机制、信息报告和信息共享机制等载体不够明确。六是社会管理人才良莠不齐。缺乏专业知识与相关专业培训等。

针对上述现行社会管理存在的问题，社会管理走向多主体、多元化的治理新模式，当前应致力于：其一，正视解决社会矛盾工作仍然艰巨而繁重。这是因为，我国正处于深刻变革的历史进程中，在解决社会矛盾的前进道路上会遇到这样或那样的新情况新问题，有些可以预料，有些难以预料，既要解决面临的突出问题，又要建立有利于构建科学发展的新型纠纷解决机制，任务仍然艰巨，难度不会降低，构建新型纠纷解决机制，还有大量的工作要做。其二，把建立健全多元解决机制摆在更加突出位置。适应多元化社会主体及其多元化利益的需要，在坚持诉讼解决纠纷基础上，增强非诉讼纠纷解决机制调和社会矛盾的作用。多元纠纷解决机制，是指在现有的通过法院诉讼方式解决纠纷之外，寻找其他形式的纠纷解决办法，如协商和解、民间调解、行政处理、仲裁及诉讼等，以满足社会主体的多样需求的程序体系和动态的调整系统。其意义在于避免把纠纷的解决单纯寄予某一种程序，如诉讼，并将其绝对化；注重以人类社会价值和手段的多元化为基本理念，吸收来自民间和社会的各种自发的或组织的力量参与纠纷的解决。更主要的是为人们提供多种选择的可能性①。其三，在科学协调发展中迈出新步伐。社会矛盾纠纷的化解是一项综合性系统性工程，离不开社会资源的整合。构建新型纠纷解决机制，要在科学协调中迈出新步伐。一要整合多元纠纷解决机制的资源。搭建社区内业主委员会、物业管理机构、驻在社区内的各类机构以及城市居委会、农村居委会等社会管理平台，整合资源，优势互补，解决纠纷。二要构建大调解工作机制。更好地将人民调解、行政调解、司法调解相互衔接，建立调解网络格局，把"调

① 范愉：《以多元纠纷解决机制保证社会的可持续发展》，载《法律适用》2005年第2期。

解工作"贯彻到化解矛盾的全程中,充分利用社会的力量,把矛盾解决在基层、解决在萌芽状态。三要构建协商对话机制。多元纠纷解决机制的特点是灵活性、非对抗性,要改革过去那种单一、行政强制方式,建立协商对话机制,充分发挥公民在解决社会矛盾中的积极参与性。四要构建预警排查机制。政府对矛盾萌芽状态"见微知著",抢得先机,及时解决纠纷。五要构建动态应急机制。主要是解决突发事件构成的矛盾纠纷。如社会影响性的突发事件,引起社会主体之间人身、财产等法律关系的急剧变化后的矛盾纠纷等。

二、改革背景下的法院调解工作的现实困境

"司法本身是社会管理的一部分,但是只能通过自身独有的方式,借助审判权的行使介入社会管理,展现其独特的社会管理功能。"①社会管理面临的困境,也是法院调解面临的困境,这是基于社会管理与法院调解存在如下共性:从政治层面看,都是为了维护社会稳定,构建和谐社会;从性质层面看,都是解决非对抗性矛盾纠纷的一种活动;从管理对象层面看,都以人和人的关系为中心,是人与人结合的复杂的关系领域的矛盾纠纷;从主体层面看,都是社会矛盾纠纷的协调者、解决者,都不能将意愿强加给纠纷双方当事人;从解决程序层面看,都是简便快速、减少纠纷解决的时间和成本、合理快捷解决纠纷;从依据层面看,都具有规范性;从解决方式层面看,都欠缺灵活性,对传统社会管理资源和手段都利用不足,等等。但因法院调解与社会管理两者仍存在差异,包括两者所处阶段不同,前者处于诉讼阶段,后者处于非诉讼阶段;两者管理主体不同,前者是法院,后者是政府;两者效力不同,前者具有强制力,后者不具有强制力等,因而,法院调解工作面临的现实困境仍有其特点:

一是法院调解工作难以适应当前复杂形势的需要。当前,我国进入了改革发展的关键阶段,经济体制深刻变革,社会结构深刻变动,利益格局深刻调整,思想观念深刻变化。② 这种深刻变化,使我国步入一个矛盾多发、矛盾多元的社会转型时期,社会转型时期的特点,不可避免给法院调解带来新情况、新问题,如社会矛盾已由传统单纯的民间纠纷,向新型复杂的征地拆迁、环境污染、劳资纠纷等方面转移;矛盾纠纷主体已由单一型的个体向复合型的群体转变,呈现出聚合性、敏感性、关联性、复杂性不断增强的新趋势;矛盾纠纷的表现形式向激烈化发展,对抗性、暴力性不断增强等。我国法院调解工作面临

---

① 周曦:《以司法创新全面促进社会管理创新——"社会管理的司法创新"研讨会综述》,载《人民法院报》2011 年 2 月 16 日,此段内容系中国社会科学院法学研究所刘作翔在该次研讨会上的观点。

② 《中共中央关于构建社会主义和谐社会若干重大问题的决定》,人民出版社 2006 年版。

前所未有的挑战。以往那种单纯依靠法院自身力量,依赖公权力解决社会矛盾纠纷的手段,越来越凸显其弊端。事实上,“1990 年至 2010 年,全国法院民事一审案件收案年均增长 9.56%。2008 年至 2010 年,全国法院一审案件收案共计 19,977,144 件,其中一审民事案件收案 17,303,357 件,占人民法院全部诉讼案件的 86.62%”①,“当诉讼被过度使用于纠纷的解决过程,法院将不堪重负,从而导致诉讼迟延、诉讼成本过高,以及投入的司法资源无法与诉讼量增长的速度相适应等问题的产生”②。

二是法院调解工作难以应对当前社会的需要。当今社会,纠纷和利益多元化、社会主体关系多元化、价值观和文化冲突多元化,需要兼顾不同群体的利益,构建一种更具灵活性和包容性的纠纷解决机制,实现矛盾纠纷的常态化解,最终实现解决矛盾向源头治理的转变。为适应社会矛盾多元化、解决社会矛盾向源头治理转化之社会需要,社会管理体制的改革正走向多主体、多元化的治理模式。与之适应,传统的法院调解工作,也因开放性、协调性、衔接性不能应对当前的社会需要,迫切需要重新审视与重新定位,架构和完善与多元主体之间有序合作的法院调解新模式。

三是法院调解工作难以满足群众的司法需求。以群众的司法需求为目标,是我们党和国家的优良传统。群众对法院调解的司法需求是“便民”。英国法谚云:“诉讼不得成为折磨人的司法程序。”诉讼成本低、审理周期短、诉讼方式简便、适用范围广,从收案手续、批案环节、诉讼保全、转办过程、审判程序、文书制作等诸方面从简从快,这些都是便民利民、群众乐意接受的调解方式。1995 年在意大利召开的国际民事诉讼法学会上,日本学者小岛武司在对各国报告内容所作的总结中指出,民事诉讼的普遍理想在于实现妥当、公正、迅速、廉价的纠纷解决。妥当和公正的价值可以理解为正义,而迅速、廉洁则可以视为诉讼效益性的最主要内容。“在最短的时间内,最大限度的满足对公平、正义、自由和秩序的需求。”③而我国传统的法院调解工作,在起诉、立案、审理、送达以及与非诉讼调解机制等方面,还不能完全满足群众的司法需求。

四是法院调解工作难以与非诉讼解决机制衔接。我国现阶段的社会矛盾纠纷,涉及多层次的社会关系、多样化的矛盾主体、多领域的利益冲突以及体

---

① 罗书臻:《奚晓明提出,为民诉法修改提供理论和实践支持》,载《人民法院报》2011 年 2 月 22 日。

② 齐树洁:《民事司法改革研究》,厦门大学出版社 2005 年版,第 106 页。

③ 毕玉谦主编:《证据要义》,法律出版社 2003 年版,第 425 页。

制、机制、政策、法律、观念等方面的因素[①],完全依靠哪个单一手段或单一解决纠纷主体,是行不通的。"评价一个社会是否和谐,其基本依据不在于该社会纠纷发生的多少,而在于纠纷解决机制的健全程度及其对纠纷的排解能力和效果,因此,在现代法治社会,虽然司法在纠纷的解决系统中处于核心和最权威的地位,但并不意味着所有的纠纷都必须去法院寻求解决。"[②]由于《民事诉讼法》对法院调解与非诉讼调解的衔接规定有待完善,法院调解工作与非诉讼调解工作的衔接,还需争取社会管理组织的支持与配合,优势互补,尽量减少矛盾发生、尽量提前化解矛盾。

五是法院调解工作难以与社会互动沟通。法院调解工作,处理的是人与人的工作,而人是集感情、智慧的利益群体,不是物的集合体,两类主体相遇,如果缺乏有效的信息沟通,就容易产生摩擦或冲突,容易导致社会对法院调解工作的不了解、不支持,社会也无法对法院调解意图作出恰当的反应。借助信息化科技手段,让法院调解与社会互动,社会需要法院调解工作,法院调解工作也需要获得社会的认可与支持。法院如果不重视与社会的信息互动,将陷入"诉讼纠纷不断增多,群众对法院埋怨也不断增多"的困境。

六是法院调解立法仍有完善的空间。《民事诉讼法》是法院调解的程序基本法,现行的《民事诉讼法》制定于 1991 年,至今已 20 年。在多元解决纠纷视角下,《民事诉讼法》的规定已显露其滞后性。"在这种社会变革的大背景下,司法领域的变革同样亦在所难免,况且旧有的司法领域的弊端日益显露,作为民事司法制度核心的民事诉讼制度现在已经滞后于民事纠纷的程序正义和实体正义的需要。"[③]法院调解的规定,应从多元纠纷解决、构建和谐社会视角,予以完善[④]。

三、改革背景下知识产权审前调解工作发展思路

庞德有句名言:"司法的真正危险在于对合理改革的胆怯抵制,对法律陈规的顽固坚持。"[⑤]为破除传统调解模式的现实困境,开创一种便民、快捷的、在案件移送审理前便能调解结案的新型调解模式——"审前调解"模式,深圳法院于 2010 年 12 月推出"审前调解"改革之举。"办案首选调解可以更加节

---

① 公丕祥主编:《纠纷的有效解决——和谐社会视野下的思考》,人民法院出版社 2007 年版,第 338 页。

② 江伟主编:《民事诉讼法专论》,中国人民大学出版社 2005 年版,第 8 页。

③ 张卫平等:《司法改革:分析与展开》,法律出版社 2003 年版,第 172 页。

④ 此部分内容,在本文第三部分内容论及。

⑤ [美]庞德:《普通法的精神》,法律出版社 2010 年版,第 134 页。

约司法资源和诉讼成本,最大限度实现案结事了。"①

最高人民法院《人民法院第三个五年改革纲要(2009~2013)》明确提出,要加强诉前调解与诉讼调解的有效衔接,完善多元纠纷解决方式之间的协调机制,建立健全多元纠纷解决机制。② "审前调解"是非诉讼调解与诉讼调解的有效载体,也是建立多元纠纷解决机制的重要环节。

(一)审前调解的定位与设计

审前调解的定位——"审前调解",是指在立案后开庭审理前,由审前调解合议庭或审前调解法官在庭前参与案件的调解,调解不成的,该审前调解合议庭或审前调解法官,不参与该案的后续审理的诉讼活动。"审前调解"定位于:首先,它是法院的调解工作,确保了法官主持调解的正当性与合法性,避免"推诿不立案"以及"不合法主持调解"之嫌;其次,它是诉讼活动,但"调""审"分离,避免"以判压调"之嫌;最后,它专司审前调解的工作职责,从审判资源配置上、衔接机制上有一整套完整的规章制度,以实现有限司法资源的优化组合。"审前调解",不同于诉前调解、非诉讼调解。非诉讼纠纷调解,是指除法院调解方式之外的,其他形式的调解纠纷的活动,如协商和解、民间调解、行政调解、仲裁调解等。诉前调解是非诉讼调解的方式之一,是指由社会管理组织认可的调解机构或者调解人员在法官指导下解决纠纷的活动。"审前调解"与"诉前调解"的区别在于:一是主持人不同。审前调解主持人是审前调解合议庭或审前调解法官,而诉前调解主持调解人为社会管理组织认可的调解机构或者调解人员。二是阶段及性质不同。审前调解属于诉讼调解,是在立案后所进行的调解活动,该调解活动体现国家意志,借助公权力实施,而诉前调解属于非诉讼调解,是立案前所进行的非诉讼调解活动,具有民间性,与国家意志无关。三是法律效力不同。审前调解达成的调解协议,与判决书具有同等法律效力,具有强制执行力,而诉前调解达成的协议,具有民事合同的法律效力,其法律效力有待申请司法确认。从以往做法看,各地法院对诉前调解、非诉讼调解有很多尝试③。深圳市两级法院推行"审前调解",对在立案后

---

① 李汝健、朱鉴亮:《贯彻落实调解优先理念,深圳法设立审前调解中心》,载《人民法院报》2010年12月22日。此段内容摘自深圳市中级人民法院院长李华楠2010年12月21日的现场会上讲话。

② 2009年3月17日最高人民法院发布《人民法院第三个五年改革纲要(2009~2013)》第26条,法发〔2009〕14号。

③ 常法研:《强化法院指导功能,增加定分止争渠道,长宁率先设立人民调解窗口》,该文记载:2003年6月6日,上海市长宁区人民法院"人民调解窗口"正式成立,载《人民法院报》2003年6月7日。

移送审判庭审理的民商事案件进行调解[①],与“诉前调解”加以区别。

审前调解设计思路——审前调解是一项新生事物,笔者借鉴国外的立法,以及我国各地法院调解的审判实践,将我国审前调解试图作如下内容设计。

1. “审前调解”工作职责

一是调解职责。对立案后移送审判庭审理前的民商事案件进行调解,制作民事调解书;对准予或不准予或按自动撤诉的,制作民事裁定书;对证据保全、财产保全,制作民事裁定书。二是指导职责。负责统筹管理法院与非诉讼调解组织机构的沟通联络、协调指导等诉调对接工作。三是协调职责。依据《民事诉讼法》及相关规定,负责委托调解、协助调解相关事宜。四是确认职责。受理非诉讼调解协议司法确认案件,决定是否受理、不予受理非诉讼调解协议司法确认案件,制作非诉讼调解协议司法确认案件受理通知书、非诉讼调解协议司法确认案件不予受理通知书、非诉讼调解协议司法确认案件不予确认通知书;对非诉讼调解协议的司法确认,制作民事调解书;对准予或者不准予撤回司法确认申请或按自动撤回申请处理的,制作通知书。五是裁判职责。对简单、小额民事案件速裁。

2. 设置非诉讼调解前置程序

借鉴国外立法,建议修改《民事诉讼法》,设置非诉讼调解前置程序。《日本家事审判法》第3章规定了家事调停制度,根据日本民事调停法的规定,当事人之间产生有关民事纠纷时,可以向法院提出调停申请,如果调停未获成功,当事人可以就此争议提起诉讼。[②]《德国民事诉讼法施行法》第15a条规定,有几类案件在州司法管理机构设置或认可的调解机构对争议调解之后才被法院受理。[③] 我国台湾地区“民事诉讼法”也规定了一些案件于起诉前,应经法院调解,例如,第577条规定,“离婚之诉及夫妻同居之诉,于起诉前,应经法院调解”。第587条规定,“终止收养关系之诉,于起诉前,应经法院调解”。[④] 笔者建议应设置非诉讼调解前置程序,如规定对部分知识产权案件,

---

① 张玲、白全安:《深圳各级法院均设立“审前调解中心”》,载深圳新闻网,2010年12月21日访问。该文记载,深圳法院“审前调解”除受理立案后移送审判庭审理的民商事案件的调解工作外,还负责受理非诉讼调解协议司法确认、委托调解、协助调解、简单、小额民事案件速裁等职能。

② 王亚新:《对抗与判定——日本民事诉讼法的基本结构》,清华大学出版社2002年版,第240页。

③ (1)地方法院受理的财产争议低于1500德国马克;(2)邻地争议,即《德国民法典》第910条、第911条、第923条、第906条、《德国民法施行法》第124条规定的争议,涉及经营活动的除外;(3)没有经过媒体、广播报道的个人名誉损害”。章武生、张大海:《论德国的起诉前强制调解制度》,载《法商研究》2004年第6期。

④ 吴明轩:《民事调解、简易程序以及小额诉讼程序》,台湾五南图书出版社2000年版,第184页。

必须经过非诉讼调解前置程序,我国法院才予以立案受理,比如,双方当事人有协议约定的;双方当事人对侵权事实、对落入知识产权权利保护范围无争议的;案情简单的;诉讼标的额较小的纠纷,等等。但是根据案件的性质和当事人的实际情况不能调解或者显然没有调解必要的除外。

3. 专设非诉讼调解机构以便与审前调解衔接

日本的调停委员会通常由 1 名法官(担任调停委员会主任)和 2 名民间选出的调停委员组成,调停委员任期 2 年。① 我国台湾地区诉前调解,由法官选任调解委员会 1 ~3 人先行调解,等达到相当程度有成立之望或其他必要情形时,再报请法官到场。广东省在全省法院立案室推行设立"诉前联调工作室",②就其实质而言是"诉前调解"的载体。广东省高级人民法院院长郑锷建议,"该工作室(诉前联调工作室)由县一级综治办主任牵头,法院负责联调工作的开展,其他相关职能部门派员协助,各部门分工协作共同推动诉前联调工作的开展"。③

4. 建立非诉讼调解协议确认机制

非诉讼调解协议,有民事权利义务内容,并由双方当事人签字或者盖章,具有民事合同的性质。民事合同,是民事主体之间设立、变更、终止民事法律关系的合意。一个合同,只要主体意思表示真实、不违反有关法律的禁止性规定,就是一个有效的合同,依法成立并生效的有效合同对当事人具有法律约束力,当事人应当按照约定履行自己的义务,不得擅自变更或者解除合同。广东省高级人民法院《关于非诉讼调解协议司法确认的指导意见》④,对非诉讼调解协议司法确认的程序作了详细规定,规定了不予确认的 9 种情形⑤。2009 年 7 月 24 日最高人民法院发布的《关于建立健全诉讼与非诉讼相衔接的矛盾

---

① 龚刃韧:《现代日本司法透视》,世界知识产权出版社 1993 年版,第 37 页。

② 郑锷:《强化多元联合,增进优势互补,努力开创我省诉前联调工作新局面——在全省诉前联调工作调研座谈会上的讲话》,载广东法院内部网,2011 年 2 月 24 日发布。

③ 《省委政法委在南海召开诉前联调工作调研座谈会》,载广东法院内部网,2011 年 2 月 24 日发布。

④ 粤高法发〔2011〕16 号,载广东法院内部网,2011 年 3 月 2 日发布。

⑤ 广东省高级人民法院《关于非诉讼调解协议司法确认的指导意见》(粤高法发〔2011〕16 号)第 11 条规定,当事人申请司法确认具有下列情形之一的,人民法院不予确认:"(1)不是当事人的真实意思表示;(2)违反法律、行政法规的强制性规定;(3)侵害国家利益、社会公共利益或违背社会公序良俗的;(4)侵害案外人合法权益的;(5)以合法形式掩盖非法目的的;(6)标的物不属于当事人自由处分的;(7)调解协议内容不明确导致无法确认和执行的;(8)非诉讼调解组织、调解人员存在强迫调解或者有其他严重违反职业道德准则行为的,(9)存在人民法院认为不适宜司法确认的其他情形的。"载广东法院内部网,2011 年 3 月 2 日发布、访问。

纠纷解决机制的若干意见》[①],2002 年 9 月 16 日最高人民法院发布的《关于审理涉及人民调解协议的民事案件的若干规定》[②],2004 年 9 月 16 日最高人民法院发布的《关于人民法院民事调解工作若干问题的规定》[③],均是非诉讼调解协议确认机制的法律依据,有些内容是对《民事诉讼法》的完善,如按民事合同的有效条件来确认非诉讼调解协议的效力,又如,法院变更、撤销或者确认非诉讼调解协议无效的,可以适当的方式告知当地的非诉讼调解机构等。

5. 设置审前调解前置程序及与后续案件审理的无缝衔接

只要当事人启动起诉的所有案件,均视为审前调解的申请,但法律另有规定或视案情不能调解或者显然没有调解必要的除外。审前调解合议庭或审前调解法官,还可以酌定调解条款,当事人在一定期限内不提出异议,视为已经依该方案达成调解协议,调解协议一经成立与判决即具有法律效力。审前调解不成,适用简易程序的案件以 7 个工作日为审前调解时限,适用普通程序的案件以 15 个工作日为审前调解时限,若调解不成,立即转入排期开庭程序,实现与后续案件审理的无缝对接。

6. 审前调解合议庭或审前调解法官不宜担任该案后续审理的法官

"如果让充当调解者的审前调解合议庭或审前调解法官继续审理同一个案件,当事人就会担心因为自己在调解中如果不接受法官提出的调解方案,法官可能会做出对自己不利的判决,这样有违调解自愿原则。"[④]美国附设在法院的 ADR(Altemative Dispute Resolution),也有类似经验可借鉴。根据美国第九上诉法院法官弗来彻女士的介绍,"由法官主持和解会议,这是联邦法官或联邦治安法官主持当事人之间的和解会议,法官对当事人的请求做出评价并帮助他们了解诉讼中潜在的有利点和不利点。和解法官一般不是将对该案进行审判的法官,因此他们不能够建议或暗示案件若进行审判他们将如何做出判决的方式来对不愿和解的当事人施加不利影响"[⑤]。

(二)审前调解工作发展思路

上述审前调解的定位与设计,是基于社会管理体制的改革背景下、审前调解发展的下述宏观思路而提出的。知识产权审前调解作为社会管理体制背景

---

① 法发〔2009〕45 号。

② 2002 年 9 月 5 日最高人民法院审判委员会第 1240 次会议通过,法释〔2002〕29 号。

③ 2004 年 8 月 18 日最高人民法院审判委员会第 1321 次会议通过,法释〔2004〕12 号。

④ 2008 年 12 月 9 日,21 世纪经济报道:《最高法多元纠纷解决机制第五稿征求意见》,载 http://www.sina.com.cn,2011 年 2 月 27 日访问,此段内容为最高人民法院副院长沈德咏讲话的引用。

⑤ 宋冰:《程序、正义与现代化》,中国政法大学出版社 1998 年版,第 424 页。

下社会管理的形式之一，如何服务党和国家工作大局，在推进完善协调“法官员额制”与“立案登记制”的矛盾上找到最佳切入点，在建立健全知识产权审前调解的体制与机制工作中有所作为，为国家经济政治发展开好局、起好步，笔者认为，应当着重推动以下工作：

推动审前调解工作专业化。随着社会经济的发展，人们生活水平的提高，人们对社会服务的需求日益呈现出个性化、多样化和专业精细化的需求，社会新的需求，推动社会管理职业化，应当走职业化道路。就法院调解而言，原有的“调判结合混合模式”，难以满足专业化法院调解的社会需求，法院调解专业化的社会司法需求，推动着“审前调解”工作逐渐从法院“调判结合混合模式”分离出来，成为一种新型的审判模式。推行“审前调解”模式，专设审前调解庭（中心），或设置以具体法官名字命名的“审前调解工作室”（以定期或不定期调解），是推动法院调解工作专业化的途径之一。

推动法院审前调解工作社会化。当前，党和国家大局和中心工作之一，是妥善协调各方利益关系，有效平息矛盾纠纷，大力促进社会和谐稳定。法院审前调解必须服从和服务于这一国家大局和中心任务，推进法院审前调解工作的社会化，用好用足“诉前联调工作室”的效能。该“诉前联调工作室”，是根据广东省政法委 2011 年 2 月在广东南海召开的诉前联调工作调研座谈会提出的工作布署而设立的，①“诉前联调工作室”是充分发挥社会组织的调解积极性的“窗口”，其设立意义至少在于：一是充分利用了社会力量，认真做好矛盾纠纷的预防工作。可以通过“诉前联调工作室”窗口，建立健全矛盾纠纷情报信息网络、准确了解掌握民间矛盾纠纷信息，认真做好矛盾纠纷预防与排查工作，并进一步加强非诉讼调解与诉讼调解的衔接与配合。二是充分利用社会力量，积极化解社会矛盾纠纷。可以通过“诉前联调工作室”窗口，将法官进社区与诉讼调解有效衔接，利用人民调解、行政调解、司法调解“大调解”工作机制，建立高效、便民、利民的矛盾纠纷解决机制。三是充分利用公权力作后盾，积极化解矛盾纠纷。对涉及群体利益、人数众多的共同诉讼、集团诉讼、社会关注程度大等案件，可以通过“诉前联调工作室”窗口，争取政府和相关部门积极配合与支持，并以借助公权力，推动社会矛盾化解和社会管理创新。

推动审前调解工作体系化。工作体系化包括工作制度体系化、组织体系化、人才体系化。首先，要建立工作制度体系化。分三步走，第一步，主要解决

① 《省委政法委在南海召开诉前联调工作调研座谈会》，载广东法院内部网，2011 年 2 月 24 日发布。

审前调解的工作职责的定位,以及在现有法律框架内解决一些审前调解迫切需要解决的问题,比如出台一些业务指导意见,如非诉讼调解协议司法确认的指导意见①、明确审前调解组织工作职责的制度规定等;第二步,依靠政府出台政策,在法院立案窗口设立"诉前联调工作室"或类似机构,以便实现与非诉讼调解机制的组织对接;第三步,"建立健全以培养、评价、使用、激励为主要内容的规章制度"②,充分发挥审前调解队伍的工作积极性,稳定审前调解队伍。其次,要建立组织体系化。深圳法院于2010年年底推出实施审前调解,人员是从各对口业务庭选派1个至多个合议庭或独任法官组成,这种方式只能是权宜之计,从长远看,为稳定审前调解队伍,笔者建议应将这些人员固定在统一的一个组织体系内,有条件的地方,建议设立审前调解(庭)中心或立案二庭,专司审前调解工作职责,包括审前调解自身职责、与非诉讼调解衔接职责、以及其他职责等。最后,要建立人才体系化。包括建立法院调解人才体系建设,选派法院调解能手参加审前调解工作;建立社会调解人才体系建设,了解潜在调解协助人的信息,建立一支以法官为主导的、结构合理、素质优良的宏大的社会调解工作人才队伍,以便能及时接受法院邀请协助调解或接受法院委托调解。

推动审前调解工作开放化。开放化是司法公开的有机组成部分,是群众对司法公开的刚性要求,也是改进司法作风、促进队伍廉洁的有效途径。越是阳光司法、越是公开司法,越能保证公正,越能得到群众的理解与支持。而封闭的司法,只能引起猜忌、怀疑,激化矛盾、延续错误、动摇公信力。要借深圳中级人民法院被最高人民法院确定为"司法公开示范法院"之机,推进审前调解工作开放化,保障群众对审前调解的知情权、参与权、表达权和监督权,探索走出一条具有特区特色的开放性的法院审前调解格局之路,这也是审前调解工作的创新与活力所在,是以司法创新助推社会管理创新的生动样本。

推动审前调解工作本土化。群众路线是我们党的根本宗旨。法院调解工作本土化在于密切联系群众,用群众需要的、能接受的方式,满足群众对法院审前调解工作的需求。其一,强调协商式的调解方法和手段。在充分听取和尊重当事人各方利益和合理要求基础上,找到代价最低的解决方案。其二,强调激励式的调解方法和手段。通过媒体等社会力量,动员、鼓励各方力量,积

---

① 广东省高级人民法院2011年2月16日颁布,粤高法发〔2011〕16号,载广东法院内部网,2011年3月2日发布与访问。

② 仲祖文:《努力建设宏大的社会工作人才队伍——三论为构建社会主义和谐社会提供组织保证》,载《人民日报》2006年12月18日,第1版。

极参与法院审前调解工作,如设立调解好新闻奖、设立优秀调解律师、优秀调解协助员、优秀人民调解能手奖,对和谐社区、平安小区予以表彰等。其三,强调阳光式的调解方法和手段。涉及审前调解有关审判信息,及时、准确、全面地向当事人公开,自觉接受当事人及社会各方监督。

推动审前调解工作社区化。“社区作为基层社会,既是人们生活的基本平台,也是政府行政的神经末梢”①,由于纠纷当事人、纠纷地点、纠纷事由多数在社区,故社区是法院审前调解工作的基础土壤和基本条件,是法院审前调解工作的重要战地。要把审前调解与“法官进社区”工作紧密结合,把审前调解放在以“司法创新促进社会管理创新”的高度来定好位、把好脉,把审前调解工作尤其是基层审前调解工作前移至社区,大力推进社区非诉讼调解与审前调解工作对接机制;完善社区人民调解协议司法确认机制;加强与人民调解、行政调解、行业调解的协调配合和业务指导;积极建议政府公共财政对社区调解人员的地位和待遇、予以重点扶持和倾斜;建立健全在党委领导、政府等有关部门的沟通与协调基础上、社区与审前调解共同作用的科学预防化解矛盾纠纷机制,共同整合各方化解矛盾的力量和资源,为构建和谐社区切实解决群众司法需求,让社区群众真正享受司法的公共福利。

① 李慧凤:《社区治理与社会管理体制创新》,载《公共管理学报》2010年第1期。

合法来源抗辩成立时合理开支负担的冲突与平衡

郑　颖*

摘要:合法来源抗辩制度以打击侵权源头,保护信赖利益,维护交易安全为价值导向,合理开支负担转移制度以加强知识产权人保护力度为价值彰显,二者从不同维度伸张着公平正义。本文在分析具体制度的价值立场,以及制度之间的协同关系基础上,区分来源的类型,兼顾合法来源抗辩证明标准,就合理开支的分配问题提出可供参考的解决之道。

关键词:合法来源抗辩　合理开支　负担分配　价值协同

在民法慈母般的眼神中,知识产权创造者、运用者和使用者,权利人和各环节市场主体,“每个人就是整个国家”①。关照每个人的合法利益,并在各类民事主体中寻求利益最佳平衡点,架构起整个社会的公平正义,是知识产权法律制度和司法实践的孜孜追求。知识产权法遵循其保护的客体的内在特性和规律,创设了一些特殊规则,其中包括合理开支和合法来源抗辩两项制度。合理开支的转移体现了加强对知识产权人保护的力度,而合法来源抗辩则赋予权利相对方一定的对抗能力,保护善意的权利相对方的信赖利益,两项制度立足点不同,各有侧重。当合法来源抗辩成立时,合理开支由谁以及如何负担?该问题是两项制度在一个特殊交会点上出现的适用冲突。由于现行法律缺少明确具体的规定,司法实践中存在不同做法,因而有必要加以分析探讨,以期厘清制度设计之间内在的牵连和协调关系,为司法实践中具体问题的处理提供参考。

一、冲突的产生

知识产权侵权诉讼中的抗辩规则,从抗辩目的来划分,可分为不侵权抗辩和免责抗辩。合法来源抗辩属于免责抗辩,即在侵权成立时为免除特定侵权责任所作的抗辩,在学理上称作“损害赔偿责任的免除”。我国知识产权法律体系中,最早创设合法来源抗辩的是2000年修正的《专利法》,第63条第2款规定“为生产经营目的的使用或者销售不知道是未经专利权人许可而制造并售

---

* 郑颖,广东省高级人民法院法官。

① 借鉴性转用法谚“在民法慈母般的眼神中,每个人就是整个国家”,源自孟德斯鸠的著作《论法的精神》。

出的专利产品或者依照专利方法直接获得的产品,能证明其产品合法来源的,不承担赔偿责任”(该条第 1 款内容为“不视为侵犯专利权”的情形)。2000 年修正《专利法》时增加了许诺销售的规定,但在合法来源抗辩条款中却没有提及许诺销售者,不可不谓之遗憾。据称没有提及许诺销售者的主要原因在于当时有观点认为许诺销售行为没有对权利人造成实际损害,一般不存在损失赔偿问题①。后来随着认识的修正和统一,2008 年修正的《专利法》增补了许诺销售合法来源抗辩的内容,并将合法来源抗辩与原来“不视为侵犯专利权”条款相分离,单列一条,从而明确合法来源是在侵权成立基础上作出的抗辩,并非不侵权抗辩。继《专利法》修改后,2001 年修正的《商标法》也增加了合法来源抗辩内容,因侵权行为形式与专利侵权不同,故合法来源抗辩主体仅限于销售者。按照上述规定,《专利法》和《商标法》中合法来源抗辩成立的要件,一是主体适格,二是主观无过错,三是来源具有合法性;抗辩成立的后果是不承担赔偿责任。《著作权法》亦有“合法来源”的相关表述,但具体内容与专利法、商标法有一定差异。2010 年修正的《著作权法》第 53 条规定,“复制品的出版者、制作者不能证明其出版、制作有合法授权的,复制品的发行者或者电影作品或者以类似摄制电影的方法创作的作品、计算机软件、录音录像制品的复制品的出租者不能证明其发行、出租的复制品有合法来源的,应当承担法律责任”。据此,复制品的出版者、制作者以获得实体权的合法授权为行为正当之要件,不适用合法来源抗辩;复制品的发行者、出租者不能证明复制品的合法来源的,应承担法律责任。反之发行者、出租者是否不承担任何法律责任(包括停止侵权、赔偿损失)?该条语焉不详,《著作权法实施条例》也未进一步明确,因此《著作权法》中合法来源抗辩究竟是免责抗辩还是不侵权抗辩,条文表述上含糊不清,修订《著作权法》时有待补正②。

合理维权费用系知识产权权利人为调查、制止侵权所支付的合理开支。开支项目可以是调查取证费、差旅费、公证费、律师费等,数额认定标准以合理范围为限。认定时需综合考虑关联性、必要性、合理性,既要实事求是地查明实际支出,又要以律师费等行业标准为参考,作出合理调整。现行《专利法》《商标法》《著作权法》在损害赔偿法律适用中均规定了合理维权费用,即适用实际损失、侵权获利或许可费的合理倍数计算赔偿数额的情况下,“赔偿数额

① 尹新天:《专利权的保护》,知识产权出版社 2005 年版,第 168 页。尹新天对该观点存疑,认为在特定情况下许诺销售行为仍有可能导致价格侵蚀。

② 2013 年修正的《计算机软件保护条例》第 28 条仍然沿用了《著作权法》(2010 年修正)第 53 条的表述方式,但第 30 条增加了软件复制品持有人免除赔偿责任的规定。

应当包括权利人为制止侵权行为所支付的合理开支"。前述计算赔偿方式难以确定而适用法定赔偿时,合理开支如何计赔,最高人民法院在近年来的指导意见、全国审判工作会议中有所提及,2014 年修正的最高人民法院《关于审理专利纠纷案件适用法律问题的若干规定》第 22 条进一步明确,权利人主张其为制止侵权行为所支付合理开支的,可以在《专利法》第 65 条确定的赔偿数额之外另行计算。有人理解该司法解释将合理开支从赔偿数额中单列出来,是以为无论合法来源抗辩成立与否,侵权人都应承担合理开支的依据。这样的理解或有偏差,因为按照司法解释文义,合理开支可以在"专利法第六十五条确定的赔偿数额之外另行计算",《专利法》第 65 条规定了计算赔偿的四种方法和适用顺序,均是在承担赔偿责任的前提下的,因此司法解释并不涉及合理开支负担与否的问题,而是解决合理开支与《专利法》第 65 条确定的赔偿数额关系问题,主要目的还在于允许适用法定赔偿时,合理开支可在法定赔偿限额以外另行赔偿,而不受法定赔偿最高额的限制。

如前所述,合法来源抗辩是以侵权成立为前提的免除赔偿责任抗辩,合理开支由侵权人承担也以侵权成立为前提,两规则适用前提条件一致,但在适用结果上却产生了冲突:合法来源抗辩成立时,抗辩人是否免除承担合理开支?现行法律对此问题并未单独作出明确规定。司法实践中存在不同处理结果,个案中有判令合法来源抗辩人承担合理开支的①,也有判令无须承担的②。还有个别法院制定内部指导意见,在一定范围内统一了裁判尺度,例如《上海市高级人民法院专利侵权纠纷审理指引》(2011 年)第 22 条规定,"有产品合法来源的专利侵权产品销售商无须支付权利人合理的维权费用。销售者能证明其产品合法来源的,不承担赔偿责任,也不承担权利人为了维权而支出的合理费用,但是应当承担停止侵害的法律责任",但该规定较简单,其"一刀切"的做法也引发了一些争议。

主张抗辩人承担合理开支的观点,其理论基础在于,权利人行使权利具有正当性,而抗辩人的销售等行为具有侵权违法性,合法来源抗辩成立并未阻却侵权的违法性,故侵权人应承担合理开支。主张权利人自行承担维权费用的观点,其理论基础在于,合理开支的性质系权利人因侵权遭受的经济损失,属于损害赔偿的范围,免除赔偿责任理应包含免除承担合理维权费用,而且抗辩人主观无过错,免责具有正当性。

---

① 广东省广州市中级人民法院(2010)穗中法民三终字第 218 号民事判决书。

② 广东省高级人民法院(2015)粤高法民三终字第 95 号民事判决书。

二、冲突的根源

法律的终极目标和最高标准是公平正义。法律体系中各项规则制度在价值判断的表现上却是具体、多元和丰富的,它们各自从不同维度伸张着公平正义,将上位的公平正义体现得更加立体、饱满和现实。因此当不同维度的价值判断发生交会时,制度之间的适用就可能产生冲突。

合法来源抗辩制度,价值取向在于保护信赖利益,维护交易安全。不同交易环节的经营者根据其控制或判断侵权的能力,承担不同内容的义务,并根据义务的大小承担相应的民事责任,使权责利相匹配。就侵权产品的销售者、许诺销售者或使用者(以下均以"销售者"代为简述)而言,其参与市场交易的活动处于交易链条的后端,法律科以的义务显然不能与制造者相同,给予销售者"善意+合法来源=免除侵权赔偿责任"的抗辩权①,对善意交易者基于信赖正常流通产品而作出的民事行为予以了肯定。由此可见,在动的交易安全与静的权利安全之间,合法来源抗辩制度作出选择,在前提条件成就时,倾向于保护信赖利益,尽量维护动的交易安全。

合理开支的本质是权利人获取正义的成本。学说上有观点认为,其因当事人诉讼而产生,不是由侵权行为而产生,严格说来,它既非直接损失,也非间接损失,而是一种纯经济上损失(pure economic loss)②。在采取诉讼对抗制的一些国家中,法律要求败诉方承担律师费等费用,这与其诉讼体制密切相关,该诉讼体制突出了当事人的对抗性,程序复杂周期长,律师费等开支非常高昂,故要求败诉方承担。在采取职权制模式的大陆法系国家中,相关规定各国各有不同。这部分损失是否予以赔偿,不能一言以蔽之,它关乎价值衡量和司法公平裁量,有别于通常的侵权损失。例如,《欧洲侵权法原则》(PETL)第2:102条第4款规定:"纯经济利益和契约关系的保护可受更多限制。此时,尤其要充分注意行为人与遭受危险者之间的紧密性,和行为人知道其利益肯定不如受害人的利益价值大,而其行为将造成损害的事实。"我国知识产权法律明文规定赔偿范围还包括合理维权成本,制度设计上体现了对权利人保护的倾斜,这也是知识产权纠纷有别于普通民事纠纷的一个体现。其合理性在于:知识产权具有无形性,权利人无法通过实物占有或控制的方式维护其权利。相反,知识产权容易被他人非法获取、使用或实施。一旦遭受侵权,权利人难以及时有效地制止侵权,控制侵权的范围和程度,权利人不仅发现、调查、取证难度较大,往往还需要委托专业的代理人进行维权,成本也比较高。为了

---

① 祝建军:《专利法中合法来源抗辩制度的司法运用》,载《电子知识产权》2008年第6期。

② 梁展欣:《民事诉讼费用》,载《民事法律文件解读》2014年总第117辑,第35页。

支持权利人维权,加强知识产权保护力度,避免权利人赢了官司输了钱,故要求侵权人承担权利人的维权成本,如此既正当也合理。

当侵权成立,合法来源抗辩也成立时,究竟贯彻加大权利人保护力度的理念,将合理维权成本转嫁给侵权人,还是继续维护合法来源抗辩人的对抗能力,彻底免除抗辩人的赔偿责任?合法来源抗辩人与权利人的利益相互对立,在处理结果上,对任何一方利益保护的倾斜,都意味着对另一方利益保护的弱化,矛盾和冲突由此呈现。

三、协调与平衡

立足点和价值取向不同的两项制度在适用中发生冲突时,不能局限于其中任何一个制度体系,按照该制度自身的价值观作出判断、取舍,自证自身的完备性,这种各行其道的方式,谁也无法说服谁。而且民事法律调节的是平等主体之间的权利义务关系,不同主体的权利义务内容不尽一致,只顾及其中任何一方的权益,或五五开式的绝对平均,都不是真正的公平正义。因此冲突的解决,应在制度之间相互参照,对比利弊,权衡协调。上升到更高的层面或纳入更广的范畴协调时,需服从更高的原则要求,争取整个法律共同体的公平正义。

从法学方法论的角度来讲,恰当地协调规则制度之间的冲突,常见的方法有两种。一种是择重而舍轻,适用于规则之间难以调和,且径行比对时利弊、优劣、孰轻孰重显而易见的情形。如卡多佐所说,“它们背后的原则都被摆到一起,相互争夺着优先权;但最终,那个被认为是最根本的、代表了更重大更深广的社会利益的原则打得其他竞争原则落荒而去”①。另一种是妥协的方式,适用于规则的权重旗鼓相当、难分上下,但能够各取所需或适度避让的情形。如齐佩利乌斯所说,“相互竞争的各项原则以及由这些原则所代表的利益和自由各自被实现的尺度按照比例适当原则和过度禁止原则来决定”②。合法来源抗辩成立时合理开支负担的冲突,笔者认为应视具体情况具体分析,恰当运用冲突的协调方法,用不同的处理方式殊途同归地实现实质公正。

(一)产品来源于制造者的情形

当侵权产品销售者提供的来源是侵权产品的制造者时,合法来源抗辩和合理开支制度两者利弊相权,可以作出择重而舍轻的抉择,销售者无须承担维权成本。发生侵害知识产权损害事实的根源是存在制造行为,如果能杜绝制造行为的发生,就能防范后续的销售、使用、许诺销售行为,避免损害结果的扩

---

① [美]本杰明·N.卡多佐:《司法过程的性质》,苏力译,商务印书馆1998年版,第23页。

② [德]齐佩利乌斯:《法学方法论》,金振豹译,法律出版社2009年版,第20页。

大。销售者主观上无过错不足以免除其赔偿责任,还必须提供合法来源才能免责,故合法来源抗辩制度能起到促进销售者积极主动提供制造者线索的作用。合法来源抗辩制度除了赋予权利相对方相应的对抗能力,维护交易安全外,事实上也积极引导和鼓励抗辩人指认侵权来源,发挥找出并打击侵权源头的作用。若销售者提供了制造来源的重要证据,还责令其承担合理维权费用,会打击销售者帮助配合权利人查找侵权源头的积极性,最终还是损害了权利人自身的利益。

从权责利相匹配的角度讲,诚实守信的销售者在流通环节赚取的利润,是促成商品交换而实现的销售利润。若销售者主观上没有过错并完成法律规定的举证要求,指出侵权产品的制造来源后,还要为侵权纠纷的成本性埋单,那么对善意的交易方科以的责任过重。而且知识产权具有无形性,同一产品上可能并存多项知识产权,同一或不同权利人可基于不同的知识产权分别提起诉讼,从而产生多项维权支出。销售者逐一应对这些纠纷时,要为所有的维权支出承责,其在交易环节中的责任和潜在风险进一步被叠加和放大,这与销售者获取的利润水平更加不匹配,权责利更加失衡。

从救济途径考虑,制造行为是侵权产生的根源,制造者理应是维权费用的最终承担者。权利人可以根据销售者提供的来源线索追查到制造者,前一纠纷针对销售者发生的维权成本,仍然属于发现制造侵权行为的成本,在后一纠纷中可以向制造者索赔。权利人的救济途径是畅通的,其利益也不因销售者的免责而遭受实质损害。

销售者提供了制造来源时,让其承担合理维权成本,不能体现民法对民事主体的平等保护,合法来源制度打击侵权源头的功能也会受到限制和影响,而让权利人另寻制造者追偿,权利人的实质利益并未受损。此种情况下,应免除销售者包括合理开支在内的全部赔偿责任。

(二)产品来源于中间环节的上家的情形

现代市场经济领域中,商品流通的渠道多元、交易频繁、环节众多,被诉侵权的销售者可能只是诸多商品流通环节中的一环。合法来源抗辩只需提供合法的来源即可,是否是制造者在所不论。零售商、批发商、经销商等,与提出抗辩的销售者同处交易的中间环节,只要进货渠道合法,来源于此类主体的合法来源抗辩同样可以成立。在此情况下,权利人难以通过对销售者的诉讼直接发现制造者,合法来源抗辩打击侵权源头的功效几乎没有实现。权利人不得不在扑朔迷离的市场流通与错综复杂的交易链条中,继续调查侵权来源,还可能面临线索中断、无果而终的风险。在艰难漫长的维权过程中,权利人的维权成本已实际产生,并不断增加,如果不适当为权利人维权减负,则对权利人显失公平。

基于此,当侵权产品的销售者提供的来源是市场诸多交易中间环节的上家,而非制造者时,合法来源抗辩可以适度避让合理开支制度,可视来源主体对帮助查找侵权源头的具体情况,合理分配维权费用。如果抗辩来源于零售商、普通批发商、非专营经销商等,查找侵权源头较困难,权利人诉请销售者承担合理开支的,原则上应予支持。如果抗辩来源于授权经销商、总经销商等,查找侵权源头较容易,权利人诉请销售者承担合理开支的,可予以支持。司法自由裁量的范畴体现为在权利人和销售者利益之间进行的合理衡平。

(三)权利人放弃向制造者追偿的情形

当权利人维权时已知制造者,但以实际行动或意思表示明确放弃向制造者追偿时,无论销售者提供的来源是否是制造终端,合理开支制度都应避让合法来源抗辩制度,免除销售者的全部赔偿责任。实际情况中存在权利人同时起诉制造者和销售者,或在关联案中分别起诉制造者和销售者的情形。权利人可以向制造者追偿包括维权费用在内的经济损失,若权利人没有提出该项诉请,视为放弃索赔,若权利人与制造者达成调解协议,则双方就赔偿问题自行处理完毕,此时权利人转而又向销售者主张维权费用的,法院不宜支持①。因为一方面,这笔费用的最终承担者应当是制造者,权利人有直接向制造者索赔的救济途径和决定权,可以最大限度地维护自身合法权益。无论权利人已知制造来源,还是通过销售者发现了制造来源,权利人放弃向制造者追偿或与制造者和解的,都视为权利人对合理开支最终求偿权进行了处分,应对自己的行为承担相应的后果。另一方面,对于销售者来说,若被判令承担维权费用,销售者只能再向制造者求偿,而制造者却可以凭借赔偿责任已被权利人免除或与权利人纠纷处理完毕为由,加以拒绝,销售者成功求偿的可能性极小,对其有失公正。

此外,近年来出现一种商业化的维权模式,权利人维权目标仅指向侵权产品销售者,而不瞄准制造者,存有通过维权索赔牟利和"放水养鱼"的不正当动机。若有证据表明属于这类情况的,销售者合法来源抗辩成立时,不宜支持权利人关于合理开支的主张,这样做有利于遏制超出维权本意之外的诉讼行为。

(四)严格合法来源抗辩证明标准对合理开支负担的影响

销售者主张合法来源抗辩,对其主张负有举证证明责任,法院审查侵权产

---

① 广东省高级人民法院(2015)粤高法民三终字第95~98号民事判决书。

品合法来源证据时采取何种标准,直接关系到合法来源抗辩成立与否。最高人民法院曾在再审申请人广东雅洁五金有限公司与被申请人杨某某、卢某某侵害外观设计专利权纠纷一案的判决书中明确,“对于侵权产品合法来源证据的审查应当从严把握,特别要注重对证据的真实性、证明力、与侵权产品的关联性、同一性的审查”①,体现了审慎的态度。销售者被科以较高的举证证明责任,那些没有合法进货渠道、采取不合理进货价格、没有保留正规票据的销售者,不能达到证明标准,无法适用合法来源抗辩免除赔偿责任。

严格合法来源抗辩证明标准,对规范市场交易活动具有司法导向作用。现实生活中某些小商品、小型五金制品等产品,相关工商行政管理、包装、标识、进货发货渠道等方面的规范程度,与药品、家电用品等商品尚有较大差距,市场中容易出现一些“三无产品”,交易环节也往往缺少正式发票、购销合同等,由此滋生出产品质量粗陋,商贸方式原始落后等问题。严格认定标准,有利于通过司法导向促使销售者尽到合理注意义务,完善交易习惯和规范流通环节,由此逐步淘汰低端粗制滥造的产品。这符合我国加强结构性改革和产业转型升级,建立现代化商业的时代要求。如此一来,从严把握合法来源成立标准时,利益天平的一端已向权利人倾斜,那么作为调节系统中的另一配套措施,合理开支制度就应当在天平的另一端加码,以维系正义的总体平衡。也就是说,销售者完成举证证明责任,符合严格的合法来源抗辩审查标准时,应更多地考虑免除销售者的合理开支负担责任。

知识产权法律体系是由各项规则制度有机构成的复杂系统,冲突体现了价值的多元,平衡体现了更高公正的追求。探讨合法来源抗辩与合理开支负担的关系和协调问题,是以精细化的知识产权审判在多元的价值中寻求公正的最大化。

---

① 陶凯元主编:《最高人民法院知识产权审判案例指导》(第7辑),中国法制出版社2015年版,第505页。

"排除、限制竞争的效果"要件的运用

——滥用市场支配地位垄断行为的司法判断

鲍爱武*

摘要:本文对滥用市场支配地位垄断行为的司法判例进行了梳理和分析,认为对滥用市场支配地位的行为,通过立法解释和相关判例的支撑,可以得出,在审理此类案件时,应当考察"排除、限制竞争的效果"这一要件。在审理滥用市场支配地位纠纷时,一般应遵循如下司法逻辑:一、界定相关市场;二、确定被诉经营者在该相关市场是否具有支配地位;三、如果被诉经营者在该相关市场具有支配地位,其行为是否构成滥用市场支配地位。在一定情况下,可以进一步分析被诉垄断行为对竞争的影响效果,以检验关于其是否具有市场支配地位的结论正确与否。

关键词:排除限制竞争　滥用市场支配地位　搭售　司法判断

一、问题的提出

我国《反垄断法》主要对垄断协议、滥用市场支配地位和经营者集中三类垄断行为进行规制。在该法第13条、第28条分别对这三类行为中的垄断协议、经营者集中设定了"具有排除、限制竞争效果"这一法律要件,但是对于第三种行为即滥用市场支配地位的垄断行为,是否应当考量排除、限制竞争的效果,《反垄断法》付之阙如。该法第17条对滥用市场支配地位的规定是:"禁止具有市场支配地位的经营者从事下列滥用市场支配地位的行为:(一)以不公平的高价销售商品或者以不公平的低价购买商品;(二)没有正当理由,以低于成本的价格销售商品;(三)没有正当理由,拒绝与交易相对人进行交易;(四)没有正当理由,限定交易相对人只能与其进行交易或者只能与其指定的经营者进行交易;(五)没有正当理由搭售商品,或者在交易时附加其他不合理的交易条件;(六)没有正当理由,对条件相同的交易相对人在交易价格等交易条件上实行差别待遇;(七)国务院反垄断执法机构认定的其他滥用市场支配地位的行为。"该条以列举的方式,列出了搭售、差别待遇等几种滥用市场支配地位的典型表现,但是没有对是否应当考量排除、限制竞争的效果作出

* 鲍爱武,辽宁省高级人民法院员额法官,研究室副主任。

规定。

在认定这些滥用市场支配地位的垄断行为时，是否考量排除、限制竞争的效果，直接关涉对"滥用市场支配地位"类型的垄断行为分析是采用"本身违法原则"（per se illegal）还是"合理原则"（rule of reason）。如果采用"本身违法原则"，那么只需分析两个要件，第一，被诉经营者"是否具有市场支配地位"；第二，被诉经营者"是否开展了法律禁止的行为"。而如果采用"合理原则"，则需要在考虑上述两个要件的基础上，继续考察第三个独立的要件，即这个法律禁止的行为是否具有"排除、限制竞争的效果"。

二、滥用市场支配地位的认定中，司法经验的积累

（一）对"排除、限制竞争效果"要件的回避

《反垄断法》自 2008 年施行以来，我国各地法院从零开始，陆续受理了一定数量的反垄断案件，积累了很多司法经验。多数法院在判断具有市场支配地位的经营者实施的行为是否构成滥用市场支配地位的垄断行为时，对于该行为是否具有排除、限制竞争的效果没有予以考察。在这些案件中，法官往往回避了"排除、限制竞争效果"这个要件，而将分析终结于第一个要件"是否具有市场支配地位"，或第二个要件"是否存在法律禁止的行为"等。一般的路径是：由于原告不能证明被诉经营者在相关市场具有支配地位这一前提，从而不能认定其构成滥用市场支配地位的行为。

比如，在李某某与中国网通（集团）有限公司北京市分公司垄断纠纷一案[①]中法院认为："由于李某某有关本案相关市场的主张不能成立，且即使在其所主张的相关市场上李某某亦未能证明网通北京分公司占有市场支配地位，故李某某有关原审法院没有认定网通北京分公司在固定电话相关市场实施了滥用市场支配地位行为属于事实认定错误的上诉理由不能成立，本院不予支持。"

再如，在陈某某与广东燕塘乳业股份有限公司滥用市场支配地位纠纷一案[②]中法院认为："陈某某并未能举证证明燕塘公司在番禺地区的送奶服务市场内具有能够控制商品价格、数量或者其他交易条件，或者能够阻碍、影响其他经营者进入番禺地区的送奶服务市场的能力，也未能举证证明燕塘公司在番禺地区的送奶服务市场的份额达到二份之一以上，故不能认定燕塘公司在相关市场具有支配地位，而陈某某对此应承担举证不能的责任。"

---

① 北京市高级人民法院（2010）高民终字第 481 号。

② 广东省高级人民法院在（2013）粤高法民三终字第 458 号。

(二)确立"排除、限制竞争效果"要件的标杆案例

在这个问题上有两个标杆判决,它们是奇虎公司与腾讯公司滥用市场支配地位纠纷案和中国移动通信集团上海有限公司与童某滥用市场支配地位纠纷案。

在奇虎公司与腾讯公司滥用市场支配地位纠纷案件①中,最高人民法院认为:"即使被诉经营者具有市场支配地位,判断其是否构成滥用市场支配地位,也需要综合评估该行为对消费者和竞争造成的消极效果和可能具有的积极效果,进而对该行为的合法性与否作出判断。""虽然被上诉人实施的'产品不兼容'行为对用户造成了不便,但是并未导致排除或者限制竞争的明显效果。这一方面说明被上诉人实施的'产品不兼容'行为不构成反垄断法所禁止的滥用市场支配地位行为,也从另一方面佐证了被上诉人不具有市场支配地位的结论。"

在中国移动通信集团上海有限公司与童某滥用市场支配地位一案②中,法院进一步阐发了这个观点,以明确的判词写道:"滥用市场支配地位的垄断行为是否以具有排除、限制竞争效果为构成要件,对此,本院认为,《反垄断法》第三条列举了该法所规定的包括经营者滥用市场支配地位在内的三大类垄断行为。而《反垄断法》第 6 条规定,'具有市场支配地位的经营者,不得滥用市场支配地位,排除、限制竞争'。因此,根据《反垄断法》第 6 条的规定可知,认定具有市场支配地位的经营者实施的行为构成滥用市场支配地位的垄断行为,应当以该行为具有排除、限制竞争的效果为前提。"

经过上述两个案件的审理,在认定滥用市场支配地位的垄断行为时,应当以排除、限制竞争的效果为前提,基本成为司法判断的共识。

三、最近判例:吴某某与陕西广电网络传媒(集团)股份有限公司捆绑交易纠纷案

2016 年 8 月,吴某某与陕西广电网络传媒(集团)股份有限公司捆绑交易纠纷一案③,最终落下法槌。这个案件的标的虽然只有 15 元人民币,但是案件的审理从 2012 年一审时起一波三折。一审法院支持了原告的诉讼请求,二审则全部改判,撤销了一审判决,驳回原告的诉讼请求。在随后的再审程序中,撤销了二审判决,维持了一审的最初判决。再审判决严格依照法条的规定,将本案争议焦点归纳为"本案诉争行为是否违反了反垄断法第十七条第

① 最高人民法院(2013)民三终字第 4 号。

② 上海市高级人民法院(2014)沪高民知终字第 105 号。

③ 最高人民法院(2016)民再 98 号。

一款第五项之规定”。这虽然回避了是否将“排除、限制竞争的效果”作为一个独立的判断要件,但是在论述中亦有对这一要素的简要评点。

(一)《反垄断法》第17条第1款第5项之规定,未包含“排除、限制竞争的效果”这个独立的考量要件,属于立法漏洞

在“关于《中华人民共和国反垄断法(草案)》的说明”中提道,“草案采取这一国际通行做法,不反对经营者具有市场支配地位本身,但严格禁止经营者滥用其市场支配地位实施垄断价格、掠夺性定价、拒绝交易、强制交易、搭售、实行差别待遇以及反垄断执法机构认定的其他排除、限制竞争的行为”。这里对列举式规定的几种典型滥用市场支配地位的行为之外,附加了“其他排除、限制竞争行为”这一后缀,应系对《反垄断法》第17条的立法补充。同时,《反垄断法》第6条规定了“具有市场支配地位的经营者,不得滥用市场支配地位,排除、限制竞争”。因此,认定具有市场支配地位的经营者实施的行为构成滥用市场支配地位的垄断行为,从立法本意上讲,应以该行为具有排除、限制竞争的效果为前提。

(二)再审判决围绕上述焦点分析了两个要件

第一,对于要件一,被诉经营者“是否具有市场支配地位”问题,“本院再审审查过程中,广电网络对一、二审法院认定其具有市场支配地位的事实并未提出异议。本院认为,鉴于广电网络作为陕西境内唯一合法经营有线电视传输业务的经营者,陕西省内唯一电视节目集中播控者,一、二审法院在查明事实的基础上认定在有线电视传输市场中,广电网络在市场准入、市场份额、经营地位、经营规模等各要素上均具有优势,占有支配地位,并无不当”。认定广电网络具有市场支配地位。第二,对于要件二,被诉经营者“是否开展了法律禁止的行为”,判决分析了关于广电网络在向吴某某提供服务时是否构成搭售的问题,“认定广电网络实际上是将数字电视基本收视节目和数字电视付费节目捆绑在一起向吴某某销售,并没有告知吴某某是否可以单独选购数字电视基本收视服务的服务项目”。第三,这个滥用市场支配地位的搭售行为是否“具有排除、限制竞争的效果”,再审判决通过以上分析,指出:“在此情形下,广电网络利用其市场支配地位,将数字电视基本收视维护费和数字电视付费节目费一起收取,客观上影响消费者选择其他服务提供者提供相关数字付费节目,同时也不利于其他服务提供者进入此电视服务市场,对市场竞争具有不利的效果。”认定了广电网络利用其市场支配地位,对市场竞争产生了不利的效果。

结　语

《反垄断法》颁布至今的十个年头中,通过审判经验的积累和重要案例的

指引,审理滥用市场支配地位纠纷时,一般认为可以遵循如下司法逻辑:(1)界定相关市场;(2)确定被诉经营者在该相关市场是否具有支配地位;(3)如果被诉经营者在该相关市场具有支配地位,其行为是否构成滥用市场支配地位。原则上,如果被诉经营者不具有市场支配地位,则无须对其是否滥用支配地位进行分析,可以直接认定其不构成《反垄断法》所禁止的滥用市场支配地位行为。不过,在相关市场边界较为模糊、被诉经营者是否具有市场支配地位不甚明确时,可以进一步分析被诉垄断行为对竞争的影响效果,以检验关于其是否具有市场支配地位的结论正确与否。[①]

---

① 最高人民法院(2013)民三终字第4号。

商业机会获得《反不正当竞争法》保护的问题探析

王　磊*

摘要：争夺商业机会所引发的不正当竞争纠纷日趋增多，但商业机会并非《反不正当竞争法》所明确保护的权益类型，相关法律适用问题尚存较多争议。本文即以主体要件和行为要件为视角，对获得《反不正当竞争法》保护的商业机会的要件问题展开分析，同时通过对诉讼时效现行规定的比较和检讨，明晰持续性不正当竞争行为的诉讼时效规则。

关键词：商业机会　不正当竞争　经营者　竞争关系　诉讼时效

市场竞争的本质是对商业机会的争夺，随着市场竞争的日趋激烈，涉及商业机会的不正当竞争纠纷亦呈上升趋势。但商业机会并非《反不正当竞争法》所明确保护的权益类型，法学理论与司法实践对于商业机会获得《反不正当竞争法》保护的要件分析尚为欠缺，具有进一步研究之必要。同时，鉴于不当获取商业机会的行为多为持续性不正当竞争行为，故比较研究知识产权相关司法解释中的诉讼时效规定，明晰持续性不正当竞争行为的诉讼时效规则，亦具有重要的理论与实践价值。

一、主体要件——反不正当竞争法意义上的经营者与竞争关系

依据2017年修订的《反不正当竞争法》第2条之规定，《反不正当竞争法》所规制的不正当竞争，是指经营者违反本法规定，扰乱市场竞争秩序，损害其他经营者或者消费者的合法权益的行为。因此，认定是否构成不正当竞争，首先需要审查"具有竞争关系的经营者"这一主体要件。

（一）反不正当竞争法意义上的经营者

1.对经营者现行定义的反思

修订前的《反不正当竞争法》第2条规定，经营者是指从事商品经营或者营利性服务的法人、其他经济组织和个人。该条对于从事商品经营和服务的主体的限定条件有所区别，特别是对从事服务的主体限定了"营利性"条件。从域外立法趋势看，这一规定已不合时宜。如法国《公平交易法》、德国《反不正当竞争法》、我国台湾地区"公平交易法"中均未对经营者限以"营利性"要

---

* 王磊，浙江省高级人民法院民事审判第三庭法官。

件。作为国际示范法的世界知识产权组织《反不正当竞争示范法》也未限定经营者需以营利为目的,其注释中特别指出,“工商业活动”一词应当在广义上理解,即不仅包括企业提供商品或者服务的活动,特别是此类商品或者服务的买卖,而且包括职业活动,如律师、医生,不管是私人形式还是其他形式。[①]因此,就示范法的目的而言,个人或者企业的活动是否以营利为目的,无关紧要。同样作为竞争法领域的立法,我国《反垄断法》第12条对经营者的定义是“从事商品生产、经营或者提供服务的自然人、法人和其他组织”。该定义已与域外立法相接轨,排除了“营利性”要件。因此,在我国2017年《反不正当竞争法》修订中,将经营者的定义与《反垄断法》保持了一致。

2. 对经营者定义的扩张解释

在《反不正当竞争法》修改之前,司法实践对经营者的理解已呈扩张解释之趋势,即弱化对经营者的限定条件,既不过于关注经营资格的合法性,亦不限定以营利为目的,作家、学校、医院等非营利性主体已相继为判例认定为经营者。[②] 笔者亦赞同对经营者定义作广义化理解,放弃对“营利性”要件的审查,而应关注主体的行为属性,即审查其是否参与到市场竞争中,从事相关经营活动。同时,审查主张权益方与被诉侵权方经营者身份的侧重点应有所区别。对于主张权益方经营主体身份的界定,应着重审查其是否存在合法竞争利益,而不在于其经营行为是否已取得行政许可。因为是否取得行政许可属于行政责任的范畴,权利人主张民事权利不应以取得行政许可为条件。对于被诉侵权方经营主体身份的界定,则即应当基于竞争法的视角,关注经营主体是否参与到获取对价的市场交易中、对竞争秩序产生影响,而不在于对价产生的利润如何分配。

(二)反不正当竞争法意义上的竞争关系

1. 对“竞争关系”的广义化理解

竞争行为是指意在获取或破坏他人竞争优势的行为,竞争关系即为经营者在竞争过程中形成的社会关系。[③] 从域外立法实践看,美国的《联邦贸易委员会法》及荷兰、瑞士、奥地利等国家的反不正当竞争法都不再要求经营者之间存在竞争关系。世界知识产权组织《反不正当竞争示范法》也放弃了巴黎公约中的“竞争行为”字眼,其注释中指出:“示范法第1条第(1)款第(a)项

---

① 吕来明、熊英:《反不正当竞争法比较研究》,知识产权出版社2014年版,第53页。

② 湖南省长沙市中级人民法院(2004)长中民三初字第221号民事判决书、江苏省南京市中级人民法院(2004)宁民三初字第219号民事判决书、最高人民法院(2002)民三终字第1号民事判决书。

③ 孔祥俊:《商标与不正当竞争法原理与判例》,法律出版社2009年版,第686页。

并不包含行为必须是竞争行为的条件。这意味着，示范法也适用于实施行为的一方与其利益受该行为损害的一方之间没有直接的竞争关系的情形。在行为不是针对实施行为者的竞争者时，也可以通过增强行为人与其竞争者的竞争而影响市场竞争。”①我国《反不正当竞争法》并未将经营者之间存在竞争关系作为不正当竞争行为的构成要件，但司法实践的主流观点认为，“认定不正当竞争，除了要具备一般民事侵权行为的构成要件以外，还要注意审查是否存在竞争关系；存在竞争关系是认定构成不正当竞争的条件之一”。② 但对“竞争关系”的解释也日趋广义化，一般而言，竞争关系是指经营者经营同类商品或服务，而当经营业务不同，但其行为违背了《反不正当竞争法》第 2 条规定的竞争原则时，也可以认定具有竞争关系。即经营者之间具有间接竞争关系，且竞争行为违反《反不正当竞争法》规定的，也可认定为反不正当竞争法调整的竞争关系。

2. 辩证看待“竞争关系”要件

司法实践中应当辩证地看待“竞争关系”要件。一方面，狭义竞争关系界定有利于明确《反不正当竞争法》所调整的法律关系与其他民事法律关系的区别，对于是否构成不正当竞争行为即竞争者是否具有诉权有重要意义，不应将竞争关系简单化。且竞争关系的认定可作为判定行为人是否应当予以合理避让、是否存在主观过错及是否会造成直接损害等的重要依据。另一方面，应该改变“以是否存在竞争关系作为认定是否构成不正当竞争行为的前提”的观念，树立“不正当竞争行为是经营者违反法律和诚实信用原则、以不正当方式与竞争对手或者其他经营者直接或间接地争夺交易机会的行为，竞争关系就是由此发生的侵害与被侵害的关系”③的现代观念，对不正当竞争行为直接按照《反不正当竞争法》规定的具体行为特征或者不正当竞争法的诚实信用或公序良俗原则进行认定。即应当逐步弱化对“竞争关系”的要求，更为关注其行为属性，依据反不正当竞争法的原则规定认定竞争的正当性。

二、行为要件——商业机会获得反不正当竞争法保护的条件

商业机会获得《反不正当竞争法》保护的行为要件，涉及对《反不正当竞争法》一般条款的适用条件及竞争行为的正当性评判标准展开分析。

---

① 吕来明、熊英：《反不正当竞争法比较研究》，知识产权出版社 2014 年版，第 53 页。

② 最高人民法院原副院长曹建明：《加大知识产权司法保护力度　依法规范市场竞争秩序——在全国法院知识产权审判工作座谈会上的讲话》（2004 年 11 月 11 日）。

③ 郑友德：《知识产权与公平竞争的博弈——以多维创新为坐标》，法律出版社 2011 年版，第 271 页。

(一)《反不正当竞争法》一般条款的适用条件

市场竞争方式和不正当竞争行为类型均具有多样性,《反不正当竞争法》第2章“不正当竞争行为”部分无法穷尽,故对于法律未作特别规定的竞争行为,如果按照公认的商业标准认定违反了《反不正当竞争法》第2条的原则规定,则可认定为不正当竞争行为,以维护公平竞争秩序。《反不正当竞争法》第2条的适用条件包括:

第一,位序性,即相关法律对该竞争行为并未作出特别规定。法律原则的裁判功能,是指法律原则直接作为规范标准用于案件的裁判过程,对案件事实进行涵摄;法律原则的适用规则是穷尽法律规则,方能适用法律原则。如果《反不正当竞争法》第2章已作类型化规定,则不能适用《反不正当竞争法》的一般条款。同时,如果知识产权专门法已作穷尽性规定,反不正当竞争法原则上也不再提供附加保护。

第二,损害性,即该竞争行为实际损害了其他经营者或消费者的合法权益。根据《反不正当竞争法》第2条第2款对不正当竞争的定义,经营者违反本法规定,扰乱市场秩序,损害其他经营者或者消费者的合法权益的行为。显然不正当竞争行为应当损害其他经营者或消费者的合法权益。损害既包括对民事权利的损害,也包括对民事利益的损害;既包括对特定经营者或消费者利益的损害,也包括对不特定经营者或消费者利益的损害。

第三,违法性,即该竞争行为因违反诚实信用原则和公认的商业道德而具有不正当性。根据《反不正当竞争法》第2条第2款对不正当竞争的定义,不正当竞争行为需具有违法性,即违反了《反不正当竞争法》第2条第1款规定的“自愿、平等、公平、诚信的原则,遵守法律和商业道德”等。商业机会能否适用《反不正当竞争法》一般条款获得保护,亦应考量如上因素。

(二)竞争行为正当性的评判标准

竞争的本质是一种争胜行为,是抢占消费者、争取商业机会的过程,而不正当竞争则是以不正当手段获取商业机会。不当获取商业机会与攀附行为不同,不当获取商业机会未必攀附他人的竞争优势,而是通过引发交易对手的错乱获取商业机会;不当获取商业机会与误导也不同,不当获取交易机会并非主要基于商业言论,而在于竞争手段的不正当性。关于商业机会能否获得《反不正当竞争法》保护,一方面,法律类型化的法益称为民事权利,而未类型化为权利但给予保护的法益称为民事权益,《反不正当竞争法》所保护的利益也属于民事权益①。从发展历史看,《反不正当竞争法》的保护客体经历了由权利保护向法益保护的演变过程,如日本《反不正当竞争法》明文规定保护“营业上的利益”,即营业者、竞争者及消费者的权益②。在正常情况下能够合理预期获得的商业机会,可以形成竞争优势,促成商业交易,可认定为《反不正当竞争法》保护的法益。另一方面,作为法益的基本特征,商业机会本身并非法定权利,基于商业机会的开放性和不确定性,经营者之间争夺商业机会是市场竞争的常态,经营者在竞争中获取其他经营者的商业机会本身并不当然具有可责难性。因此,评判商业机会能否获得《反不正当竞争法》保护的关键,不在于是否受到损害,而在于经营者获取商业机会过程中所采用的竞争手段是否具有不正当性,即是否符合诚实信用原则和公认的商业道德。同时,在《反不正当竞争法》意义上,诚实信用原则与商业道德具有共通性,强调按照特定商业领域中市场经营者即经济人的伦理标准③加以评判,即以特定商业领域普遍认识和接受的伦理标准,认定是否违反商业道德,避免把诚实信用原则和商业道德简单等同于个人道德或者社会公德。

三、时效要件——持续性不正当竞争行为诉讼时效规则的明晰

在涉及商业机会的不正当竞争纠纷中,相关不正当竞争行为通常都具有一定的持续性。但对于持续性不正当竞争行为的诉讼时效问题,现行规定尚未明确。

(一)持续性侵权行为的诉讼时效规定

诉讼时效,是指权利人在法定期限内不行使民事权利,义务人可拒绝履行其义务的法律事实。《民法通则》第7章规定了诉讼时效,其中第135条和第137条规定,向人民法院请求保护民事权利的诉讼时效期间为2年,法律另有规定的除外;诉讼时效期间从知道或者应当知道权利被侵害时起计算,但是,从权利被侵害之日起超过20年的,人民法院不予保护。但《民法通则》对于持续性侵权行为的诉讼时效如何起算未作规定。最高人民法院《关于审理民事案件适用诉讼时效制度若干问题的规定》(以下简称《诉讼时效规定》)对于这一问题也未回应,民事审判实践对此尚存争议。三大知识产权专门法即《商标法》《专利法》《著作权法》的司法解释最先规定了持续性侵权行为的诉

---

① 孔祥俊:《反不正当竞争法的创新性适用》,中国法制出版社2014年版,第136页。

② 郑友德等:《论〈反不正当竞争法〉的保护对象——简评“公平竞争权”》,载《知识产权》2008年第5期。

③ 最高人民法院(2009)民申字第1065号民事判决书中提出“经济人伦理”标准,强调其为职业性的道德准则,与日常生活道德不同。

讼时效问题,如最高人民法院《关于审理商标民事纠纷案件适用法律若干问题的解释》(以下简称《商标法解释》)第18条规定,侵犯注册商标专用权的诉讼时效为2年,自商标注册人或者利害关系人知道或者应当知道侵权行为之日起计算。商标注册人或者利害关系人超过2年起诉的,如果侵权行为在起诉时仍在持续,在该注册商标专用权有效期限内,人民法院应当判决被告停止侵权行为,侵权损害赔偿数额应当自权利人向人民法院起诉之日起向前推算2年计算。该规定值得关注的是:其一,关于诉讼时效的适用范围。通说认为债权请求权适用诉讼时效制度,《诉讼时效规定》第1条也采此观点,规定当事人可以对债权请求权提出诉讼时效抗辩,而停止侵害请求权并非债权请求权,不适用诉讼时效,只要侵权行为仍在继续,权利人即可请求停止侵害。其二,损害赔偿数额的起算时间自起诉之日起向前推算2年计算。《商标法解释》的起草理由指出,该规定在坚持《民法通则》关于诉讼时效基本规定的同时,也充分考虑了知识产权作为知识财产不同于一般财产的特点,即保护客体的无形性、时间性等,既能督促权利人及时行使权利,又不失公平,加强了对知识产权的保护。①

(二)持续性不正当竞争行为的诉讼时效规则

1. 对现行规定的借鉴

《反不正当竞争法》及其司法解释对持续性不正当竞争行为的诉讼时效未作规定,笔者认为,可以借鉴《商标法解释》的上述规定,理由如下:

第一,司法解释规定部分不正当竞争行为的损害赔偿额计算方法可以参照《商标法》或《专利法》的规定。鉴于商业秘密多数具有技术内容,与专利比较接近,而《反不正当竞争法》第5条等规定的不正当竞争行为,一般涉及的是商业标志类,与商标比较接近,故最高人民法院《关于审理不正当竞争民事案件应用法律若干问题的解释》第17条规定,确定《反不正当竞争法》第10条规定的侵犯商业秘密行为的损害赔偿额,可以参照确定侵犯专利权的损害赔偿额的方法进行;确定《反不正当竞争法》第5条、第9条、第14条规定的不正当竞争行为的损害赔偿额,可以参照确定侵犯注册商标专用权的损害赔偿额的方法进行。

第二,持续性不正当竞争行为的诉讼时效规则不能过于机械苛刻。与知识产权专门法从积极层面保护商标权、专利权等绝对性权利相比,《反不正当竞争法》对于相关法益的保护机制具有其特殊性,系从消极的角度对相关法

① 沈德咏主编:《知识产权司法解释理解与适用》,法律出版社2009年版,第125页。

益进行补充性保护，即立足于制止符合不正当竞争条件的特定行为而保护相关法益。故较之商标权等专有权保护的法定性和确定性，法益保护则更具有开放性和灵活性。特别是适用《反不正当竞争法》一般条款对相关竞争行为进行规制时，既要评判该竞争行为是否实际损害了其他经营者的合法权益，又要审查该竞争行为是否违反诚实信用原则和商业道德而具有不正当性。对处于模糊地带的竞争行为，受损害的经营者对于竞争行为的损害性和违法性要件，特别是对该类竞争行为是否具有不正当性的认知辨识并非十分简易明确。当受损害的经营者认识到损害其合法权益竞争行为具有不正当性时，可能已经超过 2 年时间。如果就此认定起诉行为已超过诉讼时效，则显失公平。因此，持续性不正当竞争行为诉讼时效规则的适用不能过于机械苛刻，既应当坚持《民法通则》关于诉讼时效的基本规定，以发挥诉讼时效的制度功能，维护现存秩序的稳定性，督促权利人及时主张权利，又可以借鉴《商标法解释》的相关规定，兼顾《反不正当竞争法》的保护机制特点，以维护正当的竞争利益和公平的竞争秩序。

2. 对现行规定的修订

虽然《商标法解释》关于诉讼时效的规定可资借鉴，但尚存以下值得进一步探讨和完善之处：

第一，《商标法解释》规定持续性侵权行为的损害赔偿数额自起诉之日起向前推算 2 年计算，审判实践中可能会被不当解读，即认为法院无须区分当事人是否提出诉讼时效抗辩，均应当自起诉之日向前推算 2 年计算损害赔偿数额。诉讼时效抗辩权本质上是义务人的一项民事权利，依据意思自治原则，民事主体有权依其自己意志从事民事法律行为，故义务人在诉讼中是否主张诉讼时效抗辩，属于其自由处分的范畴，司法不应干涉①。《诉讼时效规定》第 3 条也规定，当事人未提出诉讼时效抗辩，人民法院不应对诉讼时效问题进行释明及主动适用诉讼时效的规定进行裁判。而《商标法解释》规定持续性侵权行为的损害赔偿数额均自起诉之日起向前推算 2 年计算，也应以当事人主张诉讼时效抗辩作为适用前提。如果当事人并未主张诉讼时效抗辩，法院在计算损害赔偿数额时，也并非限于 2 年期限。因此，为更好地彰显诉讼时效的抗辩权本质，建议对于"损害赔偿数额自起诉之日起向前推算 2 年计算"的规定，增加"当事人主张诉讼时效抗辩"的条件。

第二，关于 2 年普通诉讼时效的起算标准。《民法通则》第 137 条规定 2

---

① 宋晓明等：《〈最高人民法院关于审理民事案件适用诉讼时效制度若干问题的规定〉的理解与适用》，载《法律适用》2008 年第 11 期。

年普通诉讼时效应从知道或者应当知道权利被侵害时起计算。该起算标准适用于一般侵权行为并无问题,因为受害人自知道权利被侵害时即知晓加害者,可以对其行使相应的请求权。但由于知识产权具有无形性、易于复制性等一般民事权利不具有的特点,故在很多情形下,即使受害人已知道权利被侵害,却无法立即确定相应的加害者,也就难以行使相应的请求权。如著作权人在互联网上发现了侵权作品,但却可能难以确定作品的提供者;商标权人发现了侵权商品,也可能难以确定商标的使用者。此时,若严格限定诉讼时效自权利被侵害时起计算,则会实质上缩短诉讼时效期间,不利于对善意权利人的保护。法国《民法典》第 2224 条规定,普通诉讼时效期间为 5 年,自权利人知道或应当知道其可以行使权利的事实之日起算。德国《民法典》第 852 条规定,因侵权行为所生的赔偿请求权,自受害人知有损害事实或确定赔偿义务人之时起,因 3 年间不行使而消灭;在不知的情形下,自加害行为发生之时起,因 30 年间不行使而消灭。日本《民法典》第 724 条规定,因侵权行为的损害赔偿请求权自受害者或其法定代理人知道损害及加害者时起 3 年间不行使时因时效而消灭,自侵权行为之时起经过 20 年时亦同。因此,参照域外立法规定,建议在 2 年普通诉讼时效起算标准中增加“确定加害者”的要件。

第三,关于最长保护期限的规定。《民法通则》第 137 条规定了权利的最长保护期限,即从权利被侵害之日起超过 20 年起诉的,人民法院不予保护。但商标法司法解释并未引入这一规定,容易产生持续性商标侵权行为并不适用最长保护期限的疑惑,认为只要侵权行为仍在持续,即不受最长保护期限的限制。故建议持续性不正当竞争行为的诉讼时效规则中增加最长保护期限的规定。

综上,结合《反不正当竞争法》的保护机制特点及诉讼时效的抗辩权本质,笔者建议,持续性不正当竞争行为的诉讼时效规则应为:不正当竞争行为的诉讼时效为 2 年,自受害人知道或者应当知道不正当竞争行为并确定相关经营者之日起计算;受害人超过 2 年起诉的,如果不正当竞争行为在起诉时仍在持续,且当事人主张诉讼时效抗辩,损害赔偿数额应当自受害人向人民法院起诉之日起向前推算 2 年计算。但从不正当竞争行为实施之日起超过 20 年起诉的,人民法院不予保护。

知识产权损害赔偿问题研究

应向健* 王 磊**

摘要：损害赔偿是最基本的知识产权侵权责任方式，具有较强的部门特色，损害赔偿的功能设计、归责原则、范围界定及计算方法是关涉该项制度价值能否实现的核心问题。通过对现行知识产权损害赔偿制度的检讨，本文从健全程序机制、完备计算方法、完善基础制度等方面提出了我国知识产权损害赔偿制度的完善建议。

关键词：知识产权 损害赔偿 司法核心问题 制度完善

传统民事责任依其承担责任方式可分为排除侵害与损害赔偿，而损害赔偿则可进一步区分为恢复原状和赔偿损失。其中，赔偿损失是指行为人向受害人支付一定数额的金钱以弥补其损失的责任方式，是最为基本和适用最为广泛的责任方式。① 就知识产权损害赔偿而言，基于知识产权的无形性特点，恢复原状的责任承担方式难以实现，故而赔偿损失成为知识产权损害赔偿的典型责任承担方式，在知识产权法语境下探讨损害赔偿问题亦主要指向赔偿损失。同时，有别于有形财产，知识产权的价值具有较强的不确定性，从而使得知识产权损害赔偿的司法认定有别于一般的侵权诉讼，具有较强的部门法特色。如何构建完善的知识产权损害赔偿制度，是知识产权审判实践中的重要研究课题。

一、知识产权损害赔偿制度司法核心问题

知识产权制度的基本原理涵盖了知识产权损害赔偿的原则和制度设计。司法实践中，除损害赔偿的主体、客体界定问题以外，损害赔偿的功能设计、归责原则、范围及计算方法是关涉该项制度价值能否实现的核心问题。

（一）知识产权损害赔偿制度的功能设计

就基本法理而言，任何一项民事法律责任制度的设立均有其制度功能的考量，而这种功能通常包括预防功能、复原功能及惩罚功能。基于被损害权利基础的不同，相应的制度功能亦有所区别。与其他民事权利无异，知识产权损

---

* 应向健，浙江省高级人民法院知识产权审判庭高级法官。

** 王磊，浙江省高级人民法院知识产权审判庭法官。

① 王胜明主编：《中华人民共和国侵权责任法释义》，法律出版社2010年版，第81页。

害赔偿制度的首要功能也系其复原功能。只是由于知识产权具有无形性,其复原功能只能通过金钱赔偿等填补方式得以“形式”上实现,而非如有形财产般能够在物理上复原。但是传统民法上的侵权损害赔偿制度不仅忽视预防功能,其惩罚功能也相当有限。现代知识产权损害赔偿制度则被赋予了较为浓重的预防功能与惩罚功能。这种改变既有民法自身演变的因素,更与知识产权权利特性密切相关。

近代民法是建立在19世纪社会经济生活中民事主体具有平等性和互换性的基础之上,其制度理念是形式正义,价值取向则为法的安定性,相应的民事法律行为制度遵循私法自治和契约自由原则,民事归责原则遵循过失责任原则;而以20世纪社会经济生活为物质基础的现代民法,已经丧失了平等性和互换性的基础,出现了严重的两极分化和对立,制度理念抛弃形式正义转而追求实质正义,价值取向由安定性转变为向具体案件判决的社会妥当性。① 作为近代民法典范的《法国民法典》《德国民法典》等均未将“知识产权”纳入其中权利范畴,显然知识产权并未进入近代民法的视野。但随着20世纪数字技术的迅速发展与应用,不仅使知识产权法律体系本身迅速变化、发展,而且使知识产权在整个财产权中的地位,从附属向主导转化。② 但问题也随之而来,最为突出的莫过于知识产权的易被侵害性。权利人对知识产权并不能像其他有形财产一样行使实际占有权,使得财产免受他人侵害。相反,对知识产权的侵害日趋频繁且成本低下,重复侵权多发。因此,知识产权损害赔偿制度与社会经济生活的发展变化相适应,在遵循现代民法理念,追求实质正义的制度理念和社会妥当性的价值取向的同时,也充分顾及知识产权自身权利特点,突出损害赔偿制度的预防功能和惩罚功能。例如,知识产权损害赔偿数额的确定不应固守既有的“填平原则”,在特定情形下可以适用惩罚性赔偿,以防止因侵权成本低下而导致重复侵权行为发生。又如,在确定知识产权侵权赔偿数额时,通过确定合理的损害赔偿数额把侵权行为所造成的外部损害内部化,以促使行为人提高注意义务,或通过增加故意侵权行为的预期成本来减少知识产权侵权行为的发生,从而使实施知识产权制度产生的社会效益达到最大化。

(二)知识产权损害赔偿的归责原则

知识产权侵权的归责原则应采用的是无过错责任原则,③ 对此学界并无

---

① 梁慧星:《从近代民法到现代民法》,载《律师世界》2002年第5期。

② 郑成思:《知识产权论》,法律出版社2007年版,第28页。

③ 郑成思:《知识产权论》,法律出版社2003年版,第272页。

实质性争议,但知识产权侵权损害赔偿的归责原则并不明晰。知识产权损害赔偿归责原则问题的分析,涉及过错的界定和过错的举证等问题。

过失是最常见的过错形态,其判断标准历经主观向客观之转化过程。早期侵权法判断行为人是否有过失,主要考察行为人的主观心理状态。德国《民法典》开始对过失评判采用客观标准,该法典第 276 条规定:"欠缺社会交往中必要之注意,为有过失。"但类似规定在知识产权损害赔偿归责认定中却面临着传统民法未曾遇到的难题。由于知识产权具有无形性、地域性、受法定时间限制之类物权等民事权利不具有的特点,导致知识产权的权利边界和保护范围并非清晰明了,甚至有待于司法确认。而注意义务又必须建立在对权利边界和保护范围的认识基础之上,这就使知识产权侵权过错的界定问题变得尤为复杂。同时,由于知识产权的专有范围被他人无意及无过失闯入的可能性与实际机会,比其他物权等权利普遍得多,因此,知识产权侵权纠纷中,权利人要证明侵权人"有过错"往往很困难,而侵权人要证明自己"无过错"则很容易。[①] 因此,对于知识产权直接侵权,应当适用无过错原则,即只要侵权人所实施的行为处于知识产权专有权利的保护范围,就应认定构成侵权,不以侵权人具有过错作为要件。然而,在评判侵权人是否应当承担损害赔偿责任时,则应当考虑侵权人是否具有过错的问题。因为没有过错的侵权人虽然也会给权利人造成损害,但这种侵权行为毕竟缺乏道德上的可责备性,规定侵权人承担全部赔偿责任也显得不公。[②] TRIPs 对于损害赔偿责任构成要件的规定,也是突出强调了侵权人须具有主观过错。[③] 但是在考虑侵权人过错的前提下,应当适用一般过错责任原则还是过错推定原则,并不明确。

我国《侵权责任法》第 6 条规定了过错责任和过错推定责任原则,过错推定责任与一般过错责任的区别就在于对"过错"的举证责任分配问题,即过错推定实质上推定行为人有过错,免除了受害人对过错的举证责任,加重了行为人的证明责任,更有利于保护受害一方的利益,也可更有效地制裁侵权行为。[④] 本文认为,与归责原则相对应的是免责事由规定,对知识产权损害赔偿免责事由的要件分析可以为归责原则的确定提供视角,而通过对典型的知识产权损害赔偿免责事由的分析,即可得出知识产权损害赔偿责任应当适用过

① 郑成思:《版权法》(上),中国人民大学出版社 2009 年版,第 248 页。

② 王迁:《知识产权法教程》(第 2 版),中国人民大学出版社 2009 年版,第 260 页。

③ TRIPs 第 45 条第 1 款规定:"对已知或有充分理由应知自己从事之活动系侵权的侵权人,司法当局应当有权责令其向权利人支付足以弥补因侵犯知识产权而给权利人造成之损失的损害赔偿费。"

④ 王胜明主编:《中华人民共和国侵权责任法释义》,法律出版社 2010 年版,第 241 页。

错推定原则的结论,理由如下:认定归责原则需对实体法律规范中权利构成要件予以分析,以《商标法》及《专利法》关于销售者合法来源抗辩的规定为例,我国《商标法》第64条和《专利法》第70条规定了销售者的合法来源抗辩制度,即销售者要免除侵权赔偿责任,不仅要举证证明被诉侵权商品具有合法来源,而且还应当不知道销售的产品是侵权产品,只有同时满足上述条件,销售者才能免除赔偿责任。依据该条的形式构造,销售者应对其已尽到合理的注意义务这一免责事由负担主张和证明责任。鉴于对同一要件事实的证明责任只能由一方当事人负担,[①]被侵权人无须对销售者是否尽到合理注意义务这一过错要件承担主张和证明责任。因此在认定销售者是否承担损害赔偿责任时,显然是适用过错推定原则。同样,《著作权法》[②]关于复制品出版者的法律责任问题,之所以规定由出版者就所尽合理注意义务情况承担举证责任,是由于评判出版者是否尽到合理注意义务的证据,如约稿、订合同和编辑等行为的资料一般为出版者的单方行为,出版者应当保存这些过程的资料,而他人则不易掌握这些关于出版者注意义务的证据。[③] 由于是出版者对其是否尽到合理注意义务,即是否具有过错承担举证责任,显然也是适用过错推定原则。综上,由于知识产权侵权行为发生后,权利人证明侵权人是否具有过错较难,而侵权人证明其不具有过错则较为容易,故考虑到知识产权的无形性特性,为更好地保护知识产权权利人的合法权益,知识产权损害赔偿责任应当更广泛地适用过错推定原则,首先推定侵权人具有过错,由侵权人对其尽到合理注意义务的免责事由承担举证责任,如不能证明,则认定其具有过错。

(三)知识产权损害赔偿的范围

知识产权损害赔偿的范围是指侵权行为损害发生后,侵权人对权利人所应承担的赔偿损害的具体内容界定。传统民法通常将财产损害赔偿范围界定为直接损失和间接损失两部分,其中,其中直接损失是指权利人现有财产的减少;间接损失就是可得利益的减少。[④] 对传统物权而言,损害赔偿的范围相对容易界定,但知识产权则不然。知识产权作为智慧财产,其权利本身价值有待于在实际转化和运用中得到体现,而运用与转化的过程缘于各种主客观因素呈现出极大的不确定性,传统民法界定损害赔偿范围的规则难以用于界定知

① 李浩主编:《证据法学》,高等教育出版社2009年版,第210页。

② 《著作权法》第53条、最高人民法院《关于审理著作权民事纠纷案件适用法律若干问题的解释》第20条。

③ 沈德咏主编:《知识产权、不正当竞争司法解释理解与适用》,法律出版社2014年版,第373页。

④ 杨立新:《侵权责任法》,法律出版社2010年版,第74页。

识产权损害赔偿范围。由于知识产权是无形财产权,知识产权侵权行为给权利人所带来的损失绝不仅限于短期销售量减少所造成的直接损失,还包括商誉贬损、市场占有率下降所导致的间接损失,该种损害范围明显具有较强的不确定性。再比如,关于专利侵权损害赔偿的范围问题,还存在适用全部市场价值规则和技术分摊规则的区分。技术分摊规则是指按照专利因素对产品利润的贡献比率来计算专利侵权损害赔偿数额,也就是在专利权人实施专利技术的产品的所失利润总额或侵权人的侵权产品获利总额中,扣除不是由专利因素贡献的利润;①而全面市场价值规则,是指如果其他商品习惯上与专利产品一起出售,则专利权人在该商品的所失利润一并计入赔偿,如果专利产品的附件构成专利产品不可或缺的部件,则专利权人在该附件上所失利润一并计入赔偿。② 可见,只有依据不同的司法场景区分适用技术分摊规则与全面市场价值规则,才能增加损害赔偿数额计算的科学性。因此,确定知识产权损害赔偿范围要打破原有民法传统的单一逻辑推理式的法学研究方法,在综合权利的具体状态、权利人和侵权人的主体因素、侵权行为与损害的因果关系、损害事实的客观面貌的基础上,充分考量利益平衡,合理界定损害赔偿的范围。

同时,要注重多学科的整合研究,尤其是运用经济学理论分析知识产权损害赔偿范围的界定问题。法律经济学就是将经济学理论和经验主义方法全面运用于法律制度分析的学科。③ 依据法律经济学的观点,如果对侵权人的处罚力度偏低,使其侵权成本较低时,就会诱导而非预防潜在的侵权人实施侵权行为;而如果知识产权被侵害后获得充分的救济,这样既可以预防侵权的发生,也同时会促进知识产权的运用。例如,若侵权人从侵权所获得的利益超过了专利权人的损失,应当允许专利权人向侵权人主张其从中的获利,这样侵权人不能从侵权行为中获利,法律就迫使该专利的潜在使用人与专利所有人进行谈判,从而以一个市场交易来代替一个法律交易。④ 同时,法律经济分析方法对于促进知识产权在转化和运用过程中实现其价值具有积极的意义。以商标权为例,我国《商标法》采注册原则,即商标权的取得系以申请注册为基础,不以实际使用为要件。但申请注册所取得的商标权只是一种“纸面上的权利”,如果商标不实际投入使用,就无法发挥其区分商品来源的功能,

① 张玲、张楠:《专利侵权损害赔偿额计算中的技术分摊规则》,载《天津法学》2013 年第 1 期。

② 何育东:《专利侵权损害赔偿制度:变迁、比较与借鉴》,载《知识产权》2009 年第 5 期。

③ [美]理查德·A. 波斯纳著:《法律的经济分析》,蒋兆康译,中国大百科全书出版社 1997 年版,第二版序言。

④ [美]威廉·M. 兰德斯、理查德·A. 波斯纳著:《知识产权法的经济分析》,金海军译,北京大学出版社 2005 年版,第 9 页。

也就意味着维护“纸面上的权利”的制度成本是高昂而低效的。因此《商标法》必须要完备相应的条文设计,以促进商标权的转化和运用,故《商标法》第49条和第64条从正反两方面作出规定,注册商标没有正当理由连续3年不使用的,任何单位和个人可以向商标局申请撤销该注册商标;注册商标3年未使用,并且商标专用权人不能证明其受到其他损失的,免除侵权人的赔偿责任。

(四)知识产权损害赔偿的计算方法

知识产权损害赔偿的计算往往被曲解为纯数学问题,或者是完全取决于裁判自由裁量权的单一途径得以解决。其实,知识产权损害赔偿的计算有赖于损害赔偿范围正确界定,故而首先属于事实问题。同时,损害赔偿的计算又必须按照知识产权部门法所设定的相应规则确定,因此又属于法律问题。数学计算只是其中的方法论问题。传统民法损害赔偿的计算在知识产权领域几乎无能为力。有学者以损害事故是否存在因被害人而异的因素将损害构成因素区分为普通因素和特别因素,继而将损害赔偿的计算方法区分为客观计算方式和主观计算方式。[①] 其实,在知识产权损害赔偿的计算方式问题中,前述客观计算方法并无实质性意义。因为上述制度的设计均在于对传统的民事权利的损害赔偿可以通过上述计算的方式加以填平以达到全部赔偿的制度设计目的。

传统民法理论认为,填补损害系侵权责任法的基本机能,其主要目的在于使被害人的损害能获得实质、完整、迅速的填补,对加害人而言,仅是要求其就侵权行为所生的损害负赔偿责任,而非惩罚,因为损害赔偿原则上不审酌加害人的动机、目的等,其赔偿数额不因加害人过意或过失的轻重而有所不同。[②] 这一填平原则适用于知识产权法领域时体现为,侵权人应就权利人的直接损失进行赔偿,也就是因侵权行为所导致减少的销售量和利润进行赔偿。审判实践中却存在填平原则的适用流于形式的问题。究其原因则在于:其一,填平原则存有缺陷。知识产权的价值具有不确定性,尤其是这种价值只有通过在市场中转化运用才能得到体现,而转化运用的过程本身也具有不确定性,所以与有形财产相比,知识产权侵权赔偿填平原则的适用具有先天不足的问题。其二,评估机制尚不健全。我国开展知识产权评估的时间不长,各项机制并不完善,知识产权审判实践中评估相关知识产权价值的情形极为少见。同时,现有法规、规章往往要求照搬有形资产的评估方法,全部或基本把这些方法沿用

---

① 曾世雄:《损害赔偿法原理》,中国政法大学出版社2001年版,第161~164页。

② 王泽鉴:《侵权行为》,北京大学出版社2014年版,第10页。

到知识产权评估中来,其缺点是容易使评估机构忽视知识产权不同于有形财产的特点,使评估结果离有关知识产权的实际价值或市场价值均很远,起不到评估的作用,给社会及公众一种“随意性过大”的印象。[①] 其三,损害赔偿计算方法单一。我国学界和司法领域对损害赔偿计算方法问题缺少较为科学而系统的探究,司法裁判文书也通常并不公开计算损害赔偿数额的具体方法,这就使得当事人难以评估损害赔偿计算的合理性,并在一定程度上影响了司法裁判的公信力。国外司法实践对市场假定法、可比价格法、行业平均法等损害赔偿计算方法的探索,提高了损害赔偿计算方法的科学性,对我国审判实践具有借鉴意义。

由此可见,知识产权损害赔偿的计算不仅要考量受损权利及权利人、侵权人状况,侵权行为状态及其与损害的因果关系,同时还要顾及制度本身的功能性设计和社会公共利益平衡,其方法必然是一种主观计算方法。而这种计算还会受制于权利人的诉讼主张、举证能力,并受到裁判者自由裁量权的影响。从这个意义上讲,确定知识产权损害赔偿范围和损害赔偿数额的法律规则和裁判标准是统一可循的,但个案中具体范围的界定和最终赔偿额的确定却会有所不同。这种不同并不能成为时下责难损害赔偿司法裁判标准不统一以及判赔偏低的理由,相反却体现了在坚持侵权责任法填平原则的基础上“加强保护”“分门别类”“宽严适度”、比例保护等司法政策。

二、我国知识产权损害赔偿制度的检讨

《国家知识产权战略纲要》将大力提升知识产权保护能力作为战略目标之一,而损害赔偿的实证状况即为反映知识产权保护力度的重要指标。通常而言,评判赔偿数额高低的标准应为赔偿数额是否与知识产权的创新贡献、市场价值相适应,如果二者相适应,则认为赔偿数额较为合理。近年来,我国立法和司法在加大知识产权保护力度、提高损害赔偿标准方面取得了较大成效。立法层面上,我国知识产权法律关于损害赔偿的相关规定日趋完善。以法定赔偿标准为例,法律规定的法定赔偿标准逐步提高,如 2008 年《专利法》修订时,将司法解释[②]确定的“5 千元以上到 50 万元以下”的赔偿标准提高为“1 万元以上 100 万元”以下;新《商标法》修订时,将法定赔偿额的上限由原来的 50 万元提高到 300 万元。司法层面上,“加强保护”始终是排序首位的司法政策内容,最高人民法院发布的规范性文件指出:“要强化加强保护观念,充分认识加强保护是当前知识产权司法保护的主要矛盾、基本定位和政策取向……

① 郑成思:《知识产权论》,法律出版社 2007 年版,第 273 页。

② 最高人民法院《关于审理专利纠纷案件适用法律问题的若干规定》第 21 条。

加强各类知识产权司法保护,切实降低维权成本和加大制裁力度。”①然而,从司法实践中看,仍有相当比例的知识产权权利人对法院判决的赔偿数额有着较为强烈的负面评价。② 负面评价既直观地体现为赔偿数额低、赔偿力度弱,也映射出当前损害赔偿制度不健全的问题。

(一)赔偿数额低、赔偿力度弱

某研究报告所指出,我国 97.25% 的专利侵权案件都采用了法定赔偿的方式,而法定赔偿的平均赔偿额只有 8 万元。③ 知识产权赔偿数额之所以偏低,既包括我国当前的经济发展水平的局限,及我国知识产权普遍存在创新程度不高等客观原因,也存在相关的法律制度尚不完备,保护机制不健全等方面的因素。知识产权赔偿数额过低,不仅会导致权利人的合法权益无法得到保护,而且会对全社会的科技、文化创新产生负面的导向作用,成为阻滞知识产权保护的重要障碍。

(二)法定赔偿适用比例过高,说理不充分

前文已提及,我国绝大部分知识产权侵权案件系适用法定赔偿,说明侵权损害赔偿制度中查明权利人损失或侵权人获利的机制尚不健全,损害赔偿计算方法过于单一。同时法定赔偿的说理论证还存在“讲套话”“套模板”的情况,即简单罗列考量因素,而未对相关考量因素展开评述,特别是没有考虑个案的特殊情形,即确定最终的赔偿数额,严重影响了裁判文书的公信力。

(三)损害赔偿配套制度不健全

确定权利人损失或侵权人获利需要有效证据进行证明,由于知识产权的无体性和侵权行为隐蔽性,导致权利人举证难度比较大。而我国司法实践中对行为保全、举证妨碍等制度的适用尚存不足,知识产权的价值评估机制也不健全,导致权利人难以举证证明知识产权的市场价值,已成为制约损害赔偿和保护力度的证据“瓶颈”问题。

(四)维权成本的忽略

知识产权审判实践中,存在维权成本的计算需要依据最终判赔数额计算,且维权成本不会高于判赔数额的传统思维,导致在以小微企业或个体工商户作为侵权主体的知识产权纠纷中,由于最终判赔数额较低,而导致维权成本也

---

① 最高人民法院《关于充分发挥知识产权审判职能作用推动社会主义文化大发展大繁荣和促进经济自主协调发展若干问题的意见》(法发〔2011〕18 号)。

② 宋晓明:《当前我国知识产权司法保护的政策导向与着力点》,载《人民司法》2015 年第 13 期。

③ 参见中南财经政法大学知识产权研究中心 2013 年发布的《知识产权侵权损害赔偿案件实证研究报告》。

较低,权利人支出的维权成本基本难以得到有效的补偿。

三、我国知识产权损害赔偿制度的完善建议

知识产权损害赔偿难题的有效化解,既有待制度规定的完善,也亟须创新审判机制和裁判思路。结合既有的审判实践探索,本文认为应就健全配套机制、完善损害赔偿计算方法等重点问题展开研究,以构建具有指引性的知识产权损害赔偿制度规则,为权利人被侵权后可能获得的救济,以及潜在的侵权人如果侵权可能面临的不利后果提供合理的预期。

(一)健全损害赔偿制度的程序机制

知识产权损害赔偿制度设计的本质在于停止侵权和填补损失,因此如何防止损失的扩大以及减少赔偿数额计算的不确定性,是此项制度设计的应有之义。而行为保全、举证妨碍等程序机制与规则对及时停止侵权行为、准确界定赔偿数额等具有积极的意义。

1. 充分发挥行为保全作用

在知识产权侵权诉讼中,行为保全可以使得侵权人借诉讼周期谋取不当利益的企图落空,进而促进其主动谋求纠纷的化解,增大了民事纠纷在诉讼程序启动前得以妥善解决的可能性,有利于正常权利状态的恢复、司法资源的节省和诉讼效率的提高。[①] 法院要充分重视行为保全制度,积极合理发挥行为保全的制度效能,依法采取行为保全措施,提高知识产权司法救济的及时性、便利性和有效性。对于侵权后果极难控制、损害难以弥补的互联网等领域的侵权和不正当竞争行为,更应注重行为保全的适用。

2. 积极适用举证妨碍制度

举证妨碍制度最早规定于《民事证据规定》第 75 条,但在某些情况下,推定该主张成立对证据持有方而言过于严苛。新《商标法》第 63 条新增的举证妨碍制度规定"人民法院可以参考权利人的主张和提供的证据判定赔偿数额",而不是直接推定主张成立,这使得举证妨碍制度更加符合客观实际和审判需要。此外新民诉法司法解释也对举证妨碍制度作了修订。本文认为,适用举证妨碍制度时不能过于机械,对举证妨碍行为可以采取三种处理思路:既可以推定申请人关于该证据的主张成立,也可以降低相关事实的证明标准,或者将举证妨碍行为作为认定损害赔偿数额的考量因素。

3. 健全专业评估制度

知识产权的评估与损害赔偿密切相关,由于知识产权是无形财产,其价值

---

① 最高人民法院民事诉讼法修改研究小组:《〈中华人民共和国民事诉讼法〉修改条文理解与适用》,人民法院出版社 2012 年版,第 222 页。

或损失的评估具有极强的专业性,引入中立的第三方专业调查与评估机构,有利于确保知识产权价值的客观准确。对于专业评估机构所评估得出的损失数额,且没有相反证据予以推翻的情形下,法院应当予以采纳。此外,法院可以探索运用市场假定法、可比价格法、行业平均法等行业或领域通用或公认的分析评估方法,提高损害赔偿计算的科学性和合理性。

(二)坚持利益平衡的司法方法论

利益平衡是指在一定的利益格局和体系下出现的利益体系相对和平共处、相对均势的状态,而知识产权法即是以利益平衡为基础的法,利益平衡构成知识产权法的基石。[①] 本文认为,利益平衡既是知识产权法的立法原则,也是知识产权司法审判应予遵循的重要方法论。利益平衡方法在损害赔偿问题上的重要体现就是在确定损害赔偿数额时,要充分兼顾知识产权权利人的利益和社会公众利益之间的平衡,也就是要坚持宽严适度的司法政策和比例原则,"要区分不同的权利类型,结合当前的经济社会发展水平,确定合理的保护强度,根据适当性原则和均衡性原则的要求,基于知识产权保护激励创新的目的,知识产权的保护范围和强度应与特定知识产权的创新和贡献程度相适应"。[②] 审判实践中应积极遵循利益平衡方法,注重区分不同情况确定赔偿力度。一是加大对恶意侵权的赔偿力度,恶意侵权、重复侵权、生产源头侵权等侵权行为的主观恶意明显,侵权后果严重,故应当加大赔偿力度;二是对末端侵权主体从轻赔偿,即对于销售商、网吧经营者、终端使用者等处于侵权链条末端的侵权主体,要根据其具体情节合理确定是否应当承担侵权责任及所应承担的赔偿数额;三是对恶意诉讼不予保护,在侵害商标权诉讼中,如果相关当事人故意攀附他人商誉,抢注他人具有一定知名度的商标在先,恶意诉讼索赔在后,则对其不合理的主张依法判决不予支持;四是增加对历史因素的考量,对由于历史原因,使用时间较长、已建立较高市场声誉和形成特定消费群体的知识产权,应从公平角度出发,尊重历史和维护业已形成的市场格局。

(三)完善侵权人非法获利的计算方法

侵权人的违法所得的计算问题比较复杂,如美国早期的《专利法》也曾将侵权人的非法获利作为确定赔偿数额的方式之一,但考虑到这种计算方式带来的问题,美国 1946 年修改其《专利法》时删除了按照侵权人的非法获利计

---

① 冯晓青:《知识产权法利益平衡理论》,中国政法大学出版社 2006 年版,第 11、23 页。

② 宋晓明:《当前我国知识产权司法保护的政策导向与着力点》,载《人民司法》2015 年第 13 期。

算赔偿数额的规定。[①] 我国《著作权法》《商标法》《专利法》均将侵权人的违法所得作为损害赔偿的确定方法。审判实践中,在计算侵权人的违法所得时应注意区分以下三点。

1. 要区分不同的利润类型

在现行财务会计制度下,利润包括销售利润、营业利润和净利润等多种类别。其中,销售利润是指产品销售收入减去相应的销售成本(包括制造成本和销售费用)、产品销售税金及附加费用后的利润;营业利润是指产品销售利润减去管理、财务等费用后的利润;净利润是指营业利润减去增值税等税收后的利润,三者数额上系递减关系。在审判实践中,可以结合权利人、侵权人、行业平均利润率、第三方公司利润率等不同的利润率类型,并结合企业的规模资质、生产销售成本费用、营销渠道等营利因素确定利润金额。同时,对一般的侵犯专利权的行为以营业利润计算赔偿数额;但对以侵权为业的侵权人,则可以按照侵权产品的销售利润确定赔偿数额,以体现对这类侵权行为的惩治力度;[②]对于情节轻微的侵权行为,也可以依据净利润计算赔偿数额;此外,在"互联网+"新商业模式下,互联网企业侵权和营利模式更为复杂,会涉及增值服务等衍生的利润类型,在计算侵权获利时应当加以考量。

2. 适用比例原则确定获利数额

在计算侵权人的违法所得时,应特别注重适用比例原则确定获利数额。以专利侵权为例,侵权产品的利润通常是由侵犯专利权的技术特征及其他的技术特征或因素共同产生,因此应当将二者予以区分,并将侵犯专利权的技术特征所产生利润作为赔偿数额。最高人民法院《关于审理侵犯专利权纠纷案件应用法律若干问题的解释》第 16 条规定:"人民法院依据专利法第六十五条第一款的规定确定侵权人因侵权所获得的利益,应当限于侵权人因侵犯专利权行为所获得的利益;因其他权利所产生的利益,应当合理扣除。"因此,在被诉侵权产品既存在被诉侵权技术特征,也具有其他技术特征或知识产权的情况下,不宜根据该产品的全部利润确定侵权人的侵权获利,而应充分考虑该专利在被诉侵权产品获利中所起作用或所占比例,合理确定相应的数额。

3. 合理分配举证责任

依据"谁主张,谁举证"的民事诉讼举证规则,权利人主张依据侵权人的

---

① DONALD S. CHISUM. Chisum on patents[M]. Volume 7, Chapter 20. 转引自尹新天:《中国专利法详解》,知识产权出版社 2011 年版,第 735 页。

② 沈德咏主编:《知识产权、不正当竞争司法解释理解与适用》,法律出版社 2014 年版,第 302 页。

违法所得计算赔偿数额时,应由权利人就侵权人的违法所得承担举证责任。但由于计算侵权人的违法所得的相关账簿、资料均由侵权人掌握,故应当减轻权利人的举证责任,增加侵权人的举证义务。一方面是适用举证妨碍规则,在权利人已经尽力举证,侵权人不提供或者提供虚假的账簿资料的,可以参考权利人的主张和提供的证据判定赔偿数额;另一方面不应对权利人的初步举证责任要求过高,通常权利人只要能够举证证明侵权人的总收入即可,而由侵权人就其可扣除的费用及其他因素所获得收益承担举证责任。

(四)完善法定赔偿制度

现行法律对于损害赔偿计算方法的规定较为笼统,法院在计算权利人损失及侵权人获利时,也存在计算方法单一、裁判思路局限的问题,导致大部分知识产权侵权纠纷的损害赔偿计算方法向法定赔偿逃遁,故迫切需要积极探索和创新损害赔偿的计算方法,使损害赔偿数额尽可能符合市场规律和满足权利保护要求。在适用法定赔偿必须分析案件具体情况,尽可能细化和具体说明各种实际考虑的因素,建议从以下考量因素展开论证。

1. 知识产权客体的价值,包括权利类型、许可使用费等因素

不同类型的知识产权价值不同,同一类型中不同知识产权价值也不同,如驰名商标的价值一般要大于著名商标的价值,发明专利的价值一般要大于外观设计专利和实用新型专利等。同时,注意参照许可费计算赔偿时的可比性,充分考虑正常许可与侵权实施在实施方式、时间和规模等方面的区别,并体现侵权赔偿金适当高于正常许可费的精神。

2. 侵权行为性质、持续时间、范围等

关于侵权的方式,应区分部分侵权还是全面侵权,是以源头性的生产行为、中间流通环节,还是末端销售行为等,以确定不同的赔偿数额。另外,法官要注意发挥审计、会计等专业人员辅助确定损害赔偿的作用,引导当事人借助专业人员帮助计算、说明和质证。

3. 侵权人的过错

在确定知识产权侵权损害赔偿额时,可以考虑当事人的主观过错程度确定相应的赔偿责任,尤其是在需要酌定具体计算标准的情况,应当考虑当事人主观过错程度。

此外,对于法定赔偿还应注意两点:其一,我国《著作权法》《商标法》《专利法》均对损害赔偿数额的确定顺序加以限定,侵权人应按照权利人的实际损失、侵权人的违法所得、法定损害赔偿等顺序予以赔偿。因此在审判实践中,只有在权利人的实际损失、侵权人的违法所得无法确定的情形下,才能适

用法定赔偿。其二,适用法定赔偿并不必然免除权利人的举证责任。原告请求适用法定赔偿方法的,仍应就侵权行为确实存在损害或被告获利、各种酌定因素及其合理性等承担举证责任,以使得赔偿数额更为合理。

(五)增加酌定赔偿的适用

我国知识产权法律中并未明确规定酌定赔偿,酌定赔偿是法官在司法审判实践中,遵循全面赔偿损失原则发展而来,系指法官在一定事实和证据的基础上,根据具体案情酌定实际损失或侵权所得的赔偿数额,其不受法定赔偿最高或者最低限额的限制。适用酌定赔偿方法有利于克服法定赔偿制度主观性强及不确定性的问题,确定公平合理的赔偿数额。酌定赔偿制度的基础在于权利人提交其损失或侵权人获利的初步证据,包括由于侵权人的侵权行为导致的市场份额的缩小,侵权人的侵权产品的销售数量、销售利润等;同时,亦包括权利人提交的专业公司运用经济分析、专业评估、会计核算等方法确定权利人损失或侵权人获利的专业分析报告等。法院要正确把握法定赔偿和酌定赔偿二者之间的关系,优先适用以相关数据为基础的酌定赔偿制度。

(六)完善惩罚性赔偿制度

惩罚性赔偿也称惩戒性赔偿,是加害人给付受害人超过其实际损害数额的一种金钱赔偿,是集补偿、惩罚、遏制等功能于一身的赔偿制度。[①] 惩罚性赔偿在英美法系国家运用得较为普遍,如加拿大的《版权法》《商标法》《专利法》都规定了惩罚性赔偿责任。[②] 惩罚性赔偿的目的不在于弥补被侵权人的损害,而在于惩罚有主观故意的侵权行为,并遏制这种侵权行为的再次发生。由于知识产权存在易被侵害、损害结果往往不易被发现,发现后难以得到全面补偿等问题,在知识产权侵权责任中引入具有惩戒、预防功能的惩罚性赔偿制度十分必要。新《商标法》首次引入了惩罚性赔偿制度,即第63条中就规定:"对恶意侵犯商标专用权,情节严重的,可以在按照上述方法确定数额的一倍以上三倍以下确定赔偿数额。"同时,2012年7月公布的《中华人民共和国著作权法(修改草案第二稿)》(以下简称"著作权法草案")第72条第3条已规定了惩罚性赔偿,即"对于两次以上故意侵犯著作权或者相关权的,应当根据前两款计算的赔偿数额的二至三倍确定赔偿数额"。《中华人民共和国专利法修改草案(征求意见稿)》(以下简称"专利法草案")第65条第3款规定:"对于故意侵犯专利权的行为,人民法院可以根据侵权行为的情节、规模、损

---

① 王胜明主编:《中华人民共和国侵权责任法释义》,法律出版社2010年版,第241页。

② 曹新明:《知识产权侵权惩罚性赔偿责任探析——兼论我国知识产权领域三部法律的修订》,载《知识产权》2013年第4期。

害后果等因素,将根据前两款所确定的赔偿数额提高至二至三倍。”可以预见,我国《著作权法》及《专利法》在修订过程中也将引入惩罚性赔偿制度,然而三部法律关于惩罚性赔偿的适用条件则有所差异。《商标法》以“恶意侵权”为要件,著作权法草案以“两次以上故意侵权”为要件,专利法草案则以“故意侵权”为要件。考虑到我国《侵权责任法》在界定可责性较高的过错时,通常采用明知或故意的表述,我国《侵权责任法》第47条、《消费者权益保护法》第55条、《食品安全法》第148条等关于惩罚性赔偿的规定也均采用了“明知”的构成要件,且《商标法》第63条所采用的“恶意”表述的含义并不明确,同时,以重复侵权作为惩罚性赔偿的适用条件,会使得惩罚性赔偿的适用门槛过高,故建议采用“专利法草案”第65条的表述较为合适。

(七)完善合理开支的计算方式

现行《专利法》《商标法》《著作权法》均规定赔偿数额应当包括权利人为制止侵权行为所支付的合理开支。[①] 在审查合理费用时,应当加强对关联性和合理性的审查。关联性审查是指,关于合理开支的证据应与制止侵权行为具有一定的关联性,不能将关联性不明的证据纳入合理开支;合理性审查是指合理开支的证据应与制止侵权行为相协调,比如系列案件支出的合理费用,不应重复获得支持,律师费应综合考虑国家司法行政部门规定的收费标准、案件的复杂程度等。但总体而言,对合理开支的认定标准不宜过高,应从宽把握。此外现行规定在适用法定赔偿数额时,对于合理开支是否可以在法定赔偿数额之外另行计算,并未明确。有观点认为:如果法院以法定赔偿的方式确定赔偿数额,则不能在已经确定的法定赔偿之外另行附加所支付的合理开支。[②] 司法实践中,裁判文书对合理开支的计算过程往往一笔带过,对合理开支是否予以支持及支持比例,通常不予明确。最高人民法院《关于审理专利纠纷案件适用法律问题的若干规定》第22条规定:“权利人主张其为制止侵权行为所支付合理开支的,人民法院可以在专利法第六十五条确定的赔偿数额之外另行计算。”考虑到法律之所以将调查取证费用、律师费等合理开支纳入损害赔偿,就是使权利人获得足额的损害赔偿,故将合理开支在赔偿数额之外另行计算,可以保障合理开支部分既不会被忽略,也不会脱离合理的区间范畴,值得提倡。故建议在商标及著作权审判实践中,在计算损害赔偿数额说理部分,也可以对合理开支单独作出说明。

---

① 《专利法》第65条、《商标法》第63条、《著作权法》第48条。

② 国家知识产权局条法司:《〈专利法〉第三次修改导读》,知识产权出版社2009年版,第85页。

知识产权法官应当维护国家利益

张绳祖*

摘要：维护国家利益必须成为每个法官的坚定信念。法官维护国家利益，可分为通过语言行动来维护和通过审判案件来维护。知识产权法律本身就是为维护国家利益应运而生的，专利法、商标法、著作权法等核心知识产权法律概莫能外。知识产权法官在司法中维护国家利益是其应尽的义务。知识产权法官维护国家利益表现在：维护国家主权；维护国家的经济利益；维护国家的科技利益；维护国家荣誉和地位；争取国际话语权；参与国际知识产权审判规则的制定；创造知识产权审判的中国经验和中国标准。

关键词：法官义务　国家利益　知识产权法官　维护国家利益

法官者，国家之法官；为法官者，当以国家利益为先。作为一名国家的法官，必须时刻怀有国家利益意识，坚决维护国家利益。

一、什么是国家利益

对于国家利益的解释，可谓仁者见仁，智者见智。百度百科对国家利益的解释是：国家利益就是满足或能够满足国家以生存发展为基础的各方面需要并且对国家在整体上具有好处的事物。事实上，国家利益与国家同时产生。有国家，就有国家利益；没有国家，国家利益也就不复存在了。我国西周原有八百诸侯国，直到三家分晋后，只剩下战国七雄；再到秦统一，由七国利益变为一国利益。

但是，近现代国家利益的概念是在欧洲最早的民族国家形成之后才出现的，由法国17世纪的黎塞留主教①首先提出国家至上理论。国家主权至高无上，国家利益自然就源于国家主权。维护国家利益是国家的最高目标，以及国家行为的出发点和归宿。于是，国家利益成了决定国家对外政策与行动的基本动因，也是影响国家间关系的核心因素、驱动因素。在民族国家繁荣昌盛的历史时期，每个国家都极力强调其国家利益的重要性、独特性和不可替代性。

---

* 张绳祖，中国最高人民法院知识产权司法保护研究中心研究员。

① 法国宰相，其于1624~1642年路易十三当政时任宰相，主张对内恢复和强化遭到削弱的专制王权，对外谋求法国在欧洲的霸主地位。

（一）美国人心目中的国家利益

美国有一本双月刊杂志名为《国家利益》。另外，美国还有个国家利益委员会。该委员会在报告中把美国的国家利益分为四个等级。第一是生死攸关的利益，涉及直接威胁美国国家安全和生存的问题。当这一利益受到威胁时，即使在没有盟友参与的情况下，美国也要采取单边行动，投入战斗。第二是极端重要的利益，包括：防止、制止和减少在任何地区威胁、使用核武器和生化武器，防止核武器和生化武器以及运载系统的地区扩散；事关美国公众利益或可能对国际形势带来不利于美国的冲击。对于这一层面上的利益，美国只有在生死攸关的利益受到威胁的盟国的共同参与下，才准备动用武装力量。第三是重要的利益，包括：反对在国外出现大规模侵犯人权的行为，在具有战略重要性的国家内鼓励多元主义、自由主义和民主化。对于这一层面上的利益，美国采取个案处理，并且只有在低代价和其他国家分担最大费用的情况下，才参与采取军事行动。第四是次要利益，是人道主义及其他利益，主要涉及与美国价值观相冲突的问题。包括支持民主化、促进人权、维护法制等。

关于生死攸关的利益，美国国家利益委员会在 1996 年从五个方面加以界定：其一，防止大规模杀伤性武器对美国的袭击；其二，阻止欧亚大陆上敌对霸权的出现；其三，防止美国边境和世界公海上的敌对势力的出现；其四，防止贸易、金融市场、能源供给和生态环境的全球体系的倒塌；其五，确保美国盟友的生存安全。

2000 年《美国国家利益》研究报告中，又将生死攸关的利益重新界定为：其一，预防、阻遏和减少核武器、生物武器和化学武器对美国本土及其海外驻军的攻击；其二，确保盟国的生存，以及建立一个有利美国及其盟国兴旺发达的国际体系时，他们能够积极与美国合作；其三，防止敌对大国的兴起，防止美国周边国家的崩溃；其四，确保重要国际体系的有效（贸易、金融市场、能源供应和环境）；其五，在不违背美国国家利益的前提下，与可能成为美国战略对手的国家，如中国、俄罗斯建立建设性关系。

在对美国历任总统而言，美国的国家利益最重要的是要维护世界霸权。早在第二次世界大战即将结束之前的 1943 年，当时的美国总统罗斯福手指一幅中东地图，露骨地对英国驻美国大使哈利法克斯勋爵说："波斯的石油归你们。伊拉克和科威特的石油我们分享。至于沙特阿拉伯的石油，都是我们的。"随后美国便插手该地区复杂的政治进程，使得中东的乱局直到今天还未有终期。美国人为了一己的私利，不惜牺牲几十万中东人民的生命。美国前总统克林顿讲："世界必须有一个领导，而且只能有一个领导，这个领导就是美国。”美国前总统奥巴马于2014年5月28日在位于美国纽约的西点军校举行的毕业典礼上向1064名学员发表讲话说:“美国打算成为未来100年内的世界领袖。”美国前国务卿希拉里曾被记者提问:“当美国国家利益和民主自由发生冲突时,你选择谁?”起初希拉里想回避,说美国国家利益不会和民主自由发生冲突。可记者紧追不舍逼问道:“我是说假如,假如美国国家利益和民主自由发生冲突时,你选择谁?请直接回答。”此时希拉里眼里光芒四射,十分坚定地回答:“我当然选择美国的国家利益!”希拉里的回答赢得了台下美国民众的欢呼。从这件事一方面可看出美国民众对国家利益的重视程度,另一方面也可看出美国的所谓民主自由的虚伪。

美国人认为:对威胁到美国霸权的国家进行打压,就是维护美国的利益。如对前苏联、日本、欧盟的打压,以及现在对仅次于它的中国进行打压,都是要维护美国的国家利益。他们认定了“修昔底德陷阱”,即当一个崛起中的大国挑战一个统治中的大国,结果就是战争。苏联解体之后,美国开始把中国作为主要敌对国,对中国采取的战略意图是:孤立中国、遏制中国、削弱中国、从内部分化中国、破坏中国的领导地位。美国前总统奥巴马上台以后,于2012年1月,在国家层面推出“空海一体战”,就是以中国为主要作战对象,为了“把中国崛起的神话扼杀在摇篮里”,就是要“勒紧围堵中国的锁链”。

不只是美国的政要和民众对国家利益如此重视,美国的法律对国家利益的保护更为突出。《美国法典》第18篇关于《犯罪行为与刑事诉讼程序》第115章中有十几条是关于叛国、暴乱及颠覆活动罪的规定。例如,第2381条的叛国;第2382条的对叛国行为知情不报;第2383条的叛乱或造反;第2384条的煽动暴乱阴谋;第2385条的鼓吹推翻政府;第2386条的特定组织登记;第2387条的平时对武装力量进行煽动;第2388条的战时对武装力量进行煽动;第2389条的招募兵员反对美国;第2390条的应征入伍反对美国,等等。第2381条叛国罪和第2384条煽动暴乱阴谋罪的定罪与量刑:“在美国任何州或领地或其管辖下的任何地方,凡二人或二人以上伙同阴谋以武力推翻、瓦解或摧毁美国政府,或对其发动战争,或以武力反抗美国当局,或以武力阻止、妨碍、延误美国任何法律的执行,或不顾美国有关当局的反对以武力夺取、获得或占有美国任何财产者,应分别判处最高至2万美元罚款或最多20年有期徒刑,或两者并罚。”第2385条推翻政府罪的定罪与量刑:“任何人蓄意或故意鼓吹、煽动、劝说或讲授理应、必须、值得或宜于以武力或暴乱或通过暗杀政府官员,推翻或摧毁美国政府或任何州、领地、特区或占领地政府,或任何下级政治机构或政府;任何人企图导致推翻或摧毁任何上述政府而印刷、出版、编辑、发表、传递、出售、分发或公开展出任何书写或印刷品以鼓吹、劝说或讲授理应、必须、值得或宜于以武力或暴乱推翻或摧毁美国境内任何政府或图谋如此行事;任何人组织、协助或图谋组织一切讲授、鼓吹、鼓励以武力或暴乱推翻或摧毁任何上述政府者组成社团、小组或举行集会,或其本身就是此类由具有上述明确目的的分子组成的社团、小组、集会的成员或分会会员,均应判处最高2万美元罚款或最多20年有期徒刑,或两者并罚。刑满后5年内不得被美国政府或其任何部门或代理机构录用。如果二人或二人以上伙同阴谋进行本条所列罪行,应分别处以最高至2万美元罚款或最多20年有期徒刑,或两者并罚。刑满后5年不得被美国政府或其任何部门或代理机构录用。本条所称'组成'上述社团、小组或集会,包括招募新成员、组成新单位以及改组或扩大此类社团、小组或集会的现有俱乐部、班级及其他单位。"从以上规定可以看出,美国法律把国家利益放在极其重要的位置。

(二)中国人心目中的国家利益

实际上,我国战国时期就有国家利益的概念。如前所述,西周有八百诸侯国,在这些国家中,重视国家利益者存,忽视国家利益者亡,直到战国时期,只剩七雄。而在七雄之中,最重视国家利益的是当时的秦国。经过多年的战争,秦国已经很穷了。但是为了国家的生存,秦国提出了"赳赳老秦共赴国难"的全民动员口号,动员起全国的老百姓,在国难当头之际,不惜牺牲个人、家庭的小利益,而要报国,保国。经过几代秦人的艰苦努力,秦国一统天下,为中国的生存延续打下了基础。我国的八年抗日战争,就像毛泽东在《论持久战》中所说的:"争取抗战胜利的中心关键,在使已经发动的抗战发展为全面的全民族的抗战。只有这种全面的全民族的抗战,才能使抗战得到最后的胜利。""动员了全国的老百姓,就造成了陷敌于灭顶之灾的汪洋大海,造成了弥补武器等等缺陷的补救条件,造成了克服一切战争困难的前提。"八年抗战中,全国的老百姓共同抗战,有人出人,有钱出钱,在爱国情怀的感召下,中国赢得了抗战的胜利。中国的传统文化强调修身、齐家、治国、平天下。实际上治国、平天下就是提倡保护国家利益。另外,中国历史上宣扬民族气节的故事很多。

在我国的法律中有很多条文体现了保护国家利益的精神。我国《刑法》第20条、第21条的正当防卫、紧急避险都规定了保护国家利益的行为不负刑事责任;《刑法》分则第1章第1节,就是危害国家安全罪,共有11个条文;第7章的危害国防利益罪,用了15条,这些都是为了维护国家利益而规定的条文。《刑法》第246条的侮辱诽谤罪中将严重危害国家利益的行为入罪。我国《合同法》第52条规定,在欺诈、胁迫、恶意串通的情况下,损害国家利益的合同无效。

（三）知识产权法律与国家利益

从起源上看，知识产权法律本身就是为维护国家利益应运而生的。专利法、商标法、著作权法等核心知识产权法律概莫能外。专利法是为了保护国家利益而诞生的。英国于1449年授予本国第一件专利。并于1624年制定《垄断法案》，该法被认为是世界上第一部具有现代意义的专利法，是现代专利的开始，被人们称为现代专利法之始。商标法也是旨在保护商品生产者的合法权益，制止他人假冒商标的侵权行为，保护广大消费者的应有利益，维护其经济利益和秩序，最早是1803年法国制定的《关于工厂、制造场和作坊的法律》，以国家强制力保证商标只允许商标标识人使用，他人不得仿冒。著作权法最早是1709年英国为保护出版商和作者的利益而颁布的，该法全称为《为鼓励知识创作而授予作者及购买者就其已印刷成册的图书在一定时期内之权利的法》。以上专利法、商标法、著作权法三部知识产权法律产生于英、法两国，是因为当时英、法两国是世界上最发达的资本主义国家，是工业化发展最早的国家。

为什么现代发达国家特别重视对专利的保护？因为其科技发达，掌握着先进技术，对专利权的保护，一方面保护他们现有的技术利益，另一方面抑制别国的技术发展。就是说专利的发展与国家利益紧密联系在一起。

综上所述，国家利益就是指对一个国家的生存、发展、强大有利有益的东西，包括有形和无形的东西，也就是说包括有形和无形的利益。具体的应该包括：国家主权、领土完整、国家统一、国家安全、经济发展、政局稳定、人民幸福、国家荣誉等。国家主权、领土完整、国家统一、国家安全、经济发展，这些都属于国家有形的利益，而政局稳定、人民幸福、国家荣誉等属于无形的利益。有形的利益就是得到实惠，无形的利益就是得到尊敬。其中，国家核心利益是领土完整，一个国家被分裂了，领土不完整了，根本利益就受损了。

二、法官为什么要维护国家利益

在有国家存在的社会中，每一个人从出生始，都与国家产生了不可分割的联系，国家利益与每一个人都有着最直接的联系，国家利益关系到每一个人的切身利益。法官也不列外。

（一）国家的法官应当维护国家利益

有国家才有国家的法院，有法院才有法官；无国家则无法院，也就无法官。法官是依附于国家的。法官者，国家的法官，法官应当维护国家利益，处处以国家利益为重，国家利益应当高于一切。

法官维护国家利益是法官作为国家公民的义务。法官维护国家利益的问题,过去我们很少谈及,不少人对此存在误解。例如,有人认为,法官就是依法办案,和国家利益似乎没有什么关系。特别是,不少人在外国人面前不敢谈法官应维护国家利益,惧怕被外国人说对知识产权保护不力。但事实上,国家利益关系到每一个人,法官也不例外。法律本身就是保护国家利益的,每个国家都有自己的国家利益,作为一名国家的公民,维护国家利益是义不容辞的义务。法官依法维护国家利益天经地义、光明正大。

法官维护国家利益是国家宪法规定的义务。《中华人民共和国宪法》第54条规定:"中华人民共和国公民有维护祖国的安全、荣誉和利益的义务,不得有危害祖国的安全、荣誉和利益的行为。"法官作为一名公民,也应履行宪法规定的维护国家利益的义务。法院是国家机器的组成部分,法官是操作国家机器的人员,如果法官不维护国家利益,国家不存在了,法官也就失业了。国家的存亡关系着法官的生存,国家存则法官存,国家亡则法官亡。从这个层面来说,法官维护国家利益应该比其他公民尽更多的义务。作为一名国家的法官,如果在审判中不考虑国家利益,不维护国家利益,就不是一名合格的法官,是国家所不容的。

法官维护国家利益是国家法官法规定的法官的义务。《中华人民共和国法官法》第7条规定的法官应当履行的义务第4项就是:法官应当"维护国家利益、公共利益,维护自然人、法人和其他组织的合法权益"这一项分为两个层次,第一个层次是应当"维护国家利益、公共利益",这是从公权的层面上应当维护的利益,是法律所要保护的主要对象。第二个层次是"维护自然人、法人和其他组织的合法权益",这是从私权的层面上需要维护的权益;除了公权、私权的区别外,还有利益与权益的区分,从国家与公共的层面讲,法官要维护的是它们的利益;从自然人、法人和其他组织这一当事人的私权层面讲,法官要维护的是他们的合法权益。这两者是不同的。所谓利益就是"好处",是指:人们通过社会关系表现出来的不同需要。利益在本质上属于社会关系范畴。由于人的需要是多方面的,因此有多种多样的利益。权益则和利益不同。权益是指法律上可以为或不为的行为以及由此带来的利益。利益包括多种,而权益只是受法律保护的权利和利益。所以说,法官在审判实践中维护国家利益是第一位的,当一件案件涉及国家利益与自然人、法人和其他组织的合法权益时,法官首先要维护的是国家利益,其次才是当事人的合法权益。

法官行使国家的审判权,是代表国家对案件进行审判,法官不能在审判时置国家利益于不顾,或损害国家利益,就是说法官不能用国家赋予的审判权来损害国家利益。这就要求法官在审判中必须坚决维护国家利益。同时,法官还代表国家在审判中维护自然人、法人和其他组织的正当的合法权益。法官维护国家利益是法律赋予法官的义务,维护所有当事人的合法权益也是法律赋予法官的义务,这是法官法所规定的。法官在审判案件时,一定要分清国家利益与当事人的合法权益,把握好维护的分寸。

法官维护国家利益是各国法官都应当履行的义务。法官维护国家利益,不只是我们中国法官的义务,也是各国法官通行的义务。美国法院的长臂管辖原则,就是美国法官最大限度维护国家利益的具体表现。所谓"长臂管辖权",是从1945年在国际鞋业公司案中美国联邦最高法院的法官们确立的"最低限度联系"原则开始的。所谓"最低限度联系"是一个主观性极强的概念,给法官留下了很大的自由裁量权,特别是当"长臂管辖权"在美国之外的国际空间运用时,美国法院和法官将其作为维护美国国家利益的司法手段。2004年11月21日,中国东航包头空难事故之后,美国法院就以"不幸的遇难者坐上了美国产发动机的飞机"为由,以"最低限度联系"原则,即所谓的"长臂管辖"原则启动诉讼,要管辖包头空难的索赔案件。这是美国法院维护其国家利益的体现。

维护国家利益必须成为每个法官的坚定信念,也是对一名法官的最基本的要求,更是一名法官爱国的最基本的表现。如果一个法官在审判中不维护国家利益,则必定不是一个合格的法官。国家利益体现在知识产权审判的各个领域,专利、商标、著作权、不正当竞争案件中都涉及国家利益。

(二)法官如何维护国家利益

如果从其外在表现的有形与无形来区分,国家利益可分为国家硬利益和软利益。硬利益是指有形的利益,直接关系国家领土利益、经济利益、科技利益等能看得见的利益。而软利益是指无形的利益,直接关系到国家的国际地位、国际公信力、国际话语权、国际舆论、司法公信力、价值观等没有直接经济利益的但于国家有利之处。而法官所从事的审判工作,既涉及维护国家的硬利益,也涉及维护国家的软利益。

2011年9月6日中国政府发表的《中国的和平发展》白皮书,界定出中国的核心利益包括:国家主权、国家安全、领土完整、国家统一,中国《宪法》确立的国家政治制度和社会大局稳定,经济社会可持续发展的基本保障。既然国家利益分为硬利益与软利益,那么法官维护国家利益也就应当全面维护国家利益,即同时包括硬利益与软利益两个方面。根据国家利益的表现不同,法官维护国家利益的方式也不同。法官维护国家利益,也可分为通过语言行动来维护和通过审判案件来维护。

首先,法官可通过语言行动维护国家利益。如日常生活中,不说有损国家利益的话,对有损国家利益的言语行为进行反驳;在参加会议的演讲中、在国际交往的言谈中用语言来维护国家利益,还包括以不参加或退出有损国家利益的活动,用自身的拒绝或退出行为来维护国家利益。

其次,严格依法审判案件就是维护国家利益。法律是国家制定和颁布实施的,国家制定法律的目的就是要使国家长治久安,法律是国家治理的依靠,法律同时也是一国利益的体现。法官依法审判案件,维护国家法律的统一和尊严,维护社会的公平正义,维护国家司法的公信力,使国家得以长治久安,就是维护了国家利益。所以,我们可以说,法官维护国家利益的体现就是依法办案。

最后,法官维护国家利益体现在每一件案件的审判中。法官维护国家利益主要体现在案件的审判中,就是通过审判案件来维护国家利益,通过对每一件具体的案件的审判来维护社会的公平正义,维护国家法治的统一,维护国家的主权和荣誉,维护国家经济社会的健康发展。

我们可以通过美国法院审理的湖广铁路债券案、美国诉标准石油公司案,日本法院审理的光华寮案、日本侵华时遗留的毒气弹造成中国公民伤害案、中国法院审理的中威船案、华为诉 IDC 案等案件看出,法官们在审理中都是充分维护了国家利益。

1. 湖广铁路案

1979 年,美国公民杰克逊等人在美国亚拉巴马州地方法院对中华人民共和国提起诉讼,1982 年 9 月 1 日,法院作出缺席裁判,判决中华人民共和国偿还原告 41, 313, 038 美元,外加利息和诉讼费等。其理由是:根据现行国际法原则,一国的政府更迭通常不影响其原有的权利和义务,作为清朝政府和国民政府的继承者的中华人民共和国政府有义务偿还其前政府的债务。此外,根据美国 1976 年《外国主权豁免法》第 1605 段的规定,外国国家的商业行为不能享受主权豁免。湖广铁路债券是商业行为,不能享受国家主权豁免。中国政府"坚决反对把美国国内法强加于中国的这种有损于中国主权和国家尊严的做法。如果美国地方法院无视国际法,强制执行判决,扣押中国在美国的财产,中国政府保留采取相应措施的权利"。并提出撤销缺席判决和驳回起诉的动议。1983 年 8 月,美国司法部和国务院向亚拉巴马州地方法院出具了美国利益声明书,表示支持中国的动议。在此情况下,1984 年 2 月,该法院重新开庭,以 1976 年《外国主权豁免法》不溯及既往为理由,裁定撤销上述判决;

10 月,判决驳回原告起诉。1986 年 7 月,杰克逊等人不服,提出上诉,被上诉法院驳回。1987 年 3 月,美国最高法院驳回原告复审此案的请求。

2. 美国诉标准石油公司案

1911 年,联邦政府控告标准石油公司垄断石油业,石油大亨不服指控,把官司打到了最高法院,但大法官以 9∶0 票裁定政府胜诉。结果,标准石油公司被强制拆散为 34 个小公司,石油垄断帝国顷刻间土崩瓦解。因为,在美国政府看来,一个建立在法治基础上的、适宜企业迅速发展的市场竞争环境,要比某一家超级垄断公司的命运重要得多。而法官也是从国家利益出发,作出本案的判决。

3. 日本侵华时遗留的毒气弹造成中国公民伤害案

2004 年,12 岁的周某和 8 岁的刘某在吉林敦化市莲花泡林场小河边玩耍时,遭受日本侵华时遗留的毒气弹伤害。2008 年 1 月 17 日律师向东京地方法院递交起诉日本政府的起诉状,要求日本政府给予原告赔偿。2012 年 4 月 16 日,东京地方法院作出一审判决,驳回原告的诉讼请求。法院认为:毒气弹造成原告受害是事实,日本政府未防止事件发生也是事实,但这并不能认为是日本政府的不作为。2013 年 11 月 26 日,东京高等法院以“事故难以预料”为由,维持了地方法院的一审判决。2015 年,日本最高法院终审判决原告败诉。理由是:“毒气弹在那里,不能预见你去触碰。如果不去碰,就不会受伤害。”

(三)法官维护国家利益切忌机械教条司法

法官维护国家利益,也有个司法技巧的问题,既要善于用活用足法律,也要切忌机械教条司法。关于这一点,前最高人民法院院长郑天翔就反复强调过,现任的周强院长也强调法官不能机械司法。作为一个好的法官,就不能机械教条司法。大熊猫是我国特有的珍稀动物,也是濒危动物。在 20 世纪 80 年代,猎杀大熊猫及倒卖、走私大熊猫皮的犯罪活动极为猖獗,走私到国外的一张大熊猫皮可以卖到二三十万元。仅四川的平武、汶川、北川、松潘、南坪五县就发生 22 起案件,严重危及濒危的大熊猫的生存。如何依法打击这种犯罪行为、保护国宝大熊猫,显得极为重要。我国当时《刑法》(1979 年《刑法》,下同)第 130 条规定:“违反狩猎法规,在禁猎区、禁猎期或者使用禁用的工具、方法进行狩猎,破坏珍禽、珍兽或者其他野生动物资源,情节严重的,处二年以下有期徒刑、拘役或者罚金。”如果按照这条的规定,对被告人最高只能判处 2 年以下有期徒刑。这显然不能有力打击盗杀大熊猫的犯罪行为。在讨论该案时,郑天翔老院长对大家说:你们都是学法律的,得会用法律,不能机械司法。郑院长启发大家思考,盗杀大熊猫是为什么?就是为了卖熊猫皮,而且将熊猫皮走私到国外。而卖熊猫皮的行为又是什么?沿着这一思路,最高人民法院对盗杀大熊猫行为的法律适用达成一致:该行为不但违反了《刑法》第 130 条的规定,同时还触犯了《刑法》第 118 条走私罪、投机倒把罪的规定,即“以走私、投机倒把为常业的,走私、投机倒把数额巨大的或者走私、投机倒把集团的首要分子,处三年以上十年以下有期徒刑,可以并处没收财产”。最后以数罪并罚处理了盗杀大熊猫的犯罪行为,有效打击了犯罪行为,保护了国宝。周强院长也多次提出不能机械司法。在农村的宅基地纠纷、山林纠纷、土地纠纷等,如果机械地适用法律,办案社会效果就不会太好。如在宁夏、陕北、内蒙、新疆、甘肃、青海、四川等地的牧场、沙漠、山林等纠纷,有的界限模糊,有的界限不断变化,如果机械地办案,就会因双方证据不足而无法判决,或虽然判了,但纠纷并没有解决。

作为一个好法官,要在审理案件时,用活用足法律,不能机械地适用法律,在审理案件时,要从立法的目的和立法的精神出发,从法律条文之间的关联性和逻辑性综合思考,而不是抓住法律的某一个条文,生搬硬套,不顾法律条文前后的关联,生硬地判决案件。用足法律,就是要完整地准确地适用法律,要从立法的目的和立法精神出发,系统地理解法律,使案件的审理结果符合立法的目的,表现法律要保护什么、惩治什么,教育人们能做什么,不能做什么。要用足法律的系统规定,在法律规定的范围内做出判决。如前边讲到的郑天翔老院长主持讨论的大熊猫案件,就是典型的用足法律,也正因如此,才制止住了盗猎大熊猫的犯罪行为,保护了大熊猫,而且一切都在法律的规定之中。

在审理案件时用足用活法律,也包括在案件审理过程中要注意国家大的战略部署、政策与具体案件判决结果的关系。如国家知识产权战略,是大的方向,但在一些具体案件中,就是运用战术的问题,就是要在战略的总方向下,根据具体的时间、国内外形势,适当把握适用法律的宽严标准。

三、法官在审判工作中维护国家利益的具体内容

(一)维护国家主权

国家主权表现在司法领域就是司法管辖权。我国法律没有长臂管辖和平行诉讼的规定,但是,为了维护国家主权,我们应当研究这些问题,借鉴和利用其优点。凡涉及国家利益的诉讼,我们要充分行使司法管辖权,这是不能含糊的。比如,华为与 IDC 的案件,该案分为程序和实体两件案件。程序上是中国法院是否享有对该案的管辖权,之后才是实体案件的裁判。像华为与 IDC 这样的案件,我们就一定要行使我国的司法管辖权。在知识产权领域发生的纠纷,只要与我国有联系的,依法应当由我国法院管辖的案件,我国法院就应当依法行使管辖权。没有判例,我们可以创造判例,没有规则,我们可以创制规则。我们开创的先例,就是规则;我们的规则得到其他人的遵从,就变成了国际规则。

(二)维护国家的经济利益

对于知识产权审判来说,维护国家的经济利益,有时并不直接表现出来,而主要是通过维护国家的战略利益来实现。国家的战略利益,就是国家发展战略规划中所涉及的利益。国家发展规划中要重点发展、扶持的行业,就是我们知识产权审判要保护的目标。要做到这点,就是当审判工作中遇到一些特别的案件时,要从国家发展战略思考。我们搞司法审判,要明白国家的发展战略和产业政策,从这个方面考虑,依法判决。

(三)维护国家的科技利益

国家的科技发展直接关系到国家的核心竞争力,一个国家的国际竞争力主要通过其核心竞争力来实现。国家的核心竞争力主要表现为国家科技的发展。如果一个国家的科技发展落后,就必然处于受制于人、处于挨打的地位。1840 年的鸦片战争就是实例。法官维护国家科技利益,就是维护国家的核心竞争力。只有科技发展,才能有竞争力。最近几年,我们国家对科研的投入加大了,我国的科研水平在某些领域已经正在赶上和超过国际水平,甚至可以和发达国家相竞争。在这个关键时期,如果我们的知识产权审判没有充分保护自己的知识产权,就会使我国在一些领域的国际竞争中失利,其结果就会造成整个行业的落后,严重地损害国家利益。

在知识产权审判中,要注意保护关系到国家核心竞争力的权利人的利益,保护他们的利益,就是保护国家竞争力和国家利益。例如,涉及行业发展的专利案件,表面上看可能只是一件普通的专利诉讼案件,但案件直接关系到国家科技利益,案件的结果牵动着国家整个行业发展的神经。维护国家的科技利益,不仅要注意维护国家已经投入生产的科技成果,也要注意维护国家处于世界科技前沿的正在研究的阶段性成果。如前面讲到的新材料的研究成果,要注意跟踪世界科技的发展,掌握我国在世界科技发展中所处的地位,随时予以知识产权保护。

(四)维护国家荣誉和地位

法官在国际舞台上一定要维护国家的荣誉和地位,这是很重要的。一是在参加国际会议时,要谨言慎行,言谈举止要大方得体,不管是在正式场合还是非正式场合,都要如此,不要给他人留下中国法官不好的印象,以自己个人形象来维护国家荣誉和地位。二是当有人发表诋毁、攻击中国的言论时,决不能听而不闻、视而不见,要敢于针锋相对地进行反驳、辩论,甚至以拒绝参加活动或退出活动来维护国家利益,要敢于以自己的言论与行为来维护国家的荣誉和地位。三是用案件的裁判结果和优秀的裁判文书来维护国家的荣誉和地位,法官作出优秀的判决,得到国际社会的认可与推崇,被他国的法官作为经典案例予以引用,就是维护了国家的荣誉和地位。

(五)争取国际话语权

自1979年党的十一届三中全会改革开放以来,我国的经济得到了迅速增长,2010年首次超日本,排世界第二。争取与我国国际地位符合的国际话语权,这是我们知识产权审判必须要做的。国际话语权和外交一样。弱国无外交,同样,弱国无话语。在知识产权审判方面,过去我们是跟着外国人后面学,派出去许多同志到日本、美国、欧盟各国学习。经过全国知识产权法官多年的努力以及我国知识产权审判的发展,我们已经赶上发达国家的水平了。另外我国的经济实力和综合国力也为我们的话语权奠定了雄厚的基础,我们有资格在知识产权的国际舞台上说话了。我们应当发出自己的声音,用我们的审判来争取国际话语权。

争取国际话语权,并不是我们随便说说,而是有着以下发言的基础。第一,我国每年有大量的知识产品产生。我国的发明专利申请和授权、商标授权、著作权登记等知识产权权利越来越多。2015年,国家知识产权局共受理发明专利申请110.2万件,同比增长18.7%,连续5年位居世界首位。共授权发明专利35.9万件,其中,国内发明专利授权26.3万件,比上年增长了10万件。同比增长61.9%。2015年中国共受理商标注册申请约280万件。截至2015年年底,我国商标累计申请量超过1800万件,累计注册量1200余万件,有效注册量1000余万件。2015年中国著作权登记总量约164.12万件,比2014年著作权登记总量达121.1313万件增长35.49%。其中作品登记134.82万件、计算机软件著作权登记约29.24万件、著作权质权登记606件。[①] 2016年,我局共受理发明专利申请133.9万件,同比增长21.5%,连续6年位居世界首位。共授权发明专利40.4万件,其中,国内发明专利授权30.2万件,较2015年增长了3.9万件,同比增长14.5%。在国内发明专利授权中,职务发明为27.6万件,占91.4%;非职务发明为2.6万件,占8.6%。[②] 2016年我国商标注册申请量369.1万件,比上年增长28.35%,商标注册申请

---

① 窦新颖:《2015年中国著作权登记继续保持大幅度增长态势》,载《中国知识产权报》2016年2月24日。

② 国家知识产权局网站,2017年1月19日访问。

量已经连续 15 年位居世界第一。[①] 第二,我们有每年审理的大量的知识产权案件作基础。知识产权权利多了,与之相应的是,我国法院受理的知识产权案件不断增加。截至 2015 年年底,全国法院新收各类知识产权一审案件 130,200 件,比 2014 年上升 11.73%。审结各类知识产权一审案件 123,059 件,同比上升 11.68%。其中审结知识产权民事一审案件 101,324 件,同比上升 7.22%;审结知识产权行政一审案件 10,926 件,同比上升 123.57%;审结涉知识产权刑事一审案件 10,809 件。[②] 2016 年,全国法院新收各类知识产权案件 177,705 件,比 2015 年上升 19.07%。审结 171,708 件,同比上升 20.86%。审结知识产权民事一审案件 131,813 件,同比上升 30.09%。审结知识产权行政一审案件 6250 件,同比下降 42.80%。审结涉知识产权刑事一审案件 8601 件,同比下降 20.43%。[③] 知识产权案件数量的增加,为我国的法官提供了审理各类知识产权案件的机会,审理的案件多了,见识多了,积累多了,也就有经验了。特别是遇到一些法律没有规定的,或者规定不明确的问题,我们在审理案件中解决了,案件判决以后,没有不良反映,而且社会各方都比较满意,感到公正,这就是我们创立了司法规则,就是我们的经验;国外认可了,这就是我们的话语权。类似的问题遇到的多了,我们就敢说话了,就自然而然地在国际知识产权司法的舞台上有了话语权。

(六)参与国际知识产权审判规则的制定

国际规则是世界各国共同遵守的一般性规范和原则的总称。它是指广泛适用于国家和国家之间,国家和区域之间以及国家和地区之间等世界所有组织成员共同遵守的法规条例和规章制度的总和,其主要内容包括经济、政治、人口、语言、文化、卫生、体育、环境、气候、运输和军事以及国际关系等有关的国际性公约、条约、协定和准则。国际规则虽然说是各国共同遵守的规范,但是并不是各国都参与制定,而参与制定规则的只是少数在国际上有地位的大国、强国,或者科技发达、有国际话语权的国家。国际规则的制定过程就是大国、强国之间利益博弈的结果,是各国之间在利益面前相互妥协的结果,是这些国家之间政治、经济、价值观等利益的争夺、博弈、讨价还价的产物。规则永远都是对参与制定者有利的。没有国际话语权的国家,就参与不了国际规则的制定。

---

① 2017 年 3 月 22 日新华社电。

② 载 http://legal.people.com.cn/n1/2016/0421/c42510-28294871.html,2016 年 10 月 1 日访问。

③ 最高人民法院《知识产权审判白皮书》。

在知识产权领域,如果永远是别国制定规则,我们来执行,那我们的中国梦就难以实现。因为知识产权保护是欧美等发达国家提出的,他们走在我们的前面。他们制定规则,我们来遵守。其结果,就像外国人讲的,中国永远处于知识产权的最末端。随着我国科学技术的快速发展,我们在某些领域的科技水平已经达到或超过世界先进水平,这就要求我们的司法也应当赶上。积极参与国际知识产权审判规则的制定,一方面要参与到国际知识产权审判规则的制定中去,另一方面要适时通过审判来改变不合理和不利于我国科技发展的知识产权审判规则。

在知识产权审判领域,我国起步晚,总是跟着别国的脚步走,并且还时常受人指责,说我们对知识产权保护不力。但是最近几年,在广大学者、法官的努力下,在我们多年强调知识产权法官要有国际视野和战略眼光的努力学习下,我们已经完成了从学习国际规则到创新应用国际规则的过程。毫不客气地说,我国的知识产权审判水平已经跻身于世界的前列。我国法院的判例,已经越来越引起外国的重视,受到外国的赞许,得到外国法院的认同。在这个时候,我们就要积极适应这一变化,把握机遇,及时地、积极地参与知识产权审判国际规则的制定。

(七)创造知识产权审判的中国经验和中国标准

作为一名法官,能把在审判实践中的智慧变成得到社会认可的判决书,就是用自己的智慧创造了中国经验,是一件很光荣的事。如果能进而把中国经验变成中国标准、国际规则,那就是很了不起的事,就是对世界司法的贡献。我国人口众多,创新之风日盛。经济搞活,导致各种知识产权纠纷增多,与之相应的知识产权案件亦多,案件多则案件的类型就多。如前所说,我国的知识产权案件多,我们的法官审理的案件多,见多才能识广,这就给法官留有充分发挥智慧,总结经验,创新审判标准的空间。法官要在审判实践中充分发挥自己的智慧,不断总结审判经验。在借鉴外国经验的同时,要敢于创新、敢于结合中国的实际做出裁判,在审判实践中创造中国经验,创建中国的审判标准。

知识产权审判是我国司法的国际窗口之一,在维护我国司法的境外权威、提升我国司法国际上的公信力、展示我国依法治国成就等方面有着不可替代的作用。我们一定要利用好我国的审判资源,积极参与国际知识产权审判规则的制定,维护我国的司法形象。

四、维护国家利益应当注意的几个问题

(一)国家利益与中国当事人利益

在维护国家利益时,不要把中国当事人的利益当作国家利益,国家利益是

大的概念,中国当事人的利益只是一国之中众多当事人中的私利,只是国家利益中的极小的部分。如果维护了一方当事人的私权利益而损害了国家的大利益,就会因小失大,得不偿失。有时一方当事人的利益与国家利益是一致的,当事人的权利直接关系到国家利益。这里还要注意从当事人所从事的行业来判断当事人利益与国家利益的关系。有的当事人从事的是涉及尖端科学方面的研究,他们的利益直接关系到国防或国家安全以及国家发展战略的实施,这些当事人的利益可能就直接涉及国家利益。

(二)国家整体利益与局部利益

局部是相对整体而言的。整体利益是由局部利益组成的,但局部利益往往又与整体利益有冲突。最明显的如部门和行业利益与国家整体利益。最能说明问题的是在管理海洋问题上,过去是海监、渔政、海事、海关、海警五家管理,叫作五龙治海,各有各的利益,但他们各自的利益是局部利益;而将五龙合一,成立一个海警局,统管海洋,这就是国家的整体利益。有时为了国家的整体利益,我们不得不牺牲部门利益和行业利益,牺牲局部利益而保护国家整体利益。这也可以说是大局观。

局部利益也包括地方利益。地方只是国家的一部分,有时地方的利益和国家利益是一致的,有时是不同的,甚至是相冲突的。比如,发展与环境问题,地方要发展经济,领导要政绩。在发展经济与环境之间,就有国家利益与地方利益的关系。还有公序良俗与地方风俗的问题等。因此,一定要把地方利益与国家利益区分开来,当地方利益与国家利益发生冲突时,就要坚决维护国家利益,不惜牺牲地方利益。

(三)国家的长远利益与短期利益

国家利益也有短期与长远之分。比如,我们引进技术,就是短期利益,而在引进的基础上创新发展就是长远利益。如我国在引进一些先进技术或因为某些特殊的国家利益,而不得不接受外国为其国家利益或企业利益强加于我国的条件,这就是为了国家的长远发展,而不得不牺牲我国国家或企业的短期利益,放他们进来,任他们垄断。如果我们不放弃短期利益,就无法获得长远利益。作为知识产权法官,我们必须明白这个关系,在审理案件中要注意把握分寸,为了国家的长期利益而将短期利益让与外国。但当我们的技术成熟了,我们可以独立发展了,就要重点考虑国家的长远利益了。

另外,在对待我国改革开放初期引进的一些合资企业中产生的中国企业与合资方之间的知识产权纠纷的处理上,就有一个长远利益与短期利益的把握问题。当初,我们在引进外资时,对知识产权知之甚少。在谈判时,最大限度地满足外方的要求,引进了外资,丧失了自己的品牌和市场,把本该属于中国本土产品的市场拱手让给了外国产品。几十年后,我们方才醒悟,诉诸法律。要解决这类问题,就要权衡国家与企业的长远利益与短期利益,依法维护国家的最大利益。我国饮料行业的几个商标纠纷就是例子。

综上所述,法官维护国家利益,是法官的使命,是法官的义务,也应是法官的追求。法官维护国家利益,并不是一句口号,是要落实在行动上,要体现在具体的案件上。这就要求法官要有维护国家利益的信念,要有能力自信、文化自信。

案例研究

(一)著作权

从北大方正字体侵权案谈字体著作权保护的四个问题

——从北大方正电子有限公司与南京威风科技有限公司侵犯著作权纠纷案谈起*

李海侨** 张乾良***

【关键词】 字体 单字 字库 独创性 有形复制

【裁判要点】

根据著作权法律规定,进行文学、艺术和科学作品的创作活动,由此直接产生的具有独创性并能以某种有形形式复制的智力成果,其著作权利为权利人专有。由此可见,独创性和可有形复制的特征,是智力成果是否享有著作权的关键特征。

字体,是汉字的不同书写风格和艺术表现。喵呜体字型是设计者开发设计的文字造型艺术,属《著作权法》规定的美术作品范畴。该款字型设计由专业字体设计师依据字体创意的风格、笔形特点和结构特点,在相应的正方格内书写或描绘的清晰、光滑、视觉效果良好的字体设计稿。每款字型采用了统一的风格及笔形规范进行处理,每款字型的制作体现出作者的独创性,构成了具有一定审美意义的书法艺术,具备了享有著作权(美术作品)的基本特征。

【基本案情】

北大方正电子有限公司(以下简称方正公司)是从事字库开发的专业厂商,为"方正喵呜体"的著作权人。南京威风科技有限公司(以下简称威风公司)在其天猫商城网站的商品描述中,在最显著位置以大号字使用二十多个方正喵呜体文字进行广告宣传。方正公司以威风公司的使用行为侵犯了该公司方正喵呜字体的著作权为由,向法院提起诉讼。

【裁判结果】

一审法院支持方正公司的诉讼请求,判令威风公司停止侵权、赔偿损失。

---

* 案号:南京市玄武区人民法院(2015)玄知民初字第169号。

** 李海侨:南京市玄武区人民法院知识产权庭法官,硕士研究生。

*** 张乾良:南京市建邺区人民检察院副检察长,硕士研究生。

威风公司没有上诉,判决现已发生效力。

【裁判理由】

一审法院审理认为,本案有两个争议焦点。一是方正喵呜体单字是否独立构成美术作品并享有著作权,二是使用方正喵呜体字库中的单字行为是否构成侵权。

关于第一个焦点,法院认为,设计一款既有创意又符合审美意义的美术字,需要创作者在汉字固有笔画、结构下具备一定的书法、美学、平面设计及其相关学科的知识和素养,因此付出的智力、体力和金钱相当可观。涉案的方正喵呜体美术字,与公知领域的美术字相比具有鲜明特色,既不相同也不相似,具有明显个体特点,每个单字都已经过创作者的设计修正,具有独特的设计风格和审美意义,反映出创作者的独创性,能够独立构成美术作品,理应享有著作权。

关于第二个焦点,法院认为,威风公司在网络店铺介绍产品进行销售宣传时,使用的 27 个方正喵呜体字体,除字体大小、颜色外均与方正喵呜体字库中的相应字完全相同。这种未经方正公司同意或许可的行为,侵犯了其享有的美术作品复制权、获得报酬权,因此被告应当承担相应的侵权法律责任。

【案例注解】

在多宗方正公司字体或者其他字体著作权的侵权诉讼案之中,笔者认为,涉及字体保护四大方面问题确有厘清的必要,在此一一分析。

一、具备独创性和审美意义的单字是否享有著作权

具备独创性和审美意义的单个汉字字体构成著作权保护下的美术作品,是著作权法律的明确规定。这是个老生常谈,但又会起纷争的问题,更是字体著作权保护的基础性问题。

有观点认为,有些字体虽然跟已有的字体存在区别,其独创性程度很低,不应当享有著作权而获得保护。笔者认为,现行法律下的独创性标准,是衡量标准不断发展到现阶段的一个相对固定状态而已,并非自始如此,也非自后恒不变。况且,独创性标准并不是从作者本身的创作行为角度出发的,而是相对与已有字体进行比较分析而言的。其实,字体独创性程度的高低并不是享有著作权的评价基调,高或低只决定了著作权人所享有的复制、发行、获得报酬权等权利的实现程度的高或低,这些尽管可以交给市场来决定。那种认为赋予独创性低的字体以著作权,会妨碍人们对汉字的使用,容易形成垄断性权利反而不利于字体创新智力活动的保护的观点,是显然错误的,逾越了法律在社会生活与权利保护上的界限。法律只需谨定分际,不必过度介入。

有观点认为,具有样独创性的字体单字,无论外形如何变化,也只是一个表意符号。诚然,在日常生活中说到汉字是表达思想情感、传递信息(字义)的符号系统。每个汉字有固定的写法,同一个汉字的书写顺序不能乱来,偏旁部首不可缺少,结构一般也不能颠倒,从这个意义上看当然是不受著作权保护的。但是,字体著作权的保护,并不是在于字体表意的本身(字形),而在于保护具有审美意义的汉字艺术的原创性表达。字形虽然相同,但汉字的表现形态(字体)却是千差万别,如手写的楷书、行书,印刷的宋体、黑体等。汉字在遵守字形规范的基础下,间架结构的搭配、笔画的粗细弯度等外观形态具有无限的想象和创作的空间,可以有丰富多样的表达形式。这使字体创作成为受《著作权法》保护的美术作品具备了客观基础。因此,用汉字与生俱来的表意功能来否认通过汉字书写来表达作者的想像力与创造力的有形字体享有著作权的观点,显然既不符合法律规定,也不具有合理性和说服力。

因此,单字个体具备独创性和审美意义,符合《著作权法》的规定的美术作品定义,理所当然地享有著作权。保护单字字体的著作权成为构筑字体著作权保护的基础。

二、具有同一规格与审美标准的字库是否享有著作权

字库是具备同一规格和审美标准的字体集合,一般是与计算机程序(软件)结伴而生。字体库里既包含了具有独创性同时又具备相同审美标准而享有著作权的单字字体,也包含了非独创性同时又具有与独创性单字相同审美标准而不享有著作权的单字字体,这是因为某些汉字局限于既存之结构笔画不可能实现独特的审美。可以说,字库是享有著作权字体与不享有著作权字体的集合。

有观点认为,字库整体可以成为美术作品而享有著作权。笔者认为,单字字体之所以能成为美术作品,是因为作者利用了汉字字形提供的想像、创作空间,针对每一个字的线条、架构进行了艺术加工而形成了区别他人创作的表现形式。脱离开单字字体的创作,而强调字库的整体风格、审美标准,从美术作品的角度是难以界定的。如前所述,字库里还含有不享有著作权的单字字体,这样一来就形成了一个悖论:不享有著作权的单字成为了享有著作权的字库的组成部分。因此,不能基于单字的独特风格与审美而讨论字库是否享有著作权的问题。

《著作权法》第 10 条规定了汇编权,即将作品或者作品的片段通过选择或者编排,汇集成新作品的权利。其实,汇编只是一种根据已有作品进行再创作的形式而非作品类型。而且,汇编作品只有在被整体使用时才会涉及汇编

作品的著作权人行使权利问题。字库就是单字集合,没有再进行任何技术性的排列或组合,字库字体和字库中单字的独创性程度实质上是一致的。如果字库经过了独创性的选择和编排,且不说这种独特性究竟如何展示,只有在整体使用时才涉及著作权利的字库,从汇编者权利实现角度,对智力创造活动而言,反而导致出现权利泛化、本末倒置之举,不具正面而积极的价值。

字库就是一个数据库技术而已,它不可能和基于单字字体一样的理由而享有著作权。数据库往往是指为了满足某个部门中多个用户应用的需要,按照一定的数据模型在计算机系统中组织、储存和使用的相互联系的数据集合,其内容表现为文字、数字、符号、表格等形式信息数据材料,具有集合、有序、可访问和信息大等特征。二者属于完全不同的两个领域。《伯尔尼公约》规定构成素材本身具有版权作品的汇编作品,只有其内容选择与编排构成智力创作时才受著作权法保护。《与贸易有关的知识产权协定》规定,数据或其他材料的汇编,无论采用机器可读形式还是其他形式,只要其内容的选择或编排构成智力创作,应予以保护①。这类保护不延及信息数据材料本身,也不得损害信息数据材料本身已有的著作权。现行法律没有明确规定数据库的保护,根据两个公约的规定来看,似乎很难将数据库纳入著作权法的保护范围中去。

三、再现字库单字的计算机程序(软件)是否需要保护

在谈到计算机程序(软件)是否需要保护的问题上,首先要厘清三个关系即字体、字库、计算机程序(软件)的关系。在前段论述中,我们知道单字字体、字库分别对应的是美术作品、数据库。单字字体是由设计师对线条、架构进行创作而形成的具有独创性和审美意义的美术作品;字库是将创作好的单字字体(美术作品)转换成计算机代码等形式的单字字体集合(数据库)。而计算机程序(软件)是一组指令代码,使用人借助这个指令代码在计算机上显示、调用字库及单字。厘清了这三个关系,来分析计算机程序(软件)是否需要保护就比较清晰了。

使用计算机程序(软件)的过程,就是对单字字体(美术作品)的接触、审美、判断和利用的过程。这个利用过程中涵括了两个对象,即单字字体和计算机程序,各自具有独立性。指令代码是工程师智力劳动的结晶,不同的工程师实现单字再现的过程也是一个创作过程,显然具备了《著作权法》规定的享有权利的特征,应当受到法律的保护。因为,计算机程序(软件)在《著作权法》第3条第8项有已明确规定,就不再继续讨论了。

---

① 郑成思著:《WTO知识产权协议逐条讲解》,中国方正出版社2001年版,第198页。

四、对享有著作权的字体的保护与公共利益的衡量

汉字从诞生到现在，其本质的功能就是传递情感、表达意思，而《著作权法》需要保护单字字体创作权利人的劳动成果，这二者之间需要有个探究的利益平衡点。从汉字功能来讲，过度保护字体创造者的权利，语言表达、交流势力会受到不应有的影响，其后果不言自明；回过头来看，单字字体著作权的保护又与创造者的积极性密切相关，保护力度过小，会影响到字体行业的发展，不利于文化传播。

其实，利益平衡点就在于让市场的归市场，情怀的归情怀，各得其位。现实中对特点鲜明单字字体的商业使用，使用的多是数量有限的单字，而且每个使用者的审美、需求、判断又各不相同，是种自主选择的情形，不需要担心会有保护过度的问题。同时，绝大多数使用者在选用字体时，一般会选用不享有著作权的如宋体、黑体、仿宋等常见、常用字体，如果选用单字字体或许不会让多数人感到习惯。这种不习惯也就决定了享有著作权的单字字体的使用范围是有限的，一般会出现在商标、广告、装潢、宣传等领域。

电视节目样本的著作权保护

——评长江龙新媒体有限公司与段某某、北京掌游移动科技有限公司、珠海麒润网络科技有限公司侵害作品改编权纠纷案*

孙 志**

【关键词】 电视节目样本 著作权 作品 改编权

【裁判要点】

电视节目样本属于"表达",构成《著作权法》的保护对象,对其保护并未违反《著作权法》"思想表达二分法"的基本原则。改编作品是对原作品的改变,是在原作品的基础上进行二度创作而形成的新作品。《著作权法》意义上的改编不仅包括将作品进行扩写、缩写和虽未改变作品类型但进行了独创性的改写,还包括在不改变作品基本内容的情况下,将作品由一种类型改变成另一种类型。

【基本案情】

长江龙新媒体有限公司(以下简称长江龙公司)是"《一站到底》益智答题电视节目作品样本"(以下简称《一站到底》电视节目样本)文字作品和"一站到底logo"美术作品的作者、著作权人,该文字作品和美术作品的首次发表时间均为2012年3月2日,并已办理著作权登记。段某某创办"一站到底"网,使用yizhandaodi. org、yzddapp. com、yizhandaodi. com. cn、yizhandaodi. com等网络域名,段某某及其担任法定代表人的北京掌游公司开发完成"一战到底(官方)"游戏APP、"一战到底"游戏APP、"一站到底(官方)"APP(以下统一简称"一战到底"游戏APP),上述行为均晚于长江龙公司案涉文字作品和美术作品首次发表日期。北京掌游公司在www. yizhandaodi. com以及"一站到底OL官方微博"等网站上将"一战到底"游戏APP提供给用户下载到苹果(iphone、ipad)、安卓及WP手机娱乐。珠海麒润公司通过其经营的"果盟移动广告平台"在上述游戏运行过程中通过游戏界面中的"精彩推荐"选项插入"富豪传奇"等广告。

长江龙公司诉称段某某、北京掌游移动科技有限公司(以下简称北京掌游公司)在www. yizhandaodi. com以及"一站到底OL官方微博"上发布"一

---

* 案号:一审:广东省珠海市中级人民法院(2013)珠中法知民初字第784号;二审:广东省高级人民法院(2014)粤高法民三终字第900号。

** 孙志,广东省珠海市中级人民法院知识产权庭审判长,硕士研究生。

战到底”游戏APP侵权游戏软件,侵犯其对《一站到底》电视节目样本文字作品和“一站到底logo”美术作品的改编权。同时,长江龙公司还主张珠海麒润网络科技有限公司(以下简称珠海麒润公司)作为该款手机游戏软件中插入广告的经营者,应当承担共同侵权责任。据此,长江龙公司向一审法院提起本案诉讼,请求判令段某某、北京掌游公司立即停止著作权侵权行为,并与珠海麒润公司连带赔偿经济损失及相关合理费用支出共计17万元。

通过查看长江龙公司提交的证据保全《公证书》所记载的使用相关手机设备运行“一战到底”游戏APP游戏画面场景和相关文字说明,可以看出:(1)该游戏软件“iPhone版APP”提供的“闯关”游戏模式以及该游戏软件“Android版APK”提供的“人机对战”游戏模式均与“《一站到底》电视节目样本”描述的“节目模式”基本相同。两者均采用由游戏玩家任选舞台上的10位对手中的一位进行1对1答题PK的方式获得奖品(游戏分数),一旦挑战失败就掉下擂台,能否“一站到底”,成为节目或游戏中最大悬念。(2)该游戏软件“iPhone版APP”提供的“闯关”游戏模式以及该游戏软件“Android版APK”提供的“人机对战”游戏模式采用与《一站到底》电视节目样本描述的“节目舞美”基本相同的游戏界面舞台设计。两者均由10位守擂者(游戏玩家对手)转成大圆圈,挑战者(游戏玩家)在中间圆圈(游戏中“请选择对手”选项设置),整体轮廓呈圆形。(3)该游戏软件“iPhone版APP”提供的“闯关”游戏模式以及该游戏软件“Android版APK”提供的“人机对战”游戏模式采用与《一站到底》电视节目样本描述的“节目固定流程、固定环节”基本相同的游戏规则。两者均设置有由挑战者(游戏玩家)从场上10位守擂者(游戏对手)中任选一位作为第一位对手,进行1对1轮流20秒限时答题PK获得奖品(游戏积分),通过答题挑战者(游戏玩家)还可以获得免答权(游戏道具设置),挑战失败者将掉下擂台等基本流程和环节。(4)该游戏软件“iPhone版APP”提供的“闯关”游戏模式以及该游戏软件“Android版APK”提供的“人机对战”游戏模式采用与《一站到底》电视节目样本描述的“节目内的独特、创新元素”中相同的“特定音乐的选用”(游戏软件在挑战胜利、挑战失败以及掉抗时播放的音乐)和“掉坑设置”。《一站到底》电视节目样本中相关文字描述指出,特定音乐的使用,“让节目的视听成为统一的整体,并形成节目独有的听觉氛围”;而“掉坑设置”是该节目独创性的打破了以往答题节目那种平民与主持人对抗的模式,而是采用了攻擂的形式让平民与平民进行激烈对抗。最特别的是,答题错误的选手马上掉进脚下的陷阱,接受惩罚。(5)该游戏软件运行时显示的“一战到底WHO'S STILL STANDING”字样的游戏界面使用了与“一站到底 logo”美术作品中完全相同的英文名称“who’s still standing”,而中文名称“一战到底”与“一站到底 logo”中的中文“一站到底”近似,且两者字体所使用的艺术造型基本相同。此外,在挑战失败掉坑后,选手脚下剩下的红色圆形脚印图形与“一站到底 logo”中的脚印形状、颜色相同。

【裁判结果】

一审法院判决段某某、北京掌游公司立即停止侵犯长江龙公司对《一站到底》益智答题电视节目作品样本文字作品享有的改编权行为,停止在 www.yizhandaodi. com 以及“一站到底 OL 官方微博”发布“一战到底”游戏 APP,删除相关的下载链接,并共同赔偿长江龙公司经济损及相关合理费用 15 万元人民币。二审法院主持双方当事人达成调解,由段某某、北京掌游公司立即停止侵害长江龙公司对《一站到底》益智答题电视节目作品样本文字作品享有的改编权行为,停止发布“一战到底”游戏 APP,删除相关的下载链接,并赔偿长江龙公司经济损失、公证费、律师费共 14 万元。

【裁判理由】

一审法院认为,长江龙公司主张权利的《一站到底》电视节目样本,是以文字作为表现形式,描述《一站到底》益智答题电视节目模式、节目舞美、节目固定流程、固定环节以及节目内的独特、创新元素,具有一定的独创性,属于《中华人民共和国著作权法》第 3 条第 1 款第 1 项规定的“文字作品”。长江龙公司依法对该作品依法享有著作权。段某某创作完成,并由北京掌游公司通过 www. yizhandaodi. com 以及“一站到底 OL 官方微博”进行推广使用“一战到底”游戏 APP 是在长江龙公司享有著作权的《一站到底》电视节目样本文字作品基础上改编完成的作品。段某某未经许可,以改编的方式使用长江龙公司享有著作权的《一站到底》电视节目样本文字作品,北京掌游公司通过 www. yizhandaodi. com 以及“一站到底 OL 官方微博”对“一战到底”游戏 APP 进行推广使用,均侵犯了长江龙公司对《一站到底》电视节目样本文字作品所享有的改编权,依法应承担停止侵害、赔偿损失等民事责任。

【案例注释】

电视节目样本并非我国《著作权法》中固有的法律术语,也不是电视节目产业约定俗成的概念。随着近年来我国电视娱乐节目日趋繁荣,对于电视节目样本,虽然公众已不再陌生,但是目前学界对其内涵和外延仍然是众说纷纭,尚未形成统一认识。一些学者认为,电视节目样本应该是指“节目模式”,即节目的固定框架。若将其理解为“节目成品”,则在“节目模式”之外,还应当包括具体的节目表演、智力问答库的问题等每一期特定内容。① 对于电视节目样本这样一个随着传媒和创意产业发展出现的新型事物，是否属于我国《著作权法》规定的作品，能否得到《著作权法》的保护，引起了社会各界的广泛关注，也成为知识产权界学者讨论的热点问题之一。

一、《一站到底》益智答题电视节目样本是否属于受我国《著作权法》保护的客体

众所周知，"思想表达二分法"是著作权的一项基本原则，即《著作权法》只保护具有独创性的思想的表达形式，而不保护具有独创性的思想。② 对于电视节目样本这样新生事物能否构成著作权法意义上的"作品"，进而享受《著作权法》保护，无论是理论界还是实务界一直都存在很大的争议。有观点认为，电视节目样本如同小说的情节和框架一样，属于思想或是创意，不应当以《著作权法》提供保护；③也有观点认为，电视节目样本是具有独创性的智力创造成果，是创意的特定表达方式。因此，将电视节目样本纳入《著作权法》的保护范围，并未构成对《著作权法》的"不保护思想，只保护思想的表达形式"这一原则的违背。④

对此，笔者认为，电视节目样本已经不是单纯的"思想"和"创意"，它已经脱离了创意者的头脑，是编导人员从一期期完整的电视节目中抽象、固化下来的具有共性的特质，形成了完整的可具体实施的策划方案，是对电视节目模式、流程等结构的具体化，包含了《著作权法》所要求的独创性要求。因此，电视节目样本属于"表达"，构成著作权的保护对象，对其保护并未违反"思想表达二分法"的基本原则。具体到本案中，《一站到底》益智答题电视节目样本，包括以下四个部分：(1)节目模式；(2)节目舞美；(3)节目固定流程、固定环节；(4)节目内的独特、创新元素：①特定镜头和音乐的选用；②服务性的专场设计；③掉坑设置；④选手关键词设置。⑤《中华人民共和国著作权法实施条例》第2条规定："著作权法所称作品，是指文学、艺术和科学领域内具有独创

---

① 黄炜杰：《"电视节目样本"案的非"样本"意义——评长江龙公司与掌游公司案》，载 http://blog.163.com/ipripripr@126/blog/static/17305616820153226239169/，2015年4月23日访问。

② 对于这一原则，相关国际条约和各国立法中都有体现，如 TRIPs 第9(2)规定：著作权保护应延伸到表达方式，但不得延伸到思想、程序、操作方式或者数学概念本身；我国《计算机软件保护条例》第6条规定：本条例对软件著作权的保护不延及开发软件所用的思想、处理过程、操作方法或者数学概念等。

③ 肖雪：《电视节目版式的版权保护机制》，载《中国知识产权》(网络版)总第45期。

④ 陈秋播：《电视节目模板的知识产权保护》，载江苏法院网，http://www.jsfy.gov.cn/llyj/xslw/2013/09/13173440710.html，2015年4月23日访问。

⑤ 该作品登记证书所附的《作品简介 · 摘录》有上述各部分内容的详细介绍记载。

性并能以某种有形形式复制的智力成果。"本案中,长江龙公司主张权利的《一站到底》电视节目样本,是以文字作为表现形式,描述《一站到底》益智答题电视节目模式、节目舞美、节目固定流程、固定环节以及节目内的独特、创新元素,具有一定的独创性,属于《中华人民共和国著作权法》第 3 条第 1 款第 1 项规定的"文字作品",依法应当受到保护。

二、"一战到底"游戏 APP 是否系《一站到底》电视节目样本的改编作品

《中华人民共和国著作权法》第 10 条第 1 款第 14 项规定,著作权包括改编权,即著作权人所享有的"改变作品,创作出具有独创性的新作品的权利"。根据这一定义,改编作品是对原作品的改变,是在原作品的基础上进行二度创作而形成的新作品。

具体到本案,首先就《一站到底》电视节目样本而言,系以文字形式表现《一站到底》益智答题电视节目具体内容而形成的文字作品,而被控侵权的"一战到底"游戏 APP 是以计算机软件程序和信息数据实现的网络答题对战游戏产品,两者属于不同类型的作品,但两者题材类型相同,均为益智答题类节目或游戏,且名称相同或相近似。由于著作权所保护的是作品的表达形式,作品的思想内容不受《著作权法》的保护。考虑到作品的名称和题材并非著作权法保护的客体,因此,判断"一战到底"游戏 APP 是否属于《一站到底》电视节目样本的改编作品,取决于"一战到底"游戏 APP 是否使用了《一站到底》电视节目样本的基本内容。本案中,经对比,"一战到底"游戏 APP 提供的相关挑战模式下显示的游戏模式、舞台场景设计、基本流程、环节以及"特定音乐的选用"和"掉坑设置"等独特、创新元素均与《一站到底》电视节目样本描述的相对应的表达内容基本相同,构成实质性相似。段某某、北京掌游公司辩称"一战到底"游戏 APP 采取了对抗性网络游戏的惯用模式,且游戏中并无主持人设置,亦无选手标志性关键词的介绍,故两者游戏模式显然不同。对此,笔者认为,《著作权法》意义上的改编不仅指在不改变作品基本内容的情况下,将作品由一种类型改编成另一种类型,还包括将作品进行扩写、缩写和虽未改变作品类型但进行了独创性的改写。而"一战到底"游戏 APP 既然是改编形成的新作品,当然与原作品存在差异,从而具有一定的独立性。因此,对于段某某、北京掌游公司的上述辩称理由,应不予采纳。综上,一审法院认定"一战到底"游戏 APP 是在《一站到底》电视节目样本文字作品基础上改编完成的作品。

判定美术作品间是否构成实质性相似的基本方法

——评艾影(上海)商贸有限公司与上海丫丫信息科技有限公司、上海壹佰米网络科技有限公司著作权侵权纠纷案*

杨　捷**

【关键词】 美术作品　侵权纠纷　实质性相似　基本方法

【裁判要点】

认定被控侵权作品是否剽窃权利人的美术作品过程中,判定作品间是否构成实质性相似是司法实践中的难点。为解决该问题,本案中提出了以下三个步骤:(1)如原告主张被控侵权作品剽窃了其作品中的局部,则该局部越是原告作品的精华部分,越是独创性程度高的部分,那么被判定侵权的可能性越大。(2)以抽象—过滤—对比测试法为主要的检验方法,在适当考察原、被告作品的基础上,首先确定两者在线条、形状、明暗与色彩等要素的相同或相似之处,然后剔除其中属于思想的部分,再审查剩余要素中是否存在属于公有领域的范围,最后仅仅根据过滤后受保护的相同或相似部分,来综合判断两者是否构成实质性相似。(3)再通过整体比较法,将两者整体进行比对,判断两者是否构成实质性相似。

【基本案情】

《哆啦A梦》漫画于1969年12月1日在日本首次出版,其中的"哆啦A梦"卡通形象为一只猫型机器人,造型特征为头大且圆,身体相对较小,两只眼睛呈圆形挨在一起长在头和脸的分界线,鼻子也呈圆形紧挨在眼睛下,嘴巴很大几乎横跨整个脸,左右各有三根猫须,脖子上有项圈,还有一个铃铛,肚子上有一个大口袋,手为圆形,脚为椭圆形,身后有个球形的尾巴(附图一)。"多啦A梦"卡通形象在全球具有一定知名度,同时在"多啦A梦"中文动画片及出版物中还会使用"多啦A梦"的美术体图形,该图形的笔画为蓝色,笔画较为粗圆,在四个字底部均有一个红色椭圆,"啦"字上方的一点以"哆啦A梦"卡通形象中的黄色铃铛替代,"梦"字中的一撇一捺以两只微笑眨眼的眼

---

* 案号:一审:上海市浦东新区人民法院(2014)浦民三(知)初字第1097号;二审:上海知识产权法院(2015)沪知民终字第614号。

** 杨捷,上海市浦东新区人民法院法官。

睛替代,整个字体外有黑色描边(附图二)。原告艾影(上海)商贸有限公司(以下简称艾影公司)经“多啦A梦”卡通形象著作权人授权,取得了在中国大陆地区以原告名义就“多啦A梦”卡通形象进行及拓展商品授权业务,并在发生侵权行为需要时采取法律等行动的权利。

被告上海丫丫信息科技有限公司(以下简称丫丫公司)与被告上海壹佰米网络科技有限公司(以下简称壹佰米公司)共同经营“叮咚小区”应用软件,其在宣传推广该软件时使用了“叮咚小区”应用软件图形及文字图形。该应用软件图形为正方形,但四个角为圆边,该图形由四部分组成,上方以上弧线区分隔出红色部分,下方为蓝色部分,在蓝色部分中有一个白色半圆,在红色与蓝色部分间有一个黄色平面门铃,门铃上有蓝色描边(附图三)。“叮咚小区”的文字图形字体较粗圆并为蓝色,还带有蓝色描边,在“咚”与“小”两字间的上方有一个与“叮咚小区”应用软件图形中一致的黄色门铃(附图四)。

被告壹佰米公司与上海创想力营销策划有限公司于2014年签订了《叮咚小区品牌建设服务合同》,约定壹佰米公司委托该公司对“叮咚小区项目”进行品牌诉求、品牌广告语及品牌相关设计等工作。被告丫丫公司在“叮咚小区”微信公众号的文章中称:“3月21日,‘叮咚小区’正式上线。与此同时,其蓝白色调的LOGO覆盖了上海的各大轨交站点。这样的标识很容易让大家联想到万能的机器猫‘小叮当’。而‘叮咚小区’也恰如机器猫的百宝袋,将水电煤抄表、收费、号码百事通、宠物配对、论坛交流、周边商户优惠、二手市场买卖、拼车、家政等服务全部囊括在内。”

原告认为,两被告共同开发、经营的“叮咚小区”应用软件在广告宣传中擅自使用了“哆啦A梦”形象的诸多要素特征,两被告行为侵犯了原告对“哆啦A梦”卡通形象以及“哆啦A梦”文字图形所享有的复制权及改编权。故诉请法院判令两被告停止侵害、消除影响并赔偿损失。

审理中,原告明确,其主张权利的作品为:(1)“哆啦A梦”卡通形象的身体躯干部分,包括了红色项圈(狭长形)、黄色铃铛(两个小半圆,上小下大,中间双线隔开,下半圆有一黑线表示铃铛倾斜180度),白色腹部(大半圆)、口袋(半圆)以及蓝色身体等独创性要素(附图1中的躯干部分);(2)“哆啦A梦”文字图形(附图二),该文字图形字体偏胖,部分字的部首、笔划变形为橄榄圆,四个字的最后一笔变形为四个橄榄圆并在一条线上,“啦”字的右上方有一个倾斜135度的黄色小铃铛,“梦”字中间有一双呈现笑容的眼睛,文字整体以蓝色为基调色,并进行了白色描边,给人以憨态可掬、引人发笑的感觉,符合了“哆啦A梦”卡通形象的性格特征。原告指控两被告的“叮咚小区”应用软件图形(附图三)及“叮咚小区”文字图形(附图四)分别与原告主张的上述两作品构成实质性相似,因此构成侵权。

被告丫丫公司辩称:涉案的“叮咚小区”应用软件并非由其运营,因此其与本案无关,故请求驳回原告诉请。

被告壹佰米公司辩称:著作权侵权认定应以保护作品的独创性为原则,而“哆啦A梦”卡通形象的独创性体现在其整体形象,尤其是头、身子、胡须等要素,这些要素构成了该作品的独创性,而不是原告所主张的项圈、铃铛、口袋等要素;同时,色彩、视角、形状以及审美习惯所支配的艺术法则等是不受著作权保护的,对该些部分,原告无权主张权利;本案中被告的“叮咚小区”应用软件图形在构图、细节的具体表达上具有独创性,与原告的“哆啦A梦”卡通形象中的“猫”的形象完全不同;“叮咚小区”的文字图形系由被告独立创作,与“哆啦A梦”的文字图形不构成实质性相似,因此,原告所主张的著作权侵权行为不成立;故请求驳回原告全部诉请。

【裁判结果】

一审法院判决驳回原告全部诉请,二审法院裁定上诉人丫丫公司及壹佰米公司的上诉按撤诉处理。

【裁判理由】

上海市浦东新区人民法院经审理认为:原告经权利人授权,可就所涉“哆啦A梦”卡通形象著作权侵权行为提起诉讼。但在本案中,没有充分证据证明原告已取得“哆啦A梦”文字图形的相关著作权权利,并可向两被告就该文字图形主张著作权侵权。

就“叮咚小区”应用软件图形与“哆啦A梦”卡通形象的躯干部分是否构成实质性相似的问题,法院认为,原告主张权利的“哆啦A梦”卡通形象的躯干部分独创性较低,就其与“叮咚小区”应用软件图形已经剔除了思想以及公有领域部分的相同及相似之处判断分析,尚不足以构成实质性相似。同时,原、被告作品间存在较多的不同之处与较大的视觉差异,如对原告作品予以保护,将妨碍他人在法律保护范围内的创作自由。

就两被告所使用的“叮咚小区”文字图形与“哆啦A梦”文字图形是否构成实质性相似的问题,法院认为,两被告所使用的“叮咚小区”文字图形与“哆啦A梦”文字图形的相同及相似之处均属美术作品创作的公有领域范围,不具有独创性,且两者间还存在较大的视觉差异,因此两者不构成实质性相似。

综上所述,原告不能举证证明其取得了“哆啦A梦”文字图形美术作品的相关著作权权利以及维权权利,两被告所经营的“叮咚小区”应用软件图形以及使用的“叮咚小区”文字图形与原告主张权利的“哆啦 A 梦”卡通造型的躯干部分以及“哆啦 A 梦”文字图形亦不构成实质性相似,因此两被告行为不构成对上述作品复制权的侵害。同时,两被告的作品也非基于原告作品所创作产生的新作品,因此也未侵害原告对作品享有的改编权。基于两被告行为不构成著作权侵权,故对原告的全部诉讼请求,应予驳回。

【案例注解】

对美术作品间涉嫌剽窃的认定,一般遵循“接触” + “实质性相似”的标准。对“接触”的认定而言,原告只需要证明其作品完成于被控侵权作品之前,且被告存在接触原告作品的可能性即可,在实践中较易为法官判断认定。但对作品间是否构成“实质性相似”的认定,实践中存在诸多检测方法,因认定过程受限于法官个体对作品表达认知的差异,检测方法、判断尺度的不同,且并无客观标准依据,故始终是司法实践中的难点,较易产生争议。

在长期的司法实践中,就作品间构成实质性相似的比对,主要采取了两种检测方法,第一种方法是抽象—过滤—对比测试法,即对作品进行抽象与剥离,形成不同的抽象层次,将构成思想的普遍性模式剔除,仅就剩下的受保护因素进行比对。第二种方法是整体比较法,即不作任何筛选的将两个作品进行比较,基于整体的印象与感觉判断两者是否构成实质性相似。对上述两种方法加以分析,可以发现前者比对方法更为抽象、严格,可能会导致不利于版权保护的效果。后者则基于整体感官及印象,可能将部分属于思想的要素抑或公有领域的内容带入比对,因此会导致扩张版权保护的倾向。因此,两者各有依据,又各有利弊,如何合理使用这两种检测方法,力求在版权保护与推动新的创作之间达到平衡,值得探讨、研究。

本案中,原告主张两被告使用的“叮咚小区”应用软件图形与“多啦 A 梦”卡通形象的躯干部分,以及“叮咚小区”文字图形与“哆啦 A 梦”文字图形均构成实质性相似,由此得出两被告构成著作权侵权的结论。“多啦 A 梦”的卡通形象在“叮咚小区”应用软件推广之前即早已发表,且全球知名,因此两被告存在接触“多啦 A 梦”卡通形象的可能性当无争议。因此对两者进行比对,判定是否构成实质性相似就是本案审理的主要争议焦点。法院在对上述作品进行比对时,以如下步骤进行了判定。

一、如果需要认定被控侵权作品剽窃了原告主张权利作品中的局部,则该局部越是原告作品的精华部分,独创性程度越高,那么被判定侵权的可能性越大

与其他类似案件比较,本案的特点在于原告主张被告作品与其“多啦 A 梦”卡通形象的躯干部分构成实质性相似,而并非与“哆啦 A 梦”整体的卡通

形象构成实质性相似。因此法院分析认定，对“哆啦A梦”卡通形象而言，其表现的是憨态可掬又机智过人的“哆啦A梦”的猫型机器人造型，而蓝、白色构成的圆脸、圆眼睛、红鼻子、左右各三条猫须以及没有耳朵的猫脸造型无疑是该美术作品中最具有独创性的部分，集中体现了作者所要表达的该猫型机器人憨态可掬、机智过人的特质。而较之猫脸造型部分，“哆啦A梦”躯干部分的独创性不高，其红色项圈、白色口袋、黄色铃铛以及蓝色身体的要素均较为常见，线条亦不复杂。单独将“哆啦A梦”的躯干部分剔出展示，无法完整表达出作者对该猫型机器人所要追求的艺术形象和审美效果。因此，“哆啦A梦”卡通造型的躯干部分作为美术作品的一部分，其独创性水平较低。因此如需认定被告作品构成侵权，则需课以更高的实质性相似标准。

二、以抽象—过滤—对比测试法为主要的检验方法

比较“哆啦A梦”卡通形象的躯干部分与两被告的“叮咚小区”应用软件图形的相同与相似之处，两者在颜色上均选取了红、蓝、黄、白共四种颜色，因这四种颜色的组合易给人带来美观、可爱、平和等视觉感受，故这四种颜色的选择、组合在美术作品中尤其是卡通形象创作中大量存在，如柯南、超人、唐老鸭等卡通形象中即包含了上述颜色的全部组合或大部分组合。因此，对原告而言，该选择要素并不具有创造性，不能为其垄断。在构图上，“哆啦A梦”卡通形象的躯干部分表现为在脖颈位置上戴了一个项圈，项圈上系了一个铃铛，铃铛下方为圆形腹部及半圆形口袋，其他为身体部分，整体上是一个卡通化的人的身体躯干造型。“叮咚小区”应用软件图形则采用了目前应用软件图形普遍所使用的正方形，且四个角为圆角。分析两者相同或相似的要素，“哆啦A梦”卡通形象躯干部分下方存在一个半圆形口袋，“叮咚小区”应用软件图形下方亦存在一个半圆，但半圆形口袋或者半圆形本身并不具有独创性，以半圆形这种极为简单的艺术形式来表达口袋应当属于公有领域范围，不能为原告所独占。“哆啦A梦”卡通造型躯干部分的红色项圈与“叮咚小区”应用软件图形红色的上半部分存在相似，但这种选择极为简单且平常，不具有独创性，不能为原告所垄断。“哆啦A梦”卡通造型躯干部分的蓝色身体与“叮咚小区”应用软件图形的蓝色背景相似，但以蓝色为背景亦是美术作品中惯常使用的方法，不具有独创性。

三、以整体比较法为次要检测方法

法院认定，在整体视觉效果上，两者还存在较多的不同之处：(1)在色彩的选取上，“哆啦A梦”卡通形象的躯干部分腹部及腹部上的口袋部分均为白色，而“叮咚小区”应用软件图形下部仅有白色半圆，白色半圆的背景为蓝色。

同时“哆啦 A 梦”卡通形象的躯干部分有黑色描边，而“叮咚小区”应用软件图形色块间均没有黑色描边，两者的视觉效果不同；(2)在构图上，在两者的上半部分，“哆啦 A 梦”卡通形象躯干部分为狭长形项圈，且在项圈上有圆形铃铛，“叮咚小区”应用软件上半部分则以上弧线划出，且比“哆啦 A 梦”形象中的项圈更宽，在上弧线中间有一个圆形门铃，该门铃亦与“哆啦 A 梦”中的铃铛形状完全不同。同时，“哆啦 A 梦”卡通形象的躯干部分中存在圆形腹部部分，“叮咚小区”应用软件图形中则不存在相应的部分。因此，两者就构图部分存在大量不同，造成了两者视觉差异明显；(3)就两者所使用的线条而言，“哆啦 A 梦”卡通形象的躯干部分线条相对柔和、圆润，体现了“哆啦 A 梦”憨态可掬的特质。“叮咚小区”应用软件图形中的线条则多以规范的直线、圆形等呈现，体现的是该应用软件所要表达的简洁明了的意思，因此两者在线条的使用上亦存在显著不同；(4)最为重要的是，就两者的整体视觉效果而言，也存在着较大的差异。“哆啦 A 梦”卡通形象的躯干部分多出了白色圆形腹部部分，而该部分在整个画面中占了较大的比例，再加上圆且偏胖的身体，形成了一个微胖可爱的猫型机器人身体的整体视觉效果，而“叮咚小区”应用软件图形则是一个普通的带圆角正方形，两者明显不同。两者居中的黄色圆形部分，一个是有立体效果的铃铛，另一个则是平面效果的门铃，在视觉效果上显著不同，而该部分是两者各自最为体现作品独创性的部分。这些不同要素最终造成的整体视觉效果差异是，“哆啦 A 梦”卡通形象的躯干部分给观者的感受是在表达一个带着项圈、挂有铃铛并有口袋的憨态可掬的猫型机器人身体，而“叮咚小区”应用软件图形则给观者带来有着笑脸、门铃，寓意着在小区愉悦、方便生活的感受，但不会令人产生这是一个猫型机器人身体的视觉效果。

由此法院得出最后结论，原告主张权利的“哆啦 A 梦”卡通形象的躯干部分独创性较低，就其与“叮咚小区”应用软件图形已经剔除了思想以及公有领域部分的相同及相似之处判断分析，尚不足以构成实质性相似。同时，原、被告作品间存在较多的不同之处与较大的视觉差异，如对原告作品予以保护，将妨碍他人在法律保护范围内的创作自由。

四、当作品较为简单时，可以整体比较法为主要检测方法

相对前述两作品，“多啦 A 梦”文字图形与“叮咚小区”文字图形内容相对简单，因此主要以整体比较法检测判定两者是否构成实质性相似。法院认为，比对“叮咚小区”文字图形与“哆啦 A 梦”文字图形，两者间相同及相似之处在于均使用了蓝、黄两色，字体粗圆且有描边。在文字图形中使用蓝、黄色，粗圆的字体以及对字体加以描边，意图表现的是憨厚、可爱以及平和、宁静的视

觉效果,这些元素都是文字图形创作中通常所使用的方法,不具有独创性,属于公有领域的范围,所有人都可以自由使用。同时两者间还存在以下较大的不同之处:“哆啦A梦”文字图形的四个字下部均有红色椭圆,“梦”字里包含了一对微笑并在眨眼的眼睛,而“叮咚小区”文字图形中并不存在上述要素;“叮咚小区”文字图形在“咚”字与“小”字间的上方居中位置有一个黄色平面造型门铃,“哆啦A梦”文字图形的“啦”字上方有一个黄色立体造型铃铛等。因此,两者在细节以及整体上的视觉差异亦较大,故不构成实质性相似。

综上,就本案的实际案情,法院在对原、被告作品的实质性相似比对时,首先区分了原告主张作品的局部是否是原告作品的精华部分及其独创性程度的高低,随后以抽象—过滤—对比测试法为主要的检验方法,以整体比较法为次要的检验方法,克服两种检验方法的各自局限性,力求做到在版权保护与推动创作间取得平衡,最终得出两者不构成实质性相似的结论,取得了良好的审判效果。虽对作品间构成实质性相似因个案案情的不同,不能一概以上述方法做检验,但本案的审理无疑为该类案件的审理提供了一定的思路。

附图一

附图二

附图三

附图四

珠宝设计著作权保护模式

——深圳市同泰富珠宝首饰股份有限公司诉广州西黛尔首饰有限公司著作权侵权纠纷案*

李文君**

【关键词】 珠宝设计 美术作品 著作权

【裁判要点】

如珠宝设计体现设计者在美学领域的独特创造力和观念,满足《著作权法》上美术作品的构成要件,则珠宝设计可作为美术作品受《著作权法》保护。

【基本案情】

深圳市同泰富珠宝首饰股份有限公司(以下简称同泰富公司)于2012年8月24日启动"TTF高级珠宝·2013蛇年生肖设计作品征集"活动,征集蛇年生肖设计作品。2012年9月20日,同泰富公司(甲方)与靳晶晶签订《委托创作作品协议》,约定委托创作的图形作品名称为胜利之V,该作品的所有著作权权利归属同泰富公司。中华人民共和国国家版权局核发的国作登字-2013-F-00083790号《著作权登记证书》载明,同泰富公司以委托作品著作权人身份依法享有美术作品《胜利之V》的著作权。上述《著作权登记证书》所附美术作品《胜利之V》的内容为:不等量几何折叠成型的抽象的眼镜蛇蛇头造型;主体结构为V形;V形主体结构的上部为蛇头造型,有两次弯折及向前伸的结构,蛇眼位于蛇头两侧翼;V形主体结构的下部为非对称的左搭右结构。

广州西黛尔首饰有限公司(以下简称西黛尔公司),在天猫上的"西黛尔旗舰"店铺销售其生产"俏灵蛇"商品。该"俏灵蛇"的造型为:不等量几何折叠成型的抽象的眼镜蛇造型;主体结构为V形;V形主体结构的上部为蛇头造型,有两次弯折及向前伸的结构,蛇眼位于蛇头两侧翼;V形主体结构的下部位为非对称的左搭右结构及蛇尾;一颗水晶镶嵌于V形主体结构中间。

同泰富公司称西黛尔公司生产销售的"俏灵蛇水晶项链"抄袭了《胜利之

---

* 案号:一审:广州市越秀区人民法院(2013)穗越法知民初字第204号;二审:广州市中级人民法院(2013)穗中法知民终字第920号。

** 李文君,广东省广州市越秀区人民法院审判员,法律硕士研究生。

V》的核心设计理念，侵犯了同泰富公司的著作权，遂起诉要求停止侵权，赔偿经济损失。西黛尔公司辩称其生产销售的"俏灵蛇水晶项链"，系自行设计，不构成侵权。

【裁判结果】

一审法院判决：西黛尔公司立即停止生产、销售侵犯同泰富公司《胜利之V》美术作品著作权的涉案"俏灵蛇水晶吊饰"产品；西黛尔公司赔偿经济损失150,000元给同泰富公司；驳回同泰富公司的其他诉讼请求。一审宣判后，西黛尔公司提起上诉。二审法院驳回西黛尔公司上诉，维持原判。

【裁判理由】

法院生效裁判认为：本案靳晶晶创作的《胜利之V》系以简单的线条组成的抽象立体造型，表达蛇头昂扬之势，具有独创性，符合美术作品的构成要件，应当确认为我国《著作权法》上的美术作品，受我国《著作权法》的保护。同泰富公司提交的《著作权登记证书》、同泰富公司与作者靳某某签订的《委托创作作品协议》、涉案美术作品《胜利之V》的部分创作手稿、灵感来源及创作过程的说明，上述证据相互印证，形成证据链，在西黛尔公司没有提供相反证据的情况下，本院依法确认同泰富公司为涉案美术作品《胜利之V》的著作权人，其有权对侵犯该美术作品著作权的行为提起诉讼。

本案争议的焦点在于，被控侵权产品"俏灵蛇"是否构成对同泰富公司享有著作权的《胜利之V》作品的剽窃抄袭。

经比对，被控侵权产品"俏灵蛇"与同泰富公司享有著作权的《胜利之V》作品，二者的主体结构均为V形，V形主体结构上部的蛇头造型、蛇眼位置、弯折的次数、角度、位置，V形主体结构下部的非对称左搭右结构均一致。被控侵权产品"俏灵蛇"虽在V形主体结构中心镶嵌了水晶，下方添加了蛇尾部分，但从整体结构上看尤其是V形主体结构部分，二者的基本表达构成实质性相似。

然而，内容实质相同或相似的作品也存在系由不同创作人各自独立创作并各自享有著作权的可能，但是如果有证据足以证实或者推定在后完成作品的作者有机会接触在先完成的作品，而在后完成作品的作者又没有充分的证据证明作品是其自行创作，那么应认定在后的作品构成剽窃。因此，涉案《胜利之V》美术作品与被控侵权产品"俏灵蛇"的创作完成时间孰先孰后，在后作品是否实际接触或有可能接触在先作品，是判定本案争议的重要环节。

首先，关于同泰富公司主张的权利作品《胜利之V》和被控侵权产品"俏灵蛇"创作完成时间的问题。同泰富公司提交的《著作权登记证书》载明，涉案美术作品于2012年10月24日创作完成，并于2012年11月5日首次发表，结合同泰富公司提交的首饰征集活动材料、委托创作协议，以及同泰富公司于2011年11月5日在新网微博上发表该美术作品等，上述证据相互印证，可以认定涉案美术作品《胜利之V》最迟于2011年11月5日前完成创作。西黛尔公司为证明被控侵权产品“俏灵蛇”创作的完成时间早于《胜利之V》作品所提交的证据有生产订单、出货单等，生产订单共3页，最后一页加盖有生产厂家印章，但列有“俏灵蛇”产品页无加盖印章；出货单共2页，最后一页有厂家相关人员签名字样，但列有“俏灵蛇”产品页无签名，同泰富公司对其真实性不予确认。其他证据均为西黛尔公司单方制作或案外人制作，无任何签章，不具有证明效力。因此，西黛尔公司主张其于2012年8月16日已完成被控侵权产品“俏灵蛇”设计图案的基本定稿证据不足，本院不予采信。根据西黛尔公司的陈述，包括“俏灵蛇”产品在内的十二生肖水晶吊饰于2012年12月8日在淘宝商城上架出售，另同泰富公司在诉状中也称西黛尔公司于2012年12月推出涉案被控侵权产品“俏灵蛇”，因此只能认定西黛尔公司在2012年12月完成了被控侵权产品“俏灵蛇”设计图案并生产、销售，没有证据证明西黛尔公司在此之前已经完成了被控侵权产品“俏灵蛇”的设计图案。

其次，关于可能存在的接触问题。同泰富公司在2012年12月8日前，在新浪微博、《宝玉石周刊》上公开发表了涉案美术作品《胜利之V》。西黛尔公司与同泰富公司同为广东省内的珠宝首饰业经营者，双方存在竞争关系，按经济活动中生产经营常理，双方对于行业内的发展情况应当有基本了解，经营者会较密切地关注同行业竞争者的相关产品设计，尤其在有较多时尚因素的珠宝首饰行业，同业竞争者的互相关注度较强，可以推定，西黛尔公司有接触在先完成的涉案《胜利之V》作品的可能。

最后，从西黛尔公司提交的证明被控侵权产品“俏灵蛇”是其自行设计的证据看，第一，西黛尔公司所提供的“俏灵蛇”的设计手稿及设计方案中“俏灵蛇”造型的转变过于突然，缺少连贯性，未能反映出创作过程；设计手稿中载明的参考素材与“俏灵蛇”造型本身缺乏联系性，与其他生肖水晶吊饰的参考素材存在巨大差异；西黛尔公司对“俏灵蛇”的设计思路、设计理念、设计元素、设计灵感及其独创性的说明简单且含糊，仅强调“俏灵蛇”突出水晶，缺乏合理性和说服力。第二，“俏灵蛇”造型的吊饰与其他生肖的水晶吊饰组成一套十二生肖的吊饰系列，但是“俏灵蛇”的造型与其他生肖水晶吊饰造型的风格差异较大，其他生肖水晶吊饰的造型整体风格较为形象化，除突出使用水晶外，还有较为复杂的镂空花纹设计，而“俏灵蛇”造型抽象、简单，无镂空花纹设计。第三,西黛尔公司生产、销售的“俏灵蛇”产品与其提交的“俏灵蛇”设计方案亦存在差异。西黛尔公司生产、销售的“俏灵蛇”产品为有两次弯折的立体感强烈的立体产品,而西黛尔公司提供的设计方案“俏灵蛇”设计图为平面图,造型的立体化不明显,未突出该造型的立体感。

综上所述,西黛尔公司的举证不足以证实被控侵权产品“俏灵蛇”是其自行设计创作,涉案美术作品最迟完成创作的时间是2012年11月5日,早于西黛尔公司生产、销售被控侵权产品“俏灵蛇”的时间2012年12月,西黛尔公司有接触涉案美术作品的可能,且被控侵权产品“俏灵蛇”与涉案《胜利之V》美术作品构成实质性相似。因此,本院认定西黛尔公司生产、销售的“俏灵蛇”产品剽窃抄袭了同泰富公司享有著作权的涉案美术作品《胜利之V》。根据《中华人民共和国著作权法》第47条第5项规定,剽窃他人作品的,应当根据情况,承担停止侵害、消除影响、赔礼道歉、赔偿损失等民事责任。因此,西黛尔公司的行为已经构成侵权,应当应承担停止侵权、赔偿损失等民事责任。

【案例注解】

珠宝设计的知识产权保护在我国尚处于起步阶段。本案是多家媒体曾报道的“中国珠宝原创设计维权第一案”。准确而言,本案应是中国珠宝设计著作权侵权纠纷的第一例。本案在受理之初,有关同泰富公司能否就涉案珠宝设计主张著作权,涉案珠宝设计是否受《著作权法》保护就已存在争议。本案的裁判开创了国内珠宝设计作为美术作品受《著作权法》保护的司法先例。

一、著作权保护的可能

外观设计是指对产品的形状、图案或者其结合以及色彩与形状、图案的结合所作出的富有美感并适用于工业应用的新设计。外观设计属于工业产品的新设计,如果其符合《专利法》规定的新颖性条件,经授权可获得外观设计专利权。珠宝设计隶属于外观设计,在珠宝设计未与产品相结合,投入工业生产前,其本身是由线条、图形、色彩和符号等要素构成的图案。

根据《中华人民共和国著作权法实施条例》第2条及第4条第8项之规定,“著作权法所称作品,是指文学、艺术和科学领域内具有独创性并能以某种有形形式复制的智力成果”;“美术作品,是指绘画、书法、雕塑等以线条、色彩或者其他方式构成的有审美意义的平面或者立体的造型艺术作品”。外观设计兼跨产业和艺术两大领域,相对于其他外观设计,珠宝设计更强调艺术性和美感。珠宝设计的天然属性使得其容易满足《著作权法》所规定的美术作品的构成要件,成为著作权客体,受《著作权法》保护。当然,这并不意味着所有珠宝设计均受《著作权法》保护。根据《著作权法》的规定,独创性和可复制性是作品的两个基本属性，而独创性是构成作品的核心。珠宝设计能否构成著作权法意义上的美术作品，主要取决于珠宝设计能否体现作者在美学领域的独特创造力和观念。具体到本案而言，同泰富公司主张权利的珠宝设计《胜利之V》系以简单的线条组成的抽象立体造型，表达蛇头昂扬之势，具有独创性，符合《著作权法》上美术作品的构成要件，故可作为美术作品，受我国《著作权法》保护。

如果珠宝设计仅仅是造型上具有一定的创新，但整体图案并未体现独创性，则不能作为美术作品而受到《著作权法》的保护。珠宝设计符合美术作品构成条件的，自创作完成时起，可自动获得著作权。如果其同时又符合《专利法》规定的外观设计新颖性，经申请授权可获得外观设计专利权。

二、著作权保护的考量

如前所述，珠宝设计可能存在著作权和外观设计专利权的双重保护。但权利主体对某一特定侵权人诉讼时，只可以选择主张其中一种权利。这种选择不影响在对另一特定侵权人诉讼时，选择主张另一种权利。主张何种权利是权利人自定的，不由司法机关指定。权利人在特定诉讼中选择主张何种权利，应结合具体的诉求，充分考虑两种权利在保护期限、保护范围、保护力度上的不同。从保护期限上看，著作权中的署名权、修改权、保护作品完整权的保护期不受限制，美术作品著作财产权的保护期限为作者终生及死后50年。外观设计专利权的保护期限为10年，自申请日起计算。且如果专利权人没有按照规定缴纳年费的，保护期限届满前终止。从保护范围来看，外观设计专利权是一种法定垄断权，其保护范围以提交申请材料中表示在图片或者照片中产品的外观设计为准。著作权是一种依法自动产生的民事权利，法律未对其保护载体、保护范围设定明显界限。从保护力度来看，根据《著作权法》独创性原则，著作权人并不能够排斥他人独立创作出相同或类似作品，而外观设计专利法则不允许对相同或近似的外观设计授予专利，故外观设计专利权的垄断性大大强于著作权。因此在著作权侵权纠纷中，如西黛尔公司能提交证据证实其独立创作完成被控侵权作品，则不构成侵权。在本案中，西黛尔公司亦抗辩其独立创作完成涉案被控侵权作品，但其提交的证据不足以证实其抗辩意见，故法院不予采纳。

同时，著作权存在合理使用和法定许可的情况，外观设计专利权则不存在。另外，侵犯专利权的法定赔偿额在1万元以上100万元以下，侵犯著作权的法定赔偿额在50万元以下。综上，在著作权和外观设计专利权交叉保护的保护期限、保护范围内，外观设计专利权的保护力度更大，专利权侵权的认定的客观性及确定性都更强,惩罚力度也更大。

三、著作权保护的限制

珠宝设计可同时存在著作权和外观设计专利权。著作权和外观设计专利权属于不同的权利序列,彼此各自独立,不互相依附,故珠宝设计外观设计专利权的终止,并不导致珠宝设计作为美术作品所享有的著作权的终止。然后,同一客体上外观设计专利权的终止,将对其上的著作权产生限制,著作权的行使应受到专利制度的制约。这种限制是指外观设计专利权终止后,特定产品的外观设计进入公众领域,不再受《专利法》保护,公众在专利权的领域内可以自由实施该外观设计,不构成著作权侵权。应当明确的是这种限制只限于外观设计专利权保护范围内,即外观设计所依托的特定产品范围内。在特定产品范围之外,珠宝设计的著作权保护不受影响。对已丧失外观设计专利权的珠宝设计的著作权限制,一方面是基于对《专利法》立法宗旨的考虑,另一方面是为了保护社会公众的信赖利益。《专利法》在保护技术成果权利人的权益的同时,亦旨在促进技术信息尽早地公之于众,进而推动科学和社会进步。另外,专利权的申请、专利权的转移,专利权的无效宣告,专利权的终止等权利产生、变动情况均需要公示。社会公众基于对专利行政部门专利公告之公示效力所享有的信赖利益理应受到法律的保护。因此,在外观设计专利权终止后,若仍允许以享有外观设计的著作权为由阻碍他人实施已经进入公有领域的外观设计,将损害到社会公众的信赖利益。

图片搜索过程中形成的缩略图不侵犯著作权

——闻某某与北京阿里巴巴信息技术有限公司侵害著作权纠纷案*

李自柱**

【关键词】 缩略图 复制 合理使用

【裁判要点】

搜索引擎服务商在提供图片搜索服务过程中制作的缩略图是显示图片搜索结果的合理方式,其目的不在于复制、传播该照片,且不会替代网络用户对来源网站中原图的访问及对原图的使用,不会给权利人造成实质性的损害,故不侵犯著作权。

【基本案情】

闻某某是涉案许晴照片的拍摄者。

域名为 yahoo. com. cn 的雅虎中国网站是北京阿里巴巴信息技术有限公司(简称阿里巴巴公司)经营的网站。登录该网站,从该网站首页开始,依次点击"图片""魅力女星""大陆女星""许晴",得到载有许晴照片缩略图的结果页面,得到的这些搜索结果仅为照片的不同 URL 地址的链接,在该页面最上方显示有"雅虎图片搜索—许晴"字样。在显示该结果页面的同时,在该页面上方的搜索栏中自动添加了"许晴"二字。在该结果页面中,点击下方写有"许晴写真(点击查看原…730 ×929 –318K[添加到相册]www. pcnow. com. cn"文字的缩略图,得到载有该缩略图对应的大图的详情页面,在该详情页面中,标注了来源网址:http://www. pcnow. com. cn/photoAlbum/2814/128207. shtml、大小 318K、尺寸 730 ×929pixels 等内容。

涉案照片的原图存储在网址为 www. pcnow. com. cn 的第三方网站上。

在接到起诉状后,阿里巴巴公司即断开了与第三方网站上的涉案图片的链接。

闻某某认为阿里巴巴公司在其网站上通过深层链接的方式复制并传播了涉案照片,侵犯了其对涉案照片享有的署名权、复制权和信息网络传播权,要

---

* 案号:一审:北京市朝阳区人民法院(2008)朝民初字第 13556 号;二审:北京市第二中级人民法院(2009)二中民终字第 00010 号。

** 李自柱,北京市朝阳区人民法院知识产权庭法官,硕士研究生。

求阿里巴巴公司停止侵权、赔礼道歉、赔偿经济损失。

阿里巴巴公司认为其提供的是搜索引擎服务,涉案图片并不存放在其服务器中,而是存放在第三方网站上,网络用户只能从第三方网站上下载该图片。涉案照片的缩略图是由程序自动生成的,并临时存储在其服务器上,目的仅仅是为了显示搜索结果,并非复制,也不能传播。这种以缩略图的方式显示搜索结果也是图片搜索行业的通用方式,如无缩略图的显示,就完全失去了图片搜索的意义。闻某某在得知通过涉案情况后并未给其发通知。在接到起诉状后,其及时删除了与涉案图片的链接,尽到了合理注意义务,不存在主观过错,且闻某某未证明存储涉案图片的第三方网站侵权。故其不构成侵权。

【裁判结果】

一审法院驳回闻某某的全部诉讼请求。二审法院驳回闻某某上诉,维持原判。

【裁判理由】

一审法院经审理后认为,尽管闻某某不是通过在搜索栏中输入"许晴"二字进行搜索涉案图片的,而是通过依次点击雅虎中国网站上编辑好的"图片""魅力女星""大陆女星""许晴"等找到涉案图片的,但在闻某某点击后显示结果页面的同时,在雅虎中国网站的搜索栏中自动添加了"许晴"二字。这表明,尽管阿里巴巴公司事先设置了查找涉案图片的路径,但是这并不是对涉案照片本身进行复制和编辑,涉案照片仍是通过搜索的方式得到的。这种通过事先编辑的路径查找涉案照片的后台工作原理与通过搜索栏方式搜索照片的工作原理是一样的,都是搜索引擎在互联网上对第三方网站上的内容进行搜索的结果。而且,闻某某提交的公证书也明确显示涉案照片的原图实际存储在第三方网站上,并不存储在雅虎中国网站上。因此,阿里巴巴公司本质上提供的是搜索引擎的搜索服务,而不是闻某某诉称的通过深层链接方式的复制涉案照片。对于在搜索图片过程中,所形成的涉案照片的缩略图,本院认为,阿里巴巴公司网站上产生缩略图的目的不在于复制、编辑照片,而在于向网络用户提供搜索。涉案反映的缩略图的方式符合图片搜索目的,也最方便网络用户选择搜索结果。故图片搜索所形成的涉案缩略图仅仅是搜索结果的一种表现方式,并未改变其是搜索引擎搜索技术的本质。本案中,闻某某并未举证证明其事先按照《信息网络传播权保护条例》的要求向阿里巴巴公司发出了通知。闻某某也未举证证明涉案第三方网站上的图片是否侵权,且未举证证明阿里巴巴公司明知或者应知涉案第三方网站上的图片侵权。在阿里巴巴公司接到通知后,断开了与涉案图片的链接。综上,阿里巴巴公司提供的搜索服务并未侵犯闻某某对涉案图片享有的著作权,对闻某某的诉讼请求本院不予支持。故依照《信息网络传播权保护条例》第23条之规定判决驳回闻某某的诉讼请求。

二审法院经审理认为,涉案相关第三方网站上载并传播涉案照片并未经闻某某许可,构成了对闻某某信息网络传播权的侵犯。阿里巴巴公司作为搜索链接服务提供商,仅应在收到权利人合乎法律要求的通知后不断链或者明知、应知被链内容侵权的情况下才应当承担相应的法律后果。闻某某并未举证证明其向阿里巴巴公司发出了符合相关法律要求的通知,亦未举出充分证据证明阿里巴巴公司明知或者应知涉案被链第三方网站上的照片侵权。故在阿里巴巴公司接到通知后,断开了与涉案照片的链接的情况下,闻某某关于阿里巴巴公司应当赔偿其损失的主张,本院不予支持。

阿里巴巴公司提供的服务性质是搜索链接服务。虽然阿里巴巴公司网站在提供搜索链接服务的过程中出现了缩略图,但该缩略图是为实现照片搜索的特定目的,方便网络用户选择搜索结果的具体方式,不是对涉案照片的复制,闻某某目前证据也不能证明阿里巴巴公司网站上存储有缩略图库;涉案照片的缩略图和大图页面中也显示了涉案照片的来源,不会使网络用户产生涉案照片来源于阿里巴巴公司网站的误认。因此,阿里巴巴公司的上述行为不能改变其提供的服务属于搜索链接服务的性质,亦不能证明其对涉案照片的搜索结果是否侵权属于"应知"。故二审法院判决驳回闻某某的上诉,维持了一审判决结果。

【案例注解】

本案主要涉及的问题是搜索引擎服务商提供图片搜索服务过程中所形成的缩略图是否构成侵犯著作权。该问题涉及如下两个问题。

一、缩略图是否属于对原图片的复制

该问题是事实认定问题,但会涉及法律的适用。复制和搜索链接是两种不同的行为。复制是受复制权直接控制的行为。未经许可复制他人作品,如果不符合合理使用、法定许可,构成的是直接侵权行为。搜索链接是一种网络中介服务行为,它不受著作权专有权利的直接控制,只有在被链作品是侵权的,且搜索链接服务提供商在主观上存在过错的情况下,搜索链接服务商才可能构成侵权,且是一种间接侵权责任。两者的法律规范不同、构成要件不同、责任性质不同,因此判断缩略图是否对原图片的复制,可能会涉及最终的定性及法律适用问题。

搜索引擎服务商在提供图片搜索服务过程中制作并在搜索结果页面展示

的缩略图是否属于对原图的复制对认定判断搜索引擎服务商是否侵权具有重要意义。对这个问题，一审判决提及“阿里巴巴公司网站上产生缩略图的目的不在复制、编辑图片”，但并未否认在事实上缩略图就是对原图的复制。二审判决则直接说明“不是对涉案照片的复制，闻某某目前证据也不能证明阿里巴巴公司网站上存储有缩略图库”，因此二审直接否定了缩略图是复制。

其实，缩略图是网页快照的一种形式，只不过是将原图按照一定的尺寸和比例进行了缩小而已。网页快照是搜索引擎服务商在提供信息定位服务过程中附加提供的一项服务内容。搜索引擎为了对互联网海量信息进行信息定位，方便网络用户查找特定信息，其“爬虫程序”会不停地在互联网上采集相关网页信息，并制作成索引数据库，当网络用户输入搜索指令后，搜索引擎会快速检索出与之匹配的相关网页，并与之建立链接，网络用户点击该链接后即可跳转至相关网站，这是正常的搜索引擎提供的信息定位服务。除此之外，为了解决在目标网站网页发生故障或因为访问量过大而出现网络拥堵造成不容易访问目标网站的问题，搜索引擎还会将采集后存储在其服务器中的相关网页以快照的方式向网络用户提供，该快照的链接的具体位置一般在正常的搜索结果及网页摘要下方并明确表明是网页快照。这些被“网络爬虫”采集的网页均存储在搜索引擎服务商的服务器中，显然是一种对他人网页及网页中所包含的作品的复制。缩略图是网页快照的一种形式，同样是“网络爬虫”对其他网站中存储的图片复制后按照一定的尺寸和比例缩小后存储在搜索引擎服务商的服务器中的，显然属于对原图片的复制。

二、搜索引擎服务商提供缩略图的行为不侵犯著作权及其理由选择

根据《著作权法》的规定，在未经许可复制他人作品的情况下，如果不属于法定许可、合理使用等情况，就属于侵权行为。上面所述缩略图在事实上就是对原图的复制，所以如果认定搜索引擎服务商的制作并提供缩略图的行为不构成侵权，就需要考察该种行为是否属于法定许可、合理使用，这是法律适用的逻辑思路。

法定许可是法律规定的特殊情形。我国《著作权法》中规定了报刊转载的法定许可、使用已经合法录制为录音制品的音乐作品制作录音制品的法定许可、广播电台和电视台播放已发表作品及已出版的录音制品的法定许可、编写出版教科书的法定许可的情况，《信息网络传播权保护条例》规定了制作和提供课件的法定许可以及通过网络向农村地区免费提供特定作品的法定许可的情况。本案显然不属于上述法律规定的特殊情况，故应当排除在法定许可之外。

对于合理使用而言,我国《著作权法》第12条以列举的方式规定了合理使用的12种情况,另外《著作权法实施条例》第21条规定"依照著作权法有关规定,使用可以不经著作权人许可的已经发表的作品的,不得影响该作品的正常使用,也不得不合理地损害著作权人的合法利益"。上述规定构成了我国《著作权法》上的合理使用制度。上述规定与大陆法系国家《著作权法》所规定的合理使用立法模式是一致的,都是采取列举的方式,有限列举了一些特殊的情况。而且,《著作权法实施条例》的上述规定是对《著作权法》第22条规定的例外情况的进一步限制,"依照著作权法有关规定"指的就是《著作权法》第22条规定的12种情况。也就是说,在判断一种使用行为是否属于合理使用时,必须属于《著作权法》第22条规定的12种情况,而且还得进一步适用《著作权法实施条例》的上述规定检验该种使用行为是否影响了该作品的正常使用以及是否存在不合理地损害了著作权人合法利益。只有在属于上述12种情况,且未影响该作品的正常使用,也未不合理地损害了著作权人的合法利益的,才属于合理使用。《著作权法实施条例》的上述规定是对《著作权法》第22条规定的12种情况的进一步限制,而不是在该12种情况之外创设了认定合理使用的一般条款从而可以突破该12种情况认定其他的合理使用的情况。因此,在我国现行著作权法律体系下,认定缩略图属于合理使用确实存在非常大的困难。也正是基于相同的理由,在大陆法系国家,陆续出现了认定搜索引擎提供缩略图构成侵权的案例①。

缩略图是否侵权的问题在美国也有发生,而且美国法院基本上都判决构成了合理使用。这是因为美国《版权法》第107条规定的合理使用制度是一个灵活开放的标准,而不是仅限制几项具体使用行为。它规定了判断一种使用行为是否属于合理使用的四个判断要素:(1)使用的目的和特点,包括该使用是否具有商业性质,或者是否为了非营利的教育目的;(2)享有版权作品的特性,即原告的作品是事实性的还是虚构性的;(3)与享有版权的作品的整体相比,使用的数量和质量;(4)对于享有版权的作品的潜在市场或价值来说,使用所具有的影响。美国法院在有关网页快照、缩略图的案件中一般认为根据上述第1个要素,缩略图是一种转换性使用,原图片是具有娱乐、美学等作用,而缩略图将这种作用转换成了指引信息来源的作用,不再发挥娱乐、美学等作用。另外,根据上述第4个要素,缩略图也不会替代原图的市场,因为缩略图都是尺寸较小、分辨率较低、清晰度较差的图片,网络用户不会单独下载

① 王迁:《搜索引擎提供"快照"服务的著作权侵权问题研究》,载《东方法学》2010年第3期。

使用缩略图,而是看到缩略图后还会点击缩略图跳转至原图来源网站去查看原图。因此缩略图构成了美国《版权法》上的合理使用①。

从本案情况看,缩略图本身并不能进行商业性使用,如果要查看原图及下载使用图片还必须点击缩略图到载有原图的网站查看、下载原图;尽管在搜索结果页面可以通过缩略图看到整个图片内容,但这种图片搜索不同于文字作品的搜索,文字作品搜索可以形成一定字数的文字摘要,这些文字摘要可以作为搜索结果的提示,但一张照片不可能通过显示半张照片或者三分之一、三分之二的内容的方式提示搜索结果,只能显示完整的照片内容;另外,尽管在技术上可以用文字形式代替搜索结果,而不用缩略图形式,但是如果大家都用文字代替搜索结果的话,必定不容易区分搜索结果,比如本案的许晴照片,网络上传播的许晴照片可能有上百张、上千张,用什么文字能区分这么多照片呢?且用文字作为显示搜索结果,也不能直观地提示网络用户该选择哪些需要的照片,必定失去图片搜索的意义,网络图片搜索也必然变得索然无味。因此,用缩略图显示搜索结果是图片搜索最恰当的显示搜索结果的方式;从现实情况看,国内外的搜索引擎在图片搜索中无一例的都是用缩略图的方式显示搜索结果的,我们判决必须考虑到行业的现状,并考虑到对行业的影响。上述理由提示我们本案不宜判定侵权,美国法院的做法无疑是最正确的处理方法。但是缘于我国法律对合理使用制度的规定,本案又不便于直接明确适用合理使用制度,故只能从如下几个考虑出发做出认定:一是从该缩略图的目的不是为了复制、编辑、传播涉案照片,而是作为显示搜索结果的合理方式。这一点考虑类似美国《版权法》中合理使用制度的第一个要素,但并未在判决中明确论述是否合理使用。二是从阿里巴巴公司提供搜索的整体看,缩略图是其搜索技术实现中的一个环节,是从属于其整个搜索技术的,如果不是在整个搜索技术的大背景下,也不会产生所谓的缩略图。因此从技术层面上讲,缩略图仍是搜索技术的一部分,并未改变搜索链接的性质。三是这种缩略图不具备独立的商业价值,欲得到某一图片的网络用户不会看到该图片的缩略图之后直接使用该缩略图,因为该缩略图尺寸小、清晰度差,网络用户往往会点击该缩略图后进入来源网站使用原图。因此不会代替来源网站的大图。这一点其实是类似于美国《版权法》合理使用制度的第四个要素。正基于这几个考虑,得出结论为缩略图不应该是侵权的,可以适用对搜索链接服务商的法律规范做出认定。因此,一审判决就适用《信息网络传播权保护条例》第 23 条的规定

① 王迁:《搜索引擎提供“快照”服务的著作权侵权问题研究》,载《东方法学》2010 年第 3 期。

驳回了闻某某的诉讼请求。应当说这是在利益衡量之后做出的选择和判断,但在法律适用方面确实有些无奈。类似情况的彻底解决还是寄希望于立法对合理使用制度作出变革,像美国《版权法》一样给予一个灵活、开放的适用空间。

（二）商标权

非法制造注册商标标识罪的认定与法律适用

——评杨某某、胡某某非法制造注册商标标识案*

邹　雯**

【关键词】　商标标识　同一种商品　法律衔接

【裁判要点】

非法制造注册商标标识罪的认定应考虑注册商标核定使用的商品类别。而权利人使用注册商标的状态仅对认定行为人的主观故意构成影响。如涉案注册商标为防御商标，则应综合考虑原商标的使用状态以及防御商标与原商标的相似程度等因素来认定行为人的主观故意。

【基本案情】

深圳市繁昌电子科技有限公司未获得三星电子株式会社的许可，生产带有“S∧MSUNG”、注册商标标识的移动硬盘盒。2013年8月29日，公安机关在该公司经营场所缴获疑似假冒的三星Z10型硬盘盒200个、三星F2型（无包装）硬盘盒1060个；在深圳市坂田街道某小区缴获该公司生产的存放于该小区的假冒三星F2型硬盘盒2340个。随后公安机关将负责业务跟单的被告人杨某某和仓库保管员胡某某带回调查。2014年1月7日，深圳市龙岗区价格认证中心出具价格鉴定，认定涉案的共3600个移动硬盘盒产品价值人民币48,900元。

【裁判结果】

一审法院判决：一、被告杨某某犯非法制造注册商标标识罪，判处有期徒刑一年二个月，并处罚金人民币六千元。二、被告胡某某犯非法制造注册商标标识罪，判处有期徒刑一年二个月，并处罚金人民币六千元。三、查获的三星硬盘盒3600个，予以没收处理。二审法院驳回上诉，维持原判。

【裁判理由】

一审法院认为，被告人杨某某、胡某某无视国家法律，擅自制造他人注册

---

* 案号：一审：广东省深圳市龙岗区人民法院（2014）深龙法知刑初字第97号；二审：广东省深圳市中级人民法院（2014）深中法知刑终字第70号。

** 邹雯，广东省深圳市中级人民法院知识产权审判庭法官，硕士研究生。

商标标识,情节严重,其行为均已构成非法制造注册商标标识罪。关于本案的非法经营数额,经查,根据本案现有证据无法查清涉案移动硬盘盒的实际销售价格,而三星电子株式会社并未生产与涉案的 F2、Z10 两款型号相同或相似的产品,因此,深圳市龙岗区价格认证中心出具深龙价鉴〔2014〕1078 号《涉案财产价格鉴定书》,以同质同类产品(非正品)市场中间价认定涉案 3600 个移动硬盘盒产品的价格为人民币 48,900 元,符合法律规定,对此予以确认。在共同犯罪中,二被告人均受雇于他人,在他人安排下从事工作,领取固定工资,起次要作用,均系从犯,依法对其从轻处罚。根据被告人犯罪的事实、性质、情节和对社会的危害程度做出定罪量刑。

二审法院认为,上诉人杨某某、胡某某无视国家法律,擅自制造他人注册商标标识,情节严重,其行为均已构成非法制造注册商标标识罪。在共同犯罪中,二上诉人均受雇于他人,在他人安排下从事工作,领取固定工资,起次要作用,均系从犯,依法对其从轻处罚。关于杨某某上诉意见,经查,杨某某在侦查阶段供述其参与了涉案硬盘的跟单,包括下订单给车间、告知出货日期、产品生产好后进行拍照和装箱等,且曾按照公司的安排催货出厂。同案犯胡某某也指认杨某某曾前往生产线检查产品、给产品拍照,甚至实施组装行为。证人刘某某也证实杨某某是跟单员。上述证据足以证明杨某某参与了共同犯罪。胡某某在侦查阶段多次供述在原材料进出仓库时能够看到上面有三星标识,在此情况下胡某某仍管理原材料的出库、入库,为非法制造注册商标标识的犯罪提供帮助,符合非法制造注册商标标识罪的构成要件。胡某某上诉称不认识三星商标,与其之前的供述矛盾,且不符合常理,不予采纳。胡某某上诉称其系深圳市柏特尔国际电子有限公司的仓管员,并未参与深圳市繁昌电子有限公司的生产活动。经查,深圳市繁昌电子有限公司一直以深圳市柏特尔国际电子有限公司的名义对外经营,深圳市柏特尔国际电子有限公司并无工商登记信息。故胡某某的该项上诉理由,不予采纳。胡某某上诉称三星硬盘盒的标识在来料时就已经有了,并未非法制造注册商标标识。经查,二上诉人的供述以及证人刘某某、李某的证言均证实深圳市繁昌电子有限公司主要业务为生产移动硬盘外壳,二上诉人的供述还详细指认该生产行为是指将购进的硬盘盒上下盖进行拼接。将印有涉案商标标识的硬盘盒上下盖予以组装的行为即属于非法制造注册商标标识的行为。故胡某某的该项上诉理由,亦不予采纳。综上所述,原审判决认定事实清楚,证据确实、充分,定罪准确,适用法律正确,量刑适当,审判程序合法,应予维持。

【案例注解】

在本案的审理过程中,主要争议的法律问题为:第一,本案查获的物品为移动硬盘盒，标有权利人注册商标的移动硬盘盒是否可以界定为商标标识？该移动硬盘盒的属性界定是本案能否定性为非法制造注册商标标识罪的基础。第二，假冒注册商标罪的客观方面要求"未经注册商标所有人许可，在同一种商品上使用与其注册商标相同的商标"，但是非法制造注册商标标识罪的客观方面仅规定为"伪造、擅自制造他人注册商标标识"，那么非法制造注册商标标识罪的认定是否要受在"同一种商品"上使用的限制？第三，如果非法制造注册商标标识罪的认定也要受在"同一种商品"上使用的限制，那么是否还需要考虑权利人实际使用该注册商标的状态？

一、商标标识的界定以及非法制造注册商标标识罪的认定

商标标识，是指商品本身或其包装上使用的附有文字、图形或文字与图形的组合所构成的商标图案的物质实体，如商标纸、商标标牌、商标识带等。[①] 国家工商行政管理局商标局关于商标标识含义的答复（1987 年 8 月 6 日）中明确指出："商标标识一般是指带有商标的物质实体，如自行车的标牌、酒瓶上的贴纸、香烟的盒皮等。"国家工商行政管理局商标局关于商标标识含义问题的复函（1988 年 9 月 27 日）中进一步指出："商标法实施细则中的商标标识一般是指独立于被标志商品的商标的物质表现形式，如酒商品上的瓶贴，自行车上的标牌、服装上的织带等。"2004 年 8 月 19 日国家工商行政管理总局公布的《商标印制管理办法》第 15 条第 2 款规定商标标识是指与商品配套一同进入流通领域的带有商标的有形载体，包括注册商标标识和未注册商标标识。[②] 而商标则是指生产经营者在其生产、制造、加工或经销的商品或服务上采用的，区别商品或者服务来源的，由文字、图形或其组合的，具有显著特征的标志。

商标标识的界定是非法制造注册商标标识罪的基础，也是区别此罪与假冒注册商标罪的关键。结合两罪的犯罪构成来分析，笔者认为，商标标识与商标的本质区别在于：商标是附着在商品之上，而商标标识所附着的有形载体不具备商品意义上的流通性。之所以强调商品意义上的流通性是由于，单独从附着注册商标标识的载体来看，其也是具有流通渠道的，例如，印刷公司印制的附着注册商标标识的包装彩页，如果经过合法授权，则其销售对象为授权方；如果未经合法授权，其可能售卖给委托方或者下游生产商，被用于假冒注

---

① 张明楷：《刑法学》，法律出版社 2007 年版，第 621 页。

② 实践中还经常出现商标标识与商标标志的混用，根据新《商标法》第 24 条的规定，注册商标需要改变其标志的，应当重新提出注册申请。可见商标标志是静态的、无物质载体的。有无物质载体应为商标标识与商标标志的主要区别。

册商标的犯罪。但前者的销售对象是唯一确定的,并非针对某消费群体,而后者不可能在公开、合法的市场上进行,因而均不属于商品意义上的流通。

相反,如果某印有注册商标标识的载体具备了商品意义上的流通,即属于商品,那么该行为则可能构成假冒注册商标罪,应审查该商品是否在商标核定使用的商品类别中,如果符合该要件,则应认定为假冒注册商标罪。如果不符合该要件,则为无罪。例如,未经权利人授权在手机保护套上使用某注册商标。由于手机保护套已具备商品意义上的流通性,故不属于商标标识,不能构成非法制造注册商标标识罪。在审查该行为是否构成假冒注册商标罪时,如果该注册商标核定使用的商品类别中只包括手机,未包括手机保护套,那么根据罪刑法定原则,该行为应属无罪。

从本案来看,查获的物品为移动电源盒,从一般认知来理解,移动电源盒需要搭配硬盘内芯一并使用,其主要功能是对硬盘起物理保护作用以及使硬盘便于携带,其本身无法单独使用而实现移动硬盘的数据存储功能,因此并不具备商品意义上的流通性。在此基础上认定移动硬盘盒为商标标识,也无可厚非。这也是本案定性为非法制造注册商标标识罪的基础。

但是由于电子市场的急速发展,相当多的电子配件本身也无法单独使用,但是却逐步具有了商品意义上的流通性,如手机搭配使用的数据线、耳机等。因此,移动硬盘盒流通时的状态如何,是否真如一般认知所理解的完全不具备商品意义上的流通性,也是值得进一步探讨并结合个案予以分析的。

二、《刑法》第 215 条的适用以及与《刑法》第 213 条的法律衔接

由于现行《刑法》第 215 条将非法制造注册商标标识罪的客观方面界定为"伪造、擅自制造他人注册商标标识",因此,在司法实践中存在不同的解读,一种观点认为因为法律没有要求本罪的成立要符合"同一种商品"这一条件,因此在本罪的定罪时无须考虑涉案商标核定使用的商品类别。另一种观点认为,从法源的角度来考虑,无论是非法制造注册商标标识的行为,还是销售非法制造的注册商标标识的行为,都不是商标犯罪的终点。最终这些非法制造的注册商标标识或者销售的非法制造的注册商标标识都会被用于假冒注册商标的商品,导致消费者的误认和混淆,造成权利人和消费者的权益损害。因此,本罪的成立必然要受到"同一种商品"的限制。

现行《刑法》第 215 条规定的"非法制造、销售非法制造的注册商标标识罪"在 1979 年《刑法》中并没有规定,而是作为假冒商标罪(1979 年《刑法》中的罪名)的一种表现形式。1993 年 2 月 22 日颁布的《关于惩治假冒注册商标犯罪的补充规定》才正式将非法制造、销售非法制造的注册商标标识罪从假

冒商标罪中分离出来,并最终形成现行《刑法》第 215 条的内容。[①] 非法制造、销售非法制造的注册商标标识罪作为从假冒注册商标罪中分离出来的犯罪,其与假冒注册商标罪必然具有内在的关联性。这种关联性不仅体现在两罪客观行为的牵连性,而且体现在两罪法律适用的衔接上。

第一种观点实质上是将“商品”做了扩大解释,将标有商标标识的载体也划归于商品范畴,来进行简单类比。如前文分析,标有商标标识的载体因其不具备商品意义上的流通性,并不属于商品。这也是《刑法》第 215 条未规定“同一种商品”的直接原因。但这一立法技术上的考量并不意味着在认定非法制造、销售非法制造的注册商标标识罪时无须考虑涉案注册商标核定使用的商品类别。而且,第一种观点客观上也割裂了两罪的内在关联性,这显然是不合理的。第二种观点则能比较好地解决上述矛盾。但是,需要说明的是,严格意义上而言,由于商标标识的载体并不属于商品,商标标识的载体与使用注册商标的商品并不能简单类比而得出“同一种商品”这样的结论。笔者认为,《刑法》第 213 条与第 215 条的衔接点应当在于,非法制造的注册商标标识或者销售非法制造的注册商标标识,该商标标识将被使用的商品,应当在涉案注册商标核定使用的商品类别之中。

结合本案来分析,由于涉案两注册商标核定使用商品类别均包括计算机存储器等,但并未明确载明包括移动硬盘。如果无法确定涉案移动硬盘盒将被使用的商品(移动硬盘)在涉案商标核定使用的商品类别之中,被告人则不构成非法制造注册商标标识罪。而依据罪刑法定原则,法官也不应推定“计算机存储设备”包括“移动硬盘”。因此,一审法院向国家工商总局商标局请示,并根据其复函所确定的“计算机存储设备包括移动硬盘产品”,认定两被告人构成非法制造注册商标标识罪。

三、《刑法》第 213 条中“同一种商品”的含义

最高人民法院、最高人民检察院、公安部《关于办理侵犯知识产权刑事案件适用法律若干问题的意见》第 5 条第 2 款规定,认定“同一种商品”,应当在权利人注册商标核定使用的商品和行为实际生产销售的商品之间进行比较。但也有观点认为,在判断“同一种商品”时还需要考虑权利人使用该注册商标的状态。其法理依据在于,如果权利人 3 年之内并未使用过涉案注册商标,则侵权行为对其商誉的损害较小,社会危害性也小,在民事诉讼中侵权人也仅需承担停止侵权的责任而无须赔偿,对侵权人苛以刑罚显然是不适当的。该观

---

① 赵秉志主编:《侵犯知识产权罪疑难问题司法对策》,吉林人民出版社 2000 年版,第 256 页。

点具有一定的合理性,但是由于假冒注册商标罪,非法制造、销售非法制造的注册商标标识罪,其社会危害性已通过司法解释进行了量化①,法官对该行为社会危害性的判断并不能突破现行法律的框架,从根本上解决该矛盾。

笔者认为,从犯罪主观构成要件分析能够更好地诠释权利人使用注册商标的状态对于前述两罪的意义。假冒注册商标罪,非法制造、销售非法制造的注册商标标识罪的主观要件均为故意,即行为人认识到自己的行为未经注册商标所有人许可,也认识到自己使用的商标与他人已经注册的商标相同,或者自己制造、销售的商标标识与他人的注册商标标识相同,但有意在同一种商品上使用与他人注册商标相同的商标,或者制造、销售该注册商标标识。如果权利人注册商标之后并未投入使用,或者短暂使用之后在3年之内未再使用,对于行为人而言,其可能并不知道涉案注册商标的存在,就无法具备该两罪的主观故意。反之,行为人实施仿冒行为,其主观是为牟利,如果注册商标的使用状态导致该商标失去了商业价值,那么行为人也不可能从犯罪中获利,因而也不会选择该注册商标来实施仿冒行为。也就是说,在一般情况下,权利人使用注册商标的状态对该两罪主观方面的认定具有重要意义,甚至是决定性的意义。

但也存在特定情况权利人使用注册商标的状态并不影响该两罪的犯罪构成,如防御商标。针对防御商标实施的仿冒行为如何定性一直是审判实践中困扰的难题。行为人未经授权在同一种商品上使用权利人注册的防御商标,或者制造、销售防御商标标识,其客观方面显然已符合两罪的犯罪构成,但是从主观方面来看,仍需具体分析。由于一般情况下防御商标并未投入使用,行为人主观上很难具备仿冒防御商标以借用其商誉牟利的故意,反而会基于原商标所积累的商誉,而采取细微修改原商标的方式,以其相似程度造成消费者的混淆进而牟利。因此,在该类案件中主观故意的认定会因原商标的知名度以及防御商标与原商标的近似程度不同而有所区别,故应坚持个案分析,不能一概而论。② 而在该类案件中,防御商标的使用状态往往不会对行为人主观故意的认定造成影响。

因此,《刑法》第213条规定的"同一种商品"的涵义应为,权利人注册商

---

① 最高人民法院、最高人民检察院《关于办理侵犯知识产权刑事案件具体应用法律若干问题的解释》第1条、第3条关于"情节严重""情节特别严重"的规定。

② 以"OPPO"商标为例,权利人注册了防御商标"CPPC",实践中出现过被告人在同一种商品上使用"CPPC"注册商标,且在使用该商标时字母"C"几近封口,视觉效果上与字母"O"近似。笔者认为,此种情况下,无需考虑注册商标"CPPC"的使用情况,可径直认定被告人的主观故意。

标核定使用的商品类别中包括了侵权行为实际生产销售的商品；至于权利人使用该注册商标的状态，仅对被告人主观故意的认定产生影响。结合本案来看，虽有观点认为涉案两商标的使用状态对于定罪具有影响，且一审法院通过补充侦查的形式获取了涉案商标在移动硬盘上使用的证据。但是笔者认为，基于涉案两商标在电子产品市场的知名度，无须审查涉案商标的使用状态即可认定两被告人犯罪的主观故意。

关于类似商品的认定标准分析

——北京韩美药品有限公司诉樟树市利和德食品有限公司、彭某侵害注册商标专用权纠纷案*

曾志燕**

【关键词】 商标侵权 类似商品 认定标准

【裁判要点】

本案涉及审判实践中在适用《中华人民共和国商标法》(2013 年修正)判定商标侵权时,对类似商品的认定标准问题。类似商品的认定属于我国商标法规定的裁量性法律标准,体现了商标权保护的相对性、延展性、弹力性和商标保护的强弱有度的精神①。本案二审法院从寻求契合我国法律规定、个案实际情况的商标权司法保护的合理途径出发,遵循法律规定的内在逻辑和我国商标制度的法理基础,把握类似商品的认定标准,对类似商品这一客观事实进行综合判断,认定北京韩美公司第 840080 号“妈咪爱”商标核定使用的婴幼儿药品“枯草杆菌二联活菌颗粒”与涉案被诉侵权的“益生菌冲剂”“酵母锌冲剂”“柠檬酸钙冲剂”“吃饭香冲剂”等婴幼儿食品、保健品为类似商品,从而有力打击侵权人的侵权行为,合理保护权利人的市场格局,确保婴幼儿的生命健康安全。

【基本案情】

原告北京韩美药品有限公司(以下简称北京韩美公司)系 1996 年 3 月 27 日成立的中外合资有限责任公司,经营范围包括生产药品、保健食品、保健饮品、化妆品、批发保健食品、销售自产产品、商务咨询、技术推广服务等,是案外人韩美科学株式会社(以下简称韩美科学)的子公司。第 840080 号“”商标(见图一)的核定使用商品为第 5 类人用药品;第 4715157 号“”商标(见图二)的核定使用商品为第 5 类婴幼儿食品、保健品。韩美科学是以上两枚商标的注册权人。2014 年 5 月 13 日,韩美科学出具《授权与确认函》,授予北

* 案号:一审:湖南省长沙市中级人民法院(2014)长中民五初字第 01283 号;二审:湖南省高级人民法院(2015)湘高法民三终字第 87 号。

** 曾志燕,湖南省高级人民法院民三庭审判员,硕士研究生。

① 孔祥俊:《商标法适用用的基本问题》,中国法制出版社 2014 年版,第 52 页。

京韩美公司自成立即在中国境内享有“妈咪爱”(包括涉案两枚权利商标)等中国注册商标的独占许可使用权。第840080号“ ”商标在北京韩美公司生产的枯草杆菌二联活菌颗粒上使用;第4715157号“ ”商标在其活性益生菌粉(婴幼儿型)奶粉伴侣产品和宣传册上使用。涉案权利商标经过宣传和使用具有较高的知名度。2014年2月24日,第840080号商标被国家工商行政管理总局商标评审委员会认定为使用在人用药品商品上的驰名商标。

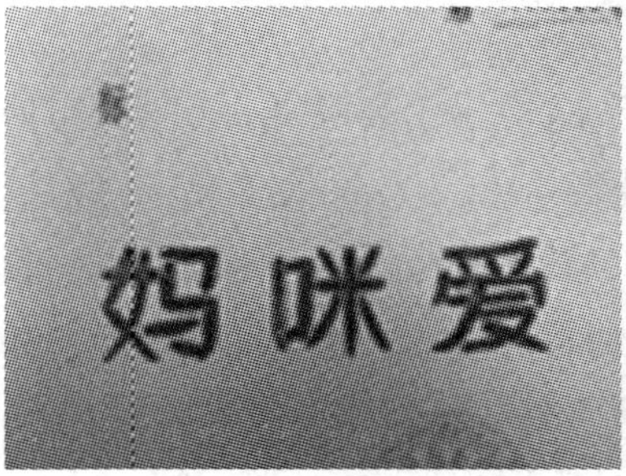

图一

图二

被告樟树市利和德食品有限公司(以下简称利和德公司)在其生产、销售的智力排铅冲剂、柠檬酸钙冲剂、益生菌固体饮料、酵母锌冲剂、吃饭香冲剂、清清宝、VCQ片、柠檬酸钙、无水葡萄糖、金银花清清宝等婴幼儿食品保健品上、公司产品宣传册上、公司网页上使用了“ ”“ ”“ ”图文标识(见图三)以及其他“妈咪爱”、“博世妈咪爱”文字;被告彭某(系长沙市雨花区某保健品经营部经营者)销售了具有上述被诉侵权标识的婴幼儿保健品。针对两被告的上述行为,原告进行了调查取证,共花费合理开支70,411元。

图三

原告认为,被告利和德公司未经其在先许可,在不相类似的商品上复制、模仿原告已经在中国注册的驰名商标,损害了原告对第840080号商标的独占性使用权;被告利和德公司在相同、类似商品上使用相同、近似商标的行为,侵害了原告对第4715157号商标的独占使用权;被告彭某销售了利和德公司生产的侵权产品,亦构成商标侵权行为。要求法院判令:两被告立即停止侵权行为,赔礼道歉,消除影响,赔偿原告经济损失(含合理费用)100万元,并承担本案全部诉讼费用。

【裁判结果】

一审法院判决:两被告立即停止侵权行为;被告利和德公司赔偿原告北京韩美公司经济损失人民币 80 万元;被告彭武赔偿原告北京韩美公司经济损失人民币 1 万元;被告利和德公司赔偿原告北京韩美公司合理开支 70,411 元,被告彭武在 2568 元范围内承担连带责任;驳回原告北京韩美公司的其他诉讼请求。二审法院判决:驳回上诉,维持原判。

【裁判理由】

一审法院认为:上述涉案被诉侵权产品均属于婴幼儿保健品,与原告第 4715157 号“”商标核定使用的商品同类,均属于婴幼儿食品、保健品类别;与原告第 840080 号“”商标核定的第 5 类人用药品属于不同类别。被告在相同商品上使用与原告第 4715157 号注册商标近似的商标,足以造成相关公众混淆和误认,构成对原告第 4715157 号注册商标专用权的侵犯。但是,鉴于已经认定被告使用涉案被诉侵权标识的行为侵犯了原告第 4715157 号注册商标专用权;且第 840080 号商标和第 4715157 号商标注册类别较近,消费群体同一,在保护第 4715157 号商标时,已经考虑到第 840080 号商标较高的知名度必然扩展和辐射到第 4715157 号商标所对应的婴幼儿食品、保健品上,该知名度已经作为侵权认定、侵权方主观故意等侵权情节的考虑因素;以及考虑到驰名商标审查和认定的必要性,不审查第 840080 号商标驰名与否的事实,仍足以保护原告的权益,因此,不再单独对原告第 840080 号商标驰名与否进行审查,对原告该项跨类保护的主张不予支持。

二审法院认为:第一,利和德公司未经许可,在相同商品上使用与北京韩美公司第 4715157 号商标相近似的标识,易使相关公众对商品来源产生误认和混淆,其行为侵害了北京韩美公司第 4715157 号注册商标专用权。第二,北京韩美公司第 840080 号商标核定使用的婴幼儿药品“枯草杆菌二联活菌颗粒”与涉案被诉侵权的“益生菌冲剂”“酵母锌冲剂”“柠檬酸钙冲剂”“吃饭香冲剂”等婴幼儿食品、保健品,在使用目的、消费群体、销售渠道、功能用途等方面客观上具有高度的关联性、重合性和一致性,普通消费者往往会将两者作为具有紧密联系的关联商品而一并购买,并配套、辅助或者替代使用,应当认定为类似商品。利合德公司未经许可,在与北京韩美公司第 840080 号商标核定使用的婴幼儿药品相类似的婴幼儿食品、保健品上,使用与北京韩美公司第 840080 号商标相近似的标识,容易造成相关公众的误认和混淆,亦侵害了北京韩美公司第 840080 号注册商标专用权。一审法院认定涉案被诉侵权婴幼儿食品、保健品与原告第 840080 号商标核定使用的婴幼儿药品属于不同类别,并不予保护,存在不当。第三,因本案中,北京韩美公司第840080号商标能够在认定类似商品的范围内给予相应保护,且本案侵权事实的认定并不需要以对第840080号商标驰名事实的认定为依据,故本案无须对北京韩美公司第840080号商标认定为驰名商标。第四,本案中,利和德公司的同一侵权行为同时侵害了北京韩美公司第4715157号和第840080号两枚“妈咪爱”注册商标专用权,在考虑侵权赔偿数额时应当将该两枚商标的知名度和商誉一并考虑,而一审法院在考虑赔偿数额时,认为第840080号商标在人用药品上的知名度必然辐射和扩展到第4715157号商标所对应的婴幼儿食品、保健品上,说明一审法院实际上已经一并考虑了涉案两枚“妈咪爱”商标的知名度和商誉。综合考虑被诉侵权行为的侵权情节、社会危害性、侵权人的主观故意、被侵权商标的知名度和商誉等因素,一审法院在北京韩美公司100万元的诉讼请求范围内确定80万元的赔偿数额,并无不妥。综上,一审判决查明事实清楚,判决结果正确,但在法律适用方面存在不当,在依法予以纠正的情况下,遂判决:驳回上诉,维持原判。

【案例注解】

本案涉及审判实践中在适用2013年修正的《中华人民共和国商标法》(以下简称新商标法)判定侵权情境下,对类似商品的认定标准问题。商品类别是否相同或类似,是判定商标侵权的基础事实。类似商品的认定属于我国商标法规定的裁量性法律标准,体现了商标权保护的相对性、延展性、弹力性和商标保护的强弱有度的精神①。笔者认为,在审判实践中,对类似商品的判定是一个结合相关客观事实进行法律判断的过程,既要符合相关法律规定之间的内在逻辑性,又要结合商标制度的法理基础进行综合考虑,才能对此做出契合法律规定、客观事实和个案情况的准确判定,从而合理保护权利人的市场格局。

一、关于适用新商标法判定侵权情境下的类似商品认定标准分析

第一,将“混淆可能性”因素外置于类似商品认定。最高人民法院《关于审理商标民事纠纷案件适用法律若干问题的解释》第11条规定“商标法(2001年修正)第五十二条第(一)项规定的类似商品,是指在功能、用途、生产部门、销售渠道、消费对象等方面相同,或者相关公众一般认为其存在特定联系、容易造成混淆的商品”,将“混淆可能性”因素融入到商标近似和类似商品的判断之中;而新《商标法》第57条第2项规定“未经商标注册人的许可,

---

① 孔祥俊:《商标法适用的基本问题》,中国法制出版社2014年版,第52页。

在同一种商品上使用与其注册商标近似的商标,或者在类似商品上使用与其注册商标相同或者近似的商标,容易导致混淆的"属于商标侵权的情形,将原内置于商标近似和类似商品认定中的"混淆可能性"因素剥离出来,设置为判定在同一种商品上使用近似商标或者在类似商品上使用相同或者近似商标是否构成商标侵权时的必要限制条件,即商标和商品不相同但近似或者类似时,需同时具备相似性与混淆可能性,才构成商标侵权。在现实市场经济活动中,分别与不同消费市场相联系的两种商品的商标,即使高度近似也可以并行不悖的情况并不鲜见。例如,在汽车类商品上使用的韩国现代汽车商标和日本本田汽车商标,虽然在外形上非常相似,由于两种商标都形成了稳定的消费群体,且汽车类的消费者注意力水平较高,不会产生混淆,彼此不存在市场利益的不当损害,故不存在侵权。因此,新《商标法》的这一相应变化,是对司法解释上述规定以及市场经济活动的客观情况,在立法上的进一步规范确认和法典化,具有积极的明晰判定规则的意义。

笔者认为,根据这一立法变化,在适用新《商标法》判定商标侵权时,对类似商品的认定应当尽量遵循客观标准,不将"混淆可能性"纳入类似商品的判断和考量因素,而重点从"在功能、用途、生产部门、销售渠道、消费对象等方面相同,或者相关公众一般认为其存在特定联系"等方面去审查和考量。本案二审法院在进行类似商品认定时没有考量"混淆可能性"因素,而是将"混淆可能性"作为商标侵权判定时的重要判断因素,并结合本案商标近似、商品类似、商标知名度等因素综合判定是否造成"混淆可能性",进而判定是否构成商标侵权,尽量将商标侵权判定中的主观因素进行客观标准化。这一司法实践契合立法逻辑,且有效解决了有学者曾经提出的"一旦将混淆问题引入商品类似的认定,则又会造成另一个问题,一方面认定混淆取决于商品或服务是否类似,另一方面是否会有混淆又是衡量商品或服务是否类似的标准。可以预见的是,有关这个'鸡生蛋,蛋生鸡'的问题还将继续下去①"的所谓逻辑"死循环"的问题。

第二,重点审查商品之间的客观关联性。商品类似的法律意义在于确定两个不同的商品在功能、材料、产源或者其他因素上具有共同或者关联之处。依据我国商标法律规定,类似商品必然是不同商品。不同商品之间,按商品之间的联系进行划分,可以分为竞争商品、关联商品和无关商品。从"类似商品"的文义解释而言,"无关商品"显然不能纳入"类似"的范畴;竞争商品因之

---

① 黄晖:《商标法》,法律出版社 2004 年版,第 125 页。

间已经类似到足以竞争替代的程度,当然的构成类似商品;但关联商品是否构成类似商标,从而纳入商标侵权的范畴,一直是我国商标审判实践中的“老大难”,存在着客观标准和主客观统一标准之分的争议,且并非所有的关联商品都能构成类似商品,这里就有一个如何结合个案的具体事实进行法律判断的问题。

笔者认为,商品类似应当是相对稳定而客观的事实,对这一事实的判断,应以功能、用途、生产部门、销售渠道、消费对象为考察对象,重点审查两类商品之间的客观关联性,而不应当考量商标的知名度等影响主观判断的因素。同时,对于这种客观关联性的审查,并非仅仅是作相关商品物理属性、自然特性的比较,而是将相关公众在个案中的一般认识,与商品交易中的具体情形,以及司法解释规定的判断商品类似的各要素结合在一起,从整体上进行综合考量①,从而判断两类商品在社会价值、使用价值方面的客观联系是否紧密。这种判断与一定的社会生活经验密切关联,且即使是客观标准,其内容也会随着社会的发展而变化,因此在类似商品判定时,也可根据具体个案情况的不同,进行必要的市场调查或者消费者调查。在一般情况下,下列情形可认为是相同或类似商品:具有相同功能的商品;商品之间的功能具有辅助性或互补性,容易被人误认为相关联产品或系列产品;在使用时存在着搭配关系的商品;存在着原料与成品或零件与成品等关系的商品;属于同一产业生产、销售的商品等②。同时,由于在商品类似判断时考虑了个案情况,相关商品是否类似也并非绝对和一成不变,基于不同的案情可能得出不同的结论。个案的认定一般也不会影响到已经注册商标权利的稳定性。

第三,商标的知名度不应作为类似商品认定的考量因素。商标权的保护范围大小和强度与商标的显著性和知名度紧密相关,显著性越强和市场知名度越高的商标,其可以获得的保护范围就越宽,保护强度相应就越大;反之,其保护范围和强度越窄。笔者认为,商标知名度对“混淆可能性”的判断具有重要作用,但在类似商品判定时不应当考量商标的知名度等影响主观判断的因素。这一认识,既是基于对前述相关法律适用逻辑的考量;也是对坚持类似商品相对客观、稳定的判定标准的考量,正如有学者所提出的“如果必须结合商标的知名度来认定商品是否类似,则完全可能出现下列结果:同样的两个商品和一个普通商标联用时不类似,和一个著名商标联用时却可能被认为类似,这

---

① 蒋志培:《如何理解和适用〈最高人民法院关于审理商标权民事纠纷案件适用法律若干问题的解释〉》,载《科技与法律》2002 年第 4 期。

② 余晖:《商标侵权中类似商品的司法判断规则初探》,载《知识产权审判前沿》2006 年第 1 辑。

样离开商标谈论商品‘客观上’是否类似实际已失去意义[①]”;同时,也是从对驰名商标的保护制度中反向推导得出,驰名商标保护的主要体现在跨类保护上,如果可以根据知名度而扩张类似商品的范围,则驰名商标保护制度所具有的跨类似商品保护就毫无意义。

第四,以《商标注册用商品和服务国际分类表》(以下简称《分类表》)、《类似商品和服务区分表》(以下简称《区分表》)作为参考。类似商品的司法判断属于个案的事实认定,《分类表》和《区分表》往往不能准确反映现实发展变化中商品的关联属性,法院不应拘泥于《分类表》和《区分表》对于商品自然属性的划分,应将其作为类似商品认定时的参考依据,而不是唯一依据[②],并以相关公众对商品的一般认识出发,从一般消费者和经营者的角度,结合案件实际情况进行综合判断。

本案中,对照《分类表》,涉案被诉侵权的婴幼儿食品、保健品属于第5类商品下的0502子类,第840080号注册商标核定使用的人用药品属于第5类商品下的0501子类。综合前述考虑,本案二审法院遵循客观的审查认定标准,以功能用途、生产部门、销售渠道、消费对象为考察对象,以使用目的的一致性、消费群体的同一性、销售渠道的重合性、功能用途的辅助、配套和可替代性等因素为审查重点,经审理认为:北京韩美公司第840080号“妈咪爱”商标核定使用的婴幼儿药品“枯草杆菌二联活菌颗粒”与涉案被诉侵权的“益生菌冲剂”“酵母锌冲剂”“柠檬酸钙冲剂”“吃饭香冲剂”等婴幼儿食品、保健品,从功能用途而言,两者都是为了调整婴幼儿的消化功能、促进婴幼儿营养吸收和健康成长,两者在使用目的上具有一致性,相关公众一般会认为两者在功能用途上存在特定联系,并可以配套、辅助或替代使用;从生产部门而言,小儿用药企业多有研发生产、销售婴幼儿食品、保健品的技术能力,且本案原告北京韩美公司的经营范围也包括生产批发保健食品、保健饮品等;从销售渠道而言,虽然本案第840080号“妈咪爱”产品的主要销售渠道之一系通过医生开处方,但两者均可在药店或者保健品店销售,销售渠道多有重合;从消费对象而言,两者的最终消费群体都是婴幼儿,相关公众是婴幼儿的成年家人,两者在消费群体上具有高度一致性,普通消费者往往会将两者作为具有紧密联系的关联商品而一并购买,并配套、辅助或者替代使用,因此,两者在客观上具有高度的关联性、重合性和一致性,应当认定为类似商品。

---

① 黄晖:《商标法》,法律出版社2004年版,第123页。

② 马洪、邓梦甜:《商标侵权纠纷中应能动认定类似商品的范围》,载《人民法院报》2014年7月21日。

二、关于寻求契合我国法律规定和案件事实情况的商标权司法保护合理途径的个案因素考量

商标是一种市场标识,它不仅仅是由文字、图形等构成的一种符号,更重要的是凝结了实际使用者的商誉,且往往代表的是一种市场份额或者市场格局的划分①。本案中,二审法院走类似商品的保护思路,旨在寻求契合我国法律规定和案件事实情况的商标权司法保护个案最佳途径,合理确定权利人相关权利商标的保护范围,从而有力打击侵权人的侵权行为,合理保护权利人的市场份额和市场格局,并推进形成婴幼儿食品、保健品市场公平、规范、有序的竞争秩序。具体而言,本案二审审理思路的确定,主要是基于对以下个案实际因素的考量:

第一,对商标权保护的相对性和合理性因素的考量。本案中,两被告的同一侵权行为同时侵害了北京韩美公司第4715157号和第840080号两枚"妈咪爱"注册商标专用权,且权利人的涉案两枚权利商标自身具有高度的关联性。经审理查明,北京韩美公司自1996年成立以来即使用在婴幼儿药品类别的第840080号商标,具有较高的知名度;自2013年才受让取得并使用在婴幼儿食品、保健品类别的第4715157号商标。由于权利人第4715157号" "商标与其第840080号" "商标具有权利主体的同源性、商标文字和视觉效果的整体近似性,以及各自对应的商品类别在功能用途、生产销售环节、消费对象等方面的高度关联性等特点,第4715157号商标基于在先的第840080号商标的较高知名度和商誉,而在知名度上获得相对于其他同类产品较高的起点,具有天然的知名度优势。普通消费者往往会基于对"妈咪爱"婴幼儿药品的使用经验、知名度和信任度而选择使用"妈咪爱"婴幼儿食品、保健品。虽然,本案中对在相同商品类别的第4715157号"妈咪爱"商标所具有的较高知名度和商誉这一客观优势的窃取,实际上是涉案商标侵权人在婴幼儿食品、保健品领域进行侵权获利的关键点;但是,由于这两枚商标的知名度和商誉在客观上处于高度聚合的状态,第840080号"妈咪爱"商标的权利基础恰恰是第4715157号"妈咪爱"商标知名度的重要来源。

本案一审法院认为,涉案被诉侵权的"妈咪爱""博世妈咪爱"婴幼儿食品、保健品与北京韩美公司第840080号商标所对应的婴幼儿药品不属于同一类别,且本案被诉侵犯商标专用权行为已经成立,故对原告北京韩美公司第840080号商标驰名与否不予审查和保护;但在考虑第4715157号商标的侵权

---

① 孔祥俊:《商标法适用的基本问题》,中国法制出版社2014年版,第122页。

赔偿数额时,却认定第 840080 号商标较高的知名度必然扩展和辐射到第 4715157 号商标所对应的婴幼儿食品、保健品上,并在原告 100 万元的赔偿请求范围内高额支持了 80 万元的赔偿数额。本案二审法院经审理,对一审法院的这一审理思路予以了纠正,通过走类似商品保护的思路对权利人第 840080 号商标予以保护,既是基于对本案北京韩美公司第 840080 号商标核定使用的婴幼儿药品与涉案被诉侵权的婴幼儿食品、保健品在客观上具有高度关联性和重合性的实际因素考量;也是基于权利人的涉案两枚"妈咪爱"权利商标自身具有高度的关联性,而对商标权的保护应当体现相对性和合理性因素的考量。商标权的相对性决定着我们对商标权性质和范围的认识,进而决定了商标权的范围界定①。商标权、商标权的知名度、商标侵权的赔偿数在具体个案中应形成一一对应的关系,不能让知名度低的商标享有高额的赔偿,而具有高度关联性的知名度高的商标却得不到保护。

第二,对驰名商标认定必要性的审查和考量。我国驰名商标保护制度扩张了商标权的范围。最高人民法院《关于审理涉及驰名商标保护的民事纠纷案件应用法律若干问题的解释》(法释〔2009〕第 3 号)第 2 条第 1 款第 1 项明确规定了驰名商标"按需认定"的原则;最高人民法院《关于贯彻实施国家知识产权战略若干问题的意见》(法发〔2009〕第 16 号)第 10 条、最高人民法院《关于当前经济形势下知识产权审判服务大局若干问题的意见》(法发〔2009〕23 号)等明确提出"严格把握驰名商标的认定范围和认定条件,严禁扩张认定范围和降低认定条件。凡商标是否驰名不是认定被诉侵权行为要件的情形,均不应认定商标是否驰名。凡能够在认定类似商品的范围内给予保护的注册商标,均无需认定驰名商标"。本案中,原告北京韩美公司要求对其第 840080 号商标进行驰名商标认定并予以跨类保护,但从本案实际情况来看,北京韩美公司第 840080 号商标能够在认定类似商品的范围内给予相应保护,且本案侵权事实的认定并不需要以对第 840080 号商标驰名事实的认定为依据,故法院无需对北京韩美公司第 840080 号商标进行驰名商标认定并给予跨类保护。

综上,笔者认为,婴幼儿食品、保健品与婴幼儿的生命健康安全密切相关,该案二审走类似商品认定的审理思路,契合我国的相关法律规定和案件事实情况,既有利于加大对侵权人侵权行为的打击力度,合理保护权利人在婴幼儿食品、保健品领域的市场份额,又有助于进一步规范婴幼儿食品、保健品市场公平有序的竞争秩序,确保婴幼儿的生命健康安全,具有一定的探索示范意义。

---

① 孔祥俊:《商标法适用的基本问题》,中国法制出版社 2014 年版,第 84 页。

商标的“公众使用”与“客观联系”探析

——评广东茶叶公司与商标评审委员会、桂某商标异议复审行政纠纷案*

袁 博**

【关键词】 商标异议 公众使用 客观联系

【裁判要点】

经营者经过商业实践在客观上如果产生了使社会公众将某商业标识和该经营者稳固联系起来的结果，经营者即使未使用或注册该标识，也可视为其“已经使用并有一定影响的商标”，可以阻止他人抢注。此即为“客观联系”规则，该规则的适用需要满足如下要件：从主观上来看，经营者主观意志不反对；从客观上看，经营者具有应受保护的法益。

【基本案情】

2005 年 4 月，第三人桂某向国家工商行政管理总局商标局（以下简称商标局）申请注册“廣雲貢餅 Guang Yun Gong Bing”商标（以下简称被异议商标），指定使用在第 30 类[咖啡调味香料（调味品）、可可、咖啡、天然增甜剂、蜂蜜、食用芳香剂、茶、冰茶、茶饮料、茶叶代用品等]商品上。原告广东茶叶进出口有限公司（以下简称广东茶叶公司）以其具有影响力的商标被抢注为由对该商标提出异议，商标局裁定被异议商标在“茶、冰茶、茶饮料、茶叶代用品”商品上的注册申请不予核准，其余商品的注册申请则予以核准。桂某不服，提起异议申请复审，商标评审委员会裁定异议复审理由成立，被异议商标在“茶、冰茶、茶饮料、茶叶代用品”商品上的注册申请予以核准。广东茶叶公司不服商标评审委员会的裁定，向北京市第一中级人民法院提起行政诉讼。

【裁判结果】

一审法院判决撤销被告商标评审委的复审裁定并判令其重新作出裁定。二审法院维持原判。最高人民法院裁定驳回桂某再审申请。

---

* 案号：一审：北京市第一中级人民法院（2012）一中知初行初字第 1559 号；二审：北京市高级人民法院（2013）高行终字第 298 号；再审：最高人民法院（2013）知行字第 40 号。

** 袁博，上海市第二中级人民法院研究室法官，硕士研究生。

【裁判理由】

北京市第一中级人民法院经庭审认为,虽然对"广云贡饼"商标原告并未注册亦未主动使用,但原告长期的商业实践使"广云贡饼"已经起到区分商品来源和标志产品质量的作用,并且该实际使用效果已经被行政主管机关、行业协会、相关著作和消费者等予以认可,这些被动使用的效果和影响自然及于广东茶叶公司,可以证明"广云贡饼"作为未注册商标已经在先使用并具有一定影响,该未注册商标所产生的合法权益应当由原告享有。第三人作为长期在原告工作的职工,对上述情况应当了解,在此情况下仍然在"茶、冰茶、茶饮料、茶叶代用品"等商品上申请注册被异议商标,该行为属于"以不正当手段抢先注册他人在先使用并有一定影响的商标"之情形,因此被异议商标在"茶、冰茶、茶饮料、茶叶代用品"等商品上不应予以核准注册。遂判决撤销被告商标评审委的复审裁定并判令其重新作出裁定。北京市高级人民法院经二审以基本相同的理由维持原判。桂某其后向最高人民法院申请再审,最高人民法院认为,某一标志能否成为商标,不在于商标权人对该标志是"主动使用"还是"被动使用",关键是生产者与其产品之间以该标志为媒介的特定联系是否已经建立。广东茶叶公司通过多年的商业经营活动,客观上以"广云贡饼"这一符号为媒介,在该公司与其生产的普洱饼茶之间建立起了稳固的"联系"。因此,尽管广东茶叶公司未在其普洱饼茶上实际标注"广云贡饼",但是,基于该公司的商业经营活动,以及该公司与其普洱饼茶之间通过"广云贡饼"已实际建立起稳固"联系"的客观商业实践,可以认定"广云贡饼"属于广东茶叶公司已经使用并有一定影响的商标。遂裁定驳回再审申请。

【案例注解】

问题的提出。本案中,一个令人关注的问题是:行政主管机关、行业协会、相关著作和消费者对于原告并未实际使用的"广云贡饼"商标予以认可并与原告建立固定联系,对于这样的使用,可以认为属于原告的"已经使用并有一定影响的商标"吗?

一、"商标被动使用说"与"商标主动使用说"的争议

事实上,浏览过本案案情后,人们很容易联想到与本案极为类似的"索爱""陆虎""伟哥"等几个相关商标案件。在相应案件中,均存在类似的争议,即社会公众的"使用"所形成的商业标识(该商业标识并未被相关企业使用甚至承认),是否可认为归属于相关企业的在先使用并有一定影响的商标。围绕对这一问题的不同回答,形成了针锋相对的两种观点:"商标被动使用说"和"商标主动使用说"。

（一）"商标被动使用说"

这种观点认为，媒体和社会公众对商标的宣传、报道、评论等属于对商标的"被动使用"，而被动使用属于商标使用行为的一种，能够产生商标使用的法律效力，即使得被使用的商标构成具有一定影响力的在先使用商标。其理由在于：

第一，商标使用的主体并不限于商标权人。在立法上，除德国、日本等少数国家外，多数国家的相关法律都没有涉及对商标使用行为的主体限定。[①]我国《商标法》第 8 条规定，商标，是任何能够将自然人、法人或者其他组织的商品与他人的商品区别开的可视性标识。换言之，如果某一可视性标识"被动使用"的结果能够使"将自然人、法人或者其他组织的商品与他人的商品区别开"，同样应当属于第 8 条的定义而应纳入商标范畴。

第二，以消费者等为主体的被动使用在商标使用体系中居于核心地位。商标的本质在于特定标识与经营者之间的联系，因此只有在以消费者为核心的社会公众将特定标识视为识别特定经营者商品或服务的标识后，该标识才能真正成为商标。消费者在《商标法》中居于重要地位，不但是商标制度预设的使用主体，而且是商标的决定着、评判者和缔造者，因此，商标的一切都围绕以消费者为代表的社会公众而展开，社会公众对商标的被动使用，当然应在商标使用体系中举足轻重。[②]

第三，承认"被动使用"有利于保障公平有序的市场竞争秩序。在相同或类似商品上使用社会公众已经约定俗成的某种标识，极可能引起消费者的混淆，商标抢注者的恶意昭然若揭，如果无视这种混淆视听、不劳而获的客观事实，就会破坏公平有序的市场竞争秩序，在维护形式公平的同时丧失实质正义。

（二）"商标主动使用说"

这种观点认为，商标的使用应当限于商标权人的主动选择和客观实践，媒体和社会公众对商标的宣传、报道、评论等"被动使用"不属于商标使用行为的一种，不能使得被使用的商标成为具有一定影响力的在先使用商标。其理由在于：

第一，"被动使用"违反了洛克关于财产权的经典理论。按照洛克的理论范式，能够成为某项财产权的主体必须是主体"身体所从事的劳动和双手所

---

① 董慧娟：《澳大利亚 Barefoot 案对商标"使用"含义的突破及引发的思考》，载《电子知识产权》2011 年第 5 期。

② 邓宏光：《为商标被动使用行为正名》，载《知识产权》2011 年第 7 期。

进行的工作”[①]成果,而本案和前面的“索爱”“陆虎”“伟哥”案一样,其涉案商标都是社会公众所完成的结果,并非企业自身劳动所致。

第二,“被动使用”违反了商标权的私权属性。从本质上说,商标权主要体现为一种私权,而“被动使用”无视企业的自由意志和内心真意,将商标使用行为当做一种企业别无选择的事实行为,显然有悖商标权的私权属性和契约本质。商标是生产者与消费者之间的契约,需要二者就标识与产品信息之间的联系达成合意,而非消费者单方面的自说自话。[②]

第三,“被动使用”与商标3年不使用撤销制度相冲突,使经营者可以轻易的借助商标被动使用而规避该制度价值的实现。按照被动使用论者的观点,商标被动使用行为既可能符合商标权人的内在意思,也可以违背其意志而独立成立。那么随之产生的问题是:对于商标权人3年不使用而被撤销的情形,权利人可以以第三人违背自己意志的侵权使用行为构成对自己商标的被动使用为由,辩称自己的商标并不构成3年未使用。

(三)对上述两种观点的评判

显然,“主动使用说”严格遵循形式正义,致力于“商标使用”概念体系的统一,但其最大的缺陷,就在于面对类似本案中这种超出立法者预见的特殊情形下缺乏应变能力,从而极可能导致引起消费者混淆和破坏市场公平秩序等事与愿违的结果。“被动使用说”虽然能够弥补“主动使用说”的缺陷并实现个案的实质正义,但却在在论证“被动使用”也属于“商标使用”概念体系的问题上无视经营者自身的意志因素,无法完成理论上的自洽。

事实上,类似本案中的情形,公众之所以认同某个商业标识与某个企业相联系,与这个企业的长期商业实践所形成的商誉是分不开的,该企业获得这种社会评价及联系并非空穴来风而是同样花费了巨大的人力物力,具有洛克劳动理论所说的正当性,因此,这种法无明文的权益自然也应该受到保护。那么,应当如何寻找其正当性的论证路径并适用法律呢?

二、“公众使用理论”的引入

事实上,类似本案中的情形在美国司法实践中已经有了成熟的法律适用规则可资借鉴。这种规则被称为“公众使用规则”。从1916年可口可乐(Coca-Cola)诉Koke Co. of Am.案开始,可口可乐诉Los Angeles Brewing案、可口可乐诉Christopher案等都适用保护消费者原则,承认商标持有人可因商标昵称的公众使用而享有排除他人使用商标昵称的权利。在“BUG”案中,大

---

① [英]洛克:《政府论(下篇)》,叶启芳、翟菊农译,商务印书馆2010年版,第17页。

② 黄汇、谢申文:《驳商标被动使用保护论》,载《知识产权》2012年第7期。

众公司一款经典轿车的正式名称为"TYPE1"(一型)或者后来使用的"BEETLE"(甲虫)。但是公众一般叫它"BUG"。问题的关键在于最先使用这个名称的是消费者,而非大众公司。在该案中,法院的倾向性观点是:消费者建立的这种联系在这种情形下应当得到保护。在另一典型的ACE一案中,美国联邦巡回上诉法院认为:"即使权利请求人没有直接使用商标的缩写,法院及商标评审与申诉委员会通常认定相关公众对商标或商号的简称与别名的使用产生了一种可受保护的权利,这种可受保护的权利应当归属于原始的商标或商号的权利人。这种他人的公开使用应保证权利请求人的利益。从某种意义上说,这种相关公众的使用可以合理地被认为是相关公众代表权利请求人使用该标识。"①"公众使用规则"经历了数百年的发展,已经形成了较为固定的适用条件:第一,商标持有人不反对公众使用。第二,除在先的商标昵称的公众使用外,若商标持有人"类似使用"了商标昵称,便应享有排除他人使用该商标昵称的权利。第三,仅依靠在先的商标昵称的公众使用,但商标持有人没有任何使用时,应考察公众使用的目的,以决定商标持有人是否应享有排除他人使用该商标昵称的权利。②

可以看出,比起"商标被动使用说","公众使用规则"的合理之处在于:第一,充分尊重了经营者作为市场主体的主观意志和自由选择;第二,对经营者享有这种特别的在先权益设置了必要的前提和合理的门槛。从本案来看,最高人民法院在裁定书中的论证与"公众使用规则"的要义在精神上非常相近,即既要看到"被动使用"与"主动使用"的客观区别,又要制止商标抢注者的行为并保障竞争秩序。为了实现这一目的,就要将"公众使用"拟制为一种特殊的"商标使用"行为,从而获得适用《商标法》第32条的基础。

三、"客观联系"规则的适用

笔者认为,从表述上看,可以将最高人民法院的裁判归纳为"客观联系"规则,即经营者经过商业实践在客观上如果产生了使社会公众将某商业标识和该经营者稳固联系起来的结果,经营者即使未使用或注册该标识,也可视为其"已经使用并有一定影响的商标",可以阻止他人抢注。具体而言,"客观联系"规则的适用需要满足如下要件:

从主观上来看,经营者主观意志不反对。最高人民法院《关于审理商标

① 王东勇、仪军:《抢注未注册商标之"在先使用"的司法认定》,载《电子知识产权》2011年第7期。

② 董笃笃:《论商标法中的"公众使用规则"——以吉利"陆虎"商标争议案为例》,载《知识产权》2013年第1期。

授权确权行政案件若干问题的意见》(法发〔2010〕12号)(以下简称《意见》)对商标实际使用作了原则性规定,第20条第2款规定:"商标权人自行使用、许可他人使用以及其他不违背商标权人意志的使用,均可认定属于实际使用的行为。"该《意见》将商标权人的实际使用扩大到"不违背商标权人意志的使用"。按该规定,如果商标被动使用不违反商标权人的意志,可将其视为商标使用行为。因此,要适用"客观联系"规则,必须首先考察经营者的主观意志因素,如果经营者对相关标志是一种否认、排斥的态度(如"索爱"案中的公开否认),就应当尊重经营者的自由选择,不以公众的态度为转移。这是因为,商标使用行为是一种法律行为而非事实行为,既然是法律行为,那就离不开商标使用人的自由意志和内心真意(包括拟制的或者追认的)。

从客观上看,经营者具有应受保护的法益。第一,某一商业标识已经稳固指向经营者。"客观联系"规则强调的就是要通过企业的客观商业实践使得消费者将商业标识和经营者之间稳固地联系起来,因此,稳固指向必然是应有之义。第二,该商业标识在社会公众中有相当的影响力。"客观联系"规则所适用的情形是一种对诚实经营者的保护以及社会公众基于经营者的商誉而对经营者怀有的信赖利益,但是保护的力度要和保护的必要成正比,因此,只有在社会公众中有相当的影响力的标识,才适用本规则。第三,"客观联系"的形成与经营者的诚实经营密切相关。这是因为,"客观联系"的规则在某种意义上将企业从没使用过的商业标识当成其已有商标予以保护,其正当性就在于企业之前诚实劳动所建立起来的商业信誉值得法律保护,而这,也正与洛克经典劳动理论的内在逻辑相呼应。

权利冲突中立体商标保护的考量因素

——瑞福可制造有限公司与上海博尔康真空电子有限公司、广州市博易制冷设备有限公司侵害商标权纠纷案*

庄晓梅**

【关键词】 立体商标专用权　外观设计专利权　权利冲突　功能性使用　标识性使用　显著性　知名度　侵权

【裁判要点】

当双方当事人各自享有的立体商标专用权与外观设计专利权产生冲突时,在先原则是解决知识产权冲突的基本保护原则,同时,立体商标的显著性和知名度,以及对该立体商标的使用是属于功能性还是标识性使用,均是确定以商品三维外观作为商标核准注册的立体商标保护范围的重要参考因素。

【基本案情】

瑞福可制造有限公司(以下简称瑞福可公司)是立体商标(见图一)的注册人,核定使用商品为(第7类)阀(机器零件);水泵;真空泵(机器);过滤器(机器及引擎的部件),注册有效期限自2009年4月28日至2019年4月27日。该商标的申请日为2005年4月18日。瑞福可公司诉称,于2009年11~12月发现广州博易制冷设备有限公司(以下简称广州博易公司)销售由上海博尔康真空电子有限公司(以下简称上海博尔康公司)生产的RL、RE系列真空泵的外观与其立体商标图形标志相同,以及上海博尔康公司网站有关于该系列产品的宣传介绍,两公司生产、销售的行为侵犯其立体商标专用权,请求法院判令两公司停止侵权,赔偿经济损失及合理费用10万元。

图一

---

* 案号:一审:广东省广州市越秀区人民法院(2012)穗越法知民初字第84号;二审:广东省广州市中级人民法院(2013)穗中法知民终字第1号。

** 庄晓梅,广州市越秀区人民法院民四庭庭长。

上海博尔康公司和广州博易公司辩称,其生产、销售的产品是有自主知识产权的专利产品,瑞福可公司申请注册的涉案商标侵犯其在先拥有的外观设计专利权,其已经向国家商标局申请撤销瑞福可公司的涉案注册商标,请求法院驳回瑞福可公司诉讼请求。

国家知识产权局核发的第419633号《外观设计专利证书》载明:外观设计名称为真空泵,发明人赵甲,专利申请日2004年7月23日,专利权人赵甲,授权公告日为2005年1月5日,该专利权因未缴纳年费于2007年7月23日终止;第500976号《外观设计专利证书》载明:外观设计名称为真空泵(RL-2),发明人赵乙,专利申请日2005年4月25日,专利权人赵乙,授权公告日为2006年1月18日,该专利权因未缴纳年费于2008年4月25日终止;第1294061号《外观设计专利证书》载明:外观设计名称为真空泵(A型),设计人赵甲,专利申请日2010年1月11日,专利权人赵甲,授权公告日为2010年7月21日。上述外观设计均为:电机与泵直联,泵体外壳为绿色,泵体前端突出部位为黄色,并采用类似火车车头设计,且车头前部端面有类似人物微笑的设计。赵乙和赵甲同意授权上海博尔康公司生产上述专利产品。另上海博尔康公司于2003年5月14日经受让取得“BoErKang”和“博尔康”商标在第7类商品上的专用权。

【裁判结果】

一审法院驳回瑞福可公司全部诉讼请求。二审法院驳回瑞福可公司上诉,维持原判。

【裁判理由】

一审法院认为,瑞福可公司、上海博尔康公司和广州博易公司对瑞福可公司的立体商标与上海博尔康公司、广州博易公司制造、销售的RL、RE系列真空泵外观形态相同没有异议。本案争议的焦点是:上海博尔康公司和广州博易公司制造、销售的RL、RE系列真空泵的外观是否侵犯瑞福可公司涉案立体商标专用权。

经国家工商总局商标局核准,瑞福可公司在第7类商品即阀(机器零件)、水泵、真空泵(机器)、过滤器(机器及引擎的部件)上享有彩色图形立体商标的专用权,有效期限自2009年4月28日至2019年4月27日,瑞福可公司在核定使用范围有效期内的商标专用权依法应受到法律的保护。涉案被诉侵权真空泵的外观设计人及权利人赵乙、赵甲分别于2004年7月23日、2005年4月25日及2010年1月11日就涉案真空泵外观申请专利,并获国家知识产权局授予外观专利权。后赵乙和赵甲授权上海博尔康公司生产上述外观设计专利产品,广州博易公司是经上海博尔康公司授权的经销商。该两公司因此获得的相应授权亦应受到法律的保护。

在瑞福可公司、上海博尔康公司和广州博易公司各自享有合法权利,而两种权利产生冲突时,在先原则是解决冲突的基本保护原则。本案中,瑞福可公司主张上海博尔康公司和广州博易公司侵犯其商标专用权是否成立,则应对该两公司是否获得在先权利以及是否存在在先使用的事实作出判断。

首先,从权利取得的时间看,涉案商标虽申请于 2005 年 4 月 18 日,但商标专用权的保护适用注册取得原则,瑞福可公司商标专用权的取得始于 2009 年 4 月 28 日。上海博尔康公司使用的同一款外观设计专利最早申请于 2004 年 7 月 23 日,授权于 2005 年 1 月 5 日,其申请日和授权日均早于瑞福可公司立体商标的申请日和授权日,因此,上海博尔康公司使用的外观设计专利权对瑞福可公司的注册商标专用权而言是合法的在先取得的权利。

其次,从权利使用的时间看,瑞福可公司称其早在 2004 年就生产外观与涉案立体商标近似的产品并进行了公开宣传,自 2005 年 4 月 25 日许可香港恒信冷冻器材公司代理销售含有涉案立体商标的产品,香港恒信冷冻器材公司自 2007 年 4 月起陆续与中国内地企业签订代理销售协议,将产品推向国内市场。瑞福可公司就其上述主张提交了宣传杂志、许可协议、代理协议、特约经销商协议,其中宣传杂志是在中国境外发行的英文版杂志,没有经过公证认证等程序,也没有提交中文译本,从证据形式上无法确认其真实性;许可协议和代理协议等的真实性亦无法确认,且协议有无实际履行没有其他证据予以佐证,即便采信原告的证据,也只能证明瑞福可公司的产品是在 2007 年 4 月以后才进入中国内地市场。而上海博尔康公司使用的外观设计专利的申请日是 2004 年 7 月 23 日,外观设计专利是以产品本身为载体,在申请该项专利前,必然存在研发过程,且从瑞福可公司提交的公证封存被诉侵权真空泵所附《使用说明书》显示的产品专利号为 200430036001. 9 等信息的标注,可以证明上海博尔康公司自 2004 年开始制造、销售涉案外观专利产品。比照瑞福可公司在 2009 年才取得涉案立体商标专用权,上海博尔康公司对该外观的使用在先。即使上海博尔康公司的外观专利权因未续缴年费在 2008 年 4 月 25 日至 2009 年终止,但并不影响其在先使用的事实存在。

最后,从权利使用的情况看,上海博尔康公司不是将涉案真空泵外形作为商标使用,在其制造、销售的 RL、RE 系列真空泵的显著位置上均标注了"BoErKang"商标,且没有证据显示涉案立体商标在国内具有知名度,上海博尔康公司在其享有合法使用涉案真空泵外观设计专利的前提下制造、销售涉案被诉侵权产品,主观上也没有使该系列真空泵外观与瑞福可公司所注册的立体商标产生混淆的恶意。客观上,瑞福可公司的立体商标是作为产品外形使用,以涉案立体商标为外形生产的真空泵泵体两侧也标注有瑞福可公司的"REFOC"字母标识,且上海博尔康公司和广州博易公司制造、销售的被诉侵权真空泵所附《使用说明书》均标明了上海博尔康公司受让的注册商标和该公司名称,相关的消费者主要是通过商品上标注的商标识别商品来源,不会对被诉侵权商品的来源产生误认或认为与瑞福可公司的涉案注册商标的商品有特定的联系。

综上,上海博尔康公司获得的外观设计专利权在先,使用该产品外观在先,其在先权益应依法受到保护,上海博尔康公司和广州博易公司制造、销售涉案被诉侵权产品的行为不构成对瑞福可公司注册商标专用权的侵犯,瑞福可公司主张上海博尔康公司和广州博易公司停止侵权、赔偿损失的诉讼请求,本院不予支持。

二审法院认为,瑞福可公司是第4607169号注册商标的权利人,注册有效期自2009年4月28日至2019年4月27日,其注册商标专用权,依法受到保护。但是,广州博易公司和上海博尔康公司在本案中提交了ZL200430036001.9、ZL200530035825.9、ZL201030020103.7外观设计专利,以及相关的授权说明以证明其有在先权利。其中,前两者的专利申请日和授权公告日分别为2004年7月23日、2005年1月5日和2005年4月25日、2006年1月18日,均早于2009年4月28日。瑞福可公司称该两外观设计专利已分别于2007年7月23日和2008年4月25日因未续缴年费而终止,广州博易公司和上海博尔康公司已经对此没有外观设计专利权。对此,本院认为该两专利权因未续缴年费终止,虽然可以认定相关外观设计专利权不复存在,但是该两款外观设计却因此而进入公有领域,因此不能理解为因该两专利权终止而无人有权使用该两款外观设计。进而,分析上海博尔康公司生产、销售的被诉侵权产品是否是在外观设计的范围内使用上述进入公有领域内的外观设计以及上海博尔康公司是否具有侵犯瑞福可公司注册商标专用权的故意。首先,上海博尔康公司获得了原专利权人的授权,原专利权人与上海博尔康公司有关联,其中一款被诉侵权产品《使用说明书》上有标注专利号为200430036001.9;其次,被诉侵权产品上有明显的"BOERKANG"标识,《使用说明书》上也明确载明了"BOERKANG""博尔康"标识和商标以及研发制造商为上海博尔康公司,故上海博尔康公司是将被诉外观作为外观设计使用的;最后,瑞福可公司称其至少在2004年就开始使用涉案立体商标产品,但是其提交的证据多数没有原件，也没有根据证据规则对域外形成的证据提交中文译本以及进行公证认证，无法证明其主张。现有证据不能证明涉案立体商标产品在上述两个外观设计专利申请日前，已经在国内外出版物上公开发表过或者在国内公开使用过，从而不能证明上海博尔康公司生产、销售被诉侵权产品有主观上的侵权故意。结合以上内容，本院认为在瑞福可公司未能举证证明其立体注册商标的知名度，亦不能举证证明该立体注册商标产品在上海博尔康公司提交的涉案两在先外观设计专利申请日前，已经在国内外出版物上公开发表过或者在国内公开使用过的情况下，上海博尔康公司有权在外观设计范围内合理使用涉案外观，不构成对瑞福可公司立体注册商标专用权的侵害。

综上，瑞福可公司的上诉理由没有事实和法律依据，不能成立，其上诉请求应予以驳回。原审判决结果正确，本院予以维持。

【案例注解】

商标是由文字、图形、颜色、三维设计或其组合构成的区别商品或服务来源的标志，外观设计是指产品的形状、图案、色彩或其组合作出的富有美感并适于工业应用的新设计。从理论上说，二者应当是互不交叉的两个权利领域，依据不同的知识产权法律法规取得相应权利，有各自的使用和保护轨道，但实践中，商标和外观设计均使用在商品的外包装上，特别是《商标法》允许三维立体商标申请注册后，虽排除了具有功能性三维标志注册的可能性，但现实中在对排除情形的判定上还是有较大的主观性，以及知识产权权利涉他性和排他性的基本属性，不可避免地会发生权利之间的抵触和冲突。权利冲突的实质是利益冲突，解决权利冲突的过程就是一个对冲突着的利益进行衡量和取舍的过程。调整知识产权权利冲突的法律规范目前尚不完善，司法实践中提出了保护在先权利原则、利益兼顾原则、诚实信用原则、禁止误导原则等处理原则。本案中，法官遵循了以在先原则作为解决权利冲突的基本保护原则，同时，参考涉案立体商标的显著性和知名度，以及当事人对涉案外观的使用形式，即是功能性使用还是标识性使用等因素，来确定涉案立体商标的保护范围。

一、尊重在先权原则

在发生冲突的两项知识产权存在先后关系时，保护在先权利原则是处理冲突的基本原则。这是权利位阶的具体体现，也是维护法律秩序安定的内在要求。保护在先权利原则在我国现行法律中也有充分体现，《商标法》第 9 条规定“申请注册的商标，应当有显著特征，便于识别，并不得与他人在先取得的合法权利相冲突”，《专利法》第 23 条规定“授予专利权的外观设计不得与他人在申请日以前已经取得的合法权利相冲突”。保护在先权利原则决定了在处理权利冲突时，要充分考虑并保障在先权利人的利益，不仅要求在后权利的取得不应当侵犯在先权利，如果在后权利是以侵犯在先权利的方式取得的，在先权利人可以通过诉讼禁止在后权利的行使；即使在后权利的取得具有合法性，也可以赋予在后权利人消除与在先权利相冲突的义务。本案中，上海博尔康公司和广州博易公司提交的《外观设计专利证书》以及相关的《授权说明书》证明了涉案真空泵外观设计专利的申请和授权日均早于瑞福可公司注册商标专用权的取得，上海博尔康公司享有涉案真空泵外观设计专利权在先。虽然瑞福可公司主张涉案外观设计专利权因未缴年费而终止，但该外观设计却因此而进入公有领域，可以为相关社会公众自由利用，同时，瑞福可公司也不能因此禁止专利权失效后上海博尔康公司对该外观设计继续合理使用，以及因此否认上海博尔康公司就该外观设计使用在先的事实。况且，如果一项外观设计进入公有领域后，因该外观设计的载体同时存在其他权利，而禁止他人对该外观进行利用，有悖于《专利法》兼顾"鼓励创新"和"维护公益"的立法宗旨，损害社会公众对"进入公有领域的外观设计可以自由利用"的信赖利益。

二、立体商标显著性与知名度的认定

商标的显著性和知名度在很大程度上决定了商标保护范围的大小，显著性越强，市场知名度越高的注册商标，其识别商品来源的功能性越强，附着的商业价值越高，给予其保护的范围就会越宽。显著性虽然是商标注册的实质性条件，但是现实中并非所有得以核准注册的商标都具备了较强的显著性，特别是三维标志商标（立体商标），与平面商标相比，如果该立体商标是与商品本身无关的三维标志，如米其林"轮胎人"、海尔"双王子"、麦当劳"麦克唐纳小丑"等立体商标，其造型更为新颖，设计更为独特，视觉效果更具冲击力，这类商标的显著性较强。但是一些特殊的三维标志如商品包装的外形，由于与商品本身难以分离，一般不太容易被消费者认为是商标，在显著性的判断上，笔者认为，原则上应先推定仅由商品或包装外形构成的标志不具有显著性，其能否起到区别商品来源的作用则需视个案而定。另外，除了新颖、独特的外形，立体商标是否基于长期使用产生了知名度，使其识别商品来源的功能与日俱增，也是界定立体商标保护范围的重要参考因素。就本案而言，涉案商品是真空泵，瑞福可公司注册的立体商标是真空泵的外壳，加以颜色和泵体前端笑脸的设计。外壳与真空泵本身是一个整体，不可分离，从整体来看，它起到的更多是商品包装的功能和容纳商品的作用，而并非区分、识别商品来源的标识，其作为商标的显著性不明显。当然，显著性不明显的商标也不排除经过长期广泛使用和深入的广告宣传，其市场知名度不断提高，获得了具有体现商品来源的区别性。在本案中,瑞福可公司称其至少在2004年就开始使用涉案立体商标,并将该立体商标的商品推向中国市场,但其提交的证据多数没有原件,也没有根据证据规则对形成于域外的证据提交中文译本以及进行公证认证,不能证明涉案立体商标产品在涉案外观设计专利申请日前,已经在国内外出版物上公开发表过或在国内公开使用过,以及其对涉案立体商标产品做过何种推广和宣传,因此,不能证明该立体商标具有一定知名度。

三、功能性或标识性使用的判断

我国《商标法》第12条规定:"以三维标志申请注册商标的,仅由商品自身的性质产生的形状、为获得技术效果而需有的商品形状或者使商品具有实质性价值的形状,不得注册。"对立体商标功能性的限制旨在以商标显著性的特质避免商品来源的混淆。如前所述,一些特殊的三维标志如商品包装的外形,由于与商品本身难以分离,在缺少图形和文字元素的情况下,一般不太容易被消费者认为是商标,并以此来区分商品的来源。对于这种兼具功能性和标识性的立体商标,在商品上的使用形式是功能性使用还是标识性使用,对相关公众认知习惯的引导和形成尤为关键。相关公众对以商品三维外观作为商标的认知习惯,要根据所涉商品上的立体标志在市场上的使用形式和时间予以认定,只有相关公众能够通过该特定立体标志去识别商品的来源,该立体商标才真正起到了商标的作用,实现了商标的市场价值。本案中,瑞福可公司的立体商标是作为真空泵的外壳使用,以涉案立体商标为外形生产的真空泵泵体两侧均标注有原告的"REFOC"字母标识,"REFOC"亦是瑞福可公司的企业名称,而上海博尔康公司和广州博易公司在其制造、销售的RL、RE系列真空泵的显著位置上均标注了"BoErKang"标识,并且在产品说明书上标注有专利号、"BoErKang"和"博尔康"文字商标以及研发制造公司等信息。从上述使用情况看,二者对涉案外观均是作为真空泵外壳使用,其主要功能是用于对真空泵机体的包容、包装,是属于产品功能性使用,而并非标识性使用。这样的使用形式,相关公众习惯上会认为真空泵外壳上标注的英文字母和文字标识才是商品的商标,也更多的是从英文字母标识、文字标识和企业名称上去区分、识别商品的来源,而不会以该真空泵的外壳作为区分、识别商品来源的标识,更不会以此与生产企业产生特定关联,从而造成混淆和误认。

此外,上海博尔康公司和广州博易公司对涉案真空泵外观设计的使用,有其专利权起因,并且是在原使用范围内合理使用,具有正当性基础,没有侵犯瑞福可公司立体商标权的主观故意,不构成对瑞福可公司立体商标专用权的侵害。

商标侵权案件中商标使用的性质与合理范围

——评米其林集团总公司与佛山市顺德区宝骏汽车维修有限公司侵害商标权纠纷案*

朱文彬**

【关键词】 商标侵权 商标使用 描述性使用 合理使用

【裁判要点】

商标使用是将商标用于商业活动中并用于识别商品来源的行为。在商标侵权案件中,围绕商标使用的含义进行定性和定量分析,据此认定侵权行为是否成立,是一种可采的思路。本案在这两方面均有所涉及,定性分析关注的是商标使用的性质,如不属于发挥商标识别功能的描述性使用情形,可成立不侵犯商标权的抗辩;定量分析关注的是商标使用的合理范围,如即使获得商标注册人的许可使用商标,但使用时超出其所应标识的商品或服务的范围,不属于正当、合理使用商标,也应构成侵犯商标权。

【基本案情】

上诉人(原审被告):佛山市顺德区宝骏汽车维修有限公司(以下简称宝骏公司)。

被上诉人(原审原告):米其林集团总公司(COMPAGNIE GENERALE DES ETABLISSEMENTS MICHELIN)(以下简称米其林公司)。

米其林公司分别在12类轮胎商品和第37类服务的轮胎、轮胎修理、轮胎装配、车辆保养和修理等商品和服务上注册了“”(见图一)、“MICHELIN”“米其林”等商标。宝骏公司既属于销售米其林、普利司通等轮胎的销售者,又属于从事轮胎装配、车辆维修的服务者。宝骏公司经营的店铺正门较宽,正门中部上方树有“宝骏汽车维修有限公司”全称的商业匾额,正门中部下方右侧用较大字体列出公司经营项目包括“汽车维修、轮胎服务、四轮定位”等;正门左侧悬挂标有“”“MICHELIN”“米其林”轮胎等图样、文字标识的商业匾

---

* 案号:一审:广东省佛山市中级人民法院(2013)佛中法知民初字第528号;二审:广东省高级人民法院(2014)粤高法民三终字第239号。

** 朱文彬,广州知识产权法院审判员、主审法官,硕士研究生。

额,匾额左上角标有“宝骏汽车维修有限公司”的名称,匾额下方有“四轮定位”“专业修补”等文字展示。宝骏公司经营店铺内有米其林轮胎、普利司通轮胎等商品出售。

图一

米其林公司认为宝骏公司在经营店铺正门左侧的商业匾额上使用“”“MICHELIN”“米其林”商标的行为侵犯其商标权并提起诉讼,请求判令:(1)宝骏公司立即停止侵犯米其林公司注册商标专用权的行为,拆除带有“”“MICHELIN”“米其林”等字样、图形标识的匾额;(2)宝骏公司赔偿米其林公司经济损失及维权的合理开支共10万元;(3)宝骏公司在《中国知识产权报》上刊登启事,就其侵权行为公开消除影响;(4)诉讼费用由宝骏公司承担。

宝骏公司答辩称:(1)宝骏公司在知道本案诉讼后已经马上自行把相关涉案匾额拆除;(2)宝骏公司不仅销售米其林正牌轮胎,同时也销售普利司通轮胎,宝骏公司使用商标的行为不会造成相关公众混淆,不构成商标侵权。宝骏公司的使用行为也不会对米其林公司造成10万元的经济损失;(3)米其林公司要求刊登启事消除影响的请求也没有依据。

【裁判结果】

广东省佛山市中级人民法院一审判决:(1)宝骏公司应于本判决生效之日起立即停止对米其林公司享有的商标的侵害,即立即拆除含有“米其林”“MICHELIN”“”标识的匾额;(2)宝骏公司应于本判决生效之日起10日内,赔偿米其林公司经济损失人民币20,000元,并支付维权合理费用人民币10,000元;(3)驳回米其林公司其他诉讼请求。案件受理费2300元,由米其林公司负担700元,由宝骏公司负担1600元。广东省高级人民法院二审驳回宝骏公司的上诉,维持原判。

【裁判理由】

广东省佛山市中级人民法院一审认为:其一,米其林公司在第12类、第37类、第35类轮胎、内胎、轮胎修理、轮胎装配等轮胎销售、轮胎服务商品和服务上注册了涉案商标,宝骏公司实际经营的是轮胎销售和轮胎装配服务等与轮胎密切相关的业务,故可认定宝骏公司销售的商品及服务类别与米其林公司涉案注册商标核定商品及服务类别系属于同一商品和服务。其二,宝骏公司在销售轮胎产品的店铺匾额上使用的标识与米其林公司涉案注册商标构成相同。其三,虽然宝骏公司也销售米其林正牌轮胎,但由于宝骏公司同时经营其他品牌轮胎的销售业务,且宝骏公司并不是经米其林公司及其关联公司授权的米其林轮胎专卖店,故宝骏公司在匾额使用商标的行为不属于正当使用米其林公司注册商标的行为。因此,应认定宝骏公司未经权利人许可使用与涉案商标相同的标识,侵犯了米其林公司的商标权,应承担停止侵权和赔偿损失的民事责任,赔偿数额酌情确定为宝骏公司向米其林公司赔偿经济损失20,000元及合理维权费用10,000元。此外,由于米其林公司不能证明宝骏公司的侵权行为对其商业信誉造成了不良影响,因此不支持米其林公司要求宝骏公司在《中国知识产权报》上刊登声明消除影响的诉讼请求。

广东省高级人民法院二审认为:宝骏公司的经营范围既包括批发和零售、也包括机动车维修;宝骏公司除了销售包括米其林、普利司通轮胎在内的商品外,还从事轮胎装配、车辆维修等服务。因此,宝骏公司在经营店铺的商业匾额使用“米其林”等商标指向的商品和服务应当区分为销售轮胎商品,以及提供轮胎装配、车辆维修等服务两种情形,是否构成侵权也应当分别进行认定。

就提供轮胎装配、车辆维修等服务而言,宝骏公司未经米其林公司许可,在经营店铺的商业匾额上使用涉案商标,容易使相关公众造成混淆,让相关公众误以为宝骏公司经米其林公司授权许可提供轮胎装配、车辆维修等同类服务,根据《中华人民共和国商标法》(2001年修正)第52条第1项的规定,宝骏公司的行为构成侵害米其林公司的注册商标专用权的行为。

就销售轮胎商品而言,本案事实和争议指向当宝骏公司经营的店铺内确有米其林轮胎出售时,宝骏公司在经营店铺的商业匾额上使用涉案商标的行为是否属于侵犯商标权的行为这一焦点。侵犯商标权行为的“商标使用”,指的是将商标用于商品或服务、商品包装或者容器以及商品或服务交易文书上,或者将商标用于广告宣传、展览等商业活动中,用于识别商品或服务来源的行为。本案中,即使宝骏公司出售的商品中包括合法使用米其林公司商标的米其林轮胎,宝骏公司亦仅仅有权在与合法授权商品密切联系、直接指示合法授权商品所在货架的位置使用涉案商标。但是，现在宝骏公司在其经营店铺正门的商业匾额上突出使用商标，容易使相关公众把宝骏公司一般轮胎产品销售者的身份与米其林轮胎这种特定产品来源联系在一起，让相关公众误以为宝骏公司是经米其林公司合法授权许可的、只销售米其林轮胎商品的销售商；进一步地讲，容易导致相关公众对店内销售的其他商品的来源与米其林品牌之间产生混淆，或认为二者之间存在特定联系。因此，宝骏公司未经商标注册人许可，在经营场所正门的商业匾额上使用与涉案商标相同商标的行为，已构成侵犯注册商标专用权。

宝骏公司上诉称，其之所以在上述商业匾额上使用本案注册商标，是为了告诉相关消费者店内有米其林轮胎销售，类似于汽车修理公司在自己的广告招牌上展示多种品牌的汽车商标。若宝骏公司在店铺正门将其销售的全部轮胎商品的商标或者可以修理的全部汽车的商标集中展示并附有说明性文字，向消费者展示店内可以提供的商品和服务内容，则属于为了说明自己销售的商品的质量、原料、功能、用途、重量、数量等特点而使用他人商标。这种对商标的描述性使用有别于识别性使用，不会导致混淆。相反，宝骏公司在其店铺正门的商业匾额上仅仅突出使用米其林涉案商标，直接、特定、唯一地指向米其林品牌，因而并非属于商标的描述性使用。

综上，广东省高级人民法院二审判决驳回上诉，维持原判。

【案例注解】

本案最关键的是围绕商标使用的含义进行定性和定量分析，据此认定侵犯商标权的行为是否成立，主要涉及以下几个问题。

一、结合被诉侵权人的商品或服务类别划分侵权行为

审理侵犯商标权的案件，首先要确定权利人在案件中主张的商标权、商标所涉的商品或服务类别以及被诉侵权人具体的被诉行为，在确定具体被诉行为时应当结合被诉侵权人提供的商品或服务加以区分。本案中，权利人米其林公司分别在12类轮胎商品和第37类的轮胎修理、轮胎装配、车辆保养和修理等服务上注册了“”“MICHELIN”“米其林”等涉案商标，米其林公司认为宝骏公司在经营店铺正门左侧的商业匾额上使用上述涉案商标的行为，侵犯其商标权并提起诉讼。结合经营范围及其提供商品、服务的事实，应当认定宝骏公司在轮胎商品或服务上有两种不同的经营者角色，一是作为销售米其林、普利司通等轮胎的销售者；二是作为从事轮胎装配、车辆维修的服务者。在充当两种不同经营者角色时，宝骏公司在经营店铺正门左侧的商业匾额上使用涉案商标的同一事实，与宝骏公司不同的商品、服务联系在一起，应当区分为

两种不同的被诉侵权行为,分别审查这两种行为是否构成侵权。此类同一被诉事实涉及多种侵权行为的情形,应在侵犯商标权以及不正当竞争纠纷案件中给予特别关注,避免在审理中疏忽了不同侵权行为的构成要件之间的差异,出现错误认定。

二、商标使用及其定性、定量分析

2013 年修改的《商标法》第 48 条规定了商标使用的定义,该条规定来源于 2002 年施行的《商标法实施条例》,并增加了识别性的要件,即商标使用是将商标用于商业活动中并用于识别商品来源的行为。据此,商标法意义上的商标使用限定为发挥商标识别功能的使用,进而至少有以下两项结论:一是凡不属于发挥商标识别功能的使用方式,均可成立不侵犯商标权的抗辩,典型情形如商标的描述性使用;二是即使属于发挥商标识别功能的使用也应有合理的限度和范围,使用结果应能让相关公众将商标与商品或服务形成一一对应;若商标使用超出其所应标识的商品或服务的范围,不属于正当、合理使用商标,应构成侵权。以下分别进行论述。

(一)成立不侵权抗辩的商标描述性使用

商标的描述性使用不属于发挥商标识别功能的使用方式,不是《商标法》规定的"商标使用"。2013 年修改的《商标法》第 59 条第 1 款规定,注册商标中含有的本商品的通用名称、图形、型号,或者直接表示商品的质量、主要原料、功能、用途、重量、数量及其他特点,或者含有的地名,注册商标专用权人无权禁止他人正当使用。该条规定延用了 2002 年施行的《商标法实施条例》第 49 条。据此,为了描述自己销售的商品的质量、原料、功能、用途、重量、数量等信息而正当、善意使用他人商标,这种非识别性使用不会导致相关公众发生混淆可能,不构成侵犯商标专用权。例如以下情形:(1)商标中含有商品的通用信息,他人为了描述商品需要使用通用信息而使用商标。(2)商标直接表示商品的原料、功能、用途等特点的,他人为了描述商品的需要而使用商标。例如,在青苹果公司诉金辉煌公司、曼秀雷敦公司侵犯商标权纠纷一案中①,生效判决认定曼秀雷敦公司在洁面乳上使用"青苹果""GreenApple"字样,是为了向相关公众表明产品特点为"青苹果"水果香型,这种使用方式属于描述性使用。(3)使用商标时辅以其他文字信息让相关公众不会产生混淆,如保险经纪公司在其宣传中向投保人集中展示多家保险公司的商标,并辅以文字说明其可以为投保人与这些保险公司订立合同提供中介服务,这种商标使用

① 详见广东省高级人民法院(2013)粤高法民三终字第 99 号民事判决,载中国裁判文书网,2015 年 2 月 2 日访问。

属于描述性使用。(4)为向相关公众告知其仅作为合法销售者的身份而正当使用商标。如美心公司诉梁某某、美糕公司侵犯商标权及不正当竞争纠纷一案中①,法院认定涉案"美糕网"及淘宝店铺中的产品介绍中虽然包括"美心"系列蛋糕,使用了"美心"商标,但是网页内容介绍了该销售平台经营流程是网络销售平台接受了消费者订单后于附近的相关品牌门店进行订货、提货,再将蛋糕配送到消费者提供的地址,实质属于网络代购的销售方式。美心公司不能证明代购的蛋糕系假冒"美心"注册商标专用权的产品,梁某某、美糕公司不构成商标侵权。

本案中,若宝骏公司在店铺正门将其销售的全部轮胎商品的商标或者可以修理的全部汽车的商标集中展示并附有说明性文字,向消费者展示店内可以提供的商品和服务内容,则属于为了描述自己商品或服务的信息正当使用他人商标,不会导致相关公众混淆,当然不构成侵权。相反,宝骏公司在其店铺正门的商业匾额上仅仅突出使用米其林涉案商标,直接、特定、唯一地指向米其林品牌,并非属于商标的描述性使用。

(二)超出合理范围使用商标的侵权行为

在商标使用限定为识别性使用的前提下,未经商标注册人许可的情况下,任何在同种或者类似商品上使用与其注册商标相同或者近似商标的行为都属于侵犯商标权的行为;只有当经营者的商品或服务使用的商标是经商标注册人许可的,经营者在经营中使用商标的方式才存在合理范围的问题。例如,本案中,宝骏公司店铺内确有合法许可的米其林轮胎出售时,宝骏公司在经营店铺的商业匾额上使用涉案商标的行为是否属于侵犯商标权的争议问题。

经营者在商业活动中的角色和经营范围是复杂的,可能属于商品制造者、商品销售者、服务提供者等角色其中一种或者身兼数种,可能属于某一品牌的专卖店或者属于同时销售数个品牌的卖场,相关公众在消费时往往必须依据文字介绍、商标标识等经营场所的信息加以区分和判断。鉴于此,即使商品是经权利人合法许可使用商标的,经营者也仅仅有权在与合法授权商品密切联系、直接指示合法授权商品的位置和场所使用商标,这才属于商标的正当、合理使用。如本案中,宝骏公司可以在店内不同轮胎商品的每个货架上分别使用该轮胎的商标,令相关公众足以识别每种轮胎商品的来源,则属于商标的正当、合理使用。相反,若宝骏公司存在以下商标使用方式,则属于超出合理范围使用商标:(1)宝骏公司仅在米其林轮胎商品的货架上使用米其林商标,但

---

① 详见广州市天河区人民法院(2012)穗天法知民初字第41号民事判决,该案入选2013年度广东省知识产权审判十大案例,载新浪网,2015年2月2日访问。

在其他品牌轮胎的货架上没有使用任何商标标识;(2)宝骏公司在店铺内的收银台、店铺前台等位置仅使用米其林商标;(3)宝骏公司在店铺的商业匾额上仅使用米其林商标。本案则属于第3种商标使用情形。以上第1种使用方式,容易导致相关公众认为米其林品牌与每个货架上的轮胎产品存在特定的联系;第2种、第3种的使用方式,容易导致相关公众把宝骏公司的经营者身份与米其林公司联系起来,让相关公众误以为宝骏公司是经米其林公司合法授权许可的专卖店、店内除了米其林轮胎以外销售的其他商品的来源与米其林公司也有特定联系;而非仅仅让相关公众认为宝骏公司是销售多种轮胎商品的销售者,店内出售的轮胎商品中包括米其林轮胎。

此外,值得关注的是,本案中宝骏公司作为米其林轮胎的合法销售者,当然有权在标识米其林轮胎时使用涉案商标;只是由于其在商业匾额上使用涉案商标的这种方式,超过了商标使用的合理范围而构成侵权,这种侵权行为既有别于《中华人民共和国商标法》(2001年修正)第52条第1至4项、2013年修改的新《商标法》第57条第1至6项规定的情形,也不属于最高人民法院《关于审理商标民事纠纷案件适用法律若干问题的解释》第1条规定的几种情形,应当适用《中华人民共和国商标法》(2001年修正)第52条第5项,2013年修改的新《商标法》第57条第7项作为认定侵权的法律依据。

商品原料标识构成正当使用的合理判定

——评赵某某与重庆雪里红绿色食品有限公司商标侵权纠纷案*

阳 路**

【关键词】 商标 正当使用 合理判定

【裁判要点】

正当使用制度是限制商标权的一项重要制度。基于商标专用权人与相关权利主体之间的利益平衡,《商标法实施条例》和新《商标法》确立了商标正当使用制度。判定商品原料标识是否侵犯他人注册商标专用权时,也应适用商标的正当使用判定规则,合理判定商品原料标识是否构成对该原料描述性含义的正当合理使用,是否使消费者对商品来源产生混淆,从而尊重市场主体合法的经营方式和竞争手段。

【基本案情】

原告赵某某在核定使用商品第30类,即咖啡,茶,糖,非医用营养液,糕点,调味品(辣),锅巴;食用芳香剂,家用嫩肉剂,注册了"雪里虹文字""雪里飞红文字及图""雪哩红文字及图"商标,注册有效期限分别为自2007年6月21日至2017年6月20日、2007年8月28日至2017年8月27日和2008年8月14日至2018年8月13日。后赵某某于2010年11月先后在武汉超市购买了被告重庆雪里红绿色食品有限公司(以下简称雪里红公司)生产的"重庆火锅底料""麻辣水煮鱼调料""麻辣烫底料"等产品,并发现上述产品的外包装袋右上角均标注了涉案的"雪里红文字及图"标识,在包装袋上还标注了"童仔"等注册商标以及被告的企业名称等信息。赵某某认为雪里红公司在其销售的火锅底料等调味品商品的外包装上突出使用"雪里红文字及图"标识,该标识的音、形、意与其注册商标极其近似,足以造成消费者误认,侵犯了其享有的注册商标专用权,遂诉至法院,请求判令雪里红公司停止商标侵权并赔偿损失。

另查明,雪里红公司是从事调味料(半固态)生产销售的有限责任公司。

---

* 案号:一审:(2012)渝五中法民初字第772号。

** 阳路,重庆市高级人民法院民三庭法官,硕士研究生。

该公司于1998年3月18日注册成立,并以“重庆雪里红绿色食品有限公司”作为企业名称在工商行政管理部门进行了注册登记。雪里红公司于1998年6月12日向国家知识产权局申请了“包装袋(雪里红)”外观设计专利,并于1999年3月21日取得了外观设计专利;雪里红公司另于1998年5月18日完成了《雪里红系列作品》美术作品,于2004年11月18日向重庆市版权局进行作品登记并于同日取得了著作权登记证书。此外,雪里红公司于2001年11月16日在第30类调味品(辣)等商品上向国家工商行政管理总局商标局提出“雪里红 XUE LI HONG”商标的注册申请,后国家工商行政管理总局商标局和商标评审委员会均以“雪里红”作为一种用于腌菜的植物使用在调味品(辣)等商品上直接表示了商品的原料等特点而易使消费者对该商品的原料等特点产生误认为由驳回了原告的商标注册申请。雪里红公司“雪里红火锅底料”于2004年10月被评为“最受消费者喜爱品牌火锅底料”,其“雪里红牌火锅底料”于2005年3月被认定为2004年重庆市名牌农产品。

【裁判结果】

一审法院驳回赵某某的全部诉讼请求。

【裁判理由】

重庆市第五中级人民法院经审理认为:本案是涉嫌侵犯注册商标专用权纠纷,赵某某是注册商标“雪里虹文字”“雪里飞红文字及图”“雪哩红文字及图”的权利人,其商标专用权应在核定注册使用范围内受法律保护。原告赵某某的注册商标核定在商品第30类,其包含了调味品(辣),而雪里红公司生产并销售的涉案产品为调味料,属于注册商标的核定注册使用范围。从赵某某的注册商标和被告使用的涉案侵权标识的构成要素上看,雪里红公司使用的涉案标识与赵某某的注册商标“雪里虹文字”“雪里飞红文字及图”不构成相似,但与“雪哩红文字及图”商标构成要素性近似。根据国家工商行政管理总局商标评审委员会的认定,雪里红公司使用的“雪里红文字及图”标识中的文字“雪里红”是普通消费者知晓的一种用于腌菜的植物,是商品的原料。雪里红公司在其生产的产品包装袋上使用“雪里红文字及图”标识的同时,也在正面显著标注其“童仔”注册商标,应当认为雪里红公司使用的该涉案标识是以告知消费者产品原料为目的而对该商品原料所作的一种描述性使用。同时,由于赵某某未提交其使用注册商标的证据,故其注册商标尚未实际发挥识别作用,而雪里红公司使用的涉案标识经过其一定规模的持续性使用,已与赵某某的注册商标产生整体性区别,故以一般消费者的注意力标准判断,应当认为雪里红公司使用的“雪里红文字及图”标识不会使消费者对商品来源产生误认,并不足以造成市场混淆的程度。综上,法院认为雪里红公司使用“雪里红文字及图”标识并未侵犯赵某某的注册商标专用权,故对赵某某的诉讼请求不予支持。

【案例注解】

本案涉及商品原料标识是否侵犯他人注册商标专用权的问题。判定其是否侵权时,应适用商标的正当使用判定规则,即判定商品原料标识是否构成对该原料描述性含义的正当合理使用,是否使消费者对商品来源产生混淆,防止简单地把构成要素等同于商标近似,从而平衡商标专用权人与相关权利主体之间的利益冲突,尊重市场主体合法的经营方式和竞争手段。

一、商品原料标识的使用概论

通常而言,商品生产者可以在商品外包装上标明商品的原料等内容,以使消费者知晓该商品的相关特点等信息。就本案被告雪里红公司而言,其在商品外包装袋上使用“雪里红文字及图”标识的行为能够使消费者知道该商品的原料中含有“雪里红”。据商务印书馆 2005 年第 5 版《现代汉语词典》的解释,“雪里红,又名雪里蕻,是一种一年生草本植物,芥菜的变种,叶子多为长圆形,花鲜黄色。茎和叶子是普通蔬菜,通常腌着吃”。一直以来,雪里红作为一种调料被广泛作为食品的原料使用。雪里红公司使用的该原料标识使消费者能简洁明了地了解该商品的一个重要原料特点。但根据我国《商标法》第 11 条之规定,表示商品主要原料的标志是不能作为商标注册的。因而本案中,被告雪里红公司向国家工商行政管理总局商标局提出“雪里红 XUE LI HONG”商标的注册申请被以“雪里红”直接表示商品原料等特点而易使消费者产生误认为由而驳回。但同时,《商标法》也规定了例外情况,即表示商品原料的标志经过使用取得显著特征,并便于识别的,可以作为商标注册,如“两面针”“益母草”商标均由此而来。综上,我国《商标法》并没有禁止使用商品原料标识,但禁止表示商品主要原料的标志作为商标注册,但同时也以商标的识别功能为由规定了例外情况。

二、商品原料标识构成正当使用的判定

当商品原料标识与他人注册商标构成要素性近似时,不能简单地由此认定构成商标近似甚至商标侵权,而应当首先适用商标正当使用的判定规则来判定商品原料标识是否构成正当使用。正当使用作为国际通用术语,首先是在著作权领域中使用,是指在特定条件下,法律允许他人自由使用知识产权人的权利标的,而不必征得权利人的许可,也不必支付任何对价。[①] 2002 年 9 月国务院颁布的《商标法实施条例》第 49 条第一次对叙述性商标的正当使用作出了规定,即“注册商标中含有的本商品的通用名称、图形、型号,或者直接表示商品的质量、主要原料、功能、用途、重量、数量及其他特点,或者含有地名,注册商标专用权人无权禁止他人他人正当使用”。而新《商标法》第 59 条第 1 款、第 2 款则在法律层面将商标的正当使用纳入了商标合理使用的范畴,规定“注册商标中含有的本商品的通用名称、图形、型号,或者直接表示商品的质量、主要原料、功能、用途、重量、数量及其他特点,或者含有的地名,注册商标专用权人无权禁止他人正当使用”,“三维标志注册商标中含有的商品自身的性质产生的形状、为获得技术效果而需有的商品形状或者使商品具有实质性价值的形状,注册商标专用权人无权禁止他人正当使用”。商标的正当使用一般是指使用注册商标特别是叙述性注册商标的第一含义即描述性含义时,法律赋予使用人抗辩注册商标权利人的一项权利。当判定商品原料标识是否构成正当使用时,应参照商标正当使用的判断标准,主要体现在以下几方面:

一是判断商品原料标识使用者的主观意图。商品原料标识的正当使用要求使用者的善意,及符合合理使用的方式。因商标的商业性质,这里的善意判断标准应不同于民法中的善意判断标准,不是以使用者是否知道或应当知道为标准,而应以该使用是否以不正当的商业竞争为目的为标准。在具体判断使用者的使用意图时,可以从其使用原料标识的具体方式来判断。首先,确定该原料标识是否作为商标来使用并借此来标识商品来源,如果只是为了说明其商品的特征,则不属于商标意义上的使用。其次是要审查使用者在使用原料标识的同时是否标注自己的商标。如果使用者未标注自己的商标或者将自己的商标置于不明显之外,则可以推断该使用行为具有“搭便车、傍名牌”的主观意图。最后,还要判断原料标识的使用是否符合商业习惯或行业惯例。如本案中,雪里红公司在其调料产品的外包装上特别标明该调料的一项特殊原料“雪里红”的行为应认为符合商业习惯和惯例的,且其同时在显著位置标明其注册商标“童仔”,应认定其原料标识的使用是善意且符合常理的。

二是考察注册商标权利人的商标显著性强弱。商标的显著性决定了该注册商标保护的范围、强度。商标的显著性一般是就指定的商品和服务而言,其主要决定于以下两个因素:(1)商标本身固有的显著性;(2)通过商标的持续性使用所获得的显著性。

---

① 吴汉东主编:《知识产权法》,中国政法大学出版社 2004 年版,第 89 页。

也要判定其是否属于对商品原料描述性含义的合理使用，是否作为商标识别功能上的使用，是否达到了市场混淆的程度。根据本案相关证据分析，雪里红公司曾有将“雪里红文字及图”标识作为商标使用的历史，因该标识未能获得商标局的注册商标许可之后又在继续使用“雪里红文字及图”标识的同时使用了其商品的注册商标“童仔”。据此，可以认定该公司现使用的原料标识“雪里红文字及图”是作为一种原料的描述性含义使用，用以表述其产品的一种特殊成分。

三是综合两者的实际使用情况、使用历史、相关公众的认知状态因素来判定是否产生混淆。

三、维护“私权利”与“公权利”的平衡

我国《商标法》对注册商标专用权给予了相对未注册商标较强的法律保护，但注册商标专用权不能完全排除基于同一客体而产生的其他知识产权。因此，也可以运用扩张解释方法适当扩大商标正当使用的范围，即适当扩大至使用与注册商标相近似的标识的描述性含义的情况。然而这一扩张必须把握好“度”，即使用人的使用行为必须是善意的，这种描述性含义的使用是正当且合理的，而不是作为商标识别功能上的使用。任何人都可以使用处于社会公共领域的公共词汇，但如果一旦利用该公共词汇的普遍性而乘着“搭便车”、傍名牌进入具有标识产品来源的商标领域时，该使用行为就应当被限制。原告的注册商标没有经过使用而产生识别商品来源的功能，应当弱化其注册商标的保护力度。

商标专用权作为一种私权，是一种类似于物权垄断性权利，具有对世性和排他性的特点。因而商标权与公共利益之间发生交叉和冲突也是不可避免的，为了使私权与公共利益达到相互之间的“平衡”，在保护私权的同时，也必须对其进行必要的限制。因此，“私权”与“公利”的平衡是商标合理使用产生的必然。在实践中，并不是所有的商标标识都受保护。商标的根本功能在于消费者能够容易识别商品或服务来源，显著性则成为商标注册的最基本要求，缺乏显著性的标识会因导致消费者识别上的困难而被《商标法》排除在外。

第一是法定限制的规制，商标权的合理使用是法律对商标权人权利行使的一种限制，限制的范围直接关系着商标权人的切身利益，法律在维护社会公益的同时，也不能忽视商标权人的保护。第二是法定利益的保护，商标合理使用在制约商标权人利益的同时，对商标权以外的其他使用人又是一项法定利益，对商标合理使用的结果就是平衡了商标权人的私有利益和社会公共利益，因而有利于社会经济的健康发展。商标的显著性实际上包括商标设计时所固有的强显著性以及在与商品结合使用的过程中产生的弱显著性两种情形。实际上,一些弱显著性的标识由于历史原因或使用而产生显著性的标识已经获得了成功注册,如"茅台"酒、"两面针"牙膏、"青岛"啤酒等。同时,使用人对弱显著性的商标进行合理正当的使用,也符合市场竞争的公平原则。依据商标理论,通用名称及描述性用语的第 2 含义,是指该用语经过长期使用产生了与产品生产者相联系,得以识别商品不同来源的意义。显著性是在使用中产生的,但第 2 含义的产生并不能抹煞词语的原有含义,也无法令原有含义完全消失。如"茅台"酒并不因商标专用权而使原地名含义消失,贵州地区的企业在商品中只是用来描述当事人的商品或服务,或它们的地理来源时,即善意地非商标意义上的使用时,符合公平竞争原则,应该受到法律保护。相反,如果允许商标权人以商标专用权为由,干涉和禁止他人对公有性商标名称的善意使用,就会使商标权的行使成为妨碍公平竞争的工具。因此,具有第 2 含义的描述性商标虽然受《商标法》的保护,但是他人仍然可以使用该标识,而不承担任何商标侵权责任,即在描述性合理使用情形下,当该被控侵权商标"被公平地、善意地使用",商标侵权诉讼被告人可以进行"合理使用"抗辩。

商标授权、确权行政诉讼中“新证据”采纳的类型化分析

——谢某某诉商标评审委员会商标申请驳回复审行政纠纷案*

陶 钧**

【关键词】 新证据 行政诉讼 类型化 采纳标准

【裁判要点】

商标授权、确权行政纠纷中,当事人在诉讼中补充提交“新证据”的情况屡见不鲜,一般对涉及“绝对事由”的新证据可以予以接受,但对于涉及“相对事由”的新证据,则应根据商标申请注册的不同阶段的立法本意和具体情形予以区别对待。

【基本案情】

申请商标为国际注册第1042381H号“SHEARMAN & STERLING”商标,由谢某某于2011年6月2日向国家工商行政管理总局商标局(简称商标局)提出注册申请,指定使用服务为第45类法律服务。

引证商标为第5180577号“STERLING COMMERCE及图”商标,于2006年2月27日向商标局提出注册申请,专用期限至2020年1月13日,核定使用服务为第42类法律研究等。该商标现权利人为IBM国际集团公司。

2011年11月24日,商标局发出“商标驳回通知书”,依据2001年修正的《中华人民共和国商标法》(以下简称《商标法》)第28条的规定,驳回申请商标的注册申请。

谢某某就上述驳回决定向国家工商行政管理总局商标评审委员会(简称商标评审委员会)提出复审申请,理由为申请商标与引证商标不构成近似商标。

2013年12月23日,商标评审委员会作出商评字〔2013〕第140177号《关于国际注册第1042381H号“SHEARMAN & STERLING”商标驳回复审决定书》(简称被诉决定),认定:申请商标与引证商标在字母构成、呼叫等方面近似,属于近似商标。申请商标指定使用的“法律服务”服务与引证商标核定使用的“法律研究”服务属于类似服务。申请商标与引证商标同时使用在上述

---

* 案号:一审:北京市第一中级人民法院(2014)一中行(知)初字第7277号;二审:北京市高级人民法院(2015)高行(知)终字第1073号。

** 陶钧,北京市高级人民法院知识产权庭审判员,法律硕士。

类似服务上,消费者在隔离状态下施以一般注意力,易对服务来源产生混淆误认。申请商标与引证商标已构成使用在类似服务上的近似商标。商标评审委员会依据《商标法》第28条的规定,决定:申请商标指定使用在第45类服务上在中国的领土延伸保护申请,予以驳回。

谢某某不服,提起行政诉讼。

另查,商务印书馆出版的《牛津高阶英汉双解词典(第六版)》中有关"Sterling"的释义为"英镑(英国货币)""优秀的、杰出的"。

在一审诉讼过程中,谢某某补充提交了其在中国大陆地区设立代表处、相关媒体报道、使用照片以及法律权威机构的评定报告等证据,用以证明申请商标的知名度。

【裁判结果】

一审法院撤销商标评审委员会作出的被诉决定,商标评审委员会重新作出决定。二审法院驳回商标评审委员会上诉,维持原判。

裁判理由:

一审法院认为,结合谢某某补充提交的证据,同时考虑到申请商标与引证商标存在明显差异,相关公众一般不会对服务来源产生混淆、误认,申请商标与引证商标不属于《商标法》第28条所规定情形,商标评审委员会作出的被诉决定相关认定有误,应予纠正。

二审法院认为,申请商标与引证商标彼此在整体外文字母构成上存在一定差别,而且整体外观上也存在明显差异;同时,结合谢某某所提交的在案证据,也能证明申请商标在法律服务上在中国大陆地区进行了大量使用,具有一定的知名度。因此,考虑到申请商标与引证商标存在的差异、具体领域相关公众的注意程度及申请商标的使用情况、知名度等因素,原审判决认定申请商标指定使用在法律服务上与引证商标核定使用在法律研究等服务上,不会造成相关公众对服务来源的混淆、误认,进而不构成使用在类似服务上的近似商标,并无不当。因谢某某在原审诉讼中补充提交了大量申请商标使用、宣传的证据,法院亦是在综合考量在案证据等相关情况的基础上,对申请商标是否应当准予注册的事实进行了具体认定,故本案认定结论的变化不应归责于商标评审委员会,谢某某应当承担本案的诉讼费用。

【案例注解】

商标授权、确权行政案件的审理过程中,当事人补充提交的"新证据"应否予以接受,一直是一个难点。若一概不予接受,可能与2014年修改的《行政诉讼法》的相关规定存在内在冲突,也不利于"纠纷的实质性解决",造成循环诉讼,增加当事人的诉讼成本;若不加区别一概予以接受,可能会使在行政阶段怠于举证的当事人享受不当的程序利益,而且也不利于引导当事人在行政阶段积极进行举证,甚至可能架空行政审查程序,也无法发挥行政机关的法律职责。因此,如何解决该问题,就需要在兼顾程序利益与各方实体利益的基础上,对商标授权、确权纠纷中的具体事由进行类型化研究。

一、几种不同的观点

鉴于现行商标法律中并未对人民法院在审理商标授权、确权行政案件中是否应当接受新证据作出明确规定,因此还是应当从《行政诉讼法》的框架内寻找法律依据。

2014 年 11 月修正的《行政诉讼法》第 5 条规定,人民法院审理行政案件,以事实为根据,以法律为准绳。该法第 6 条规定,人民法院审理行政案件,对行政行为是否合法进行审查。基于前述法律规定,存在以下三种观点:

第一种观点认为,人民法院在审理商标授权、确权纠纷中,应当以在案事实为判断的基本素材,并且为了确保纠纷的实质性解决,在案所依据的事实应当近乎符合"客观事实",由此在新证据是否应予接受的问题上不应当受作出具体行政行为时点的限制,应尊重客观事实的状态亦包括客观事实的变化,否则无法确保行政相对人合法权益的实现,亦对国家机关依法行政产生不利影响,同时可能会导致其他矛盾的产生与激化。

第二种观点认为,人民法院对此类案件的审理应属对具体行政行为合法性的审查,其审理的对象为国家机关在特定时间、特定事实下,针对特定主体,而依照国家法律、法规所赋予的行政职权,所作出的特定行为。若超出前述的"特定要素"的范围,以新证据为基础对具体行政行为进行评判,显然会影响到具体行政行为的稳定性与权威性,从而架空行政机关自身的行政权力,属于"不当干预"。

第三种观点则采取"折中主义",认为在"新证据"问题上既应尊重客观事实的变化,亦应考虑行政机关作出具体行政行为时的客观环境,在合法性的判断路径中追求司法救济的"有限最大化"原则,而不是一味地"刻舟求剑",忽视对实体权益的保护。

上述三种观点反映了人民法院在审理商标授权、确权案件中对新证据从"一般不予采纳",到"有条件的予以接受"的发展历程,体现着司法的弹性与对"纠纷实质性解决"的用心。

二、现行法律规范的基本状况

1990 年施行的《行政诉讼法》中关于当事人可否提交"新证据"仅在第 34

条、第36条中规定了人民法院可依职权要求当事人提供或者补充证据；同时对于证据可能灭失或以后难以取得的，诉讼参加人可以向人民法院申请证据保全，其他并无明确规定。在2014年11月修正的《行政诉讼法》第36条第2款规定，"原告或者第三人提出了其在行政处理程序中没有提出的理由或者证据的，经人民法院准许，被告可以补充证据"。该法第37条规定，"原告可以提供证明行政行为违法的证据。原告提供的证据不成立的，不免除被告的举证责任"。由此不难发现，2014年修改的《行政诉讼法》明确了当事人在诉讼中可以提出新证据的诉讼权利。最高人民法院《关于执行〈中华人民共和国行政诉讼法〉若干问题的解释》第28条第2项和最高人民法院《关于行政诉讼证据若干问题的规定》（以下简称《行政诉讼证据的规定》）第6条规定内容与此精神相一致。同时，根据《行政诉讼证据的规定》第59条的规定，被告在行政程序中依照法定程序要求原告提供证据，原告依法应当提供而拒不提供，在诉讼程序中提供的证据，人民法院一般不予采纳。

因此，在2014年11月修正的《行政诉讼法》已经有具体规定的情况下，诉讼新证据的接受仍然受到一定的限制，而并非只要能够证明具体行政行为违法的证据，人民法院就应当一概接受，否则势必造成当事人在行政审查程序中怠于举证，亦会对行政机关的依法行政产生负面影响，而人民法院在抉择应否接受诉讼新证据时，具体应当如何考量则将在下文着重阐释。

三、诉讼新证据的"类型化"判断规则

通过上文的阐述，在法律、法规的层面上，人民法院在商标授权、确权案件的审理中，既应尊重商标评审委员会在作出行政裁决时的事实状态，原则上一般不宜随意接受新证据，同时又要兼顾纠纷的实质性解决，对于可能影响社会公共利益或公序良俗的，避免行政相对人丧失救济途径的情形，有条件的予以采纳"新证据"。

下文将根据商标授权、确权纠纷事由进行类型化分类，从各个法律规范的内在价值进行判断，以其中的具体法益及目的归属为判定依据，兼顾行政机关和行政相对方的合法权益，对不同类型的纠纷中对诉讼新证据应否予以接受进行总结归纳。具体而言，就是首先按照《商标法》的具体规定，将商标授权、确权纠纷事由按照绝对条款与相对条款进行划分，在相对条款中再以商标申请驳回复审行政纠纷、商标不予注册复审行政纠纷、商标异议复审行政纠纷、商标权无效宣告复审行政纠纷、商标权无效宣告请求行政纠纷、商标权撤销复审行政纠纷等①进行分类,确定出各个具体类型化案件诉讼新证据的采纳规则。

(一)“绝对条款”诉讼新证据的采纳规则

因“绝对条款”是涉及商标标志绝对禁用情形、绝对禁注情形的认定,而绝对禁用条款是因商标标志本身损害了社会公共利益,违反了社会公共秩序,影响了社会善良风俗,有损国家尊严、民族团结、宗教信仰等,而不能将此类标志作为商标使用的情形;同时绝对禁注条款是因标志本身垄断了表达或描述某类商品名称、用途、功能等的符号,造成其他经营主体无法进行使用,即使考虑“合理使用”的情形,此类标志的权利人仍然可能会因其中含有消费者选购商品质量本身的特定因素,而获得不当的竞争优势,由此该类标志缺乏商标的基本功能,不应获准注册。因此,绝对条款是对公共利益、秩序,市场经营秩序的保护,而且构成该类情形商标的无效或撤销程序中并无主体或时限的限制;另外若特定标志被认定为属于绝对禁用、禁注的情形时,市场的其他经营主体一般情况下也丧失了对申请注册该标志的可能性②,由此案件结果会影响涉及社会不特定主体。因此,在商标授权、确权行政纠纷中,若存在此种情形,为了避免存在绝对条款情形的诉争标志投入市场,导致损害社会公共利益,或者对特定标志认定错误,致使对市场不特定主体在经营过程中产生负面影响情形的出现,从节约行政相对人诉讼成本及提高行政机关审查效率的视角出发,人民法院在审理此类案件时,可以准许各方当事人在法院指定的举证期限内提交相关证据,从而确保对诉争商标是否构成绝对条款情形进行全面、准确地认定。

在“稻花香集团”商标申请驳回复审案中③,二审法院就是在采纳了由案外人出具的同意将企业名称注册为商标的《书面声明》的情况下,认定申请商标不构成不良影响,最终撤销了被诉决定和一审判决。同时,在强生公司关于“LISTERINE SMOOTH MINT”“COOL MINT LISTERINE 及图”“NATURAL CITRUS LISTERINE 及图(指定颜色)”三个商标申请驳回复审案中④,二审法院也是在采纳了强生公司在诉讼阶段提交的《朗文当代英语大辞典》关于申请商标中英文的翻译后,认定申请商标具有显著性,判决撤销了被诉决定及一

① 具体案由名称摘自北京市高级人民法院于2014年9月4日下发的《关于规范商标行政诉讼案由的意见》。

② 关于“显著性”条款存在标志经使用获得“第二含义”的情形。

③ 北京市高院(2013)高行终字第1974号行政判决。

④ 北京市高院(2013)高行终字第554号、(2013)高行终字第553号和(2013)高行终字第694号行政判决。

审判决。“金骏眉”[①]“银骏眉”[②]商标异议复审案中,二审法院同样是在考量了当事人在行政阶段的证据和采纳了当事人在诉讼阶段所提交的新证据后,综合认定二者构成了指定使用商品的“通用名称”,进而判定不应核准诉争商标的注册申请。

因此,由于绝对条款本身所蕴含的价值目的及其内涵的特殊性,会对特定行业、社会公众、市场秩序产生极大影响,在此基础上对特定标志的认定应当采取审慎的态度,尊重客观的事实状态,避免机械司法导致对公共利益的损害,对该类案件的诉讼新证据应当采取一种“宽容”的接受态度。

(二)“相对条款”诉讼新证据的采纳规则

“相对条款”即在商标授权、确权纠纷中对特定民事主体权益造成损害的情形,涉及商标近似、驰名商标保护、恶意抢注、在先权利等情形。应当说,此类情形较之“绝对条款”更加复杂,不宜一概而论,需要再行具体类型化分析。

“相对条款”多是因诉争商标损害了在先合法权益而产生,故而在对新证据的采信过程中应当区分不同的商标注册程序、阶段、环节和提交的主体等多个因素进行判定。同时需要考虑诉争商标不予核准注册或被撤销后,其权利主体是否还有其他救济途径,权利人是否存在故意在行政阶段怠于提交证据等情形。

1. 商标申请驳回复审行政纠纷[③]

我国《商标法》所确定的注册制度,是为了鼓励社会公众通过商标申请取得专用权,并且进行积极、有效的商标使用,从而体现商标区分不同商品来源的基本功能。由此,在商标注册制度中,一方面,应当避免在后申请注册的商标与他人在先申请注册的商标相近似,从而使相关公众对商品来源造成混淆、误认;另一方面,基于商标注册的申请在先原则,对因客观事实发生改变,足以影响诉争商标申请注册的情形,应当从保护诉争商标申请主体的利益出发,充分考虑相关事实的变化情况,这样也符合《商标法》的立法本意。同时,由于申请商标的审查需要经历一定时间,若孤立地对待各个审查阶段的事实状态,容易使当事人丧失先申请的客观状态,即若仅考虑被诉具体行政行为时的事实情况,对已经可能不会影响诉争商标申请注册的事实不予考虑,则诉争商标

---

① 北京市高院(2013)高行终字第1767号行政判决。

② 北京市高院(2013)高行终字第1766号行政判决。

③ 此类案件的当事人为商标注册申请人与商标评审委员会,在《商标法》的适用过程中基本以绝对条款和商标近似的理由予以审查,在上文已经对绝对条款进行分析的基础上,本部分仅系围绕有关商标近似性问题的诉讼新证据采纳规则进行的探讨,特此说明。

的申请人再次申请时，将丧失其原先的申请注册日，可能导致晚于其他主体申请注册情形的发生。因此，司法审查可以被视为商标授权程序的延续，并且从保护当事人合法权益，减少诉讼成本，避免因机械执法导致的程序振荡等方面出发，在此类案件中，对足以影响商标注册的客观事实进行考量，符合《商标法》的立法宗旨及司法审查的实质价值，并且也适应《商标法》的发展需要。

在"BEST BUY"商标申请驳回复审案中[①]，最高人民法院认为商标驳回复审案件中，申请商标的注册程序尚未完成，评审时包括诉讼过程中的事实状态都是决定是否驳回商标注册需要考虑的。在该案中，佳选企业服务公司在一审诉讼过程中提交了申请商标实际使用的大量证据，这些证据所反映的事实对于申请商标显著性的判断存在实质影响，如果不予考虑，该公司将失去救济机会，因此应当对诉讼中提交的新证据予以考虑。

在耐克国际公司商标申请驳回复审案中[②]，最高人民法院就指出，由于本案为商标驳回复审行政诉讼，申请商标的注册程序尚未完结，在这一过程中，由于申请商标是否应予核准注册的事实基础发生根本性变化，即本案唯一的权利障碍已经消失，若仍以二审判决做出时的事实状态为基础去考量申请商标是否应予核准注册，将导致显失公平的结论，在此基础上，最高人民法院以情事变更为由准予了申请商标的注册。在"PMI 及图"商标申请驳回复审案中[③]，申请人在诉讼阶段提交了其与引证商标权利人的《商标共存协议》，二审法院采纳了前述证据，撤销了被诉决定。在"朱丹溪 ZHUDANXI 及图"商标申请驳回复审案中[④]，二审法院基于申请人提交的引证商标在诉讼阶段已被宣告无效的商标档案材料，根据情事变更的原则，撤销了被诉决定。

因此，在此类案件中，只要不存在当事人故意拖延提交证据，明显怠于举证的情形，人民法院还是应当接受因客观情况变化而对商标近似性判断产生影响的诉讼新证据。

2. 商标不予注册复审行政纠纷和商标异议复审行政纠纷

此类纠纷在司法实践中对诉讼新证据采纳与否的观点存在较大差异，从申请异议的主体而言，其在诉讼过程中补充的证据多为证明引证商标知名度、诉争商标主体存在恶意等情形；就诉争商标主体而言，多为对异议事由进行反驳的证据。

---

① 最高人民法院(2011)行提字第 9 号行政判决书。

② 最高人民法院(2015)行提字第 4 号行政判决。

③ 北京市高级人民法院(2013)高行终字第 268 号行政判决。

④ 北京市高级人民法院(2014)高行终字第 1748 号行政判决。

一般而言,根据2001年修正的《商标法》的规定①,异议申请主体系提起行政纠纷的一方,其应当对其所主张的事实当然的负有举证义务,特别是在异议复审阶段应当出示其所拥有的相关证据,这样有利于商标评审委员会全面、准确的判断案情,根据《商标法》进行裁判,由此对异议申请主体在诉讼中补充提交的证据原则上应当采取严格的限制。

在"雄基及图"商标异议复审行政纠纷②中,二审法院就认为行政相对人在行政程序中对其主张的事实不应怠于举证,在无合理事由的情况下,其在诉讼阶段提交的证据不应当予以采纳。本案中,摩托罗拉公司作为异议复审的申请人,应当主动、积极、全面提交就其所主张的异议复审理由的相关证据,同时考虑到被诉裁定已经明确摩托罗拉公司所提交证据并不足以支持其主张的情况下,该公司亦未在一审行政诉讼中进行积极补救,而是在二审阶段提交了此前已经拥有或可以取得的相关证据,由此该公司的行为属于明显怠于举证,另考虑到其还有后续救济途径,故对摩托罗拉公司在行政诉讼程序中所提交的证据不予接受。

然而,在司法实践中人民法院在部分案件中也是接受了异议申请主体补充提交的新证据。究其原因,可能是出于从遏制恶意抢注,制止"搭便车"等不正当行为的角度出发,对于被异议人明显的、主观恶意程度较高的行为,予以严厉制止,确立诚实信用的商标申请注册制度,但是其是否会对商标申请注册审查制度产生负面影响,还有待实践效果去验证。

在伯斯有限公司诉商标评审委员会、曾某某商标异议复审行政纠纷案③中,二审法院就在采纳伯斯有限公司在诉讼阶段提交的关于被异议商标申请人曾某某存在模仿其"BOSE"商标、"搭便车"、损害伯斯公司合法权益证据的基础上,结合在评审阶段伯斯有限公司所提交的其他证据最终不予核准被异议商标注册,撤销了被诉裁定。

另外,对被异议人而言,可以适当允许其在诉讼阶段提交证据,避免因后续无其他救济途径导致其自身权益受损。

3. 商标权无效宣告复审行政纠纷和商标权无效宣告请求行政纠纷

在该类纠纷中,无论是申请人或是商标权人均可能面临着后续丧失其他救济途径的风险,因此对此类案件诉讼新证据的采纳更应当从迟延举证的事

---

① 根据2013年修正的《商标法》的规定,异议申请人的异议理由不成立的,商标局做出准予注册的决定,发给商标注册证,并予公告,异议申请人可后续请求宣告无效程序。

② 北京市高级人民法院(2014)高行终字第1394号行政判决。

③ 北京市高级人民法院(2013)高行终字第999号行政判决。

由、证明的内容、是否存在不举证的主观过错等方面予以考量，不宜直接予以确定；对于明显怠于举证的情形，应当予以制止。

在深圳市投资管理公司（简称深圳投资公司）商标争议案①中，深圳投资公司主张争议商标的注册系对其在先已驰名的“先科”商标的损害，在商标评审委员会未予认定驰名的情况下，深圳投资公司在行政诉讼阶段提交了大量有关驰名的证据。二审法院认为，在行政诉讼程序中，并未禁止行政相对人补充提交证据，但深圳投资公司作为争议商标申请撤销的主体，其在启动商标撤销程序中，应当积极、主动地向商标评审委员会提交相应证据，由于其并未说明在诉讼阶段补充提交证据具有合法事由，故深圳投资公司应当自行承担其怠于举证的不利后果，对其在诉讼阶段补充提交的证据不予采纳。

4. 商标权撤销复审行政纠纷

2013 年修正的《商标法》将“成为本商品的通用名称”和“连续三年不使用”作为申请撤销的事由，因通用名称的认定属于上文“绝对条款”所讨论范围，故在此仅对商标连续 3 年不使用撤销的情形进行分析。

在“卡斯特”商标撤销复审行政案②以及“555 及图”商标撤销复审行政案③中，最高人民法院均明确了长期搁置不用的注册商标，不仅不会发挥商标功能和作用，而且还会妨碍他人注册、使用，从而影响商标制度的良好运转。因此《商标法》第 44 条第 4 项规定了商标连续 3 年停止使用的撤销制度。应当注意的是，该条款的立法目的在于激活商标资源，清理闲置商标，撤销只是手段，而不是目的。

因此，从鼓励商标权人积极、真实、公开、有效地使用商标的立法本意出发，应当对当事人在诉讼中提交的新证据予以接受。

四、结论

基于上文对诉讼新证据的“类型化”判断规则的分析，前文所引述的“SHEARMAN & STERLING”商标申请驳回复审行政案，就是以司法审查可以被视为商标授权程序延续的视角，在从保护当事人合法权益、减少诉讼成本的基础上，最终一、二审法院均接受了本案商标申请人在诉讼中所补充提交的新证据，并据此作出了判决。

综上，在商标授权、确权行政案件中，一般对“绝对事由”可以采取接受的态度；在“相对事由”中，可以根据商标申请注册不同阶段的立法本意和具体

---

① 北京市高级人民法院（2013）高行终字第 472 号行政判决。

② 最高人民法院（2010）知行字第 55 号行政裁定书。

③ 最高人民法院（2015）知行字第 89 号行政裁定书。

情形进行划分，确定新证据接受的基本规则，从而在确保行政行为稳定性与最大限度保障行政相对人利益的博弈中探索出最佳的平衡点，归纳出具体的采信标准。然而，由于现实案件的纷乱复杂，很难抽象出具体的适用规则，本文更多的是提供一种探索此类问题的思路，实践的规则还需要在司法实践中大胆地进行尝试与摸索，力求实现司法实践执法尺度的统一。

（三）专利权

“简单转用”的形状对立体产品整体视觉效果通常不具有显著影响

——评温某某与蔡某某侵害外观设计专利权纠纷案*

李　艳**

【关键词】 外观设计专利权　加湿器　易拉罐

【裁判要点】

外观设计专利侵权比对应坚持“整体观察、综合判断”的原则。由形状与图案相结合的立体产品外观设计专利，若其形状完全系由人们日常生活中司空见惯的其他种类产品的现有设计简单转用而来，则图案较之于形状对产品的整体视觉效果产生更为显著的影响。此时即使产品形状完全相同，亦不可片面强调形状因素，相反应依据图案的差异程度及所占比例判断两者的整体视觉效果是否存在实质性差异。

【基本案情】

温某某于2008年12月11日向国家知识产权局申请名称为“加湿器”的外观设计专利，并于2009年11月18日获得授权，专利号为200830349168.9。该专利授权公告的图片如图一：

主视图　左视图　右视图　俯视图　仰视图

图一

---

* 案号：一审：(2012)穗中法民三初字第36号；二审：(2014)粤高法民三终字第37号。

** 李艳，广东省高级人民法院知识产权庭法官，硕士研究生。

2011 年 11 月 7 日,温某某的委托代理人到达广州市解放南路 39 号万菱广场四层 4A045 铺(外有“鑫特电子”字样),购买加湿器三个,广东省广州市广州公证处公证员及工作人员对上述行为进行了公证,出具了(2011)粤穗广证内经字第 125415 号《公证书》。

温某某将上述加湿器作为本案的被诉产品,庭审中拆封该公证封存产品,蔡某某确认由其销售。三个被诉产品形状相同,仅图案不同:一产品主视图的图案有卡通动物造型,并有“Hello Kitty”及“水疗美容香薰器”字样;一产品的主视图有带条纹的圆形,右视图有“PEPSI”及“水疗美容香薰器”字样;一产品的主视图有“CocaCola”及“水疗美容香薰器”字样。上述产品中主视图有卡通动物造型产品的照片如图二:

主视图　　左视图　　右视图　　俯视图　　仰视图

图二

【裁判结果】

一审法院判决:蔡某某立即停止销售侵犯温某某名称为“加湿器”、专利号为 200830349168.9 的外观设计专利权的产品,并销毁所有库存侵权产品;蔡某某赔偿温某某经济损失包括合理费用人民币 15,000 元;驳回温某某的其他诉讼请求。

二审法院判决:撤销一审判决;改判驳回温某某的全部诉讼请求。

【裁判理由】

一审法院认为,外观设计专利的保护范围以表示在图片或者照片中的该产品的外观设计为准。对于外观设计专利侵权与否的判断,应当以普通消费者的眼光从整体上观察被控侵权产品与专利的差别,以对产品的整体视觉效果是否具有显著影响为尺度。如果将被诉侵权设计与授权外观设计专利公报上的图片进行对比,两者在主视图及整体视觉效果上无差异或无实质性差异,应当认定两者相同或近似,被诉侵权设计落入授权外观设计的保护范围。本案中,被诉侵权产品的工作原理是将液体转化为水雾状,与温某某获得授权的涉案专利的加湿器,均为雾化器,属同类产品。将被诉侵权设计与本案专利进行对比,两者产品形状相同,仅图案有差别,而温某某将可乐罐的形状用至涉案的授权专利,使其形状成为涉案授权外观设计的主要设计特征,其对涉案外观设计的整体视觉效果更具影响,故应认定被诉产品与涉案专利设计两者整体视觉效果无实质性差异,构成相近似。蔡某某未经温某某许可,销售与温某某涉案专利近似的产品,其行为已构成对温某某专利权的侵犯,应承担停止侵权和赔偿损失等民事责任。

二审法院认为,《中华人民共和国专利法》第 2 条第 4 款规定,外观设计是指对产品的形状、图案或者其结合以及色彩与形状、图案的结合所作出的富有美感并适于工业应用的新设计。第 59 条第 2 款规定,外观设计专利权的保护范围以表示在图片或者照片中的该产品的外观设计为准,简要说明可以用于解释图片或者照片所表示的该产品的外观设计。根据上述法律条文的规定并结合专利授权文件可知,温某某涉案专利的保护范围系以主视图、俯视图等六面视图所限定的产品形状和图案的外观设计。判断被诉侵权设计是否落入专利保护范围,应将被诉侵权设计与本案专利表示在图片或者照片中的产品外观设计相比较,判断两者是否相同或近似。在比较时,应以一般消费者的知识水平和认知能力,从外观设计的整体视觉效果进行综合判断。本案中,三款被诉侵权产品与外观设计专利产品均属同类产品,可以进行相似性比较。将该三款被诉侵权设计与本案专利的外观设计相比较,情况如下:两者均为类似于易拉罐的圆柱体,罐体的上端和下端均向里凹陷,上端均有两孔形成的拉环状,下端均有三个小凹孔,两者的形状基本相同;该三款被诉侵权产品罐身分别为卡通猫图案、由宽窄不同的多个弧形色块与圆形水滴组合成的图案、以冰块以及水珠和圆球组合成的类似于冰川造型的图案,而本案专利产品的罐身为小树、沙滩和海水构成的风景图案,故三款被诉侵权产品均与本案专利产品的罐身图案不相同。法院认为,虽然被诉侵权产品与专利产品形状基本相同,但考虑到本案罐身图案在该款加湿器产品表面占据的面积最大,且三款被诉侵权产品的罐身图案与涉案专利的罐身图案在内容、风格及表达的意境各方面均存在显著差异的特殊案情,故不可片面强调形状因素。经比较,以一般消费者的知识水平和认知能力综合判断,足以认定两者的整体视觉效果存在实质性差异。因此,蔡某某关于被诉侵权设计与本案专利不相同也不相近似的上诉理由成立,应当予以支持。

【案例注解】

外观设计是指对产品的形状、图案或者其结合以及色彩与形状、图案的结合所作出的富有美感并适于工业应用的新设计。根据 2009 年 12 月 21 日通过的最高人民法院《关于审理侵犯专利权纠纷案件应用法律若干问题的解释》的规定,我国法院进行外观设计侵权比对的方法是“整体观察、综合判断”,即在综合考量被诉侵权设计与涉案专利的所有可视设计特征后判断两者的整体视觉效果是否相同或者近似。“整体观察、综合判断”作为外观设计侵权比对的基本原则,具有高度的抽象性。上述司法解释为此进一步规定了两类具体操作规则,一类是“排除规则”,即将某类设计特征在侵权比对时予以排除,例如功能性设计特征、非可视性设计特征;另一类是“更具影响规则”,即规定该类设计特征相对于其他设计特征对于外观设计的整体视觉效果更具有影响,如主视部分的设计特征、创新性设计特征。对于这两类规则,至少是对于“更具影响规则”,立法很难穷尽所有的类型而予以列举。法官需在个案中根据被诉侵权设计与涉案外观设计专利的具体情况,作出符合《专利法》保护宗旨的判断。

在一项外观设计同时包含形状与图案两种设计要素的情况下,无论是理论研究还是审判实践中,主流的观点均认为,通常各设计要素对于整体视觉效果的影响程度并不相同且形状对整体视觉效果能产生更显著的影响。广东省高级人民法院在2011年审理的“中山市君豪家具有限公司与中山市南区佳艺工艺家具厂侵犯外观设计专利权”上诉案中即因适用该观点而否定一审法院的侵权比对结果,北京市高级人民法院更在其2013年下发的《专利侵权判定指南》中明确提出“对于立体产品的外观设计,通常形状对整体视觉效果更具有影响,在进行相同相近似判断时,应以形状为重点”的意见。然而,该规则并非没有例外。前述《专利侵权判定指南》即认为,“如果形状属于惯常设计,则图案、色彩对于整体视觉效果更具有影响”。

本案专利为形状与图案相结合而形成的“加湿器”外观设计专利,三款被诉侵权设计的产品形状均与专利基本相同,但图案的内容与风格又均与专利迥异。在立体产品外观设计的两项设计要素比对结果完全矛盾时,适用“整体观察、综合判断”原则绕不开的难题就是:形状与图案究竟何种设计要素对产品的整体视觉效果能产生更显著的影响?对此,一审法院基于立体产品侵权比对的一般规则,认为形状对产品整体视觉效果的影响更显著,在两者形状基本相同的情况下,图案差异不构成实质性差异。二审法院则考虑到本案专利的产品形状系由人们日常生活所熟知的现有设计“易拉罐”简单转用而来的特殊案情,认为不能简单适用立体产品侵权比对的一般规则强调形状的作用,反而更应关注图案对产品整体视觉效果的影响。二审法院最后基于图案的差异程度以及图案占产品可视部分的面积比例情况纠正了一审法院的认定结果,改判被诉侵权设计不落入本案专利的保护范围。

我国法律关于外观设计侵权比对尚无"转用"的条文规定,故二审法院在裁判文书中未直接使用"转用"的表述。但其通过强调图案对整体视觉效果的影响,殊途同归地适用了立体产品外观设计侵权比对的一项新的例外规则,即:对于由形状与图案相结合的立体产品外观设计,如其形状完全系由人们日常生活中司空见惯的其他种类产品的现有设计简单转用而来,则图案较之于形状对产品的整体视觉效果产生更为显著的影响。本文所称的"简单转用"特指未产生任何独特视觉效果的转用。对于本案采纳该项规则的理由,笔者拟分述如下。

一、我国当前外观设计侵权比对所采用的模式

在外观设计侵权比对的模式上,大致有三种设计:混淆模式、创新模式与折衷模式。混淆模式发轫于美国,其确立于1871年的Gorham案。该案提出一个著名的观点,即在具有购买者通常所具备观察力的普通观察者眼中,两项设计实质相同,如果这种相似欺骗了上述观察者,导致他将购买的被控侵权产品误认为专利产品,则可认为侵权成立。[①] 该模式以是否造成一般消费者混淆、误认为标准,其与维护外观设计专利权人对市场份额的占有理论相契合,对于专利权人的保护较为有利,曾长时间作为主流立法模式为世界各国所借鉴。但该模式因导致外观设计专利权与商标权功能混同而饱受争议。部分学者提出,在专利权人不生产专利产品的情况下,混淆根本无从发生[②]。为克服混淆模式的弊端,美国在20世纪80年代初又提出了创新模式。该模式的核心观点是:只要被控侵权产品包含了专利设计中一般消费者在正常状态下能够看到的装饰性创新内容,即为近似外观设计;反之,即为既不相同也不相近似外观设计。[③] 该模式虽然有效地摒弃了外观设计的鉴别性功能,更符合《专利法》所提倡的鼓励创新目的,但又可能走向另一个极端。其完全脱离产品整体外观设计的"创新点"考察方法,一方面会产生实质上保护局部外观设计的结果,另一方面还可能导致创新程度越高的外观设计专利越难以受到保护的荒谬结论。由此可见,纯粹的混淆模式或者纯粹的创新模式都难以完美地解决外观设计侵权比对所面临的复杂问题,于是催生了一种折中的模式。理论上多称为"见多识广的消费者"模式[④]。即将混淆模式与创新模式混合适用

① 马云鹏:《外观设计专利侵权模式的比较与选择》,载《电子知识产权》2014年第2期。

② 尹新天:《中国专利法详解》,知识产权出版社2011年版,第636~644页。

③ 马云鹏:《外观设计专利侵权模式的比较与选择》,载《电子知识产权》2014年第2期。

④ 袁博:《论外观设计侵权判定标准的演进——从"整体标准"到"见多识广的消费者"标准》,载《知识产权法研究》(第10卷),第323页。

的模式,包括在混淆模式中引入创新模式的部分内容,或者在创新模式中引入混合模式的部分内容。笔者认为,我国当前外观设计侵权判定所采纳的系以混淆模式为主导并合理吸收创新模式部分精髓的折中模式(下文简称“混淆主导的折中模式”)。我国2008年新修订的《专利法》第1条开宗明义将“保护专利权人的合法权益”与“提高创新能力”作为制定专利法相提并论的两大目标,因此,我国应采纳可平衡上述两大立法目标的侵权判定模式。最高人民法院2009年颁布的前述司法解释所规定的“整体观察、综合判断”原则,强调以被诉侵权设计与涉案专利整体视觉效果的相同或者相近似作为认定被诉侵权设计落入保护范围的依据,无疑确定了混淆模式的主导地位。但其又规定授权外观设计区别于现有设计的设计特征相对于授权外观设计的其他设计特征通常对外观设计的整体视觉效果更具有影响,突出外观设计“创新点”在比对中的重要作用。该规定实质是通过将外观设计的“创新点”纳入“整体观察”,并在“综合判断”环节予以重点考量的方式,巧妙地将传统的混淆模式改造成新的“混淆主导的折中模式”。

二、外观设计的转用

在欧盟国家,对一项外观设计的保护可以延及不同种类的产品。与之不同,我国《专利法》保护的是以产品为载体的外观设计,在授权及侵权的比对过程中均强调以产品种类相同或者相近似为前提。然而,外观设计的实际设计过程则通常并不受产品领域的限制。① 为引导产品设计者付出更多的创造性劳动进行外观设计,而非简单抄袭、模仿其他非近似领域产品的现有设计,“转用”被引入外观设计专利制度。因2008年12月27日新修订的《专利法》提高了外观设计专利的授权标准,规定授予专利权的外观设计不但应与现有设计相比具有新颖性,还应与现有设计或者现有设计特征的组合相比具有明显区别。国家知识产权局据此修订其《专利审查指南》,在第四部分第五章的6.2节中增加规定了“现有设计的转用、现有设计及其特征的组合”。按照《专利审查指南2010》的规定,转用是指将产品的外观设计应用于其他种类的产品。授权专利与现有设计相比,如明显存在转用手法的启示,除能产生独特的视觉效果之外的,将因缺乏创造性被宣告无效。虽然该规定是用于无效审查程序中评价整项外观设计的创造性问题,但其所蕴含的“不鼓励工业品设计者简单模仿、抄袭其他种类产品的现有设计”的立法价值取向,亦可在侵权比对中适用。再以该价值取向评价现有设计特征的转用行为,即可得出“简单

---

① 王明达主编:《北京市高级人民法院〈专利侵权判定指南〉理解与适用》,中国法制出版社2014年版,第278页。

模仿、抄袭其他种类产品司空见惯的现有设计特征所得到的外观设计特征，如未能产生独特的视觉效果，则该设计特征与外观设计的其他特征相比，其创新程度通常较低”的结论。本案温某某的“加湿器”外观设计专利，其产品形状为简单抄袭与模仿饮料类产品司空见惯的现有设计“易拉罐”，转用后并未产生任何独特的视觉效果，故该形状较之图案创新程度低。

三、“简单转用”得到的形状对产品整体视觉效果的影响

如前所述，我国外观设计专利侵权判定采纳的是“混淆主导的折中模式”。在该模式下，首先，外观设计专利的所有可视性设计特征应被视为一个整体受到保护；其次，各部分设计特征的得到的保护力度又应与其创新程度相匹配。在由形状与图案所组成的立体产品外观设计中，当形状系通过“简单转用”常见的现有设计获得，则其因较低的创新程度，通常不如图案对整体视觉效果更具有影响。这一结论亦符合一般消费者的知识水平和认知能力。参照《专利审查指南2010》关于一般消费者的规定，在2008年《专利法》修订之后我国专利侵权判定中所假定的一般消费者，应系对侵权发生日之前相同种类或者相近似种类产品常用设计手法有常识性了解的人，而转用、拼合、替换均为其具备常识性了解的常用设计手法。试想，当其对将“易拉罐”形状由饮料简单转用到“加湿器”的设计手法已有常识性了解时，“加湿器”的“易拉罐”形状就难以再对其视觉产生冲击力，图案反倒成为其更加关注的外观设计要素。

四、新《专利法》实施后的被诉侵犯专利权行为纠纷均可适用该规则

我国假定的作为判断外观设计相同或者近似的法定主体，其知识水平与认知能力系在新《专利法》实施后得以提高，成为对相同种类或者相近似种类产品的“转用”等常用设计手法有常识性了解的“一般消费者”。本案被诉侵权行为发生在2011年11月7日，但涉案专利系在新《专利法》实施前申请的，法院可否在侵权比对中适用上述“立体产品简单转用的例外”规则？二审法院对此持肯定态度：首先，《关于学习贯彻修改后的专利法的通知》第2条即明确规定，人民法院审理侵犯专利权纠纷案件，对于2009年10月1日以后的被诉侵犯专利权行为，适用修改后的《专利法》。其次，“立体产品简单转用的例外”本质上属于我国司法实践中长期以来所采纳的“整体观察、综合判断”原则的一项具体操作规则。其借鉴了专利审查指南在《专利法》实施后新增加的“转用”制度的精神，但并非直接适用该制度。

产品外壳在侵犯外观设计专利权判断时的作用

——评廖某某与深圳市展昊德塑胶电子有限公司侵害外观设计专利权纠纷案*

欧丽华**

【关键词】 产品外壳 直接侵权 间接侵权 引诱侵权

【裁判要点】

一般来说,承载外观设计的不同产品的种类相同或者相近是比较两个外观设计是否相同相近似的前提条件,若两者产品种类不相同也不相近,则不存在外观设计比较的基础。但一个完整的产品主要设计特征均呈载于外壳,且外壳属于与产品系紧密相关的产品,无须再从产品功能和用途判断两者产品类别的类似性,可以直接进行外观设计比对,判断是否构成直接侵权。间接侵权须存在直接侵权人及其侵权产品,并以行为人主观明知为构成要件,不可仅凭产品用途全作推定。

【基本案情】

廖某某于2013年6月4日向国家知识产权局申请专利名称为"移动电源(S-802小蛮腰)"的外观设计专利,2013年10月23日获得国家知识产权局的授权,专利号:ZL201330228353.3。目前该专利处于有效状态。

涉案外观设计专利是由主视图、后视图、左视图、右视图、俯视图、仰视图、立体图共七幅图组成。主视图为移动电源外形一侧,外围轮廓呈长方形,上端左右两角位置为倒角状,左上方有一横条状的孔。后视图与主视图对称,除了没有横条状的孔外,与主视图基本一致。左视图为移动电源窄边的一端,整体呈长方形,四个角部位置均为倒角状,中间有一圆形小孔,小孔的上下各有一端口,小孔的右侧还有一较小端口。右视图与左视图对称,整体呈长方形,四个角部位置均为倒角状。俯视图为移动电源长边的一端,中间偏左有一长方形小孔,两端角部位置呈倒角状,从上往下看,可以看出顶部渐进式窄于底部,呈上窄下宽状。仰视图为移动电源长边的另一端,呈一光滑的弧面。

---

* 案号:一审:广东省深圳市中级人民法院(2014)深中法知民初字第17号;二审:广东省高级人民法院(2014)粤高法民三终字第773号。

** 欧丽华,广东省高级人民法院知识产权庭法官,硕士研究生。

廖某某指控展昊德公司以生产、销售、许诺销售的方式侵害了其外观设计专利权，为支持其诉讼主张，廖某某提交了阿里巴巴网站广告的打印件，该广告显示：产品名称为“最新款3节移动电源　罗马仕款9000毫安　通用苹果三星小米充电宝”，供应商信息为“深圳市展昊德塑胶电子有限公司刘某”、经营模式为“生产厂家”、所在地区为“广东　深圳市宝安区”。廖某某还提交了深圳市深圳公证处(2013)深证字第176521号公证书，记载内容如下：廖某某代理人彭某某在公证员及公证处工作人员的见证下，于2013年12月11日15时43分来到市宝安区沙井街道中心路8－28号创业大厦512室的展昊德公司经营场所，现场购得移动电源外壳一批，并取得号码为“0001100”的《展昊德塑胶电子科技有限公司送货单》及名片原件各一张，现场交于公证员保管。公证员回公证处后将送货单和名片原件复印后交还廖某某代理人，将所购产品装箱并加贴封条。送货单显示购买的涉案产品为“罗马仕三节”，数量为“5”，收据上盖有展昊德公司的公章。名片正面有展昊德公司的名称、地址及法定代表人姓名，名片背面记载“专业生产　销售移动电源厂商”。

展昊德公司认为阿里巴巴网站广告的打印件未进行公证，无法确认其真实性。

廖某某当庭提交了公证封存的被诉侵权产品，产品为移动电源外壳，产品本身无任何标志、信息。廖某某认为被诉侵权产品移动电源外壳的外观与其专利图片相同。展昊德公司认为由于涉案专利形状属于惯常设计，图案和色彩对整体视觉效果更具影响力，两者颜色的差异应纳入比对的考量。

将被诉侵权产品移动电源外壳与廖某某专利图片进行比对：从主视图看，两者外围轮廓均呈长方形，上端左右两角位置均为倒角状，左上方有一横条状的孔；从后视图看，两者均呈上端左右两角为倒角状的长方形；从左视图看，两者整体均呈长方形，四个角部位置均为倒角状，中间均有一圆形小孔，小孔的上下各有一端口，小孔的右侧还有一较小端口；从右视图看，两者整体均呈长方形，四个角部位置均为倒角状；从俯视图看，两者中间偏左均有一长方形的小孔，两端角部位置均呈倒角状，从上往下看，可以看出顶部渐进式窄于底部，呈上窄下宽状；从仰视图看，二者均呈一光滑的弧面。涉案外观设计专利并不保护颜色。经对比，被诉侵权产品的外观设计与廖某某涉案专利设计相同。

展昊德公司提供了深圳市硕美优品科技有限公司工商资料、编号为0000118号、0024683号的《送货单》两份，证明其产品有合法来源。深圳市硕美优品科技有限公司工商资料显示深圳市硕美优品科技有限公司为2013年10月29日成立的有限责任公司，法定代表人为陆某某。编号为0000118号

《送货单》显示的日期为 2014 年 1 月 3 日,货物类型包括“S－802 壳＋中框＋配件”,收货单位为拓翔者,送货人为“陆′S”,送货单位处盖有深圳市硕美优品科技有限公司的公章。编号为 0024683 号《送货单》显示的日期为 2013 年 10 月 12 日,货物为“S－802 白色壳＋板”,送货人为“陆′S”,收货单位空白,未加盖公章。

廖某某、展昊德公司双方当庭认可廖某某公证购买的移动电源外壳不是完整的移动电源产品。购买者购买到移动电源外壳后,想要获得完整的移动电源产品,还需要购买其他零部件并进行组装。同时,展昊德公司确认其销售的对象主要为组装移动电源产品的厂商。

廖某某于 2014 年向法院起诉,认为展昊德公司未经许可,擅自生产、销售、许诺销售被诉侵权产品,侵害了其外观设计专利权。请求判令展昊德公司:(1)立即停止侵权产品的生产、销售、许诺销售,销毁库存侵权产品及生产侵权产品的专用模具;(2)赔偿廖某某损失及维权合理支出共计 10 万元;(3)承担本案的诉讼费。

【裁判结果】

一审法院判决展昊德公司立即停止侵权并赔偿廖某某经济损失 2.5 万元。二审法院驳回展昊德公司上诉,维持原判。

【裁判理由】

一审法院认为,展昊德公司工商登记的经营范围包含了移动电源的技术开发和销售,且展昊德公司在名片上也宣传自己是专业生产、销售移动电源的厂商。廖某某在展昊德公司处公证购买到被诉侵权的移动电源外壳,展昊德公司未提供被诉侵权的移动电源外壳的合法来源。可以认定展昊德公司制造、销售了被诉侵权的移动电源外壳。廖某某主张展昊德公司许诺销售被诉侵权的移动电源外壳,但其提交的网页打印件未经公证,无法确认其真实性,不能认定展昊德公司实施了许诺销售行为。廖某某申请外观设计专利的产品为移动电源,而廖某某公证取证的被诉侵权产品为移动电源外壳,双方均确认该移动电源外壳不是移动电源产品,购买者要获得移动电源产品还需购买零部件并加以组装,因此本案的焦点问题是展昊德公司制造、销售移动电源外壳的行为是否侵害了廖某某的外观设计专利权。经比对,被诉侵权产品移动电源外壳的外观设计与廖某某专利设计相同,且被诉侵权产品移动电源外壳在配合其他零部件完成组装后所形成的产品为移动电源,与廖某某的专利产品种类相同,被诉侵权产品移动电源外壳在配合其他零部件完成组装后,该移动电源产品落入廖某某专利权的保护范围。展昊德公司将移动电源外壳销售给生产移动电源产品的厂商,客观上引诱了生产移动电源产品的厂商将移动电源外壳以及采购的其他零配件加以组装,生产移动电源产品,从而导致生产移动电源产品的厂商对廖某某外观设计专利权的直接侵权;展昊德公司主观上明确知道其制造、销售的移动电源外壳是移动电源产品的专用零部件,购买者购买该零部件后将用于组装移动电源产品,却疏于对是否侵害他人外观设计专利权履行注意义务,主观上存在过错,构成引诱侵权。展昊德公司提出的合法来源抗辩证据均与本案无关联性。展昊德公司的合法来源抗辩证据不足,应对其引诱侵权的行为承担民事责任。一审法院判决展昊德公司立即停止侵权并根据案情酌定其赔偿2.5万元。

二审法院认为,根据《专利法》第70条规定,被诉侵权产品的销售者豁免赔偿责任的法定条件是:(1)仅仅是销售者,不是被诉侵权产品的生产者,没有参与被诉侵权产品的制造过程;(2)不知道其销售的是未经专利权人许可而制造并售出的专利产品;(3)能证明其销售的产品的合法来源。以上3个条件必须同时具备,缺一不可。展昊德公司提出其销售的被诉侵权产品有合法来源,依据不足。合法来源抗辩不适用于产品制造者。展昊德公司是被诉侵权移动电源外壳的制造者。一审对展昊德公司所作的侵权结论正确,但认定展昊德公司构成引诱侵权欠妥。我国法律没有将"引诱侵权"规定为一类特殊的侵权行为,理论上将其归为间接侵权范畴,并在立法上进行了相应规制。根据《中华人民共和国侵权责任法》(以下简称《侵权责任法》)第8条、第9条第1款的规定,二人以上共同实施侵权行为,造成他人损害的,应当承担连带责任;教唆、帮助他人实施侵权行为的,应当与行为人承担连带责任。司法实践中,对于明知有关产品系专门用于实施发明创造的材料、设备、零部件、中间物等,未经专利权人许可,为生产经营目的将该产品提供给他人实施侵犯专利权的行为,权利人主张该提供者的行为属于《侵权责任法》第9条规定的帮助侵权行为的;明知有关产品可以用于实施发明创造,未经权利人许可,为生产经营目的,通过提供图纸、传授技术方案等方式积极引诱他人实施侵犯专利权的行为,权利人主张该诱导者的行为属于《侵权责任法》第9条规定的教唆侵权行为的,人民法院均予以支持。教唆、帮助等间接侵权行为以行为人主观明知为构成要件,且须存在直接侵权人为条件。廖某某没有提交证据证明展昊德公司将移动电源外壳作为专用部件提供给了哪一具体的经营主体,并且后者使用该外壳制造了移动电源产品。因此,本案不存在展昊德公司之外的直接侵权人。一审法院认定展昊德公司构成引诱侵权欠妥。根据《专利法》规定,分别承载两项外观设计的产品种类相同或者相近是比较该两项外观设计是否相同相近似的前提条件,若两者产品种类不相同也不相近,则不存在外观设计比较的基础;相反,若两者产品种类相同或者相近,则可以直接进行外观设计相同相近似的比较。其中,一个完整的产品与构成该产品的零部件之间属于相近种类的产品,可以直接就两者的外观设计进行比较,是否相同或相近似以比较的结果而定。展昊德公司制造、销售了被诉侵权产品移动电源外壳。该移动电源外壳是构成本案专利产品移动电源的零部件,因此两者的产品种类相近,存在外观设计相同相近似比较的基础。从本案专利"移动电源"外观设计专利图片可知,本案专利外观设计专利的视觉效果完全由其外壳体现。而本案被诉产品移动电源外壳是完整的,即使装上内部元器件以后其外形也不会发生改变。足可将其与本案专利进行比对,以确定被诉设计是否侵害本案专利权。经比对,被诉侵权移动电源外壳与本案专利的外观设计并无差异,构成相同的外观设计,落入本案专利的保护范围,已经构成直接侵权。一审法院虽适用法律不当,但认定事实清楚,处理结果适当。二审据此判决驳回上诉,维持原判。

【案例注解】

本案是一起产品部件是否构成对产品外观设计专利权的侵害以及确立间接侵权与直接侵权判定规则的典型纠纷。在本案的处理中,二审法院从外观设计专利保护的客体是应用于产品的外观设计,而非产品本身这一实质出发,同时结合间接侵权的司法实践,认为外观设计专利侵权的判断标准应坚持整体观察、综合判断原则。以此为出发点,结合本案的法律事实,从被诉侵权人的行为性质、被诉侵权电源外壳与专利产品的关系、被诉侵权电源外壳外观与涉案专利外观比对、权利人的诉请、间接侵权的构成要件等方面,对产品外壳对产品外观设计专利权是构成"间接侵权"还是"直接侵权"作出了综合判断。

一、产品外壳与完整产品可直接进行外观设计比对

本案虽一、二审判决结果相同,但是对于展昊德公司行为构成侵权性质二者存在分歧。分歧之一在于,一审认为涉案专利保护的是移动电源产品的外观设计,而被诉侵权产品仅是移动电源的外壳,两者用途不同,不属于相同或者相近种类的产品,不能进行外观设计的比对,首先排除移动电源外壳对移动电源外观设计专利构成侵权的可能。

《专利法》第 2 条第 4 款规定:"外观设计,是指对产品的形状、图案或者其结合以及色彩与形状、图案的结合作出的富有美感并适于工业应用的新设计。"根据该规定,外观设计专利应当以广义的工业产品为载体,但是法条并未对"产品"的完整程度作限制。因此,实务中,权利人可以选择就完整产品

的外观设计申请专利,也可以选择就零部件的外观设计申请专利。在侵权诉讼中作外观设计比对时,若专利保护的是零部件外观设计而被诉侵权产品为完整产品,参照《专利审查指南》第四部分第五章第5.2.3节的规定,仅将该产品中与涉案专利相对应的零部件作为判断对象,其余部分不予考虑。但是,当专利保护的是完整产品的外观设计,而被诉侵权的是该产品的外壳时,被诉侵权产品是否落入专利权保护范围、两者外观设计应当如何比对在现有的法律法规和规范性文件中并没有明确。

根据《专利法》第2条第4款的规定,外观设计保护的客体是产品的形状、图案或者其结合以及色彩与形状、图案的结合。在不影响外部视觉效果的情况下,产品的内部结构、材料、技术性能、尺寸等因素对产品外观设计专利的保护不产生任何影响。换言之,除产品表面透明导致其内部结构可以在外部呈现的情形以外,产品外观设计专利保护的实质就是保护产品的外壳。在这种情况下,禁止他人实施外观设计专利的核心就在于禁止他人制造、销售、许诺销售该产品外壳。对于产品的零部件,《专利审查指南》第一部分第三章第12.2节规定,有专属类别的,应当将该零部件分入其专属的类别;没有专属类别且通常不应用于其他产品的,应当将该零部件分入其上位产品所属的类别。《专利审查指南》第一部分第四章第8.7节规定,对只适用于或专门适用于某种产品或设备的零件或部件,将其分类在该产品或设备的零件或部件的分类位置上;如果分类表中不存在该零件或部件的分类位置,则将其分类在该产品或设备的分类位置上。产品外壳无论是否有专属类别,都是与使用该外壳的产品密切相关的产品。一个产品的外壳虽然不具有与该产品相同的用途,依照《专利审查指南》关于相同、相近种类产品的判断标准,两者似乎不具备外观设计比对的基础,但是,当产品的外观设计完全由其外壳承载,实施该产品外观设计专利的实质就是制造所述外壳,此时若仍纠缠于判断产品与产品外壳是否为"相同或相近种类的产品"则是一种脱离外观设计专利本质,为规则而规则"舍本逐末"的行为。因此,当被诉侵权产品为专用于生产某一产品的外壳时,应当直接以该外壳与该产品外观设计专利进行外观设计相同相近似比对,并以比对结果作为制造、销售该外壳的行为是否侵害外观设计专利权的依据。

二、认定间接侵权须满足主客观构成要件,不可仅凭产品主要用途全作推定

本案一、二审对于展昊德公司行为构成侵权性质分歧之二在于,一审认为,展昊德公司制造移动电源外壳到构成侵害涉案外观设计专利权的产品之

间只差内部元器件的安装,不构成直接侵权,展昊德公司将移动电源外壳提供给移动电源制造商制造侵权产品的行为属于"引诱侵权",构成间接侵权。

对于"引诱侵权"的认定问题,2015 年 3 月最高人民法院《关于审理侵犯专利权纠纷案件应用法律若干问题的解释(二)》(稿)第 21 条规定:"明知有关产品系专门用于实施专利的材料、设备、零部件、中间物等,未经专利权人许可,为生产经营目的将该产品提供给他人实施侵犯专利权的行为,权利人主张该提供者的行为属于侵权责任法第九条规定的帮助侵权行为的,人民法院应予支持。明知有关产品、方法可以用于实施专利,未经专利权人许可,为生产经营目的通过提供图纸、传授技术方案等方式积极诱导他人实施侵犯专利权的行为,权利人主张该引诱者的行为属于侵权责任法第九条规定的教唆侵权行为的,人民法院应予支持。"虽然该司法解释尚未正式颁布,但是其关于"帮助侵权"和"教唆(引诱)侵权"的定义是当前专利审判中主流观点。美国联邦最高法院在 2014 年 6 月就 Limelight Networks, Inc. v. Akamai Technologies[①]"云计算专利第一案"[②]中通过纠正联邦上诉法院判决的基础上明确诱导侵权成立的基础是有证据证明单个实体实施了侵权行为。构成"帮助侵权"和"教唆(引诱)侵权"有两个基本条件。其一,两者作为"间接侵权"的具体方式,均必须以存在"直接侵权"为前提。本案中,如果展昊德公司的行为构成"教唆(引诱)侵权",那么权利人廖某某即使选择不以直接侵权人作为被告,但是其仍应当证明直接侵权行为的存在,即应当证明有单位或者个人未经其许可,为生产经营目的制造侵害其外观设计专利权的移动电源产品。对这一点的证明,仅有展昊德公司确认其移动电源外壳销售的对象主要为组装移动电源产品的厂商,而没有有关具体厂商用该外壳制造移动电源产品的相关证据是不够的。其二,帮助和教唆针对的对象和行为内容有别。帮助应限于提供用于实施专利的专用物件,该物件除实施专利外别无工业用途。而教唆可是提供非专用的物件,只要通过具体的教唆(引诱)行为,如以"提供图纸、传授技术方案等方式"将行为明确指向专利,积极诱导他人实施侵犯专利权行为即可,引诱者自身并不直接参与侵犯专利权行为的实施。本案中,如果以制造使用涉案专利外观设计的移动电源作为"侵犯专利权的行为",那么展昊德公司制造移动电源外壳的行为构成了整个侵权行为的一部分,是侵权行为的直接参

① 北京市高级人民法院知识产权审判庭编:《北京市高级人民法院〈专利侵权判定指南〉理解与适用》,中国法制出版社 2014 年版,第 464 ~ 465 页。

② 吴莉娟、韩元牧:《美"云计算专利第一案"的启示》,载"赢在 IP"微信公众号,2014 年 8 月 29 日发布。

与者。展昊德公司的行为并不符合“教唆(引诱)侵权”中引诱者行为的特征。“皮之不存,毛将焉附?”间接侵权制度本身是对专利权人垄断利益与社会公共利益之间进行衡平的结果,是对全面覆盖原则的突破,不宜放之过宽,过宽将有沦为未全面覆盖的口袋责任之嫌,应坚持以直接侵权的存在为前提。权利人应当证明直接侵权人和侵权产品的存在,并应以行为人主观明知为构成要件,不可仅凭产品主要用途径作帮助侵权或引诱侵权之推定。

2016 年 4 月 1 日起施行的最高人民法院《关于审理侵犯专利权纠纷案件应用法律若干问题的解释(二)》(法释〔2016〕1 号)第 21 条规定:“明知有关产品系专门用于实施专利的材料、设备、零部件、中间物等,未经专利权人许可,为生产经营目的将该产品提供给他人实施了侵犯专利权的行为,权利人主张该提供者的行为属于侵权责任法第九条规定的帮助他人实施侵权行为的,人民法院应予支持。明知有关产品、方法被授予专利权,未经专利权人许可,为生产经营目的积极诱导他人实施了侵犯专利权的行为,权利人主张该诱导者的行为属于侵权责任法第九条规定的教唆他人实施侵权行为的,人民法院应予支持。”该司法解释对间接侵权的认定作出了明确规定,与前述征求意见稿基本一致,且要求所述侵犯专利权的行为是“实施了”而非限于“实施”。可见,本案的处理与立法的本意、司法的趋势和共识是一致的。

三、在直接侵权、间接侵权可能存在竞合的情况下,以何者定性视权利人的诉讼请求和举证而定

在产品专用部件和产品的制造者并非为同一人的情况下,直接侵权与间接侵权特殊情况下可能发生竞合。如果本案证据可以证明:(1)展昊德公司生产的移动电源外壳系专用于生产与本案专利外观设计相同或相近似的移动电源产品;(2)实际存在具体的直接侵权人和侵权移动电源产品;(3)展昊德公司主观上明知其生产的移动电源外壳系专用于(2)所述的移动电源产品而予以提供,则展昊德公司既可能构成直接侵权也可能构成帮助侵权。根据不告不理原则,追究展昊德公司的何种侵权责任,应以廖某某的选择而定。如本案所示,廖某某以移动电源外壳为侵权物,主张产品外壳已经完整呈现专利设计特征,侵害其专利权,实际作了直接侵权的选择,如原告仅诉外壳制造者,则外壳制造者构成直接侵权;如一并起诉电源产品制造者,根据最高人民法院《关于审理侵犯专利权纠纷案件应用法律若干问题的解释》第 12 条“将侵犯外观设计专利权的产品作为零部件,制造另一产品并销售的,人民法院应当认定属于专利法第十一条规定的销售行为”的规定,在专利是外观设计专利的情况下,电源产品制造者的侵权性质应认定为销售侵权。需要指出的是,在第

二种情况下,电源产品制造者可以提供证据主张合法来源抗辩,从而得以豁免赔偿责任。如原告以移动电源产品为侵权物,移动电源外壳为侵权专用部件,获取直接侵权产品,指出直接侵权人且一并起诉,追究展昊德公司帮助侵权和移动电源厂商直接侵权的民事责任,则其对专用外壳制造者作了间接侵权的选择。在原告以移动电源产品为侵权物仅对外壳制造者提起诉讼的情况下,作为侵权产品专用部件外壳的制造者,其可能承担的是间接侵权责任,而非直接侵权责任;在原告以移动电源产品为侵权物仅对电源产品制造者提起诉讼的情况下,则电源产品制造者构成的侵权只可能是直接侵权无疑。

随着科技的发展,市场主体之间分工合作,规避直接侵权行为要素,共同发生损害专利权人利益后果的行为会不断出现,这类行为若不加以规范,会使得专利权的保护落空。正因为技术特征的叠加和拆分对侵权认定具有实质影响,对于现实中利用各种方式规避法律责任的行为,司法均应予以惩戒。专利间接侵权认定一直处于实践探索之中①,法律和司法解释一直未予明确其构成要件。笔者认为,对该类案件的审理,应坚持不告不理原则,紧扣权利人的诉讼请求和理由进行审理。虽然权利人的诉讼请求中一般不会明确是直接侵权和间接侵权,但其主张的事实理由及其在诉讼中的相应的举证均可清晰判断其主张的是直接侵权还是间接侵权,且被告亦会对此进行相应答辩和举证。法院不宜在权利人未作间接侵权主张的情况下,在认定被诉侵权物未落入专利保护范围之后,径行转为主要对权利人并未主张的侵权行为性质作出是否构成间接侵权的判断。

① 山西省高级人民法院(1993)晋经终字第152号民事判决书、江苏省高级人民法院(2005)苏民终字第014号民事判决书、上海市高级人民法院(2014)沪高民三(知)终字第45号民事判决书。

互联网环境下专利侵权诉讼管辖法院的确定*

——蔡某某诉丹阳市美利达塑业有限公司侵害外观设计纠纷管辖异议案

陈　宇**

【关键词】　收货地　管辖连接点　信息网络侵权行为　侵权结果发生地

【裁判要点】

一、网购收货地可由当事人指定而成，具有不确定性，以此作为管辖连接点，会使当事人对受诉法院缺乏相对稳定的预期。

二、对最高人民法院《关于适用〈中华人民共和国民事诉讼法〉的解释》（以下简称《民诉法解释》）第52条所涉“信息网络侵权行为”的涵盖范围灵活解读，除了侵害以信息网络为载体的权利类型的行为，或者利用信息网络所实施的侵害人身权益的相关行为之外，可尝试将与“信息网络”这一载体、媒介相关联的侵权行为亦予以纳入，进而将被侵权人住所地作为侵权结果发生地来确定诉讼管辖。

【基本案情】

蔡某某作为专利号为ZL 2012 3 00645324.2的“保险杠（COMK－3）”外观设计专利权人，通过阿里巴巴网站，在线购买了丹阳市美利达塑业有限公司（以下简称美利达公司）制造、许诺销售和销售的被诉侵权产品，并指定将该产品寄送至其住所地台州，并在其住所地台州市中级人民法院提起了专利侵权诉讼，请求判令美利达公司：(1)立即停止侵害涉案外观设计专利权，包括停止制造、销售、许诺销售侵权产品，销毁制造侵权产品的模具；(2)赔偿其经济损失10万元，并承担公证费1600元、律师代理费15,000元，合计116,600元；(3)承担本案诉讼费用。美利达公司则认为从“两便”原则考量，涉案被诉侵权产品的生产地及其公司住所地均位于江苏省丹阳市，宜移送管辖，遂提出管辖权异议，请求将本案移送至江苏省镇江市中级人民法院审理。

---

* 案号：一审：浙江省台州市中级人民法院(2015)浙台知民初字第297号；二审：浙江省高级人民法院(2015)浙辖终字第123号。

** 陈宇，浙江省高级人民法院民三庭法官，法律硕士。

【裁判结果】

一审法院驳回美利达公司对本案管辖权提出的异议。二审法院驳回上诉,维持原裁定。

【裁判理由】

一审法院认为,本案系侵害外观设计专利权纠纷,依法应由侵权行为地或者被告住所地人民法院管辖。侵权行为地包括被诉侵犯外观设计专利产品的制造、许诺销售、销售、进口等行为的实施地和侵权结果发生地。台州市正立公证处(2015)浙台正证字第2647号、第2648号公证书证明,美利达公司在台州市范围内销售了被诉侵害外观设计专利产品,因此,台州市系侵权行为地,该院依法对本案享有管辖权。美利达公司对本案管辖权提出的异议不能成立。

二审法院认为,本案系侵害外观设计专利权纠纷案件。依照最高人民法院《关于审理专利纠纷案件适用法律问题的若干规定》第5条之规定,因侵犯专利权行为提起的诉讼,由侵权行为地或者被告住所地人民法院管辖。其中侵权行为地包括被诉侵害外观设计专利产品的制造、许诺销售、销售、进口等行为的实施地及相应侵权结果发生地。本案中,蔡某某提交的公证书能初步证明其通过阿里巴巴网站向美利达公司购买了涉案被诉侵权产品,并由该公司寄送至台州,美利达公司通过信息网络实施了被诉侵权产品的销售和许诺销售行为。该院认为,由于网购收货地可由买家随意指定而成,故具有不确定性,如果引入网购收货地作为知识产权侵权案件的地域管辖连接点,即相当于引入一个打破既有管辖规则的动态连接点,权利人可通过指定收货地的方式,任意选择受诉法院。上述情形显然会导致管辖连接点的随意化和分散化,使当事人对受诉法院缺乏相对稳定的预期,与《民事诉讼法》关于地域管辖的立法原意不符。但在本案中,蔡某某指控美利达公司实施的许诺销售、销售被诉产品的侵权行为系发生于信息网络环境中。依据《民诉法解释》第25条之规定,信息网络侵权行为实施地包括实施被诉侵权行为的计算机等信息设备所在地,侵权结果发生地包括被侵权人住所地。蔡某某作为被侵权人,其指定的网购收货地又系其住所地,即可视为侵权结果发生地,故原审法院作为侵权结果发生地法院,依法对本案享有管辖权,故对美利达公司的上诉请求该院不予支持。

【案例注释】

本案虽仅涉及专利侵权诉讼的管辖问题,但牵涉互联网环境下在线销售、许诺销售被诉侵害专利权产品的行为应如何合理确定管辖法院的新问题,全国各地法院对此类专利侵权诉讼的管辖法院的确定仍存在诸多争议,比如如何把握专利侵权案件地域管辖规则的发展趋向;如何确定专利侵权行为的侵权结果发生地；能否依据网购收货地来确定管辖法院；在《民诉法解释》出台后，如何合理界定该解释第25条所涉“信息网络侵权行为”的具体指向和涵盖范围等。笔者拟从以下几方面对本案所引发的问题略作探讨。

一、专利侵权案件的地域管辖规则

侵权行为纠纷是指不法行为侵害了他人财产权利和人身权利而引发的争议。《民事诉讼法》在地域管辖章节中对侵权行为的管辖规则作出了相对原则性的规定，该法第28条规定，因侵权行为提起的诉讼，由侵权行为地或者被告住所地人民法院管辖。而各知识产权单行法的司法解释在遵循上述管辖规则主线的基础上，对不同类型的权利侵权行为的管辖规则予以了进一步的细化，如《关于审理著作权民事纠纷案件适用法律若干问题的解释》第4条、《关于审理商标民事纠纷案件适用法律若干问题的解释》第6条均将侵权行为地细化为侵权行为的实施地、侵权复制品（侵权商品）的储藏地或者查封扣押地。而与之相比，专利侵权行为地的规定相对复杂，最高人民法院《关于审理专利纠纷案件适用法律问题的若干规定》第5条规定专利侵权行为地包括被诉侵犯发明、实用新型专利权的产品的制造、使用、许诺销售、销售、进口等行为的实施地；专利方法使用行为的实施地，依照该专利方法直接获得的产品的使用、许诺销售、销售、进口等行为的实施地；外观设计专利产品的制造、许诺销售、销售、进口等行为的实施地；假冒他人专利的行为实施地；相应的侵权结果发生地。各司法解释中有关侵害知识产权纠纷的管辖规定均包含被告住所地和侵权行为地两大管辖连接点，其中，被告住所地相对固定，也易于理解，并无多少争议，司法实践中的争议主要集中在对侵权行为地的理解和界定上。侵权行为地，是指侵害他人合法权利的法律事实所在地，包括侵权行为实施地和侵权结果发生地。在不涉及互联网的实体环节，相关侵权行为的实施地均较为明晰，也相对容易确定。但正由于互联网环境下在线销售的不断发展，互联网的虚拟性、隐蔽性、连接点的多样性等特点多引发出许多管辖上的新问题。对专利侵权诉讼而言，若被诉方在互联网上实施了侵权产品的许诺销售和销售行为，该在线行为的实施地如何确定；专利侵权管辖规则中独有的“侵权结果发生地”又该如何理解把握。

近年来，地域管辖规则从严格限定到不断放宽管制、灵活性不断提升是不可忽视的趋势。如2007年《民事诉讼法》第25条规定，合同的双方当事人可以在书面合同中协议选择被告住所地、合同履行地、合同签订地、原告住所地、标的物所在地人民法院管辖。而2012年《民事诉讼法》即对上述规定予以了修正，对协议管辖可选择地域的规定予以了扩展，即规定合同或者其他财产权益纠纷的当事人可以书面协议选择上述五种地点人民法院管辖外,其他与争议有实际联系的地点的人民法院亦可经当事人约定从而享有管辖权。而近几年制定的司法解释关于管辖的规定也体现了相同的指导思想,如《关于审理侵害信息网络传播权民事纠纷案件适用法律若干问题的规定》第 15 条规定,侵害信息网络传播权民事纠纷案件的侵权行为地包括实施被诉侵权行为的网络服务器、计算机终端等设备所在地。侵权行为地和被告住所地均难以确定或者在境外的,原告发现侵权内容的计算机终端等设备所在地可以视为侵权行为地。而最高人民法院《关于审理利用信息网络侵害人身权益民事纠纷案件适用法律若干问题的规定》第 2 条规定,利用信息网络侵害人身权益提起的诉讼,其侵权行为实施地包括实施被诉侵权行为的计算机等终端设备所在地,侵权结果发生地包括被侵权人住所地。

从上述法律的发展沿革和新近司法解释有关信息网络相关侵权行为的管辖规则来看,在延续《民事诉讼法》有关侵权行为的诉讼由侵权行为地或被告住所地人民法院管辖这一原则性规定基础上,都对侵权行为地作出了进一步的解读,注重管辖连接点是否与争议有实际联系,更加趋向灵活性和包容性,当事人的诉讼亦更加便捷,原告住所地也逐渐被纳入可供选择的管辖连接点。对于前述所提及的在线实施的许诺销售、销售专利侵权产品的行为,在司法实践中亦可将上传侵权产品信息的计算机终端设备所在地、阿里巴巴等交易平台的网络服务器所在地等作为侵权行为地之一来确定管辖法院。此外,在专利侵权诉讼的司法实践中,权利人通过公证购买被诉侵权产品为后续的侵权诉讼固定证据是极为常见的诉讼举措,这过程中,实际上不可避免地存在基础性的买卖合同关系。对此,《民诉法解释》第 20 条规定,以信息网络方式订立的买卖合同,通过信息网络交付标的的,以买受人住所地为合同履行地;通过其他方式交付标的的,收货地为合同履行地。合同对履行地有约定的,从其约定。虽然前述案例并非买卖合同纠纷,不宜适用本条管辖规则,笔者对本条规则在合同纠纷中的适用亦持保留态度,但该规定也确实印证了管辖连接点的确定愈加宽泛和灵活,确有助于对专利侵权诉讼管辖规则的理解和适用。

而对侵权结果发生地的问题,一般情况下,行为的实施地与行为的结果发生地是一致的,但在有些特殊情况下,如产品责任纠纷案件,侵权行为实施地可包含产品的制造和销售地,而侵权结果发生地比如产品质量问题导致在使用过程中发生损害事故,此时,侵权行为实施地和侵权结果发生地不再重合,侵权行为实施地和侵权行为结果发生地人民法院对案件均有管辖权。而专利侵权诉讼中,行为人是否构成对专利权的侵害,并不考量行为人是否系故意或过失,而只要行为人客观实施了制造、许诺销售、销售被诉侵权产品等行为,即构成了对专利权完整性的侵害,并不要求相关侵权商品已交付买受方或者买受方已实际使用该侵权产品,故应该来说行为实施地与损害结果发生地实际上是重合的,并无时间和空间上的分割考量和偏差。当然在司法实践中,对侵权结果发生地与发现侵权结果地还是应予以区分,避免地域管辖连接点的泛化,如在互联网上实施的许诺销售行为,有观点认为,只要任一网络终端上可浏览该页面,该网络终端所在地即可视为侵权结果发生地,该观点显然将发现侵权结果地与侵权结果发生地予以了错误等同。

二、能否依据网购收货地来确定管辖法院

地域管辖的作用,旨在"确定同级人民法院在各自辖区内受理第一审民事案件的分工和权限[①]",同时体现原、被告双方在程序利益上的相对衡平。裁判者应随着司法进程而对管辖规则作出适当的修正,使之更加贴合司法实践。虽如前所述,知识产权的地域管辖规则日益灵活和宽泛,也体现了知识产权诉讼所特有的长臂管辖原则,但这并不意味着地域管辖连接点的完全泛化,管辖法院的确定完全失去可预见性。

我国《民事诉讼法》上规定的管辖连接点既包括被告住所地、不动产所在地等静态连接点,也包括侵权结果发生地等相对的动态连接点。由于网购收货地可由买家随意指定而成,故具有不确定性,如果将网购收货地视为侵权结果发生地,将之作为知识产权侵权案件的地域管辖连接点,即相当于引入一个打破既有管辖规则的动态连接点,权利人可通过指定收货地的方式,任意选择受诉法院。上述情形显然会导致管辖连接点的随意化和分散化,使《民事诉讼法》上关于地域管辖的规定形同虚设,使当事人对受诉法院缺乏相对稳定的预期。故对将网购收货地作为管辖连接点来确定管辖法院的观点,值得商榷。

三、《民诉法解释》第 25 条规定的"信息网络侵权行为"的界定和具体涵盖范围

2015 年 2 月 4 日起施行的《民诉法解释》第 25 条明确规定,信息网络侵权行为的侵权结果发生地包括被侵权人住所地。依据该规定,信息网络侵权行为的被侵权人均可向其住所地人民法院提起侵权之诉,要求行为人承担侵权责任。在该项规定的适用上产生了较大争议,差异主要集中在如何理解和界定"信息网络侵权行为"的具体指向和涵盖范围。如类似于本案所涉的在

① 江伟主编:《民事诉讼法》,高等教育出版社 2003 年版,第 64 页。

阿里巴巴网站上实施的许诺销售和销售被诉专利侵权产品的行为是否属于“信息网络侵权行为”,各地法院对此在司法实践中即作出了不同的认定,也使得有的当事人无所适从。

诚然,现行法律和司法解释并未明确“信息网络侵权行为”的具体涵盖范围,最高人民法院也尚未就此类管辖案件的具体适用规则予以表态,这就需要我们在司法实践中积极探究、摸索。应当说,《民诉法解释》第 25 条所涉的“信息网络侵权行为”的范围划定本意应指向对以信息网络为载体的权利类型的侵害,典型如对信息网络传播权的侵害,或者利用信息网络所实施的侵害人身权益的相关行为,如《关于审理利用信息网络侵害人身权益民事纠纷案件适用法律若干问题的规定》所规制的利用信息网络侵害他人姓名权、名称权、名誉权、荣誉权、肖像权、隐私权等人身权益的行为。而《关于审理侵害信息网络传播权民事纠纷案件适用法律若干问题的规定》第 2 条将信息网络界定为包括以计算机、电视机、固定电话机、移动电话机等电子设备为终端的计算机互联网、广播电视网、固定通信网、移动通信网等信息网络,以及向公众开放的局域网络。在现行法律框架中,《民诉法解释》第 25 条的规定显然并没有将在互联网这一典型的信息网络环境下实施的知识产权侵权行为排除在“信息网络侵权行为”之外,且日益增多的在线销售行为,其若构成侵权,确亦与“信息网络”这一载体密不可分,乃至息息相关。就涉案被诉专利侵权行为而言,其中,许诺销售行为完全发生于信息网络,当然应为“信息网络侵权行为”所涵盖,而销售行为,其并非一个单独的行为节点,而是一个完整的交易过程,包含有交易双方的要约、承诺和充分合意的达成,以及后续的价款支付和标的货物的寄送等,现时在线销售合同的磋商订立亦可视为销售行为的实际发生,此类销售达成的重要载体和媒介即为信息网络,将之纳入“信息网络侵权行为”似亦无不当。结合前文的论述,笔者认为,可以适当放开“信息网络侵权行为”的涵盖范围,以便更有效地保护专利权人的合法权益。

业界同时认为,若扩大《民诉法解释》第 25 条的适用范围,势必会产生“被告就原告”的管辖格局,颠覆了民事诉讼领域传统、固有的“原告就被告”的诉讼管辖原则。对此,我们有必要回溯探究“原告就被告”的管辖原则是基于哪些方面的考量得以确立。主要原因可能包含以下几个方面:一是为了防止原告滥诉,诉讼成本的提升会使之稍加慎重;二是制度设计者望借助该规则一定程度上减少司法地方保护主义的影响;三是原告提起的诉讼,一般较少会缺席庭审,而由被告住所地法院管辖,则便于法院传唤被告到庭及查明案件事实,也便于法院进行诉讼保全和判后的强制执行。对此,笔者认为,首先,理论上每一个法院审理案件都是公正的。各方当事人在诉讼管辖环节所争夺的管辖利益,实质上大多都是在假想存在司法地方保护主义这一设定前提下进行,并不涉及实体上的终极利益;从另一角度讲,终归需由一方当事人住所地法院来审理案件,追寻地域上绝对超然的受诉法院并不可行。管辖变更的实质仅是法院内部分工的调整,受诉法院的不同理论上并不对实体处理的正确和公正产生影响,并且司法实践中,随着我们法官队伍建设的不断加强和法院司法体制改革的不断推进和深入,管辖争议对实体处理的影响必然愈加降低,司法正义也会随着法官的公正裁判而日益得以彰显。其次,我们并非主张全面铺开"被告就原告"的诉讼管辖规则,而是针对本文所涉"信息网络侵权行为"而展开的讨论。对于互联网环境下侵害专利权的行为,容易出现被告的确切住所有待查证,被告实施侵权行为的计算机终端设备所在地、服务器所在地等难以确定等问题,若纯粹以"原告就被告"原则确定管辖的话,会为原告的起诉增添很多不必要的麻烦,不能使原告的利益得到及时救济。而《民诉法解释》第 25 条将信息网络侵权行为的被侵权人住所地纳入侵权结果发生地的范畴,也有利于权利人及时行使诉权,以切实维护自身的合法权益。再者,这一制度设置亦不影响"方便当事人诉讼,方便人民法院进行审理"这一"两便"原则的有效践行,也是我国司法制度不断发展和完善过程中的一种有益尝试。

无规律偶然状态不应纳入专利权保护范围

——评皇家菲利浦有限公司与超人集团有限公司等发明专利权纠纷案*

郑　颖**

【关键词】 专利权保护范围　解释权利要求　技术方案　无规律　偶然状态

【裁判要点】

专利的技术特征应当清楚、确定,其要求保护的技术方案应当是正常情况下可被掌握和实施的技术方案。无规律随机出现的偶然状态,不属于专利法意义上的实施,不应纳入专利权保护的范围,否则将导致专利权保护范围被不恰当地扩大。

【案情】

皇家菲利浦有限公司(以下简称菲利浦公司)系名称为“剃须器”、专利号为 ZL95190642.9 的发明专利的权利人,该专利于 1995 年 7 月 12 日申请,1996 年 9 月 11 日公开,1999 年 12 月 22 日授权公告。2008 年 12 月 15 日,该发明专利权的权利要求 1 被宣告无效。2013 年 8 月 16 日,菲利浦电子公司在无效宣告程序中放弃了该发明专利权的权利要求 2 和权利要求 3。该发明专利的年费已缴纳至 2014 年 7 月 11 日。

菲利浦公司主张超人集团有限公司(以下简称超人公司)未经许可,生产 12 款侵权产品,向国内外市场销售,并在官方网站宣传推销,侵犯其专利权,请求法院判令超人公司停止侵权,赔偿经济损失 200 万元,销售者刘某某停止销售侵权产品。

超人公司答辩称被诉侵权产品的技术特征与权利要求 4 的技术特征不相同也不等同,未落入专利权保护范围,不构成侵权。刘某某未提出答辩意见。

菲利浦公司请求保护的为专利权利要求 4,该权利要求可分解为 11 个技术特征。当事人争议焦点集中于其中两个技术特征,即被诉侵权产品的皮肤支持框是否可相对于相应的外切刀及相对于托架作枢轴转动,该轴线是否位

---

* 案号:一审:广东省深圳市中级人民法院(2012)深中法知民初字第 1419 号;二审:广东省高级人民法院(2014)粤高法民三终字第 912 号。

** 郑颖,广东省高级人民法院法官,硕士研究生。

于一个平行于由外切刀的外表面所限定的剃须面的平面内。

【裁判结果】

一审法院判决:(1)超人公司、刘某某立即停止侵权行为;(2)超人公司赔偿菲利浦公司100万元;(3)驳回菲利浦公司其他诉讼请求。二审法院判决:(1)撤销一审判决;(2)驳回菲利浦公司的全部诉讼请求。

【裁判理由】

广东省深圳市中级人民法院一审在查明专利权利要求及被诉侵权产品技术特征,以及超人公司制造、销售和刘某某销售侵权产品等事实的基础上,审理认为,被诉侵权产品是否侵权,关键在于被诉侵权产品是否具有专利全部相同或等同的技术特征。被诉侵权产品皮肤支持框、外切刀围绕轴线进行枢轴转动,皮肤支持框的开口与托架上的凸起、悬臂末端之间的空隙细小,皮肤支持框的转动受到空隙的限制,两端转动幅度较小,位于皮肤支持框中心位置的轴线自然保持位置不变,不会改变其平行于剃须面的特性。被诉侵权产品具有权利要求4全部技术特征,落入专利权保护范围,构成侵权。

超人公司不服一审判决,提起上诉称,被诉侵权产品皮肤支持框上的孔明显大于凸起,因此皮肤支持框的运动并不是绕轴线枢轴转动,而是一种不规则的运动,即使在某个瞬间作枢轴转动,该轴线也不位于平行于外切刀的外表面所限定的剃须面的平面内。被诉侵权产品实现的运动方式与权利要求4不相同也不等同,原审认定侵权成立属于认定事实和适用法律错误。

被上诉人菲利浦公司辩称,专利权利要求4中的"外切刀的外表面所限定的剃须面"指的是当剃须器处于静止、非使用状态时的剃须面。被诉侵权产品皮肤支持框所作运动属于枢轴转动,基于剃须器所属类别的机械装置的精度要求,被诉侵权产品枢轴转动的轴线保持固定不变,位于平行于由外切刀的外表面所限定的剃须面的平面内,与权利要求4的技术特征相同。超人公司即使不构成字面侵权,也构成等同侵权。

广东省高级人民法院二审补充查明,被诉侵权产品的外切刀、皮肤支持框可分别在一定范围内的任何方向移动并可被压缩,即外切刀的外表面、皮肤支持框外表面所限定的剃须面可分别相对于皮肤支持框于圆周各点向下压缩一定幅度。

二审法院认为,确定专利权保护范围是侵权判定的基础。菲利浦公司主张专利的技术特征是剃须器处于静止和非使用状态时的结构,但权利要求4中并无任何内容限定剃须器处于静止和非使用状态,说明书或附图也没有此类明确限定,本领域普通技术人员阅读说明书及附图后,也无法将权利要求的

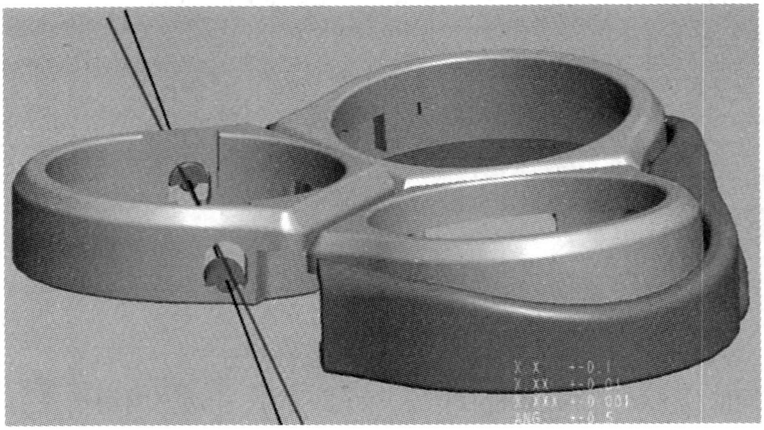

图一　被诉侵权产品零部件

内容理解为剃须器静止、非使用状态下的技术方案,故菲利浦公司该项主张不成立。被诉侵权产品是否侵权,关键在于是否包含了专利权利要求 4 全部相同或等同的技术特征。被诉侵权产品皮肤支持框上的开孔与托架上的凸起之间有一定间隙,对于剃须器这类包含细小零部件且精度较高的产品而言,该间隙已经超过了制造公差的范围,枢轴转动的轴线两端在该间隙中有一定移动空间,从而导致轴线与外切刀平面相交的夹角达到不可忽略的程度。与此同时,被诉侵权产品的外切刀可在一定范围内的任何方向移动并可被压缩,即外切刀的外表面所限定的剃须面相对于皮肤支持框可于圆周各点向下压缩一定幅度。剃须器使用中,脸部贴合剃须面和皮肤支持框并产生挤压,皮肤支持框相对于剃须面的位移发生随机变化。因此,皮肤支持框所作枢轴转动的轴线,不可能一直位于一个平行于由外切刀的外表面所限定的剃须面的平面内。除了偶然状态下的特定瞬间,该轴线位于前述平面内以外,在更多的情况下轴线与前述平面相交,而一旦轴线与前述平面相交,轴线所在的任何一个平面,都不可能平行于由外切刀的外表面所限定的剃须面的平面。进一步讲,即便如菲利浦公司所主张的,被诉侵权产品的皮肤支持框作枢轴转动的轴线保持固定不变,由于被诉侵权产品的外切刀可在一定范围内的任何方向移动并可被压缩,外切刀外表面所限定的平面在不断改变,且绝大多数情况下会与皮肤支持框枢轴转动的轴线相交,因此除偶然状态下的特定瞬间以外,皮肤支持框所作枢轴转动的轴线,并不位于一个平行于由外切刀的外表面所限定的剃须面的平面内。

至于被诉侵权产品作枢轴转动时,轴线偶然位于一个平行于由外切刀的外表面所限定的剃须面的平面内，是否与专利技术特征相同而落入专利权保护范围的问题。专利的技术特征应当是明确的，其要求保护的技术方案必须能够通过科学方式加以描述，应当是正常情况下可被实施的技术方案。这意味着无规律、随机出现的偶然状态，不应被纳入专利权保护的范围，否则将导致专利权保护范围被不恰当地扩大。本案被诉侵权技术方案在正常实施中，绝大多数情况下与专利的技术方案不同，仅偶然呈现专利所描述的结构特征，并且这种偶然状态是随机发生的，不是常态，很难规律地加以实施和运用，专利的技术方案也并未限定于这一特定的偶然状态，因此不应认定被诉侵权产品具有与专利相同的技术特征。

关于被诉侵权产品区别于专利的技术特征是否构成等同的问题。在空间关系上，平行与相交是两种对立的、本质不同的位置关系，这种本质的区别一般不应认为二者在技术手段上基本相同。前述位置关系的区别还导致被诉侵权产品与专利的皮肤支持框相对于其他部件尤其是外切刀的运动方式有较大区别。由于剃须器包含细小零部件，精度要求较高，皮肤支持框相对于外切刀和托架可作的运动方式不同，对于实现皮肤支持框支持皮肤，剃须器贴合面部形状，提高剃须净度的同时减轻刺痛等方面，产生的效果存在差异。上述区别特征，不能实现与专利基本相同的技术手段、功能和效果，不属于本领域普通技术人员在被诉侵权行为发生时无须经过创造性劳动就能够联想的，故不构成等同。

最终二审法院认定被诉 12 款侵权产品不包含权利要求 4 全部相同或等同的技术特征，未落入专利权保护范围，不构成侵权。

【案例注解】

一、问题的提出

本案将专利和被诉侵权产品进行比对，二者其他技术特征均相同，主要争议的技术特征是，专利的“轴线位于一个平行于由外切刀的外表面所限定的剃须面的平面内”，而被诉技术方案相应的技术特征仅在无规律运动下的偶然时刻，其轴线位于限定的平面内，与专利相同，除此以外其轴线均不位于该平面内，与专利的技术特征不同。被诉侵权产品无规律地偶然呈现出的一致状态，是否能视为具有专利相应的技术特征，是否因此落入专利权保护范围？

发明和实用新型专利侵权判定，以“全面覆盖”为基本规则，即最高人民法院《关于审理侵犯专利权纠纷案件应用法律若干问题的解释》第 7 条规定的“被诉侵权技术方案包含与权利要求记载的全部技术特征相同或者等同的技术特征的，人民法院应当认定其落入专利权的保护范围；被诉侵权技术方案的技术特征与权利要求记载的全部技术特征相比,缺少权利要求记载的一个以上的技术特征,或者有一个以上技术特征不相同也不等同的,人民法院应当认定其没有落入专利权的保护范围”。由于“全面覆盖”规则是以各个技术特征为对象单元,通过将专利技术方案和被诉侵权技术方案相应的技术特征逐一进行比对,据以判断专利所有技术特征是否被被诉侵权技术方案全部包含,因此,某一具体技术特征的有与无判断(包括等同特征),是适用“全面覆盖”规则的基础。本案的问题恰恰就出现在其中一项具体技术特征有无的认定上,而相关的认定方法在目前的法律规定中遭遇了盲区。

就本案所涉问题而言,《专利法》对于专利权保护范围的确定以及侵权认定基本规则已有相关规定,只是不尽具体,按照法学方法论中关于解释适用法律的方法,这种情况不属于法律的漏洞,可以运用不确定概念的价值补充和利益衡量的方法进行分析。[①] 下面将以现行法律关于专利权授权条件、权利内容、权利保护的规定为基础,遵循专利制度激励保护创新的初衷和价值理念,衡量权利人与社会公众的利益,由此探寻问题的解决之道。

二、是与非的辨析

专利权保护的逻辑起点是专利权范围的界定。在法律程序上,权利范围以公开的权利要求书来实现。从各国专利法及专利制度发展历史来看,在理解和解释权利要求书上较为典型的做法,一种是以权利要求所陈述的基本内容为中心,向外作一定扩大的“中心限定”,另一种是严格按照权利要求书字面含义来界定的“周边限定”。我国《专利法》对专利权保护范围的界定采用了“中心限定”与“周边限定”二者折中的规则,[②]既不严格局限于权利要求书的字面含义,也不作宽松的扩大解释。在折中规则下,专利权范围认知的难度似乎增加了,如何准确地界定专利权保护范围?从方法论来讲有两种途径:一种是正向地直接界定专利的内涵和外延,指出专利权保护范围的边界;另一种是在不侵权认定过程中,通过反馈得知专利权保护范围的界限在哪里。折中规则下,两种认知途径都有其合理性和必要性,互为有益补充。这两种思路可以帮助我们从正反两面来分析无规律的偶然状态是否落入专利权保护范围的问题。

(一)专利应当是正常情况下可被掌握和实施的技术方案

专利制度肯定和鼓励发明人为解决技术问题付出创造性劳动。专利权经

---

① 关于法律解释方法的分类及论述,参见梁慧星:《裁判的方法》,法律出版社2003年版,第76、183、186页。

② 刘春田:《知识产权法》,北京大学出版社2000年版,第192页。

法律创制形成,不属于自然权利。专利权具有专有性和排他效力,法律赋予发明人对技术实施的垄断,换来的是技术信息的公开,鼓励的是技术方案的实施,其根本目的还在于促进科技发展和社会进步。因此,专利须具备新颖性、创造性、实用性,应当是正常情况下可被实施的技术方案。这就要求:首先,专利的技术方案须清楚明白,通过阅读权利要求和说明书及附图可被认知;其次,技术方案须能够通过科学的方式加以掌握,如此该技术方案才能被运用;最后,该技术方案能够解决特定的技术问题,这是发明的目的和价值所在。这就意味着,尚无法科学地描述其规律、特征或方法,难以被掌握或运用的技术方案,不符合上述要求,不应纳入专利保护范围,不应被赋予专利权予以专有保护,否则将导致专利权保护范围被不恰当地扩大。

(二)无规律低概率的呈现不属于专利法意义上的实施

专利具备实用性,即可被实施,仅有一个构思而没有具体实施方案的发明创造无法获得专利权。与此同时,一项发明创造应当可以稳定地重复实施,能够带来积极的效果,如此才能在产业上加以运用。由此可见,专利法意义上的实施,其含义至少包括两点,一是属于主观意志下的积极追求状态,二是在掌握技术方案的情况下可以比较稳定地重复实施。被诉侵权产品在正常使用中,若结构部件的相对运动状态复杂多变,绝大多数情况下与专利技术特征不同,仅从概率理论上讲,存在某些时刻偶然与专利技术特征一致,那么,这种偶然状态是随机发生的,既非常态,也已超出了主观意志追求和控制的范畴,并且由于出现概率较低,没有经专利以科学的技术方案描述其实施方式,无法稳定地重复再现。因此,这种无规律低概率的呈现不属于对专利技术方案的实施。

(三)将无规律偶然状态排除在保护范围以外是对专利制度确定性的维护

专利权在有效保护期内对技术方案的实施享有专有权,但专利权在任何时候都不能垄断科学技术,不能成为科技进步的绊脚石,否则就根本性违背了专利制度鼓励和保护发明创造的本意。专利制度以法律的手段实现对技术实施的垄断,该垄断仅体现在技术的营利性实施方面,《专利法》绝不限制技术的传播,也不禁止新技术的研究开发。也就是说,《专利法》授予专利权的垄断,与那些不正当、不道德的单纯追逐私利的垄断行为不同,其最终目的还是科技发展这一社会公共利益。如何在制度设计上协调和平衡发明人的专有权和社会科技的发展?通过专利的确定性来保证。申请专利的发明创造必须清楚、完整地公开全部细节,授权后的专利权其保护范围以权利要求的内容为准，说明书及附图只可用于解释权利要求的内容。公众在阅读权利要求及说明书后，对专利和自由已知技术可以有清晰的认识，能够预判自身行为及从事其他发明创造的正当性。可见，确定性对于专利制度而言至关重要。而无规律的偶然状态，其突出特点就是不具有可预见性。无论对专利权人还是其他行为人而言，都不是其主动追求并实施的状态。这种情况应当被排除在专利权保护范围之外，否则行为人可能遭遇无妄之诉，社会公众也无从预测和判断哪些领域属于自由领域，哪些行为具有正当性，专利制度的确定性就会遭到破坏。

综上几点，被诉侵权技术方案在无规律的偶然时刻，呈现的状态与专利的技术特征一致，但并不因此认定具备专利相同的技术特征，而落入专利权保护范围构成侵权。

三、避免认识误区

有观点认为无论被诉侵权技术方案在实施过程中有多少种状态，只要有一个状态与专利一致，即落入专利权保护范围。这种观点值得商榷。首先，其提炼问题的过程中剔除了至关重要的因素，导致问题过于简单以至于答非所问，即本案争议的前提和范畴，就在于如何看待无规律的偶然状态，而非行为人能够掌握和实施的任意一种状态。其次，有两点需要进一步厘清：

（1）不能将“全面覆盖”规则直接移植到对具体技术特征的判定中来。被诉侵权技术方案包含与权利要求记载的全部技术特征相同或者等同的技术特征，落入权利保护范围。该“包含”即为全面覆盖之意，“包含”的对象是各个技术特征，考察的范围为整个技术方案。若专利的技术特征为 ABC，该 ABC 为上位概念，被诉侵权技术方案为 abc……该 abc……为对应于上位概念的具体实施方式，[①]其中 a 代表的具体实施方式可以有很多，如 a^1、a^2、a^3，无论被诉技术方案采用的是 a^1 或 a^2 或 a^3，均具有专利技术特征 A，被诉技术方案 abc……全面覆盖 ABC。可以认为 A 与 a、a^1 的属性或本质相同。但是，若被诉技术方案中一项技术特征 Ω 呈现 αβγ 等众多状态，其中偶然时刻与 A 特征表面一致，由于 Ω 并非 a^1、a^2、a^3 等任何一种具体实施方式，Ω 与 A、a、a^1 的本质属性不同，Ω 不能因为包含具有 A 特征的时刻而认定为 A 或 A 的实施方式。事实上，技术特征的具体实施方式可能产生多种状态，而同一种状态也可能由不同的实施方式产生，正因为状态不等于技术特征本身或具体实施方式，所以二者不具有唯一对应关系。前述观点认为只要有一个状态与专利一致则落入专利权保护

① 关于相同侵权判断与新颖性，以及技术特征上位概念和具体实施方式的相关论述，参见尹新天：《专利权的保护》，知识产权出版社 1998 年版，第 371～372 页。

范围，错误地将各种状态等同于技术特征的各种具体实施方式，进而又错误地以“包含”关系来认定具备某项技术特征，将“全面覆盖”规则简单移植适用到一项具体技术特征中，演变成为某一技术特征的判断规则，明显不当。

(2)无规律偶然状态是否落入专利权保护范围，与专利权是否保护概率性技术方案，系有本质区别的两个问题。无规律的偶然状态属于概率事件，毋庸置疑。那么概率性技术方案是否就不受专利权保护呢？答案是否定的。专利完全可以为解决特殊条件下或特定时刻的技术问题而发明创造，如只有一定成功率的化学合成。技术方案围绕该发明主题进行相应的设计，只要该概率有规律可循，可以比较稳定地实现，能够被掌握和实施，权利要求对此作出完整清晰的记载，当然可以成为专利权保护的内容。概率有高低之分，即便是低概率也可能具有产业运用价值，具备实用性。所以，技术方案是否具有概率性与能否受到专利权保护无关，关键还在于该发明创造能否认知并掌握规律，科学地实现此种概率。

四、是与非的延伸

在侵权判定中，相同特征的排除并不意味着就一定不落入专利权保护范围，因为等同替换仍然囊括于“全面覆盖”侵权判定规则中。本案对焦点问题的论证，除了认定被诉侵权产品技术特征与专利相应的技术特征不同外，从完整和严谨性来讲，还必须进一步考察二者是否属于等同特征。需要注意的是，无规律的偶然状态并非被诉侵权产品单独的一项技术特征，不属于等同特征比对对象。进行比对的被诉侵权产品的技术特征应与专利相对应，也就是说，当专利的技术特征为“皮肤支持框可作枢轴转动的轴线位于一个平行于由外切刀的外表面所限定的剃须面的平面内”，被诉侵权产品相应的技术特征应当是，其皮肤支持框可作枢轴转动的轴线与平行于由外切刀的外表面所限定的剃须面的平面的“位置关系”。

根据最高人民法院《关于审理专利纠纷案件适用法律问题的若干规定》第17条的规定，“等同特征，是指与所记载的技术特征以基本相同的手段，实现基本相同的功能，达到基本相同的效果，并且本领域普通技术人员在被诉侵权行为发生时无需经过创造性劳动就能够联想到的特征”，等同特征判断方法，应以本领域普通技术人员的认知能力为主观标准，以被诉侵权行为发生时为时间节点，审查技术手段、功能和效果方面是否基本相同。前述任一条件不满足，均不构成等同特征。本案审查产品结构部件之间特定位置关系时，考虑到线与平面在三维空间上的关系，无外乎平行和交叉两种，而平行与交叉属于完全对立、本质不同的空间关系，因此，被诉侵权产品轴线绝大多数情况下与限定的平面相交,不应认为与轴线平行于限定的平面,不应认定二者在技术手段上基本相同。此外,本案还结合专利说明书记载的内容,产品所属领域精度要求等情况,从机械结构产生的功能和效果方面进行比较,最终认定被诉侵权产品的技术特征,不属于本领域普通技术人员在被诉侵权行为发生时无须经过创造性劳动就能够联想的,能实现与专利基本相同的技术手段、功能和效果的等同特征。

(四)其他

将他人知名商标设为自己网站的关键词供用户搜索使用构成不正当竞争

——评广东罗浮宫国际家具博览中心公司与连天红家具公司、力天红木艺雕公司、北京百度网讯科技公司不正当竞争纠纷案*

蔡　伟**　陈　颖***

【关键词】 不正当竞争　关键词搜索

【裁判要点】

将与他人注册商标相同或近似的文字作为关键词搜索,即使未进行商标性使用,由于缺乏合理使用的理由,不当利用他人商标的知名度,为自己争取交易机会和关注度的行为仍然属于违背诚实信用原则和公认的商业道德的不正当竞争行为,应承担相应地法律责任。

【基本案情】

原告:广东罗浮宫国际家具博览中心公司(以下简称罗浮宫公司)。

被告:连天红(福建)家具有限公司(以下简称连天红公司)。

被告:北京百度网讯科技有限公司(以下简称百度公司)。

第三人:莆田市力天红木艺雕有限公司(以下简称力天红公司)。

原告罗浮宫公司成立于2000年6月22日,经营范围为国内商业、物资供销业、自有物业租赁、物业管理服务等。经佛山市顺德区乐从国际家具博览中心有限公司申请,2004年9月7日,国家工商行政管理总局商标局核准其注册商标为第3387748号商标,核定商品类别为第20类,包括办公家具、床、沙发、电视机架、按摩用床、家具、陈列柜(家具)、金属家具、婴儿学步车、摇篮(截止),有效期限自2004年9月7日至9月6日。2009年10月26日,国家

---

* 案号:一审:福建省莆田市中级人民法院(2014)莆民初字第406号;二审:福建省高级人民法院(2015)闽民终字第1266号。

** 蔡伟,福建省高级人民法院知识产权庭法官。

*** 陈颖,福建警察学院法律系副教授。

工商行政管理总局商标局核准第3387748号商标注册人名义从佛山市顺德区乐从国际家具博览中心有限公司变更为广东罗浮宫国际家具博览中心有限公司。2010年1月15日,国家工商行政管理总局商标局认定原告罗浮宫公司使用在商标注册用商品和服务国际分类第20类家具商品上的“罗浮宫”注册商标为驰名商标。2014年4月18日,经该司申请,国家工商行政管理总局商标局核准其注册商标第3387748号商标有效期续展至2024年9月6日。

被告连天红公司成立于2010年1月11日,经营范围为家具、工艺品生产销售;木质装饰装修材料、布艺软装装饰材料、居室用品的销售及装修施工。

被告百度公司是百度网(www. baidu. com)的所有者。2014年11月11日,经原告罗浮宫公司的委托代理人申请,广东省佛山市顺德公证处进行证据保全,该(2014)粤佛顺德第5238号《公证书》的公证内容,并经被告百度公司确认,百度公司通过www. baidu. com向客户提供百度推广服务,客户经过与百度公司签订合同并缴纳一定的推广费后,取得用户名、密码,客户可以登录进入百度推广系统,建立推广计划、确定推广单元、选择创意和关键词。从被告百度公司向法院提交的(2013)京方正内经字第20704号公证书、(2014)京方正内经字第13886号公证书、(2014)京方正内经字第20507号公证书公证内容为:百度推广用户注册程序、百度推广服务合同及权利保护声明,以证明潜在的百度推广用户必须接受“百度推广服务合同”文本的全部条款才能成功注册且获得相应账号和密码,从而成为正式的百度网站百度推广用户。其与所有百度推广用户签订的百度推广服务合同中,均强调和要求推广信息不得含有侵犯他人合法权益的内容,百度推广用户可以随时自己添加和修改关键词及推广信息,百度公司已经通过设置多种投诉渠道以供发现涉嫌侵权行为的权利人能够得到及时的救济等。

第三人力天公司成立于2007年4月5日,经营范围为木质工艺品设计、生产、销售;进口木材销售;家具生产、销售;木质装饰装修材料、生产、销售。

2014年7月31日,经原告罗浮宫公司的委托代理人申请,广东省佛山市顺德公证处对“百度”、http://www. liantianhong. com/网页进行证据保全。据(2014)粤佛顺德第35918号公证书记载,点击IE浏览器,在地址栏输入www. baidu. com,进入“百度”首页;在百度搜索框中输入“罗浮宫家具”关键词,出现的搜索结果页面第二条标题为“红木家具品牌连天红高贵不贵www. liantianhong. com”,点击后即进入网址为www. liantianhong. com连天红(福建)家具有限公司首页。其中第1页第1项搜索结果的链接右侧载有“推广链接”字样。经查实,该网址系连天红公司经营。2014 年 12 月 23 日,经被告百度公司的委托代理人申请,北京市方正公证处对网页进行证据保全。据该份(2014)京方正内经证字第 20421 号公证书记载第三人力天公司于 2013 年 6 月 15 日至 9 月 16 日添加涉案关键词:罗浮宫家具品牌、罗浮宫家具、罗浮宫家具图片、罗浮宫家具品牌、罗浮宫家具。

另查明,被告连天红公司与第三人力天公司的投资主体存在交叉。原告罗浮宫公司在起诉前未通知被告连天红公司和百度公司涉嫌侵权的行为。在罗浮宫公司起诉后,百度公司已经断开了相关链接。

罗浮宫公司诉称:原告是中国家居行业的龙头企业,是全球家居产品的翘楚品牌,是一家集全球产品运营、卖场渠道管理、家居品牌推广、家居创意研发于一体的多元化、综合型的家居集团公司,被誉为“七星级家居殿堂”。原告锐意进取,始终专注于全球家具、家居产业链的广度与纵深发展,2010 年,原告斥资 16 亿元建造罗浮宫国际家居总部大厦,与罗浮宫国际家具博览中心合并构成当前全球最高、占地面积最大的地标性家居主题建筑群,将成为亚洲家居面向世界市场的商务中枢。原告依法享有的“罗浮宫”注册商标最早于 2002 年注册、使用;经过多年不懈努力,“罗浮宫”商标及品牌获得多项重大荣誉:2010 年 1 月,第 3387748 号“罗浮宫”商标被国家工商总局认定“中国驰名商标”;原告(罗浮宫国际家具博览中心)被评定为 4A 级国家旅游景区。“罗浮宫”已经成为家居行业的中国知名品牌。连天红公司对外宣称是一家大型的中式宫廷家居用品企业,已开发的产品有中式宫廷家具,及与之相配套的布艺、工艺礼品,并成功打造了一条集采购、研发、设计、生产、销售、服务为一体的完整产业链,是一个大规模的现代化中式宫廷家具及配套软装的生产基地。连天红通过其官方网站〈www. liantianhong. com〉开展规模化、系统化的网络宣传营销。原告调查确认,连天红公司通过“百度推广”平台、以竞价付费方式非法使用“罗浮宫家具”关键词开展营销推广活动。网络用户通过“百度”搜索“罗浮宫家具”关键词时,其搜索结果首页页面顶部“推广链接”部分〈排名第二〉的内容显示为:“红木家具品牌连天红,高贵不贵! www. liantianhong. com”等营销宣传内容。点击该搜索结果链接栏则直接进入连天红公司网站。原告对上述行为进行了公证证据保全,2014 年 7 月 29 日,公证机关出具了(2014)粤佛顺德第 35352 号《公证书》。

原告认为作为同行业竞争者,连天红公司理应知晓原告“罗浮宫”商标为中国驰名商标,“罗浮宫”品牌为中国家具知名品牌,连天红公司借助“百度推广”营销方式,利用“罗浮宫”商标及品牌的商业信誉不正当地获取了本应属于“罗浮宫”的市场关注和交易机会。该行为违背了诚实信用原则和公认的商业道德,不仅造成“罗浮宫”商业机会的流失,同时降低商标与商标权人之间的唯一对应关系,已构成商标侵权及不正当竞争。百度公司将“百度推广”做为营销、营利模式,通过竞价排名收取费用却没有履行审核的义务,未尽合理注意义务,主观上存在过错,客观上帮助连天红公司实施了商标侵权及不正当竞争行为,并造成了损害结果。因此与连天红公司构成共同侵权,应当承担连带民事责任。

综上,罗浮宫公司请求法院判令:(1)连天红公司使用“罗浮宫家具”作为关键词通过“百度推广”平台付费营销推广的行为侵犯了原告第3387748号、第9356017号“**罗浮宫**”注册商标专用权并构成不正当竞争,连天红公司应立即停止上述行为;(2)判令连天红公司在其官网<www. liantianhong. com>网站首页刊登道歉声明,消除影响,内容须经原告确认,声明不小于版面的八分之一,刊登时间不少于15天,并承担由此发生的一切费用;(3)判令百度公司在百度网站上的百度推广平台刊登道歉声明,消除影响,内容须经原告确认,声明不小于版面的八分之一,刊登时间不少于15天,并承担由此发生的一切费用;(4)判令连天红公司、百度公司共同赔偿原告经济损失人民币310万元(含原告在本案支出的律师代理费、差旅费、公证费等合理费用);(5)判令连天红公司、百度公司承担本案全部诉讼费用。

被告连天红公司答辩称:(1)连天红公司不存在侵犯原告商标权的事实,商标侵权是指对商标的商业性使用,连天红公司只是作为网上关键词推广,不属于作为商标权使用。连天红公司的网页上面不存在任何罗浮宫的商标等侵权信息。(2)连天红公司的行为对原告不构成不正当竞争,没有侵犯其市场关注,交易的达成不取决单方的意愿,连天红公司在推广链接做了清楚而不引人误解的描述,网上搜索引擎搜索中出现多种产品,观众会从综合方面考虑,自主选择交易对象,不会造成双方商品混淆,也不能造成对方的排序处于网络不能识别的位置。综上,请求驳回原告对连天红公司的诉讼请求。

被告百度公司答辩称:(1)在关键词推广服务中,答辩人本身并没有在商标法意义上使用他人注册商标,不可能直接侵犯被答辩人的商标权。本案是商标侵权纠纷。判断一个行为是否构成商标侵权,首先要看该行为是否是一种商标意义上的使用,即是否用于识别商品来源的行为。答辩人是互联网搜索引擎服务提供者。在答辩人提供的百度推广服务中,由希望推广自身网站的用户选择一个或多个关键词,答辩人仅为这些信息建立一个索引数据库,根据互联网搜索引擎的工作原理,搜索引擎在具体执行搜索指令的时候也不可避免地会用到该关键词,但这种使用是一种计算机技术上的使用而非商标意义上的商业使用。(2)答辩人认为连天红公司也没有侵犯被答辩人的商标权。①连天红公司未在前台(推广信息)中展示被答辩人商标,消费者不可能产生混淆或误认。根据2013年修订的《商标法》第57条,“容易导致混淆”是构成商标侵权行为的前提。然而,在本案中连天红公司的关键词推广行为,不会产生任何混淆或混淆的可能性,也不可能起到识别商品来源的功能,原因如下:第一,关键词添加都是由推广用户在后台自行添加,由搜索机器进行识别并运行,这一过程相关公众并不可见。第二,本案搜索结果产生时,前台展现的推广信息中也没有显示“罗浮宫”商标,而是明确显示了“红木家具品牌—连天红”,并以灰色底色明示此信息为“推广链接”。国内外的司法实践都认为单纯地选用他人商标作为关键词而不将其显示在推广条目中,不构成商标侵权。第三,本案中,连天红公司的推广条目旁明确标识了其性质是“推广链接”,自然搜索的第一项即是原告网站。以今天的网络普及程度和关键词推广市场的成熟发展,一个普通的网络用户完全可以轻松地识别出推广链接和自然搜索结果的不同,而不会造成混淆。②从《商标法》的立法目的来看,单纯的关键词推广行为也不应当为法律所禁止。从《商标法》的立法目的来看,《商标法》除了要保护生产经营者,亦即商标权人的利益以外,更强调了保护消费者的利益。消费者在搜索引擎中输入某个关键词进行检索时,对于关键词的选择并不会有太多考虑,他们有可能是寻找与这个关键词直接联系的某个经营者提供的商品或服务,更可能是寻找与之相似的同类商品或服务。关键词推广使消费者可以突破实体世界中的限制,在多个经营者提供的商品或服务中进行比较,直至找到自己理想的产品或服务而不需要支付额外的成本。因此,关键词推广从总体上来说是丰富了消费者的选择机会,增进了消费者的福祉。如果将商标权的范围过于扩大,毫无疑问是更加倾向于保护商标权人的利益,使消费者获取信息的成本增加,这与《商标法》立法的根本目的是相冲突的。市场经济的基石是自由竞争,而自由竞争就意味着经营者有权采取措施吸引潜在客户和自己做生意,而非和他的竞争对手,只要这种措施是正当的。一个经常使用的竞争方法就是在离竞争对手地理位置很近的地方营业。比如,在麦当劳餐厅的方圆一公里处,你一定可以找得到一个肯德基餐厅。又或者,将商品或服务放置在目标客户想要购买相关商品或服务经常会去的地方,比如将自己产品的广告牌摆放在通往竞争对手公司的马路旁。同理,关键词推广服务就相当于把推广信息放在了互联网上的相对应位置,只是这个位置在实体世界可能是马路旁,是电话黄页,而现在是互联网。(3)即便连天红公司的行为构成商标侵权,答辩人的行为也不构成帮助侵权,不应承担任何责任。①答辩人提供的关键词推广服务与自然搜索服务在本质上是相同的,都是一种搜索引擎技术服务,答辩人不具有事先审核的法定义务。答辩人的百度推广系统就是利用搜索引擎的工作原理和关键词在计算相关度时所起的作用,为第三方推广自己的网站提供一个技术服务平台。推广用户在这个技术服务平台的系统注册登录后,自助选择关键词、为关键词设定价格、撰写链接标题、网页描述和添加网络地址,对自己的网站进行推广。当网民输入用户设置的关键词进行搜索时,搜索引擎综合关键词匹配度等权重因素使推广用户的网站能够在一定程度上优先展现在搜索结果中。答辩人不干涉、控制、编辑第三方网站的信息,仅是将第三方网站位置优先排序。由此可见,关键词推广服务与普通搜索引擎服务工作原理相同、功能相同,都是为了方便网民在浩如烟海的互联网信息中更加快捷、有效、准确地进行信息定位、找到想要的信息。关键词推广服务仍属于搜索引擎技术服务,这个结论并不因为搜索引擎服务商从关键词推广中获取了收益而有所改变。②关键词推广服务的特点决定了网络服务提供者无法实现对关键词是否侵犯他人商标权进行事先审核。义务以能力为基础,没有能力,很难为民事主体施加一种义务。网络服务提供者无法实现对关键词是否侵犯他人商标权进行事先审核。首先,商标大量地由通用词语构成,比如本案的"罗浮宫"的第一含义就是知名的地名。罗浮宫是Muse du Louvre 的英译,位于首都巴黎塞纳河畔,是法国最大的王宫建筑之一,也是世界三大博物馆之一。这种情况下商标权利人是无权禁止他人使用其第一含义的,而搜索引擎工具是无法识别出哪些关键词既是通用词汇又是商标,具体对应到每一次检索指令中是对其"通用词汇"的使用还是"商标"的使用。其次,我国《商标法》允许不同主体将相同或近似的商标注册在不相同或近似的类别上,并且还允许将与他人的注册商标相同或近似的标识用在不同行业的企业名称字号上。此外,实践中还存在诸如经权利人合法授权使用的情况、平行进口的情况、合理使用的情况等。对于是否构成商标侵权进行认定需要极强的专业性,即使商标管理机关和司法机关对此也常常会有截然不同的判断,要求一个搜索引擎服务商去进行事先判断显然不合理。此外,我国注册商标数量庞大,要求网络服务提供者对商标侵权进行判定也不具有实操性。根据新华网报道,截至 2014 年 6 月 30 日,我国有效注册商标达 761.1 万件,位居世界第一。如果要求搜索引擎服务提供者对是否可能侵犯近千万个商标权,做出事先的识别和判断,进行人工审核,这种成本没有任何一个网络服务者能承受。③答辩人作为网络服务提供者,承担责任的前提是明知或应知网络用户利用其网络服务侵害他人民事权益,而本案中答辩人在提供技术服务的过程中不存在任何过错。根据《侵权责任法》第 36 条的规定,网络服务提供者只有在知道网络用户利用其网络服务侵害他人民事权益而未采取必要措施的情况下,才与该网络用户承担连带责任。1)本案中答辩人不存在明知或应知的故意。首先,答辩人对推广用户添加的关键词并不进行人工审核,不存在明知的故意。其次,答辩人也尽到了事先提醒的义务。在与包括被告一在内的所有推广用户签署的《百度推广服务合同》中,在每个推广用户添加关键词和撰写创意标题、网页描述的时候答辩人都多次、反复提醒用户保证关键词与待推广网站具有实质关联性,避免侵犯他人合法权益。此外,答辩人也积极设置了权利通知、反通知的投诉渠道,并注明投诉条件、格式、联系方式,为权利人提供了救济的便利条件。2)答辩人已对被答辩人的商标采取了保护措施。根据答辩人的记录,早在 2012 年 6 月,答辩人就已经将被答辩人的"罗浮宫"商标添加进了答辩人的驰名商标保护体系。在这个体系下,除非提交了权利人的授权证明,否则推广用户撰写的推广标题和创意中如果包含了同类别驰名商标的信息,是不可能提交成功的,系统会自动提醒推广用户进行修改,直至不带有任何同类别驰名商标信息为止。这也是为什么在本案中所有的推广用户(包括本案被告一、美乐乐家具、京东商城、派森家具)的推广信息中都没有、也不可能出现"罗浮宫"标识。3)答辩人在收到被答辩人通知后已经及时断开了涉案推广链接,无须对可能损害后果的扩大承担任何连带责任。4)"罗浮宫家具"设置为关键词不构成不正当竞争侵权。①《商标法》与《反不正当竞争法》为专门法与补充法的关系。《商标法》与《反不正当竞争法》都涉及处理协调自由竞争与公平竞争的关系。最高人民法院副院长奚晓明曾表示"凡是专门法已经做出穷尽规定的法律领域,原则上不再运用反不正当竞争法扩展保护,为自由竞争留下空间"。具体到本案中,如果本属于《商标法》所保护的商标因为不符合保护条件而未获得保护,再另辟蹊径的寻求《反不正当竞争法》保护而给予了保护,就会导致制度上的不协调。②正当的竞争行为应受到保护。市场竞争是一种争夺市场机会的行为,具有天然的损人利己特性。竞争必然会有损害,但正当竞争的损害是法律允许的,法律旨在使竞争者免受不正当竞争之害。本案中,连天红公司虽然使用了"罗浮宫家具"关键词,但在展现的搜索结果中,连天红公司并未使用任何涉及"罗浮宫家具"的词汇。连天红公司的展现结果以灰黑色框作为底色,足以让相关公众看到搜索结果后,区分出推广结果与自然结果,从而不会导致结果的混淆与误认。因此,连天红公司使用"罗浮宫家具"作为关键词的行为,是一种正当的竞争行为。③关键词推广是一种被广泛使用的商业模式。关键词推广市场发展近十年,关键词推广形成了成熟的商业模式,使用他人商标作为关键词也已经成为一种常态。当网民在搜索“罗浮宫家具”时,网民的需求存在多样性,部分网民或许是希望找到“罗浮宫家具”的官网了解该公司情况,部分是希望找到售卖“罗浮宫家具”的家具广场,部分是希望找到与“罗浮宫家具”类似的其他家具厂商。正是为了满足网民多样性的需求,所有搜索引擎都不会禁止其他厂商使用“罗浮宫家具”作为关键词,前提是这种“使用”不构成混淆与欺诈。综上,答辩人认为涉案关键词系连天红公司添加,答辩人未直接实施任何可能侵犯原告商标权的行为。且连天红公司未在推广信息中显示涉案商标,连天红公司对涉案商标的使用不是商标意义上的使用,相关公众也不可能造成混淆和误认。因此,连天红公司不构成商标侵权。最后,即便连天红公司的行为构成侵权,答辩人在本案中仅提供网络搜索引擎技术服务,并且已经尽到了合理、审慎的注意义务,无须承担任何连带侵权责任。据此,请法院依法驳回被答辩人对答辩人的全部诉请。

第三人力天公司答辩称:同意连天红公司的答辩意见。

【裁判结果】

一审法院判决:一、被告连天红(福建)家具有限公司、第三人莆田市力天红木艺雕有限公司应于本判决生效之日起10日内共同赔偿给原告广东罗浮宫国际家具博览中心有限公司经济损失及为制止侵权支出的合理费用共计人民币60,000元;二、驳回原告广东罗浮宫国际家具博览中心有限公司对被告北京百度网讯科技有限公司的诉讼请求;三、驳回原告广东罗浮宫国际家具博览中心有限公司的其他诉讼请求。本案案件受理费31,600元人民币,由被告连天红(福建)家具有限公司、第三人莆田市力天红木艺雕有限公司负担612元,原告广东罗浮宫国际家具博览中心有限公司负担30,988元。

原审宣判后,连天红公司不服一审判决,依法提起上诉,其主要理由是:原审判决认定事实错误,判决结果明显不当。根据《商标法》第57条第2项的规定,未经商标注册人的许可,在同一种商品上使用与其注册商标相同的商标,或者在类似商品上使用与其注册商标相同或者近似的商标,容易导致混淆的,属于侵犯注册商标专用权的行为。依照上述规定,侵犯注册商标专用权的行为均是指对商标的商业性使用。所谓商标的商业性使用,是指商标标识用于商品、商品包装或者容器以及商品交易文书上,或者将其用于广告宣传、展览以及其他商业活动中,可以用来指示商品的来源,足以使相关公众认识其为标识。本案中,上诉人将与“罗浮宫家具”相关的文字设置为百度推广的关键词,从而使网络用户在搜索相关词语时,其设置的链接能出现在搜索结果页面的推广链接栏目中。将相关文字设置为推广链接的关键词在计算机系统内部操作,并未直接将该词作为商标标识向公众展示,不会使公众将其识别为区分商品来源的商标,不属于商标性的使用。根据关键词"罗浮宫家具"的搜索结果,在页面上显示"红木家具品牌连天红,高贵不贵! www. liantianhong. com",点击该搜索结果链接则直接进入上诉人网站,上诉人网站上没有任何关于罗浮宫商标的相关信息,更没有在商品标识上使用罗浮宫商标,根本不会构成混淆。

罗浮宫公司答辩称:第一,上诉人在百度推广业务中将罗浮宫家具作为关键词链接构成商标法意义上的商标使用。百度推广是国内首创按效果付费的网络推广方式,让有需求的人便于找到适合产品的服务。百度推广业务是典型的网络推广服务,以竞价方式将他人所有的商标,添加为百度推广关键词,开展推广宣传活动,完全符合《商标法》第 48 条的规定,构成商标法意义上的商标使用。第二,在百度推广的搜索页面中能链接上诉人官方网站首条条目,也包含了罗浮宫家具。因此,上诉人的行为侵犯了被上诉人罗浮宫商标专用权。第三,原审判决认定上诉人侵犯了被上诉人罗浮宫商标专用权并承担赔偿责任的判决,事实清楚,适用法律正确。

百度公司提交意见称:同意上诉人的上诉意见。并作如下补充,第一,根据《商标法》第 57 条第 2 项规定,在判定是否构成商标侵权的时候除了要首先判断是否属于商标意义上的使用之外,更重要的是要判断是否容易导致混淆,但一审判决对本案涉案关键词的推广行为是否会造成混淆或者混淆的可能性,没有进行任何的分析和判断。本案的涉案关键词推广不同于常见的关键词推广行为,上诉人在关键词推广信息中并没有使用任何被上诉人涉案商标,反而是明确表明了自己的品牌和产品。在类似案件的侵权判断中通常有两种情况,一种是像本案中单纯使用他人商标作为关键词进行推广,但是在推广条目中并没有使用或显示该商标,这种情况通常称为前台不显示,另一种情况是不但使用他人商标作为关键词还将他人商标显示在推广信息中,通常称为前台显示。这两种情况应区别对待,前台显示可能造成商标的混淆或误认,构成侵权。前台不显示,由于不造成混淆或误认,不构成侵权。第二,在对是否容易造成混淆进行判断时,应当以关键词推广的相关公众现在的认知和判断能力为标准,互联网技术发展了十几年,关键词推广也发展了十几年,其他搜索服务商也发展网络推广,网民完全可以识别推广链接和自然搜索的区别,不会造成混淆误认。更何况本案中推广并没有造成混淆误认。

力天红公司提交意见称：同意上诉人及百度公司的意见。

二审法院判决：驳回上诉，维持原判。

【裁判理由】

一审法院认为：

本案争议焦点为：(1)被告连天红公司、第三人力天公司是否实施了侵犯涉案商标专用权的行为及构成不正当竞争；(2)被告百度公司的行为是否构成对涉案商标专用权的侵犯；(3)若本案被告或第三人的行为构成侵权，应承担怎样的民事责任。

关于第1个争议焦点，第三人力天公司系百度公司的百度推广客户，被控侵权行为系第三人力天公司在百度网站上事实的推广行为，该行为的具体表现形式为：输入“罗浮宫家具”关键词作为搜索，在搜索结果第二条可得标题为“红木家具品牌连天红，高贵不贵！ www. liantianhong. com”的链接标题，点击后即进入网址为 www. liantianhong. com 连天红（福建）家具有限公司首页。根据《中华人民共和国商标法》第57条第2项的规定：“未经商标注册人的许可，在同一种商品上使用与其注册商标近似的商标，或者在类似商品上使用与其注册商标相同或者近似的商标，容易导致混淆的。”据最高人民法院《关于审理商标民事纠纷案件适用法律若干问题的解释》规定的类似商品，是指在功能、用途、生产部门、销售渠道、消费对象等方面相同，或者相关公众一般认为其存在特定联系、容易造成混淆的商品。依据上述法律规定及《商标法》的基本原理，结合被控侵权行为，本案所涉被控侵权行为网络搜索页面，由网络用户通过进行“罗浮宫家具”关键词搜索而得。通常情况下对某一使用行为使用是否属于商标意义上的使用应以相关商标核定使用的商品或服务所对应的相关公众作为判断主体进行判定。本案的相关公众应是选定“罗浮宫家具”为关键词搜索的这部分特定的网络用户。就部分网络用户而言，只有在对“罗浮宫家具”的含义具有事先认知的情况下才会将其选定为关键词进行搜索。连天红公司、百度公司、力天公司主张“罗浮宫”是法国王宫的中译名，原告对该词语不享有《商标法》上的绝对禁止权，该抗辩属于混淆概念，本院不予采纳。连天红公司经营范围与罗浮宫公司享有的第3387748号商标核定的商品类别交叉，使用已具有指示商品提供者的作用，属于商标意义上的使用。罗浮宫公司享有专用权的“罗浮宫”第3387748号商标系驰名商标，具有较高的市场知名度，作为同业竞争者之一的连天红公司、力天公司对此应系明知。力天公司未经罗浮宫公司同意将“罗浮宫”注册商标有相同文字的“罗浮宫家具”等词组选定为关键词，撰写“红木家具品牌连天红，高贵不贵！ www.

liantianhong. com”的推广信息,使在网站以“罗浮宫家具”等为关键词进行搜索所得排名第二位的搜索结果为连天红公司网站的链接,导致相关公众对罗浮宫公司与连天红公司所提供的产品产生混淆和误认,并致使本拟通过“罗浮宫家具”关键词搜索罗浮宫家具的网络用户误入连天红公司网站,从而提升连天红公司及其产品的曝光率,吸引网络用户对连天红公司网站及产品的注意力,为连天红公司创造和提供更多的商业机会和交易的可能性。本案第三人力天公司被控侵权行为的受益方为被告连天红公司,且该两公司实际投资者交叉,被告连天红公司辩称并不知晓第三人力天公司添加关键词的行为,缺乏依据,本院不予采纳。综上,被告连天红公司、第三人力天公司被控侵权行为属于《中华人民共和国商标法》所调整的范围,侵犯了罗浮宫公司对第3387748号商标“罗浮宫”注册商标所享有的专用权。被告连天红公司、第三人力天公司不构成商标侵权的辩解与事实不符,缺乏法律依据,不予采信。连天红公司、力天公司被控侵权行为构成侵害商标专用权,但该行为并不构成不正当竞争,不属于《中华人民共和国反不正当竞争法》的规制范畴,罗浮宫公司主张连天红公司的侵权行为构成不正当竞争缺乏事实和法律依据,本院不予支持。

关于第2个争议焦点,《中华人民共和国侵权责任法》第36条第3款规定:“网络服务提供者知道网络用户利用其网络服务侵害他人民事权益,未采取必要措施的,与该网络用户承担连带责任。”“知道”包括实际知道,也包括基于其应具备的注意义务,法律推定其应当知道。网络服务提供者不能对所有的网络信息负有审查义务,但其应当采取一些过滤技术防止侵权信息的传播,或对于一些明显的侵权信息及时进行删除。如果网络服务提供者未尽到上述应当注意并能够注意的义务,则因违反对他人合法权益应尽的注意义务而承担过错责任。百度推广作为网络付费推广服务不同于不受干预的自然搜索服务,这种经营模式决定百度公司在推广服务时应承担相对自然搜索更多的注意义务,包括一定的审查义务及警示义务。本案中,百度公司已经尽到了应当的审查义务及警示义务,对连天红公司、力天公司侵权行为的发生并不知情,不应承担责任:第一,百度公司尽到了审查义务。百度公司在本案中负有一定的审查义务,这种审查义务来源于作为推广用户合作者的谨慎义务,也应与其技术能力相适应,因此是一种形式审查义务,主要是对推广用户资质的审查。百度公司对推广用户提交的内容自动过滤反动和黄色等违法信息。百度公司在其技术能力范围内尽到了审查义务。百度公司对力天公司添加的关键词、链接标题及描述没有全面审查义务。首先,在力天公司添加的关键词及链接的标题及描述的内容是否侵犯他人商标权与其添加的内容与他人商标是否相同或相近似,以及其使用是否可能给消费者造成混淆相关。百度公司均不具有对此进行判断的能力。其次,在于推广用户后续随时可能添加、修改关键词、链接标题及描述,百度公司实际上无法对如此众多的关键词及链接标题、描述逐一进行审查。但若权利人即本案原告罗浮宫公司就其商标权对百度公司作出声明,百度公司能够通过过滤等技术手段以低成本预防和制止侵权行为的发生,此时百度公司的注意义务应包含主动、及时采取必要的措施防止侵权。本案原告罗浮宫公司未举证证明其在起诉前对百度公司作出了权利声明,百度公司已尽到审查义务。第二,百度公司尽到了警示义务。百度公司与力天公司签订的《百度推广服务合同》(线上合同)约定,推广用户提交的关键词及其他信息不得侵犯他人知识产权及相应后果。此外,在推广用户登录账号在后台进行具体操作时,在完成添加关键词、创意的各个阶段,百度公司后台均提示审核内容的合法性,不得侵犯他人权利。可见,百度公司从签订推广合同到后台操作各个过程中均对力天公司进行了警示。百度公司接到本案受理通知后,已经断开了相关链接,涉案侵权行为已经结束。因此,本院认为,百度公司在主观上没有过错,不构成对涉案商标专用权的侵权,不应承担法律责任。

关于第3个争议焦点,现百度公司已断开相关链接,涉案侵权行为已经结束,本院对罗浮宫公司要求停止侵权行为的诉讼请求,不再处理。本案中,罗浮宫公司既未提交有效证据证明其损失,也无证据证明连天红公司因侵权所获得的利益。因此,综合考虑罗浮宫公司享有注册商标专用权的知名度、侵权行为性质、侵权行为情节、后果及主观过错程度等因素,在法定赔偿限额内酌情确定赔偿数额,包括罗浮宫公司为制止侵权行为所支出的合理费用,而不再支持罗浮宫公司的全部赔偿请求。因商标权属于财产权,不直接涉及人身权利,且原告罗浮宫公司未能证明连天红公司、力天公司的侵权行为造成其商誉遭受侵害的事实,故对原告罗浮宫公司请求被告连天红公司在其官网首页刊登道歉声明、消除影响的请求,法院不予支持。

二审法院认为:

本案争议焦点为上诉人连天红公司及原审第三人力天红公司所涉在百度推广服务中设置“罗浮宫家具”关键词的行为是否构成侵权及如果构成侵权应如何承担法律责任的问题。

关于连天红公司及力天红公司所涉被控侵权行为是否构成商标侵权的问题。认定商标侵权的前提是被控侵权人将与权利商标相同或者近似的标识进行商标结构意义上的使用。所谓"商标性使用",根据《商标法》第48条的规定,商标的使用是指将商标用于商品、商品包装或者容器以及商品交易文书上,或者将商标用于广告宣传、展览以及其他商业活动中,用于识别商品来源的行为。具体到本案,根据查明的事实,力天红公司在百度推广系统的后台自行设置了"罗浮宫家具"搜索关键词。网络用户在百度搜索框中输入"罗浮宫家具"关键词后,出现的搜索结果页面第2条条目信息为"红木家具品牌连天红,高贵不贵! www. liantianhong. com",用户如果继续点击该搜索结果链接则直接进入连天红公司网站。由于该搜索条目信息中并不含有与涉案"罗浮宫"商标相关的标识或其他内容,进入连天红公司的网站也没有显示任何与"罗浮宫"商标相关的标识或宣传内容。罗浮宫公司也没有提供其他证据证明连天红公司在其生产的家具产品或其他商业活动中使用与"罗浮宫"商标相同或近似的标识。"罗浮宫家具"被力天红公司设置为搜索关键词,实际所发挥的作用是借助百度推广这一服务系统,将与连天红公司相关的条目信息及网站链接地址展示给网络用户,从而达到吸引网络用户注意力,引导用户进入连天红公司的网站,关注连天红公司产品的目的。由于连天红公司并非直接借助"罗浮宫"这一商标标识对其产品进行宣传和推广,"罗浮宫家具"关键词的使用与连天红公司的产品不存在直接关联,无法发挥识别商品来源的作用,被控侵权行为并不属于上述《商标法》所界定的"商标性使用"。因此,原审判决认定连天红公司及力天红公司的行为构成商标侵权缺乏事实和法律依据。

关于连天红公司及力天红公司所涉被控侵权行为是否构成不正当竞争的问题。由于罗浮宫公司对涉案"罗浮宫"商标的长期使用和推广,使"罗浮宫"商标已经具有较高的知名度,罗浮宫公司及罗浮宫家具在行业内也具有较高的企业声誉和品牌美誉度。连天红公司及力天红公司作为同业竞争者,对"罗浮宫"商标及"罗浮宫家具"的品牌影响力应当是知悉的。力天红公司将"罗浮宫家具"设置为搜索关键词,如果是出于正当性、合理性的描述性使用,在搜索条目与连天红公司的网站中必然有与该关键词相关的更为详细的信息与内容。但经查明,搜索条目与连天红公司网站上均没有出现任何与关键词相关的内容,连天红公司也未能就其经营及推广活动与"罗浮宫家具"这一关键词之间存在何种关联作出合理性解释。可见,力天红公司并没有使用"罗浮宫"标识的权利基础,其设置和使用"罗浮宫家具"这一关键词的目的显然是欲借助"罗浮宫"的商标知名度对连天红公司进行宣传推广,主观上具有"傍品牌、搭便车"的不正当性。而从客观结果来看,通过"罗浮宫家具"这一关键词搜索显示的推广条目中,"红木家具品牌连天红,高贵不贵! www.liantianhong.com"这一条目信息居全部推广条目的第二位,在页面中处于靠前和相对醒目的位置。从搜索情况来看,对"罗浮宫家具"这一关键词进行搜索的用户显然在主观上是知悉"罗浮宫"这一品牌,而主动进行关注的。但由于力天红公司所实施的上述干扰行为,有可能导致用户因搜索结果而产生不恰当的联想,认为连天红公司与罗浮宫公司有某种关联关系,从而误入连天红公司的网站。或者虽然用户对连天红公司与罗浮宫公司之间的关系不会产生误认,但由于搜索结果位于相对醒目位置,客观上会造成用户的注意力被人为转移,转而关注连天红公司的产品信息。上述两种情况的存在都会在客观上提升连天红公司及其产品的关注度,为连天红公司培养潜在客户,从而创造和提供更多的商业机会及交易的可能性。《反不正当竞争法》第 2 条规定,经营者在生产经营活动中,应当遵循自愿、平等、公平、诚信的原则,遵守法律和商业道德。因此,市场经营中,竞争者通过正当、合法的手段提升竞争实力,为自己创造和争取交易机会,甚至排除竞争对手,这并不为法律所禁止。但连天红公司及力天红公司实施的上述行为显然是违反了市场交易中应当遵守的诚信原则和商业道德,对罗浮宫公司的经营带来直接的损害后果,属于违反《反不正当竞争法》规定,损害其他经营者的合法权益,扰乱社会经济秩序的不正当竞争行为,应承担相应的法律责任。

关于连天红公司与力天红公司就所涉不正当竞争行为应如何承担法律责任的问题。本案所涉不正当竞争行为虽由力天红公司直接实施,但受益方为连天红公司,且两公司实际投资者存在交叉,可以合理推定连天红公司对力天红公司所实施的侵权行为是明知的,故两公司构成共同侵权,应就被控侵权行为共同承担法律责任。关于罗浮宫公司诉讼请求中停止侵权的问题。经查,百度公司已断开相关链接,涉案侵权行为已经停止,原审判决对罗浮宫公司要求停止侵权行为的诉讼请求不再处理符合法律规定。关于罗浮宫公司诉讼请求中赔偿损失的问题。最高人民法院《关于审理不正当竞争民事案件应用法律若干问题的解释》第 17 条规定,确定《反不正当竞争法》第 5 条、第 9 条、第 14 条规定的不正当竞争行为的损害赔偿额,可以参照确定侵犯注册商标专用权的损害赔偿额的方法进行。涉案侵权行为虽不属于《反不正当竞争法》第 5 条所列举的不正当竞争行为,但如上分析,属于违反《反不正当竞争法》第 2 条原则性规定的不正当竞争行为,且涉及商业标志类。故,亦可参照最高人民法院《关于审理不正当竞争民事案件应用法律若干问题的解释》第 17 条的规定对赔偿额进行确定。《中华人民共和国商标法》第 63 条第 3 款规定,权利人因被侵权所受到的实际损失、侵权人因侵权所获得的利益、注册商标许可使用费难以确定的,由人民法院根据侵权行为的情节判决给予300万元以下的赔偿。最高人民法院《关于审理商标民事纠纷案件适用法律若干问题的解释》第16条第2款规定,人民法院在确定赔偿数额时,应当考虑侵权行为的性质、期间、后果,商标的声誉,商标使用许可费的数额,商标使用许可的种类、时间、范围及制止侵权行为的合理开支等因素综合确定。依照上述法律及司法解释的规定,由于罗浮宫公司未就其因侵权所受损失或侵权人因侵权所获得利益进行举证。原审判决综合考虑涉案罗浮宫商标的知名度、侵权行为人的主观过错、侵权行为性质和情节、侵权行为后果及罗浮宫公司为制止侵权行为所支出的合理开支等因素,酌定连天红公司及力天红公司共同赔偿罗浮宫公司经济损失(含合理费用)6万元符合法律规定。

综上,上诉人连天红公司关于其行为不构成商标侵权的上诉有理,原审判决适用法律不当,予以纠正。但由于连天红公司及力天红公司的行为构成不正当竞争,原审判决两公司共同承担赔偿责任并驳回罗浮宫公司其他的诉讼请求并无不当,应予维持。

【案例注解】

近年来,推广链接作为一种新兴的网络营销渠道,给商家的产品推广及品牌宣传带来诸多便利,但也由此导致了大量利用关键词服务搭他人品牌便车引起纠纷的案件。对此类行为的法律定性及广告主与网络服务提供商的责任认定问题都值得探讨。

一、关键词搜索的相关概念和存在的问题

随着网络技术的不断发展,搜索引擎(如百度、搜狐、谷歌等)除了按照基础技术方案客观展示搜索结果,为网络用户提供相应搜索信息之外,也渐渐被开发成商业推广平台。涉案的推广服务(或称关键词广告、竞价排名、赞助商链接等)就是指商家通过与网络搜索服务提供商签订合同并缴纳一定的推广费后,取得用户名、密码,客户在登录后进入推广系统后台,可以进行自助选择关键词、为关键词设定价格、撰写链接标题、网页描述和添加网络地址,对自己的网站进行推广。当普通网民输入用户预先设置的关键词进行搜索时,搜索引擎综合关键词匹配度等权重因素使推广用户的网站能够在一定程度上优先展现在搜索结果中。商家付费进行这种推广链接的目的就是在按关键词要求进行匹配显示自然排名基础上提升自己网站的排名,在浩如烟海的网络信息中脱颖而出,从而提高网站在搜索引擎用户中的曝光率。商家通过借助搜索服务提供商的技术手段,为自己的企业和品牌进行推广宣传本属正常,亦不为法律所禁止。但实践中,一些商家正是抓住网络用户为了更加快捷、有效、准确地进行信息定位,找到想要的信息的搜索心理,恶意使用他人具有较高知名度的商业标识,来提高自己网站的曝光率,从而实现自身利益最大化,争取更多的客户资源。最为典型的就是将他人的商标、字号、知名商品特有名称等标识设置为自己的关键词,用户输入该关键词时,自己的网站链接就排在自然搜索结果的前列或者醒目的位置,吸引用户的关注或者人为转移用户的注意力,无形中将竞争对手的潜在客户吸引到自己一方,非法获取竞争优势,从而引发纠纷。具体到本案,涉案"罗浮宫"商标经权利人长期使用和宣传,已经具有较高的知名度。力天红公司在缺乏合理使用该标识的情况下,将"罗浮宫家具"设置为关键词,用户如果在搜索引擎中输入该关键词,所出现的"红木家具品牌连天红,高贵不贵! www. liantianhong. com"这一标题和网址链接就会排在搜索结果的前列,用户如果继续点击该链接就会进入连天红公司的网站,而该网站与"罗浮宫"商标并无实质关联。这显然属于一种恶意使用他人商业标识的行为。

二、关键词搜索涉嫌侵权的定性问题

如上分析,将他人商业标识设置为关键词的行为显然具有不正当性,但对该行为的定性问题,有两种不同意见。一种认为构成商标侵权,另一种则认为应属于不正当竞争。认为构成商标侵权的理由主要是认为将与他人商标相同或者近似的文字用作关键词推广,属于商业性使用,客观上易导致消费者对双方产品产生混淆和误认,属于《商标法》第 57 条所规定的商标侵权行为。我们认为,商标侵权和不正当竞争在表现形式和构成要件上仍有区别。裁判中,应依照相关法律规定并结合行为的表现特征进行具体分析。关于商标侵权,其前提应是被控侵权人将与权利商标相同或者近似的标识进行商标结构意义上的使用。所谓"商标性使用",根据《商标法》第 48 条的规定,商标的使用是指将商标用于商品、商品包装或者容器以及商品交易文书上,或者将商标用于广告宣传、展览以及其他商业活动中,用于识别商品来源的行为。具体到本案,输入"罗浮宫家具"关键词后,出现的搜索标题中并不含有与"罗浮宫"商标相关的标识或其他内容,进入连天红公司的网站也没有显示任何与"罗浮宫"商标相关的标识或宣传内容。"罗浮宫家具"被力天红公司设置为搜索关键词,实际所发挥的作用是借助百度推广这一服务系统,将与连天红公司相关的标题及网站链接地址展示给网络用户,从而达到吸引网络用户注意力,引导用户进入连天红公司的网站,关注连天红公司产品的目的。由于连天红公司并非直接借助"罗浮宫"这一商标标识对其产品进行宣传和推广,"罗浮宫家具”关键词的使用与连天红公司的产品不存在直接关联，无法发挥识别商品来源的作用，被控侵权行为并不属于《商标法》所界定的“商标性使用”，不宜认定为商标侵权行为。

我们认为将被控侵权行为定性为不正当竞争更符合事实和法律依据。主要理由是，作为同业竞争者，力天红公司对“罗浮宫”商标的品牌影响力应当是知悉的。将他人商标、字号等设置为关键词的行为并不当然构成侵权，如果仅是出于介绍产品服务的需要而进行描述性或者其他合理性理由而使用，自然具有正当性。但具体到本案，力天红公司将“罗浮宫家具”设置为关键词，如果是出于正当性、合理性的描述性使用，正常情况下，在标题及链接的连天红公司的网站中必然有与该关键词相关的更为详细的信息与内容，但事实上并没有。显然，力天红公司设置和使用“罗浮宫家具”这一关键词与其待推广的连天红网站之间并不具有实质关联性，其目的显然是欲借助“罗浮宫”的商标知名度对连天红公司进行宣传推广，提升连天红公司及其产品的关注度，主观上具有“傍品牌、搭便车”的不正当性。客观上可能导致用户因搜索结果而产生不恰当的联想或者注意力被人为转移，误入连天红公司的网站，从而为连天红公司培养潜在客户，创造和提供更多的商业机会及交易的可能性，这必然对罗浮宫公司造成直接的损害后果。被告的行为虽不属于《反不正当竞争法》第 5 条所明确列举的几种不正当竞争行为，但仍属于为了获取竞争优势，违反市场交易中应当遵守的诚实信用原则和公认的商业道德，破坏公平竞争市场秩序的行为。因此可以适用《反不正当竞争法》第 2 条的规定进行规制。

但应注意，《反不正当竞争法》第 2 条属于原则性条款，也即所谓的“兜底”条款。对该条的适用条件应有所限制，不应随意突破。最高人民法院的指导思想是：对于法律未作特别规定的竞争行为，只有按照公认的商业标准和普遍认识能够认定违反原则规定时，才可以认定为不正当竞争行为，防止因不适当扩大不正当竞争范围而妨碍自由、公平竞争。最高人民法院在相关指导案例中还进一步对诚实信用原则和商业道德的关系进行了阐述，认为：“诚实信用原则是市场经济活动中道德规则的法律化，它要求人们在从事民事活动时，讲究信用，恪守诺言，诚实不欺，用善意的方式取得权利和履行义务，在不损害他人利益和社会利益的前提下追求自身的利益。在规范市场竞争的反不正当竞争法中，诚实信用原则更多的是以公认的商业道德的形式体现出来的。”“公认的商业道德应指特定商业领域普遍接受的行为标准，具有公认性和一般性，因而表现出某种客观性。尽管如此，公认的商业道德同时还具有抽象性，需要根据特定商业领域甚至个案情形予以具体化。此时，特定行业的一般实践、行为后果、行为人的主观状态、交易相对人的主观状态及其选择等都可以成为考虑因素。”

三、网络搜索服务提供商的责任承担问题

涉关键词搜索的侵权案件中，权利人除了起诉广告主直接侵权外，往往会以网络搜索服务提供者没有尽到事先审查义务，客观上为侵权行为提供帮助构成共同侵权为由，要求服务提供商一并承担责任。对此，服务提供商则抗辩认为他们只是提供搜索技术，关键词系由客户自行发布。从技术中立的角度，服务提供商并不负有事先的审查义务，不存在过错，不应承担责任。服务提供商是否应对广告主的侵权行为承担连带责任，实践中亦有不同观点。一为“事实审查义务说”，即认为服务提供商应对广告主发布的所有关键词负有审查义务，未尽到审查义务则存在过错。二为“技术中立说”，即认为服务提供商只是为客户推广自己的网站提供一个技术服务平台并收取相应的服务费用，只要不是与广告主存在共同侵权的意思联络，就不应对其苛以太重的审查义务。我们认为，不管是“事先审查义务说”或者“技术中立说”均不可取。所谓事先审查义务，就是要求广告主设置的关键词在发布前都要经过服务提供商的审查，这不仅在技术上难以实现，审查的延迟性与网络广告快速、适时、精准的特点也是相背离的。而技术中立说则完全无视服务提供商应负的监管义务，无形中会放纵客户的侵权行为。我们认为，《侵权责任法》第36条明确规定，网络服务提供者知道网络用户利用其网络服务侵害他人民事权益，未采取必要措施的，与该网络用户承担连带责任。“知道”包括实际知道，也包括基于其应具备的注意义务，法律推定其应当知道。网络服务提供者不可能对所有的网络信息负起审查义务，但其应当采取一些过滤技术防止侵权信息的传播，或对于一些明显的侵权信息及时进行删除。因此，对网络服务提供商应当要坚持“权利义务相一致”的原则，按照从预防侵权与加强事后管理两个方面上对其是否存在应知过错进行认定。具体到本案，百度公司在与力天红公司签订推广服务合同时，已经强调和要求客户发布的推广信息不得含有侵犯他人合法权益的内容。在推广客户在后台进行具体操作，即完成添加关键词、撰写条目信息的各个阶段，百度公司的后台均提示审核内容的合法性，不得侵犯他人权利。可见，百度公司从签订推广合同到后台操作各个过程均对力天红公司进行了警示。另外，百度公司设置有驰名商标保护体系。在这个体系下，除非提交了权利人的授权证明，否则推广用户撰写的推广标题和创意中如果包含了同类别驰名商标的信息，是不可能提交成功的，系统会自动提醒推广用户进行修改，直至不带有任何同类别驰名商标信息为止。事实上，涉案推广标题中也正是因为这个体系的技术干预,而确实没有含有任何罗浮宫商标的信息。最后,在本案诉讼发生后,百度公司在接到原告的通知后也已经及时断开了涉案推广链接。可见,百度公司在事先的预防侵权和事后的防止侵权扩大两方面均已尽到相应的注意义务,不存在过错,不应对连天红公司及力天红公司的直接侵权行为承担连带责任。

论我国商品化权的现状与立法前的应对

——评梦工厂与国家商评委商标异议复审行政纠纷案*

袁 博**

【关键词】 商品化权 人格权 反不正当竞争法 商标异议

【裁判要点】

我国目前并未明文规定商品化权,但是,在相关案件中,司法机关可以发挥能动作用:在人格权模式中,分割人格权中的人格利益和财产利益,合理增加人格权侵权赔偿数额;在反不正当竞争法模式中,正确厘清"竞争关系";在商标异议中,将商品化权明确为在先权益。

【基本案情】

胡某在"方向盘罩"等商品上申请注册"KUNG FU PANDA"商标,被梦工厂动画影片公司(以下简称梦工厂)提出异议,引证商标为核定使用在"计算机外围设备"和"活动玩偶玩具"等类别上的商标。由于商标类别相差较远,因此难以构成"同种或类似商品上的近似商标"。为了阻止胡某注册,梦工厂在异议过程和随后的诉讼中陈述了一条重要理由,即其由于同名动画片《功夫熊猫 KUNG FU PANDA》在中国的热映而对"KUNG FU PANDA"具有一种专属的"商品化权",因此应当排除他人对同名商标的注册。对此,商评委并不认可,梦工厂遂提起行政诉讼。

【裁判结果】

一审维持商标评审委员会作出的被诉裁定。二审撤销一审判决,撤销商评委涉案商标异议复审裁定书,并判令其重新作出异议复审裁定。

【裁判理由】

对于商品化权,一审法院予以否定,因为"现有的法律中并未将所谓'商品化权'设定为一种法定权利",并且"商品化权"亦非"法律所保护的民事权益","其权益内容和权益边界均不明确",难以认定梦工场公司对"KUNG FU PANDA"名称在商标领域享有绝对、排他的权利空间,因而难以认为构成对他

---

* 案号:一审:北京市第一中级人民法院(2014)一中行(知)初字第4257号;二审:北京市高级人民法院(2015)高行(知)终字第1969号。

** 袁博,上海市第二中级人民法院研究室法官,硕士研究生。

人商标注册的阻碍。

然而,在二审中,这一结论却被北京市高级人民法院推翻。北京市高级人民法院指出,梦工场公司主张的其对“功夫熊猫 KUNG FU PANDA”影片名称享有的“商品化权”确非我国现行法律所明确规定的民事权利或法定民事权益类型,但当电影名称或电影人物形象及其名称因具有一定知名度而不再单纯局限于电影作品本身,与特定商品或服务的商业主体或商业行为相结合,电影相关公众将其对于电影作品的认知与情感投射于电影名称或电影人物名称之上,并对与其结合的商品或服务产生移情作用,使权利人据此获得电影发行以外的商业价值与交易机会时,则该电影名称或电影人物形象及其名称可构成“商品化权”并成为商标注册中的“在先权益”。

【案例注解】

在本案中,成为争议焦点的“商品化权”,究竟是什么权利呢?商品化权,又称形象权,是指将形象(包括真人的形象、虚构的人及动物形象)付诸商业性使用的权利。商品化权保护的形象囊括指向真实人物形象和虚构角色形象的各种形象元素,包括人物肖像(包括身体部位,如腿模广告中的模特的腿部)、姓名、作品、具有人格属性的物品等(如刘翔的签名、姚明的球衣、贝克汉姆的足球)。只要能对消费者产生吸引力具有商业价值,就能成为商品化权的对象。商品化权发端于美国 1953 年的“海兰”案,并逐渐被澳大利亚、加拿大、日本等国家法院以判例形式所承认,但是英国、德国并不承认商品化权,我国在立法上也并未引入。

一、我国涉及商品化权的立法体系及司法现状

在我国的司法实践中,有相当数量侵权案件中的当事人所主张的权利符合商品化权的定义,但由于我国在立法上并未设置该权,所以对侵犯商品化权行为的规制只能在《民法通则》《著作权法》《商标法》《反不正当竞争法》以及最高人民法院《关于确定民事侵权精神损害赔偿责任若干问题的解释》的有关条文中寻找。按照不同的法律准据,可以分为四种基本类型。

(一)人格权保护模式

此类案件的特点在于,受到侵害的是与人格权有关,但又未能被传统人格权所完全涵摄的权益。在这类案件中,法院认为受到侵害的商品化权可以通过人格权得到救济,代表案例是中国人民解放军陆海空三军仪仗队诉深圳市信禾公司名誉权、肖像权、名称权侵权纠纷一案。

该案中,三军仪仗队发现信禾公司使用三军仪仗队的名称及其军官行礼图来推销产品,遂以侵犯其名誉权、肖像权和名称权为由诉至法院。一审法判

决认定被告侵犯了原告的名誉权,判令被告停止侵权并赔偿原告 10 万元人民币;双方上诉后,二审法院判决认定被告侵犯了原告的"整体肖像权益"和名称权,并判令被告赔偿原告 80 万元人民币。诉讼中,对于使用三军仪仗队的军官行礼图究竟侵犯了原告何种权利,成为争议焦点。一审法院认为侵犯的不是肖像权而是名誉权,理由是:肖像权属于自然人才享有的人身权,三军仪仗队主体不适格;将三军仪仗队在各种场合的形象用于商业目的,必然导致其社会评价降低,因此侵害了其名誉权。二审法院则认为侵犯的是"整体肖像利益"而非名誉权,理由是:虽然三军仪仗队不能依据法律享有该照片的肖像权,但对于使用该照片所带来的利益(整体肖像利益)享有权益,该权益应当受到法律的保护;侵犯法人名誉权的行为,是以书面、口头等形式诋毁、诽谤法人名誉并造成损害,而被告并无这种行为。

从一审和二审法院的判决理由可以看出,本案中,为了维护三军仪仗队的合法权益,无论是援引肖像权抑或是名誉权,都碰到了法律适用上的困难:肖像权方面,三军仪仗队并非自然人主体;名誉权方面,被告并没有构成对法人名誉权的诋毁、诽谤。值得注意的是,二审法院也承认原告并不享有肖像权,但是仍然享有"整体肖像利益",这种整体肖像利益是原告维护其形象做出的巨大努力所形成的。对照定义不难看到,肖像权和名誉权难以维护的"整体肖像利益",恰恰是商品化权所要保护的对象。

(二)著作权保护模式

此类案件的特点在于,侵权人利用了权利人的署名或者其作品中的角色形象等元素进行商业牟利。在这类案件中,法院认为受到侵害的商品化权可以通过著作权得到救济,代表案例是吴冠中诉上海朵云轩等著作权侵权纠纷一案。

该案中,两被告不听原告劝阻,执意联合拍卖假冒吴冠中署名的美术作品《毛泽东肖像》,遂被原告吴冠中诉诸法院。一二审法院均判决认定被告侵犯了原告的著作权。

根据我国《著作权法》的规定,"制作、出售假冒他人署名的作品"的行为是侵犯著作权行为,但是,这种行为存在两种可能:一种是作者确曾创作一件美术作品,他人对该作品进行仿制,并在假冒签名后出售;另一种就是制作、出售假冒某作者署名的美术作品,而作者事实上并未创作过对应的真实作品。对于第一种情况,属于没有疑义的侵犯著作权的行为;对于第二种情况,判定被告是否侵犯著作权,则存在很大的争议。一些学者认为,根据《著作权》第 2 条的规定,著作权基于作品而产生。因此,只有在自己创作完成的作品上,作者本人才能主张诸如署名权等一系列的著作人身权以及财产权。所以,本案谈不上侵犯吴冠中的署名权或著作权。[①] 事实上,通过著作权来保护权利人在并未创作出的作品上受到的损害,在逻辑上很难令人信服。那么,权利人受到侵害的到底是何种权利呢? 答案是基于姓名的商品化权。对"吴冠中"这个署名而言,代表的是具有极高市场价值的画作,吴冠中的姓名符号已经具有了市场声誉并能带来商业利益,因此,通过商品化权来救济"制作、出售假冒他人署名的但他人并未创作的美术作品"给权利人带来的损失,更为合理。

(三)商标权保护模式

此类案件的特点在于,侵权人利用权利人拥有权利的形象(通常为虚拟角色形象)注册商标,但同时又进行了一定的规避设计从而与权利人自己注册的商标在视觉效果上存在一定的差异。在这类案件中,法院认为受到侵害的商品化权可以通过商标权得到救济,代表案例是温州蓝猫公司诉杭州联华华商公司等商标侵权纠纷一案。

该案中,湖南三辰公司是《蓝猫淘气 3000 问》系列片的著作权人,《蓝猫淘气 3000 问》在电视台播出后,蓝猫形象获得了很高的知名度。湖南三辰公司于是将蓝猫形象在书包类商品上注册为商标,后授权本案的原告使用并可进行维权。原告后来发现被告生产、销售的书包上也有蓝猫形象,于是诉至法院。一审法院判令被告停止侵权并赔偿 5 万元人民币。被告不服上诉,二审法院维持原判。

本案中,原告和被告的蓝猫商标是否构成相似成为本案的焦点问题。法院指出,双方的商标就图形本身而言并不构成相似,但是由于双方的蓝猫图形均源自《蓝猫淘气 3000 问》中的蓝猫形象,因此会给熟悉蓝猫形象的消费者造成混淆,因此双方的商标构成实质相似。事实上,严格按照当时的(2013 年《商标法》修订前)商标侵权的混淆判定标准,认定本案两个视觉上并不相似的商标构成混淆是存在很大争议的。本案被告侵犯的其实是原告商标上所承载的蓝猫角色形象商品化权。法院通过蓝猫形象的一致性架起了两个本来不相似的商标构成混淆的桥梁,最终用《商标法》保护了原告的商品化权。

(四)《反不正当竞争法》保护模式

此类案件的特点在于,侵权人利用了权利人的形象进行商业牟利,但权利人通过人格权、商标权或著作权均难以得到救济。在这类案件中,法院认为受到侵害的商品化权可以通过《反不正当竞争法》得到救济,代表案例是王跃文

① 郑友德、刘平:《试论假冒与不正当竞争》,载《知识产权》1998 年第 1 期。

诉叶某等著作权侵权、不正当竞争纠纷一案。

该案中,原告王跃文是国家一级作家,代表作《国画》知名度很高。原告发现被告销售的图书《国风》涉嫌侵权,该图书封面表明作者为"王跃文",在宣传彩页上有"王跃文最新长篇小说"、"《国画》之后看《国风》"字样,遂以侵犯著作权并构成不正当竞争为由诉至法院。一审生效判决认定被告没有侵犯原告的著作权,但其行为构成了不正当竞争,判令被告停止侵权并赔偿原告人民币 10 万元。

该案中,被告的行为是否侵犯了原告的著作权和构成不正当竞争是两个争议焦点。著作权方面,法院认为,被告王跃文(与原告同名)有权在自己的作品上使用自己的名字,并不构成对原告著作权的侵犯;不正当竞争方面,法院认为,"王跃文"署名在文化市场上已具有标识利益,能够直接指向原告本人,被告通过虚假宣传的行为造成了消费者在两个王跃文之间产生混淆,构成了不正当竞争。本案的判决有两点令人印象深刻:第一,是认定了署名的标识利益并和形象之间具有指向性联系;第二,是认定了职业作家可以构成《反不正当竞争法》中的经营者主体。而在以往的司法实践中,《反不正当竞争法》在保护商品化权方面存在的主要障碍,就在于要求权利人与被控侵权人构成同业经营。

二、倡导"商品化权"入法是对司法实践的回应

由于我国目前并未将"商品化权"纳入立法,所以在相应的司法层面主要通过前文所述的四种模式进行保护。人格权模式适合于保护与自然人姓名、肖像有关的人格利益,且姓名、肖像上没有附着著作权或者商标权;著作权模式适合于保护产生于作品中的知名角色形象、虚拟人物形象等;商标权模式适合于保护与注册商标图形具有同样指向性的形象;《反不正当竞争法》作为兜底模式适合于保护不宜用人格权、著作权或商标权保护的形象。那么,就会自然引出一个问题,在我国目前人格权、商标权、著作权、《反不正当竞争法》严密构筑的保护体系之下,商品化权究竟还有何存在的必要?换言之,如果一项权利可以被归类为其他几项已经存在的权利类型,我们又为何还要叠床架屋、汲汲外求呢?答案是:有些纠纷单靠既有权利类型解决不了,或者是,即使能解决,也不能达到理想效果。

(一)人格权本身的局限

从"三军仪仗队"一案可以看出,通过人格权来保护商品化权,对于法人或者由自然人组成的群体而言,存在力不从心的尴尬。事实上,即使被侵犯形象权的主体是自然人,通过人格权来保护,同样存在诸多不足。

第一,自然人的人格权不能转让和继承。例如,在“鲁迅纪念邮票案”中,鲁迅后人因浙江省邮票局和绍兴市邮电局擅自将鲁迅肖像用于销售的纪念邮票之上而将其诉至法院。在此案中,根据人格权的特征,死者的肖像权不能由鲁迅后人继承,死者的名誉权虽然能延伸到死后但被告并没有对其实施侵害,这使得原告的权益没有应获救济的依据。类似的,随着全息技术①的兴起,一些已经去世的巨星可以重现舞台,如2015年5月在台北举行的“邓丽君20周年虚拟人纪念演唱会”,主办方将邓丽君“复活”,现场7000多观众无不感慨数码科技的魅力。显然,类似情形如果发生在大陆地区且未得到授权,参照鲁迅纪念邮票案,明星后人无论是主张肖像权还是名誉权索赔,都不能得到满意的结果。

第二,人格权受到损害的经济补偿有限。根据我国《民法通则》的规定,对于侵害肖像权和名誉权的财产责任方式是赔偿损失,但以抚慰为主、补偿为辅,是一种精神性损害赔偿,而在司法实践中,这样的赔偿往往是象征性的,难以和侵权人的非法获利相当,也很难补偿商品化形象所承载的商业价值的损失。例如,刘翔诉《精品购物指南》报社一案中,被告未经许可将刘翔的照片用于杂志封面,二审法院最终判赔人民币2万元,显然,与刘翔正常的肖像使用许可费相比,这是一个非常象征性的数字。② 因此,在前述的吴冠中署名一案中,如果用姓名权来主张权利,同样很难取得理想的维权效果。

第三,人格权很难涵盖肖像之外其他身体部分的权利,比如,现在电视广告中出现了一些“手模”和“腿模”,如果其他经营者未经许可擅自使用这些“手模”和“腿模”形象营利,在人格权范围内很难使相关形象的权利主体受到救济,而这些正属于商品化权所包涵的内容。

第四,人格权不能保护与权利人相似的形象因素。例如,某公司雇用一个和周杰伦长相相似的人做商业广告,但并未明示其为周杰伦,这种行为显然会搭乘、分流周杰伦商品化权中包含的商业利益,但是在现有的人格权范畴中同样无法得到救济。

第五,人格权不能涵盖具有人格指示功能的物品,如刘翔的签名、姚明的球衣、贝克汉姆的足球等,当这些品被商业化使用时,能产生与使用所指向的

---

① 指通过光线的反射和衍射原理记录并再现真实三维图像的技术,不仅可以产生立体“幻象”,还可以使“幻象”与观看者互动。

② 该案中,刘翔要求赔偿经济损失共计125万元,包括精神损害抚慰金25万元,被告的其他“不当得利”100万元,然而,此案两审法院都是从被告行为是否构成侵权进行分析,秉承“无损害则无救济”的侵权损害赔偿原则作出裁判,而未从不当得利的角度对原告的诉讼请求进行评价。参见温世扬:《论“标表型人格权”》,载《政治与法律》2014年第4期。

形象主体的姓名、肖像相似的效果,但却不能受到人格权的保护。

(二)著作权本身的局限

从前述吴冠中署名一案中不难看出,用著作权保护作者姓名商品化权益在理论上并不顺畅,此外,用著作权模式还存在一些不足,比如,某些具有重大商业价值的知名形象因为不符合作品的构成要件而得不到著作权的保护,比如作品标题、标志性短语、"不抛弃、不放弃"的台词片段等。这方面较为著名的案例是"五朵金花案"。著名电影《五朵金花》的编剧因著作权纠纷将云南省曲靖卷烟厂诉至法院。原告诉称,被告云南省曲靖卷烟厂未经其允许,使用并注册"五朵金花"商标,侵犯了其作为剧本作者的著作权,要求被告立即停止侵权、赔礼道歉。被告辩称,"五朵金花"一词不具有独创性,并非我国《著作权法》意义上的"作品",其注册使用"五朵金花"商标的行为并未侵犯被告的著作权。本案终审法院云南省高级人民法院经审理后判决:剧本《五朵金花》虽是一部完整的文学作品,但"五朵金花"一词作为该作品的名称,仅仅是《五朵金花》这部完整的作品所具备的全部要素之一,并非我国《著作权法》所保护的"作品"。云南省高级人民法院在判决中特别强调,"如果把是否具有独创性作为判断作品名称是否享有著作权的唯一标准,势必造成作品名称有独立于作品的著作权的效果,即如果该作品名称具有独创性即可享有著作权,则会形成作品名称有一个独立的著作权,正文又有一个著作权,那么基于同一部作品,相同的作者可以享有两个或两个以上的著作权,这既不符合法律逻辑,也不符合法律规定。"因此,涉案作品名称不能单独受《著作权法》保护。但是,必须看到,经过电影的放映,"五朵金花"四个字已经在一般人心中和五个美丽活泼的白族少女形象建立起了密切的联系,而被告正是涉嫌利用了"五朵金花"形象的商业价值而获利。"五朵金花"因为不符合作品的条件而不能得到保护,体现出著作权在保护形象权方面的局限和不足。

(三)姓名权和肖像权在商标异议中的局限

由于"商品化权"的缺位,在以往的商标实践中,存在很多难以解释的悖论和困境,以下试举两例。

1."姓名权平等"所导致的悖论

对于姓名被他人抢注为商标的行为,名人一般会援引我国《商标法》第32条的规定主张相应地商标注册损害了自己的在先权利(姓名权),相当长的时间以来,这种主张也基本得到了商标局和法院的认同。

然而,人们却忽视了一个问题,名人姓名,并非在所有情形下都能当然的构成"在先权利"。例如,在大众瞩目的"朱启南"商标争议案中,与奥运冠军朱启南同名的温州商人将“朱启南”作为商标注册在衬衣、针织服装、运动衫等服装类别上。这一争议在当时曾经引发热烈的社会讨论,出现了“姓名权人人平等”“名人不应该享有优先权”“都叫朱启南,冠军比商人有商标优先权?”等支持商人朱启南的言论,值得注意的是,该案中,商人朱启南自称注册商标是基于自己的姓名,而且自己出生时,奥运冠军朱启南尚未面世。在这一事例中,“名人姓名构成在先权利”受到了严重挑战:第一,就姓名而言名人无法垄断他人对相同文字的使用,而自然人基于自己的姓名注册为商标是合理的使用行为;第二,对于有些同名的人而言,他们的取名时间要早于名人,在此种情形下,“在先权利”的形成并没有时间上的基础,名人的姓名反而成了“在后形成的权利”。不难看出,将名人姓名注册为商标,侵犯的并非是名人的“在先姓名权”,那么,侵犯的究竟是在先的何种权益呢?这个时候,引入“商品化权”就可以令人信服地解决这一悖论。

注册名人姓名的行为,侵犯的是名人将其姓名进行商业化利用的在先权利,即“姓名商品化权”,正是商品化权的一种。具体而言,当人们看到名人姓名时,虽然该姓名客观上可能存在若干同名的人,但消费者的认知心理决定了他们首先会联想到知名度最高、独一无二的“那个”。名人的姓名承载着巨大的形象价值和精神感召力,当这一姓名一旦用于商业活动时,该姓名所承载的符号含义马上会转化为最直接的广告效应和购买号召力(眼球经济或注意力经济),[①]正如美国法官所指出的那样,“名人越有名,认出他的人越多,也就越具有宣传产品的显著性。那些最受大众喜爱的名人的身份,不仅对广告宣传者具有最大的吸引力,而且也容易引起大众的注意”。[②] 不难看出,虽然“姓名权平等”,但当用于商业活动时,同一姓名发挥的商业促销作用,却完全来自于它所对应的那个名人,其他同名的人群对于这个姓名的商业价值的形成可以说贡献寥寥或者可以说根本没有任何瓜葛。根据洛克的劳动理论,名人姓名背后蕴含的商业价值既然来源于名人本身的贡献和努力,自然其商业运作的成果也应当归属于名人自己,这是合乎情理的。此外,《商标法》的核心要义,就在于防止消费者对商品来源产生混淆,对于普通人而言,其虽然与名人同名,但其姓名权与同名名人的知名度、社会贡献、商业成功毫无关系,除了姓名符号相同之外可以说与名人毫无关联,因此姓名对于他们而言主要是人格权的对象,虽然也可以进行商业利用但是由于姓名相同事实上会造成对消费者的混淆、对名人商誉的搭乘而应当受到必要限制。换言之,当个人姓名权的

① 李建芳:《从“姚明一代”案看名人姓名权的商标保护》,载《中华商标》2012 年第 1 期。

② 谢晓尧:《商品化权:人格符号的利益扩张与衡平》,载《法商研究》2005 年第 3 期。

商业化使用与公众消费知情权或者消费利益产生冲突时,个人姓名的商业使用也必须受到必要的限制,这也可以称为"姓名权平等但姓名商品化权不平等"。正因为这个原因,世界很多国家和地区限制将名人姓名注册为商标使用。①

2. "非唯一指向"与迈克尔·乔丹

2015 年,迈克尔·乔丹与乔丹体育股份有限公司(乔丹体育)商标争议案(该案中,乔丹体育申请注册的商标含有"QIAODAN"和一个篮球运动员形象剪影,迈克尔·乔丹对此提出商标异议)有了结果,北京市高级人民法院对相关案件作出判决,裁定迈克尔·乔丹败诉。在这一案件中,焦点问题之一就是争议商标是否损害了迈克尔·乔丹的姓名权和肖像权,即是否违反了《商标法》中"不得损害他人现有的在先权利"的条款。

对于姓名权,北京市高级人民法院是这样论述的,即便"Michael Jordan"中文翻译为"迈克尔·乔丹",但争议商标中的"QIAODAN"仅系"乔丹"的汉语拼音,作为汉语拼音的"QIAODAN"并不唯一对应于"乔丹",且"Jordan"为美国人的普通姓氏而不是姓名,现有证据不足以证明"乔丹"确定性指向迈克尔·乔丹,也不足以证明"QIAODAN"明确指向迈克尔·乔丹,故迈克尔·乔丹主张争议商标损害其姓名权的依据不足。对于肖像权,北京市高级人民法院是这样论述的,肖像应清楚反映人物的主要特征,至少应清楚到社会公众能够普遍将该肖像识别为肖像权人。本案中,争议商标图形部分的人体形象为阴影设计,未能清楚反映人物的容貌特征,相关公众难以将争议商标中的形象认定为迈克尔·乔丹。因此,现有证据尚不足以证明争议商标的注册侵害了迈克尔·乔丹的肖像权。因此,法院认为争议商标的注册违反《商标法》关于"不得损害他人现有的在先权利"的规定的上诉理由依据不足,不予支持。

可以看出,单就姓名权或者肖像权而言,迈克尔·乔丹主张权利客观上的确依据不足,然而值得注意的是,争议商标是一个图文组合商标,由"QIAODAN"文字和一个篮球运动员剪影形象构成,就单个组成元素而言,未必具有唯一指向,然而,当文字元素与图形元素组合后,结果却可能完全不同。

① 例如,我国台湾地区"公平交易法"第 20 条规定,"(不得)以相关公众所共知之他人姓名、商品……为相同或类似之使用,致与他人经营或服务之设施或活动相混淆者"。我国香港特别行政区的《商标条例》规定,申请注册的商标中出现某人的姓名或标志,如果申请人未提供该人或者法定代理人的认可文件,则审查官可以拒绝注册。日本《商标法》第 4 条规定,含有他人姓名、笔名、艺名、别名、肖像的商标不予注册,除非获得许可。在其商标审查实践中,如果是常用的姓名,即便是将自己的姓名注册商标也需要获得其他具有相同姓名人的同意。韩国《商标法》规定,商标中含有著名人士的姓名、艺名、笔名、字号等,不得申请注册,但获得许可的不在此限。

这是因为,尽管"QIAODAN"未必是"迈克尔·乔丹"的译名的拼音的唯一形式,而篮球运动员剪影也未必能让消费者唯一联想到迈克尔·乔丹,然而在一般消费者心目中,在篮球领域驰名世界并且姓名发音又和"QIAODAN"相同或者近似的,只有迈克尔·乔丹,而商标中的剪影形象也与消费者的认知结果相一致并强化了这种指向效果,无疑,从整体上,争议商标的文字元素和图形元素在共同作用的结果上其实是唯一指向迈克尔·乔丹的。这种组合元素起到唯一指向的例子在商标实务中屡见不鲜,例如,如果有人将"langlang"字样配合"钢琴"图样申请注册商标,事实上只会使消费者联想到钢琴师郎朗。因为"langlang"拼音对应的并非只有"郎朗"二字而且事实上同名的人也有很多,但是与钢琴有联系的却只能使得消费者首先想到最著名的那个。

心理学的研究表明,信息在人类大脑中以相互交织的网络形式存在,这种网络由节点和认知链条组成。节点上附着信息片段,认知链条则是各种信息片段相互联系的路径。较之普通人物,知名人士由于对人大脑的刺激程度较为明显,因而大脑会对其各个属性和侧面都留下印象,因而会有更多的信息片段和认知链条。只要有关知名人士的某一信息节点被激活,就会有数目难记的相关认知链条环绕过来并纠结在一起,从而唤醒人们对该知名实物的整体印象和记忆。由于人们对于外界的信息刺激是具有选择性的,人们对于外部信息的接受习惯于与大脑中已有的信息量最为丰富的片段进行比较,即"对于那些更可能并更快涌上心头的东西的联想更为强烈,较弱并处于末梢的联想则很难被记起"。① 此外,由于人们在认知世界的过程中往往依赖既存的知识背景,这导致人们在接触到与记忆中的知名人士的某个侧面具有共同点的信息时,往往会"牵一发而动全身",迅速调动相关信息链条将最容易想到的知名人士涌上心头并自行补足其他信息,当同时看到其他信息予以补充(如图形、剪影等予以补充、强化)时,就会产生唯一的指向性。例如,对于一个没有清晰五官的轮廓剪影,即使与成龙类似,人们并不会得出唯一联想,但是当剪影旁边配有"Duang"文字时,熟悉网络的人则会马上在心里出现"成龙"形象。因此,这种依靠两种以上组合形式的人格元素"唯一指向"的权益,正是"商品化权",即名人基于其声望而将自己的姓名、肖像等可以唯一指向的人格元素进行商业利用以获取利益的权利。② 不难想象,如果认可该案中商品

---

① Kevin Lane Keller, Strantegic Brand Management: Building, Mearuring, and Managing Brand Equity, Prenticl Hall, 1998, p. 24. 转引自彭学龙:《商标法基本范畴的心理学分析》,载《法学研究》2008年第2期。

② 鲁旸:《姓名权与姓名商标权之冲突》,载《湖南经济管理干部学院学报》2004年第3期。

化权的存在并构成在先合法权益,该案的结果很可能又是另一种走向。

(四)小结:对“商品化权”的立法建议

从前面的论述可以看到,对“商品化权”的认可和引入绝非标新立异,而是为了应对和回应司法实践中的困境和需求。那么,在目前的立法体系下,应当如何安排“商品化权”的位置呢?目前,对于商品化权的性质,在理论界并未统一,“人格权说”与“知识产权说”难分高下,但可以获得的共识是,这是一种合法的民事权益。因此,笔者认为,可以在民法中纳入“商品化权”。具体而言,可以考虑在我国《民法通则》的民事权利中增补一条,列在第三节“知识产权”中第97条“发现权”之后,具体内容为“公民、法人或其他组织享有对自己的姓名、名称、肖像或者作品、商标等表征的形象进行商业使用的专有权”。

三、在立法引入商品化权之前,司法可以做什么

那么,在商品化权被纳入立法前,应当如何充分运用既有的立法资源妥善处理商品化权案件呢?以人格权、不正当竞争和商标异议案件为例,笔者认为,可以考虑如下方面。

(一)人格权模式的裁判要点:分割人格权中的人格利益和财产利益,合理增加人格权侵权赔偿数额

人格权虽然主要体现了人格属性的利益,但是仍然包含着财产利益,正如经常被美国法官引用的美国某联邦区法院判决中所所的那样:“一个名人必须经过多年的投入和激烈的竞争才能使他的公众形象具有市场价值。这种体现在他的姓名、肖像及其他人格标志上的形象,是他的劳动成果,是一种财产权。”①杨立新教授同样指出:“人格利益不等于精神利益,人格利益具有多层次性,包括精神利益、物质性利人格利益和经济利益,民事主体利用人格权客体带来的经济利益本身实为人格利益的构成要素,而不能构成抹杀人格利益性质的理由。”②对于一些名人而言,人格权中包含着巨大的财产利益。人格利益与自然人密不可分,因自然人的死亡而消逝,但是,人格利益中的财产利益却并不因此而灭失。前文提到,科学技术的发展使在广告、歌曲、影视和其他商业活动中利用已故名人的形象和声音成为可能,尤其是计算机虚拟技术能栩栩如生地再现名人形象,达到以假乱真的程度,未来技术的发展使利用已故名人形象具有无限的空间。此外,在现实生活中,侵犯人格元素的行为所针对的越来越多的是人格中的财产价值而不是其所涵射的精神利益。在此背景

① 赵凤梅、姜新东:《形象权的哲学思考》,载《云南社会科学》2004年第4期。

② 参见《信用权研究》,载杨立新民商法评论网,http://www.yanglx.com/dispnews.asp?id=755,2015年11月4日访问。

下,分割人格权中的人格利益和财产利益具有了现实需要,这也为人格权中的财产利益的转让、继承提供了理论上的进路,同时,也为我国人格损害赔偿中精神损害赔偿由象征性转向补偿性提供了理论前提。精神损害赔偿范围从"精神性人格权"向"物质性人格权"的发展,是人格权司法保护的一个重要进步。

最高人民法院《关于确定民事侵权精神损害赔偿责任若干问题的解释》第 10 条规定:"精神损害的赔偿数额根据以下因素确定:……(四)侵权人的获利情况;……"根据这条规定,侵权人的获利情况成为法定的考虑因素,如果能对这个因素能在审判中予以充分重视和考虑,就能较好解决商品化权人的人格利益中的财产利益赔偿偏于象征性的弊端,缩小商品化权的商业价值与实际获赔的缺口,从而更好地维护商品化权人的利益。

(二)《反不正当竞争法》模式的裁判要点:正确认识"竞争关系"

《反不正当竞争法》第 2 条第 2 款规定:"本法所称的不正当竞争行为,是指经营者在生产经营活动中,违反本法规定,扰乱市场竞争秩序,损害其他经营者或者消费者的合法权益的行为。"这一条规定了《反不正当竞争法》的调整主体限于经营者之间。因此,当作家、演员、体育运动员的肖像、姓名、作品等被他人擅自进行商业化使用时,如果狭义地解释"经营者",就会使作家、演员、体育运动员落在《反不正当竞争法》的调整主体范围之外难以得到保护,反之,如果从前文"王跃文"案中得到启发,承认作家、演员、体育运动员等主体具有现实的或者潜在的经营自己所拥有的肖像、姓名、作品等指向人格形象的商业权利,换言之,承认他们的经营主体资格,就能使他们无法得到人格权、著作权和商标权保护时最终还能获得《反不当竞争法》的保护。①

总之,应当看到,竞争关系的构成不取决于经营者之间是否属于同业竞争关系,亦不取决于是否属于现实存在的竞争,而应取决于经营者的经营行为是否具有"损人利己的可能性"。具体而言,取决于以下两个条件:该经营者的行为是否具有损害其他经营者利益(主要体现为对客户群体、交易机会等市场资源的争夺)的可能性(是否具有损人的可能性);该经营者是否会基于这一行为而获取现实或潜在的经营利益(是否具有利己的可能性)。也就是说,如果经营者的行为不仅具有对其他经营者的利益造成损害的可能性,且该经营者同时基于这一行为而获得现实或潜在的经营利益,则可认定二者具有竞

---

① 例如,德国《反不正当竞争法》第 1 条就有这样的规定,擅自使用他人作品中实质性人格特征的,构成违背善良风俗、不公平利用或榨取他人成果的不正当竞争行为。参见何炼红、邓文武:《商品化权之反思与重解》,载《知识产权》2014 年第 8 期。

争关系。①

(三)在商标异议中将商品化权明确为在先权益

最高人民法院《关于审理商标授权确权行政案件若干问题的意见》第17条规定,人民法院审查判断诉争商标是否损害他人现有的在先权利时,对于《商标法》已有特别规定的在先权利,按照《商标法》的特别规定予以保护;《商标法》虽无特别规定,但根据《民法通则》和其他法律的规定属于应予保护的合法权益的,应当根据该概括性规定给予保护。因此,司法机关完全可以将权利人证明了专有属性的"商品化权"作为商标异议中的有效"在先权利"。但同时,也要注意对其严格认定。

例如,对于权利人以其姓名所代表的形象权益主张在先权益的,必须注意其所主张的商品领域。名人的有名,指的是某一方面或者某些方面的有名,而名人的知名度是与其所属的领域密切相关的。例如,知名的数学教授在专业领域会成为名人,但是对一般的市民而言却无人知晓;因选秀节目而声名大噪的选手可能是少男少女心目中的名人,但是却未必能被中老年消费者记住名字。总之,无论是《商标法》还是《反不正竞争法》所要防止的消费者混淆,都是与具体的某一消费领域密切相联的。因此,对于名人姓名商品化权利的归属,必须要将名人姓名的商业使用领域作为重要考虑因素。例如,郭晶晶曾是著名的跳水运动员,因此其姓名或拼音在体育竞技领域具有极高的知名度,但是,在工程机械领域,就不再享有类似的姓名商品化权优势。

又如,对于权利人以作品标题、角色形象等主张在先权益的,必须注意类似形象权益的知名度。换言之,权利人除了需要证明付出了足够的知识性劳动和投资因而在《反不正当竞争法》和民法上有正当理由主张对某项形象权益的专有之外,还应当确保该商业形象具有最低程度的知名度和显著性:之所以要求具有最低程度的知名度,是因为法律保护的必要性与权益的重要性成正比,如果没有足够的知名度就没有足够的值得法律保护的法益;②之所以要求具有最低程度的显著性,则是由于商业活动中商业形象区分产品来源的功能使然,如果没有足够的显著性,同样不能形成值得法律干预的"在先权利"。例如,"十面埋伏"是人们耳熟能详的成语,显著性不高,显然,同名电影的热播不会使得"十面埋伏"电影标题成为一项当然的在先"商品化权"。再如,"哈利波特"是一个著名的外国作品角色,而其名字本身在汉语中并非规定词

① 参见北京市海淀区人民法院(2013)海民初字第13155号民事判决书和北京市第一中级人民法院(2014)一中民终字第3283号民事判决书。

② 李扬:《商标法中在先权利的知识产权法解释》,载《法律科学》2006年第5期。

组也无具体含义，因此他人因偶然将这四个字排列组合注册为商标的可能性几乎为零，因此具有较大的显著性，可以构成一项合法的在先商品化权益。

四、形象权侵权的判断要点和阻却因素

对任何权益的保护都需要适度和平衡。因此，对形象权的侵权构成判断，同样要理性分析，严格掌握。其中，指向性是在诉讼中判断具体行为是否侵犯形象权的必要条件之一。[①] 具体来说，就是要看该形象是否足以令消费者迅速联想到其所指向的主体，即是否能造成公众对形象来源的混淆。具体来说，包括消费者误认形象利用者的商品是由形象权利人提供，或得到权利人的许可或其他支持；形象利用者的商业经营与形象权利人有其他商业上的联系。[②]

此外，并非对他人形象未经许可的使用都构成侵权，参考我国的知识产权法律体系中的规定并结合国外的经验，在"附带使用""戏仿行为""权利穷竭"等诸多情形中，都应该认定为合理使用。现以影视中的"附带使用"为例进行说明。

在影视作品中，出于情节设置和拍摄需要，会出现大量他人作品和商标中的形象，如果不分青红皂白一律视为侵权，就会对影视创作带来极大威胁，基于这一考虑，国外形成了"附带使用"(incidengtal inclusion)制度，属于作品合理使用的一种形式，具体而言，为拍摄影视作品而不可避免地会在影片中出现各种作品形象或商业形象，只要这些出现是自然和服务于剧情需要的"一带而过"式使用，就不宜认定为构成侵权。例如，美国的相关判例认为，未经许可使用他人的形象要构成侵权，必须同时具有某种"直接关联"的商业目的。

这是因为，影视作品中对社会生活的表现本质上属于言论自由的范畴，在没有明显商业营销的目的下，剧组创作为了剧情需要在作品中出现某种商业形象(如为了表现主角生活档次较高，出现奔驰轿车和LV手包等形象)，都与现实生活逻辑一致，符合公众认知，应当认为属于言论自由的范畴而归于合理使用，可以想象，如果对这种行为也予以禁止，将会极大限缩影视作品的创作自由度和表现力，观众将会看到一掷千金的主人公却驾驶着厂家不明商标模糊的汽车，使用着档次不详品牌不详的手包，从而无法体现剧情的说服力并影响到观剧效果。

---

① 李明德：《美国形象权法研究》，载《环球法律评论》2003年第4期。

② 吴汉东：《形象的商品化与商品化的形象权》，载《法学》2004年第10期。

调研报告

关于老字号知识产权保护的调研

浙江省高级人民法院联合课题组*

摘要:老字号是经营者的"金字招牌"和商誉载体,也是我国传统优势知识资源,体现了我国的文化软实力、民族产业优势和地区特色经济优势。但老字号当前的经营状况不容乐观,老字号知识产权保护问题也十分突出。涉及老字号的知识产权权属争议、权利冲突、显著性弱化问题屡见不鲜,老字号知识产权保护机制尚未健全。如何明晰老字号知识产权纠纷的裁判规则,健全老字号知识产权保护机制,已成为当前知识产权审判亟需研究的重要问题。本调研通过对2008~2014年浙江法院老字号知识产权保护现状的实证研究,分析了老字号知识产权保护中存在的突出问题,明确了相应的司法理念和裁判规则,以指导全省法院审判实践,同时对保护机制的完善提出了对策和建议。

导　言

早期的字号是经营者为招揽生意而用于店堂牌匾、招幌的名号。我国有记载的字号最早出现在北宋,自明清两代以来,随着城市商业经济的日趋繁荣,字号得到较大的发展。尤其是近代以来,餐饮、零售、食品、医药等行业的各类字号广泛存在。其中,不少字号凭借独特的文化传统、独到的经营理念、独家的加工工艺,历经百年而经久不衰,故被冠以"老字号"的称谓,如胡庆余堂、张小泉、知味观等。这些老字号不仅是经营者的"金字招牌"和商誉载体,更是我国传统文化的瑰宝和商业文明的成果,是弥足珍贵的无形财产。

为促进老字号发展,弘扬商业文化,原国内贸易部在1991年开展了"中华老字号"的认定工作,在1万多家老字号企业中挑选1600余家授予"中华老字号"称号。2006年,商务部发布了《"中华老字号"认定规范(试行)》,并提出"振兴老字号工程"方案,截至目前,全国共重新认定"中华老字号"1128

---

* 课题主持人:浙江省高级人民法院副院长徐杰、刘合华。课题组成员:浙江省高级人民法院知识产权审判庭庭长周根才,副庭长应向健,审判员王亦非,助审员何琼、李臻、陈为、王磊;金华市中级人民法院副院长邵永龙、知识产权审判庭庭长卢圣香、助审员朱鸣;宁波市中级人民法院知识产权审判庭副庭长张良宏、助审员邓梦甜;湖州市中级人民法院知识产权审判庭副庭长朱莹;浙江工业大学法学院讲师吴海燕。

家,其中浙江省共有"中华老字号"91 家。同时,浙江省商务厅(原省经贸委)自 2008 ~ 2014 年,分四批认定"浙江老字号"412 家。

然而,老字号认定工作的积极开展,却难掩老字号的经营困境。我国老字号历经"家族所有—公私合营—国家所有"等多种体制转换,当前又面临市场经济条件下转型和发展的严峻挑战,经营状况不容乐观。根据我省老字号企业协会的统计,2013 年有 36 家处于亏损状态,34 家销售额不超过 100 万元,各占老字号企业总数的 8.7% 和 8.2%,5 家浙江老字号因拆迁、经营亏损等原因处于停业状态。在老字号面临的诸多困境中,知识产权保护问题十分突出。老字号聚合了字号、商标、商品名称等多种商业标识类知识产权,并已形成了良好的声誉,故假冒老字号"金字招牌"的侵权现象层出不穷,老字号在国内外被抢注的事件也屡见报端。涉及老字号的知识产权权属争议、权利冲突、显著性弱化问题屡见不鲜,老字号知识产权保护机制尚未健全。如何明晰老字号知识产权纠纷的裁判规则,健全老字号知识产权保护机制,已成为当前知识产权审判亟须研究的重要问题。因此,就老字号知识产权保护问题展开调研,对于破解老字号知识产权保护困局,完善老字号知识产权保护机制,引导具有自主知识产权的老字号创新发展,具有重要的现实意义。

一、老字号概述

(一)老字号的概念

1. 字号的概念

字号自近代开始进入知识产权法的保护范畴,并侧重从制止不正当竞争的角度加以保护。《保护工业产权巴黎公约》最先将字号纳入知识产权国际保护体系,规定字号属于工业产权的保护客体。[①] 我国尚无关于字号的专门立法,在现行法律规范体系中,仅有《民法通则》在法律层面上采用了"字号"的表述,即第 26 条、第 33 条规定个体工商户和个人合伙可以起字号,但《民法通则》并未明确字号的含义,以及字号与第 37 条中的法人"名称"的关系。《反不正当竞争法》第 5 条规定经营者不得擅自使用他人的企业名称,但对于字号的反不正当竞争保护问题未作规定。《企业名称登记管理规定》是我国专门规定企业名称的行政法规,其第 7 条规定:"企业名称应当由以下部分依次组成:字号(或者商号,下同)、行业或者经营特点、组织形式。企业名称应当冠以企业所在地省(包括自治区、直辖市,下同)或者市(包括州,下同)或者

① 该公约第 1 条第 2 项规定,工业产权的保护对象是专利、实用新型、外观设计、商标、服务标记、商号、货源标记或原产地名称以及制止不正当竞争。其中商号(trade name),即指字号。

县(包括市辖区,下同)的行政区划名称。"该规定已成为界定字号概念的基本规范依据,根据该规定,企业名称是表明企业的注册地、字号、行业、财产责任形式或组织形式等特点的全称,而字号则是企业名称的下位概念,也即企业名称的构成要素之一。[①] 与国外以字号为中心的立法思路不同,我国采用了以"企业名称"为中心的规范体例。[②] 本调研报告也循此体例,将字号定义为用以区分经营主体的商业标识。[③] 基于字号是企业名称中最具识别意义的构成要素,最高人民法院《关于审理不正当竞争民事案件应用法律若干问题的解释》第 6 条规定,具有一定的市场知名度、为相关公众所知悉的企业名称中的字号,可以认定为《反不正当竞争法》第 5 条第 3 项规定的"企业名称"。[④]

2. 老字号的概念

老字号并非严格意义上的法律术语,而是在字号概念基础上衍生出的特定称谓。老字号之所以被冠以"老"字,是因为其具有悠久的传承历史,并且形成了特有的品质,承载着良好的声誉。2006 年商务部出台的《"中华老字号"认定规范(试行)》中规定了"中华老字号"的定义,即指历史悠久,拥有世代传承的产品、技艺或服务,具有鲜明的中华民族传统文化背景和深厚的文化底蕴,取得社会广泛认同,形成良好信誉的品牌。该规范将老字号界定为品牌,实际是把老字号作为由名称、术语、标记、符号、图案或其组合而形成的用于区别市场上其他产品和服务的无形资产。[⑤] 该定义体现了老字号所具有的丰富内涵,但并未对老字号的法律属性作出定性。我们认为老字号系从字号衍生出的特定称谓,应以主体名称为上位概念,将老字号的定义为,创办已有一定时期,拥有世代传承的产品、技艺或服务,具有较高知名度和良好信誉的经营主体名称。

---

① 如我国关于商号的第一个地方性立法《浙江省企业商号管理和保护规定》第 3 条依据《企业名称登记管理规定》明确了字号的定义,第 3 条规定:"本规定所称企业商号,即字号,是指企业名称中除行政区划、行业或者经营特点、组织形式外显著区别于其他企业的标志性文字。"

② 蒋虹:《论商号及其法律保护》,华东政法大学 2011 年博士学位论文。

③ 商业活动中具有识别性或区分性的标识,统称为商业标识。参见孔祥俊:《商标与不正当竞争法原理和判例》,法律出版社 2009 年版,第 21 页。

④ 该司法解释规定的起草理由是:"企业名称通常是由行政区划、字号、行业或者经营特点以及组织形式诸多元素构成的,其中,字号最具识别意义,使用具有知名度的企业名称中的字号与使用企业名称产生同样的结果;且经济生活中对于涉及企业名称的仿冒行为或者权利冲突,通常都是因为使用企业名称中的字号而引起。"参见沈德咏主编:《知识产权司法解释理解与适用》,法律出版社 2009 年版,第 314 页。

⑤ 宋晓亭:《谈老字号中的知识产权问题》,载《电子知识产权》2009 年第 9 期。

3. 与老字号相关的知识产权

虽然将老字号界定为经营主体名称,但围绕老字号的相关知识产权并非仅限于主体名称范畴。随着商品经济的发展和商业标识类型的多样化,老字号的相关权利已从招牌字号扩展到商标、知名商品特有名称、域名等领域。

老字号企业在传统商业活动中,重"招幌"、轻"商标"。[①] 但在现代商业活动中,商标已成为使用最普遍、最为公众所知、保护力度最强的商业标识,《"中华老字号"认定规范(试行)》所规定的"中华老字号"认定条件即包括"拥有商标所有权或使用权",目前很多老字号已被注册为商标。如"张小泉""雪舫蒋"等既是注册商标,也是"中华老字号"。

当老字号企业将其字号用于商品名称乃至包装、装潢,且形成相应的知名度和区别性时,则会产生知名商品特有的名称、包装、装潢权益。如张甲、张乙、北京泥人张艺术开发有限责任公司与张丙、北京泥人张博古陶艺厂、北京泥人张艺术品有限公司不正当竞争纠纷案(以下简称"泥人张"案)[②]的再审判决指出,"泥人张"具有多种含义和用途,承载多种民事权益,已从特定人群的称谓发展到反不正当竞争法意义上的知名商品(包括服务)的特定名称。

随着互联网的普及与全球电子商务的发展,域名作为企业的网络地址,已成为企业在互联网上进行展示、宣传和销售等一系列活动的重要商业标识,被称为"企业的网上商标"。[③] 在山东宏济堂制药集团有限公司与山东宏济堂阿胶有限公司、栗某某侵犯商标权、不正当竞争纠纷案[④](以下简称"宏济堂"案)中,原告的权利基础即包括其根据老字号"宏济堂"所注册的域名。

因此,作为本调研研究对象的"老字号知识产权",即与老字号相关的知识产权,是以字号为基础,涵括商标、知名商品特有名称包装装潢及域名等商业标识权利的混合性知识产权。

(二)近年来老字号知识产权案件的审理情况

2008 年 1 月至 2014 年 5 月,浙江省法院共受理涉老字号知识产权案件 128 件,结案 112 件。其中,老字号作为原告的知识产权案件共 120 件,以调

---

① 郑成思:《知识产权论》,法律出版社 2007 年版,第 5 页。

② 最高人民法院(2010)民提字第 113 号。

③ 吴晓玲:《域名纠纷的法律经济学分析》,载《当代法学研究》2000 年第 2 期。《中国互联网络域名管理办法》第 3 条第 1 项对域名的定义是:互联网络上识别和定位计算机的层次结构式的字符标识,与该计算机的互联网协议(IP)地址相对应。

④ 山东省高级人民法院(2013)鲁民三终字第 2 号。

解撤诉方式结案共88件,老字号诉请得到支持的案件共86件。浙江省法院审理的老字号知识产权案件呈现出以下几个特点。

1. 各地法院受理案件数量不均

2008～2014年,浙江省受理老字号知识产权案件最多的地区分别是杭州地区42件,湖州地区25件,宁波地区21件。而台州、衢州地区则无该类案件。这与老字号的地区分布情况具有相关性。商业历史底蕴深厚、拥有老字号较多的杭州、湖州、宁波地区,同时也是老字号知识产权案件较多的地区,而老字号较少的衢州等地则没有老字号知识产权案件发生。(见表一)

表一　2008～2014年老字号知识产权案件数量情况

单位:件

	收案		结案		调解、撤诉结案		诉请得到支持	
	老字号做原告	老字号做被告	老字号做被告	老字号做被告	老字号做被告	老字号做被告	老字号做被告	老字号做被告
杭州	37	5	37	5	24	3	24	2
湖州	25	—	13	—	13	—	13	—
宁波	21	—	21	—	21	—	21	—
温州	14	—	11	—	11	—	11	—
嘉兴	14	1	13	1	12	1	8	1
金华	7	—	7	—	6	—	7	—
绍兴	1	1	1	1	1	—	1	1
丽水	1	—	1	—	—	—	1	—
舟山	—	1	—	1	—	—	—	—
总计	120	8	104	8	88	4	86	4

注:诉请得到支持的案件数既包括全部得到支持,也包括部分得到支持;既包括通过判决得到支持,也包括通过调解、和解方式得到支持。

2. 案件调撤率和老字号胜诉率均较高

2008～2014年,浙江省老字号知识产权案件的调撤率为71.88%,高于同期一般知识产权案件的调撤率,考虑到老字号知识产权纠纷往往涉及复杂的历史因素,以调解和和解撤诉方式结案可以更好地实现涉诉主体的包容发展。同时,老字号作为原告的知识产权案件中,老字号的胜诉率达到71.67%,反映了浙江省对老字号知识产权的司法保护力度较强。(见图一)

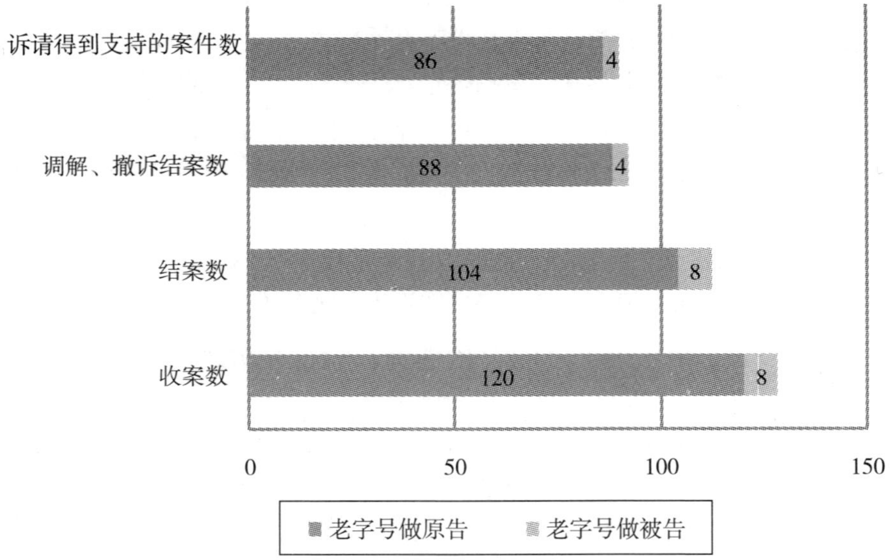

图一　2008～2014 年老字号知识产权案件结案情况

3. 涉及商标的案件类型居多

老字号知识产权案件类型中,商标案件达到 117 件,占全部案件数量的 92%,著作权案件 6 件,不正当竞争案件 2 件,其他案件(均为企业名称使用合同纠纷)3 件,没有专利案件。老字号知识产权案件类型情况系由老字号的商业标识属性所决定,且商标已成为使用最为普遍和仿冒情形最为严重的商业标识,故商标案件占绝对多数,而涉及技术方面的专利案件则没有发生。(见图二)

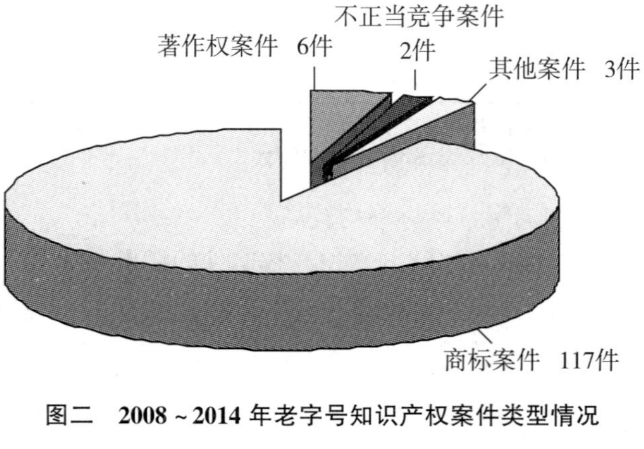

图二　2008～2014 年老字号知识产权案件类型情况

（三）老字号知识产权案件存在的法律问题

通过对浙江省法院审理的老字号知识产权案件，及全国范围内具有典型意义的老字号知识产权案件的调研分析，我们发现该类案件存在以下法律问题。

1. 权属不明晰

老字号权属的界定是解决老字号知识产权纠纷的基础。但由于老字号传承谱系的复杂化、公私合营等历史原因，大量老字号的权属并不明晰。

2. 权利冲突

由于字号、商标、知名商品特有名称等权利的取得是依据不同的知识产权法律规范，产生方式也有所不同，使不同商业标识之间容易产生权利冲突。

3. 显著性弱化

如果老字号自身管理不善，或者老字号为其他经营者不当使用，就会弱化老字号与权利主体之间的特定联系，影响老字号的商业标识功能，甚至会导致老字号退化为某一类商品或服务的通用名称。故在部分老字号知识产权案件中，会涉及对弱化行为的规制及对通用名称的判定问题。

4. 保护机制不完善

由于历史发展和社会转型，我国老字号知识产权保护机制尚不完善，存在立法层面制度规范不健全、行政层面监督管理不规范、老字号企业本身保护意识缺乏等问题。因此，不仅司法部门要为老字号发展创造良好的司法环境，立法部门、行政部门和企业自身也要从多方着手，健全老字号知识产权保护机制。

二、权属界定

（一）权属纠纷及类型

老字号权属纠纷是指当事人就老字号相关知识产权权利归属产生争议的知识产权纠纷。老字号权属的界定是解决老字号相关知识产权纠纷的基础。我们在调研中发现，老字号权属界定方面存在诸多问题。例如，宁波地区约 1/3 的老字号企业存在老字号与企业名称、注册商标不一致的情形；“传人”的概念和权益不明确；老字号企业名称、商标和域名抢注情形多发，导致老字号知识产权归属的模糊；老字号企业对老字号相关知识产权保护意识不强。

老字号权属纠纷主要包括以下几种类型：一是老字号“传人”之间的权属纠纷；二是老字号“传人”与字号或商标所有人之间的权属纠纷；三是老字号所有人与使用人之间的权属纠纷，如围绕“王老吉”产生的知识产权纠纷；四是老字号国内权利人与域外权利人之间的权属之争。如因“王致和”商标在德国被抢注所引发的知识产权纠纷。

(二)权属纠纷产生原因

1. 历史变迁复杂

一是公私合营、企业改制等历史原因。解放前许多老字号属于个体经营，公私合营后这些老字号全部转由国有或者集体所有企业经营，改革开放后，这些企业又经历了改制或者承包、转让、合并、分立等复杂的变革，在这期间，老字号权属也处于不断变动流转的过程中，往往导致老字号权属不清。二是复杂的家族传承关系。基于老字号存在多种传承方式，继承人、徒弟、亲属等多种身份的传承人均可能主张老字号相关知识产权，导致多个传承人之间就老字号归属产生争议。

2. 权属约定不明

由于老字号涉及多项商业标识权利，在权利转让或许可过程中，当事人可能只对某一项权利归属作出约定，而未涉及其他知识产权。例如，在“王老吉”系列案件中，“王老吉”商标的归属虽然是明确的，但当事人在许可使用过程中，未对围绕王老吉商标而衍生的商品包装、装潢权益的归属作出约定，从而引发了多起纠纷。

3. 保护意识不强

老字号企业普遍缺乏知识产权保护意识，难以对自身的知识产权进行有效保护，在企业转制、权利继承或知识产权转让许可过程中，往往未明晰权利归属。此外，一些老字号企业由于自身经营不力，被迫将老字号相关知识产权转让他人经营，造成了所有权和使用权的分离。

(三)裁判规则

在老字号相关知识产权权属纠纷审理过程中，应主要把握以下裁判规则。

1. 正确界定“传人”的概念和范围

在老字号权属纠纷中，一方当事人往往主张其为老字号的正宗传人。例如，在“泥人张”案中，张甲、张乙分别主张其为创始人张明山的“后人”，同时也是“泥人张”第四代和第五代“传人”；在吴甲等与上海三联(集团)有限公司、吴良材眼镜公司企业字号权纠纷案①(以下简称“吴良材”案)中，吴甲、吴乙等分别主张其为“吴良材”第五代和第六代“后人”。老字号的传人是否必须是老字号创始人的亲属？是否可以扩展到外姓传人？我们认为，应当明确

---

① 上海市第二中级人民法院(2001)沪二中知初字第81号。

区分“后人”与“传人”的概念，后人不一定是传人。在“泥人张”案的判决中，最高人民法院认为，对此问题可以参照我国《非物质文化遗产法》第 29 条的规定，非物质文化遗产代表性项目的代表性传承人应当符合下列条件：熟练掌握其传承的非物质文化遗产；在特定领域内具有代表性，并在一定区域内具有较大影响；积极开展传承活动。可见，判定传承人的条件不是亲缘关系，而是主要看上述三个条件是否具备。

2. 重点审查历史变迁因素

查明老字号实际使用及历史变迁情况是审理老字号权属纠纷的重要一环。一方面，这类事实的查明可以帮助法官明确老字号知识产权的权利内容。例如，在“泥人张”案中，最高人民法院通过查明“泥人张”老字号的使用历史和现状，认为“泥人张”已从一种对特定人群的称谓逐渐演化成对特定泥塑技艺和创作、生产的作品的称谓。这种对使用情况和传承历史的梳理在最终确定“泥人张”是一种知名商品特有名称的过程中不可或缺。另一方面，对该种事实的查明可能直接关系到权利归属的认定。例如，在“吴良材”案中，“吴良材”家族传人请求确认其享有“吴良材”字号的使用权，并判令上海三联商业集团停止使用“吴良材”商标。上海市第二中级人民法院经审理后认为，上海三联商业集团长期使用涉案字号，已经脱离吴良材个人而成为企业名称，在一般情况下，企业名称权随着企业整体的转让而转让，故吴良材家族传人不享有“吴良材”字号的使用权。与此不同的是，在“宏济堂”案中，山东宏济堂制药集团有限公司以商标侵权及不正当竞争为由起诉山东宏济堂阿胶有限公司。山东省高级人民法院经审理认为，“宏济堂”为济南本土的中药老字号，历经分立、合并、整合、改制和更名等多次调整后分立为山东宏济堂制药集团有限公司和山东宏济堂医药集团有限公司，后者又投资设立了山东宏济堂阿胶有限公司，该纠纷系基于历史原因和母子公司关系产生，山东宏济堂阿胶有限公司使用“宏济堂”字号具有合理性，不构成侵权。

3. 综合认定历史传承证据

在老字号权属纠纷中，当事人为了证明其享有老字号知识产权，往往会提交大量报刊、图书等公开出版物。不同类型出版物的性质不同，其作为证据的证明力也有所不同。比如，人物宣传类文章容易受到被宣传人物的影响，新闻报道类文章虽然以客观中立为其导向，但现实中也存在虚假失实的情况，因此这两类文章一般不宜单独作为认定相关事实的依据。地方志类图书作为全面系统地记述本地区自然、政治、经济、文化和社会的历史与现状的资料性文献，其编纂本身要求存真求实、全面客观，其记载的内容可信度较高。专业学科历史类图书作为对过去事实的反映,也具有较强的证明力。此外,要注意不同出版物对相同事项的描述是否具有一致性,如果不同出版物对相同事项的描述内容不一致,则该证据证明力就较弱。

三、权利冲突

(一)权利冲突及类型

本调研所指的老字号权利冲突是指原告依据其享有的老字号权利提出诉讼请求,而被告以行使自己享有的知识产权为由进行抗辩的情形。老字号权利冲突存在多种形式,包括字号权之间,以及字号权与商标权、域名权、著作权、地理标志的冲突等。实践中,大量存在并具有典型意义的是字号权之间以及字号权与商标权的冲突。近年来,字号权与商标权"撞车"的情形屡见不鲜,其中又主要分为几种情况:一是在他人在先字号的登记地域之外登记与之相同或近似的字号,导致在先字号与在后字号发生冲突,如"万隆""毛源昌"等老字号因具有较高的商标价值,而被他人在异地登记了相同的字号;二是将与他人在先注册的字号相同或相似的文字注册为商标,导致在先字号与在后商标发生冲突,如杭州张小泉集团有限公司与上海张小泉刀剪总店、上海张小泉刀剪制造有限公司商标侵权纠纷案件①(以下简称上海张小泉案);三是将他人注册商标相同或相似的文字作为字号注册使用,导致在先商标与在后字号发生冲突,如舟山顾鹤传骨伤医院有限公司与舟山顾氏骨伤医院有限公司商标侵权纠纷案件②(以下简称顾氏案)。对与老字号有关的权利冲突进行研究,应当在诚实信用的基础上,划清各自权利领域,协调权利关系,促进老字号知识产权的健康发展。

(二)权利冲突纠纷产生原因

造成老字号权利冲突的原因是多方面的,涉及字号的自然属性、法律属性、市场属性与历史沿革等多个因素。由于字号与商标冲突在司法实践中的典型意义,下文主要以字号之间及字号与商标之间的冲突为例展开分析,阐述权利冲突的原因及相应的裁判规则。

1. 字号权行政保护范围过窄

我国企业名称制度实行的是核准注册制和企业分级管理制,作为企业名称的组成部分,对字号的保护限定在同一行政区划或相同行业。首先,《企业法人登记管理条例》第 10 条第 1 款规定:"企业法人只准使用一个名称。企业法人申请登记注册的名称由登记主管机关核定,经核准登记注册后在规定

---

① 上海市高级人民法院(2004)沪高民三(知)终字第 27 号。

② 浙江省高级人民法院(2011)浙知终字第 39 号。

的范围内享有专用权。"据此,对企业名称实行的是按地域登记管理制度,检索范围仅限于本地,不同地区的不同企业可以使用相同的名称。这种将字号的专用权局限在登记机关辖区内的规定,使市场主体的商业活动和知名度超过登记机关辖区范围时,就无法得到有效的行政保护,从而易产生字号之间的权利冲突。其次,对于在同一行政区划内不同行业的字号相同或近似的情形,法律亦未禁止。但现实中,许多企业都是一业为主,多种经营,如果不加限制地允许企业字号相同,就容易发生对商事主体的混淆误认,或者产生淡化字号的后果。

2. 文字相同的字号与商标易混淆

字号是用于区别经营者的企业名称的核心组成部分;商标是区别商品或者服务来源的,主要由文字、图形或者其组合构成的,具有显著特征的标识。字号与商标同为商业标识,通过不同的方式分别发挥着区分商事主体或商品来源的功能,当商标主要由文字构成时,就容易导致商标和字号的混淆,从而发生权利冲突。

3. 字号与商标保护制度不协调

字号主要由《企业名称登记管理规定》予以界定和规范,并分别由各地各级工商行政管理部门进行登记和管理。商标权则主要由《商标法》进行调整,由国家工商总局商标局进行统一授权。两种权利的规范层级不同、审查管理部门不同,信息资源无法共享,导致字号与商标易于发生冲突。

4. 权利行使不规范

权利的不规范行使体现在两个方面。一是对企业名称的不规范使用,权利主体在商品中标注企业名称时,以特殊、醒目的颜色或字体等方式突出使用与他人商标相同或相似的字号,或仅标注字号而不标注企业名称的全称,导致与他人注册商标相同或近似。二是对商标的不规范使用,商标权人在经营活动中仅使用注册商标的一部分,增加或者减少相关文字,造成与他人的字号相同或相似。

(三)裁判规则

解决老字号权利冲突关键在于在市场经济条件下应当如何规范使用商业标识以及促进市场公平竞争。由于这类案件往往涉及众多因素,因此,应当在充分考虑和尊重相关历史事实的前提下,根据公平、诚实信用的法律原则,合理解决争议,以促进老字号的健康发展。我们认为,对老字号权利冲突案件的审理,应当遵循以下几项原则。

1. 保护在先权利

保护在先权利是指在同一客体上存在多个权利发生冲突时,根据权利取得的时间先后顺序,优先保护在先取得的权利,在后权利的设立、行使不得侵害他人的在先权利。保护在先权利原则已在诸多知识产权法律法规和司法政策中予以明确。国家工商行政管理局《关于解决商标与企业名称中若干问题的意见》第6条规定:"处理商标与企业名称的混淆,应当适用维护公平竞争和保护在先合法权利人利益的原则。"《与贸易有关的知识产权协议》(以下简称TRIPs)第16条规定:"商标权不应损害任何已有的在先权,也不得影响成员使用而确认效力的可能。"可见,保护在先权利原则是处理权利冲突的一般共识。

在上海张小泉案中,杭州张小泉集团和上海张小泉刀剪总店都是制造剪刀的企业。1999年3月,杭州张小泉集团以上海张小泉刀剪总店在企业名称中使用"张小泉"字号以及在产品标识上使用"张小泉牌""上海张小泉"字样的行为侵犯杭州张小泉集团的"张小泉""张小泉牌"注册商标权为由向上海市第二中级人民法院提起诉讼,后经上海市高级人民法院二审审理,认定上海张小泉刀剪总店的行为不构成侵权。在该案中,上海市高级人民法院即依据保护在先权利原则作出判决。法院认为,杭州张小泉集团于1964年注册"张小泉牌"商标,上海张小泉刀剪总店的企业名称于1956年登记,杭州张小泉集团的注册商标与上海张小泉刀剪总店的企业名称的使用时间均达数十年之久。由于上海张小泉刀剪总店的"张小泉"字号的登记使用远远早于杭州张小泉集团"张小泉""张小泉牌"注册商标的注册时间。因此,根据保护在先权利的原则,杭州张小泉集团不能以在后取得的注册商标禁止在先取得的字号的继续使用,故上海张小泉刀剪总店在企业名称中使用"张小泉"文字不构成对杭州张小泉集团"张小泉"及"张小泉牌"注册商标的侵害。

2. 禁止市场混淆

禁止混淆原则要求权利人在行使权利时,不得使相关公众对提供的商品或者服务来源产生混淆误认。混淆有两种形式:一种是直接混淆,即消费者无法分辨或混同两个事实上来自不同企业的商品;另一种是间接混淆,即消费者知道某一商品不可能由某一企业生产,但却可能认为该企业与实际生产者之间存在某种联系。最高人民法院《关于审理不正当竞争民事案件应用法律若干问题的解释》第4条规定:"足以使相关公众对商品的来源产生误认,包括误认为与知名商品的经营者具有许可使用、关联企业关系等特定联系的,应当认定为《反不正当竞争法》第五条第2项规定的'造成和他人的知名商品相混淆,使购买者误认为是该知名商品'。"最高人民法院《关于审理商标民事纠纷案件适用法律若干问题的解释》第 1 条第 1 项明确了将与他人注册商标相同或者近似的文字作为企业的字号在相同或者类似商品上突出使用，容易使相关公众产生误认的，属于《商标法》第 52 条第 5 项规定的给他人注册商标专用权造成其他损害的行为。其中的“突出使用”是指将与商标权人注册商标文字相同或相近似的字号从企业名称中脱离出来，在字体、大小、颜色等方面突出醒目地进行使用，使人在视觉上产生深刻印象的行为。

判断字号与商标是否造成消费者混淆，应该以侵权行为发生时的有关事实为依据，同时还应当考虑以下因素进行综合判断：销售商品或者提供服务的渠道与方式；是否有证据证明已经造成了实际混淆；被告是否具有利用或者损害他人商誉的故意等。① 在上海张小泉案中，上海市高级人民法院虽判决上海张小泉刀剪总店不构成侵权，但同时为避免相关公众对杭州张小泉集团与上海张小泉刀剪总店的商品产生误认，保证杭州张小泉集团的注册商标与上海张小泉刀剪总店的企业名称都能在市场上正当合法地使用，今后上海张小泉刀剪总店应在商品、服务上规范使用其经核准登记的企业名称。后杭州张小泉集团发现上海张小泉刀剪总店仍然在其产品以及包装、标牌上直接使用“上海张小泉”字样标识，又于 2005 年向杭州市中级人民法院提起诉讼，请求判令上海张小泉刀剪总店立即停止侵权行为。经审理，浙江省高级人民法院判决上海张小泉刀剪总店构成商标侵权。② 法院认为，由于历史的原因，上海张小泉刀剪总店企业名称中的字号与杭州张小泉集团的注册商标文字相同，双方生产的产品也相同。在这种情况下，从诚实信用角度讲，为了使消费者更好地区分两者的产品，上海张小泉刀剪总店理应规范地使用其企业名称，但是，上海张小泉刀剪总店仍在其产品的包装盒侧面及产品本身刀身上显著、醒目地标注了“上海张小泉”字样，与其“泉”字牌商标相比，“上海张小泉”颜色深、字体大，显然是弱化其本身的商标而随意简化并突出使用其企业名称字号，虽然其在包装盒背面底部标明了企业名称全称，但从产品及包装整体来看，容易造成双方当事人之间产品、杭州张小泉集团商标和上海张小泉刀剪总店企业名称的混淆。因此，上海张小泉刀剪总店不规范使用企业名称的行为，违反了禁止混淆原则，从而构成商标侵权。此案判决充分体现了禁止混淆原则在解决权利冲突问题中的运用，对于其他与此情况相似的老字号纠纷的审理具有借鉴意义。

3. 尊重历史因素

老字号的知名度和声誉都是在漫长的历史过程中形成的，故权利冲突的

---

① 黄晖：《商标法》，法律出版社 2004 年版，第 285 页。

② 浙江省高级人民法院(2006)浙民三终字第 78 号。

产生往往存在特定的历史背景,不能机械适用相关法律条文来处理纠纷。对于老字号权利冲突案件的处理,应当尊重历史因素,这既是个案利益平衡的需要,也是获得良好社会效果的司法要求。对于因历史原因造成的权利冲突,当事人不具有恶意的,应当视案件具体情况,在考虑历史因素和使用现状的基础上,公平合理地予以解决,不宜简单地认定构成商标侵权或者不正当竞争。同时,对那些由于历史原因,使用时间较长、已建立较高市场声誉和形成特定消费群体的老字号知识产权,应从公平角度出发,尊重历史和维护业已形成的市场格局。

在审判实践中,对历史因素的考量具体包括:企业的历史沿革,字号或商标的存续转移关系,使用者是否存在家族渊源,以及取得及使用标识时的主观状态等等。如在顾氏案中,法院认为,原告顾鹤传医院注册的"顾氏 1842"商标合法有效,其专用权应受法律保护。被告顾氏医院在相同地域,类似医疗服务企业名称中使用该商标中的"顾氏"文字作为字号,容易使相关公众对两者的服务来源产生混淆。但是,顾鹤传医院的主要投资人及法定代表人顾岳全与顾氏医院的投资人之一顾鹤良及法定代表人顾鹤鸣的父亲顾伦隆和顾伦寿为亲兄弟。根据《舟山卫生志》的记载,双方父辈共同祖辈顾智银(1842 ~ 1903 年)早在清光绪年间就运用中草药疗伤,名闻乡里,后传子顾显存(1868 ~ 1942 年),顾显存又传子顾颐兴(1888 ~ 1967 年),顾颐兴又传子顾伦定、顾伦隆和顾伦寿。顾伦隆之子顾岳全,顾伦寿之子顾鹤良、顾鹤鸣均从父辈传承了运用中草药治疗骨伤的医术,各方也一直使用"顾氏"字号在舟山地区从事骨伤医疗为重点的服务。因此,"顾氏"两字在舟山地区骨伤医疗领域与顾岳全及顾鹤良、顾鹤鸣已形成了特定的关联和含意,任何顾氏骨伤传人均有权合理使用。现顾氏骨伤传人顾鹤良以"顾氏"作为字号与他人共同投资设立顾氏医院,具有一定的历史背景,不存在恶意攀附他人商誉的目的,故顾氏医院的行为不构成不正当竞争行为。该案所涉的"顾氏"字号,历史沿革长达一百余年,历史背景和家族关系复杂,对于此类历史关系复杂的案件,必须充分考虑到其中的历史因素,否则,不仅无法妥善解决权利冲突,反而可能引发新的矛盾纠纷。

4. 延伸保护范围

字号的延伸保护,是指字号权不应仅限于登记主管机关的辖区范围内,而应当根据该企业字号的知名度,决定其延伸保护的范围。

根据《企业名称管理办法》的规定,在登记主管机关辖区内,申请登记的企业名称不得与已登记的同行业企业名称相同或近似。据此,有观点认为,字号专用权的范围为所属行政区域内的同行业。但是,上述理解与市场经济的内在规律并不协调,也不符合经济发展的现实需要。最高人民法院《关于审理不正当竞争民事案件应用法律若干问题的解释》第6条规定:"具有一定的市场知名度、为相关公众所知悉的企业名称中的字号,可以认定为反不正当竞争法第五条第三项规定的企业名称。"该规定就赋予了企业跨登记地禁止攀附字号行为的权利,并根据字号的知名度决定且保护范围。《浙江省企业商号管理和保护规定》作为地方性法规,也规定了"申请登记的企业名称,其商号不得与浙江省知名商号相同或近似",即在浙江省范围内体现了字号延伸保护原则。我们认为,根据字号的知名程度对其保护范围作相应延伸,是符合商业标识保护的原理和趋势的。"企业名称在登记主管机关辖区内享有的权利更多的是一种独占性权能,而在辖区之外,仍然根据其知名度的辐射范围而享受《反不正当竞争法》的保护,即企业名称毕竟与商标具有类似的识别功能,同属于商业标识的范畴,至少在他人使用相同或者近似企业名称,足以产生市场混淆时,可以认定构成不正当竞争……"①

当然,由于字号权的效力毕竟弱于商标权,商标一旦核准注册,即可在全国范围内产生排他效力,而字号则仅在其登记地域内享有当然的排他效力。因此,在对字号进行延伸保护时,应当考虑其知名度所抵达的区域范围,防止延伸保护范围过于宽泛。

四、显著性弱化②

(一)显著性弱化的界定及其类型

显著性弱化是指老字号在使用过程中由于种种原因,其作为商业标识的

---

① 孔祥俊:《司法哲学与裁判方法》,人民法院出版社2010年版,第364页。

② 由于目前淡化理论在我国立法上尚没有明确规定,虽然在驰名商标的跨类保护上有所涉及,但关于字号的反淡化保护,从立法例的角度来看,目前各国法律对于除商标以外的商业标识的反淡化保护均没有明确规定,而只提供基于混淆的保护,实践中也未见此类判例,只有世界知识产权组织1996年《关于反不正当竞争保护的示范规定及其注释》明确对此作出了要求。而在我国理论界也有学者明确反对将反淡化保护的保护对象扩展至企业名称,认为企业名称的识别功能与商标的识别功能完全不同,反淡化法的目标是保护高度驰名的商标区分不同商品或服务来源的能力不因他人的淡化性使用而丧失或削弱,其所保护的本质上是商标的显著性。由于商号本身只区分经营者的身份而不区分商品或服务,他人对该商号的相同或近似使用自然也谈不上导致商号的针对商品或服务的区分功能的丧失或削弱。……从国外立法来看,无论美国还是欧盟及其成员国,都没有将商号纳入反淡化法保护对象的范畴。我国现阶段确实存在对商号保护不充分的现象,但这一问题主要应通过完善《反不正当竞争法》等来解决,不可贸然将商号纳入反淡化法保护范围。参见魏森:《论商标的淡化——以美国法为中心的比较研究》,对外经济贸易大学2007年博士学位论文。因此,考虑到淡化一词属具有特定意义的法律概念,因此为审慎起见,本文使用了"显著性减弱"这样一个表述性词语,其内容以老字号的通用名称化和除直接混淆外的侵权行为所致的老字号显著性减弱为主。

识别功能减弱甚至消失,从而使其与经营主体之间独特、唯一的联系受到模糊或者贬损。包括字号在内的商业标识,其使用过程中的主要目的在于识别。老字号正是因其自身所蕴含的丰富价值和良好商誉而在社会受到广泛认同,是用于识别不同经营主体的标识或表征,部分老字号更是逐渐成为区域特色的突出代表。但与此同时,也有许多老字号在经营过程中不断被降低其所承载的商誉、社会吸引力和资产价值,逐渐丧失其显著的识别性,甚至最终消失。如何正确规制老字号显著性弱化问题,并从法律层面引导经营者妥善维护老字号的知名度,预防老字号识别功能的减退,对老字号的保护具有积极意义。

老字号显著性弱化的实质正在于老字号作为商业标识的识别力被减弱,在实践中,其主要表现形式有以下两种。

1. 通用名称化

老字号的通用名称化,是最为典型的间接削弱老字号显著性和识别度的表现形式。老字号是为消费者及公众所熟知的企业名称,具有鲜明的指示作用,比如消费者一看到“五芳斋”就知道其指称的是浙江嘉兴地区生产粽子的老字号企业。而通用名称则是为公众所熟知的商品或服务的一般名称,没有指示来源的功能,不具有显著性,比如“粽子”仅指代一种食物,无法据此辨别其提供者。在保护得当的情况下,老字号的知名度越高、显著性越强,其与商业主体之间的指向关系就应当越密切。但如果保护不利、权属不清,在公地效应之下,老字号的知名度越高,反而会导致识别度降低甚至通用名称化的现象。如四川极为有名的“灯影牛肉”,本是达州年代最为久远的老字号,但在经营过程中商标被胡乱出租、大量经营者借地方特产之名标注销售产品为“灯影牛肉”,老字号及其相应注册商标的识别度都日益下降,“灯影牛肉”逐渐被认为是大家可以合理使用的通用名称。

2. 显著性减弱

老字号显著性的减弱,是指老字号与相关经营主体之间的特定联系被减弱,无法有效发挥其指示功能。与老字号的通用名称化相比,老字号显著性的减弱往往系因其他市场主体的不当行为所造成,且损害程度相对较轻。相较于仿冒等直接混淆的侵权行为而言,老字号显著性减弱的认定更倾向于对行为效果的考量,即其他市场主体对老字号的不当使用行为破坏了老字号与其指向的经营主体之间的特定联系,导致老字号显著性的减弱。如将老字号用于与老字号本身所从事的经营范围不相同或不相似的领域时,容易使消费者产生不当联想,削弱老字号与经营主体之间的联系;又如在许可经营过程中,被许可方在使用他人老字号的同时标注自身商标的行为,在攀附老字号商誉的同时产生了弱化老字号识别度的后果。如在东阳市上蒋火腿厂(以下简称上蒋火腿厂)与浙江雪舫工贸有限公司(以下简称雪舫工贸)侵害商标权纠纷案[①](以下简称“雪舫蒋”案)中,上蒋火腿厂将其“雪舫蒋”注册商标(同时也被认定为“中华老字号”)许可雪舫工贸使用,而雪舫工贸则在产品上将其自己注册的“吴宁府”商标与被许可使用的“雪舫蒋”商标共同使用。这种混合使用的做法实际上使同一商品出现了两个来源,在客观上造成消费者混淆的同时,也隐含着通过攀附被许可商标来提高自有商标知名度的意图,从而损害被许可商标识别功能,在一定程度上产生了显著性减弱的后果。

(二)显著性弱化产生原因

造成老字号显著性弱化的原因很多,主要可以从以下几个方面进行分析。

1. 老字号易于流传

老字号本身的特性突出,其一般以文字为表征,且与创始人、行业、起源地等有不同程度的联系,往往简短精练,更易入耳上口,便于流传。老字号的这种特性,一方面符合老字号发展过程中主要依靠口头传播的要求,可以帮助其在流传过程中较为迅速地传播并积累知名度,如“北有同仁堂,南有庆余堂”这样的传颂代表着公众对中药老字号品质的认同。另一方面也因为老字号的这种特性,使其在发展过程中容易被泛化使用,比如“女儿红”“金华火腿”,在其名声鹊起的同时往往被用来指代特定区域的特定商品或服务,当然这种指代在一定阶段仍具有特定性并可以帮助老字号继续提升知名度,但当这种以老字号指代商品或服务的行为被继续纵容或默示,由量变转向质变,那么老字号越驰名,其显著性越可能被耗尽而成为商品或服务的通用名称。因此,老字号本身的特性成为老字号显著性发展的一把“双刃剑”。

2. 老字号易被攀附

老字号本身所蕴含的丰富价值,使其他市场主体在利益的驱使下有攀附的主观意图,而老字号的发展过程使其具有容易被攀附的客观基础。老字号发展所经历的从家族模式到国有企业到公私合营的变迁过程,使老字号传承的唯一性无法保证,多个市场主体围绕同一老字号主张不同权利,直接导致老字号的指示功能减弱,从而影响其显著性。如随着老字号商业价值的提升,其他市场主体借地方特产、师徒传承、家学渊源、历史文物等名义进行使用,通过攀附老字号知名度在客观上削弱老字号与经营主体之间的联系。比如顾氏案中,双方当事人的法定代表人同为顾氏家族后人,也均从事骨伤治疗服务。又

① 浙江省高级人民法院(2013)浙知终字第301号。

如北京的“瑞蚨祥”之争①,北京市江南绣锦商贸有限公司通过租用北京瑞蚨祥绸布店有限责任公司创业时所用的建筑物,依托该建筑上所保留的“瑞蚨祥鸿记”标记进行经营使用,客观造成了消费者将使用该建筑的经营者提供的产品或服务混同于“瑞蚨祥”百年老店,直接后果是模糊了“瑞蚨祥”百年字号的真正经营主体,而且由于历史建筑及其建筑体上固有文字的不可更改性,在时间的延续中,这种趋势仍将客观存在。

3. 自身经营不善

维护自身商业标识的识别力是企业在经营管理过程中保护自身的重要环节。但实践中,企业对老字号显著性弱化的问题缺乏足够认识,经营过程中存在使用不当、保护不力的现象。一是为企业经营规模和运营模式所限。老字号企业多集中在餐饮、服装、食品等传统行业,经营模式传统,经营规模有限,缺乏知识产权管理的资金、人才和有效机制,对老字号的使用和管理水平不尽如人意,如许可泛滥致使老字号品质受损。二是由企业经营理念所决定。老字号企业多从家族企业发展而来,对知识产权的维护和运用缺乏足够了解,容易纵容或默示其他市场主体、传媒等使用老字号来指代商品或服务。并且由于其地域特点和产业特点,从熟人社会发展而来的老字号存在中国传统的厌讼心理。如在浙江湖州以湖笔闻名的老字号企业近年来虽饱受知识产权侵权的困扰,但因该产业范围不大、客户群相对固定,且有较重的文人特性,至今没有发生一起维权诉讼。

(三)裁判规则

1. 正确认定通用名称

老字号的通用名称化,是对老字号显著性和识别功能的“耗尽”,一旦成立,则意味着社会公众均可进行合理使用。体现在具体案件中,老字号的通用名称化往往被作为侵权抗辩事由提出,这也是老字号显著性弱化问题在司法实践中最集中的体现。如在原告浙江省龙泉市宝剑厂有限公司诉被告龙泉龙韵工艺品有限公司侵犯商标专用权纠纷一案②中,被告即提出“龙泉宝剑”已经通用名称化,应当属于特定区域的共有财富。

目前,法院在案件裁判中对于通用名称的认定标准,立足于广泛性、规范性的审查,并在此基础上结合个案实际情况具体分析判定。具体而言,在认定通用名称时,需要依循如下裁判规则:

---

① 北京市第一中级人民法院(2005)一中民初字第3851号北京瑞蚨祥绸布店有限责任公司与北京市江南绣锦商贸有限公司侵犯注册商标专用权、不正当竞争纠纷案。

② 浙江省高级人民法院(2010)浙知终字第63号。

第一,认定通用名称的关键在于对其广泛性、规范性特征的审查。

商品或服务的通用名称是指为公众所熟知的商品或服务的一般名称,用来区别不同种类的商品或服务,其没有指示商品或服务来源的功能,不具有显著性。一般而言,通用名称应当为国家或者某一行业所共用的,反映一类商品与另一类商品之间根本区别的规范化称谓。因此,在认定通用名称时,应当重点审查该名称在什么范围内具有广泛性,以及应当以什么标准来判定其具有名称的规范性这两个核心问题。

鉴于通用名称的认定对于界定当事人合法权益及社会公共利益具有重大影响,司法实践中,对通用名称的广泛性、规范性有着严格的标准要求。就广泛性而言,其应该是国家或者某一行业所共用的,仅为某一区域所使用的名称,不具有广泛性;但是,对于一些具有地域性特点的商品名称,判断其是否具有广泛性,可以特定产区及相关公众的接受程度为标准。就规范性而言,其应该符合一定的标准,反映一类商品与另一类商品之间根本区别,即应指代明确。① 对于约定俗成、已为相关公众认可的名称,即使其不尽符合相关科学原理,亦不影响将其认定为通用名称。在广泛性、规范性的认定过程中,可以参考的材料包括正规的教科书、工具书、史料记载、媒体报道等。

在原告山东鲁锦实业有限公司诉被告鄄城县鲁锦工艺品有限责任公司、济宁礼之邦家纺有限公司侵害注册商标专用权及不正当竞争纠纷一案②中,当事人的主要争议焦点以及一、二审法院裁判的主要分歧均在于"鲁锦"是否系通用名称这一问题上。一审法院认为现有证据不能证明"鲁锦"属于《类似商品和服务区分表》中第25、24类商品的通用名称或者第25、24类商品中某一具体商品的通用名称。而二审法院则认为"鲁锦"专指鲁西南民间织锦,即一种山东民间纯棉手工纺织品,其纹彩绚丽、灿烂似锦、历史悠久,各级新闻媒体报道、山东省市县三级史志资料及有关工具书均认可该指称,其织造技艺还被确定为国家级非物质文化遗产,因而"鲁锦"可以认定为通用名称。至于我国其他省份的手工棉纺织品不叫"鲁锦",并不影响上述事实;"粗布""老土布"等旧有名称的存在,亦不影响"鲁锦"通用名称的认定。"鲁锦"案中一、二审在把握通用名称广泛性、规范性的标准时体现了一定的差异,诚如一审法院所认定的那样,通用名称应当符合相应地国家或行业标准,但不可否认的是,二审法院充分考虑到地区特点从而对约定俗成、公众接受的名称予以认定,更

① 北京市高级人民法院(2006)高行终字第188号河南省柘城县豫丰种业有限责任公司诉国家工商行政管理总局商标评审委员会、河南省柘城县三鹰种业有限公司商标行政纠纷上诉案。

② 山东省高级人民法院(2009)鲁民三终字第34号。

符合相关公众的认知。

第二,通用名称认定的重点在于明确其与知名商品特有名称的区别。

所谓知名商品的特有名称,是指知名商品独有的与通用名称有显著区别的商品名称,但该名称已经注册为商标的除外。和通用名称相比,知名商品特有名称保留了其指示商品来源的功能,对阻却老字号的通用名称化具有积极意义。《反不正当竞争法》保护知名商品特有名称的目的就在于为知名品牌的培育和成长创造有利空间,遏制他人搭车模仿的行为。

受到法律保护的商品特有名称应当具有一定知名度和显著性。在认定知名程度时,可以参考该商品的销售时间、销售区域、销售额和销售对象,进行商品宣传的持续时间、程度和地域范围等因素。在认定显著程度时,应重点考察其区分商品来源的功能强弱,并注意其历史渊源、经营传承和市场状况等具体情况。比如在佛山市合记饼业有限公司与珠海香记食品有限公司侵犯注册商标专用权纠纷案①中,案件的争议焦点之一就是"盲公饼"是属于商品通用名称还是知名商品特有名称。本案经发回重审,又经最高人民法院提审,最终认为盲公饼是有着200多年历史的一种佛山特产,有着特定的历史渊源和地方文化特色,但"盲公"或者"盲公饼"本身并非是一类饼干的普通描述性词汇,其经营者传承完整,且在《商标法》施行后即申请了"盲公"商标,品牌维护积极。因此由于特定的历史起源、发展过程和长期唯一的提供主体以及客观的市场格局,我国内地的大多数相关公众会将"盲公饼"认知为某主体提供的某种产品,仍保持着产品和品牌混合的属性,具有指示商品来源的意义,并没有通用化,不属于通用名称。同时,最高人民法院在该判决中还清晰地传达了区分商品通用名称和知名商品特有名称的目的:认定"盲公饼"为知名商品的特有名称,是因为"对于这种名称,给予其较强的保护,禁止别人未经许可使用,有利于保持产品的特点和文化传统,使产品做大做强,消费者也能真正品尝到产品的风味和背后的文化;相反,如果允许其他厂家生产制造'盲公饼',一方面权利人的权益受到损害,另一方面也可能切断了该产品所承载的历史、传统和文化,破坏了已有的市场秩序"。

2. 妥善处理显著性减弱问题

对于在许可经营过程中产生的老字号知识产权的显著性减弱问题,司法实践中应当遵循避免混淆、预防淡化、禁止攀附的裁判思路,妥善认定相关行为是否构成侵权。如在"雪舫蒋案"中,对于雪舫工贸在同一商品上标注被许

① 最高人民法院(2011)民提字第55号。

可使用的"雪舫蒋"商标与自有商标是否构成商标侵权,《商标法》并未明确,但二审法院通过对被诉行为的性质和后果的实质性衡量,对此种减弱商标显著性的行为予以否定评价。二审法院认为,商标许可使用制度的目的之一就在于保证商品来源的唯一性,在许可使用关系中,虽然商标所有人并非商品的实际生产经营者,但被许可人使用的商标所指向的商业来源都是商标所有人。雪舫工贸在同一产品上同时标注了被许可使用的"雪舫蒋"商标和自己注册的"吴宁府"商标,实际上使同一商品出现了两个来源,会使消费者误认为两个商标品牌的商品出于同一商业来源,影响"雪舫蒋"商标标识功能的正常发挥。同时雪舫工贸主观意图也是通过攀附"雪舫蒋"商标所积累的商誉,提高自身"吴宁府"商标的知名度。最终认定雪舫工贸的被诉行为构成《商标法》规定的"给他人的注册商标专用权造成其他损害的"行为。

五、对完善保护机制的建议

从上文对老字号所涉纠纷产生原因的分析来看,不管是权属纠纷、权利冲突纠纷还是显著性弱化问题,都指向老字号保护机制存在的诸多缺陷,包括法律规范不健全、行政管理不完善以及老字号企业自身保护意识缺乏等。可见,对老字号知识产权的保护是涉及我国立法、行政、司法的整体性问题,最终需要通过体制机制的全面完善才能得到根本解决。法院作为司法机关,应当充分发挥审判职能,树立正确的司法保护理念,进一步明确案件裁判规则,为老字号知识产权保护提供可预期的司法保障。此外,对于立法机关、行政机关和市场主体而言,也要采取各项措施,改善老字号保护现状,促进老字号企业的振兴和可持续发展。对此,我们提出以下几点建议。

(一)立法层面

从我国现阶段的商业标识立法来看,涉及商标的法律规范相对而言已较为全面完善,而涉及字号、知名商品特有名称等其他商业标识的规定却零散缺失,老字号的法律概念及保护标准亦不明确。因此,完善老字号保护机制,从立法层面上就是要健全以字号为重要保护对象的商业标识法律制度。

1. 明确字号权的法律地位

在我国知识产权法律体系中,字号权并不是一项独立的知识产权。即使最高人民法院《关于审理不正当竞争民事案件应用法律若干问题的解释》对字号提供保护,也是拟制为企业名称进行保护。鉴于字号在区别市场主体方面的重要识别作用,建议在立法上明确"把'字号权'从诸多模糊权利中独立出来,将其作为一项知识产权予以确认和保护"①,解决现实中字号与企业名称、商标等其他商业标识界限不清的问题,并回应《巴黎公约》中关于字号的规定。

2. 拓宽字号的保护途径

如上所述,目前我国的法律规范仅规定字号可以作为企业名称受到《反不正当竞争法》保护,但我们认为,还应当增加规定,字号可以作为未注册商标受到商标法的保护。字号作为未注册商标受保护的意义在于,一方面,在先注册并使用相关字号的企业在遭遇商标抢注并被抢注方起诉时,可以行使新《商标法》第59条规定的在先使用抗辩权,减轻因商标抢注对自身受到的损害;另一方面,在字号的知名度达到为相关消费者普遍知悉的程度时,可以作为未注册驰名商标受到跨类别保护。以上两项特殊保护,都是字号在被作为企业名称受保护时所无法享受的待遇。当然,由于字号与商标的功能毕竟有所不同,前者用于区分市场主体,后者用于区分商品或服务来源,因此,字号要作为未注册商标进行保护应当满足一定条件,即该字号在使用过程中实际上已产生了标示商品来源的效果。

3. 增加驰名字号保护规定

我国法律为知名度特别高的商标设立了驰名商标制度,但在字号领域,除了《企业名称登记管理规定》第7条规定"历史悠久、字号驰名的企业"可以不冠以企业所在地行政区划名称外,未对驰名字号的特殊保护作出任何规定,不利于老字号和其他驰名字号的发展。我们认为,在立法上,应给予驰名字号类似驰名商标的保护,由法院在个案中进行认定,一旦认定为驰名,就可以根据具体情况,给予超出其登记行业的保护。

4. 制定符合地方实际的老字号保护办法

建议地方立法部门在时机成熟时,整合关于字号及老字号的法律规范、行政法规及其他规定,根据地方特色,制定专门的老字号保护办法,从而既能将各地的老字号认定办法脱离政策文件而得以科学化规范化,又可将老字号的保护措施予以制度化和法律化。具体实践中,地方立法可以规定知名老字号的认定标准和认定程序,规定赋予老字号特殊权利,为老字号提供财政、税收、租金方面的政策支持等,以更好地落实振兴地方老字号工程。

(二)行政层面

根据我国目前的企业名称登记管理制度,对字号的行政保护仅局限于其

---

① 欧阳恩剑:《老字号知识产权属性、冲突及解决》,载《昆明师范高等专科学校学报》2006年第2期。

登记机关辖区范围和登记行业,并且企业登记与商标注册之间存在管理结构的隔断,无法实现相互检索,这些都是导致老字号权利冲突的重要原因。因此,就行政层面而言,要解决老字号的保护机制问题,主要在于构建科学合理的字号管理体制。

1. 改革企业名称登记管理制度

建议根据市场知名度、企业规模、经营范围等标准,区分一般字号、知名字号和驰名字号,针对不同字号确定不同的专用权地域及行业保护范围,在此基础上给予老字号以特殊保护,以缓解目前字号权与字号权冲突尖锐的现状。例如,规定省级以上老字号的专用权在全国范围内具有效力,其他企业字号均不得与其相同;中华老字号还具有跨行业的排他效力等。

2. 搭建交叉检索技术平台

整合国家工商行政管理总局的内部资源,建立各级地方企业名称登记管理部门之间,以及其与商标总局之间的联合检索数据库,在技术上实现字号之间、字号与商标之间的交叉检索,打通目前字号登记与商标注册之间资源平台的阻隔,从而为最终解决权利冲突问题提供技术保障。

3. 建立老字号确权纠纷的行政解决机制

老字号纠纷大多涉及权利的归属问题,该类案件事实久远且较难取证,专门的行政管理部门一方面可以凭借其历史档案资料的占有优势,为老字号确权纠纷提供行政解决的途径;另一方面还可以借助老字号自治组织的管理经验及商业惯例,实施纠纷的自治组织内部调解,拓展多元化的纠纷解决途径。

4. 加强行政与司法的协同保护

行政机关应当为法院提供畅通的调查取证通道,依法提供相关证据材料,协助法院查明案件事实;在认定老字号时,有必要向法院询问相关企业的涉诉情况,以准确判断是否符合老字号认定标准;在制定老字号管理办法时,可与同级法院会商探讨,统一法律标准。法院也可以主动定期汇总老字号企业涉诉情况,并告知行政机关,帮助其掌握企业动态。

(三)企业层面

老字号企业一方面要提高知识产权保护意识,充分认识到老字号的发展振兴才是企业发展的内在动力。另一方面要加强知识产权保护能力,聘用专业人员甚至成立专门机构,明确权属、保护权利,不仅要在发生纠纷时积极应对,还应把知识产权保护纳入到企业的日常管理运作过程中,防患于未然,降低侵权或被侵权的风险。

"三合一"审判机制下知识产权行政行为的诉讼实证分析

——以上海法院81起知识产权行政案件为研究对象

徐　俊[*]　张宝健[**]

本报告在上海法院1999年1月至2015年6月审结81件知识产权行政诉讼案件一审裁判文书的基础上,[①]梳理案件审理的基本情况和特点,对所反映出的热点难点问题及原因进行分析并提出对策建议,以期进一步完善知识产权民事、行政、刑事"三合一"审判机制,加强人民法院与相关行政执法部门的工作协调,从而充分发挥司法在知识产权保护中的主导作用,为上海建设具有全球影响力的科技创新中心提供服务保障。

一、案件基本情况和特点

(一)基本情况

本次调研统计了1999年1月至2015年6月上海法院审理的知识产权行政一审案件81件。其中以上海市版权局为被告的知识产权行政案件2件,占案件总数的2.5%;以上海市知识产权局为被告的知识产权行政案件7件,占案件总数的8.6%;以上海市及各区县工商行政管理机关为被告的知识产权行政案件72件,占案件总数的88.9%。上述案件中,一审行政机关败诉的案件为10件,一审行政机关胜诉二审改判的案件为1件,行政机关的实际败诉率为13.5%。2013年以来,知识产权行政一审案件中无行政机关败诉的案件,一定程度上反映了近年来上海知识产权行政主管部门行政执法质量的提高。

* 徐俊,上海市浦东新区人民法院知产庭庭长,法学博士。

** 张宝健,同济大学硕士研究生。

① 通常依据案由可以准确地搜索确定知识产权民事案件和刑事案件数据,并较为方便地开展司法统计分析,但由于行政案件的案由主要反映案件所涉及的行政法律关系,将案由分为作为类、不作为类及行政赔偿类三大类,所以仅依据行政案件案由难以确定案件是否为知识产权行政案件。因此,本文首先通过上海法院数据库检索出以市知识产权局、市工商行政管理局、区工商行政管理分局(包含市场监督管理局)、市版权局、市文化市场行政执法总队、区文化市场行政执法大队等行政机构为当事人的行政案件,然后经过分类筛选,并人工逐一阅读,梳理出上海法院1999年1月至2015年6月审结81件涉及与专利、商标、著作权和反不正当竞争类相关的一审行政案件。

（二）基本特点

1. 涉诉行政管理领域广

从涉案行政管理领域来看，诉讼案件涉及商标、专利、著作权、反不正当竞争等多个领域，从涉案具体行政行为种类来看，案件涉及行政处罚、行政登记、行政确认、行政裁决、行政强制、行政不作为等多种类型。以工商行政管理机关作出行政处罚的具体行政行为为例，其行政处罚的内容涉及冒充注册商标、侵犯他人注册商标专用权等商标使用中的违法行为，同时涉及强制交易、虚假宣传、商业贿赂、伪造生产日期、伪造产品产地、擅自使用他人的企业名称、侵犯商业秘密、搭售等不正当竞争行为。

2. 针对行政处罚的行政诉讼案件比例较大

从统计数据可看出，涉及行政诉讼案由相对集中，行政诉讼案件类型集中于行政处罚类，共54件，占案件总数的65.4%，其中以不服工商行政机关的行政处罚案件最多，共48件，占案件总数的58%，行政处罚的内容涉及商标使用中的违法行为和多种不正当竞争行为；其余为不服上海市知识产权局的专利侵权纠纷处理决定案件，共6件，占案件总数的7.4%。针对行政机关行政处罚提起的行政诉讼比重较大，这在一定程度上反映出地方知识产权行政执法程序的规范存在改进空间。

3. 涉诉被告主要集中在工商行政管理机关

经数据统计分析可知，在各行政机关中，以工商行政管理机关为被告的知识产权行政案件数量最多，共72件，占案件总数的88.9%，其中，48件涉及行政机关作出的行政处罚决定的具体行政行为，11件涉及企业名称争议行政处理的具体行政行为，11件涉及要求行政机关履行法定职责，2件涉及行政机关作出的行政强制措施的具体行政行为。而以上海市知识产权局为行政机关的知识产权行政案件为7件，其中，6件涉及行政机关所作出的专利侵权纠纷处理决定的具体行政行为，1件涉及要求行政机关履行支付专利专项资助费的法定职责。以上海市版权局为行政机关的知识产权行政案件仅为2件，涉及的行政行为是作品登记行为，主要内容是不服行政机关颁发的作品登记证书中的作品登记日期以及不服行政机关对行政相对人登记作品类型所作的“只登记曲，不登记词”的说明。

4. 案件专业性强、审理难度较大

从统计数据来看，知识产权行政案件所涉及的法律关系覆盖商标、专利、著作权、反不正当竞争等多个领域，权利主体利益诉求复杂。以知识产权侵权纠纷行政处理为例，在诉讼中双方通常对行政处罚与知识产权违法行为认定方面的多个程序和实体问题存在争议,因此作为行政诉讼,要求知识产权法官兼顾知识产权专业问题和行政审判程序的把握,在诉讼管辖、当事人举证责任分配、证明标准等方面充分考虑行政诉讼的特殊性,同时在案件基础性事实审理过程中又要发挥知识产权法官在知识产权民事案件审理中的专业和经验优势,在证据认定、事实查明及适用法律方面发挥专业优势。

二、知识产权行政诉讼中反映的问题

(一)知识产权行政执法依据与司法解释规定存在差异

在行政诉讼中,最高人民法院《关于执行〈中华人民共和国行政诉讼法〉若干问题的解释》第62条第1款规定“人民法院审理行政案件,适用最高人民法院司法解释的,应当在裁判文书中援引。人民法院审理行政案件,可以在裁判文书中引用合法有效的规章及其他规范性文件”。由此可知,最高人民法院的司法解释是各级人民法院审理行政案件的法律依据,但是部门规章和其他规范性文件则仅具有参照、引用的效力。而司法解释虽然具有普遍的司法效力,有关司法机关在办案中应当遵照执行,但是对行政机关却没有普遍的约束力。我国《商标法》《专利法》《著作权法》《反不正当竞争法》等法律、法规仅就知识产权行政保护的问题作了简单的原则性规定,具体有关知识产权执法规范以及执法衔接的规范主要集中在最高人民法院的司法解释以及行政机关的部门规章和其他行政规范性文件中,由于相关规范性文件效力位阶过低,具体规则存在相互矛盾的情况、部分条款缺乏可操作性,致使司法机关和各行政执法机关在案件处理过程中对规则的理解和适用上存在冲突。例如,在商标违法查处案件中就商品类别类似的判定问题,知识产权行政执法依据与司法解释的规定就存在较大差异。

(二)商标管理领域存在执法程序不规范现象

在知识产权行政诉讼案件中,涉及行政处罚的案件比重较大,在案件审理的过程中存在的问题也相对较多。具体的问题有:行政机关在查处因商标侵权投诉案件时,未告知商标权人处理结果;在作出处罚决定前,既未告知行政相对人可以申请听证的权利,也未进行听证;行政强制措施超过法定期限等。在某公司不服被告上海市工商行政管理局某分局工商行政处罚决定案中,国家工商行政管理局在商标行政执法问题的若干规范性文件中,明确《商标法》所指的当事人包括商标侵权人和商标被侵权人,工商行政管理部门在查处因商标侵权投诉案件时,应将查处情况告知被侵权人。该分局未按规定对商标被侵权当事人履行告知处理情况的义务。在上海某厂不服上海市工商行政管理局某分局商标管理行政处罚决定案中,根据上海市人民政府发布的《上海市行政处罚听证程序试行规定》规定，对经营活动中的违法行为处以 3 万元以上的罚款适用听证程序。该分局在对行政相对人作出罚款 36,451.15 元的处罚决定前，既未告知行政相对人可以申请听证的权利，也未进行听证。在某公司不服上海市工商行政管理局某分局扣留财物通知案中，在对行政相对人存在涉嫌反不正当竞争行为采取扣留强制措施 3 个月内，应按照《上海市反不正当竞争条例》第 22 条第 1 款第 4 项规定"对与不正当竞争行为有关的财物，可以采取扣留、封存等措施，并在三个月内作出处理决定"。但是该分局基于同一事实、理由和标的物，每 3 个月届满即解除原扣留决定，重新作出扣留决定，多次作出解除、扣留决定致使被扣留财物实际被扣时间已逾 1 年，在 3 个月届满后继续作出扣留决定的行政行为缺乏法律依据，存在程序违法。

(三)行政机关在案件取证中的证据保全意识有待加强

就行政执法证据规则而言，证据需具备合法性、真实性、关联性"三性"才具有证据资格，证据是查明案件事实的唯一手段，是正确实施行政处罚的必要条件，因此在维护当事人合法权益的过程中发挥了至关重要的作用。然而，由于行政机关在案件取证过程中存在程序瑕疵及文书差错等问题，直接导致行政相对人提出异议，影响了执法机关的形象和公信力。在电子证据采集方面，由于取证规范及证明力标准不统一、证据收集程序不到位，致使行政执法过程中所获取的证据难以达到证据证明力的要求，可能导致违法行为认定缺乏事实基础的后果。在某公司不服被告上海市工商行政管理局某分局工商行政处罚决定案中，该分局两次《询问笔录》中第三人法定代表人的陈述前后不一致，《询问笔录》所写时间与当事人所签时间不一致，不能作为本案认定事实的证据。在某公司不服上海市工商行政管理局某分局工商行政处罚决定案中，该分局在电子证据的取证过程中，存在网页展开路径不清晰、截屏不完整、打印不清楚、前后不连续等严重影响网页证据证明力的问题，导致其据以作出行政处罚的违法事实没有足够的证据证明，行政处罚决定被法院判决撤销。

(四)个别行政机关在法律适用能力上存在不足

在知识产权行政执法的过程中，出具的行政处罚决定书应当正确地援引、适用法律，提供正确的说理依据。在知识产权行政案件中存在适用法律、法规条文错误的情况，比如未适用应当适用的法律、适用了没有效力的法律规范。在某公司不服某专利管理机关专利纠纷处理决定案中，该行政机关所作出的专利纠纷处理决定适用 2000 年 8 月 25 日修正的《专利法》，而全国人民代表大会常务委员会《关于修改〈中华人民共和国专利法〉的决定》由中华人民共和国第九届全国人民代表大会常务委员会第十七次会议于 2000 年 8 月 25 日通过,自 2001 年 7 月 1 日起施行。第三人生产、销售“荧光手电灯”和“2W 节电夜明灯”发生在 2001 年 7 月 1 日之前,故该行政机关适用 2000 年 8 月 25 日修正的《专利法》属适用法律不当。

三、对策与建议

(一)加强知识产权行政执法法律依据的梳理与协调

将知识产权行政与司法保护法律依据从著作权、商标权、专利权和反不正当竞争等专业门类分别进行梳理,各类别依据法律位阶分层次划分。尤其应当注意行政规章及其他行政规范性文件和司法解释及其他司法规范性文件之间的不一致。开展建构专门的、系统的知识产权法律规范及其他规范性文件的法律汇编,加深对知识产权法律规范的理解和运用。如有必要,应当在前期工作的基础上,通过立法的方式重新对知识产权行政和司法保护的具体操作规则中冲突的内容加以明确。人民法院在行政审判中应当发挥司法监督作用,在案件审理过程中对具体行政行为所依据的规范性文件加以鉴别、判断,必要时向行政机关提出司法建议。

(二)严格规范行政程序,确保法律规范准确适用

一方面,对举报和投诉受理机制、查处流程、行政处罚和复议程序等知识产权行政管理流程,行政机关由于履行行政程序不规范导致行政相对人对行政处理决定不服提起诉讼,应当加强行政执法监督力度,推进行政执法规范化建设。尤其是电子证据瞬息即逝,具有无形性、易修改性等特征,若因取证不规范等原因导致证据证明力不足,在事后难以再现取证当时的状态,对此类证据的取证应当尤为注重。另一方面,可以聘请知识产权和科学技术方面的专家学者参与行政执法工作,发挥其在知识产权领域的专业特长帮助具体案件的处理,确保法律规范的准确适用。除此之外,考虑到行政处罚决定书不说理或者说理不明是导致行政复议和行政诉讼的重要原因,应当努力提升行政处罚决定中说明理由的规范性。对定性和量罚都应当具体明确,有明确的法律、法理依据,不应当含糊其辞。例如,法律规定,“可以根据情节”在一定幅度内处以罚款,作出罚款决定以及罚款幅度等,都要说明理由,即根据何种行为性质和情节(手段、方式、违法经营额、持续时间等)给予何种处罚。

(三)提高行政机关负责人出庭比例

《行政诉讼法》第 3 条第 3 款规定:“被诉行政机关负责人应当出庭应诉。不能出庭的,应当委托行政机关相应的工作人员出庭。”将行政机关负责人出庭制度在法律条文中作出了明确的规定,其目的旨在加强行政机关负责人对行政诉讼案件的重视程度,从而加强行政主体在作出具体行政行为时能够充

分考虑行政相对人的利益诉求，通过行政机关负责人出庭制度提升行政机关形象和推进行政争议的实质性解决。人民法院在审理知识产权行政案件的过程中，应当对行政机关负责人在每起诉讼中出庭应诉、庭审发言情况登记备案并且定期统计，适时将出庭情况向政府机关交流通报，建议政府机关将其纳入依法行政工作责任目标考核。

（四）促进知识产权司法和行政保护良性互动

一方面，应当重视司法建议工作，以个案促行政机关执法方式的改进。行政诉讼的目的是保障和促进依法行政。行政行为应做到证据确凿，适用法律、法规正确，程序合法，过罚相当。在知识产权行政诉讼案件审理过程中，被诉行政行为如果存在违反法定程序或正当程序，适用法律、法规错误，认定事实不清、主要证据不足等问题，法院在案件生效后，就上述问题向知识产权行政管理机关发出司法建议，为促进依法行政，有效预防和深入化解知识产权行政纠纷提供参考和借鉴，使行政审判保障和促进依法行政的目的落到实处。同时，行政机关应当重视法院司法建议在完善行政职能的行使方面所具有的积极作用，对司法建议中所指出问题引起重视，通过切实可行的实施方案加以整改，并将整改意见一并反馈。另一方面，统一行政执法和司法程序的保护规则和执法标准。以知识产权行政执法证据的收集与采纳为例，应当统一行政执法证据的类型，规范证据的收集、规定程式以及移送标准，同时明确行政执法证据的地位，对不同类型证据在司法程序中的转化确立统一的标准。人民法院通过司法审查标准的确立，归纳出具有指导参考价值的违法行为认定标准，为行政机关审视执法行为提供参照。加强调研，对梳理出的知识产权行政诉讼案件中的疑难复杂问题提出解决和应对方案，深化知识产权司法和行政双重保护之间的协作配合。

结　　语

我国知识产权事业的晚近发展得益于行政保护与司法保护并行的“双轨制”模式，在这一进程中具有中国特色的知识产权行政保护制度得到了长足发展，成效显著。但是在肯定成绩的同时，也应当注意到，目前的知识产权行政保护理论研究和实务经验仍然有待积累，如何将知识产权行政审判工作中专业化的办案经验转化为行政机关在行政执法、决策过程中重要的参考和借鉴，值得深思。本文的调研表明有必要加强和推进知识产权民事、行政、刑事“三合一”审判机制，进一步发挥司法保护知识产权的主导作用，促进知识产权行政管理和专业执法，共同推动知识产权保护工作迈上新台阶。

市场开办者知识产权侵权责任问题研究

浙江省高级人民法院联合课题组*

摘要:随着商品交易市场产业的迅猛发展,知识产权权利人基于市场内商户销售侵权产品而起诉市场开办者的纠纷也日益增多。市场开办者知识产权侵权责任的认定,涉及如何界定市场开办者的主体身份和注意义务,以及如何明确市场开办者的归责基础、责任方式等诸多疑难问题。本调研通过浙江法院审理的市场开办者知识产权案件,及全国范围内具有典型意义的市场开办者知识产权案件的调研分析,提出了该类案件审理过程中存在的突出问题,明确了相应的司法理念和裁判规则,并对保护机制的完善提出了对策和建议。

【关键词】 市场开办者 知识产权 注意义务 侵权责任

浙江是"市场大省",2013 年浙江亿元以上市场数量及其成交总额在全国总量及总额中的比例均高达 15%。[①] 义乌的中国小商品市场、绍兴的中国轻纺城、海宁的中国皮革城等都是国际知名的专业市场。然而,在取得巨大发展成就的同时,商品交易市场特别是一些低端小商品市场逐渐成为假货的集散地和售假的重灾区,频频发生商户所售商品侵害他人知识产权的纠纷,严重影响了商品交易市场的品牌形象,引发了国内外的高度关注。2015 年,浙江高院将"市场开办者知识产权侵权责任"列为全省法院重点调研课题,旨在通过实施本课题,为正确界定市场开办者的知识产权侵权责任提供理论支持和审判指导。

一、商品交易市场及市场开办者概述

本文的研究对象是市场开办者的知识产权侵权责任,所谓市场开办者即

---

* 课题主持人:原浙江省高级人民法院副院长徐杰,现任浙江省人大法制委员会副主任委员;课题组成员:浙江省高级人民法院审判委员会专职委员周根才、原知识产权审判庭副庭长(主持工作)应向健、知识产权审判庭助审员何琼、王磊、陈为,杭州市中级人民法院副院长邵景腾、绍兴市中级人民法院知识产权审判庭副庭长秦善奎、杭州市中级人民法院知识产权审判庭审判员潘才敏、温州市中级人民法院知识产权审判庭审判员蔡卓森、原义乌市人民法院知识产权审判庭副庭长王献华、海宁市人民法院知识产权审判庭助审员张凤妹。浙江工商大学程燕姬副教授对本调研课题也有贡献。

① 2013 年,浙江亿元以上市场数量及其成交总额分别为 767 个和 14,840 亿元。详见国家统计局贸易外经统计司、中国商业联合会信息部编:《中国商品交易市场统计年鉴 2014》,中国统计出版社 2014 年版。

商品交易市场的开办者。由于商品交易市场及其开办者并非明晰的法律概念,因此有必要首先对其作一概述。

(一)商品交易市场及市场开办者的概念、特点

市场开办者即商品交易市场的开办者。国家工商总局2013年发布的《关于加强商品交易市场规范管理的指导意见》对商品交易市场及市场开办者的概念作了较为完整的界定。[①] 该意见所称商品交易市场及其开办者与本课题的研究对象基本一致,即将商品交易市场界定为"由商品交易市场开办者提供固定商位和相应设施,提供物业服务,实施经营管理,并收取一定租金等收益,有多个经营者入场独立从事商品交易活动的经营场所";商品交易市场开办者则是指"依法登记并领取营业执照,从事市场经营管理的企业法人、其他经济组织或者个体工商户"。

从上述定义来看,商品交易市场存在以下几个显著特点:第一,商品交易市场是聚集诸多独立经营者(商户)和购买者进行集中、公开交易的现货市场;第二,每个商户有各自的营业执照,市场开办者仅提供场地和服务,本身并非商品的销售者,既不直接参与商户的交易活动,也不直接与其进行利润分配;第三,市场开办者除为商户提供交易场地之外,通常还提供(或委托其他主体提供)物业、结算乃至物流、金融等服务,其所获得的收益既包括场地租金,也包括提供综合性服务的对价。

商品交易市场的上述特点既将其与百货店区别开来,也将其与单纯的场地出租人区分开来。百货店以内设柜台为单元,柜台没有独立的营业执照,对外营业过程中均统一以百货店为直接销售者的名义进行销售并开具发票。场地出租人、承租人比市场开办者、商户之间的权利义务关系要简单得多,出租人仅提供符合约定的场地并收取租金,除明知承租人的房屋用于违法犯罪活动之外,对承租人的任何经营活动既无权利干预,也无职责进行管理。

(二)商品交易市场的类型

商品交易市场根据不同的产权模式大致可归为以下几类:

1. 所有权人出租模式,这是最为传统和常见的模式,即场地所有权人将内部摊位或商铺出租给商户经营,所有权人一般同时是市场的开办者和管理者。

2. 开发商出售模式,即商业地块的开发商将商铺出售给业主后,由业主自己经营或出租给他人经营,开发商不参与商铺出售之后的任何经营事务,有些

---

① 此外,浙江、上海、广东等省也通过地方人大立法的形式对商品交易市场进行了界定,具体内容与国家工商总局的上述规定基本一致。详见《浙江省商品交易市场管理条例》《广东省商品交易市场管理条例》《上海市商品交易市场管理办法》。

由另外的经营管理公司负责经营管理,有些仅由物业公司提供物业服务。

3. 开发商返租模式,即商业地块的开发商将商铺销售给业主后,又统一从业主处返租商铺,然后再出租给商户经营。在这种模式中,开发商往往会委托专业的经营管理公司对市场进行招商和经营,本身并非直接的经营管理者。

在上述三种模式中,第一种模式的法律关系最为简单,所有权人、市场开办者与具体的经营管理者通常是一个主体,市场开办者对商户的控制力强,对整体市场商业秩序及品牌的维护和培育一般也较为尽责。第二种模式中,如果开发商在出售商铺后不参与经营管理,而由其他公司进行经营管理或提供物业服务,那么开发商与市场开办者、管理者就发生了分离,实际上,由于所有权已经转移,开发商本身对商户的控制力很弱,培育整体市场的积极性也很低。第三种模式是近些年商业地产发展过程中新出现的、商业与房地产相结合的模式,因为开发商在依靠销售产权短期获利后,如果完全不顾及后续的商业运作,就会导致该商业地块萧条没落、丧失竞争力,从而影响其自身声誉和此后的销售业绩,因此越来越多的开发商已经认识到商业地产在运作上的延续性和复杂性,并通过专业的经营管理公司来经营和培育市场。这类模式中的主体更多样、法律关系也更复杂。

(三)涉市场开办者知识产权侵权案件概况

2012 年 1 月至 2014 年 12 月,浙江法院共受理市场开办者被诉要求承担知识产权侵权责任的案件 181 件,其中,177 件已结案。此外,还有大量纠纷系权利人在公证保全侵权事实后与市场开办者或商户自行协商解决,或者在行政机关或人民调解组织的协调之下达成和解。① 此类案件呈现出以下几个特点:一是区域分布不平衡,超过一半的诉讼发生于商品交易市场集中的嘉兴、杭州地区;二是案件类型以商标侵权为主,占案件总量的九成;三是商业维权类案件较多;四是案件调撤率较高,在上述审结的 177 件案件中,以调解或撤诉方式结案的共 166 件,调撤率达 93.8%;五是大多涉诉侵权行为手段简单、侵权数量和价值较小,故判赔额不高,大多在 10 万元以下;六是单独起诉市场开办者的案件呈增长态势,市场开办者的法律地位及其应承担的法律责任,成为法院亟待研究解决的问题。

二、法律问题的分析及解决

市场开办者知识产权侵权责任的认定,涉及市场开办者的主体界定、侵权行为类型、侵权归责基础、注意义务、侵权责任方式等诸多法律适用问题。

---

① 例如,2012~2014 年,浙江省海宁市家纺知识产权纠纷人民调解委员会共调处发生于海宁中国家纺城和海宁轻纺城市场内的著作权侵权案件 384 件。

（一）市场开办者主体的界定

由于目前开办市场无须经过行政审批，很多市场亦未进行市场名称及开办者登记，而实践中，存在场地所有人、房地产开发商、受托进行经营管理或提供物业服务的企业等多个与市场的经营管理存在关联的主体，因此认定市场开办者主体本身就是一个存在争议的问题。

1. 浙江省规定市场开办者可以自愿向工商部门申请市场名称登记，登记事项包括市场名称、市场举办者、市场地址、营业面积、商品种类和布局、市场服务管理机构负责人。[①] 对于浙江省内已经登记的商品交易市场，可以直接按照登记中所载的"市场举办者"来认定负有知识产权注意义务的主体。实践中，登记所载的"市场举办者"可能以其已委托他人经营管理市场为由提出抗辩，权利人可以对登记所载的"市场举办者"和实际的经营管理者一并提起诉讼。

2. 对于未实施市场名称登记制度地区的市场以及省内未经名称登记的市场，在知识产权侵权案件中应将直接进行日常经营管理的主体作为适格被告。如在开发商出售模式的市场中，如果开发商出售商铺后就不再参与市场的后续商业运作，另有他人对市场进行经营管理的，就应由后者承担知识产权侵权责任。

3. 现实中，还存在一些经营极不规范的市场，既未进行市场名称登记，也没有主体对市场进行实际的经营管理。对此，应根据不同情况认定负有知识产权管理义务的主体。在所有权人出租模式中，应由所有权人承担知识产权侵权责任；在开发商返租模式中，应由开发商承担知识产权侵权责任；在开发商出售模式中，如果开发商在出售商铺后未参与经营管理，也无其他主体对该商业地产进行后续经营管理，则无须承担知识产权管理义务。

4. 对于仅为市场提供物业服务，没有证据表明其有义务承担其他日常经营管理职责的主体，无须就市场内的知识产权侵权行为承担责任。[②]

（二）市场开办者知识产权侵权行为类型分析

我国《侵权责任法》第6条规定"行为人因过错侵害他人民事权益，应当

---

① 详见《浙江省商品交易市场管理条例》《浙江省商品交易市场名称登记管理办法》。截至2015年6月底，浙江省共登记实体市场4334家。

② 比如，在安徽省合肥市中级人民法院（2014）合民三初字第203号路易威登马利蒂诉董党伟等侵害商标权纠纷一案中，被告一系直接销售者，被告二系经营管理者，被告三系为涉案商城提供物业服务的公司，法院认为，"物业服务不属于管理范畴，其对涉案商城内商户的侵权行为，既无权力也无义务制止，不应承担责任"。

承担侵权责任”,这里的行为包括作为和不作为。① 司法实践中,市场开办者作为的知识产权侵权行为主要有以下几种情形。

1. 作为的侵权行为

(1)市场开办者直接实施销售侵权产品的行为

市场开办者直接实施销售侵权产品的行为应承担直接侵权的民事责任,对此并无争议,但需注意以下几种情况。

第一,销售侵权商品的发票系以市场开办者名义开具的情况。在多数情况下,开具发票的主体就是直接销售者,但也存在例外情形,如市场开办者与商户之间存在代征税款的关系。②

第二,市场开办者出借营业执照给商户的情况。市场开办者出借经营执照给商户,意味着商户系经市场开办者同意后,以后者名义对外经营。根据最高人民法院《关于适用中华人民共和国民事诉讼法若干问题的意见》第46条之规定,商户的侵权行为应当视为市场开办者的侵权行为,权利人既可以向商户主张权利,也可以向市场开办者主张权利。

第三,市场开办者以市场名义组织的有商户共同参与的有奖促销、折扣促销等活动。由于市场开办者以市场的名义组织促销活动,其行为已然超出其市场监管行为的范畴,理应对促销指向的商品负有商品销售者同等的注意义务,应该视同为具体的销售行为,权利人既可以向商户主张权利,也可以向市场开办者主张权利。

(2)市场开办者教唆商户实施侵权行为

市场开办者的教唆行为是指市场开办者对商户通过刺激、利诱、怂恿或进行开导、说服等方法使该商户从事知识产权侵权行为。由于教唆行为只能以积极的作为方式作出,消极的不作为不能成立教唆行为,因此在司法实践中鲜有市场开办者教唆侵权的个案情形存在,即使存在,举证亦极为困难。

(3)市场开办者以作为的方式帮助商户实施侵权行为

市场开办者以作为的方式实施帮助行为是指给予市场商户以主动帮助,

---

① 全国人大常委会法工委民法室:《中华人民共和国侵权责任法:条文说明、立法理由及相关规定》,北京大学出版社2010年版,第20页。

② 如在拉科斯特股份有限公司诉上海龙华服饰礼品市场经营管理有限公司侵害商标权纠纷一案中,原告购买侵权商品时,是由被告出具发票,原告据此主张被告是销售者。但法院经审理认为,根据被告于徐汇区税务局签订的《委托代征税款协议》的规定,被告是根据税务部门的要求,为场内承租商铺的经营者统一代为缴税,代开发票,而场内承租商铺的经营者均为独立的经营主体,并非被告的销售部门或者分支机构,故对原告关于被告系侵权商品销售者的主张不予支持。案例刊载于《最高人民法院公报》2010年第10期。

如提供交易场地、交易便利或者指导方法等,以便使市场商户易于实施侵权行为。市场开办者的帮助侵权行为可以在市场商户实施侵权行为前,也可以在实施过程中。市场开办者的帮助行为主要是对市场商户的具体侵权行为产生促进作用。

2. 不作为的侵权行为

市场开办者明知市场商户即将实施或正在实施侵权行为却不履行市场监管义务,使市场商户的侵权行为得以实施或继续实施。司法实践中,主要表现为市场开办者在接到权利人的侵权通知后,在明知特定商户存在侵权行为的情形下,拒不履行市场监管义务,未采取合理有效的措施制止侵权行为的发生。应注意的是,在此类帮助侵权情形中,往往既包括了为市场商户实施侵权行为继续提供交易场地、交易便利等作为的帮助侵权,也包括了市场开办者因其具有市场监管的作为义务而故意不作为时所构成帮助侵权。此外,市场开办者不作为侵权行为还表现为市场开办者虽未收到权利人的侵权通知,但违反了相应的注意义务,导致市场内侵权行为长期大规模存在。但此类行为缘于立法的空白,司法实践中往往难以进行有效规制。

(三)市场开办者知识产权侵权行为的归责基础

1. 帮助侵权的构成要件

多数情况下,市场开办者本身未直接实施销售行为,只是在经营管理中存在主观过错,因此主流观点认为,市场开办者的知识产权侵权行为系一种间接侵权行为①,在我国法律体系下则应适用与帮助侵权相关的法律条文。所谓帮助行为,是指通过提供工具、指示目标或以言语激励等方式从物质上或精神上帮助实施加害行为的人。② 对于帮助人是否须与加害人存在意思联络的问题,存在不同观点。我们认为,帮助人与加害人之间在主观上虽无意思联络,但只要帮助人对侵权行为的发生存在过错,就具有主观上的可责性,应当构成帮助侵权。比如,市场开办者与商户之间对于实施侵权行为虽无意思联络,但市场开办者明知侵权行为的存在却不采取相应措施,放纵侵权行为发生的,其在主观上显然存在间接故意,应承担帮助侵权责任。

对于帮助人的过错类型仅限于故意,还是包括过失,亦存在一定争议。尤其是在《商标法》第57条第6项明确将帮助行为表述为“故意为侵犯他人商

---

① 北京市高级人民法院在《关于专利侵权判定若干问题的意见(试行)》(2001)中使用了“间接侵权”的概念;2010年在洛阳召开的全国法院知识产权审判工作座谈会的文件中,最高人民法院也使用了直接侵权和间接侵权的说法。

② 王利明:《民商法研究》,法律出版社1999年版,第168页。

标专用权行为提供便利条件”的情况下,有观点认为,只有在市场开办者故意实施帮助行为的情况下,才构成侵权。我们认为,对《商标法》的理解不应脱离民法的基本理论,在民法通说认为过错包括故意和过失的情况下,不宜将帮助侵权的主观过错限定于故意这一种类型,但在认定市场开办者的过失时,需要慎重把握,不应随意扩大其注意义务的范围。

2. 市场开办者的过错判断标准

过错分为故意和过失两种基本形态。故意是行为人预见自己行为的结果,仍然希望它发生或者听任它发生的主观心理状态。过失系指未尽能注意之注意义务,也即“应预见损害之发生、能避免损害之发生、未避免损害之发生”。

(1)市场开办者构成故意的认定。

如果市场开办者明知商户实施了侵害他人知识产权的行为,却未及时采取必要措施避免侵权后果扩大的,构成故意侵权。“明知”包括收到权利人发出的有效通知、工商行政管理部门的处罚通知、消费者的特定投诉等。评判市场开办者是否构成故意,通常从市场开办者采取措施的及时性和必要性两方面予以考量。

第一,措施的及时性。市场开办者在接到相应的投诉通知后,应在合理的时间内采取措施制止侵权行为。如果其接到投诉通知后未采取或未及时采取相应措施,就应认定市场开办者对扩大的损失具有过错。①

第二,措施的必要性。市场开办者所采取的措施应足以制止侵权行为继续发生,如收取违约金、要求商户停业整顿及收回商铺等,而不能仅采取简单的侵权风险提示等措施。市场开办者在收到通知后,虽采取了措施,但该措施显然不足以制止侵权行为的,可以认定市场开办者具有过错。②

需要说明的是,对于市场开办者是否构成故意的认定标准,既要具有充分性,以足以保护权利人的知识产权为原则,又要具有现实性,将市场开办者的义务限定在合理的限度内,不能仅依据商户发生重复侵权即推定市场开办者

---

① 例如,在温州市中级人民法院(2012)浙温知初字第129号路易威登马利蒂与温州南亚箱包服装商城有限公司侵害商标权纠纷案中,法院认为,作为市场开办者的南亚公司在收到路易威登公司的警告函,知晓销售侵权商品的商户的具体信息后,未采取相应措施制止商户侵权行为,导致在发出警告函后三个月,该商户仍在销售侵权商品,据此足以证明南亚公司具有明显的主观过错。

② 例如,在浙江省高级人民法院(2014)浙知终字第35号香奈儿股份有限公司诉杭州龙翔服饰城有限公司等侵害商标权纠纷案中,作为市场开办者的杭州龙翔公司在接到商标权人香奈儿公司的投诉函后,在召集出售侵权商品的商户进行警示性的简单告知,由商户出具不再售假的承诺书后,继续为相关商户提供物业服务,导致部分商户重复发生售假行为。二审法院即认为,杭州龙翔公司并未依约采取诸如收取违约金、停业整顿及收回营业房(摊位)等更为严格有效的措施,致使部分商户重复发生售假行为,应认定杭州龙翔公司具有过错。

构成故意,而应结合市场开办者与商户所约定的违约条款及不同侵权情形综合评判具体措施的及时性与必要性,判断能否达到阻止侵权行为继续或者进一步扩大的效果。

(2)过失评判标准的客观化。

过失的判断标准历经主观向客观之转化过程。我国侵权责任法起草部门在对侵权责任法条文的解释中,也认为过失的认定标准逐渐客观化,应当主要依据客观标准判断行为人有无过失。[①] 在评判市场开办者是否具有过失时,也应当依据客观标准合理界定市场开办者应当承担的注意义务。界定注意义务的考量因素以及范围将在下一部分进行论述。司法实践中,存在市场开办者虽未收到权利人的侵权通知,但违反了相应的注意义务,导致市场内侵权行为长期大规模存在的情形。但由于对此类侵权过错的举证往往比较困难,作出侵权判定的案例极为少见。

(四)市场开办者知识产权注意义务的界定

市场开办者实质就是有义务经营管理市场的主体,因此也被称为市场经营管理者[②]。正因为市场开办者负有维护市场安全及经营秩序、保障消费者权益等方面的经营管理职责,因此引发了关于其对市场内的知识产权状况是否亦应承担注意义务的探讨。我们认为,市场开办者既是市场内知识产权侵权风险的开启者,也是受益者,并且其具备制止部分知识产权侵权行为的能力,从实施国家知识产权战略、加大知识产权司法保护的客观需要来看,市场开办者应当履行相应的管理职责和承担必要的注意义务。

1. 市场开办者知识产权注意义务的考量因素

在界定市场开办者知识产权注意义务时,应把握促进商品市场健康发展与保护权利人合法权益之间的利益平衡,不能失之过宽,亦不可苛之过严,注意需考虑如下因素:

(1)法律规范层面对市场开办者注意义务的要求。目前,相关法律对市场开办者的注意义务均未作专门规定,但《侵权责任法》第 37 条[③]对包括商场

---

① 王胜明主编:《中华人民共和国侵权责任法释义》,法律出版社 2010 年版,第 196 页。

② 参见袁秀挺、荣学磊:《市场经营管理者未尽管理义务构成侵权》,载《人民司法·案例》2010 年第 14 期;胡瑜:《市场经营管理方因市场内商铺销售假冒商品的责任承担》,载《人民司法·案例》2011 年第 8 期。

③ 侵权责任法第 37 条规定:"宾馆、商场、银行、车站、娱乐场所等公共场所的管理人或者群众性活动的组织者,未尽到安全保障义务,造成他人损害的,应当承担侵权责任。因第三人的行为造成他人损害的,由第三人承担侵权责任;管理人或者组织者未尽到安全保障义务的,承担相应的补充责任。"

在内的公共场所管理人的安全保障义务作出了规定,该规定对界定市场开办者的注意义务具有一定借鉴意义。此外,部分行政条例和文件中对市场开办者的注意义务有所规定,如《国务院关于进一步做好打击侵犯知识产权和制售假冒伪劣商品工作的意见》明确规定“市场开办者、网络交易平台经营者要承担相应的管理责任,引导和督促商户规范经营”。《国家工商总局关于加强商品交易市场规范管理的指导意见》《上海市商品交易市场管理办法》《浙江省商品交易市场管理条例》也都规定了市场开办者的督促和管理职责,在界定市场开办者注意义务时可予参照。

(2)侵权行为的明显程度。商户侵权行为的显著程度越高,市场开办者的注意义务也越高。正如美国和欧盟版权领域的“红旗标准”①,若商户的侵权行为已像飘扬的红旗一样明显时,市场开办者仍采取不闻不问的“鸵鸟政策”,则可以认定其未尽到合理的注意义务。评判商户侵权行为的显著程度,应考虑侵权行为的具体实施形态、持续时间及规模、被侵害的知识产权类型等因素。比如就权利类型而言,商标系区分商品来源的标识,商标侵权的辨识度较高,特别是在同一种商品上使用与知名注册商标相同的商标的行为,市场开办者应当具有一定的辨识能力。商标的知名度越高,也意味着侵权的显著程度越高,市场开办者应承担较高的注意义务;反之,对于知名度较低的商标,市场开办者的注意义务也较低。此外,如果行政管理机关发出了禁止销售某些商标商品的通知,则市场开办者对销售相关商品的情形就应当更加注意。②而对于专利权、著作权而言,判断是否构成专利侵权或著作权侵权,需要进行较为严格的比对,除非专利或作品的知名度极高,通常不应认定市场开办者违反注意义务。③

(3)市场开办者预防控制风险的成本与效益。根据汉德公式④,评判市场开办者是否承担以及承担何种程度的注意义务,应当考虑其预防与控制风险或损失的成本。如果预防成本小于损失金额乘以损失发生几率,而市场开办

---

① 参见王迁:《网络版权法》,中国人民大学出版社2008年版,第140页。

② 参见路易威登马利蒂与杭州龙翔服饰城有限公司等侵害商标权纠纷案。一审案号:浙江省杭州市中级人民法院(2012)浙杭知初字第439号;二审案号:浙江省高级人民法院(2013)浙知终字第269号。

③ 相关案例参见秦智渊诉上海亦隆小商品市场经营管理有限公司侵犯著作权纠纷案,载《最高人民法院公报》2014年第12期。浙江省义乌市人民法院(2015)金义知民初字第169号汪恩光诉周小青、浙江中国小商品城集团股份有限公司侵害实用新型专利权纠纷案。

④ 该公式系美国著名法官汉德在United States v. Carroll Towing Co.一案中提出:若发生损失几率为P,损失金额为L,并用B标识预防成本,则在$B<P\times L$(即预防成本小于损失金额乘以损失发生机率)时,加害人具有过失。

者未采取相应的预防措施,则可以判定其具有过失。反之,则应认定市场开办者尽到了合理的注意义务。比如市场开办者接到侵权通知后,由于侵权行为明确,故采取必要措施制止侵权的成本不高,故其未采取必要措施可以认定具有过错。而在未收到权利人侵权通知的情形下,市场开办者采取合同约定违约条款、日常巡查等措施预防侵权的成本也并非明显过高,故可以纳入市场开办者应承担的注意义务范畴。但要求市场开办者审查市场内所有商品是否系侵权产品,则显然成本过高,故不应仅以市场开办者未对商户的侵权行为予以审查为由,即推定其具有过错。

(4)市场开办者对商户的管理控制能力和盈利模式。不同类型的市场开办者对商户的管理控制能力和盈利模式不同,相应的注意义务也应有所区别。在所有权人出租模式中,市场开办者作为市场内商铺的所有权人,其对商户的控制力较强,对于商户销售侵犯知识产权产品的行为,可以通过扣除保证金、收回店铺等方式进行管理和规制;同时,其所收取的租金收入,与商户的销售收入的相关性比较强,与其管理控制能力和盈利模式相适应,其应承担较高的注意义务。而开发商出售模式的市场开办者,由于并非市场内商铺的所有权人,在个别情形下仅提供物业合同,则该类市场开办者对商户控制力也较弱,其收取的物业费用,与商户的销售收入的相关性也不强,故不应要求该类市场开办者承担过高的注意义务。

2. 市场开办者知识产权注意义务的范围界定

市场开办者应承担的注意义务范围包括市场准入前的审查义务和日常管理中的巡查义务。

(1)市场准入前的审查义务。市场开办者在商户入场时,进行必要的准入审查,可以将商户的侵权风险控制在萌芽状态,督促商户规范经营,同时该义务不会使市场开办者负担过高的经营成本,故应当作为市场开办者需承担的注意义务内容。具体而言,市场准入前的审查义务包括以下内容:首先,应当审查商户的经营主体资格情况,包括营业执照、经营许可证等,建立经营者档案并定期核实更新,以保证其主体身份的真实性、合法性。其次,应当与商户签订相应的经营合同,经营合同中应当载明商户不得销售侵犯他人知识产权的商品的内容,并设置相应的违约条款,如没收押金、收回商铺、解除合同等。

(2)日常管理中的巡查义务。市场开办者不仅应协助行政机关制止侵权行为,还应当设置相应的机制对市场中的侵权行为进行日常巡查。巡查人员通常应系专设人员,并应对市场内的知识产权侵权行为具备基本的辨识能力。

巡查人员在巡查过程中,既要对商户可能存在的侵权风险给予必要的提示,又要及时制止明显的侵权行为,以提高商户的侵权风险意识,规范市场的经营秩序。

需要注意的是,以上两项注意义务类型只是指引性的考量因素,在认定市场开办者是否应知商户的侵权行为时,不应机械地适用,而应当根据个案的具体情况进行综合认定。一般而言,仅仅违反市场准入前的审查义务,则认定其具有过失的难度比较高,而未尽到日常巡查义务且导致长期、大规模侵权后果的,则通常可以认定具有过失。如果市场开办者能够证明已进行了合理、有效的准入审查及日常巡查,仍难以发现商户侵权行为的,应当认定其不具有过错。

此外,市场开办者知识产权注意义务的范围是否还应包括对商品的准入审查,对此存在较大争议。我们认为,由于市场交易的要素除去交易主体和交易行为之外,还包括交易客体即商品,市场知识产权侵权行为的物质载体即为侵权商品。在界定市场开办者的注意义务时,完全排除对于商品的审查并不合理。同时,由于市场交易的商品种类繁多,数量庞大,要求市场开办者对于市场内的交易商品加以实质性的逐一审查未免责之过苛,因此设立商品准入登记报备制度具有积极的意义。比如,市场开办者建立商户交易商品的信息备案制度;对于专业商品交易市场,市场开办者在商品准入信息上应该施以高于普通商品交易市场的注意义务等。建立商品准入的形式审查机制一方面有利于减少侵权商品的流入,另一方面可以为市场开办者的日常巡查行为提供巡查依据。更为重要的是在纠纷发生后能够为甄别各方当事人的过错提供事实依据。

(五)市场开办者知识产权侵权责任的性质

根据《侵权责任法》第9条的规定,市场开办者构成帮助侵权的,应承担连带责任,司法实践案例亦是如此。[①] 但是,市场开办者知识产权侵权行为具有不同于一般侵权行为的行为特征,即其侵权行为的不作为性尤为明显,如前所述的第三种市场开办者侵权类型,市场开办者未履行其注意义务,导致市场内侵权行为长期大规模存在的情形。

相比于作为的侵权行为,不作为侵权行为人所负有的注意义务程度较高,

---

① 比如,最高人民法院在2015年9月9日发布了14起北上广知识产权法院审结的典型案例,在其中的香奈儿股份有限公司诉文大香等侵害商标权纠纷案中,二审法院认为,华美达酒店对文大香侵犯涉案商标的行为视而不见,放任侵权行为的发生,构成帮助侵权,应与文大香承担连带赔偿责任。www.legaldaily.com.cn,于2015年9月10日访问。

其不仅需要实施某种作为义务所要求的行为，而且需要适当地实施该行为。且不作为侵权行为往往是由于第三人直接实施导致损害发生的行为，故与损害之间的因果关系较作为的侵权行为而言更为复杂。所以立法上通常会对不作为的侵权行为作出明确规制。但《侵权责任法》设定的作为义务包括安全保障义务、教育义务、管理义务、救助义务、告知义务（或说明义务）等类型，并没有就市场开办者的知识产权保障义务作出明确规定，由此造成法律适用上的障碍。

在路易威登马利蒂诉宁波莱迪丹顿商贸有限公司（以下简称莱迪丹顿公司）侵害商标权纠纷一案①中，涉及的侵权商户近20家，其中8家商户未领取经营执照，10家商户为初次侵权商户，部分商户重复侵权，仅公证证据反映的侵权时间跨度就达2年，全案并无有效证据证明被告作为市场开办者履行了必要的注意义务和监管行为。但因立法的空白，对于市场内合法商户的初次侵害行为，法院不得不以权利人未能举证证明被告对前述店铺未在合理的注意范围内加以审查并进行日常监管为由，驳回其相关诉请，实属无奈之举。

商品交易市场在我国交易模式中占据了较大比重，但同时商品交易市场中存在相当数量的知识产权侵权商品并成为侵权链条中仅次于生产制造商的次源头之一，对此应客观正视。市场开办者不作为的知识产权侵权行为是长期困扰商品交易市场模式下知识产权保护的"瓶颈"所在。尤其是在"市场开办者虽未收到权利人的侵权通知，但违反了相应地注意义务，导致市场内侵权行为长期大规模存在"的情形下，参照《侵权责任法》第37条的规定，以市场开办者未尽到合理的知识产权注意义务，对所致的损害结果承担相应的补充责任实为必要。

（六）市场开办者知识产权侵权责任方式

市场开办者就其知识产权侵权行为可能承担的侵权责任方式包括停止侵害、赔偿损失、赔礼道歉、消除影响等。其中审判实践中最为核心也是最具争议的问题就是损害赔偿的范围及计算问题。

1. 市场开办者知识产权侵权赔偿的范围

知识产权是无形财产权，与传统物权相比，损害范围具有更强的不确定性。因此，确定知识产权损害赔偿范围要打破原有民法传统的单一逻辑推理式的法学研究方法，在综合权利的具体状态、权利人和侵权人的主体因素、侵权行为与损害的因果关系、损害事实的客观面貌的基础上，充分考量利益平

---

① 一审案号：浙江省宁波市中级人民法院（2014）浙甬知初字第135号；二审案号：浙江省高级人民法院（2015）浙知终字第184号。

衡,合理界定损害赔偿的范围。

如前所述,市场开办者的知识产权侵权行为类型包括三种:一是市场开办者以作为之方式直接实施知识产权侵权行为;二是市场开办者在明知市场内存在知识产权侵权行为的情形下,未及时采取必要措施以避免侵权后果进一步扩大的不作为侵权行为;三是市场开办者未尽到合理注意义务的不作为侵权行为。对于这三种侵权情形下的损害赔偿范围问题,本文结合前述典型案例"路易威登马利蒂诉莱迪丹顿公司侵害商标权纠纷案"予以分析。该案中,莱迪丹顿公司所开办的市场内存在三类销售侵犯路易威登马利蒂注册商标专用权商品的侵权行为,莱迪丹顿公司就三种侵权行为所应承担的赔偿范围也有所差异。

(1)针对未领取个体工商户营业执照的店铺的侵权行为,莱迪丹顿公司作为涉案市场的开办者,对市场内前述商户的准入资格未依法加以准入审查,前述商户在涉案市场内所实施的提供商品与服务的行为,应视为其与具有相应权利并提供场所者的莱迪丹顿公司的共同行为。莱迪丹顿公司的上述行为符合《侵权责任法》第6条第1款,应就无证商户的涉案侵权行为承担全部侵权责任。

(2)针对路易威登马利蒂明确函告后,市场内店铺的重复侵权行为,莱迪丹顿公司应当知悉该店铺存在侵权行为的事实并能够预见侵权行为所产生的相应后果,理应加强监管,并及时采取合理有效的措施制止侵权行为的再次发生。但莱迪丹顿公司并未依照相关法律、法规以及其与商户的合同约定采取相应管理措施,放任该店铺侵权行为重复发生。该行为构成帮助侵权,莱迪丹顿公司应当就损失的扩大部分承担连带责任。

(3)对于合法持有个体经营户证照的店铺的初次侵害的情形。由于莱迪丹顿公司未在合理的注意范围内加以审查并进行日常监管,而导致市场内店铺的初次侵权行为,则应认定其未尽到合理的注意义务。但其应在其过错范围内承担按份责任还是补充责任,侵权责任法未作明确规定,成为审判实践中亟待明确的法律问题。我们认为,在该种情形下,市场开办者应承担补充责任,理由如下:

第一,市场开办者承担连带责任过于严苛。如果不区分明知和应知情形,均要求市场开办者承担连带责任,则对于市场开办者的注意义务要求过于严苛,并不利于商品交易市场的良性发展。

第二,市场开办者承担按份责任并不合理。如果适用按份责任,则意味着市场商户承担了全部赔偿责任后,还可以向市场开办者请求分摊。如果要求权利人分别向市场开办者和市场商户提起诉讼,并确定各自的责任份额,加重了权利人的诉讼负担,不符合民法的利益平衡理念和市场经济下的权利义务界定规则,亦不可取。

第三,市场开办者应承担补充责任,可参照《侵权责任法》第 37 条[①]关于公共场所管理人未尽安全保障义务的责任规定。理由在于:

首先,市场开办者不仅是场内知识产权侵权危险源的开启者,而且从危险源中获取了利益,对于市场商户的侵权行为,应当承担与其过错相适应的侵权责任。

其次,补充责任形式能够较好地兼顾市场开办者和权利人的利益平衡:一方面,在商户不具有赔偿能力或已经难以查找的情形下,市场开办者通常具有较强的赔偿能力,由市场开办者承担第二顺位的补充赔偿责任,可以较好地保护权利人的利益;另一方面,补充责任在顺序上要求权利人应首先向市场商户请求赔偿,且要求全部损害赔偿,市场开办者系承担相应的补充赔偿责任,避免市场开办者承担过于严苛的赔偿责任,故可以较好地实现市场开办者和权利人的利益平衡。

最后,市场开办者构成应知的情形,类似于安全保障义务人未尽对造成第三人损害的安全保障义务,为加强商品交易市场的知识产权保护,应将知识产权管理义务纳入《侵权责任法》第 37 条所规定的安全保障义务的范畴内,以督促市场开办者履行相应的管理职责和承担必要的注意义务,预先防范和及时制止市场内的知识产权侵权行为。

鉴于《侵权责任法》虽然规定了安全保障义务人的补充责任规则,但并不能涵括市场开办者承担补充责任的情形,故建议在《侵权责任法》修订或制定相关司法解释的过程中,能够对市场开办者承担补充责任的情形作出规定。

2. 市场开办者知识产权侵权赔偿额的计算

在市场开办者的知识产权损害赔偿时,应当坚持填平为主、惩罚为辅的原则,区分不同的侵权情形,使损害赔偿数额尽可能符合市场规律和满足权利保护要求。适用法定赔偿必须分析案件具体情况,建议结合以下考量因素展开论证:

(1)知识产权客体的价值、权利类型等因素。不同类型的知识产权价值不同,同一类型中不同知识产权价值也不同,如驰名商标的价值一般要大于著

---

① 该条规定:“宾馆、商场、银行、车站、娱乐场所等公共场所的管理人或者群众性活动的组织者,未尽到安全保障义务,造成他人损害的,应当承担侵权责任。因第三人的行为造成他人损害的,由第三人承担侵权责任;管理人或者组织者未尽到安全保障义务的,承担相应的补充责任。”

名商标的价值,发明专利的价值一般要大于外观设计专利和实用新型专利等。

(2)侵权行为性质、持续时间、范围等。关于侵权的方式,应区分是作为侵权还是不作为侵权,同时还要结合市场的经营规模以及当地的经济发展水平,以确定不同的赔偿数额。

(3)侵权人的过错。在确定知识产权侵权损害赔偿额时,可以考虑当事人的主观过错程度确定相应的赔偿责任,尤其是在需要酌定具体计算标准时,应考虑当事人主观过错程度。

(4)合理开支。在审查合理费用时,应当加强对关联性和合理性的审查,但总体而言,对于合理开支的认定标准不宜过高,应从宽把握。此外,将合理开支在赔偿数额之外另行计算,可以保障合理开支部分既不会被忽略,也不会脱离合理的区间范畴,值得提倡。

在“路易威登马利蒂诉莱迪丹顿公司侵害商标权纠纷案”中,一审法院虽然在确定赔偿数额时已经考量到路易威登马利蒂涉案权利商标的知名度、涉案侵权行为的主观恶意,具体侵权的形态、被控侵权商品的价格等因素,但由于一审法院未认定莱迪丹顿公司应就无证经营店铺的涉案侵权行为对路易威登马利蒂承担全部侵权责任,加之对路易威登马利蒂的涉案维权费用未作全面平衡考量,故一审法院确定的8万元的赔偿额显然不足以填平路易威登马利蒂的涉案损失,故二审改判莱迪丹顿公司赔偿其经济损失及维权费用共计18万元。

三、对策和建议

市场开办者知识产权侵权责任的界定既是一个法律问题,更是一个社会问题。为进一步净化商品交易市场环境、促进市场的健康有序发展,既需要通过司法审判定纷止争,也需要立法机关、行政执法部门乃至市场开办者多管齐下、对症下药,共同探索和完善商品交易市场法律责任的规制途径。

(一)立法层面

1. 在《侵权责任法》框架下完善现行法律体系

《侵权责任法》的任务在于提供侵权行为构成的法律依据。但是,《侵权责任法》对于教唆、帮助侵权行为的主观构成要件未作明确规定,实践中的认识并不统一。在行为人明知侵权仍实施帮助的情况下,因其在主观上存在故意,故对其行为构成侵权并应承担连带责任并无争议。如修订后的《商标法》第57条第6项将故意为商标侵权行为提供便利的帮助行为直接确定为侵权行为并与直接侵权人承担连带责任,即将故意帮助行为作为拟制的共同侵权予以规范。但在涉市场开办者案件中,开办者在主观上往往并不明知侵权行为的存在,而是因其未尽到合理的注意义务而未发现并制止该侵权行为,此时对于其是否构成帮助侵权行为则存在争议,有待立法的进一步明确。

2. 知识产权部门法的补充规定

知识产权领域各部门法可以对非直接侵权的侵权判定和责任情形作出补充规定。在各部门法中明确市场开办者等社会主体对于他人知识产权的注意义务,并尽可能对注意义务进行类型化,使法官在确定开办者注意义务的具体内容时有更明确的法律依据。建议将上述《商标法》第57条第6项中的“故意”修改为“故意或过失”,并按照主观过错的不同承担不同的责任,故意帮助侵权的承担连带责任,过失帮助侵权的承担补充责任。

(二)多元化管理层面

1. 协调行政监管体系

就制止知识产权侵权行为而言,最快速直接的方式是由工商行政部门、知识产权局、文广新局等具有知识产权管理职权的部门进行查处。现实中,存在的问题是各部门之间案件受理与侵权判定职权的不协调,建议确立分别受理、协调处理的原则,三者对于权利人的投诉或其在日常管理中发现的侵权行为,在自己的职权范围内予以规制,对于超出职权的部分则予以主动转交或约定协同并案处理,联名下达处罚决定,形成整体联动的监督管理体系。

2. 市场信用的司法反馈

法院对案件的处理是个案审查,除非权利人提供相关证据,否则法院对于市场整体的运作状况及知识产权管理措施并不知情。显而易见的是,如果当事人可以证明其平时对于知识产权具有明确的保护意识和措施,且有多起成功管理的先例,则对于其个案中的过错程度的判断会起到相当的作用;考虑市场的平时表现,综合、纵向审查其对注意义务的贯彻程度,也是司法科学化的表现。鉴于大量的不当行为受到行政规制,市场开办者在行政机关有年检的义务,故建议行政机关尤其是工商行政部门记录并保存对市场开办者的行政档案,在诉讼时应法院要求予以提供,在不增加企业负担和监管成本的基础上,更加有利于惩恶扬善,便于法院精准化、区别化裁判,营造良好的市场竞争秩序,有利于形成保护知识产权的社会氛围。

3. 推进行业协会自治管理

行业协会作为民间组织,是构筑社会经济秩序的自我调控机制,某些情况下在会员单位中享有不亚于国家机关的权威性。由行业协会对会员进行自治管理,通过行业规则实行行业自律,往往能够达到公权力所不具备的效果。

(1)日常经营的管理与纠纷解决

行业协会的妥善经营可为其会员回馈商业信誉,而单个市场开办者对于自身的管理往往趋于懈怠，通过行业协会统一制定经营规范，并由会员之间相互监督的形式，有助于市场开办者经营行为的改善；同时，对于侵权纠纷，也可通过向行业协会这一第三方机构直接投诉，在纠纷的第一线化解争议，节省司法和行政资源。现有的行业协会限于各会员单位对于自身的管理，比如义乌小商品市场、杭州建华集团等，市场本身的管理均较规范，如其管理经验能够推开，无疑有助于提升整个协会的经营水平。

（2）与知识产权相关的牌照管理

在放开市场经营牌照申领的同时，建议由市场协会依据司法机关的裁判文书和行政机关的处罚记录，在达到约定条件的情况下，对会员单位的牌照予以吊销，并予公告。丧失牌照的市场开办者并未丧失经营权利与自由，但其被剥夺附属于会员资格的商誉，如其未在一定时间内通过整改重新申领牌照，则说明其经营管理意识和水平均未达到合理程度，在日益重视知识产权权益的今天，必将遭到消费者的抛弃。

（三）市场开办者层面

市场开办者不仅应当具有基础配套设施，承担安全保障义务和商品质量管理义务，而且还应承担一定的知识产权管理义务。从现实情况来看，有知识产权保护意识并采取了积极的知识产权保护措施的市场，发生侵权行为的比例就会大大降低，而具有良好知识产权保护氛围的市场更能够树立品牌效应，实现市场的长远健康发展。

市场开办者对知识产权的管理，应以“积极行动”为准则，这首先要求市场开办者在经营过程中就知识产权保护进行有效管理；其次，对于权利人的侵权投诉应进行及时回应并作出实质性的行动，确认侵权的按照合同约定进行管理，如其无法按照约定履行管理职责或其有理由相信采取的措施不足以制止侵权的，应向有权机关反映，并将管理措施和效果告知权利人。在前文注意义务的界定部分，已经列举了市场开办者应当承担的具体义务类型，此处不再赘述。此外，我们对于市场开办者的知识产权管理，还有以下几点建议：一是建立知识产权档案，对于商户所涉诉讼、权利人提交的侵权通知等进行有效管理；二是在日常经营中，通过告示、广播等方式提高商户的知识产权保护意识或提示知识产权侵权风险；三是配合权利人维权和法院的审理工作，比如在权利人提起有效的投诉后向其提供商户的主体资料等证据，以及要求商户签署有效的送达地址确认书作为法院送达裁判文书的依据。

结　语

市场开办者知识产权侵权责任问题，不仅是知识产权审判实践中亟须研究的重要课题,而且对市场开办者的行为导向和商品交易市场产业的良性发展也具有重要的现实意义。特别是如何合理界定市场开办者知识产权注意义务,依法规制市场开办者不作为的侵权行为等问题,迫切需要立法与司法的回应。本文尝试从司法审判层面对此进行了一定的探索,以期引起法律界同人进一步的关注和思考。

关于完善证据规则破解知识产权赔偿难问题的调研

深圳市中级人民法院知识产权庭课题组*

前　言

21 世纪是知识经济时代,产权化的知识日益成为社会最重要的生产要素和财富资源,对知识产权的保护已成为推动人类社会发展进步的重要手段。知识产权已日益成为各国发展的战略性资源和国际竞争力的核心要素,成为创新型国家的重要支撑和掌握发展主动权的关键。

知识产权司法在知识产权保护中起主导作用,人民法院通过依法审理知识产权案件,为保护知识产权人的利益、鼓励创新、维护公平有序的创新环境发挥了重要作用。但随着技术的发展和市场竞争的加剧,新情况、新问题不断涌现。加之,由于知识产权的无形性和侵权人侵权的隐蔽性,导致知识产权权利人取证困难,面对知识产权侵权案件,法官该如何合理的确定知识产权损害赔偿数额问题,从而较好保护知识产权人的利益并有效制裁知识产权侵权行为,一直是困扰知识产权审判的一个突出性问题。

在知识产权司法实践中,课题组通过调研发现,法官在处理知识产权赔偿问题时,绝大部分侵权案件,几乎清一色的运用酌定赔偿标准,而且在运用该标准说理时,又几乎清一色的运用几句套话,比如,根据原告权利的性质、被告侵权行为的表现、被告侵权的主观过错、造成的损害后果等因素,酌情确定原告应赔偿给被告的经济损失数额。依据这样的方法确立的知识产权侵权损害赔偿数额,给人的感觉是固定化、程式化、简单化,这导致人们对知识产权损害赔偿问题颇有微词,甚至在社会上对知识产权保护有一种负面的声音,认为“知识产权维权举证难、周期长、成本高、赔偿低、效果差”。[①] 可见,解决知识产权赔偿难问题,已到了必须要高度重视且非改不可的地步。

2012 年,广东省高级人民法院为解决赔偿难这一长期制约知识产权司法保护水平提高的瓶颈问题,积极而卓有成效地开展了“探索完善司法证据制度破解知识产权侵权损害赔偿难”的专项课题调研,形成了调研成果及指导意见,并即时下发辖区各法院。同时,广东省高级人民法院还确立了辖区内某

---

* 课题组主持人:傅新江。课题组成员:叶若思、祝建军、潘亮、兰诗文、邓婧。

① 参见国家知识产权局关于《专利法》第 4 次修改中关于送审稿的说明。

些中级法院和基层法院试点该项解决赔偿难的破冰制度。

深圳两级法院在广东省高级人民法院的有力指导下，积极参与省高级人民法院的该项试点工作，向办案法官下发省高级人民法院的指导意见，并组织大家学习、领悟该指导意见的各项规定，培养典型案例，并就试点工作中的问题及时向省高级人民法院请教，从而在一定程度上充分运用现行各项证据制度，努力解决知识产权损害赔偿难问题。

本调研课题将采用理论联系实践的方法，遵循"提出问题——分析问题——解决问题"的论证思路，遵照省高级人民法院部署的"探索完善司法证据制度破解知识产权侵权损害赔偿难"之试点工作指导意见，就开展该项审判工作中遇到的问题，结合相关典型案例进行课题调研，以期对破解知识产权损害赔偿难问题有所裨益。

一、适用证据披露、举证妨碍制度遇到的问题与解决

（一）证据披露、举证妨碍制度的内涵及二者之间的关系

证据披露，也称证据开示、证据展示。该制度是基于当事人的举证责任与法院查证、认证的职能要求，立法上明确规定和授权法院依职权决定当事人及其他诉讼第三人进行证据披露，或以特定的证明方式协助证据披露的一种诉讼活动。其核心在于被请求的一方当事人因负有披露义务必须根据请求方的要求展示涉案证据材料，无论对被请求方有利与否的证据都必须披露，不得隐瞒。证据披露的目的是解决信息不对称、实现当事人武器平等，如法院在案件审理中向被诉侵权人发出《调取证据令》、作出证据保全裁定等方式，要求被诉侵权人披露案件所涉证据。

举证妨碍，又称证据妨碍，证明受阻。该制度指诉讼中不负证明责任的一方当事人或案外人通过作为或不作为阻碍负有证明责任的一方当事人对后者所主张的事实进行证明时，行为人应为其妨碍行为承担相应后果的一种诉讼制度。实践中举证妨碍行为多样，主要包括：有证据拒不提交，毁灭、伪造证据，不配合对方当事人的举证，过失遗失证据等。在案件审理中，法院对当事人、案外人的上述行为不通过采取证据保全的措施取得证据，而是通过向证据保全被申请人发出书面的限期提交证据通知书，告知其逾期提交或拒不提交的法律后果。

实质上，证据披露制度和举证妨碍制度并不是孤立存在的证据规则，证据披露制度一定要与拒不披露证据或怠于披露证据相联系，举证妨碍制度则以证据披露制度为适用前提，证据披露制度以举证妨碍制度为救济和保障，故证据披露制度与举证妨碍制度是硬币的两面，其实际功效和适用密不可分，也只

有结合适用才能实现。

(二)证据披露、举证妨碍制度克服传统举证制度的弊端

但依照一般的举证责任,实际损失或侵权获利的举证责任是分配给权利人的。我国现行《民事诉讼法》第64条第1款对举证责任做出了原则性规定,即“谁主张,谁举证”,该款法条内容是“当事人对自己提出的主张,有责任提供证据”。最高人民法院《关于民事诉讼证据的若干规定》第2条第2款规定“没有证据或者证据不足以证明当事人的事实主张的,由负有举证责任的当事人承担不利后果”,即当待证事实在诉讼中处于真伪不明的情况下,负有举证责任的当事人需要承担不利后果。关于举证责任分配的一般规则,由主张权利存在的当事人对权利发生的法律事实负举证责任,主张权利不存在的当事人对权利消灭、妨碍权利发生或限制权利行使的法律事实负举证责任。故知识产权侵权诉讼的权利人应对侵权人的主观过错、违法行为、损害结果、违法行为与损害结果之间的因果关系一一承担举证责任。依照一般的举证责任,实际损失或侵权获利的举证责任分配给权利人。但在知识产权侵权案件中,“待证事实——损害结果”是一个特殊的命题,因权利人对损害结果的证明存在客观困难和能力缺陷,其无法提供证据证明实际损失或侵权获利的具体数额。若机械地以“谁主张,谁举证”来分担举证责任,只会背离诚实信用这一现代民法的“帝王原则”。故“证据披露——举证妨碍”制度是一般举证责任的例外,适用在取证产生实质不公时,使权利人突破了一般举证责任的束缚。

(三)运用证据披露、举证妨碍制度解决赔偿难问题的司法实践

知识产权司法具有能动性,我国各地法官智慧地运用证据披露、举证妨碍制度解决赔偿难问题,已成功地审结许多重大疑难复杂案件。例如,雅马哈发动机株式会社诉浙江华田工业有限公司、南京联润汽车摩托车销售有限公司、台州华田摩托车销售有限公司、台州嘉吉摩托车销售有限公司商标侵权纠纷一案中,①法院应原告申请,保全到浙江华田工业有限公司八本会计凭证资料,并应雅马哈发动机株式会社申请,委托审计机构进行司法审计,以确定浙江华田工业有限公司生产、销售涉案摩托车的利润。后审计机构发函称审计的财务资料不全,并列明了需要提供的13种资料清单。对此,法院召集双方当事人对查封的会计凭证进行质证,并限定被告浙江华田工业有限公司、台州

① 具体案情详见最高人民法院(2006)民三终字第1号民事判决,即雅马哈发动机株式会社诉浙江华田工业有限公司、南京联润汽车摩托车销售有限公司、台州华田摩托车销售有限公司、台州嘉吉摩托车销售有限公司商标侵权纠纷案。

华田摩托车销售有限公司限期提供鉴定所需财务资料。浙江华田工业有限公司在限期内拒不提供。台州华田摩托车销售有限公司以公司年代久远、不可能建立规范的财务账册、公司已改制为由未提供相关鉴定资料。且在法院庭审中,又明确表示不提供销售成本的财务资料以及反映其经营状况的工商登记资料。其后,审计机构在根据现有资料审计得出浙江华田工业有限公司的销售利润、营业利润、利润总额均为负数。同时,法院在审理过程中,应原告申请对台州嘉吉摩托车销售有限公司进行证据保全,在因其他原因无法实施保全措施后,要求该公司提交证据保全裁定所涉的证据材料。台州嘉吉摩托车销售有限公司及其法定代表人在规定期限内,拒不提供相应证据材料。由于浙江华田工业有限公司提供给法院的财务资料不完整,台州华田摩托车销售有限公司拒绝提供反映其经营状况的相关财务资料,台州嘉吉摩托车销售有限公司两次拒绝提供法院保全的财务资料,并拒不参加庭审。一审法院根据最高人民法院《关于民事诉讼证据的若干规定》第 75 条“有证据证明一方当事人持有证据无正当理由拒不提供,如果对方当事人主张该证据的内容不利于证据持有人,可推定该主张成立”的规定,推定原告主张并计算的被告浙江华田工业有限公司、台州嘉吉摩托车销售有限公司应负的赔偿数额成立,判决浙江华田工业有限公司向原告赔偿损失人民币 8,300,440.43 元,台州嘉吉摩托车销售有限公司对其中 8,227,977.03 元负连带赔偿责任,台州华田摩托车销售有限公司对其中 72,463.4 元负连带赔偿责任。后浙江华田工业有限公司对本案提出上诉,二审法院予以维持。

再如,珠海格力电器股份有限公司诉广东美的制冷设备有限公司、珠海市泰锋电业有限公司侵犯发明专利权纠纷一案件中,①珠海格力电器股份有限公司起诉请求包含判令广东美的制冷设备有限公司立即停止侵权行为,并请求判令广东美的制冷设备有限公司赔偿其经济损失人民币 300 万元。珠海格力电器股份有限公司提交了《资产评估报告书》和销量下滑的数据,但均无法据此确定珠海格力电器股份有限公司的实际损失或专利许可使用费,且广东美的制冷设备有限公司对珠海格力电器股份有限公司自行委托评估机构作出的评估价值及珠海格力电器股份有限公司制作的销售下滑的计算依据均不予认可。而广东美的制冷设备有限公司的侵权获利数额,广东美的制冷设备有限公司没有对外披露,珠海格力电器股份有限公司很难查知,广东美的制冷设备有限公司负有证据披露的义务,根据珠海格力电器股份有限公司申请,法院

① 具体内容详见广东省高级人民法院(2011)粤高法民三终字第 326 号民事判决,即珠海格力电器股份有限公司诉广东美的制冷设备有限公司、珠海市泰锋电业有限公司侵害发明专利权纠纷案。

责令广东美的制冷设备有限公司提供原告所称20款涉嫌侵权的空调器产品的具体销售数量、销售金额、利润等数据。但广东美的制冷设备有限公司在法院指定的期限内仅提供了KFR-26GW/DY-V2(E2)分体机的相关数据,没有完整地履行证据披露义务,应承担相应的举证妨碍的法律后果。但现有证据证明该数额明显超过法定赔偿最高限额。综合考虑涉案专利的类型是发明专利,研发成本和市场价值较高,广东美的制冷设备有限公司生产销售时间长达两年半,以及侵权主观过错程度、侵权情节、参考利润、维权成本等因素,法院判令广东美的制冷设备有限公司赔偿珠海格力电器股份有限公司包括为制止侵权的合理开支在内的经济损失200万元,二审对此予以维持。

该两案反映了众多知识产权侵权案件都普遍存在的难题,即如何查明权利人的实际损失或侵权人的侵权获利以确定损害赔偿数额问题。案件审理中的一大亮点便是人民法院运用"证据披露——举证妨碍"制度解决侵权案件损害赔偿数额的确定。

(四)证据披露、举证妨碍制度适用的条件

证据披露制度要求当事人进行证据披露需以负有披露义务为前提。虽然跳出了"谁主张,谁举证"的举证责任分配,但当事人这类请求必须获得法庭的批准,在法庭的主导下进行,[①]在知识产权侵权诉讼中,当事人难以获得并处于另一方当事人掌控中的涉及被控侵权人获利状况的证据,或是处于当事人之外的有关单位和个人掌握的涉及被控侵权人获利状况的证据,另一方当事人、案外其他单位或个人亦负有披露的义务。人民法院对于当事人申请向另一方当事人、诉讼代理人或案外有关单位和个人调取证据,应依法审查,并根据相关法律和行政法规的规定,以及商业惯例和日常生活经验法则,综合判断被申请人是否持有或者应当持有申请人请求调取的证据,并明令被申请人进行相应的披露。

1. 证据披露、举证妨碍制度适用的范围

在知识产权侵权案件中,权利人被侵权后企业的经济亏损、侵权人侵权收入和利润、涉案知识产权使用费和转让费的市场价格、产品的单位价格等的标准、惯例和行情等用以确定实际损失事实的证明责任全分配给权利人,一是造成权利人的维权成本过高,二是有些证据权利人根本无从搜集。同时,在权利人因取证陷入困局时,往往向法院提出调查取证、证据保全等申请,就如同前述案例中雅马哈发动机株式会社对浙江华田工业有限公司的会计凭证资料申

---

① 王锦、郑鸣:《浅谈两大法系民事证据披露规则的比较》,载《理论月刊》2004年第3期。

请证据保全,珠海格力电器股份有限公司申请对广东美的制冷设备有限公司20款涉嫌侵权的空调器产品的具体销售数量、销售金额、利润等数据的证据保全。但是在法院行使调查权或者依权利人申请进行诉讼保全时,往往又遭遇侵权人的各种抗拒阻力,权利人寄希望于依靠法院替其搜集证据,多数却收效甚微,而且也不利于社会安定和矛盾化解。而且,目前诉讼中确定经济损失的举证、认证主要依靠专业评估事务所的评估,手段单一,历时漫长,手续复杂、费用极高。即便如此,即使案件经证据保全取得了被控侵权方的财务账册资料,并进行了司法审计,但因涉案审计的财务账册资料不全,致使审计机构在根据现有资料审计得出浙江华田工业有限公司的销售利润、营业利润、利润总额均为负数。况且,《民事诉讼法》及相关司法解释对评估机构和评估人员在诉讼中应该承担的诉讼义务和违反义务的责任缺乏明确具体的规定。当该等主体出现怠慢疏忽、违反诚信义务,损害其委托人及其他相关人的民事权益的行为时,法庭难以正确认定其责任,当事人也无法向其追偿损失。所以,在权利人由于举证责任分配规则的制约和取证能力的缺陷导致无法从侵权人处取得证据而陷入实质不公正时,侵权人应履行真实披露证据的义务,作出真实陈述,使当事人之间实现武器平等。因此,在浙江华田工业有限公司提供给法院的财务资料不完整,台州华田摩托车销售有限公司拒绝提供反映其经营状况的相关财务资料,台州嘉吉摩托车销售有限公司两次拒绝提供法院保全的财务资料,并拒不参加庭审。法院根据最高人民法院《关于民事诉讼证据的若干规定》第75条"有证据证明一方当事人持有证据无正当理由拒不提供,如果对方当事人主张该证据的内容不利于证据持有人,可推定该主张成立"的规定,推定原告主张并计算的被告浙江华田工业有限公司、台州嘉吉摩托车销售有限公司应负的赔偿数额成立。在知识产权侵权诉讼中,处于一方当事人及其诉讼代理人掌控中而另一方当事人难以获得的涉及被控侵权人获利状况的证据,如当事人的真实财务账册等,另一方当事人可以申请人民法院责令证据持有人披露,被申请人负有披露该证据的义务。

2. 证据披露、举证妨碍制度中负有披露义务的主体

最高人民法院《关于民事诉讼证据的若干规定》第75条规定:"有证据证明一方当事人持有证据无正当理由拒不提供,如果对方当事人主张该证据的内容不利于证据持有人,可以推定该主张成立。"据此,诉讼中的当事人为负有证据披露义务的主体。当一方当事人已经提交了在其范围内能合理获得的证据,同时向人民法院指明了与实现其诉讼主张有关的但由对方当事人持有的证据,同时基于常理判断该证据一定存在于对方当事人手中,在对方当事人

拒绝提供时,人民法院可依据现有证据裁决。《民事诉讼法》第 67 条第 1 款规定:“人民法院有权向有关单位和个人调查取证,有关单位和个人不得拒绝。”依据该规定,对于当事人及其诉讼代理人之外的有关单位和个人掌握了与案件侵权赔偿额相关的证据,如涉案产品市场份额数据、行业利润率、许可使用费、转让费标准、行业惯例时,亦负有披露义务。人民法院对于当事人申请向案外有关单位和个人调取证据,应依法审查,并根据《公司法》《审计法》《税法》等相关法律以及行政法规的规定,以及商业惯例和日常生活经验法则,综合判断被申请人是否持有或者应当持有申请人请求调取的证据,并明令被申请人进行相应的披露。

3. 证据披露、举证妨碍制度的具体运用程序

依据诚实信用原则,作为被诉侵权人和其他被调查人都负有向法院如实陈述和披露证据的义务。在知识产权侵权诉讼中,当权利人有初步证据证明侵权成立及损害赔偿数额可能较大,而权利人因客观原因无法自行收集到实际损失或侵权获利的证据,此时具备了适用证据披露制度的条件。同时,法院要审核判断被诉侵权人或其他被调查人是否知道或应当知道,持有或应当持有权利人申请调取的实际损失或侵权获利的证据。而且,被诉侵权人的行为造成了权利人无法充分获取证据证明实际损失或侵权获利的结果,此时即具备了适用举证妨碍制度的条件。例如,在前述案例中,法院要求被告浙江华田工业有限公司、台州华田摩托车销售有限公司限期提供鉴定所需财务资料。浙江华田工业有限公司在限期内拒不提供。台州华田销售公司以公司年代久远、不可能建立规范的财务账册、公司以改制为由未提供相应鉴定资料,且在法院庭审中,明确表示不提供销售成本的财务资料以及反映其经营状况的工商登记资料。据此,依据证据披露制度,被诉侵权人系有限责任公司,根据《公司法》的相关规定应当建立真实、完备的财务账册,故可以推定被诉侵权人持有相关证据而拒不提供,由此,法院依据《民事诉讼法》第 67 条第 1 款、第 81 条的规定,向被诉侵权人发《调取证据令》、证据保全裁定,要求被诉侵权人提供对己不利的证据。

再如,在深圳迈瑞生物医疗电子股份有限公司诉深圳市理邦精密仪器股份有限公司侵害发明专利权纠纷一案中,[①]在案件定性方面,法院认定深圳市理邦精密仪器股份有限公司未经专利权人深圳迈瑞生物医疗电子股份有限公司的同意,以经营为目的制造、销售、许诺销售被控侵权产品,构成侵权,应当

① 具体内容详见广东省深圳市中级人民法院(2011)深中法知民初字第 319 号民事判决书,即深圳迈瑞生物医疗电子股份有限公司诉深圳市理邦精密仪器股份有限公司侵害发明专利权纠纷案。

承担侵权责任。关于应如何确定被告方的赔偿责任,是本案的难点。在本案审理过程中,法院曾作出证据保全的民事裁定,但深圳市理邦精密仪器股份有限公司在法院进行证据保全时,拒不提供涉嫌侵权产品的销售合同及财务账册。之后,提交了一份《关于无法提供涉案产品财务账册的说明》。根据当事人的申请及案件审理需要,案件委托会计师事务所进行审计,但深圳市理邦精密仪器股份有限公司亦提交了一份《关于理邦公司无法按期提供审计资料的情况汇报》,被告始终不提交财务账册资料。据此,法院考虑该案因深圳市理邦精密仪器股份有限公司原因无法进行案件审计,深圳市理邦精密仪器股份有限公司制造、销售侵权产品的时间和数量,被控侵权产品价格,以及其在招股说明书中的自述等,酌情确定被告赔偿原告经济损失人民币 100 万元。全部支持了原告的诉讼请求。

同时,举证妨碍行为的实施者还可能面临公法上的制裁。依据是我国《民事诉讼法》第 111 条的规定,诉讼参与人或者其他人伪造、毁灭重要证据,妨碍人民法院审理案件的,人民法院可以根据情节轻重予以罚款、拘留;构成犯罪的,依法追究刑事责任。

4. 适用证据披露、举证妨碍制度解决赔偿问题的两种方法

运用举证妨碍制度查明损害赔偿数额上,分不同情况人民法院对此有两种处理方式。简言之,一是推定权利人关于损害赔偿数额的诉讼请求全部成立,权利人的主张全部被支持;二是不能推定权利人关于损害赔偿数额的诉讼请求全部成立,但通过举证妨碍制度的运用,推定权利人主张的被诉侵权人未披露或未如实披露的证据之真实性,继而法院结合全案案情综合认定损害赔偿的数额,通常在酌定时,会判决被告承担较高的赔偿数额。

如何用好"证据披露——举证妨碍"制度。被诉侵权人作为社会经济人,在诉讼中,其也必然会想尽办法实现其利益的最大化,这样在适用证据披露制度时,尽管有诚实信用原则的要求,即便有举证妨碍制度的救济,但现实审判中被诉方更多还是会选择不履行真实陈诉义务和证据披露义务。这也是该项证据制度多年来没有贯彻好的主要原因。为此,让被诉侵权人选择真实地披露证据,唯有加大损害赔偿力度,人民法院可以探索让被告承担适度的惩罚性损害赔偿额。

当以第一种方式处理时,即直接推定权利人的诉讼请求全部成立,审理时法官应行使释明权,一般来说,该释明权的行使并没有审级的要求,亦没有审理阶段的要求,法院所要主导的是向当事人明确释明证据披露制度的含义、启动方式、法律后果。适用证据披露制度依然要以当事人申请为前提条件。最

高人民法院《关于民事诉讼证据的若干规定》第18条规定:“当事人及其诉讼代理人申请人民法院调查收集证据,应当提交书面申请。申请书应当载明被调查人的姓名或者单位名称、住所地等基本情况、所要调查收集的证据的内容、需要由人民法院收集证据的原因及其要证明的事实。”据此,权利人提出请求披露证据的申请应当内容具体明确,如申请被诉侵权人披露其财务账册、销售单、销售发票、海关报关单等。法院只有在审查得出被诉侵权人拒绝披露的证据可以直接证实实际损失或侵权获利大于或等于权利人在侵权诉讼中主张的损害赔偿数额时,才可适用该处理方式。例如,在山东九阳小家电有限公司诉上海帅佳电子科技有限公司等侵犯发明专利权纠纷一案中,[①]法院均认为,应权利人请求法院裁定对侵权人制造销售被控侵权产品的财务账册进行证据保全,侵权人作为有限责任公司,拥有完备的财务账册却拒绝提交,视为侵权人持有内容不利于自己的证据而拒不提供,推定原告主张的侵权赔偿额成立。再如,在沈某某诉广州市恋伊家庭用品制造有限公司等专利侵权纠纷一案中,[②]权利人以被控侵权人因侵权获得巨大利润为由请求赔偿200万元的经济损失,同时申请法院对被控侵权人采取证据保全和财产保全措施,法院对该申请予以准许,并向被控侵权人送达了保全民事裁定。但被控侵权人却以“企业规模不大,账册等财务资料不齐全”为由拒不提供,最终法院推定被控侵权人获利200万元,全额支持了权利人的诉讼请求。

当适用第二种方式处理时,尽管没有直接推定原告的诉讼请求全部成立,法院对损害赔偿数额仍需综合认定。但举证妨碍制度的适用,使权利人主张的需要被诉侵权人披露的证据内容的真实性得到推定,也对法院认定权利人主张的赔偿数额具有重要的影响力。例如,在前述案例中,珠海格力电器股份有限公司起诉时请求的损害赔偿数额为300万元,经过审理,法院判决的赔偿数额为200万元,即是适用第二种方式处理,尽管没有直接推定原告的诉讼请求全部成立,但原告获得了200万元的较高赔偿数额。

由上可见,证据披露、举证妨碍制度对加大知识产权司法保护力度发挥了重要作用,其不仅降低了权利人的举证责任和证明标准,而且还化解了仅依靠法院力量调查、保全产生的抗法行为和社会矛盾。同时,在司法实践中,结合

---

① 具体内容详见山东省高级人民法院(2007)鲁民三终字第38号民事判决书,即山东九阳小家电有限公司、王某某和济南正铭商贸有限公司诉上海帅佳电子科技有限公司、慈溪市西贝乐电器有限公司侵害发明专利权纠纷案。

② 具体内容详见浙江省宁波市中级人民法院(2004)甬民二初字第229号民事判决书,即沈某某诉广州市恋伊家庭用品制造有限公司侵害专利权纠纷案。

其他诉讼证据制度的运用,例如,优势证据标准、专家证人制度等综合确定赔偿标准,就能够达到依法加大赔偿力度的目的。

应明确的是,证据披露、举证妨碍制度仅是民事证据规则体系中的一个组成部分,在司法实践中,在当前加强知识产权司法保护的司法政策指导下,仍应要全面客观地理解并灵活适用各种证据规则。

二、适用优势证据规则遇到的问题与解决

(一)优势证据规则的内涵

优势证据规则,是指在知识产权侵权诉讼中,若当事人有证据证明其损失或获利明显超过法定赔偿最高限额或低于法定赔偿最低限额,但不能准确计算权利人实际损失或侵权人侵权获利的具体数额的,人民法院可以在法定最高限额以上或最低限额以下合理确定权利人的实际损失或侵权人的侵权获利数额。

依据我国知识产权法律及司法解释的规定,侵犯知识产权的赔偿数额按以下顺序确定,首先是"权利人因侵权行为所受损失",其次是"侵权人因侵权的非法获益",上述两种标准难以确定时"参照专利许可使用费的倍数合理确定",在"权利人损失""侵权人获利""专利许可使用费"都难以确定的情况下,才适用"法定赔偿"授权法官依据案件的具体情况酌定赔偿数额。在司法实践中,针对前两种赔偿标准,要求当事人充分举证,当事人很难完成该举证要求,优势证据规则就是建立在客观上对实际损失难以查明,将已能查明数额与酌定数额相结合计算赔偿标准。根据案件具体情况,如果当事人提供了据以计算权利人损失或侵权人获利所需的销售数量等数据,其他所需数据尚不能完全确定的,可以参考许可费、行业一般利润率、侵权行为的性质、持续时间、当事人的主观过错等因素,酌定计算赔偿所需的其他数据。①

(二)适用优势证据规则遇到的问题与解决

目前针对知识产权中的优势证据规则,还没有明确的法律或者司法解释,这导致知识产权法官在适用该规则时,遇到了许多困惑以及急需要解决的问题,具体表现在:(1)能否适用优势证据规则在酌定赔偿时突破知识产权法中法定赔偿之最高限额或最低限额;(2)如何对待当事人自认的与赔偿额有关的证据;(3)如何利用第三方数据来确定损害赔偿问题;(4)能否利用行业惯例来确定损害赔偿问题。

1. 关于酌定赔偿时突破法定最高限额的问题

最高人民法院《关于当前经济形势下知识产权审判服务大局若干问题的

---

① 徐春建、刘思彬、张学军:《知识产权损害赔偿的证据规则》,载《人民司法》(应用版)2012 年第 17 期。

意见》（法发〔2009〕23 号）指出，在确定损害赔偿时要善用证据规则，全面、客观地审核计算赔偿数额的证据，充分运用逻辑推理和日常生活经验，对有关证据的真实性、合法性和证明力进行综合审查判断，采取优势证据标准认定损害赔偿事实。对于难以证明侵权受损或侵权获利的具体数额，但有证据证明前述数额明显超过法定赔偿最高限额的，应当综合全案的证据情况，在法定最高限额以上合理确定赔偿额。最高人民法院的该项司法政策是对司法实践已有裁判规则的总结，许多法院在裁判案件时，已经适用了该规则，例如，在浙江蓝野酒业有限公司诉上海百事可乐饮料有限公司商标侵权纠纷案中，①浙江省高级人民法院认为，虽然原告不能提供确切的证据证明其损失或者被告获利的具体数额，但根据被告提供的“蓝色风暴”宣传计划、实施方案、促销宣传投入的资金、有关促销活动取得成功的报道，结合企业向工商部门填报的获利报表，足以认定被告生产、销售采用“蓝色风暴”字样的百事可乐产品，确实带来了巨大的利润，故法院全额支持了原告的诉讼请求，判令被告赔偿原告经济损失 300 万元。该案在判决后，仅就判赔数额的认定，当时就曾引起不少争论。课题组认为，该商标侵权案件的特点在于涉案商标是被反向混淆，故法院在赔偿金额计算上给予了具体考虑，没有按照原告浙江蓝野酒业有限公司的损失计算，而是根据被告上海百事可乐饮料有限公司的获利来确定赔偿金额，浙江省高级人民法院在赔偿金额的酌定上适用了优势证据规则，即在现有证据证明被告获利明显超过法定赔偿最高限额的，综合全案的证据情况，在法定最高限额以上合理确定赔偿额。

2. 关于酌定赔偿时突破法定最低赔偿限额的问题

目前，司法实践中运用优势证据规则突破法定最高赔偿限额没有太大争议，但能否突破法定最低赔偿限额的问题上，却存在很多争议。课题组既然认为依据优势证据规则可以突破法定最高赔偿限额，那么依据公平原则，本着实事求是的精神，如根据案件中原、被告双方的举证情况，原告因侵权遭受的损失和被告因侵权获得的利益无法查清，但依据现有证据，法官内心确信被告因侵权获得的利益低于法定最低赔偿额时，法官应可以低于法定最低赔偿额来确定赔偿数额。例如，在奥飞动漫公司诉华荣公司侵害外观设计专利权纠纷一案中，②东莞市中级人民法院认为：关于赔偿数额，由于本案权利人的损失、

---

① 具体案情详见浙江省高级人民法院（2007）浙民三终字第 74 号民事判决书，即浙江蓝野酒业有限公司诉上海百事可乐饮料有限公司商标侵权纠纷案。

② 具体案情详见广东省东莞市中级人民法院（2013）东中法民三初字第 78 号民事判决书，即奥飞动漫公司诉华荣公司侵害外观设计专利权纠纷案。

侵权人获得的利益均难以确定，故本院综合考虑：(1)案涉专利为外观设计专利；(2)案涉侵权产品系三无产品；(3)案涉侵权产品为整套“炫动魔法棒”玩具中的魔法棒，奥飞动漫公司认可其价值大约占整套“炫动魔法棒”玩具价值的2/3到3/4，即为12元至13.5元，价值较低；(4)华荣公司经本院合法传唤拒不到庭参加诉讼；(5)华荣公司所处地段在东莞经济发展格局中处于相对落后地区，其侵权获利明显低于1万元；(6)奥飞动漫公司虽未举证证明本案支出的合理维权费用，但对公证费等实际支出应酌情予以支持。当然，同时需要结合东莞市中级人民法院受理的(2013)东中法民三初字第58号和第77号案件予以分摊；(7)涉案诉讼为系列维权诉讼，维权成本较低等因素，本院酌情确定华荣公司赔偿奥飞动漫公司包括合理维权费用在内的经济损失4000元。该案以《专利法》所规定的法定最低限额以下确定赔偿数额，曾引发广泛争议。奥飞动漫的维权案件在广东地区应该算是一类特别典型的群体性案件，权利人针对同一标的，针对相同或者不同侵权人进行多个案件的维权诉讼，单以广东地区计算，根据奥飞动漫起诉的案件数量，如每个案件赔偿数额在1万元以上，那么其所获得的赔偿总额应该在千万元以上。考虑到该情况，东莞市中级人民法院的办案法官依据侵权人的经营规模、经营地区、主观状态、侵权产品的实际售价，其内心确认侵权人的获利明显低于法定最低赔偿限额，故法院酌情确定赔偿金额包括合理维权费用在内为4000元。课题组认为虽然东莞市中级人民法院在判决表述中使用了“酌情确定”字样，但该案应属于按照“侵权人因侵权的非法获益”来计算赔偿金额，办案法官同时适用了优势证据规则，用已查明的事实，加上逻辑推理和日常生活经验，计算具体案件的赔偿金额，其并不属于《专利法》规定的法定赔偿的范畴，没有违反《专利法》第65条的规定。

3. 关于当事人自认的事实来确定损害赔偿额问题

当事人一方之前自愿做出的宣传或认可，在随后的案件审理中可作为认定损害赔偿的依据。例如，在深圳市中级人民法院审理的原告内蒙古小肥羊餐饮连锁有限公司诉被告深圳市周一品小肥羊餐饮连锁管理有限公司侵害注册商标专用权及不正当竞争纠纷一案中，[①]小肥羊公司主张的赔偿数额超过法定赔偿数额，并要求以周一品小肥羊公司的实际获益作为计算赔偿数额的依据，而周一品小肥羊公司也提交了证据来证明其实际的收益。深圳市中级

---

① 具体案件详见广东省深圳市中级人民法院(2012)深中法知民初字第1262号民事判决书，即内蒙古小肥羊餐饮连锁有限公司诉深圳市周一品小肥羊餐饮连锁管理有限公司侵害注册商标专用权及不正当竞争纠纷案。

人民法院认为:(1)周一品小肥羊公司依据特许合同约定的加盟费和管理费,其从四家加盟店收取的费用共计为77.5万元;(2)从周一品小肥羊公司提交的2011年纳税证明来看,其与关联公司2011年的盈利约为59万元。从该两份证据可以看出,周一品小肥羊的收益超出了50万元法定最高赔偿限额。由于小肥羊公司与周一品小肥羊公司提交的证据均不能计算出周一品小肥羊公司的准确获益数额,故一审法院拟根据上述证据确定合理的损失金额为90万元,合理的维权费用为人民币10万元。

在浙江新安化工诉浙江金帆达公司侵犯发明专利权纠纷一案中,[①]一审法院依据金帆达公司2004~2007年的审计报告,审计出其生产、销售氯甲烷毛利合计人民币23,308,100.43元,按照金帆达公司自己确定的0.4的获利折算比例,金帆达公司三年可获毛利为16,636,590元,5年累计应当超过2000万元,所以法院确定金帆达公司赔偿新安化工人民币2000万元。这个案件也使用了被告自行确定的获利折算比例来计算损害赔偿数额。

4. 关于使用第三方数据来确定损害赔偿额的问题

在李某某、上海班提酒业公司诉法国卡斯特兄弟简化股份公司及其中国代理商深圳公司侵犯"卡斯特"商标纠纷一案中,[②]原告方主要依据的事实在于被告对华出口的18个批次的葡萄酒商品相关报关、报检材料中使用了包含"卡斯特"标识的文字,并将法国卡斯特兄弟简化股份公司的中国代理商深圳公司的进口报关、报检作为侵权利润的计算方法和参照标准,温州市中级人民法院判决被告赔偿原告经济损失人民币3373万元,浙江省高级人民法院二审维持了该判决。在该案件中,办案法官使用了进出口公司在海关进口报关时的相关报关材料、报检材料,以此作为计算被告赔偿损失的依据。

5. 关于按照市场行业惯例来确定损害赔偿额的问题

在浙江三维公司诉干某某侵犯商标专用权纠纷一案中,[③]办案法官认定,侵权人的侵权获利是其侵权期间的销售净收益,用销售收入减去进货成本及经营成本后就可以得出销售净收益。现查明侵权人销售收入减去进货成本的收益为729万余元,法院酌定其经营成本为200万元,从而计算其侵权获利为529万余元。同时,销售净收益还可以用销售收入乘以利润率来计算。现有

---

① 具体案件详见浙江高级人民法院(2009)浙知终字187号民事判决书,即浙江新安化工诉浙江金帆达公司侵害发明专利权纠纷案。

② 具体案件详见浙江高级人民法院(2012)浙知终字166号民事判决书,即李某某、上海班提酒业公司诉法国卡斯特兄弟简化股份公司侵害商标专用权纠纷案。

③ 具体案件详见广东省东莞市中级人民法院(2010)东中法民三初字第12号民事判决书,即浙江三维公司诉干某某侵害商标专用权纠纷案。

证据显示同类企业的年利润率为12% ~15%，而被告侵权经营，不用支付商标许可费，其利润率应高于合法经销商。若认定侵权获利为529万余元的，则可以计算被告的平均年利润率为21%，比同类合法经营企业年利润率高出6~9个百分点，合乎市场规律和生活常识，反过来也印证了侵权获利为529万余元的合理性和准确性。据此，最终判决侵权损害赔偿额为529万余元。这个案件的特点是从两个方面的行业惯例来印证损害赔偿数额，一方面是同类型企业的经营成本，另一方面是同类企业的年利润率，这为我们在确立侵权赔偿数额时，提供了可行思路。

（三）探索实现优势证据规则适用的制度化

1. 引导当事人积极、稳妥适用优势证据规则

课题组注意到，在司法实践中，许多案件的当事人对赔偿数额的举证表现得较消极，究其原因，一方面是因为中国虽然是知识产权数量大国，但大部分知识产权技术含量不是很高，以专利为例，我国专利多以小发明的实用新型和外观设计为主，权利本身市场价值、经济效益并不高，某些维权人通过批量维权来获得收益，此时权利人就不愿意明确其侵权产品的实际利润或者其实际损失，权利人往往主动要求法院酌定赔偿金额；另一方面，要收集损失或者获利方面的证据，耗时耗力，本身就困难重重，有些案件当事人出于减少诉讼成本、提高效率的考虑，坚持要求适用法定赔偿，而不愿意通过申请调查取证，按实际损失或获利要求赔偿。

针对这一层面的问题，要求法官行使释明权，在庭审过程中，要注意适当地引导当事人提供相关的证据证明其损失或对方的获利，适当放宽其举证的证明标准，使当事人充分了解适用优势证据规则对其自身权利的影响，以采取积极有效的应对方式，从而引导当事人放心地拿出真实、全面的证据进行质证，推动双方当事人就赔偿数额进行证据交锋和辩论，为下一步法官确定赔偿数额的工作打好基础。

2. 提高法官适用优势证据规则的积极性

适用优势证据规则来确定赔偿数额，依据只是审判时呈现的现有证据，真实事实和认定事实是一种盖然性的关系，本身具有法官自由心证的因素，往往会成为当事人上诉或申请再审时针对的重点方向；另外，推定事实本身具有可反驳性，也容易被新出现的证据或情况所否定，因此办案法官也害怕出现被改判、被再审的被动局面；而适用法定赔偿条款授予的自由裁量权决定赔偿额

的,则极少就金额的原因被撤销或改判。[①] 比如上文提到的“卡斯特”商标侵权案件,就已经被最高人民法院决定再审。[②] 再审申请人申请再审的理由之一就是认为原判中认定的赔偿金额计算有误。这也限制了审判人员探索适用优势证据规则的积极性。

解决上述问题一方面当然是提高法官自身素质,加强判决中对优势证据的说理,法院在判决书的说理过程应当明确阐述法官对优势证据的分析、论证和认定,说明法官形成自由心证的理由,这既能使得案件当事人真正信服裁判的结果,也便于上级法院审查或是理解其适用该规则的推理过程。另一方面,关于错案追究制度,如果败诉当事人在二审或再审时针对适用优势证据规则确定的赔偿金额,提出新的证据或计算方式,导致改判或者再审的,不能算作错案。

3. 积极寻求上级法院的指导意见

目前,针对知识产权中的优势证据规则,还没有明确的法律适用规则或者司法解释规则,办案法官对该司法政策的把握不是很准确,对上级法院的一些新观点也不能及时转化,故如果能够以司法解释或办案指导等形式对该证据规则予以肯定和明确,那对正确适用优势证据规则有很大帮助。另外,还要探索优势证据的具体分类和适用标准,建立科学的评价标准。

三、建立专家辅助人制度应对赔偿难问题

专家辅助人制度是《民事诉讼法》修改时新增的内容,主要为了解决当事人及代理人对涉案专业问题或鉴定意见质证困难的现状。我国《民事诉讼法》第 79 条规定,当事人可以申请人民法院通知有专门知识的人出庭,就鉴定人作出的鉴定意见或者专业问题提出意见。最高人民法院《关于民事诉讼证据的若干规定》第 61 条规定,当事人可以向人民法院申请 1 ~ 2 名具有专门知识的人员出庭对专门性问题进行说明。

(一)专家辅助人制度解决专门性问题的司法尝试

专家辅助人大多适用于存有鉴定意见的纠纷中,以解决技术侵权对比,进而判定被告使用的技术是否构成侵权。在解决知识产权损害赔偿问题时,能否亦适用该制度,值得研究。根据《民事诉讼法》第 79 条的规定,专家辅助人在法庭上“就鉴定人作出的鉴定意见或者专门问题提出意见”。这意味着在知识产权审判中,专家辅助人可从两方面起到辅助作用:一是就鉴定人作出的

---

① 蒋志培主编:《知识产权审判指导与参考》(第 1 卷),法律出版社 1998 年版,第 78 页。

② 具体案件详见最高人民法院(2013)民申字第 1405 号裁定书,即法国卡斯特兄弟简化股份公司申请再审案。

鉴定意见提出主张,即辅助一方当事人针对鉴定意见进行质证或者强化,从而协助将相关问题质证清楚,帮助排除不能成立的鉴定意见,减少不必要的重新鉴定或者反复鉴定。例如,CDMA/GSM 双模式移动通信方法发明专利侵权纠纷案①(系国际知名手机生产商被诉侵害中国同行专利权第一案),一审法官认定被告深圳三星科健移动通信技术有限公司实施的技术构成侵权,判赔金额高达人民币 5000 万元。二审法官借助技术鉴定,并鼓励双方当事人聘请专家辅助人就鉴定意见进行充分阐述,法官最终认定被告的技术不构成侵权,改判驳回了原告的全部诉请。二是就专门性问题发表意见,即在案件不存在鉴定意见的情况下,专家辅助人亦可接受一方当事人的委托,在委托人向其通报的或者通过检验、测量等类似手段所发现事实的基础上,应用自己的知识,就案件所涉及的专门性问题进行充分说明、论证和评价,帮助法官形成内心确信。②

针对网络、电子、生物、化工、精密仪器等高科技案件的技术事实认定难问题,一些法院早已尝试适用专家辅助人解决争议。在"中国网事第一告——IP 电话案"中,福州马尾区的陈甲、陈乙两兄弟在自己的商店经营网络电话(又称 IP 电话),结果被电信局告发。公安部门以涉嫌"非法经营电信罪"暂扣了陈氏兄弟的电脑及人民币 5 万元。陈氏兄弟不服,状告公安部门。一审败诉后,陈氏兄弟上诉至福州市中级人民法院。二审法官要求上诉方陈氏兄弟与被上诉方公安部门各自邀请专家,就 IP 电话的原理和相关技术问题作证。二审法官最终采纳了上诉人陈氏兄弟邀请专家的意见,认定 IP 电话不属电信专营,终审裁定上诉人陈氏兄弟胜诉。针对其他专业问题,审判中也有适用专家辅助人的有益尝试。原告奇虎 360 公司诉被告腾讯公司滥用市场支配地位纠纷一案,奇虎 360 公司索赔人民币 1.5 亿元。③ 双方都聘请专家到庭,360 公司聘请的是英国学者 DAVIDSTALLBA SS(曾担任英国伦敦公平贸易局局长,是欧洲最大的独立提供竞争法调查经济意见的机构 RBB 的顾问);而腾讯公司聘请的是中国社会科学院信息化研究中心秘书长姜奇平(曾当选中国互联网十大启蒙人物)。双方专家就事关此次反垄断诉讼全局的"相关市场界定问题"发表意见和接受询问,法院最终采纳了腾讯公司的意见。

---

① 具体案情详见浙江省高级人民法院(2009)浙知终字第 64 号民事判决书,即浙江华立通信集团有限公司诉深圳三星科健移动通信技术有限公司、戴某侵害发明专利权纠纷案。

② 参见《广东法院"探索完善司法证据制度破解知识产权侵权损害赔偿难"试点工作座谈会纪要》。

③ 具体案情详见广东省高级人民法院(2011)粤高法民三初字第 2 号民事判决书,即奇虎 360 科技有限公司诉腾讯控股有限公司滥用市场支配地位纠纷案。

令人遗憾的是,在确定损害赔偿中尚未有适用专家辅助人的案例出现。为破解知识产权损害赔偿难的现状,积极探索并适用专家辅助人制度,有助于法官查明侵权损害的实际损失或侵权人的侵权获利数额。课题组的思路是:法官根据个案情况对赔偿数额难以认定或分歧较大时,应鼓励当事人委托审计、会计等相关专业领域的专家辅助人出庭对销售额、行业利润率、同类产品单价及财务报表等作出评价和说明。[①] 对具有充分可靠的科学依据并经庭审质证的上述意见,法官可予采信。

(二)专家辅助人在解决赔偿难问题中的作用

在司法实践中,要积极审慎地适用专家辅助人制度,应以了解专家辅助人的重要作用为前提,课题组认为,解决知识产权赔偿难问题,应在如下领域发挥专家辅助人的作用。

1. 在证据保全时发挥专家辅助人的作用

证据保全对于原告的诉请能否得到法院支持及查明涉案事实具有至关重要的作用。知识产权证据保全申请中,权利人多要求保全侵权人的财务账册,旨在评估、审计侵权人的非法获利,以此作为计算侵权获利及索赔的依据。

从实际操作情况来看,目前突出的问题是:(1)保全的账册常常资料不全或者不真实,导致审计机关对侵权人的获利情况无法审计或者审计的结果与实际情况不符。(2)保全的财务账册并不仅针对侵权产品或未针对侵权产品,结果造成查封的账册不能用于审计确定赔偿数额。(3)权利人要求查封侵权人多年的财务账册,一方面影响了侵权人的经营活动,另一方面也不便于法院对证物的保管。西门子公司诉深圳合信公司不正当竞争纠纷中,[②]西门子公司指控深圳合信公司未经许可抄袭(《SIMATIC S7-200 可编程序控制器产品目录》)的部分段落,冒用其涉案知名商品的特有名称及从事虚假宣传行为。案件审理过程中,法院根据西门子公司的申请,依法对深圳合信公司的财务账册采取保全措施,经审计后得出深圳合信公司侵权获利数额仅人民币数千元,与深圳合信公司的营业规模、侵权获利情况显然不符。法院最终没有采纳审计结论,而是根据侵权规模酌定赔偿金额为人民币 15 万元。针对上述情形,课题组认为:(1)保全前,法院可要求权利人明确保全财务账册需要固定哪些数据,由法院聘请具有专门知识的财务人员一同前往保全。(2)保全

---

① 徐春建、刘思彬、张学军:《知识产权损害赔偿的证据规则》,载《人民司法》(应用版)2012 年第 17 期。

② 具体案情详见深圳市中级人民法院(2008)深中法民三初字第 116 号民事判决书,即西门子(中国)有限公司诉深圳市合信自动化技术有限公司不正当竞争纠纷案。

时，法院工作人员根据权利人的申请，在财务人员的指导下，有针对性地对有关账册进行扣押、摘抄和复印。(3)保全后，财务人员应对侵权人提交的财务账册是否具备审计条件提出意见，以免审计工作盲目进行。

2. 酌定损害赔偿时发挥专家辅助人的作用

在简易案件的裁判中，法官按赔偿标准酌定的金额有时远不足以弥补权利人的损失。例如，在同德兴机械公司诉特思德激光公司侵害外观设计专利权纠纷一案①中，特思德激光公司实施了制造、销售、许诺销售侵权行为，其对外宣称是一家集生产、销售、服务于一体的高新技术企业，供货总量为1000台，被控侵权产品单价为人民币8万元。法院最终酌定的赔偿金额为人民币12万元，仅比制造侵害外观设计专利权的一般产品高出2万元。究其原因，主要在于：(1)多数知识产权案件因无法确定权利人的损失或侵权人的获利，法官只能在法定赔偿范围内酌定赔偿金额。为限制酌定赔偿的随意性及确保赔偿标准的统一性，一些法院按权利类别和侵权性质划分了赔偿金额的基准线，法官结合个案中的具体情形(如侵权规模、产品单价、维权费用等)在基准线上浮动。这种处理方式在解决简易案件时并无不妥，但在面对某些现有证据显示产品单价、利润率较高、侵权规模较大情形时，法官囿于该方面专业知识的匮乏、对此类证据的质证、审查流于形式，酌定的赔偿金额(在基准线上浮动)难免简单武断、有失公允。(2)法官偏离基准线酌定赔偿金额时，还会面临以下窘境：偏离过多缺乏充分依据且内心难以确信；此外，偏离过多还可能超越侵权赔偿的酌定范畴。因此，法官会认为赔偿金额在基准线上做小幅浮动比较稳妥。针对上述情形，课题组认为，通过专家辅助人出庭解决与实际损失或侵权获利查明相关的专门问题不失为可取之道。法官鼓励当事人通过委托经济学、审计学、会计学等专业领域的专家来对销售额、行业利润率、同类产品单价及财务报表等作出评价和说明，以便最终做出合理有据的判赔标准。需指出，判决书应对各方专家辅助人的意见作出评价、决定取舍。只有充分的说明理由，才能使当事人对判决信服并自愿遵守，从而保障该制度有效运作并发挥实际作用。

(三)知识产权审判中运用专家辅助人制度存在的问题及解决

运用专家辅助人制度解决知识产权赔偿难问题，应重点解决以下几个问题。

1. 专家辅助人资格的审查

具备什么条件的人才有资格提出专家意见？我国《民事诉讼法》中没有

---

① 具体案情详见深圳市中级人民法院(2013)深中法知民初字第43号民事判决书，即同德兴包装机械(深圳)有限公司诉深圳市特思德激光设备有限公司侵害外观设计专利权纠纷案。

直接规定专家的概念,但却指出了是具有专门知识的人员。相关法律法规并未对"有专门知识的人"的资格提出特别要求。实践中,有的主张专家辅助人必须具备案件涉及专业硕士研究生以上学历或中级以上技术职称,或从事案件涉及的行业10年以上。① 该观点值得商榷,鉴于知识产权案件所涉及的技术领域多为技术应用领域而非理论研究领域,其更多体现专业理论于实践中的运用,因此实践能力和经验应当成为考察专家辅助人资格的最重要标准。② 在中国太阳神集团有限公司诉美国可口可乐公司侵害著作权纠纷一案中,③ 太阳神集团有限公司认为:可口可乐公司广告曲《真我》与太阳神集团有限公司广告曲《当太阳升起的时候》在旋律和歌词上基本相同。尤其是"当太阳升起的时候,我们的爱天长地久"与可口可乐公司的"当太阳升起的时候,你的味道让我品不够"这句容易让人混淆。对该事实的认定,恰恰只需要音乐界的专家凭借其对音乐的良好感悟、深厚理解和精深造诣,对两首歌曲是否相同、是否存在抄袭发表专家意见。

课题组认为,在知识产权审判中,专家辅助人的资格标准不必确定得过高,但应符合以下两方面要求:(1)接受过系统教育、专门训练或具有实践经验;(2)其所受系统教育、专门训练或具有实践经验与涉案专业有关。一般来说,"专家辅助人对于相关领域必须拥有充分的知识和技能","这种知识可能单独来自于其他领域的学习(如教育),也可能单独来自于其他领域的实践(如经验),或者更为常见的二者兼而有之"。④ 此外,专家辅助人还必须具备良好的职业道德。因为案件涉及专门性问题,具有不同职业品德、职业素养的专家辅助人极有可能作出不同的专家意见,而法律很难去调整和查明道德范畴的事项。曾经有违法违纪记录,如在以往诉讼过程中有故意陈述虚假意见、作伪证、剽窃过他人学术成果等劣迹的"专家",应排除其出庭作证的资格。

2. 专家辅助人诉讼地位的认定

专家辅助人可否作为独立的一类诉讼参与人。课题组认为,专家辅助人具有独立的诉讼地位。⑤ 首先,《民事诉讼法》增设专家辅助人制度,确立了专

① 参见厦门中级法院2009年6月22日出台的《知识产权审判专家辅助人制度》。

② 孙海龙、姚建军:《司法鉴定与专家辅助人制度研究——以知识产权审判为视角》,载《人民司法》(应用版)2008年第3期。

③ 具体案情详见北京市高级人民法院(2000)高知初字第19号民事判决书,即中国太阳神集团有限公司诉美国可口可乐公司侵害著作权纠纷案。

④ [美]约翰·W.斯特龙主编:《麦考密克论证据》,汤维建等译,中国政法大学出版社2004年版,第32~33页。

⑤ 参见《浙江省高级人民法院民事审判第三庭关于审理知识产权民事案件若干问题的讨论综述》。

家辅助人与鉴定人并存的双层专家证据制度。与鉴定人制度的定位和功能不同，专家辅助人的主要功能和作用就是辅助当事人充分有效地完成诉讼活动，不具有法官的“专业助手”的功能。① 其次，专家辅助人不同于《民事诉讼法》中所讲的证人，也不是诉讼代理人。专家辅助人是基于当事人聘请、委托行为参与到民事诉讼之中的，实际上是通过自己的专门知识协助一方当事人参与法庭审理；其有关费用和报酬先由聘请、委托的当事人负担；如果侵权成立的，作为合理的维权费用由侵权人负担。鉴于专家辅助人的诉讼地位及性质，不应由法院来指定和聘请；但是，因专家辅助人的专业意见具有一定的技术中立性，若双方当事人共同申请法庭通知同一名有专门知识的人出庭的，有利于双方当事人对诉争专业问题和相关鉴定意见达成一致认识，应当予以鼓励。②

3. 专家辅助人参与庭审的程序

专家辅助人参与庭审的程序能否照搬证人的全部制度。③ 最高人民法院《关于民事诉讼证据的若干规定》第 61 条对专家辅助人在法庭上的活动，很大程度上是参照证人作证的规则设计的。如对具有专门知识的人员的询问、双方当事人各自申请的具有专门知识的人员相互对质的规定等。《民事诉讼法》对此没有作出与最高人民法院《关于民事诉讼证据的若干规定》不一致的规定。鉴于知识产权审判的特点，课题组认为，在以下三个方面，专家辅助人参与庭审的程序与证人有别：(1) 专家辅助人不应适用举证期限的规定。在经历一定的诉讼程序之前，当事人可能无法知晓对方的诉讼主张，因此无法确定案件的技术争议焦点（如商业秘密案件，原告方可能无法判断被告会提出哪些公知信息对其信息的秘密性进行抗辩）；同时，专家辅助人的重要作用在于对鉴定意见进行分析、质疑，当事人亦无法在对方当事人申请鉴定之前对是否需要专家辅助人进行判断。因此，可以结合案件的实际情况，在证据交换之后限定双方当事人申请专家辅助人的期限；若案件涉及司法鉴定，则在鉴定意见送达当事人之后限定其申请专家辅助人的期限。(2) 法庭应当许可专家辅助人旁听审理。传统诉讼法规定证人不能旁听案件整个审理过程的理由在于防范证人受到庭审的影响而丧失其证言的真实性。然而，专家辅助人与此不同，其作用是基于对案件事实、材料的分析，进行推理并作判断性陈述。因此充分了解案情和对方关于技术问题的主张，有利于专家辅助人的意见更加准

---

① 参见《广东法院“探索完善司法证据制度破解知识产权侵权损害赔偿难”试点工作座谈会纪要》。

② 参见《广东法院“探索完善司法证据制度破解知识产权侵权损害赔偿难”试点工作座谈会纪要》。

③ 孙海龙、姚建军：《司法鉴定与专家辅助人制度研究——以知识产权审判为视角》，载《人民司法》（应用版）2008 年第 3 期。

确并且更具有针对性，这也是双方当事人聘请的专家辅助人之间充分对质的需要。(3)当事人应于申请专家辅助人出庭时向法庭递交书面的专家意见。专家辅助人的意见系通过庭审笔录予以记录并由专家辅助人签字，但由于庭审的时效性及使用专业术语阐述相关问题时难免晦涩难懂，庭审笔录内容可能无法全面反映专家辅助人的完整意见，法庭还应要求专家辅助人就其陈述的结论性意见及推理过程出具书面意见，该意见应于申请专家辅助人出庭时一并提交。在书面意见的内容和构成方面，应阐述具体方法及得出分析结论的具体推理过程或计算过程等内容。

4. 专家辅助人的法律责任

专家辅助人对己方当事人存在天然的偏袒性，如何保障其既要对当事人负责，更要对法庭负责。课题组认为，可从构建专家辅助人的程序性责任和实体责任两个方面着手。全国人大常委会《关于司法鉴定管理问题的决定》第13条规定了鉴定人的责任，主要是行政责任。专家辅助人违反程序规定，如不遵守法庭纪律，可按照《民事诉讼法》第110条的规定采取强制措施；对于故意提供虚假意见的专家辅助人，可比照鉴定人的行政责任处理，由相关管理机构给予行政处罚，如警告、吊销资格等。当然，当事人也可依据委托合同追究相关的民事赔偿责任；因故意出具虚假、错误的结论或其他重大过失而致他人财产损失的，还应承担侵权赔偿责任；对故意捏造与客观事实不符的专家意见并造成严重后果的，建议予以追究刑事责任。

四、运用会计鉴定制度解决知识产权赔偿难问题

司法会计鉴定是专项性的财务审计。在知识产权审判中，法院委托相应机构对涉案侵权损失进行查证，对有关账册、凭证等会计资料和财务报表进行审查核对，在查清事实的基础上提出确凿的证据和数额并出具审计报告，为法院审理工作提供有力的佐证。专家辅助人制度与司法会计鉴定在确立损害赔偿时各有侧重、互为补充。

（一）坚持司法会计鉴定对象的必要性和有限性原则

在当事人对相关数额认定存在较大争议，且涉及的财务资料众多、穷尽其他方法均难以查明的情况下，有必要进行司法会计鉴定。例如，在新东方学校诉美国教育考试服务中心（Educational Testing Service，ETS）侵害著作权和商标专用权纠纷一案①中，新东方学校的侵权行为在1998～2000年呈连续状

① 具体案件详见北京市第一中级人民法院（2001）一中知初字第35号民事判决书，以及北京市高级人民法院（2003）高民终字第1393号民事判决书，即新东方学校诉美国教育考试服务中心侵害著作权和商标专用权纠纷案。

态,ETS 在起诉前最后一次向新东方学校主张权利是在 2000 年 11 月 15 日,而在此前的两年多时间内均未向新东方学校主张过权利。因此,对新东方学校的侵权行为损害赔偿请求权的诉讼时效在 2000 年 11 月 15 日中断,此前两年即 1998 年 11 月 15 日后发生的侵权行为损害赔偿请求权因中断而均未罹于失效,2000 年 11 月 15 日至 2001 年 1 月 4 日起诉时发生的侵权行为损害赔偿请求权是重新计算的诉讼时效期间内,在计算赔偿时也应包括在内,所以新东方学校的侵权行为损害赔偿的数额应当从 1998 年 11 月 15 日开始计算。法院对新东方学校的财务账册实施了证据保全,并委托北京天正会计师事务所对相关财务账册进行了审计,法院最终依据审计结果和查明的事实判决新东方学校赔偿美国教育考试服务中心人民币 370 多万元。试想,此案如果让法官酌定赔偿或仅听取相关专家的意见、评价,要得出一个相对客观、确切的赔偿金额,其难度是可想而知的。

司法会计鉴定对查清涉案金额起着重要作用,但鉴定过程往往程序烦琐漫长、费用高昂,且鉴定意见的准确取决于检材的客观真实。如送检的财会资料存在重大错误、缺失,或者因被审查单位内部控制制度存在重大漏洞、缺陷等,则依此作出的鉴定意见亦无法客观、真实地反映经济活动。法院对是否启动鉴定程序要进行慎重审查,不仅考虑有关鉴定的必要性、可行性问题,还要考虑相关案件的金额和重要性、诉争事项的复杂度、诉讼成本等问题。

(二)通过专家辅助人制度强化对司法会计鉴定意见的实质性质证

司法会计鉴定意见本身具有很强的专业性,不认同鉴定意见的诉讼方可能因缺乏财会方面的专业知识而难以提出实质性的质疑,亦难以辨明司法会计鉴定意见的真伪。此外,仅凭司法会计鉴定人进行的质证,也使法官难以对司法会计鉴定意见提出新的认识,为了避免责任可能采取重复鉴定的方法。在强调司法会计鉴定人员出庭的同时,也必须引入该方面具有专业知识的人作为辅助人的身份出现,对专门性问题进行说明或发表专业性意见及评论。课题组对相关程序的安排如下:(1)当事人聘请具有财会方面知识的人对专业性问题进行说明时,法庭应当允许。随后,法庭应将决定告知申请方,同时也有义务通知对方当事人,并提示对方当事人也可聘请专家辅助人,双方均享有平等的权利。(2)专家辅助人对涉案专门性问题的认识和看法,应当在庭审前及时、充分地与当事人进行沟通及阐明。作为具有专门知识的人,对专业领域内的专门问题进行说明,必须把握两个尺度:一是帮助当事人维护其合法权益;二是以科学事实为依据。只有把这两方面结合起来才能正确有效地发挥专家辅助人在诉讼中的作用。① (3)经法庭允许,专家辅助人可以对鉴定人进行质证及辩论,由于双方当事人均可聘请专家辅助人,法庭上很可能出现专家辅助人之间的质证与辩论,通过直接对质辨别专家辅助人出具的专家意见。

五、积极稳妥地适用法定赔偿制度

(一)适用法定赔偿制度遇到的问题

法定赔偿的本义在于:当权利人既无法证明所受损害数额,也无法确定侵权人的违法所得时,法律明确规定侵权人给予权利人一定数额的赔偿。② 法定赔偿是在传统计算方法无法发挥时,基于公平和效率的考虑,法律创造出的一种兜底的计算方式,即赋予法官较大的自由裁量权,根据自由心证来计算出一个赔偿数额,它应该是在穷尽了其他方法后的最后之选,但现实的状况是由于其快速和改判的可能性较小等优势,成为法官们的普遍首选。

任意选取深圳市中级人民法院2013年度已审结的侵害外观设计专利权纠纷案件为素材,随机抽取10宗案件,最终都认定被告构成制造、销售侵权,判决被告承担经济赔偿责任。具体如表一所示:

表一

序号	项目	数值
1	法定赔偿适用率	100%
2	赔偿数额均值	6.9万元
3	赔偿数额最大值	10万元(2宗)
4	赔偿数额最小值	5万元(3宗)

从表1可以看出,在实践中适用法定赔偿的比率相当的高,结合数据深入到具体判决,可以发现以下几个问题。

1. 适用法定赔偿的优先和泛化

几乎100%的适用率,这说明法定赔偿已经不再是兜底性的赔偿方式,而是优先适用方式,有些学者因此诟病法定赔偿标准被滥用。

2. 适用法定赔偿固定且数额偏低

在抽样的10宗案件中,判赔10万元的有2宗,判赔8万元的2宗,判赔6万元的3宗,判赔5万元的3宗,可以说法官酌定的赔偿金额数额高度集中和固定,而相对于法律规定给予法官自由裁量酌定的赔偿范围来说,赔偿金额整体偏低。

---

① 王刚:《浅论"专家辅助人"及其诉讼地位》,载《中国司法鉴定》2003年第1期。

② 夏一峰:《知识产权法定赔偿的价值选择与制度定位》,载《法制博览》2012年第10期。

3. 适用法定赔偿说理公式化

这10份判决在针对适用法定赔偿、决定具体数额的说理部分相当缺乏，基本采用公式化说理，而不作细致论证。

深圳市中级人民法院下辖的龙岗区人民法院也有相关统计。2012年龙岗区人民法院旧存知识产权民事案件158宗，截至2013年10月10日新收知识产权民事案件1054宗，其中适用证据披露、举证妨碍、优势证据等证据规则的案件仅为7宗，所占比例不足7%，可以说基本都适用了法定赔偿标准。这一现象不仅仅是珠三角地区审判实践中的普遍现象，以2008年上海法院的判决为例，其适用法定赔偿方法确定赔偿数额的占判决赔偿案件的98.89%。[①]

（二）适用法定赔偿制度存在的问题之分析

法定赔偿在长期的司法实践中成为全国法官们的普遍选择，自然具有值得思考的原因，试阐述如下。

1. 案件基数大，考核压力大

2012年全国地方法院共新收知识产权民事一审案件87,419件，审结83,850件，分别比上年增长45.99%和44.07%；[②]目前许多法院都面临案多人少，积案过多的突出问题，每年乃至每月的办案结案指标成为悬在每位法官头上的达摩斯之剑。以深圳市中级人民法院为例，2013年，深圳全市法院受理知识产权案件9694件，审结8174件，深圳市中级人民法院受理知识产权案件2936件，审结2114件，深圳市中级人民法院知识产权庭的法官为18名，年人均结案117.5件，这就要求每人平均每月审结近10宗知识产权案件。如果一概要求推行精细化办案，势必延长了办案周期，降低了结案效率。法官对一些类型化、简单化的案件通过适用法定赔偿标准，能达到在赔偿问题上不作过多纠缠，既快速处理案件又符合法律规定的“双赢”效果。

2. 实行全面赔偿原则，导致酌定赔偿金额偏低

民事权利的私权性质决定了对民事损害赔偿责任主要是一种补偿性质的责任，即填平原则。补偿救济功能应当是民事损害赔偿制度的基本功能，也就是说任何人不得因为他人的违法行为而受到损失，任何人亦不能因他人的违法行为获得额外的利益，所以目前知识产权关于损害赔偿方面也主要是补偿性赔偿原则，即全面赔偿原则，这与我国民事法律所奉行的公平原则是契合的，也符合我国社会大众朴素的公平正义观。既然适用补偿性赔偿原则，自然

---

① 应新龙：《坚持贯彻全面赔偿原则　加强知识产权司法保护》，载《中国知识产权报》2009年12月30日。

② 参见最高人民法院《中国法院知识产权司法保护状况白皮书》(2012)。

不可能出现过高赔偿数额,否则权利人通过侵权行为反而获得额外的利益,其在利益驱使下会出现“池塘养鱼”式的维权或者滥用诉权来维权的不合理现象。

(三)解决法定赔偿制度存在问题的方法

1. 加强说理,制订指引性标准,提高办案的精细化水平

由于地区经济发展水平、审判人员个体思维差异,导致认定结果的差异,那如何减少因为人为因素导致赔偿差异呢?课题组认为,上级法院要经常指导下级法院,保障法律准确适用。建立制度化公开的赔偿计算标准,对不同地区的各级法院统一审理尺度和标准,具有积极作用和示范效应。在这方面深圳市中级人民法院进行了积极有益的尝试,早在2011年深圳市中级人民法院制定《关于知识产权侵权损害赔偿问题的指导意见》,统一和规范全市法院知识产权侵权损害赔偿标准及法律适用。

2. 坚持区分个案特点,加大侵权损害赔偿力度

虽然法定赔偿是建立在全面赔偿原则的基础上,但同时要强调过错责任原则和个案区别原则。在确定法定赔偿时有两方面考虑因素,一是侵权人的主观状态,二是维权人的主观状态。前者考虑侵权人是故意还是过失,是性质恶劣还是过失侵权。例如,桐庐光华文化用品有限公司诉桐庐佳禾制笔厂侵犯外观设计专利权纠纷一案。① 原告曾于2006年在向杭州市中级人民法院起诉被告外观设计专利侵权,杭州市中级人民法院曾作出被告停止侵权并赔偿原告经济损失的判决,而被告在判决生效后仍从事侵权产品的生产销售行为,原告于2007年再次就被告的侵权行为提起诉讼,杭州市中级人民法院和浙江省高级人民法院一致认为,被告的侵权行为系重复侵权,主观故意和过错明显,客观上给权利人造成较大经济损失,判决被告赔偿原告经济损失30万元。这与第一次的判决金额有着天壤之别,该判决体现了对恶意侵权行为的惩罚和对再次侵权行为的遏制。

关于维权人的主观状态因素,针对的是权利人的群体性维权以及钓鱼式维权。例如,在广东省出现过奥飞动漫外观设计专利侵权系列案件,权利人将维权、起诉的权利完全授予代理人,而代理人会完全出于经济效益出发考虑案件。一方面一个小小的玩具上同时存在几个外观设计专利,另一方面大规模起诉针对的是微小型的销售方(个体工商户),往往起诉动辄成百甚至上千个案件,每个销售商同时被多宗案件起诉。另一种是钓鱼式维权,深圳市中级人

---

① 具体案件详见杭州市中级人民法院(2007)杭民三初字第400号民事判决书、浙江省高级人民法院(2008)浙民三终字第215号民事判决书,即桐庐光华文化用品有限公司诉桐庐佳禾制笔厂侵害外观设计专利权纠纷案。

民法院在审判实践也遇到过权利人主动联系销售商，要求其提供某一特定产品，在“引诱”其销售后，公证固定证据后起诉其侵权。虽然法院最后还是认定侵权行为成立，但是在酌定赔偿金额时，对此情节还是予以了关注，适当降低了赔偿金额。

3. 区分合理费用，维权成本应另行计赔

对于正当、合理、必要的维权成本包括律师费用都可以纳入赔偿范围，但应另行计赔，不列入法定赔偿额之内。即使权利人没有提交具体证据，但合理的维权人员差旅费、食宿费属于必然要发生的费用，依照逻辑推理和日常生活经验，应当予以支持。当事人聘请专家辅助人所支出的费用属于合理的维权费用，也可予以支持。

被控侵权行为如果在诉讼过程中仍在进行，且权利人对因此造成的扩大损失提出明确的赔偿请求的，终审判决也可将这部分损失一并计算在赔偿范围之内。

作为自然人的原告因侵权行为受到精神损害的，也可以根据其请求依法确定合理的精神损害抚慰金。

4. 尊重当事人意思自治的约定，拓宽损害赔偿数额的计算方式

意思自治原则首先确立于合同领域，是指合同当事人取得权利、承担义务或从事民事活动时应基于其意志的自由，不受国家权利或其他当事人的非法干预。现在对意思自治原则已经扩大到诸多非合同领域，提高到民事法律关系的基本原则层次。①

在知识产权案件中，以调解方式结案的比率是很高的，以深圳市中级人民法院为例，其 2012 年的案件调撤率为 60.69%，2013 年的案件调撤率为 48.49%。在众多以调解结案的案件中，常常有当事人在达成的调解协议中约定：如果再次发生侵权行为的，由侵权人直接赔偿权利人经济损失若干元。对于这种当事人经协商达成的赔偿数额，在其后的案件审理中，法院能否在民事判决中直接以当事人达成的协议所约定的数额作为赔偿数额呢？课题组认为，法院应当尊重当事人的意思自治，依法支持当事人有关侵权赔偿额计算方法的约定。当然，对调解达成的协议也应当进行审查，审查是否存在违反法律强制性规定、自愿原则的情况，如果协议内容违反了平等自愿原则，该约定无效。在朱某某诉陈某某侵害外观设计专利权纠纷一案中，②深圳市中级人民

---

① 徐伟功：《法律选择中的意思自治原则在我国的运用》，载《法学》2013 年第 9 期。

② 具体案件详见广东省深圳市中级人民法院（2012）深中法知民初字第 563 号民事判决书，即朱某某诉陈某某侵害外观设计专利权纠纷案。

法院就适用了该计算方法。2011 年 12 月 19 日,朱某某与陈某某曾就解决(2011)深中法知民初字第 798 号案件签订《和解协议》,约定陈某某在签订协议之后如果再次发生侵害朱某某 ZL200930164431.1、ZL201030115454.6 外观设计专利权的行为,愿支付本次赔偿金额的 20 倍(人民币 120 万元)赔偿,并一次性支付给朱勇文。深圳市中级人民法院对该民事调解书予以确认。2012 年 3 月 1 日,原告再次在被告处公证购买到侵犯 ZL200930164431.1 专利权的产品,于是朱某某再次将陈某某起诉至深圳市中级人民法院,请求法院判令被告赔偿其经济损失和原告为制止侵权行为所支出的合理费用,共计人民币 50 万元。深圳市中级人民法院根据已生效的调解书确定的赔偿标准,认为原告主张被告赔偿人民币 50 万元符合双方约定及法律规定,予以全额支持。该案办案法官综合考虑被告属于再次侵权,主观恶意明显,而且按照已生效的民事调解书确定的赔偿依据,原告主张被告赔偿人民币 50 万元符合双方约定,也不违反法律规定。

附:

关于完善证据规则破解知识产权赔偿难问题的调研成果转化指导意见

(证据披露、举证妨碍)

第一条　证据披露要求当事人以负有披露义务为前提,诉讼中的当事人为负有证据披露义务的主体。

第二条　当一方当事人已经提交了在其范围内能合理获得的证据,同时向人民法院指明了与实现其诉讼主张有关的但由对方当事人持有的证据,同时基于常理判断该证据一定存在于对方当事人手中,在对方当事人拒绝提供时,人民法院可依据现有证据裁决。

第三条　当事人及其诉讼代理人之外的有关单位和个人掌握与案件侵权赔偿相关的证据,如涉案产品市场份额、行业利润率、许可使用费、转让费、行业惯例等数据时,亦负有披露义务。

第四条　当事人申请向案外有关单位和个人调取证据,人民法院应依法审查,综合判断被申请人是否持有或者应当持有申请人请求调取的证据,并要求被申请人进行相应披露。

第五条　在知识产权侵权诉讼中,当权利人有初步证据证明侵权成立及损害赔偿数额可能较大时，而权利人因客观原因无法自行收集到实际损失或侵权获利的证据，此时具备适用证据披露制度的条件。

第六条 运用举证妨碍制度查明损害赔偿数额时，分不同情况有两种处理方式：一是推定权利人关于损害赔偿数额的诉讼请求全部成立，权利人的主张全部被支持；二是推定权利人主张的被诉侵权人未披露或未如实披露的证据之真实性，继而结合具体案情综合认定损害赔偿的数额，通常在酌定时，酌定被告承担较高的赔偿数额。

第七条 在适用证据披露制度时，法官应行使释明权，该释明权的行使不受审理阶段、审级的限制，人民法院应向当事人明确释明证据披露的内涵、启动方式、法律后果。适用证据披露以当事人提出申请为前提条件。

第八条 人民法院只有审查得出被诉侵权人拒绝披露的证据可以直接证实实际损失或侵权获利大于或等于权利人在侵权诉讼中主张的损害赔偿数额时，才可推定权利人关于损害赔偿数额的诉讼请求成立。

（专家辅助人）

第九条 专家辅助人的资格应符合两方面要求：1. 接受过系统教育、专门训练或具有实践经验；2. 其所受系统教育、专门训练或实践经验与涉案专业有关。

第十条 专家辅助人是基于当事人聘请、委托行为参与到民事诉讼中，其性质是通过自己的专门知识协助一方当事人参与法庭审理。专家辅助人不同于证人、诉讼代理人，是具有独立诉讼地位的诉讼参与人。

第十一条 专家辅助人参与庭审的程序可参照证人作证程序进行，但有以下三方面区别：1. 专家辅助人不适用举证期限的规定；2. 法庭应当许可专家辅助人旁听审理；3. 当事人应于申请专家辅助人出庭时向法庭递交书面的专家意见。

第十二条 专家辅助人的法律责任涵括程序性责任和实体责任两个方面。专家辅助人违反程序性规定，可按照《民事诉讼法》第 110 条的规定采取强制措施；对于故意提供虚假意见的专家辅助人，可比照鉴定人的行政责任处理，由相关管理机构给予行政处罚；此外，当事人也可依据委托合同追究其民事责任；因故意出具虚假、错误的结论或其他重大过失而致当事人遭受财产损失的，还应承担侵权赔偿责任；对故意捏造与客观事实不符的专家意见并造成严重后果的，予以追究刑事责任。

第十三条 证据保全时发挥专家辅助人的作用，须做好以下工作：1. 保全前，可要求权利人明确保全财务账册需要固定哪些数据，由法院聘请具有专门知识的财务人员一同前往保全;2. 保全时,法院工作人员根据权利人的申请,在财务人员的指导下,有针对性地对有关账册进行扣押、摘抄和复印;3. 保全后,财务人员应对侵权人提交的财务账册是否具备审计条件提出意见,以免审计工作盲目进行。

第十四条 酌定损害赔偿时发挥专家辅助人的作用,法官应鼓励当事人委托具有经济学、审计学、会计学等专业领域的专家对销售额、行业利润率、同类产品单价及财务报表等作出评价和说明,以做出合理有据的判赔标准。

(司法会计鉴定)

第十五条 当事人对相关数据存在较大争议,且涉及的财务资料众多、穷尽其他方法均难以查明的情况下,有必要进行司法会计鉴定。

第十六条 司法会计鉴定人员出庭时,也应允许具有专业知识的专家辅助人出庭,对专门性问题进行说明或发表专业性意见。

(优势证据规则、法定赔偿)

第十七条 知识产权侵权损害赔偿应坚持贯彻全面赔偿原则、区别对待原则、相似案件相似处理原则。

全面赔偿原则是指判决确定的赔偿数额应当全面弥补权利人因被侵权而受到的损失。

区别对待原则是指判决确定的赔偿数额应当根据个案中请求保护的权利价值、具体侵权情节的不同而有所区别。

相似案件相似处理原则是指同类型案件的赔偿标准及尺度应保持相对一致。

第十八条 知识产权侵权损害赔偿的范围原则上以权利人因被侵权所遭受的实际损失为限。

权利人为制止侵权所支付的合理开支应当列入赔偿范围。人民法院在确定权利人为制止侵权所支付的合理开支时,应当审查权利人有关开支的合理性及与案件的关联性。

第十九条 "合理开支"包括:公证费;律师费;权利人为取证购买侵权产品所支出费用;为调查取证向其他机关所支付的查询费、材料印制费;为调查取证以及案件诉讼而支出的交通食宿费;翻译费;审计、鉴定费;当事人聘请专家辅助人所支出的费用;权利人为诉讼所支付的其他合理开支。

第二十条 "律师费"是指权利人与其代理律师协商确定的诉讼代理费。律师费符合以下条件的,可以纳入合理支出:

(一)律师费业已支付完毕且有律师事务所开具的相应发票予以证实;

（二）律师费缴纳符合国家、省、市司法行政管理部门所颁布标准或行业惯例。

侵权行为成立但无需承担损害赔偿责任的，人民法院应当按照权利人诉讼请求被支持的情况酌情确定律师费。

第二十一条 判决书应当根据案件的复杂程度、当事人的争议大小等对赔偿数额、合理开支分别作出说明、论述。法定赔偿与合理开支应当在判决主文的判项中分别列明。

第二十二条 被控侵权行为在诉讼期间仍在持续，权利人在一审法庭辩论终结前提出增加赔偿的请求并提供相应证据，应当将诉讼期间权利人扩大的损失一并列入赔偿范围。

二审诉讼期间权利人损失扩大需要列入赔偿范围的，二审法院应当就赔偿数额进行调解，调解不成的，可以就赔偿数额重新作出判决，并在判决书中说明理由。

第二十三条 当事人提供了据以计算权利人损失或侵权人获利所需的销售数量等数据，其他所需数据尚不能确定的，人民法院可以参考许可费、行业一般利润率、侵权行为的性质、持续时间、当事人的主观过错等因素，酌定计算赔偿所需的其他数据，以实际查明数额与酌定数额相结合的方法计算实际损失数额。

第二十四条 在知识产权侵权诉讼中，权利人就同一权利起诉不同的侵权人，在后判决的案件被告以权利人已经在其他侵权人处获得赔偿作为自己不再承担赔偿责任的抗辩理由的，人民法院不予支持，并应根据侵权事实判决侵权人承担相应赔偿责任。

权利人就同一权利在不同地区起诉相同的侵权人时，在后判决的法院应当查明在先判决的案件在确定法定赔偿金时是否已经涵盖了在其他地区发生的侵权行为给权利人带来的损失。如果在先判决的案件在确定法定赔偿金时已经涵盖了在后判决的案件中的侵权行为所发生的地区时，则在后判决的人民法院可以不再判决赔偿。反之，则在后判决的人民法院应当针对案件中的侵权行为及其后果确定法定赔偿金。

第二十五条 在知识产权侵权诉讼中，当一个产品侵犯数个知识产权而权利人就多个权利同时诉请赔偿时，应当审查该产品分别侵犯各个知识产权给权利人造成的损失，再将该侵权行为给权利人的各个权利造成的损失相加计算赔偿数额。

第二十六条 人民法院适用法定赔偿确定侵权损害赔偿数额时，应当考虑以下因素：1. 侵权行为人的主观过错程度——故意、重大过失或仅具轻微过失；2. 侵权行为的性质——简单模仿或故意抄袭、假冒，制造侵权、销售侵权或许诺销售侵权，偶发侵权或重复侵权等；3. 侵权行为人的身份——法人或个体工商户、自然人，专业人士或非专业人士，公司高管或普通职员；4. 侵权持续的时间、范围以及后果；5. 侵权产品的单价、销售数量以及权利人的权利在该产品价值中的权重。

第二十七条 侵权人在进出口查验、税务申报、上市审计、广告宣传等材料中对侵权及获利所作陈述可以作为判定赔偿金额的依据。

第二十八条 调解生效的案件中当事人经协商达成的赔偿数额，在其后的案件审理中，如果经审查该协议不违反法律强制性规定，不损害国家、集体、第三人的利益，法院可以在民事判决中直接以当事人达成的协议所约定的数额作为赔偿数额。

关于知识产权侵权损害赔偿问题的调研

天津市高级人民法院民三庭课题组

按照我国现有法律规定①,知识产权损害赔偿按照以下顺序确定赔偿数额:权利人遭受的损失、侵权人的获利及法定赔偿。然而在审判实践中,由于知识产权客体的无形性,侵犯知识产权不易被发现和制止,而我国目前尚未建立良好的知识产权评估机制,当事人举证能力有限,导致确定知识产权侵权赔偿数额仍然存在许多疑难问题。

通过对2009~2013年天津市法院系统审理的知识产权案件进行宏观梳理,系统分析和总结了知识产权审判在确定赔偿额的方法、影响赔偿额的因素以及存在的问题,并针对性提出一些建议以完善确定侵害知识产权案件赔偿数额的机制,以提升知识产权侵权案件审理水平。

一、2009~2013年天津市知识产权侵权损害赔偿案件的基本情况及特点

(一)2009~2013年天津市知识产权侵权损害赔偿案件的基本情况

1.案件数逐年增加

2009~2013年天津市知识产权侵权损害赔偿案件总数为3011件,每年的案件数基本呈上升趋势(见表一)。

表一　2009~2013年天津市知识产权案件数量分类统计

单位:件

案件类型＼年份	2009	2010	2011	2012	2013	同类合计
著作权	115	349	271	759	348	1842
专利权	44	66	109	91	82	392
商标权	47	80	101	156	276	660
其他	14	20	23	26	34	117
总计	220	515	504	1032	740	3011

① 参见我国《著作权法》第48条、《专利法》第65条、《商标法》第63条。

从权利类型来看,著作权案件数量最多,占总案件数的61%,商标权案件数占总案件数的22%,专利案件数占总案件数的13%,其他类案件占总数的4%(见图一)。

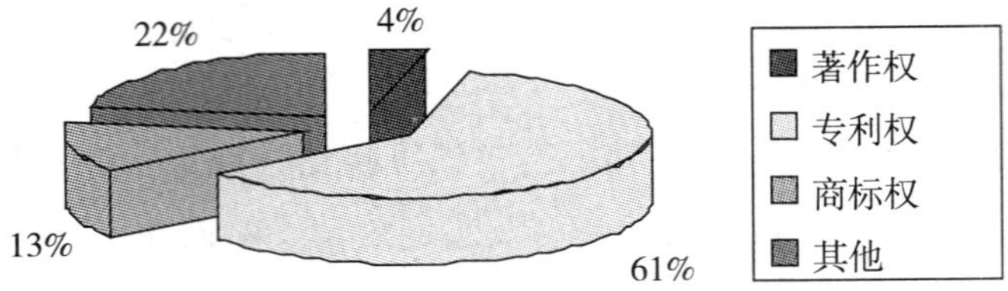

图一 2009~2013年天津市知识产权案件数量分类

2. 案件赔偿标的总额相对稳定

案件标的总额相对稳定,基本维持在1500万元左右,其中2010年标的总额显著高于其他4年,突破了2000万元(见图二)。

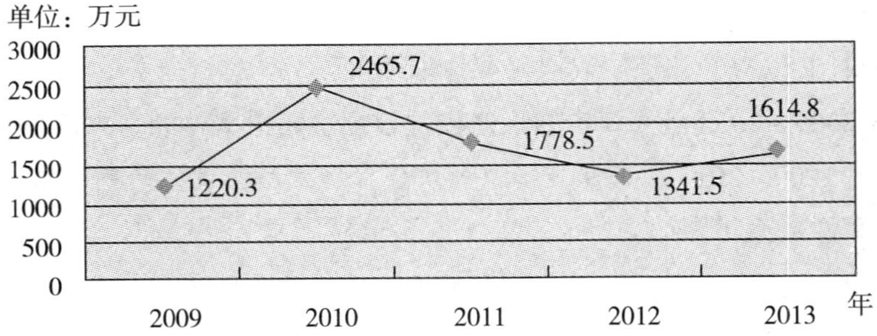

图二 2009~2013年天津市知识产权案件标的总额分类走势

在权利类型方面,著作权案件因个案标的额不高,其标的总额容易受大标的案件影响而出现波动。专利案件标的总额近5年呈增加趋势,商标案件标的总额5年来保持平稳(见表二)。

表二 2009~2013年天津市知识产权案件标的总额分类统计

单位:万元

年份 / 案件类型	2009	2010	2011	2012	2013	同类合计
著作权	249.7	1234.2	336.9	294.1	107.3	2222.2
专利权	407.2	697.1	944.7	558.1	989.2	3596.3

续表

案件类型＼年份	2009	2010	2011	2012	2013	同类合计
商标权	563.4	534.4	496.9	489.3	518.3	2602.3
总计①	1220.3	2465.7	1778.5	1341.5	1614.8	8420.8

从权利类型来看，专利权案件的标的总额明显高于著作权案件和商标案件，达到3596.3万元，著作权案件和商标案件5年的标的总额分别为2222.2万元和2602.3万元（见图三）。

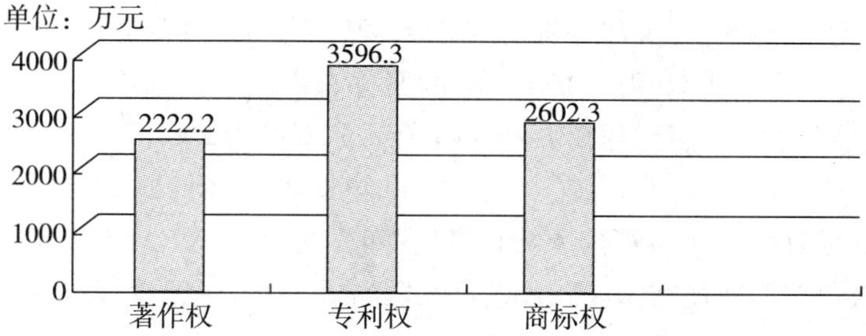

图三　2009～2013年天津市知识产权案件标的总额分类

3. 知识产权案件赔偿数额总体不高

在2009～2013年的知识产权损害赔偿案件中，原告主张的赔偿数额与法院判决支持的赔偿数额存在较大差异。这一方面是因为原告在诉讼中的心理预期过高；另一方面也反映了知识产权司法保护力度有待加强。在认定侵权的知识产权赔偿案件中，平均支持率为28.81%，意味着当事人主张100元，法院判决支持的数额平均为28元。其中，侵犯著作权案件平均支持率为33.86%；侵犯专利权案件平均支持率为32.3%；侵犯商标权案件平均支持率为25%②；侵犯商业秘密案件平均支持率为24%。将案件按照权利类别进一步细分后，发现侵犯音乐案件赔偿数额的支持率最高，为57%，其次分别是侵犯专利权案件和侵犯书籍作品，其支持率分别为40.4%和37.3%（见图四）。

① 本次统计仅统计著作权、专利权、商标权案件标的额，并未统计“其他”类型的案件标的额，因为“其他”类型案件包含大量技术合同案件，技术合同案件的赔偿方法在性质上不同于知识产权损害赔偿方法，不存在是否适用损失、获利、法定赔偿的方法，而且技术合同标的额相对较高，将其统计进入标的总额会严重干扰本次调研的针对性。

② 为便于统计，本课题将商标权和不正当竞争案件都计入商标侵权案件中。

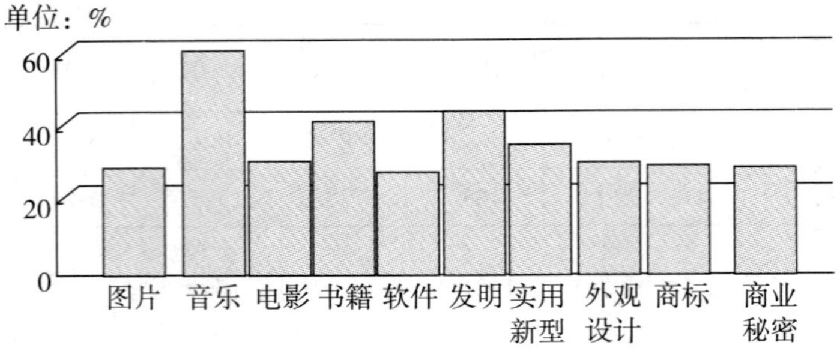

图四　2009～2013年天津市知识产权案件赔偿支持率

就赔偿数额部分,大部分案件赔偿数额较低。赔偿额超过100万元的案件有6件;赔偿额在50万～100万元的案件有12件;赔偿额在10万～50万元的案件为233件;赔偿额在1万～10万元的案件为296件;赔偿额在1万元以下的案件为187件。[①] 其中,图片、音乐、电影三类案件赔偿数额较为稳定;书籍的赔偿数额会因为发行量、销售热度和篇幅而呈现出较大波动;侵犯发明专利的赔偿数额往往在10万～50万元之间,侵犯实用新型、外观设计的赔偿数额一般在1万～10万元之间(见表三)。

表三　2009～2013年天津市知识产权案件平均赔偿额统计

单位:元

权利类型	图片	音乐	电影	书籍	软件	发明	实用新型	外观设计	商标	商业秘密
平均赔偿额	2889	1914	3086	39, 875	213, 333	298, 333	61, 428	48, 317	71, 968	220, 966

4. 案件调撤率较高,判决方式结案较少

2009～2013年天津市知识产权侵权损害赔偿案件总数为3011件,其中以判决方式结案的案件数为981件,占32.5%。而调解和撤诉结案的案件数为1925件,占63.9%。就权利类型看,著作权案件的判决率相对较低,为27.5%,商标权案件的判决率为38%,专利权案件的判决率最高为42.8%(见表四)。

① 赔偿数额在1万元以下的案件数量之所以会低于赔偿额在1万～10万元的案件数量,是因为在图片作品和音乐作品侵权诉讼中,原告往往会将几件作品放在一个案件中诉讼,导致赔偿额高于1万元,但是单个作品的平均赔偿额在3000元左右。

表四　2009～2013 年天津市知识产权案件结案方式统计

单位:件

结案方式	判决	驳回起诉	撤诉	其他	调解	移送
著作权	507	5	1149	0	109	71
专利权	168	1	172	0	49	2
商标权	251	4	306	4	87	13
其他	55	1	34	2	19	0
总数	981	11	1661	6	264	86

(二)2009～2013 年天津市知识产权侵权损害赔偿案件的特点

1. 知识产权侵权案件多适用法定赔偿

2009～2013 年天津市知识产权侵权损害赔偿案件共计 3011 件,以判决方式认定侵权的案件共计 981 件,其中认定侵权的案件有 736 件,驳回诉讼请求的案件有 245 件。在这 736 件案件中,共有 733 件适用法定赔偿,认定侵权案件的法定赔偿适用率达到了 99.5%。仅有 3 件没有适用法定赔偿。①

2. 适用法定赔偿的理由趋于格式化

在适用法定赔偿的理由基本采用这样的表述范式:由于原告不能提供其所受损失的证据,被告的侵权获利亦难以确定,因此综合对被侵犯权利的类型、侵权情节、侵权后果等因素酌情确定赔偿数额。但是并未对侵权情节(销售的范围、地域、数量)、侵权持续时间、侵权造成的后果等因素进行展开论述。有些案件原告提供了计算被告获利的方法,但也都被法院以缺乏证据支持为由予以否定。② 部分案件当事人主动要求适用法定赔偿,这部分案件主要集中在图片侵权、电影侵权等领域。即便当事人主动要求法定赔偿,法院还是依照确定赔偿方法的顺序,对能否适用法定赔偿进行了审查。

3. 确定法定赔偿数额应参考的因素所占权重不同

在适用法定赔偿应参考的因素主要为:被侵犯的权利类型、作品的知名度及价值、商标的商誉及价值、专利的评估价值、侵权的性质、情节、持续时间、侵权产品的销售数量、销售范围、主观恶意、许可费、造成的后果等因素。通过分析 5 年的判决书中的说理部分,发现作品的知名度及价值、商标的商誉及价

① 这三个案件都是依据许可费来确定赔偿数额,例如,在(2009)二中知初字第 60 号商标侵权案中,法院依据商标权人的商标许可费和侵权持续时间来计算赔偿数额。

② 例如,在(2012)二中知初字第 20 号侵犯技术秘密案中,法院就对原告提供的计算方法和评估报告进行分析,并最终否定。

值、专利的评估价值对数额影响较小;[①]侵权产品的销售数量、销售范围对数额的确定影响较大。

4. 合理费用支持率较高,但性质不明确

在2009~2013年知识产权损害赔偿案件中,共有736件案件被认定侵权,当事人主张合理费用的案件共计714件,其中法院支持赔偿合理费用的案件共计709件,支持率占99.2%。但是合理费用性质不明确,部分案件将合理费用作为损害赔偿数额写入判决,不再单列合理费用数额;部分案件未将合理费用计入损害赔偿数额,采取单列的方式在判决书中写明。其中未单列合理费用的案件294件,占总数的39.9%。其中单列合理费用的案件442件,占总数的60.1%。

二、存在的问题及原因分析

(一)赔偿规则适用顺序不统一

按照法律的规定,知识产权侵权案件确定赔偿数额时,应按照以下顺序确定赔偿额:权利人的损失、侵权人因侵权行为的获利及法定赔偿。但从统计和分析的数据来看,部分案件中对前两种方法审查不够全面,一定程度上有优先适用法定赔偿的倾向。造成以上问题的原因在于:

(1)部分损失存在延后性。一些权利人维权意识淡薄,管理知识产权能力有限,出现许多专利、商标处于市场起步阶段就被侵权的情况。权利人所受到的损失有延后的过程,致权利人起诉时其损失还不能完全显现出来。因此,前两种计算方法在这类案件中难以适用。

(2)适用法定赔偿司法效率高,权利人能及时制止侵权获得救济。适用前两种方法计算侵权损害赔偿数额一般需要对当事人的财务状况、对相关商品的成本和利润进行审计,所需时间比较长,不利于尽快保护权利人的合法权益,也不利于提高审判效率。因此,原告往往不希望适用前两种方法,而希望直接适用法定赔偿。法院为迅速审结案件,也希望直接适用法定赔偿。

(3)前两种方法是根据相关商品数量及其利润计算赔偿数额,一、二审法院对相关商品的数量及利润的认定稍有不慎,就可能导致二审或再审的改判。因此,法官往往不希望适用前两种方法,而更愿意适用法定赔偿确定赔偿数额。

(二)法定赔偿存在泛化趋势

从统计的数据来看,除个别案件外,其他案件都是适用法定赔偿确定侵权

---

① 例如,在(2011)二中初114号剑南春酒厂商标维权案中,其商标知名度很高,因为侵权数量少,酌定的赔偿数额也相应不高,法院仅判赔1.5万元(含合理费用)。

赔偿数额。从相关资料来看,不仅天津市存在上述问题,各地法院确定知识产权侵权案件赔偿额时,绝大多数都适用法定赔偿。出现上述问题原因在于:

(1)当事人举证困难。知识产权侵权诉讼中,由于举证规则要求"谁主张,谁举证",而与被控侵权人的获利状况相关的证据,如被告的真实财务账册、被告与案外人签订的合同等都处于被告掌控中,原告难以获得。如果权利人单纯通过授权使用获取相关经济利益,其对被告所在行业与侵权赔偿额相关的产品市场份额数据、行业利润率等也无法获知。导致侵权商品的单位利润、销售数量、销售额很难查清楚。同时,由于权利人财务制度的不健全或考虑自身商业秘密等因素,其不提供或者提供的损失证据无法获得法院认可,故法院无法采用前两种方法计算侵权赔偿数额。

(2)确定权利人损失中侵权行为原因力大小困难。以专利案件为例,按照专利产品的减少销量×专利产品合理利润来计算损失,从形式上看,该项规定的计算标准是清晰的,但在司法实践中,其极少被采用。权利人证明其销售量的减少与侵权行为的出现具有因果关系较为困难。权利人销售量减少的原因是多种多样的,可能是因为技术的进步、市场的正常竞争、权利人自身经营不善等。

(3)确定知识产权在侵权人获利中的贡献率困难。当侵权产品是另一产品的零部件时,例如,以侵权产品销量×侵权产品合理利润来计算侵权人非法获利,实践中难以分析得出侵权人的非法获利中哪些部分是侵犯知识产权所带来的,即不能确定非法获利在侵权人全部获利中占有的比例。

(三)确定赔偿数额时考虑的因素随意性强,缺乏明确的说理分析

适用法定赔偿时,法律规定了一些参考的因素。例如,确定著作权侵权赔偿数额时,要考虑作品的类型、作品的知名度和市场价值,合理许可使用费,侵权行为的性质和严重程度等因素;确定商标侵权赔偿数额时,应考虑商标知名度及价值,侵权人侵权的性质、期间、后果等因素;确定专利侵权赔偿数额时,应考虑专利的种类、技术难度或创新程度、评估价值,侵权行为的性质和情节、侵权人的主观过错等因素。实践中,裁判文书中很少有对各因素在确定赔偿数额时的作用力发表细致的论理。反而在绝大多数文书中出现"套话",一般只是笼统表述:"根据侵权行为的性质和影响、侵权时间长短、侵权行为人的主观过错程度等因素,结合权利人为制止侵权行为所支付的合理开支,酌情确定侵权损害赔偿数额。"绝大多数判决书没有具体分析侵权行为的性质和影响、侵权时间长短、侵权行为人的主观过错程度等各个因素与最终确定的赔偿数额之间的具体关系,形成法定赔偿在适用和表述方式上的千案一面,未能体

现个案确定法定赔偿数额的因素以及这些因素与赔偿数额之间的量化关系。

造成这种现象原因：一方面是由于案件数量大等压力，法官无暇具体分析及论证各因素在具体案件中的比重；另一方面，各因素的原因力的确定本身有一定的主观性，不同的人站在不同的角度和立场对同一案件会得出不同的结论，当事人双方对赔偿数额的确定分歧很大，很多二审上诉案件当事人仅就赔偿数额提出上诉。

（四）赔偿数额过低，且标准不统一

从统计和分析的数据来看，除个别专利案件外，绝大多数案件的赔偿数额不超过 10 万元，而且包括当事人维权的合理费用。特别是对重复侵权行为，主观恶意明显的侵权行为认定的赔偿数额过低。过低的赔偿数额，权利人耗费了大量人力、物力、财力，却最终获得数量有限的赔偿，再加之执行难等客观因素，导致了权利人赢了官司却损失更大的奇怪现象，难以实现"利益填平"的民事救济目标，容易导致权利人对判决不满；另一方面不利于惩治侵权行为，对于侵权人来说处罚无关痛痒，根本无法影响其既得利益，变相鼓励了其实施侵权。一正一反，无形中极大挫伤了权利人维权的积极性。司法虽然是知识产权保护中的最后一个环节，但其所具有的逆向传导功能，使每一个判决都将影响到主体最初的行为。司法判赔额过低，从长远看，不利于鼓励知识的创造和传播，违背了知识产权制度的价值追求，最终损害社会整体利益。另外，同类案件不同法院赔偿的数额存在差距。造成上述问题的原因在于：

（1）适用法定赔偿时，法官偏向于保守。由于不同法官的主观认识和感受有差异，加上权利人举证困难和侵权人不配合的心态，法官在行使自由裁量权确定法定赔偿数额时往往确定一个较低的数额。这样可以避免造成被告对法院的敌对态度，同时原告又无充分的证据证明其实际损失，只能"哑巴吃黄连"有苦难言。即使原告单纯就赔偿数额上诉，因一、二审法院都是在法定幅度内酌情确定赔偿额，二审在没有新证据的前提下改判的可能性不大，而且较低的赔偿数额一定程度上有利于案件的执行。

（2）合理费用未单独计算。在确定合理开支时，法院要求权利人提供证据证明其所主张的合理开支是为制止侵权行为所支出的，律师费应当符合国家或地方制定的律师收费标准，而该标准往往规定的数额较低，交通费、住宿费以一般正常的公务需求为标准，超过部分不予支持。同时，在判决主文法官往往将合理费用与侵权赔偿数额一并计算，不单列合理费用一项，判决主文通常表述为：被告某某应当自本判决生效之日起几日内，赔偿原告某某经济损失及为制止本案侵权行为所支付的合理费用人民币某某元。这导致适用法定赔偿案件中一些案件实际上没有单独计算合理费用,一定程度上压缩了合理费用的数额。

(3)同类案件赔偿数额存在差距问题。一方面是法律只规定了法定赔偿的上限,而没有为法定赔偿的适用规定相关的量化标准。权利人就同一标的选择在不同地区法院,针对相同或不同侵权人进行多个案件的诉讼,而不同的法院和法官在适用法定赔偿方法确定侵权赔偿数额时有较大的自由裁量空间,把握的尺度不同,容易出现畸轻畸重、差距较大的现象。另一方面,由于知识产权客体的无形性,针对同一客体可能同时存在多个侵权行为,权利人往往在不同地区的法院就同一客体分别提起多个侵权诉讼。这种情形下,在后判决的法官可能考虑权利人起诉不同侵权人,数个案件的赔偿相加,权利人获赔金额"可能"超过其因侵权造成的损失,所以适当降低在后案件的赔偿数额。

三、对策及建议

通过对5年来天津法院知识产权案件的统计和分析可以看出,造成知识产权侵权损害赔偿现状和特点的原因是多方面的,既有当事人举证的能力和态度问题,也存在赔偿规则在立法上的难于操作和司法适用的僵化。法定赔偿的适用虽然存在些许诟病,但从知识产权侵权案件本身的特点出发,其在提高案件审判效率,减轻当事人举证负担,维护权利人和社会公共利益平衡的价值作用是不可否定的。因此,在现行立法条件下,如何应用法律规定的多种方式确定赔偿数额,实现计算赔偿数额在司法程序中的阶梯型适用,完善法定赔偿制度的合理性是确保司法标准化和提高司法公信力亟待解决的问题。

(一)适用赔偿规则的标准化

在侵害知识产权案件中,对赔偿数额的庭审查明和在裁判文书中的认定应当符合天津市高级人民法院对庭审和裁判文书标准化相关指导意见的规定,并在此基础上进一步探索对侵权损害赔偿数额认定的规范性。首先,在庭审中,应当对案件适用赔偿数额的方式逐一进行查明。根据权利人实际损失→侵权人获得利益→(许可使用费的倍数)→法定赔偿的顺序规则,依次确定赔偿数额的计算方式。无论权利人在诉讼中主张适用何种计算方式确定损失,法庭都应当对上述4种计算方式条件上成就的可能性进行具体的查明。即使权利人损失或侵权人获利确实无法计算,也应当查明侵权行为的性质、持续时间、范围、后果,原告可能遭受的损失、被告可能获得的利益以及被告的过错程度和以往的侵权记录等,增强法定赔偿适用的依据,杜绝恣意确定法定赔偿数额的态度。在判决书的审理查明部分应当描述赔偿依据的查明情况并对相关证据进行认定,即使适用法定赔偿的,也应当对不能计算权利人损失或侵权人获利的原因进行表述，避免简单描述为:“原告因侵权所受损失，被告获得的利润无法查明……”总之，在庭审和裁判书中应当体现适用赔偿规则的顺位，查明并表述依据法定赔偿制度确定赔偿数额的依据，尽量避免法定赔偿泛化的现象。

(二)适当降低权利人损害赔偿的举证难度

知识产权侵权纠纷案件中，侵权获利的证据往往掌握在被控侵权人手中，这些证据具有隐蔽性、易失性和技术性等特点，权利人要获得这些证据以及通过这些证据证明侵权人获利十分困难。因此，可以从以下几方面解决权利人举证瓶颈，适当减轻权利人诉累。

1. 积极贯彻证据保全制度

证据保全制度作为固定权利人侵权证据的重要手段，不仅可以为权利人保护权利和制止侵权打下必要的基础，而且相关保全的证据亦可以称谓被告承担侵权责任大小的依据。根据对近 5 年来案件数据的分析，依当事人申请采取证据保全措施的案件不足较低，尚没有法院依职权主动采取证据保全行为。为防止保全制度的落空和证据保全措施滥用，审判实践中应当注意对当事人申请进行审查的尺度，如果申请人适格，具有初步的侵权证据和线索并且申请证据保全的具体内容、范围、所在地点清楚，保全内容与侵权事实、赔偿数额的确定等对象存在关联性的，即可裁定采取证据保全措施。但对于证据是否可能灭失或者以后难以取得等限制条件，则可以从宽掌握。

2. 适当降低证明标准

实践中，权利人要举证证明其因侵权行为受到的损失或侵权人因侵权行为的获利情况比较困难。如权利人提供损失情况的证据往往是自己的财务账册、合同等，以证明自己的市场销数量自减少或价格下跌，但市场销售数量减少或价格下跌往往是许多综合因素共同作用的结果，常常与产品质量、消费需求变化等自身经营和市场风险等因素有关，难以认定原告的损失和被告侵权行为存在的必然联系。在有数个侵权人的情况下，这种因果关系就更难以确定，而在主张根据侵权人的获利情况确定赔偿时，权利人的举证同样困难。权利人虽然可以申请法院查封被控侵权人的账册等证据，但大量的知识产权侵权人是中小企业或个体工商户，普遍存在账册不齐全、不真实的情况，查封账册等证据保全行为并不能完全满足权利人损害赔偿的期望。因此，在知识产权侵权审判中，为尽量选用侵权损失或侵权获利就计算损害赔偿数额，我们注意在积极引导权利人尽可能完成相应的举证责任的基础上，适当放宽证据的证明标准，只要权利人提供了证明损失的财务账册，表明销售数量因侵权而减少或销售价格因侵权而降低，或者提供被控侵权人向税务机关申请纳税时记载的销售收入及获利情况，向工商行政管理部门年检时提供的相关报表资料等证据初步证明损失或者获利数额时，司法机关不能苛求权利人还要举证证明损失或获利与侵权行为之间存在因果关系，而是依据法官的逻辑推理能力和一般专业知识水平，从证据的盖然性角度认定侵权行为有很大可能引起该损害或获利的结果。在确定侵权行为与损害结果之间的存在因果关系后，对在具体计算时一些难以量化的因素如：利润率、知识产权在产品中的贡献率等，法官可以根据双方当事人的证据情况酌情予以确定，无论哪一种计算方式都不应苛求相关数据必须全部明确。如在罗地亚公司诉天津海赛公司专利权纠纷一案中，天津市高级人民法院一审判决根据原告提供的权利产品的成本和利润，结合被控侵权产品的销售情况，合理地酌定了利润率，支持原告主张侵权人获利的赔偿数额。

3. 妥善适用举证妨碍规则

在法院作出证据保全裁定后，当事人拒绝提供其生产、销售被控侵权产品数量的出入库记录、会计凭证或财务账册时，应当充分发挥民事证据规则规定的举证妨碍制度在损害赔偿数额确定上的作用，拓宽知识产权侵权损害赔偿的计算方法。最高人民法院《关于民事诉讼证据的若干规定》第 75 条规定："有证据证明一方当事人持有证据无正当理由拒不提供，如果对方当事人主张该证据的内容不利于持有人，可以推定该主张成立。"因此，证据保全裁定在送达后，告知当事人如无正当理由拒不提供证据的法律后果后，如果当事人仍然不履行诉讼义务，在被告侵权行为成立的前提下，可以根据原告的诉请推定其主张赔偿数额成立。当然，原告主张赔偿数额是否能够得到证明还需要质证程序以及结合案件的其他证据加以综合判断。

（三）兼顾补偿性赔偿与惩罚性赔偿

补偿性赔偿也即全面赔偿是民事侵权赔偿的基本规则，同样适用于知识产权侵权案件。而惩罚性赔偿是在补偿性赔偿之外，为惩罚侵权行为的恶劣性并遏制其再次发生而给予的赔偿。我国立法中《食品安全法》《消费者权益保护法》《侵权责任法》中的产品责任都设置了惩罚性赔偿机制。新修订的《商标法》第 63 条第 1 款规定："侵犯商标专用权的赔偿数额，按照权利人因被侵权所受到的实际损失确定；实际损失难以确定的，可以按照侵权人因侵权所获得的利益确定；权利人的损失或者侵权人获得的利益难以确定的，参照该商标许可使用费的倍数合理确定。对恶意侵犯商标专用权，情节严重的，可以在按照上述方法确定数额的一倍以上三倍以下确定赔偿数额……"惩罚性赔偿责任是在补偿性赔偿责任的基础上,加重侵权责任人的赔偿责任,因此,计算惩罚性赔偿经的前提是确定补偿性赔偿金的数额即明确计算出权利人损失、侵权人获利及商标许可使用费的倍数是确定商标惩罚性赔偿金的基础。根据该条的规定,适用惩罚性赔偿责任应当具备以下三个条件:第一,商标侵权人的过错形态为恶意,此"恶意"应当理解为"故意"中过错程度严重的部分,达到了明知会侵犯他人商标权而仍然希望侵权损害结果发生的程度,即直接故意。第二,侵权行为情节严重,应当包括如下情形:(1)被控侵权的标识与商标相同,并使用在同类商品上;(2)被控侵权的标识与商标高度近似或类似,且导致相关公众的混淆;(3)侵权行为持续时间较长,在1年以上;(4)侵权行为跨越的地域范围较广;(5)重复侵权;(6)侵权行为影响较大,损害结果较为严重等。

目前,知识产权侵权损害赔偿立法的仍然属于双轨制模式,但无论今后的单行法立法中是否会增加惩罚性赔偿机制,全面赔偿的原则仍然是知识产权侵权赔偿的基础。一方面,对侵害商标专用权的侵权人进行惩罚性赔偿,是以权利人损失、侵权人获利和商标使用费的合理计算为依据;另一方面,在目前不适用惩罚性赔偿的的其他法律中,对权利人的间接损失也应当予以赔偿,使权利人的权利恢复到损害行为发生前的水平,努力确保权利人获得足够的损害赔偿。因此,对权利人制止侵权中的合理费用也应当予以足额的赔偿,如果权利人提出了明确的诉讼请求和相关证据,根据案件的具体情况,公证费、调查取证费、律师代理费等费用可以根据合理性、必要性和关联性应当进行审查。在一些关联性案件中对于原告为制止侵权行为而一并支付的合理费用,如果已经在其他案件中确定的则不必重复计算。

(四)合理确定法定赔偿的数额

当权利人损失、侵权人获利及许可使用费用无法详尽查明时,或者即使查明也会耗用大量的司法资源时,法定赔偿即起到了填补制度不足的作用。法定赔偿在知识产权侵权赔偿体系中是不可或缺的,但也补充性、备选性的。在统计数据中,绝大多数的案件都适用了法定赔偿的方式确定赔偿数额,这些案件中适用法定赔偿的原因存在个案差异,但法定赔偿被泛化的客观情况是存在的。如何克服法官自由裁量可能带来的随意,从而更好地实现法定赔偿的价值意义需要在适用法定赔偿时尽可能细化和具体说明各种实际考虑的酌定因素,使最终得出的赔偿结果合理可信,需要从以下三个方面在查明事实的基础上进行论述:

(1)确定损害赔偿数额的基准,即考虑知识产权的权利价值。不同的知识产权其权利价值的确定各异。例如,对著作权,权利价值应当考虑作品的类型、独创性程度、创作投入、创作周期、知名度、获奖情况;对商标权,其权利价值应当考虑商标知名度、商标显著性,商标的商业声誉,商标估值、设计成本、广告投入、培育时间,商标的实际使用状况和收益;对专利权,其权利价值应当考虑专利技术的创造性、专利设计的显著性,专利技术研发成本、实施情况;还有三种权利类型在侵权行为发生时合理的转让价格、许可费用。

(2)分析侵权行为的具体特征,即侵权情节、损害结和过错程度。侵权情节,主要应当衡量侵权行为系直接侵权还是间接侵权,侵权行为发生在生产环节还是销售环节;侵权产品的生产与销售规模、侵权作品的传播范围;侵权行为持续时间;侵权次数、是否重复侵权;侵权行为的组织化程度;权利人发出侵权警告后侵权人的行为表现等因素。侵权情节与最终损害赔偿数额的确定往往关系密切,如微软公司与天津全连通数码科技有限公司侵害软件著作权纠纷一案中,权利人微软公司在上诉阶段提交证据证明一审结束后,被告仍然实行新的侵权行为,二审法院根据这一证据将一审依据法定赔偿确定的10万元增加到20万元。侵权损害后果,主要应当衡量侵权行为对权利人商业利润、商业声誉和社会评价的影响等因素。

(3)建立赔偿基准和侵权行为的对应关系,确定赔偿数额,即将损害赔偿确定基准与侵权行为的具体特征建立加、减或乘以倍数的关系,最终得出酌情增加或酌情减少的具体赔偿额。其中,对于直接侵权、发生在生产环节的侵权行为、生产或销售规模较大、传播范围较广、侵权持续时间较长、权利人发出侵权警告后侵权人毫不理会继续实施侵权行为的,或者对权利人商业利润、社会评价等影响较大的,均可在法定赔偿的限额内。反之,存在间接侵权、发生在销售环节的侵权行为、生产或规模较小等因素的,则可以适当减少赔偿数额。这其中需要注意的是,最终确定的赔偿数额不宜有零有整。由于所有因素是法官根据自己的推理过程酌定的结果,因此赔偿数额应当相对整数化。而且法定赔偿确定的数额不包括权利人支出的合理费用,因为合理费用是法院可以经过审理确定真实性合法性和关联性的,因此也是具体明确的,其性质完全不同于经适用法定赔偿确定的当事人的损失。一些侵权规模较大,社会影响较大的案件完全可以在确定法定赔偿的最高限额外,判令赔偿具体费用。如诺维信公司诉山东隆大生物制品有限公司、江苏博立生物制品有限公司二案中,由于权利人的发明专利创造性较高,社会价值较大,侵权行为存在一定规模,法院最终确定二案被告赔偿权利人100万元,另赔偿相关合理费用。

我国正处于建设创新型国家的关键时期,鼓励创新、提升知识产权运用和保护能力,不仅有利于增强我国自主创新能力,完善社会主义市场经济体制,而且有利于增强我国企业市场竞争力和提高国家核心竞争力。因此,当前和今后一段时期,我国需加大知识产权司法保护力度,完善知识产权案件证据制度,强化侵权行为人的赔偿责任,切实保障权利人实体权益的实现。

商标许可使用中形成的商标增值利益的归属与分配研究

重庆市高级人民法院民三庭课题组*

摘要:近年来,我国商标法领域最具影响力的案件莫过于广药集团和鸿道集团旗下的加多宝各关联公司有关“王老吉”商标和不正当竞争系列案。围绕该系列案的审理,商标许可使用中形成的商标增值利益的归属和分配成为一个热门的理论和实践问题,理论界为此提出了解决问题的相关思路,主要有添附理论、创设优先权理论、共存使用理论和不当得利理论等,但前述四种解决思路都存在其难以避免的缺陷和不足,难以从根本上解决商标增值利益的归属和分配问题。本文正是基于对该系列案中有关“王老吉”商标在许可使用中形成的商标增值利益的归属和分配的分析,以及对前述理论观点的反思,拟提出解决商标许可使用中形成的商标增值利益的归属和分配问题的较优方案,那就是应当回到商标许可使用合同本身,通过合同约定及合同法的相关理论,使许可合同的双方各得其所。即许可人应在许可合同到期或终止后有权收回商标,而被许可人亦可以将附着在许可商标上的增值利益转移到被许可人使用的其他商标上,但应对商标增值利益的转移应设定必要的条件和期限,同时要给许可人附加必要的后合同义务。由于该解决思路在我国《商标法》中并没有规定,故本文建议《商标法》应增加规定商标增值利益转移的缓冲期规则,即在被许可人使许可商标明显增值的情况下,当许可双方对商标增值利益的归属未进行约定或约定不明确,且事后又不能协商解决的,被许可人有权通过另外的商标将相关商标增值利益进行转移,同时基于公共利益和诚实信用原则,许可人应和被许可人负有共同向社会告知商标许可的真实历史状况的义务,许可人同时负有协助被许可人转回商标增值利益的义务。此外,为了避免一般消费者对产品来源的混淆误认,在情况紧急的情势下,许可人还负有在一定期限内停止使用许可商标的义务,停止使用的时间可以根据具体案情由当事人约定或法官酌定,但该期限应充分保证商标增值利益自然流回被许可人的商标和一般消费者不会再混淆时为止。

【关键词】 商标许可使用　增值利益　归属和分配　缓冲期

---

* 课题组成员:重庆市高级人民法院陈彬副院长、民三庭喻志强庭长、李佳副庭长、黑小兵法官(执笔人)。

广药集团和鸿道集团及旗下加多宝各关联公司(以下简称加多宝公司)关于"王老吉"商标侵权和不正当竞争系列案(以下简称王老吉案)堪称我国近年来商标法领域最具代表性的案件,其最富争议的问题就是,商标因被许可人的使用而发生巨大增值时,许可期限届满后,许可人是否可以无条件收回该商标?按照我国现行《商标法》的有关规定,权利人无偿收回商标自无疑问,但该规定是否公平合理?众所周知,"王老吉"商标过去是名不见经传的地方品牌,只是在加多宝公司接手后,"王老吉"商标才逐渐名声鹊起,经北京名牌资产评估有限公司评估,至2010年11月"王老吉"商标的价值已高达1080亿,成为"中国第一品牌"。[①] 应当说,"王老吉"商标有今天的成功,很大程度上是被许可人加多宝公司将其视同已出并精心培育的结果,但如果依现行《商标法》规定,许可人广药集团可以在商标许可合同终止后自动且无条件地收回"王老吉"商标,则我们自然会提出这样的疑问:广药集团的这种做法是否正当?基于王老吉案的审理和判决,我国现行《商标法》是只需要关注许可双方当事人的利益平衡,还是应同时兼顾公共利益,并使商标的社会收益最大化?带着这些问题,本文希望能找到解决商标许可使用中形成的商标增值利益的归属与分配的最佳思路,以期对今后类似案件的处理提供应对之道。

一、许可人无条件收回商标和商标增值利益的正当性质疑

和大多数普通人对王老吉案的判断一样,我们也认为如果严格执行现行《商标法》规定,在商标许可使用合同终止后,加多宝公司将"王老吉"商标拱手相让,使广药集团可以不费吹灰之力的收回"王老吉"商标和附着于其上的商标增值利益,实际上对民法和《商标法》中关于利益平衡价值理念的一个不小的颠覆,这种结果让很多理论界和实践部门的专家学者对《商标法》中现行许可使用制度的正当性产生了疑问。具体而言,我们的这种疑问主要体现在以下几个方面:

(一)与财产权劳动取得的理念相背离

在商标法的发展和演进史上,凝聚了包含商誉等商标增值利益的商标历来被视为一种财产。关于财产,古罗马法开始便确立了"一个人通过自己的劳动和努力所创造的东西属于他自己"的观念,[②]而且几乎自启蒙时代以来的社会共识就是,人们对财产所拥有的权利来源于劳动。财产权劳动学说构成

① 牛思远:《"王老吉"夺得中国第一品牌》,载 http://www.howbuy.com/news/878606.html,2015年12月10日访问。

② 丁丽瑛:《现代知识产权制度的罗马法基础》,载《比较法研究》2008年第5期。

了财产观念的基础,至今仍是许多人心中的一种深刻信仰。[①] 洛克更是为财产权劳动学说提供了一个规范的理论范式。在他看来,“人的身体所从事的劳动和他的双手所进行的工作,正当地属于他。所以,只要他使任何东西脱离自然所提供的和那个东西所处的状态,他就已经掺进他的劳动,在这上面参加他自己所有的某些东西,因而使它成为他的财产……”[②]洛克理论的精髓就是人们可以就其劳动所增值的部分主张财产权。人们可能劳而不获,但不得不劳而获。按照《商标法》的一般理论,商标的价值在于其显著性,所谓显著性是指商标标示产品出处并使之区别于其他同类产品的属性。过去10余年间,“王老吉”商标从不起眼的地方普通商标逐渐成长为誉满全国的著名商标和驰名商标,销售业绩的显著飙升、“怕上火,喝王老吉”等广告语也深入人心,足见该商标的显著性得到了极大的提升,该商标在许可过程中形成的增值利益也极为明显。既然该商标的增值部分是由加多宝公司独立或者至少是和广药集团共同创造完成的,那么广药集团自然就不能独享其成,而应按劳分配。否则,加多宝公司对“王老吉”商标的增值贡献又如何体现。商标法究竟是应机械地维持到期收回商标的制度,还是应恪守历时千年的“播种者收获”的自然正义观念?如果广药集团可以不附带任何条件地收回“王老吉”商标,商标权的取得制度是否在正当性方面有重大疏漏?

(二)与知识产权的立法宗旨相背离

今天的知识产权日益被视为一种促进产业经济发展的政策工具,即知识产权并非源于自然权利,而是法律为达到某种预期目标而人为创设的法定权利。“建立知识产权制度,就是为了将智慧创作物最大限度地转化为生产力,促进经济发展。”[③]具体到《商标法》,即是通过保护商标权人利益,进而维护公平的市场竞争秩序,最终增加社会效益。可见,《商标法》应以优化商标资源配置、促进社会福利最大化为终极目标。但如果任由许可人无条件收回增值后的许可商标,则往往会出现两败俱伤的“困局经济学”,导致无效率的局面。[④] 这是因为,如果许可人可以无偿收回商标,之后的被许可人都将心存类似加多宝公司的担心,即商标有随时被收回的可能,即便自己有能力将这一商标做大做强,也不敢轻易冒“为他人作嫁衣裳”的风险。这样,被许可人就可

---

① 易继明:《评财产权劳动学说》,载《法学研究》2000年第3期。

② [英]洛克:《政府论》(下篇),叶启芳、瞿菊农译,商务印书馆2010年版,第18页。

③ 彭学龙:《商标法的符号学分析》,法律出版社2007年版,第53页。

④ 曹新明:《知识产权法哲学反思——以重构知识产权制度为视角》,载《法制与社会发展》2004年第6期。

能更多地持消极态度,结果导致相关品牌价值的难以提升。现实中,这样的例子不胜枚举,如莲香楼、陶陶居、沣溪等闽粤地区的老字号,一直以来都不温不火。究其根源,就在于商标许可机制没能激发出被许可人的积极性,造成了商标资源的浪费和使用效率的低下。[①] 另外,即便依《商标法》有关规定许可人可以将商标收回,实际前景也不容乐观。因为要维持这样一个品牌,往往需要商标所有人有相关的资金技术和营销网络作为支持;否则,执意收回商标只能使有能力再创佳绩的被许可人无法继续施其所长,而捉襟见肘的许可人又难以对商标进行持续性经营,结果导致好不容易建立起来的品牌无法再续辉煌。[②] 因此,如果一味地固守许可人可自由回收商标的规则则可能适得其反,如此的双方当事人之间"零和博弈"的结果,显然不利于商标资源社会收益的最大化。

二、增值商标利益中对被许可人利益保护的现有思路

面对王老吉案的审理所带来的对商标增值利益中被许可人利益的保护,即商标增值利益的归属和分配的理论和现实困境,不乏学者从维护商标许可的实质正义出发提出了各种思路,并试图通过具体的制度加以解决,目前主要有四种理论。

(一)引入《物权法》中的"添附规则"

理论界的第一种思路,是借用民法上的"添附规则"来商标增值利益的归属问题。民法上之所以构建添附制度,是因为:"盖数物既已附合为一,或因加工而成新物,若仍使各所有权存续,则各物主得请求恢复原状,事实上纵使可能,对社会经济亦属不利。"[③]"添附"是《物权法》上取得物权的一种制度,而知识产权本质上是一种准物权,具有许多与物权相同或近似的特性,因此适用于物权的"添附"制度也被认为可以适用于知识产权。有学者就明确主张商标领域也应引入添附规则。[④] 如在王老吉案中,加多宝公司当年获得许可使用"王老吉"商标时,"王老吉"在广东之外的区域默默无闻,商标的影响力微乎其微。但通过加多宝公司10余年来大范围、长时间、高强度地创造性使用,如今的"王老吉"商标已经成了全国知名、驰名商标。"王老吉"商标就好比是"材料",而加多宝公司对"王老吉"商标的使用就类似民法上的"加工",通过加多宝公司的持续不断努力,"王老吉"商标被赋予了全新的内涵,获得

---

① [美]迈克尔·赫勒:《困局经济学》,闾佳译,机械工业出版社2009年版,第1~18页。

② 吴勇毅:《王老吉争夺战凸现商标许可之困惑》,载《中华商标》2011年第1期。

③ 王泽鉴:《民法物权通则·所有权》,中国政法大学出版社2001年版,第296页。

④ 冯晓青:《知识产权法前沿问题研究》,中国人民公安大学出版社2004年版,第190页。

了巨大的商标增值利益，而《商标法》要保护的应当是被赋予了社会意义的“符号”而不是商标“材料”本身。

根据民法中添附制度中的“加工规则”，“加工物的所有权属于材料所有人，但因加工所增加的价值，显逾材料价值时，加工物所有权则归属于加工人”。[①] 显然，无论根据市场占有份额、广告宣传情况还是公众认知程度都不难推断，如果被许可人对许可商标的增值利益的形成所作的贡献远远大于许可人，则在商标许可合同终止后，按照添附规则，应由被许可人取得该商标的所有权，然后由被许可人向许可人给予适当的经济补偿。

（二）借鉴民法上的优先权制度设立“优先许可制度”

理论界的第二种思路是，主张借鉴民法上的“优先权制度”来解决商标增值利益的归属问题，即商标许可合同终止后许可人可以收回许可商标，但如果再次许可他人使用，被许可人对该商标应具有“优先许可权”。优先权制度是民法中实现各方利益平衡的重要制度。如在房屋租赁关系中，租期届满后，房屋所有人无论是转让还是出租房屋，原承租人都享有优先权。有学者认为，类似的优先权设计同样可为《商标法》所借鉴。[②] 在房屋租赁中，承租人就有两种优先权：“优先购买权”和“优先租赁权”。商标许可场合，“优先购买权”意义不大，因为一旦发生商标显著增值，为使利益最大化，许可人往往不会考虑将商标出卖，而是会选择自己经营。在商标许可情形下的“优先租赁权”与“优先购买权”就不一样了，因为要运作一个大幅升值的品牌，往往离不开商标所有人相配套的技术开发能力、品牌营销能力和服务管理能力；由于许可人长期并非商标的实际使用人，其通常不具备这种能力，在收回商标后，尤其是在接手之初，往往消化不了整个品牌，难免二次许可。以王老吉案为例，广药集团虽然已收回“王老吉”商标，但苦于自身运作能力有限，正在全球范围内招揽合作伙伴。[③] 而加多宝公司作为“王老吉”商标长达17年的被许可人，其强大的运作实力以及丰富的营销经验，是“王老吉”商标合作伙伴的不二人选。此时，倘若法律规定，加多宝公司对广药集团的再许可行为享有某种优先权的话，就可以促使广药集团与加多宝公司再次合作。“优先许可制度”的好处是可以促使许可人更加审慎地对待商标收回。许可期限届满，如果自身条

---

① 陈小奇、李湘云：《“秀水街”纠纷可否另辟蹊径——补偿法则与添附制度的引入》，载《中华商标》2005年第12期。

② 梁慧星、陈华彬：《物权法》，法律出版社1997年版，第211页。

③ 孙思栋：《商标许可后发商誉分割的经济学分析及分割方法探析——以王老吉商标许可纠纷案为例》，载《中南财经政法大学研究生学报》2013年第2期。

件不成熟,贸然收回商标后,又不得不再次假手他人,则很可能与原被许可人再度合作,多了这层考虑,许可人可能会更加理性地倾向于继续许可使用,这无疑为各方所乐见。所以,在此种情形下赋予被许可人优先许可权无疑是明智之举。①

(三)用"共存使用"来解决许可商标及其增值利益的归属和分配问题

理论界的第三种思路,是主张通过商标的"共存使用"来解决问题。所谓"商标共存"指不同市场主体使用相同或近似的商标从事商品销售或服务,而并不必然影响各自商业活动的情形。其核心观点就是单纯的商标本身相同或近似并不必然侵权,只要没有混淆之虞,两个这样的商标可以共存。② 在商标许可使用的情形下,虽然最初只有一个商标,但由于许可使用的效果并非当然归属于许可人,如果被许可人的使用产生了后发的显著性,则可能构成后发使用,从而成就一个新的商标。因为,商标本质上是一种符号,而符号是能指与所指的统一体,一旦能指或所指发生变化,则生成新的符号。"王老吉"商标原本只是用于类似藿香正气液的药用饮品,但经过加多宝公司全新的包装、定义和不断地打造后,已转变为大众健康饮料的畅销品牌。因此,"王老吉"商标在被"加多宝化"后,被赋予了全新的意义。为了保护加多宝公司为做大做强"王老吉"商标的劳动努力,如果根据"共存使用"原理,则在商标许可使用合同终止后,可允许加多宝公司和广药集团都有权利在其生产的凉茶上使用该商标,但应加入必要的区分标识。

另外,"共存使用"能够用来解决问题的另一个关键是当许可人和被许可人在许可合同终止后,为了避免直接竞争,双方必然会在包装、价位、渠道和消费人群上进行相关的策略性调整。虽然一段时间内,普通消费者可能并不知晓其中的详情,但经过一定时间的宣传,再加上许可人产品和被许可人产品的差异逐渐被消费者所认识,经过一段时间的共存使用就会使消费者能够将二者区别开来。如新浪网提供调查显示,能够区分加多宝公司生产的"王老吉"凉茶和广药集团生产的"王老吉"凉茶分属不同厂家的消费者占58%,这个事实证明"共存使用"是解决问题的一个比较有效的办法。"共存使用"既尊重了商标的现有使用秩序,又与"商标的生命在于使用而不在于注册"的逻辑暗合,因此"共存使用"成了解决问题的另一种可能途径。

---

① 杨延超:《加多宝建立王老吉商誉应受保护》,载 http://finance.sina.com.cn/roll/20120529/005912165103.html,2015年11月3日访问。

② 《广药集团招揽合作伙伴发展王老吉》,载 http://finance.sina.com.cn/chanjing/gsnews/20120716/183712579749.html,2015年11月3日访问。

(四)赋予被许可人不当得利返还请求权

理论界的第四种思路,是利用民法上的不当得利制度来解决问题。所谓不当得利是指无法律上的原因而受利益,致他人受损害的事实。[①] 不当得利是债的产生原因之一,我国《民法通则》第92条规定:“没有合法依据,取得不当利益,造成他人损失的,应当将取得的不当利益返还受损失的人。”该规定对不当得利的构成要件为解决商标增值利益的归属和分配问题同样提供了一种可参考的途径。因为,虽然商标许可的性质决定了期限届满后许可人收回商标实属必然,但此时的许可商标中已经掺杂了被许可人赋予该商标的商标增值利益,收回许可商标必将导致被许可人创造的商标增值利益也会一并由许可人据为己有,而这并没有法律上的根据,从而构成了不当获利。因此,有学者明确主张对于该增值部分应该在商标所有人与被许可人之间进行合理的分割。至于分割补偿的标准,则应根据个案来具体确定。其方法可以是按历史贡献的一定比例进行偿付,即按照一定的评估方法,计算出商标在许可期间的新增价值,然后根据销售业绩、宣传力度、社会反响等因素综合认定被许可人对商标增值利益的贡献率,二者相乘得出贡献额,最终确定补偿额;也可以是按未来市场影响的一定比例偿付,即收回商标后选择一定期限作为考察期,在此期间内以许可商标的销售额为计算的基准,再乘上一定比例得出最终额度;或者是结合上述两种标准综合计算许可人应支付给被许可人的不当得利的费用。

三、对增值商标利益中被许可人的利益保护现有思路的评价

尽管学术界提出了上述种种有益的思路,试图克服被许可人创造的商标增值利益由许可人全部无偿占有的困境,但这些设想均存在种种缺陷,难以成为恰当的解决途径。

(一)“添附规则”的缺陷与不足

第一,依据添附规则,当被许可人将许可商标做大做强后,被许可人可以取得许可商标的专用权,但这和知识产权“权利法定”的原则严重违背。所谓权利法定是指“知识产权的种类、权利的内容以及诸如获得权利的要件、保护期限等关键内容必须由法律统一确定,除立法者在法律中特别授权外,任何人不得在法律之外创设知识产权”。[②] 之所以知识产权要实行“权利法定”,除了各个国家需要对知识财产的利用进行官方控制外,还在于它有着“定分止争”

---

① 冯涛、石国庆、冯小龙:《商标许可中的价值创造与权益分享——兼评“王老吉”商标许可纠纷案》,载《中华商标》2012年第8期。

② 陈武:《论近似商标共存制度》,载《知识产权》2008年第3期。

和“公示公信”等价值。而依我国现行《商标法》,注册才是取得商标专用权的唯一法定途径。如规定被许可人通过使用将许可商标变成知名商标时,就可因“添附”而取得商标专用权,那么将使许可人的商标专用权处于朝不保夕的地位,这在严重挑战我国注册取得商标专用权这一法权秩序的同时,也使许可人的商标权处于人人自危的境地。因此,“添附”规则虽然保全了“个体正义”,却牺牲了我国商标注册制度的整体秩序和价值,实不足取。

第二,适用添附规则还可能带来商标许可制度的“失灵”。因为许可使用是注册商标权人实现自身利益的重要途径,商标许可“不但有利于许可人充分发挥其商标价值,扩大商标影响,广泛占领市场和有效维护商标权益”,也是商标资源实现优化配置的重要途径。[①] 但如果法律规定被许可人将许可商标“使用”成知名商标时,就可以“添附”取得其专用权,则无异于给“广药集团”这样的许可人以致命一击,使其望而生畏,从而徘徊在商标许可使用的大门之外。因为商标许可使用中,被许可人将商标做大做强可谓常态,一旦有关商标被做大做强后意味着许可人将有可能失去商标专用权,面对被许可人反客为主、取而代之的巨大风险,许可人将很难再愿意大规模地许可他人使用其商标。而一旦所有商标所有人都选择拒绝许可,那将彻底断绝那些依赖许可生存的被许可人的商标使用愿望和期待,从而使我国商标许可制度形同虚设。

第三,添附规则是法定规则,只要有加工者对物存在明显增值的事实时,其就能取得物的所有权而不依原物所有人的意志决定。这与许可使用属于表意行为,当事人可以就许可合同到期后的权利归属按约定安排的情形是完全不同的。

第四,添附规则适用的根本性前提是不同所有人的物结合在一起,要分离二者在事实上不可能或在经济上不合理。但就商标和商标增值利益的结合看,二者显然是可以分离的。因为,商标增值利益与商标不是“酒与水”的关系,而更像是“酒与酒瓶”的关系。如加多宝公司在王老吉案于 2012 年初现出端倪时,加多宝公司便有计划、有步骤地启动“去王老吉”的过程,开始使用“加多宝”商标、大量进行广告宣传,将附载在“王老吉”商标上的增值利益逐渐转移到“加多宝”商标上。从现实情况来看,虽然加多宝在相关广告语的宣传中使用的“全国销量领先的红罐凉茶改名加多宝”“中国每卖 10 罐凉茶 7 罐加多宝”等广告语构成对广药集团的虚假宣传,但这也仅说明其相关广告语中存在不真实、不客观和不全面的问题,并不代表其转移相关商标增值利益

---

① 陶鑫良:《后发使用显著性商标的法律保护探析》,载张玉敏主编:《知识产权理论与实务》,法律出版社 2003 年版,第 123 ~ 135 页。

存在明显的不合理性。总之,“添附规则”过多地考虑了被许可人的利益而忽视了许可人的利益,有矫枉过正之嫌,实不足取。

(二)“优先许可制度”的局限与问题

第一,优先许可制度最大的局限在于它很容易被实质性架空,因为其启动依赖于许可人的第二次许可。一旦许可人在许可合同到期后,自己有能力接收消化许可商标,被许可人将束手无策,只能听任许可人收回商标而无权主张自身权利之可能。另外,即便被许可人获得了优先许可,这也是暂时和不稳定的权利。双方的利益远未达到“均衡博弈”的状态,许可人仍然掌握着绝对的主导权。一旦许可人具备了自身的接手能力,其很可能就将收回许可商标。如此一来,优先许可制度对于被许可人而言,就犹如一把始终悬在头上的“达摩棱斯克之剑”,出于对许可商标做大做强后相关利益归属和分配的顾虑,被许可人自然也就不会全心全意地运营许可商标,并使该商标“更上层楼”,最终使优先许可形同虚设。

第二,优先许可制度目前并未被我国《商标法》所采用。因此如果要借鉴该做法,只能比照民法中最相类似的“优先租赁”制度。但无论从各国的立法还是学理来看,普遍认为优先租赁权是一种约定性权利(优先购买权才是一种法定性权利),也就是说优先租赁权是承租人所享有的一种优先缔约请求权,其并不具有对抗第三人的效力和物权的排他效力。[①] 既然优先租赁权仅属于请求权,优先许可权又就只能比照优先租赁权来设定,这也就意味着优先许可权也只能依当事人约定而存在。而如果像王老吉案中加多宝公司和广药集团之间并没有约定“优先许可权”的情况下,即便许可人有再次许可给被许可人的意愿,但只要许可人不主动提起,则被许可人就无法主动行使优先许可权,从而使优先许可无法实现。

第三,优先许可制度的问题还在于,行使优先许可必须以“同等条件”为前提,但何谓“同等条件”,从理论上看便有“严格同等条件说”“同一价格说”“相对同等条件说”等不同的见解。这还仅是一般许可场合下的纷争,事实上商标许可中“同等条件”的界定更为复杂,还要考虑许可的排他程度等因素。如广药集团和加多宝公司的许可使用合同终止后,某第三方提出以年许可费2000 万元为条件获得普通许可,而加多宝公司则开出以销售额的 8% 作为许可费而获得排他许可的使用条件,这时前述两个条件是否属于“同等条件”、哪一个条件对许可人广药集团更有利,就是见仁见智的问题。而对“同等条

---

① 张若夫:《加多宝:别了王老吉的战斗》,载《商界评论》2012 年第 7 期。

件"的诸多争议,将使利用优先许可使用制度解决相关问题的效果大打折扣甚至前功尽弃。

第四,优先许可制度适用的前提是权利人和第三人签订了商标许可使用合同。如果许可人和第三人并没有签订合同或签订的是商标转让或无偿使用合同,则被许可人就无权主张该权利。另外,即便法律规定了"优先许可权",鉴于该权利并没有对抗第三人的效力,当许可人背信弃义或者故意违反优先许可的规定时,被许可人亦无权要求法院强制执行,这将很难使有关商标流向真正需要它的经营者。一言以蔽之,诸多的行使条件,使得优先许可制度在很多情况下能够被轻易地规避,其预设的目标也难以实现。

(三)"共存使用"的问题与困扰

第一,"共存使用"理论适用的前提是要求存在两个相互独立的商标,且分属不同的所有人。而在商标许可使用中,虽然使用者可能有多个,但商标却自始至终只有一个。[①] 诚然,被许可人对许可商标所赋予的增值利益在很大程度上会改变许可商标给消费者的印象,但作为一种符号,商标就仿佛是有机的生命体,意义"流变"是其生命的常态。同一"符形"在不同时刻总有不同的含义,但这并不能表明无时无刻都有新商标的产生。与其说商标的"能指"与"所指"稍有改变便是一个新的"符号",倒毋宁说这是商标意义的正常发展。实际上,商标所体现的是"标识和商品之间的思想关联",因此不管许可商标由谁经营,也不管许可商标的内涵发生了多大程度的沧桑巨变,但在其核定使用的商品上使用,其标识的永远只是某一特定商品。既然自始至终都不存在相互独立的两个商标,又何谈许可双方共存使用商标的前提呢?

第二,从成立的依据来看,商标共存可以分为法定共存、约定共存和特殊共存。如果是法定共存,则必须具备"远方区域"和"主观善意"两个最重要的因素,前者要求使用必须处于不同的、相隔较远的区域市场,而在互联网高度发达和宣传无界限的时代,要实现"远方区域"几乎无法做到。那么即使法律规定能够共存,但在现实中却无法共存,很可能会产生混淆。如果是约定共存,则许可人和被许可人则必须在合同中对相关避免混淆的内容进行约定,而这些条款在实际的市场竞争中能够实现多大的效果就很难说了。如消费者对广药集团与加多宝公司生产的产品能够进行区分也只是略微过半(58%)的事实可以看出,约定共存在现实情况下是很难实现的。如此一来,自然就不具备许可人和被许可人共存使用许可商标的实质性要件。

---

① 史尚宽:《债法总论》,中国政法大学出版社2000年版,第74页。

第三，和添附理论一样，如果认为被许可人使用商标并赋予了其全新的内涵后，就可以和原商标许可人共存使用该商标，这将动摇商标所有人对注册取得商标权机制的信心，从而使商标许可制度发生严重的制度失灵。

（四）不当得利制度的缺陷和不足

第一，不当得利在于事后的利益平衡，体现的是矫正正义。因此，该制度更多追求的是当事人之间失衡利益的平复，难以关照到“公共利益”的存在。对于商标许可使用终止后的增值利益，仅仅依据不当得利制度，让许可人在许可合同到期后收回许可商标后再对被许可人进行补偿是远远不够的。因为，该做法罔顾许可商标由被许可人长期培育的事实，如果许可人在收回商标后既无技术，也无能力和意愿支持其继续使用收回的商标生产相关产品，却不对相关公众有所交代的话，显然是不负责任的，甚至是非对消费者的某种欺骗。《商标法》究竟是仅关注许可双方的利益即可，还是应同时使“生活资源之分配符合群居同一社会之多数人的利益”，①答案当然是显而易见的。

第二，不当得利难以促成许可双方之间的“合作博弈”。任何商标许可使用终止后的商标增值利益的归属和分配，其所涉及都不是简单的当事人之间的利益补偿问题，而是还涉及商标的社会收益最大化。因为商标资源尤其是知名商标资源，其价值弥足珍贵。这样的商标创造出来后，就不仅属于权利人，更是社会的财富。不当得利制度只关注到了许可人和被许可人之间的利益平衡，却很少关注被许可人是否还愿意继续经营该商标，或者许可人有没有能力和亿元是许可商标再续辉煌。但科学的商标制度必然是在不同主体发生利益冲突时能够使人类的合作本性和利己本性达致均衡的设计，而不当得利制度显然难以促成许可双方的“合作博弈”，并非解决增值利益归属和分配的最优制度设计。

第三，不当得利面临的最大问题是，很多学者认为诸如加多宝公司在内的被许可人将许可商标做大做强后，不但没有受到任何损害，反而是实际的受益者。如“王老吉”商标知名后，被许可人加多宝公司从“王老吉”红罐凉茶的叫卖中获得了巨额的收益，其不存在任何的损失，故要求获得相应补偿更是无从谈起。对此，我们不能完全认同，因为以“王老吉”商标为例，在该商标正处于鼎盛时期，广药集团突然终止许可合同并将“王老吉”商标收回，而加多宝公司作为“王老吉”商标的“养父”，对该商标10余年的培养所付出的艰辛，岂能是在“王老吉”抱养期间所获得的短暂收益能交换的？而广药集团在此过程

① 郑胜利：《论知识产权法定主义》，载《中国发展》2006年第3期。

中不仅没有任何付出,却要坐收“王老吉”商标未来10余年甚至更长时间的渔翁之利,显然是极不公平的。因此,广药集团无条件收回“王老吉”商标而不付出任何代价的行为在理论上构成不当得利应当是没有什么障碍的,但问题的关键是广药集团的“不当得利”究竟应如何界定,是“王老吉”商标的全部还是加多宝公司注入“王老吉”商标的增值利益。如果是后者,又该如何与广药集团原有的商标界分清楚。综上,在商标许可中,商标与商标增值利益之间的结合,就好像酒和水,要分清二者是非常困难的,但如果我们连二者的利益边界都无法准确划清,那么返还不当得“利”中的“利”又从何谈起?①

四、解决问题的路径:重新回到商标许可使用合同本身

通过前述分析和检讨可以发现,理论界已有的四种可能的解决思路虽然不乏合理之处,但都存在不可克服的理论困难和障碍。其症结所在就是这四种思路都试图从商标许可合同之外来寻找问题的突破口。那么,能否回到商标许可合同,寻求“体制内”的解决方案呢?

(一)商标回收和商标增值利益的转移

就商标许可使用而言,其制度的基本逻辑决定了商标永远属于许可人,一旦许可期限届满,许可人收回商标实属天经地义。正如有的学者所言,“被许可人在明知不属于自己的财产上进行投资使其增值,一旦许可关系结束后商标被收回,属于‘自担风险’的范畴”。② 既然许可人和被许可人选择了商标许可使用而不是商标转让这条路,就应当直面许可人在一定期限后必定收回商标的不利后果。

与此同时,当被许可人在许可商标中注入了属于自己的商标增值利益后,一旦许可使用关系结束,法律也完全应允许被许可人就其注入的后发增值利益自然转回。这正是古典自然正义观念“各得其所”的必然要求。不过,也有理论质疑这种做法的妥当性,认为增值利益应自动归于商标所有人,否则转回增值利益的行为就属于违背商业伦理的不正当竞争行为。我们认为,许可合同对双方的风险承担来说应是对等的。正如被许可人必须承担随时失去许可商标的风险那样,“失去公众认知”则是许可人最主要的风险,许可中由知识财产带来的公众认知的好处、提高了的声誉及增值利益可能归于被许可人而非许可人。③ 被许可人增值商标的场合,就好比甲租借乙的酒瓶装酒,允许乙

---

① 徐棣枫、解亘、李友根编著:《知识产权法——制度理论案例问题》,科学出版社2005年版,第442页。

② 黄淳:《论商标共存的合目的性》,载《中华商标》2012年第7期。

③ 梅术文、王超政:《商标共存理论探析》,载《重庆理工大学学报》(社会科学版)2010年第3期。

收回酒瓶时,也应该允许甲将酒倒出来。因此,允许被许可人转回自己的后发增值利益也属于自然合理的情况。

反对转移商标增值利益的观点认为,许可商标既可能因为被许可人的行为而增值,也可能因之而贬值。在贬值的情况下,法律并未要求被许可人就其差额部分负担补偿义务,缘何增值后被许可人就可以转移其后发的增值利益呢？该观点看似颇有道理,但实际上它忽略了一个重要的事实,那就是被许可人确实可能导致商标贬值,但法律赋予了许可人质量监督权,为这种风险提供了有效的防范机制,由于商标的价值依附于产品及生产者的社会信誉,商标的价值随产品品质的变化而变化。[①] 现行《商标法》第 43 条明确规定:"……许可人应当监督被许可人使用其注册商标的商品质量。被许可人应当保证使用该注册商标的商品质量……"该规定对许可人而言,既是义务更是权利。当被许可人生产的产品质量下滑而不足以表征许可商标时,许可人完全有权单方面终止许可合同,以维持其商标相关利益的稳定存在。而在发生商标增值的场合,为防止许可人不劳而获、被许可人为他人"作嫁衣裳"不公平情况的发生,难道不应为其提供类似的风险防范机制吗？由此可见,允许被许可人转移其后发增值利益,不仅符合日常生活经验,也有利于许可双方风险的可控与预期的平衡,可谓兼顾多方利益。

(二)后合同义务与缓冲期规则

就民法一般原理来看,商标许可合同关系结束并不意味着所有义务都自然终止,按照我国《合同法》第 92 条的规定,此时还存在后合同义务。在商标许可合同到期后,为了便于被许可人转移其商标增值利益,可能需要许可人负担一定的附随义务。因此,为方便被许可人顺当地转回其附加在许可商标中的增值利益,《商标法》有必要创设一种缓冲期规则。具体而言,在被许可人增值于许可商标的场合,《商标法》应规定在商标许可期限届满前的一定时间为缓冲期。在此期间,应允许被许可人通过广告宣传和舆论引导等方式转移其后发的商标增值利益。比如,在许可人和被许可人均可在许可期限届满的一定时间内(如 6 个月内),本着诚实信用原则,通过在广告语、产品包装、报纸和网络媒体等方式,向相关消费者告知商标许可使用合同终止后二者之间商标、商标增值利益、商品、口味等情况的变化,双方应对对方的告知行为均负有容忍义务,且在必要时应予以协助,以尽快实现商标增值利益的转移。紧急状态下,许可人甚至有义务暂停使用有关商标,以避免消费者在商标刚刚收回

---

① 冉克平:《论房屋承租人的优先购买权——兼评最高人民法院〈房屋租赁合同司法解释〉第 21~24条》,载《法学评论》2010 年第 4 期。

时发生混淆误认,待到消费者形成了正确的认知后,缓冲期才能结束。确立缓冲期规则,有如下几方面的优点:①

第一,适用范围广。缓冲期规则的法理基础衍生自后合同义务,它是后合同义务在《商标法》上的逻辑展开,具有坚实的基础。与此同时,后合同义务具有开放性,可在具体案件中,依诚实信用原则,结合合同的类型与交易环境,根据当事人的行为及其相互关系确定具体内容。这种兼具原则性与灵活性的做法,有利于拓展其适用范围,并体现法律的能动性。比如缓冲期规则中的"期限"究竟应为多长才适当,就可以由法官综合考虑商标许可的时间、增值幅度、商业影响等各种因素自由裁量,以确立一个合理的期间,在方便被许可人转回商标增值利益的同时最大限度地照顾到许可双方的利益平衡。

第二,有利于促成当事人之间的博弈合作。根据科斯定理,由于存在交易成本,产权界定变得至关重要,它会影响经济效率和社会福利的大小。缓冲期规则对产权的界定使许可人和被许可人就商标和后发增值利益各得其所,容易促成许可双方的博弈合作。再以王老吉案为例,一方面,作为许可方的广药集团看重的正是消费者充满好感的"王老吉"商标,但这种好感却源于加多宝公司附加的商标增值利益,一旦加多宝公司将商标增值利益转移,"王老吉"商标的吸引力必将锐减;另一方面,转移商标增值利益又非常困难,加多宝公司是在与自己的历史作战,并没有多少胜算。因为消费者都有路径依赖的心理,一般不太愿意再花时间和精力去尝试另外一个品牌。从费用上看,有广告公司监测数据显示,加多宝公司为换标,仅 2012 年 4 月投入的广告费用就高达 4 亿元。② 而且无论加多宝公司怎样努力,总有一部分商标增值利益会遗留在"王老吉"商标上。因此,规定缓冲期规则,有利于促成许可人和被许可人在博弈的过程中选择继续合作,使双方都能够争取继续许可甚至转让许可商标,以避免因许可商标的增值利益的转移所产生的各种不必要的、事倍功半的情况发生。所以,缓冲期规则应明确界定商标许可双方的产权,让他们各得其所,从而有利于促成许可双方的相向而行,避免双方因不能继续合作甚至为了获得增值利益而"刀剑相向"所带来的"零和博弈"的"双输"结果。

第三,具有透明性,有利于对公共利益的关照。《商标法》的目的是必须

---

① 陈娅倩:《共存协议框架下的商标共存机制》,载《中华商标》2012 年第 4 期。

② 《加多宝单月广告费高达 4 亿?》,载 http://news.xinhuanet.com/fortune/2012-08/14/c_123579203.html,2014 年 12 月 7 日访问。

"确保在商标名义下销售的每一个商品都是真正的商标商品而不是替代品"。[①] 消费者的利益是商标保护的重要法益,在法律上规定缓冲期制度,则不但要求被许可人利用另外的商标转回商标增值利益的行为是在许可双方相互协作过程中完成的,还要求整个过程应公开透明,双方应清楚地向消费者说明有关商标的历史事实和许可的来龙去脉,而这个过程原本属于收回商标增值利益进程的一部分,只不过该过程和公共利益高度吻合。它在保障被许可人收回增值利益的同时,也充分保障了消费者的知情权,有利于公共利益的最大化。我国现行法上也有类似这样的规则,如现行《商标法》第 50 条规定:"注册商标被撤销的、被宣告无效或者期满不再续展的,自撤销、宣告无效或者注销之日起一年内,商标局对与该商标相同或近似的商标注册申请,不予核准。"该制度就完全属于为照顾消费者利益所做的安排。

总之,在被许可人的许可商标在许可使用合同履行期间产生商标增值利益的情形下,根据民法上的后合同义务,在法律上规定缓冲期规则,不但兼顾了许可人、被许可人、消费者的利益,还使《合同法》《商标法》《反不正当竞争法》《消费者权益保护法》的基本理念之间达到契合,可谓此种场合下的最优的路径安排。

(三)完善现行《商标法》的若干建议

基于前面的分析,我们建议,在现行《商标法》的"许可使用"部分增加以下内容的规定,以为将来类似案件的处理提供明确的法律指引。

第一,在现行《商标法》第 43 条之后增加一个条文,即规定:"在被许可人使许可商标明显增值的场合,当许可双方对商标增值利益的权属未进行约定或约定不明确,事后又不能进一步协商归属的,被许可人有权通过另外的商标将相关商标增值利益转回。"该规定是一个原则性规定,要求在出现被许可人增值商标的情形下,首先应尊重当事人的意思自治,自由约定增值商标增值利益的归属,只有在双方事后无法协商的情况下,才适用有关增值利益转回的规定。[②]

第二,紧接着上述的原则性规定,可以再增加一个"公共利益"条款,即"在商标增值明显的场合,为了公共利益,基于诚实信用原则,许可人负有和被许可人共同向社会告知商标许可的真实历史状况的义务,并负有协助被许

① 刘晓春:《商标注册人与使用人分离时的利益冲突与解决途径——从"王老吉"商标之争说开来》,载《电子知识产权》2012 年第 6 期。

② 李雨峰、倪朱亮:《寻求公平与秩序:商标法上的共存制度研究》,载《知识产权》2012 年第 6 期。

可人转回商标增值利益的义务”。该规定要求在被许可人在转移增值利益的过程中,须充分满足消费者的知情权,并对许可人的协助义务作出具体规定。

第三,可以在前述规定的基础上,继续新增一条,规定:“为避免消费者的混淆误认,在情况紧急的情势下,许可人负有停止使用商标的义务,停止使用的时间可以根据案件由当事人约定或法官酌定,但该时间应充分保证商标增值利益自然流回被许可人的商标和消费者不会混淆时止。”这样的规定意在表明,缓冲期的长短既应尊重当事人的意思自治,也可以在双方不能达成一致意见时,由法官酌定,但首要的是满足消费者不至因增值利益的转移而对商标产生“混淆”。①

第四,再新增一条,规定有关许可人和被许可人因为停止使用商标的损失分担问题,即“因转移商标增值利益产生的许可人因停止使用商标的损失和相关的费用,由被许可人或许可双方酌情分担”。该规定完全是出于对公平原则的考量,因为许可人的损失是为配合被许可人转移商标增值利益的需要而产生的,所以该损失应首先考虑由被许可人承担,但如果许可人对被许可人转移商标增值利益的而产生的损失存在过错时,则应由其酌情分担部分损失。

总之,上述规定既可以解决许可使用中商标增值利益归属和分配的难题,又有利于满足公众的知情权和事实上促进许可双方的博弈合作,可以对今后类似案件的妥善解决提供因应之道。

---

① 曾世雄:《民法总则之现在与未来》,中国政法大学出版社2011年版,第11页。

知识产权诉讼证据保全探究

广东省中山市中级人民法院民事审判第三庭

证据保全制度的完善与否从根本上关系到当事人在知识产权诉讼中举证均衡度，在政治上影响法律层面和社会层面正义的实现，在经济上直接决定知识产权专有人接受的创新激励水平，最终成为影响一个国家的创新形经济发展水平的核心因素。基于此，广东省法学会知识产权审判理论专业委员会选择了知识产权诉讼的证据保全问题作为2009年度的专项调研课题。本次调研运用比较的研究方法，从实证性分析和规范性分析双重角度对我国知识产权诉讼现行的证据保全制度的现状作分析，并吸取外国经验，以求从制度层面提出一些完善我国证据保全制度的建议。

一、对知识产权证据保全制度的实证考察

（一）各地知识产权证据保全概述

为了更好地了解全国各地知识产权审判中采取证据保全措施的情况，本调研组从2009年5月开始，走访了审理知识产权案件较多的佛山市中级人民法院（以下简称佛山中院）、深圳市中级人民法院（以下简称深圳中院）、中山市中级人民法院（以下简称中山中院）以及长三角地区的上海市高级人民法院（以下简称上海高院）、上海市第二中级人民法院（以下简称上海二中院）以及浙江省高级人民法院（以下简称浙江高院）和杭州市中级人民法院（以下简称杭州中院）。据不完全统计，佛山中院民三庭2008年采取证据保全措施的案件共111件，2009年数量略有下降，深圳中院民三庭2007年受理案件782件，证据保全的案件126件，比例是16%；2008年受理案件493件，证据保全的案件165件，比例是36.4%；2009年1～5月受理案件183件，证据保全的案件66件，比例是55%。中山中院民三庭2008年受理专利案件68件，证据保全的案件33件，占全部专利案件48.5%。2009年1～11月，受理案件123件，证据保全的案件24件。上海二中院2002～2005年采取证据保全的案件数量分别是71件、55件、39件、40件。浙江省全省法院审理的知识产权案件1634件，其中证据保全的案件占20%多，2008年与2007年相比，证据保全的案件增加了30%多；其中杭州中院每年审理的知识产权案件有4～500件，涉及证据保全的案件约25%。

（二）各地法院知识产权证据保全措施的共性

第一，证据保全多运用于知识产权审判中。由于我国知识产权法律关于

证据保全的规定直接来源于《与贸易有关的知识产权协议》(以下简称 TRIPS 协议)第 50 条,最高法院针对包括证据保全在内的临时措施颁布了一系列司法解释,均是针对知识产权审判,因而从立法上给予了当事人足够的指引,所以证据保全措施绝大多数都只适用于知识产权侵权案件,而其他类型的民商事案件较少采用证据保全措施。

第二,知识产权案件证据保全的数量占受理案件的比例并不平均,呈逐年上升并慢慢维持稳定比例的特点。这一过程(或者趋势)的形成,是多种原因作用的结果。一方面当事人总是偏爱法院强制力启动的低成本及公信力,即使在证据明显充足的情形下,也极力希望法院通过采取证据保全措施来对证据进行补强。且证据保全费每件 30 元收取,随着当事人诉讼技巧的提高,证据保全很难不成为他们的第一选择。另一方面,当知识产权审判部门慢慢积累足够经验后,针对当事人滥用权利导致的不公平诉讼以及法院在实施证据保全时所要承担的沉重成本等问题,各地法院相继出台了相应的规定、规则以规范证据保全程序的运行,从而排除了相当一部分无理的证据保全申请,使最后被法院采纳的申请维持在相当的数量。可以预计的是,随着证据保全制度逐渐完善,采取该种措施的案件数将会渐渐趋向稳定,表现出稳中有升的趋势。

第三,证据保全的工作量特别大。每采取一次证据保全措施,都必定占用法院较大的人力、物力。如上海高院每次执行保全措施的组成人员就包括技术人员、法警、执行人员、法宣科、审判人员等。如遇上技术较复杂的案件,还需要另行聘请专家。调研中知,杨浦区法院在一个案件中预先拟定了应对不同情况的紧急预案确保证据保全得以顺利进行。深圳中院还曾经在一个案件中出动了十几个法警来维持现场秩序。由此可知,知识产权诉讼中证据保全的内涵事实上远远超过了“保全”。其所囊括的阶段性环节至少包括事前的审查,包括方案拟定,人员组成,车辆、设备的安排,针对不同情况的应对方案以及事中、事后对相关事项的说明等,这些都表明证据保全在具体的操作上与执行工作并无太大的区别,但其技术性更强。导致这种情况的原因是多方面的,一方面由于司法的绝对权威未能树立,而诚信作为市场经济发展的核心价值也未得到市场主体的广泛认同。在双方不能互信的情况下,为最大限度保护证据而将证据保全作为一种“执行”程序来实施并辅之以准侦查、准搜查手段是应对当前复杂局势的一种无奈选择。

第四,证据保全均无一例外成为调解的利器。相对于公证取证以及当事人自己取证,由法院执行的证据保全无疑在公信力上有着极强的优势,申请人往往对证据保全的结果确信无疑。如法院无法保全到侵权证据,通过法院对败诉风险的说明，其亦自愿调解撤诉；若法院扣押到了侵权证据，败诉风险自然转移到被申请人一方，其自然也会表现出愿意调解的积极性。

第五，证据保全中遇到的问题基本相同。通过到长三角和珠三角地区各法院进行调研，我们发现一个有趣的现象：除了极个别问题外，各法院在具体实施证据保全的过程中所遇到的问题基本是一样的，应对的措施也基本相同。

（三）各地法院知识产权诉讼证据保全中遇到问题

第一，申请阶段的困境：（1）担保数额的确定。在财产保全措施中，法律和司法解释规定了“提供担保的数额应相当于请求保全的数额”。但对于法院如何确定担保的数额法律却未作出明确的规定。因为证据保全只是针对证据作出的保护行为，并无请求保全的数额，非针对“有确定价值”的财产，所以，在此情况下，不同的法院有不同的做法。佛山中院、中山中院都要求申请人必须提供担保，且直接按照诉讼标的额确定担保数额；上海各级法院、浙江法院和深圳中院的做法是由法官对案件进行审查后，按照证据保全措施对被申请人经营活动的影响程度来决定是否必须要申请人提供担保以及担保数额。（2）保全费的交纳。部门法规未特别针对证据保全规定申请人应交纳的费用。在这个问题上，各地法院的做法也不同。较多法院采用的做法是直接依据《诉讼费用交纳办法》申请保全措施，实际保全数额不超过1000法院按照该项规定的最高限额5000元每件进行收费。（3）诉前证据保全的保全费用如何负担。实施诉前证据保全之后申请人可能并不会按照法律的规定在十五日内提起诉讼，故该部份费用不能被归入诉讼费用中由败诉方负担。这一部分费用的性质如何确定尚待解决，可参照《诉讼费用交纳办法》第39条第2项“诉前申请海事证据保全的，申请费由申请人负担”的规定处理。（4）《诉讼费用交纳办法》只规定了证人、鉴定人、翻译人员、理算人员的交通费、住宿费、生活费和误工补贴属诉讼费用，但未规定法院工作人员实施证据保全措施所产生的上述费用该如何承担。事实上从《诉讼费用交纳办法》对于申请人申请保全措施只需交相关的申请费可知，法院工作人员实施证据保全产生的舟、车、居、食费应由法院承担。如此一定会给法院的经费造成相当沉重的负担。建议该部份费用并入诉讼费用，由当事人依胜诉比例分担。

第二，审查阶段的困境。（1）审查标准的确定。对证据保全申请是否采纳或主动实施，其核心要件是该证据是否处于将要灭失或以后难以取得的危险之中。这种判断基于申请人一种比证明责任在程度上更轻的责任——释明（说明）责任而作出。各地法院在对申请人分配具体的释明（说明）责任是趋同的，即他们都会要求申请人提供以下证据材料：①申请人是提出申请的合适主体,即是否是权利人、利害关系人、继承人和符合特定条件的许可使用人等;②权利稳定的证据;③表面侵权的成立。[①] ④对证据可能灭失或以后难以取得的说明。若可以通过公证保全固定证据的,不予采纳证据保全申请。另外,在坚持以上这些原则的同时,各地法院又按照不同种类的证据保全来区分标准是从严还是从宽。深圳南山区法院的做法是,针对侵权结果证据的保全,如销售,标准从严;针对侵权过程的证据保全,如涉及商业秘密的生产过程等,标准从宽。上海高院的做法是如涉及发明专利,则标准从宽,另外两种专利则标准从严。上海市第一中级人民法院(以下简称上海一中院)的做法是按照诉前保全或者诉中保全来区分。诉前证据保全从严,诉中证据保全从宽。因为法院可以对案件的初步走向作出判断,标准可适当放宽。(2)保全对象的确定。实践中,证据保全因其较之于调查证据更强的抗压性而被误解为只可以针对被告(或起诉后的被告)实施。多数法院倾向于针对案外的第三人使用调查取证的方式。但若附合证据保全的实质条件,针对案外第三人采取证据保全措施并无不妥。故这一情况争议性较大,容后再讨论。(3)不予保全如何处理。即如果法院不采纳保全申请,应以何种方式告知当事人的问题。法律对此没有明文规定,不同法院有不同的做法。多数法院都采取口头告知结合笔录的形式。如佛山中院、深圳中院、上海除一中院之外的各级法院等。上海一中院选择更灵活的方式,当申请人要求有书面形式的答复时,则满足申请人的要求。(4)裁定中是否列明证据保全实施的具体方法。比如,当申请人要求扣押被控侵权产品时,裁定的内容应当表述为“扣押××生产销售的被控侵权产品 A 一件”还是表述为“对××生产销售的被控侵权产品 A 进行证据保全”。实践中,在执行证据保全之前,法官并不能预先判断应对证据采取

---

① 合肥陈军知识产权律师团队:《深圳市中级人民院关于知识产权案件证据保全工作的调研报告》,载 http://www.hfiplaw.cn/detail/689.html,2018 年 2 月 23 日访问。“被申请人或被告实施被控侵权行为的初步证据”,其详细分析如下:“虽然目前法律、司法解释并无明确规定,但经过实践摸索,我们认为:虽然知识产权案件的纠纷类型繁多,但每种纠纷都有相应规律可循,每类侵权行为的实施方式往往‘异中存同’。因此,法官在审查时可以根据具体的案件类型加以把握——以侵犯专利权纠纷案件的证据保全申请为例,如果系指控被申请人、被告有实施许诺销售被控侵权产品的行为,申请人一般需提交证明被申请人或被告从事许诺销售行为的相关宣传彩页、参展图片、产品目录或价目表等。如果系指控被申请人或被告有实施销售被控侵权产品的行为,申请人一般应提交与被控产品相关的销售合同、发票、收款收据、订货单、出货单等证据;又比如侵犯商业秘密纠纷案件,如果系指控被申请人或被告侵犯申请人的经营信息,申请人一般应提交申请人与相关客户建立稳定业务往来关系的证据,以及被申请人或被告与客户的往来订单、收款收据等证据,通过这些证据来初步证明被申请人或被告接触的客户与申请人的稳定客户群有重叠;至于涉及侵犯注册商标专用权纠纷案件,申请人通常都需提交证明被申请人或被告所生产的产品或者提供的服务,使用了与请求保护的商标标识相同或相近似的证据。”

哪种合适的保全方法。若在证据保全裁定中具体列明了对证据保全的保全方式,如扣押,那么当证据系体积巨大的机械设备时就会产生巨额的运输、保管费用等,耗费大量不必要的人力和物力。若证据保全裁定以模糊方式表达,那么实施人员就可以临时决定对不便于运输的证据采取查封或者拍照的方式保全。所以,从便于执行的角度考虑,各地法院都趋向于模糊表达,再由执行人临场决定保全方式的做法。

第三,执行阶段遇到的困境。(1)保全是否应包括证据的收集和搜集。证据保全是对证据的"保护"和"固定",而非法院运用公权力对证据的积极搜集。若将搜集和保全混为一谈,证据保全就会演变成一方当事人证据搜集的延伸,法律的天秤就会倾斜。在此问题上,各地法院的做法是一致的:在实施证据保全过程中注重对"搜集"的谨慎排除。但会穷尽所有的方法(询问笔录、拍照、录像、录音等),在不影响被申请人经营活动或者将影响限制在尽可能小的范围内对现场"眼见耳闻"的证据以及与证据有关的线索记录、固定下来。如深圳中院会通过做笔录的形式探寻被申请人生产、销售被控侵权产品的产量、时间。(2)法院可以超出申请人的申请范围对证据进行收集?如原告起诉被告生产的型号为A的音箱侵犯了其实用新型专利,证据保全申请书中列明要求保全的型号也只为音箱A。当法院去到现场时,法官根据其对本专利的初步了解,认为现场由被告生产的音箱B、音箱C都可能侵犯原告实用新型专利权。问题就是法院到底是否应该超出原告的申请范围保全音箱B和音箱C。我们认为,这种超出范围的保全是不合理的。其一,在法律价值的问题上,近代民事诉讼的发展更多地采取辩论主义,由当事人承担起负责收集证据材料的责任,且在其未主张的情况下,不对未主张的事实予以认定。其二,从证据保全的本质来看,这种措施不是对证据的有意识的"收集",而是对证据的"固定、保护"。法院对被保全证据对证明事实是否必要、关联性程度如何不予审查。其三,这种超出范围的保全是建立在法官对原告本专利和现场产品技术方案的初步了解上而非对案情的充分理解之上。依据这样的初步判断来超出范围保全显然太过轻率。这一结论与最高人民法院《关于诉前停止侵犯注册商标专用权行为和保全证据适用法律问题的解释》第5条的规定一致。若原告或其诉讼代理人现场指认申请范围外的产品也侵犯了其权利,又应如何处理呢?我们认为,法院在公平保证双方权利基础上,应将申请人的请求和被申请人的辩解记于笔录之上,并对申请人临时请求超出范围进行保全所要承担的法律责任(追加担保和赔偿损失)进行释明,然后进行保全。(3)电子证据的保全。电子数据显著特点是它们可以被无限次快速复制的同时,又极其容易被删除、修改。当遇到证据保全的对象是储存在被申请人或被告的电脑及各种储存介质中涉嫌侵权的程序、图纸、技术参数时,如何将这些数据最快、最全、最稳地固定下来,避免日后双方当事人对此出现争端就成为一个值得探讨的问题。对此,深圳市中级人民法院的做法是最完备的,值得我们学习:在掌握基本案情的前提下,对是否需要保全电子数据作预判,然后据此确定是否需在保全组中配备有工科背景的法官。保全的设备包括有照像机、录像机、便携式的记录机、一次性刻录光盘等并要求当事人提供一个全新的移动硬盘。当保全工作人员去到现场对相关电子数据进行保全之前,会要求被申请人(被告)确认移动硬盘是空白的,如有异议可用笔录形式记录下来,但不影响保全工作的进行。在保全过程中,法官和工作人员会用录像、笔录将数据所在的路径全部记录下来。当完成了电子数据的复制和转移,再在双方当事人见证下将这些数据刻录在一次性光盘中封存,以待日后证据交换时再开拆质证。(4)财务账册的保全。各地法院普遍感到这一措施的实际效果不好。一方面,法官非会计专业人士。在现场一般不懂应当保全哪些与案件有关的资料。这样只会促使法官把包括与本案无关的资料全部保全起来。从而严重影响被申请人的经营活动,对其极度不公。而且,财务资料是经营者的商业秘密,也是经营活动的"经脉"。即使法官对被申请人表明身份、阐明来意,他也未必会主动配合如实提供相关的财务资料。且还会使他们抵抗意识增强,处处刁难工作人员,妨碍了如送达、扣押样品等其他工作的进行。另一方面,国内企业做两套账来应付国家税收已是不争的事实。保全所得财务资料未必能如实反映企业的真实情况。鉴于此,各地法院均赞同,若申请人请求保全被申请人的财务资料,就必须要求中介人员介入,以利用他们的专业技能来选择、保全相关的财务资料,并在保全后对被申请人的利润(营业或销售利润)进行审计。从而避免了查封、扣押被申请人所有财务资料,使其经营活动停顿的极端措施。如果被申请人不配合,否认生产、销售过被控侵权产品;或者承认生产过,但不提供或不完整提供相关生产、销售这些产品的财务资料,法院工作人员可令申请人到场确认这种情况。通过拍照、做笔录的方式尽量收集、调查关于被申请人财务活动的证据,以待日后作为推定被申请人掌握有特定财务资料的基础。① 然后,以书面形式告知被申请人拒不提供相关财务资料所要承担的法律责任以及面临的诉讼风险。(5)生产模具的保全。在实体判决生效之前,原告的诉讼请求是否会被支持仍是未知之数。若对被申请人的

① 张广良:《举证妨碍规则在知识产权诉讼中的适用问题研究》,载《法律适用》2008年第7期。

模具采取扣押或者查封的方式，则被申请人势必无法再使用这些模具进行经营，遭受直接经济损失。各地法院的做法是：对被申请人采用活查封的方式，即通过拍照、做笔录告知被申请人在未经允许的情况下不准私自处分这些模具，但在实体判决生效前仍可使用这些模具进行生产，从而最大限度减少对被申请人在经济利益上的损害。

综上所述，由于目前我国在立法上关于证据保全的法律尚未完备，证据保全的制度化、完备化尚待时日；[①]而在法律适用过程中，经济发达地区的法院长期处于案多人少的状态以及当事人对其权利的滥用，这些因素交织在一起共同加速了以上问题的出现。特别是在法无明文规定的情况下，各地法院在应对措施上的不统一既严重削弱了司法权威，又影响了知识产权司法保护体系与国际保护体系的进一步接轨，不利于我国知识产权战略的落实。所以，如何通过对我国立法、法理有及对国外相关制度的分析和借鉴，提出一些完善和规范我国知识产权诉讼中的证据保全制度的有益建议就变得尤为迫切。

二、知识产权诉讼证据保全制度理论分析

（一）概念

我国知识产权诉讼中的证据保全程序按照申请时间的先后分为诉前证据保全和诉中证据保全。这一分类和日本、德国相同。[②] 按照是否按当事人提出为标准分为法院依职权采取和由当事人申请证据保全两种。[③] 我国证据保全制度主要由民事诉讼法和著作权法、商标法、专利法和相关司法解释的规定结合而成。综观上述这些国内法和TRIPs，“证据可能灭失或者以后难以取得”是法院决定是否采取证据保全的核心要件。即证据保全是指在证据可能灭失或者以后难以取得的情况下，由诉讼参加人申请或者人民法院主动依职权采取的对证据的固定和保护措施，而非收集、搜集措施。

从本质上说，证据保全，是当事人和法院在民事诉讼中为防止证据的法律属性和自然属性因客观原因发生变化不适于作证而使用的必要保护手段。具有抗压性、紧急性及附属性[④]等特点。它与法律中规定的其他与收集、调查证

---

① 张亚琼、张宏：《台湾民事证据保全制度考察》，载《甘肃政法成人教育学院学报》2005年9月3期（总第58期）。

② 《德、日民事诉讼法（1996年）》，载何家弘、张卫平主编：《外国证据法选译》，人民法院出版社2000年版。

③ 同上。

④ ［日］松冈义正，《民事证据论》（上、下册），张知本译，中国政法大学出版社2004年版，第6章证据保全“证据调查之内容，任何场合，皆在确定某特定证据方法之内容。乃裁判上先构成手续之非独立成分”

据有关的制度存在明显区别。

第一,以当事人、公证机关和知识产权执法机关、工商机关甚至是公安机关为实施主体的对侵权证据收集、搜集和保全。从民事诉讼法和知识产权法律的规定看,证据保全受理、审查和施行的主体全部是"法院"。[①] TRIPs 第 50 条的用语也是"司法当局"(judicial authorities),而非"行政"(administrative)或其他。[②] 像德国和日本,其民事诉讼法以专章专节的方式规定了受理、审查、实施证据保全的主体是法院。[③] 所以,"证据保全"这一术语,应该专门的被应用在以法院为实施主体的保全措施中,不应包括其他主体实施的保全行为。

第二,与财产保全措施的区别。首先,证据保全目的在于通过公权力固定处于危险状态的证据,以备后用。财产保全的目的在于保证判决得以顺利执行,保障当事人的实体权利在诉讼程序的最后阶段得以完满实现。其次,证据保全实施方式多样灵活,除了一般的查封、扣押,还可以适用拍照、录音、录像、复制、鉴定、勘验、制作笔录等方法;财产保全的措施更多地集中在针对财产作出的查封、扣押和冻结措施。[④] 最后,在适用范围上,证据保全被频繁地运用于知识产权纠纷案件,非知识产权民事诉讼却非常少见。财产保全,则广泛适用于一切民事诉讼中。

第三,与调查收集证据的区别。这里说的调查收集证据是指民事诉讼法第六十四条规定的调查收集程序。从本质上看,二者是两种根本不同的程序。调查收集证据的程序是法院运用公权力直接代替当事人收集证据;[⑤]而证据保全制度只是保护既存证据不受其他因素影响而变得不适于作证。这种本质上的区别直接决定了二者在适用条件上的不同。这里有一个值得注意的问题是,在日本,证据保全被直接定义为"诉讼提起前和诉讼提起后,在未达到证据调查步骤之前依据预先的证据调查以确保证据调查结果的程序"。[⑥] 而日

---

① 《中华人民共和国海事诉讼特别程序法》第 62 条。

② TRIPs Article 32. Members may avail themselves of the exceptions permitted under paragraph 1 in relation to judicial and administrative procedures, including the designation of an address for service or the……"另见,[英]戴维·M. 六合资料大全。沃克(David M. Walker)著,李双元等译,法律出版社 2003 年版,词条"judical"。

③ 《德国民事诉讼法》第 12 节(第 485 条至第 494 条),《日本民事诉讼法》之证据部分,载何家弘、张卫平主编:《外国证据法选译》,人民法院出版社 2000 年版。

④ 王安、吴玲:《论民事证据保全》,载《江苏行政学院学报》2003 年第 4 期。

⑤ 毕玉谦主编:《最高人民法院关于民事诉讼证据的若干规定解释与适用》,法律出版社 2002 年版。

⑥ [日]松冈义正,《民事证据论》(上、下册),张知本译,中国政法大学出版社 2004 年版,以及[日]中村英朗:《新民事诉讼法讲义》,陈刚、林剑锋、郭美松译,法律出版社 2001 年版;[德]奥特马·尧厄尼希著:《民事诉讼法》,周翠译,法律出版社 2003 年版。

本的证据调查是一种“除简单案件外”,多数案件必须经历的位于“争点和证据整理程序结束之后”的程序,其本质是“法院以发现证据方法之内容为目的之诉讼行为”,与我国民事诉讼法规定的法庭调查类似。① 但在我国,法庭调查和证据调查明显是不同的程序,所以,证据保全不等同于证据调查。

第四,与禁令的区别。我国知识产权诉讼中的禁令制度与证据保全制度一样来源于 TRIPs 第 50 条。二者的区别集中表现在法院审查标准的不同。禁令的审查实质上是法院“依据双方当事人提供的指控侵权和提出抗辩的证据进行审查,作出专利侵权胜诉可能性和无可弥补的损失的初步判断”,②而证据保全则须满足被申请人是否具有表面侵权可能的要件。除此之外,二者在实施方式上也有显著不同。

(二)程序

第一,知识产权证据保全的管辖。

基于知识产权诉讼的技术性要求,欧美日等各发达国家均设立专门法院以管辖知识产权的诉讼。故在知识产权诉讼中对证据保全的管辖必然首先受知识产权诉讼管辖的约束。如德国的知识产权诉讼由普通法院中的州法院进行一审,商标与外观设计由第一民事审判庭负责;专利、实用新型、集成电图布图设计和植物新品种案件由第五民事审判庭负责。③ 日本在经历对民事诉讼法的修改后,知识产权诉讼的一审管辖权全部由东京、名古屋、仙台、札幌、大阪、广岛、福冈和高松 8 个地区的地方法院享有。④ 而在美国,专利和版权纠纷主要由联邦法院管辖,州法院可以管辖如知识产权的所有权、转让和授权争议的某些纠纷。对于商标,由州法院和联邦法院平行管辖,商标所有人既可向州法院提起诉讼,也可以向联邦法院提起诉讼。但专利案的上诉管辖权则由专门设立的“联邦巡回上诉法院”独享。⑤ 在我国,根据相关司法解释的规定,有关专利、商标、著作权、植物新品种、集成电路布图设计等案件除各高级人民法院根据实际情况确定可以受理部份知识产权案件的若干基层人民法院外,知识产权案件一律由中级以上人民法院管辖。至于地域管辖,根据最高人民

---

① 《日本民事诉讼法》之证据部分,载何家弘、张卫平主编:《外国证据法选译》,人民法院出版社 2000 年版。

② 段立红:《专利法中的诉前临时措施》,载《知识产权审判指导与参考》(第 3 卷),法律出版社 2001 年版。

③ 王允方:《德国的知识产权保护》,载《世界机电经贸信息》1997 年第 5 期,以及武卓敏:《德国工业产权诉讼》,载 http://www.law-lib.com/lw/lw_view.asp? no =7370,2018 年 2 月 23 日访问。

④ 阎文军:《日本知识产权审判情况概要》,载《法苑博览》2005 年第 3 期,以及范纯:《当代日本司法制度改革评析》,载《日本学刊》2007 年第 3 期。

⑤ 康尼:《解析中美知识产权法律制度》,载《中国知识产权报》2008 年 10 月 29 日,第 2009 版。

法院《关于诉前停止侵犯注册商标专用权行为和保全证据适用法律问题的解释》第2条“诉前责令停止侵犯注册商标专用权行为或者保全证据的申请,应当向侵权行为地或者被申请人住所地对商标案件有管辖权的人民法院提出”。由此可见,证据保全的管辖法院应是受诉法院。如为诉前证据保全,则应向将来的受诉法院提出申请。还有学者提出,紧急情况下,可由证据所在地法院管辖。[①] 如德国民事诉讼法则规定诉前(诉讼系属前)的证据保全,其管辖法院由应受讯问的证人、鉴定人所在地或者应受勘验之物所在地有管辖权的初级法院提出。若在诉中(诉讼系属后)申请证据保全,在“急迫的危险时”,其管辖法院与诉前证据保全的法院相同。一般情况下,申请人应向起诉的法院(诉讼系属)法院提出,也可向书记科陈述,记入笔录。日本民事诉讼法也有类似的规定。[②]

第二,申请人申请证据保全的要件。

申请的形式要件。根据司法解释的规定,证据保全申请应当以书面形式提出。[③] 载明:1. 当事人及其基本情况。[④] 特别应指明诉讼中的相对人(被告)或者将来系属于本诉的相对人(被申请人)。若不能指明对方当事人,日、德均有由申请人“释明”非自己过失,由法院代对方当事人选任代理人的规定。[⑤] 2. 申请保全证据的具体内容、范围、所在地点。申请人应该说明,要保全的证据,是物证、证言、书证还是其他类型的证据,同时亦须说明证据由谁掌握,并提供足够的线索,以确保处于危险之中的证据及时得到保全。[⑥] 3. 请求保全的证据能够证明的对象。申请人应说明申请保全的证据和该项证据与待证事实之间的关系,亦即保全得到的证据能证明什么事实。至于该待证事实与本

---

① 毕玉嫌:《证据保全程序问题研究》,载《北京科技大学学报》(社会科学版)2001年5月。

② 《日本民事诉讼法》第235条,载何家弘、张卫平主编:《外国证据法选译》,人民法院出版社2000年版。

③ 《最高人民法院关于诉前停止侵犯注册商标专用权行为和保全证据适用法律问题的解释》第3条第2款;另,丁杰:《论证据保全制度》,载何家弘主编:《证据学论坛》(第4卷),中国检察出版社2002年3月版,第301页。

④ 毕玉谦主编:《最高人民法院关于民事诉讼证据的若干规定释解与适用》,中国民主法制出版社2002年版,第215页。

⑤ 《德国民事诉讼法》《日本民事诉讼法》,载何家弘、张卫平主编:《外国证据法选译》,人民法院出版社2000年版;[日]松冈义正:《民事证据论》(上、下册),张知本译,中国政法大学出版社2004年版。

⑥ 王旺林、王劲松:《知识产权诉讼中的证据保全》,载《人民司法》2002年第2期,以及金长荣:《诉前禁令和诉前证据保全的实践》,载《人民司法》2002年第12期。

案诉讼是否必要,其重要程度如何,在所不问。① 4. 申请的理由,这是法院是否采纳申请人申请的根本要件。当事人及其诉讼代理人除了要具体“释明”证据可能灭失或者以后难以取得的情况还须说明因客观原因不能自行收集。5. 提出申请的期限。根据《证据规定》第 23 条的规定,证据保全申请的提出时间不得迟于举证期限届满前七天。6. 提供担保。根据《民事诉讼法》第 98 条的规定,提供担保的意义在于当人民法院采取的证据保全措施给被保全方造成损害时,可以及时给予救济。② TRIPs 第 50 条第 3 款也指出担保的意义在于“保护被告和防止滥用”。7. 费用。如何确定采纳证据保全申请的收费标准的问题在前文已经提到。每件收费 30 元,与法院为实施证据保全而支付的差旅费、人员食宿费和汽油费等费用相距甚远。法院的费用本质上是国家财证的一部份,低廉的成本无疑为权利人维权打开了方便之门。但过份支出只会使整个法院系统因缺乏经费则难以运作。所以证据保全支出的费用应“以至少部份补足司法开支”为标准而交纳。③ 如日本和中国台湾地区都规定了有关证据保全费用为诉讼费用的一部份。也就是说,为证据保全支出的所有费用由当事人预交,最后按照胜负比例在当事人内部分担。④ 8. (诉前)证据保全　申请人应在法院采纳其申请并实施证据保全措施后的十五天内提起诉讼。

第三,法院审查证据保全的适用条件。

证据处于“可能灭失或者以后难以取得的情况”是法院决定是否采取措施的核心要件。这一核心要件大陆法系的国家中的规定大致相同。如德国《民事诉讼法》规定“证据方法有灭失或难于使用之虞”为适用条件之一,⑤日本《民事诉讼法》则直接扩大了法院的自由裁量权,规定只要法院认为如不预先采取证据调查,碍于使用该证据,就可以实施证据保全。对此,我们可以认为证据的灭失当然属于“碍于使用该证据”的一种情形。“灭失”强调证据本身性状之改变。而“以后难以取得”则强调证据未改变,但取证之人因受环境的限制,无法及时获取该证据的情况。如证人在短期内出国,迁移致使以后无

---

① [日]松冈义正:《民事证据论》(上、下册),张知本译,中国政法大学出版社 2004 年版;毕玉谦:《证据保全程序问题研究》,载《北京科技大学学报》(社会科学版)2001 年第 5 期。

② 王安、吴玲:《论民事证据保全》,载《江苏行政学院学报》2003 年第 4 期,以及旺林、王劲松:《知识产权诉讼中的证据保全》,载《人民司法》2002 年第 2 期。

③ [德]奥特马·尧厄尼希著:《民事诉讼法》,周翠译,法律出版社 2003 年版,第 16 章　费用事务。

④ 刘玉中:《证据保全之认知与运用》,载《玄奘法律学报》2004 年第 2 期。

⑤ 张亚琼、张宏:《台湾民事证据保全制度考察》,载《甘肃政法成人教育学院学报》2005 年 9 月 3 期(总第 58 期)。

法知道其踪迹等情况。又如在“合理证据”表明原告的知识产权正被侵害,或者将要受到侵害,侵权证据稍纵即逝,以后难以取得。[①] 灭失或者以后难以取得的地位是并列的,只要出现其一,即可采取证据保全,而无须两种情形同时出现。其次,申请人只需向法院“释明”证据处于危险状态,无须尽证明之责任。“当事人提出证据,使法官就其主张的事实,产生强固的心证,相信其确实如此”,即为证明;而“释明”,系指“当事人提出证据,使法官就其主张的事实,产生薄弱的心证,相信其大概如此”。[②] 质言之,二者都由法官自由心证判断为共通处,差别仅在于程度不同而已。[③] 证据保全程序作为紧急性的临时措施,申请人对于证据处于危险状态的事实应负释明责任。[④] 释明的程度如何,有学者甚至提出,“从量上来看,初步证据应当掌握在胜诉证据的 30% 左右”。[⑤] 因此,法院在审查时,应首先按照 TRIPs 的规定,要求申请提交足够的证据证明其为权利持有人,再审查申请人是否有证据证明证据处于危险状态,如“提供照片或证人有远行之函件”、[⑥]与被申请人的通话录音等。在申请人确实无法提供直接证据予以证明时,法院才应综合考虑申请人提供的权利证据、初步侵权证据以及证据处于危险状态的具体说明三个因素来决定申请人是否尽了释明的义务,再行决定是否采纳申请。这样的理解应当是与 TRIPs 第 50 条第 3 款和第 5 款的规定一致的。这里还有一个问题应注意,即,“现在”难以取得(现在因客观情况不能自行收集)而以后可以取得的,不应认定为证据保全的实质要件成立。如证人在短期出行后在确定的期限内回来,行踪确定的;被申请人因市场周期变化而在下季度才再生产被侵权产品等。至于现在多数申请人考虑到法院收费低、效率高、证明力强等特点,在未提交足够的权利证据和初步侵权证据前或提交了上述证据,又可通过公证购买方式自行取得的,都属于未尽其释明责任的情形,应不予采纳。这一点法院应当从严把握。

第四,证据保全的效力。

根据知识产权三大部门法的规定,法院在审查申请后,“必须在四十八小

---

① 欧盟指令 DIRECTIVE 2004/48/EC 第 7 条(Artile 7),载 http://ec. europa. eu/internal_market/copyright/documents/documents_en. htm,2018 年 2 月 24 日访问。

② 江伟:《民事诉讼法》,中国人民大学出版社 2000 年版;另见[德]奥特马·尧厄尼希:《民事诉讼法》,周翠译,法律出版社 2003 年版。

③ 刘玉中:《证据保全之认知与运用》,载《玄奘法律学报》2004 年第 2 期。

④ 毕玉谦:《证据保全程序问题研究》,载《北京科技大学学报》(社会科学版)2001 年第 5 期,以及[日]松冈义正:《民事证据论》(上、下册),张知本译,中国政法大学出版社 2004 年版。

⑤ 金长荣:《诉前禁令和诉讼证据保全的实实践》,载《人民司法》2002 第 12 期。

⑥ 毕玉谦:《证据保全程序问题研究》载《北京科技大学学报》(社会科学版)2001 年第 5 期。

时内作出裁定;裁定采取保全措施的,应当立即开始执行”。也就是说,法院以裁定的形式作出采纳或者驳回申请的决定。若法院作出驳回裁定。该裁定仅需送达申请人,而无须送达被申请人,因其与该种裁决并无利害关系。但申请人应可得到一次救济的机会,即对该驳回裁定提出抗告(或者复议)。

这里应着重讨论的是如何通过法律的强制力充分发挥证据保全制度在侵权诉讼中的作用以及这一效力是否可以扩大到第三人两个问题。问题一的突出表现系当有证据表明被申请人故意隐藏对其不利的证据时,如财务资料、生产模具,法院除了适用举证防碍规则,是否还有其他选择?欧美各国的民事诉讼法为我们提供了许多建设性的选择。美国《联邦民事诉讼规则》第26(b)1条规定:各当事人可获得与某当事人权利要求或辩护有关的任何不受特权保护的证据。相关证据并不需要具备在法庭上的可使用性,如果此证据可以经过合理推算后可能导致发现其他在法庭上的可使用性的证据,对方就有权力检查。[①] 这就是美国民事诉讼中各方当事人均有权采用以“彻底发现”证据的开示程序(disclosure)。[②] 证据开示的方式有五种,其中查验对方当事人或者第三人控制的文件或者其他物证的开示方式很好地解决了控制证据一方当事人不提供相关证据的困境。[③] 因为作为开示程序的一种,如当事人在程序中有欺诈行为或违反开示义务,可能招致的后果包括在法庭审理阶段不允许其使用没有出示的证言及其证据资料的制裁、法院发出强制答复或指定命令、对于不服从命令的当事人不允许其对被指出的请求或抗辩进行证实或对抗,或者禁止该当事人对被指定的事物作为证据提出,以藐视法庭罪科处拘留和罚金刑、把与法院命令相关的事实视为已经得到证明、驳回诉讼或缺席判决和支付不作为而导致对方所支付的费用(律师费)。[④] 在德国,当有关主体(当事人、鉴定人、证人)违反法院的证据调查命令时,同样会招致不利的法律后果。[⑤] 就勘验而言,如负证明责任的当事人拒绝出示其占有的勘验客体或者忍受检查,则他们失去该证据手段;如负证明责任的对方毁灭勘验证据,法院可以心证方式视负证明责任的当事人证明完成。就书证而言,如举证人提出对方占有文书,则应申请命令对方提出文书。该申请应证书、证书的内容、证

---

① [美]哈泽德等:《美国民事诉讼法导论》,张茂译,中国政法大学出版社1998年版。

② 王承守、邓颖懋:《美国专利诉讼攻防策略运用》,北京大学出版社1995年版,以及常怡:《比较民事诉讼法》,中国政法大学出版社2002年版。

③ 王承守、邓颖懋:《美国专利诉讼攻防策略运用》,北京大学出版社1995年版。

④ 廖中洪:《民事证据发现制度比较研究载》,载《河南省政法管理干部学院学报》2004年第5期。

⑤ [德]奥特马·尧厄尼希:《民事诉讼法》,周翠译,法律出版社2003年版。

书证明的事实、主张对方占有该证书根据的事由、释明对方有提出证书义务的原因。如法院申请有理由,而对方当事人对申请不作表示或者承认证书在其手中,法院就作出命令要求其提出。如对方不服从该命令,则举证人关于证书的性质和内容视为得到证明。一方当事人故意损毁文书或者妨碍对方使用该文书,其法律后果与上同。[①] 日本的证据调查程序与德国大致相同,在此不再赘述。[②] 所以,针对法院在扣押被申请人的财务资料时遇到的不配合情况,法院积极适用法律规定的举证妨碍责任既是国际通行做法,没有任何法律障碍。至于证据保全裁定能否约束案外第三人的问题。有观点认为,因为证据保全以裁定方式作出,故其效力不宜直接约束第三人。该观点应该源于诉的主体要素只包括原、被告这一原理,故裁判只能针对诉中的当事人。然而事实上,为解决原、被告之间的诉,按照民事诉讼法的规定参与到民事诉讼法律关系中的各主体当然地包括了作为证人的诉讼参与人。[③] 既然我国的证据调查收集程序可以涉及第三人,为何证据保全不能适用于第三人呢?事实上,欧美各国的民事诉讼程序都不约而同地将证据程序扩大到第三人身上。最突出的如日本《民事诉讼法》第 210 条规定的请求对方或者第三人递交文书的命令。设立该命令的用意在于适应现代社会的急速发展,平衡双方当事人在诉讼中的举证责任,特别是在那些与案件有利益关系的文书被对方或者第三人持有的现代化诉讼中。[④] 至于美国,"向诉讼外第三人收集证据则必须经过法院,得到一份由法院书记官签发的命令第三人出庭作证或交出文件的传票。但经过法院向第三人传唤,并不是说询问证人或要求第三人提供文书或物证必须经过法院的许可,只是说必须以法院的名义向他们发出传票,强制其提供证据",法院一般对当事人向第三人收集证据采取宽容的态度。[⑤]

第五,保全证据的运用。

法院执行了证据进行保全之后,保全所得证据是归入申请人一方提供的证据体系,还是不硬性将其归入某一方,而由双方各取所需的运用?如双方都不运用,不以保全得来之证据作为支持其主张的依据,法院是否可以主动采纳这些证据认定事实?日本和中国台湾地区均认为证据保全所得证据应平等给双方利用。[⑥] 辩论主义认为:1. 作为判决基础认定的主要事实必须在当事人

---

① 《德国民事诉讼法》,载何家弘、张卫平主编:《外国证据法选译》,人民法院出版社 2000 年版。

② 《日本民事诉讼法》,载何家弘、张卫平主编:《外国证据法选译》,人民法院出版社 2000 年版。

③ 江伟:《民事诉讼法》,中国人民大学出版社 2000 年版。

④ 唐力:《日本民事诉讼证据收集制度及其法理》,载《环球法律评论》2007 年第 2 期。

⑤ 常怡主编:《比较民事诉讼法》,中国政法大学出版社 2002 年版。

⑥ [日]松冈义正:《民事证据论》(上、下册),张知本译,中国政法大学出版社 2004 年版。

的主张和对抗中出现,当事人未主张者不能作为判决认定的事实;2. 当事人无争议的主要事实当然地作为判决的基础;3. 法院进行证据调查的证据只能局限于当事人提出申请的证据。[①] 若将保全所得证据全部归入申请一方,并作为其提交证据一部份,其结果将会是矛盾的。因为申请方在证据保全之前并不知道证据的详细情况。一旦证据保全回来后,其所能证明的事实有可能包括了双方当事人均未在本案中主张的事实。如果将这些证据一并归申请方,并视为申请方提交,那么按照辩论主义,法院对于这些当事人未主张而又视为其提交的证据就变得无从下手。对此,大陆法系国家的观点可资借鉴。应认为原告、被告均对证据保全所得的证据享有平等的使用、运用的权利。他们都可以将这些证据作为充实己方行为上举证责任而提出,供支持自身主张之用。这是由证据保全措施的本质决定的。作为证据保全措施的公权力的介入,其唯一作用只是为现存的证据材料提供一层保护膜,对抗任何自然力或人力对这些证据材料的"侵蚀"。这种保护膜对于原、被告双方来说中性的,不属于任何一方,所以任何一方均可对保护膜之下的证据加以利用。至于双方均未使用但又与案件事实有关联性的证据,为了完成我国民事诉讼法"查明事实"的重要任务,法院亦应加以调查。

三、完善我国知识产权证据保全制度的建议

经上述分析可以看到,并不是所有国家都设置有独立的证据保全制度。[②] 在英美法系国家,他们通过已有的证据开示程序来实现证据保全的功能。在那些专门设置有证据保全制度的大陆法系国家,如德国、日本,虽然他们为证据保全设定了特定的适用的条件,但其具体的实施方式却是和本国的证据调查程序相同的。[③] 笔者觉得,尽管在法律设置上我国的证据保全和证据调查上存在本质区别,但二者的功能相似,而且实施的手段部份重合。为了法律体系的简化和实用,笔者认为我国可参照日、德民事诉讼法的安排,在一定程度上将二者结合起来从而实现我国民事诉讼证据制度的完善和改进。

(一)完善知识产权证据保全的适用

第一,完善管辖法院。为保证行动的及时,在情况紧急时,赋予被保全的人或物所在地基层法院的管辖权。在采取证据保全措施后,应由实施保全的

---

① [日]高桥宏志:《民事诉讼法制度与理论的深层分析》,林剑锋译,法律出版社 2003 年版,辩论主义一章。

② 许少波:《法国证据保全制度初探》,载《民事程序法研究》2009 年第 4 辑,以及[法]让·文森、塞尔日·金沙尔:《法国民事诉讼法要义》,罗结珍译,中国法制出版社 2001 年版。

③ 《德国民事诉讼法》第 492 条以及《日本民事诉讼法》第 234 条,载何家弘、张卫平主编:《外国证据法选译》,人民法院出版社 2000 年版。

法院将保全所得证据移交受诉法院。如当事人错误选择管辖法院,有关法院应告知其去有管辖权的法院提出申请。

第二,完善诉前证据保全的适用范围。根据我国最高人民法院对专利法、商标法和著作权法所作的司法解释,现阶段在我国唯一可以在诉前提起证据保全申请的案件只有关于侵犯注册商标专用权的案件,侵犯专利权和著作权的诉前证据保全申请只可以和诉前禁令一同提出。这明显不符合TRIPs的要求。日、德两国和中国台湾地区的诉前证据保全制度也未对申请人作出这种要求。且将诉前证据保全和禁令捆绑在一起,二者举证责任明显不同,以申请禁令的要求来决定是否采纳证据保全有过分约束权利人诉权之嫌。所以应准许申请人在专利和著作权侵权纠纷案件中单独提起诉前保全申请。并应限定在采取证据保全措施后15天内申请人必须起诉,否则法院解除保全措施。

第三,完善当事人申请证据保全的形式。申请应以书面形式,除了载明当事人、被保全证据以及证据与待证事实的关系外,还应"释明(疏明)"证据将要灭失或者以后难以取得的原因,而非"具体说明"。该释明责任,至少应包括证明其系利害关系人以及权利处于稳定状态的证据,如证书原件、缴费收据原件,专利权登记副本等。除此之外,申请人可提供侵权行为正在发生的间接证据,如相片、宣传册、交易记录、出关单、交易录音等,这些证据可以是复印件。在书面申请中,申请人还应当写明申请该项证据保全的目的。现实中,经常有申请人以申请证据保全或者财产保全之名而行禁令之实时,以达到"防止货物进入其管辖范围内的商业渠道"[①]的目的。在法律上,对物品的扣押既可以是证据保全,又可以是财产保全和禁令。当事人往往出于举证简便的需要选择证据保全而要求扣押整批货物。但这样的理由是不充分的。因为作为证据,被控侵权产品取样一个至几个以作为庭审比对样本足矣。对被整批货物作扣押只会变为毫无正当性地妨碍被申请人的销售生产。即使从证实侵权行为的严重程度上看,也无扣押整批货物的必要,因为可以通过拍照、点数等措施来确定被申请人的生产、销售情况。所以,从公平角度来看,以证据保全申请来对整批货物进行扣押应当是不允许的。假如申请人的目的只想限制被控侵权产品流入市场,那么其只能申请临时禁令。所以,应该要求申请人书面写明证据保全的目的,当其目的不明时法官应积极行使释明权,告知其不同措施而导致的不同法律效果。申请人还须写明证据保全的具体内容。即详细说明保全的形式、内容和数量。是扣押物证还是采取通过复印、拍照固定的方式

---

① TRIPs第50条第1款,载http://sms.mofcom.gov.cn/article/zt_jshfw/subjectee/201703/20170302538505.shtml,2018年2月25日访问。

对证据进行活封？扣押的数量是一个，还是多个。如涉及扣押财务资料的话，要说明时间段。所有这些都应由申请人主张并仔细地描述，从而为法院确定保全的范围打下基础。

第四，完善驳回证据保全申请的内容。决定由合议庭法官针对证据是否处于灭失或者以后难以取得的情形通过心证作出。当然，如申请人不交费、不提供担保，法院会驳回其申请。除此之外，借鉴德国《民事诉讼法》的规定，法官还可基于申请人对权利的滥用，如权利凭证的缺少、仅仅是对侵权行为的口头阐述，或者法官认为证据保全多余，即使保全得到的证据对裁判意义也不大，又或者事实的反面已获得牢固确信，保全了证据也改变不了什么等情形都可驳回申请人的申请。驳回申请应以书面形式作出，并说明驳回的理由。①

第五，完善证据保全的担保数额。针对当事人提出证据保全内容的不同，以最低限度不影响被申请人的经营活动为原则由法官自由裁量是否应该提供担保及担保的数额。如申请人只是要求到被申请人提取样品、宣传册之类，则无须申请人提供担保或者提供较少数额的担保。如涉及扣押、查封被申请人的财务资料等严重影响被申请人经营活动的请求的，则应综合考虑被申请人生产规模、生产的产品，经营时间等因素来决定申请人提供的具体担保数额。对于提供房地产、设备和车辆等财产作担保的，法院应责令申请人提供对该财产的价值评估报告。

第六，完善申请费用及分担。现实中知识产权证据保全措施的经济成本是极其高昂的。每次出动至少要 5 名干警，而且还需要出动大型警车。当被保全证据在外省、外市时，还要再支出差旅费、住宿费等费用。考虑到知识产权诉讼的特殊性，即当事人多数是公司、企业等经济上处于较富裕的主体，而不像劳动争议案件当事人在经济上处于弱势。这些公司和企业绝大多数情况下他们都可以承担得起这些实施保全时产生的费用。所以笔者认为，上述费用以及包括证人、鉴定人出行费、法院送达费用和复印费等都可按照日本、中国台湾地区的做法，先由申请人垫付，在诉讼结束时按照胜负比例分担。这样一种安排不会对社会和谐产生负面的影响。对于申请了诉前证据保全但未按照规定在十五天内起诉的情形，申请人缴纳的、预缴的受理费、费用无须退还。其提供的担保应在征得被申请人同意的情况下才解封。如被申请人请求继续扣押其担保财产，法院应以书面形式限定被申请人就证据保全措施造成其经济损失的情况提起诉讼的时间，超过时间不起诉则对担保财产予以解封。

---

① [德]奥特马·尧厄尼希：《民事诉讼法》，周翠译，法律出版社 2003 年版。

（二）规范知识产权证据保全的执行

为便于证据保全措施的顺利执行，知识产权证据保全裁定书裁定主文不需将具体的实施方式列明。如“对被申请人××生产、销售的被控侵权产品A（型号）进行证据保全”即可。在执行中，需要规范以下几方面：

第一，方式灵活。在具体实施证据保全和证据调查过程中，法院到底选择拍照、记录、还是录像方式对取得的证据进行固定，这是技术问题而不是法律问题。法律关心的是证据的表现形式，其证明力如何。至于使用何种方式将其固定，这是由当代科技发展决定的。不同的时代有不同的方式，而且随着科技的发展，这些方式是不可能尽列的。所以立法者也必定意识到了这个问题，在众多执行方式之后加了一个“等”字。证据保全和证据调查收集所采用的方式可借鉴德、日的做法，直接按照证据的种类分5种，即证人证言、鉴定、询问当事人、书证和勘验。

第二，手段公开。这里指的是大陆法系日、德两国适用的直接审理原则和公开审理原则。基于知识产权审判的严肃性和诉讼对公平的本质追求，可以借鉴适用。在德国，直接审理是指证据调查必须在受诉法院面前进行，只有在特殊情况下，才可以委以合议庭的一名法官或者委托外地法院实施。这样的好处是让证据直接呈现在法官面前，令法官清晰地记忆现场的情况，以最直观的方式感受气氛，确保以后对事实的认定最接近真实。虽然我们现实中法官面临案多人少的局面，但我们可以作一变通适用，让主审的法官和书记员亲临现场执行证据保全。双方到场是指双方当事人均有权出席证据调查的权利。但被申请人不在场也不防碍法院进行证据保全。对于这一点在我国的适用，申请人到场主要是保护申请人一方到达证据保全现场指认被控侵权产物的权利。因为申请人自己才是最了解案情事实的人，当被控侵权产品的技术较复杂时，通过让申请人到现场指认来确定保全标的是一个妥当的做法。而且双方当事人在现场还可以通过法官在现场的引导下就临场扩大证据保全的范围进行协商。又或者在现场即进行调解。尽管这样的做法可能会导致冲突，但在保护申请方和被申请方平等对话的基础上，冲突的局面相信还是能迅速缓和的。

第三，过程保密。在执行证据保全过程中适用公开审理原则会导致申请人借证据保全之机了解被申请人商业秘密的情况。为保证与案件无关的经营信息不外泄，可通过双方签订保密协议的方式确保证据保全的顺利实施。保密协议的主要内容应包括由当事人协商确定的信息名称和范围，方式上约定只允许申请人在与诉讼标的有关的场合下使用或出示而且不能泄露给第三人，还有就是一旦泄密协议当事人应该承担的后果，如可约定一定金额的违约金或者寻诉讼方式解决。对于信息的保密还有另外一种制度性选择，借鉴美国的做法，以法院颁布保护令的方式，限定保密信息的范围、指向、使用、信息在诉讼中的使用及资料返还销毁等内容。由律师签署该书面保护令，如若违反，则可能导致藐视法庭罪，负刑事责任。①

第四，责任强化。当侵权证据由被申请人控制，但其拒不交出或者拒绝让法官进入现场时，法官应根据现场的取证情况适用举证防碍责任，直接认定申请人在证据保全申请书里主张的事实为真实。这里的现场取证情况包括对经营主体的确定、各基层委员会人员或者承办法官和书记员在现场对被申请人不予配合情况的见证等。

（三）确立知识产权证据保全对第三人的效力

前文已经提到，日本《民事诉讼法》设置的文书递交命令直接约束案外第三人。该文书递交命令属于日本民事诉讼中证据调查方式的一种，所以同样也构成了日本民事诉讼中实施证据保全的方式之一。② 根据日本《民事诉讼法》第219条至第231条的规定，文书递交命令适用于除法定免除事由外的当事人引用自己持有的文书、可请求文书持有人交付或者阅览、文书为举证人的利益而制作或举证人与文书持有人间的法律关系而制作三种情形。申请文书递交命令的申请人应在申请书上载明文书的表示、文书的内容、文书持有人、应证明的事实、有提出文书义务的理由。如果申请人向法院提出文书提出命令时，对明确应该提出的文书的“表示”和“内容”有明显困难，只要能够说明文书持有人在该申请中能判明这些文书即可，并要求该文书持有人明确关于该文书的表示和内容。被申请人是否有递交文书的义务由法院判定，如该文书由第三人占有，法院必须询问第三人。文书提出命令以决定的形式作出。文书持有人（包括第三人）应该服从该命令。若系当事人不服从该命令，根据日本《民事诉讼法》第224条的规定，法院可以认为对方关于文书的主张为真实；若系第三人不服从命令，根据第225条的规定，法院可以处20万日元以下的罚款。对于申请第三人交付勘验物以便勘验，第三人无正当理由拒绝法院

---

① 罗东川、段立红：《中国知识产权法官代表团赴美参加知识产权保护研讨会的情况报告》，载《知识产权审判指导与参考》（第8卷），法律出版社2004年版。

② 日本《民事诉讼法》第234条，载何家弘、张卫平主编：《外国证据法选译》，人民法院出版社2000年版。

命令,其后果与上述拒绝文书递交命令的后果相同。[①] 在寻问证人方面,日本《民事诉讼法》规定,对无当理由不出庭的证人可适用罚金、拘传、拘留等措施。[②] 由此可见,日本民事诉讼法中的证据保全程序对案外人有直接的约束力,这种直接的约束力集中表现在案外人如无正当理由拒不履协助作的义务则在法律上承担一定的不利后果。反观我国,不仅民事诉讼法未规定不出庭作证证人要承担不利后果,亦未在证据保全的法律、法规中明确第三人应负的协助作证义务。这对于解决知识产权诉讼中证据分布失衡的问题成为不利。所以笔者在此建议,我国应以司法解释的方式对证据保全约束第三人的效力予以明确。大致可分在下几个方面:1. 适用条件。证据处于灭失或以后难以取得的状态,且由案外人控制。2. 申请人除以书面形式提出上文提到的关于被保全证据的内容外,还需要特别指明控制该证据的第三人的具体情况、证据的类型以及该证据手段与本案的关联性。在此,申请人应尽详细说明和疏明的义务。是否采纳其申请,由法院充分衡量常理、交易习惯的基础上依自由心证而作出。3. 实施方式。如证据系由第三人控制的物或者书证,则须通过进入第三人场所进行实地勘验或者命令第三人交出该文书;如系第三人本身的证言或者其专业知识作为证据,则可通过传票传唤其到庭作证的方式保全证据。4. 向第三人实施证据保全,同以裁定方式作出。裁定首部,除列明事人情况外,还需列明第三人的具体情况。5. 对第三人的效力。为促使第三人积极履行协助作证的义务,帮助法院查清事实,可参照日、德、美等国的做法,对无正当理由履行该义务的第三人设置经济上或者人身自由上的强制性惩罚措施。至于因实施证据保全对第三人造成损害如何处理。可在作出的证据保全裁定的结尾部份告知其通过另案起诉的方式对其利益进行救济。

(四)建立知识产权诉讼调查令制度

“所谓调查令是指民事诉讼当事人在履行举证责任时,因收集证据受到客观情况阻碍,而向人民法院提出申请,经人民法院审核后签发给当事人,由持令人向被调查人收集证据的法律文件。”调查令制度的意义在于使法官从烦琐的程序性事务——如证据保全中解脱出来,专心应对审判事务。在此应明确的是调查令与证据保全之间的联系与区别。由调查令的定义可知,适用

---

① [日]中村英朗:《新民事诉讼法讲义》,陈刚、林剑锋、郭美松译,法律出版社 2001 年版,关于日本《民事诉讼法》第 232 条第 2 项的讨论以及德国《民事诉讼法》第 492 条,载何家弘、张卫平主编:《外国证据法选译》,人民法院出版社 2000 年版。

② 德国《民事诉讼法》第 380 条、第 409 条,载何家弘、张卫平主编:《外国证据法选译》,人民法院出版社 2000 年版。

调查令的条件是当事人因客观原因不能收集有关证据。其适用条件与证据规定中适用证据调查收集的条件一致。实际上调查令制度系证据调查收集的一种变通实施方式。在被调查人相对配合的情况下,将原来由法院出动警力收集证据的方式转变为交由调查人自身去收集,从而在保证取证效果的前提下减轻法院的运作成本。所以,调查令实质上就是调查收集证据的一种方式,尽管其具体的实施方式与证据保全存在重合地方,但在适用条件上二者是不同的。① 调查令制度一定程度上可以补证据保全之不足。

结　语

新的一轮经济复苏已经开始。知识产权贸易毫无疑问将继续扮演经济发展领头羊的角色。随着国家知识产权战略的提出,如何完善和改进我国的知识产权保护制度将成为一个极其重要的议题。本调研组希望通过这次调研能为改进知识产权制度中的证据保全制度提供一些完善的建议。在本文中,我们比较分析了欧美日等发达国家现行的证据保全制度或与证据保全制度发挥相同功能的证据开示制度,从中了解到在面对我们现在面临的问题时,国外已经为我们提供了相当清晰的解决思路。尽管这样一种在行家眼里被视为肤浅的比较缺乏相当的系统性,但调研组仍坚持这样一种比较,希望能为解决我们的问题提供一些启发性的建议。当然,在吸收国外先进经验时,我们不能忘记要融合我们的"本土资源"。

---

① 韦杨、曾俊怡、刘亚玲:《当事人调查取证权之程序保障的路径尝试——以调查令制度的检讨及其实证量化分析的研究视点》,载《法律适用》2008 年第 3 期。

关于参加"UPOV 公约下植物育种者权利的执行"研讨会会议综述

罗　霞*

2016 年 9 月 7 日至 8 日在越南河内召开了"UPOV 公约下植物育种者权利的执行"研讨会(我国对植物新品种权的保护通常称品种权,欧洲等国家多称育种者权利)。根据国际合作局及庭领导的指派,最高人民法院知识产权审判庭罗霞法官参加了此次研讨会,作为唯一受邀介绍品种权司法保护的参会代表,对中国在品种权保护方面的立法框架、纠纷的特点、最新进展进行了介绍,并着重以案例分析的方式,对品种权的侵权认定进行了重点解读。在此次会议上介绍的"大丰 30"侵权纠纷案是我院公报刊载的案例,不仅在国内有很好的评价和影响,而且从会议上也获得了国际同行的积极认可。会议方将该案的裁判主旨加入了会议纪要,并称这是亚洲国家对品种权保护贡献的第一个司法智慧。会后,国际植物新品种联盟副秘书长 Peter Button 专门致函表示感谢,并表示希望授权该联盟出版发言内容。

信息的获取最好能够符合全面、完整、精确、及时和经济五个要素。此次会议所涉内容不仅有从权利人、行政机关、国际组织等不同视角讨论的品种权保护,而且还有相关国家的立法情况以及执法情况、维权现状,尤其是涉及的一些内容,如品种权与专利权的共存、育种豁免、农民特权、实质性派生品种,有无刑事责任等也正是目前我国在处理此类纠纷的热点和难点。我国品种权保护的实践经验和理论研究都比较有限,能直接、及时、经济地获得有关域外品种权的保护信息,有助于有的放矢进行深入研究和思考。这对于品种权的司法保护,尤其是目前正在进行的《植物新品种保护条例》的修订以及相关司法解释的制定,都有一定的价值。现将此次会议的有关内容综述如下。

一、会议总体情况

"UPOV 公约下植物育种者权利的执行"研讨会由国际植物新品种保护联盟、越南农业农村发展部、美国专利商标局、日本农林水产省组织承办。2016 年是越南加入国际植物新品种保护公约(简称 UPOV 公约)91 文本的第 10 年,国际植物新品种保护联盟将会议地点选择在河内也是对越南加入该公

---

* 罗霞,最高人民法院知识产权审判庭法官。

约另外一种形式的肯定。参会人员约 40 人，均从事植物新品种的保护工作，多数来自欧洲、亚洲，另外越南农业农村发展部派了 40 人听会，会议提供越南语翻译，工作语言为英语。会议形式以主题演讲、会议总结为主，讨论交流为辅。两天的时间内，有 15 位参会代表进行了发言，发言内容充实、结构非常紧凑，不仅涉及欧盟、法国、阿根廷、美国、韩国、日本等国对品种权保护的基本框架、最新进展，而且还介绍了一些组织，尤其是欧洲有较大影响的专业组织在品种权保护领域中的理念、框架以及实务操作的具体流程，分享了取得的可贵经验。在会议总结环节，国际植物新品种保护联盟担任此次会议的负责人将发言人提出的观点进行了归纳总结，并当场以会议纪要的形式进行了固定，参会者进行了表决。该总结作为此次会议的成果于 2016 年 10 月在国际植物新品种保护联盟网站进行了公布。此次会议虽然时间短、内容又多，但由于形成了会议纪要，一些争论的问题有了初步的解决方案，成效还是比较显著。

二、主要研讨内容

发达国家在品种权保护方面有比我们较长的实践经验，从参会者的发言内容不仅对一些活跃在该领域的专业组织有了了解，而且获取了他们努力的方向以及取得的成果，现将具有代表性的一些发言内容总结如下。

（一）亚太种子协会的发言内容

亚太种子协会（APSA）的技术事务主管 Narendra Dadlani 博士从种子产业的发展趋势介绍育种者权利的执行，重申了该组织对 UPOV91 文本相关内容的观点，对于 DUS 测试以及 DNA 标记提出了一些建议。其发言内容代表该组织的基本立场。

APSA 协会建立于 1994 年，是全球最大的区域性种子贸易协会，与 UPOV、FAO、ISF、ISTA 等国际组织联系密切，其代表全球种子贸易的 1/3，是主要的种子生产中心和市场基地。其以通过向世界生产和交易高质量的种子，提供可持续的农业发展为宗旨。通过创建区域论坛，对涉及种子政策的相关问题提供建议，对该区域的种子公司进行技术激励和提供经济合作，对种子的繁育、生产以及质量控制、经销等多方面交换相关信息，加强种子产业的股东之间的相互联系。

对于品种权的执法问题，Narendra Dadlani 先生认为，知识产权保护对植物育种者的热情和种子的供应是可持续发展的关键，有效的植物品种保护系统是促使对育种给予投资，使新品种得以发展的关键驱动因素，UPOV 公约成员国之间的关系是影响全球新品种繁育的重要国际风向标，当然，这个观点该组织在 2009 年的第二届世界种子大会中也曾提出过。从他列举的数据来看，

2012 年全球的十大种子经济体分别为美国、中国、法国、巴西、加拿大、印度、日本、德国、阿根廷、意大利,印度从 2007 年到 2016 年的品种权的申请总量为 12, 252。Narendra Dadlani 先生称,超过一半的世界人口住在亚太地区,而且他们多数直接或间接地从事农业,由于大多数的农民是小农场,实现着自给农业,提供可持续粮食生产是这个地区的关键问题,同时,进行创新研究是为了给农民提供多样的品种,保证他们的家庭收入有所提高。从这个意义上说,一个建立在 UPOV 公约 1991 年文本基础上的统一和谐的知识产权保护体系将鼓励亚太地区的成员国不断给农民提供新的品种,促进成员国对繁育和创新进行更大的投资行为。Narendra Dadlani 先生认为,UPOV91 文本是最好的植物品种保护制度,该组织在持续推动和鼓励该区域的国家对 1991 年法案的批准和实施。

Narendra Dadlani 先生关于平衡论的观点比较值得推荐,他认为,有效的知识产权保护是一个平衡的体系,是对创新的激励以及其他人还能够进一步提高植物品种之间的一个平衡,所以说,对于植物育种者的例外,是允许在没有得到育种者允许的情况下使用受保护品种进一步进行繁殖活动的。此外,还认为,对于植物育种者权利的立法与生物多样性公约(CBD),名古屋议定书以及粮食和农业植物遗传资源国际条约(ITPGRFA)应该连贯和相互支持。

Narendra Dadlani 先生还对品种权保护中的 DUS 测试着重进行了介绍,提出在整个亚太地区,DUS 测试系统都应当指定适合的机构完成,国家应当协调不同的作物在 DUS 测试中表现的性状特征。为了实现对品种权保护的透明度,在国家层面应当保证品种名称和品种的表型性状特征的可获取性,而且,对于品种抗病虫害方面的特征特性也应当成为 DUS 测试的一部分并给予清楚的定义,更恰当地说,他认为亚太地区的国家应当对虫病进行识别,抗病虫害的专门术语应当实现标准化。其提倡用 DNA 标记方法识别品种,以便于执行对品种权的保护,认为 DNA 标记有助于建立初始品种与实质性派生品种的遗传相似性,应当鼓励和推动亚太地区的国家通过共同协议使用 DNA 标记。对于实质性派生品种,认为这个概念在 UPOV91 文本中给予了准确的定义,品种应当清楚的来源于原始品种的基因型并且与原始品种在实质性的性状特征上的表达一致。如果一个品种主要来源于原始品种将被作为派生品种对待。

对于育种者权利的保护期问题,其支持对于树和藤蔓从授权之日起保护不少于 20 年和 25 年的规定。对于农民特权,支持 91 文本的农民特权规定,也就是说,尽管 UPOV 公约第 14 条规定,各缔约方在合理的范围内,并在保护育种者合法权益的条件下,仍可对任何品种的育种者权利予以限制,以便农民在自己土地上为繁殖之目的,而使用在其土地上种植的保护品种所收获的产品或该公约第 14 条第 5 款 1 项(1)或(2)所指品种收获的产品。所强调育种者权利的例外的农民特权(subsistence farming)是以仅仅是为了个人生存并且以非商业性为目的,农民可以从实施受保护的品种而获益。但该组织支持可选择例外的观点,即该地区的每个国家在合理的限度内给育种者提供合法权益保护的同时,允许农民用他自己的种子在自己的农场进行销售。

(二)美国种子交易联盟的发言内容

美国种子交易联盟研究主任 John H. Duesing 先生也兼任杜邦先锋公司的知识产权资产保护研究中心的主任,他的演讲是从种子产业的角度看育种者权利的执行。

John H. Duesing 先生对如何对育种者的权利给予保护以及目前主要应当针对的问题提出了独到的见解。他列举当前对育种者权利主要的侵害形式有,未经品种权人许可,种子零售商用棕色/白色袋转售授权品种谷物;种子公司以自己的名义销售另外一家公司受保护的品种;以未受保护的自交系生产受保护的杂交系并销售;用受保护的自交系生产受保护的或者不受保护的杂交系并销售。他认为,对育种者权利的执行不足将会减少对繁育的投资,损害正规的种子部门的利益和优质的种子产品,迟延改进型基因的引入,导致农民和农村经济陷入危险,造成国家农业生产率岌岌可危。要改善这一局面,政府部门或者司法系统包括联邦、州或省以及品种权的持有人、种子产业组织,这些利益相关方都应当形成合力,有所作为。

John H. Duesing 先生认为,行政、司法、权利人可以采取如下措施来改善品种权执法措施。首先,在政府层面可以做的工作有,对育种者权利的重要性和价值性要进行充分沟通,要将授权品种或者自交系足以能够与其他繁殖材料相区分,品种登记机构在正式试验前出现近似品种时可以告知品种申请人、品种授权办公室在异议和无效程序中应当接受 DNA 标记的文件,对最主要的农作物制定选取和验证(Specify and Certify)DNA 位点标记的协议(DNA Marker Sets and Protocols),按照要求提供成对形态学的比较和 DNA 标记的概要文件,要确保品种权的国内法律法规与 UPOV 公约的义务和条件一致。其次,他认为应当将品种权与专利、著作权一样作为一项知识产权来看待,司法系统在品种权保护方面大有可为,一个有经验和知识的专门法庭来处理这些纠纷胜过建立十个法庭。一个理想的司法保护系统,不仅应当确保育种者有预先发现侵权的途径,而且在庭审阶段也能够给予对侵权证据再次予以开示的机会。在品种权人提交的证据证明侵权行为时加重对被控侵权人的证明责任。此外,法庭应当将 DNA 样本也作为证据予以接受,应当对侵权物予以销毁,并加大侵权者的赔偿数额从而起到阻止未来侵权的威慑力。最后,品种权人也可以通过一些积极的行为推动品种权的执法,对侵权行为实施监测,通过内部系统随时报告潜在的侵权行为,想办法让侵权者进入在先判例确定的司法执行程序。对种子产业组织而言值得努力的方向有:开发用于解决品种权纠纷的争议解决机制;与品种权办公室一起致力于用 DNA 标记来进行种质资源的保护,对实质性派生品种设置阈值,建立普及育种者权利和执行的团队。

他提到实践中对于育种者权利的执行做的比较好的例子有,种子创新和保护联盟(美国)、加拿大种子技术振兴机构(有 25 个种子公司成员)、欧洲种子反假冒局(有 14 个种子公司成员)。在演讲的最后,他重申了保护育种者权利的重要性的认识:全球粮食安全取决于种子安全,育种者的权利是种子安全的一个重要的基础,有效的执法是全面实现品种权的价值的关键,目前加强品种权的执法存在多种途径和机遇,为全球粮食安全,利益相关方在完善育种者权利的执法条件方面承担着重要的角色。

(三)欧洲育种者信托基金组织的发言内容

欧洲的育种者信托基金组织的(Breeders Trust 简称 BT)的 Geert Staring 主任以尊重育种者权利为题进行了发言。其以土豆为例介绍全球侵权假冒的基本形式以及该组织在保护育种者权利方面做的努力。该组织有 9 个股东(欧洲马铃薯育种者种子)6 个成员(欧洲牧草种子的繁育者)。Geert Staring 主任认为侵害育种者权利的行为将导致市场的混乱,对品种权的排他性许可造成损害,降低植物育种者的交易额,如许可费的损失。而品种权许可费是育种者获得投资补偿的回报,这就意味着使用者以选择受保护的品种就表示同意支付该品种的许可费,而该费用事实上仅仅是使用该品种的费用,并非所有权。培育一个新的品种保守估算约是 300 万欧元,而许可费才是该认证种子价格的 5% ~10% ,必须对育种者权利给予切实的履行,因为没有品种权保护就没有创新,没有创新就没有安全的粮食作物。作为 UPOV 的成员国,更应当切实履行该项义务。

Geert Staring 介绍对品种权的侵权行为通常存在误区有,是否要得到权利人的许可,是否存在犯意以及相关的措施能不能起到震慑。主任提出,制止侵权的关键因素在于和品种权的有关当局保持良好的联系,如通过种子检验机构打击侵害种子的违法行为,通过反欺诈局打击不正当的竞争行为,通过海关或者警察打击逃税和欺诈行为,通过卫生检疫局打击违反对植物病虫害检疫法规的行为。其他保护育种者利益至关重要的措施还有,有可靠的来源获得健康的种子,有能够稳步推进的品种权申请程序,尤其是能够进口最新的品种。

他介绍在欧洲申请一个品种所花费的人工和种植成本以及实验费用大约为 2 万欧元,降低申请费用也很重要。他介绍了 BT 组织从多年的实践中获得的经验是,保持从当地有关部门能够获得内部侵权线索的渠道,再通过内部调查获得证据,聘请当地的律师从而制定具体的切实可行的制止侵权的策略,如通过发送警告促使能够友好解决争议,达到停止侵权的结果;通过民事诉讼保护育种者的权利(但费用昂贵);将侵权事实交给行政部门通过罚金处罚的形式来解决(虽然费用低廉但该组织并不推荐);还可以通过在媒体报道,对侵权行为点名使其名誉扫地。Geert Staring 先生对土豆情有独钟,提出要提供一个有助于对土豆种子生产、加工和进行交易的公平竞争环境。他将土豆和大米进行比较认为,土豆是世界第三大重要的食物,大米需要的水分是土豆的 5 倍,土豆可以在海拔 4700 米的地方成长而大米需要合适的温暖气候和充足的水。他针对土豆品种的侵权行为认为至少存在如下问题:未经品种权人同意的繁殖行为、伪造证书进行交易、对农民留种行为的滥用。

UPOV 公约 91 文本第 15 条的规定的农民留种是对育种者权利保护的一个可以选择的例外。他强调,允许农民为了繁殖的目的,对其收货的授权品种进行种植,这是被限定在其自己所有的土地范围内的。农民留种是将一个受保护的品种的再次使用视为法律上允许的行为,并不意味着说要拒绝对品种权人支付合理公平的费用。他对其他国家在这方面的实践进行了简单的介绍,同时还介绍了 BT 在荷兰、意大利和土耳其保护育种者权利的经验。针对多年来荷兰的侵权者通过农民留种的方式对授权品种的土豆种子进行繁殖销售以及出口的行为,该组织通过简易程序进行了起诉,并且提供了非法的交易内容和联合繁殖土豆的合同,最终法院判决被诉侵权者赔偿律师费用 4500 欧元以及以每公顷赔偿 5 千欧元计算赔偿额。该组织还于 2014 年 2 月在意大利与 Sicasov – Italy 签署了收集农民对土豆留种行为交纳的费用,在 2015 年 5 月在意大利与相关监督检验、食品安全以及财政预算部门签署了深入合作的长期协定。BT 在土耳其发现假冒欧盟品种认证的大量土豆种子,附有复制的土豆商品(Ware Potatoes)认证书,以及从土耳其出口到北非如叙利亚的行为,BT 与 SASA 苏格兰农业科学和建议机构以及 NAK、SOC/GNIS ALV 密切合作促进了对证书以及假冒认证的识别,最终维权行动大获全胜。

(四)日本方面的参会代表的发言内容

1. 日本农林水产省食品工业事务局的发言内容

日本农林水产省食品工业事务局知识产权部的 Katsumi yamaguchi 先生介绍了当前日本对于品种权保护的最新情况。他提到了日本在品种权保护以及种子法中的刑事条款。日本的品种权保护基本上是以农业植物品种保护和种子法令“PVP and Seed Act”为基础,以加入不同版本的 UPOV 公约为契机有着长达60年的修正历史。具体为,1947 年“农业植物品种保护和种子法令”、1961 年加入 1967 年文本的 UPOV 公约、1978 年“植物新品种和种子法案”;基于加入 UPOV 公约 1978 文本进行的修正、1982 年加入 1978 年公约新品种、1991 年基于加入 UPOV 公约 1991 文本进行的修正、1998 全面修正“PVP 和种子法案”、加入 1991 新品种公约、2003 年修正“PVP 和种子法案”,强化刑事责任、2005 年修正案“PVP 和种子法案”(保护期育种者的权利一般为 25 年,木本植物为 30 年),品种权保护扩展了特定的加工产品、2007 年修正案“PVP 和种子法案”,强化刑事监管,在民事程序针对补救措施的特别的条款,对于申请品种规定合理标示等。

相比我国对品种权制度的法律规定,日本育种者权的范围比较大,如育种者在商业交易环节,生产、运输、进口、出口以及储存种子和产品的行为均进行了规定。对于违法责任的承担,规定了民事救济、禁令、赔偿损失和恢复信心(restoration of confidence)以及刑事责任(对自然人处以 10 年以下监禁或/和1 千万日元以下的罚金,法人罚金为 3 亿日元以下的罚金)。此外,海关法规范的行为针对品种权的进出口行为侵害了品种权人的利益。对于侵犯植物育种者的权利的措施,在第 33 条规定了禁令制度,品种权的持有者人有权要求一个侵犯或可能会侵犯其品种权的人中断其行为或者销毁该繁殖材料,收获物或者存在侵权行为的加工产品。在第 34 条规定了推定损失数额,减轻的明侵权的行为责任,推定侵权人获利的数额就是品种权人遭受的损失。在第 35 条规定了推定过失,减轻的证明侵权行为的负担,推定侵害品种权的侵权者对于其行为存在过失。在第 40 条规定了保护令制度,即为了保护商业秘密禁止为任何目的使用商业秘密除了在诉讼程序中。第 44 条规定了恢复信用措施,即可以采取其他损害赔偿外的其他措施,恢复品种权持有人由于侵权行为遭受的损害的信用。

Katsumi YAMAGUCHI 先生介绍,权利人维权可以通过向海关申报,采取边境措施对侵权产品予以没收;对侵权者处以监禁,从而对品种的进出口进行控制;通过诉讼采取民事救济和刑事处罚,如针对故意侵权的行为向警察举报,检察官提出诉讼然后进入法院,得以刑事处罚、监禁或/罚金,或者民事救济,包括禁令、损害赔偿以及信用恢复。他认为刑事条款有利于遏制侵权行为,在第67条和第73条(1)中规定,刑事责任的承担要求侵权行为的主观状态是故意intentionally。在第56条、第69条、第73条禁止对品种或者繁殖材料进行虚假的标注,违反者个人处以3年以下的监禁和300万元的罚金,法人处以1亿日元的罚金。第70条和第73条规定了对违反商业秘密保护令的刑事责任。

Katsumi YAMAGUCHI先生介绍,于2005年建立日本品种权保护部目的是品种权的保护,主要的活动是给受侵害的品种权人提供咨询和建议对策,收集和提供侵权的信息,实施相近似的对比试验,准备侵权情况记录,保管提取的植物。自建立该部门起每年职员人数均在增加,在2015年该部门有20个职员。自2011年开始,咨询新品种实用新型的被额外成立了一个新的品种权部门。该部门的工作程序是在品种权人得到侵权线索后与权利人一起研究对策,收集提取证据进行验证试验(通常对性状特征进行对比,进行栽种实验,进行DNA分析),与被侵权方进行谈判。该部门的观点是,与律师进行咨询是必要的,有利于对纠纷达成和解,或者向法院起诉或者采取海关边境措施。统计数字显示。统计数字显示,在日本自2005年4月到2016年3月底共计有侵权行为315起,发生在国内的有81%,草本、花的侵权行为是37%,其次是果树和蔬菜。

Katsumi YAMAGUCHI先生讲了两个纠纷。一个是菊花"Iwanohakusen"的侵权案件,2006年2月,品种权人要求保护办公室对从中国进口的菊花进行相似度测试,其怀疑该菊花是没有经过授权的有品种权的菊花,2006年11月,试验结果表明之间的相似性程度非常高。权利人起诉进口商寻求民事赔偿,但这个案件没有赢。因为法院认为用于Iwanoihakusen相似度测试的数据能否证明两者是一个品种存在争议。随后,在2008年6月品种权的持有人收到信息,该进口商继续在进口Iwanohakusen,保护办的工作人员搜查了当地的批发市场并获得了涉嫌商品,将嫌疑货物进行了提存并按照时间进行相似性实验,权利人与进口商在实验结果出来之前达成了和解协议。从这个案例可以看到,日本法院对于侵权案件的认定标准还是比较机械的,这造成大量的权利人不通过民事诉讼而是通过政府的行政部门进行调处解决纠纷。第二个案例是关于甜樱桃"Benisyuho"的纠纷。在2005年5月,一本致力于美食的杂志刊载了一篇文章,一个澳大利亚的农民将生产甜樱桃Benisyuho并出口到日本,然而Benisyuho的权利人仅授权日本的山形县生产。文章中标注了将Benisyuho种子带到澳大利亚的人。于是,权利人就与保护办公室的工作人员进行咨询。到了当年11月,在获得证据之后,权利人提起了刑事诉讼指控该澳大利亚农户。到了2009年7月,双方达成了和解,不得出口对该品种的种子及其收获物直到该品种权期满后3年。

DNA的鉴定结论在品种权侵权纠纷中有很大的作用。Katsumi YAMAGUCHI先生认为,DNA是一个非常有效的工具来识别商品侵权原因在于,可以快速识别品种,不会受到生长环境和条件,活体难以获得时也可以适用,而且在样本是加工产品并且使用了多个品种的基础上也可以使用。日本的农林水产省对DNA作为证据持积极的态度。为了DNA鉴定技术的发展,通过补贴和委托项目提高其精确度。目前,可以确定基因的水稻品种,草莓、红豆、芸豆、甜樱桃、豌豆、茶、除了这些植物,约30种植物的方法正在开发中。种子和种苗中心已经回应育种者请求,形成了DNA鉴定测试实验,费用约33,390日元。他提到获得真正申请授权的品种的样本是准确判断品种权人主张侵权行为的关键。自2008年以来他们申请授权的品种,种子和种苗中心保存植物分为冷冻标本、DNA或蜡叶标本。

2. 日本的种子公司代表

日本Mikado Kyowa种子公司的Madoka Koshibe主任围绕育种者权利保护的有效措施及其经验进行了发言。他认为就好像对文件进行拷贝一样,对品种进行复制并不是困难的事情。这种不需要品种权人同意的行为在没有法律禁止的情况下会造成育种者积极性受挫从而丧失创新。Madoka Koshibe主任对日本发生的侵权行为进行了简单的介绍,提到了日本的草莓品种权侵权事件以及日本爱知地区的番茄种子纠纷,可惜他不知道这些纠纷的最终结局。他坦言,日本法院对这些侵权案件并没有公开最终的判决结果,当然不排除当事人达成了调解协议,但至少外界是不知道日本法院如何处理了这些纠纷的。他提出对育种者权利的尊重是双向的,就农民而言是需要长时间的一个过程来理解为何给品种权人支付费用。他认为应当有一个明确的法律框架对此问题给予固定,这样才能使UPOV公约方面获得有效的落实。

(五)欧洲反植物假冒局的发言内容

欧洲的反植物假冒局(Anti-Infringement Bureau for Intellectual Property Rights on Plant Material 简称AIB)的总经理Casper Van Kempen先生对于育种者的保护非常有经验,据悉,他的发言在欧洲极具影响力。他从该局的实践经验出发,以有效的植物育种执法在法律和制度上的要求为题谈了自己的观点。

1. 机构基本情况

AIB建立于2010年,办公室在比利时,成员为蔬菜种子公司,包括孟山都、先正达以及坂田等公司都是其成员，AIB 也欢迎其他综合蔬菜公司的加入，其主要任务是确保所有在蔬菜产业链的参与者有一个公平的竞争环境，目标是以欧盟为起点，在全球范围宣传教育以便起到尊重和威慑的效果。AIB 建立了专业中心和相关的关系网络，对于侵权行为建立了瞭望塔，如在什么地方有多大的范围，其次帮助成员国与侵权嫌疑者进行斗争。

2. 对于侵权的认识

Kempen 先生反复提出，知识产权权利的履行是权利人的责任，与国家执法部门如警察以及反欺诈局密切联系是执行育种者权的重中之重。蔬菜种子的商业链包括种子公司的品种栽培者、种植者、交易者、零售者，最终是消费者。就侵权而言，大自然是一个完美的复制机，抄袭是一项廉价大小投资，而收获的农产品品是无法区分合法和非法，非法的产品并不会给消费者造成困扰，而且也通常不会像假冒的医药、农药或者汽车零部件一样危害生命健康。

Kempen 先生对不尊重品种权利人而产生的侵权行为称为是 INFRINGEMENT，比如对育种者权视而不见或者偶然的侵权，挑战现存的品种权法律制度等行为。他对经过了相当长的一段时间，并且是为了商业的获利，有商业的基础有意为之的侵权行为称为是 PIRACY。蔬菜种子通常体积很小便于运输，但实际上他们的价值比黄金更高。这导致了一些组织成功的创建了商业模式大规模进行违法行为，由此获得的利润堪比贩毒的利润。在 2014 年的调查数据显示，在西西里非法繁殖樱桃番茄导致育种者受到的损失保守估计为 700 万美元到 900 万美元，由此 5 亿～6 亿美元的产品没有进行申报。莴苣种子的非法繁殖销售有着巨大的利润，已经形成了国际侵权生产网络。在智利生产种子，在西班牙形成种子颗粒，以 2000 公顷计算，总成本约为 6. 1 万美元，在意大利及其边境交易后，销售收入则为 52. 2 万美元，侵权收入达到 46. 1 万美元，而真正的价值为 250 万美元，利润种植者的收入是 104. 4 万美元（1017 美元/公顷、400 美元/英亩）。

3. 侵权形式及特殊的侵权行为

Kempen 先生引用 2010～2014 年的 AIB 调查报告，列举了蔬菜种子领域主要的问题。第一种发生在嫁接植物，如番茄、西瓜、甜瓜、茄子中遇到的无性繁殖 GRAFTED CROPS 中。大量的番茄繁殖是在地中海盆地，如樱桃番茄在意大利的繁殖高达 40%，侵权行为约 20% 在西班牙和意大利。第二种是在授粉繁殖种子中，比如生菜、豆类，开放的授粉导致此类行为出现在国家的管理系统之外，加之这些品种被错误地标注信息，生产商也不需要进行授权认证，对育种者权利的保护非常困难。第三种是在杂交洋葱的生产中。在东欧，土耳其、西班牙还有前俄罗斯,基本上是非常困难对这类侵权作物进行实体检查。第四种在许多国家以及几个大洲均存在番茄、南瓜、茄子、甘蓝等杂交品种的侵权行为。出现的原因是育种者的商业秘密受到了侵害,即偷窃或者未经同意使用了专有的父母本(PROPRIETARY PARENT LINES),这导致市场的混乱而且对权利人造成实质性的影响。第五种是买卖仿冒的种子包装袋,在东欧、中东以及亚洲和非洲常见,许多作物都出现过这种情况。

他认为在欧洲育种者之间的法律纠纷(其称其为水平的执法行为HORIZONTAL ENFORCEMENT)被证明在时间以及证据的收集方面并不存在太多的困难,而对从幼苗的培育、成长、整株交易以及零售行为的垂直保护(其称其为垂直执法 VERTICAL ENFORCEMENT)被证明很难形成一个有效的法律制度框架。比如,在蔬菜种子的商业链中混合了侵权的下游方,基本上不可能对种植者进行检查,所以育种者不可能从当局得到积极的帮助。由于缺乏有效的国家层面对种子市场的管理措施,育种者的权利得到了阻碍,侵权的证据获得很难。

在对侵权行为的证明的问题上,他认为不可能获得确凿的证据证明蔬菜种子的繁殖和使用了非法繁殖的种子,并介绍了一个特殊的侵权行为 STUB。欧洲的南部番茄的繁殖通常是在 9 月进行播种和移植,直到来年五月成株。番茄嫁接主要种植两个单株茎,将有品种权的培育植物(Cultivar)的植株根茎(Rootstock)进行嫁接获得嫁接作物 GRAFTED PLANT。非法嫁接繁殖番茄作物有两种表现形式,一种是非法插枝(BY CUTTINGS),另外一种比较复杂,是将具有品种权的培育植物(Cultivar)的植株取走后利用了本应当丢弃的其残根“STUB” 进行再种植,然后与根茎(ROOTSTOCK)进行嫁接。这种嫁接收获的番茄进行销售的非法的行为目前有增长的趋势。在西班牙,至少20% 面积的番茄是通过植物传播花粉进行繁殖,香瓜被第一个发现可以自我繁殖 REPRODUCTION,总体趋势是随着种子价格的攀升,在西班牙北部生菜种子的自我繁殖中有部分是具有品种权的品种。植物的自我繁殖出现在所有的嫁接作物中,这就给打击侵权行为又带来了新的挑战。

4. 有益经验

Kempen 先生介绍了针对蔬菜种子在西班牙和意大利的执法经验。因为生产种子的封闭的温室是无法让外人进入的,而且侵权产品与合法生产的产品基本不能区分,品种权的侵权行为经常与其他非法行为相竞合或者关联,如存在不正当竞争、欺诈、偷漏税款,违反种子法,违反植物检验检疫等。不去借助当地政府的力量,单靠品种权人自己的努力制止侵权几乎是不能想象的。

他介绍AIB通常采取的措施和步骤有，首先收集非法繁殖的内部情报，信息来源于种子公司发现无法知晓种植者使用的种子，或者市场上存在持续的传言，或者其他种植者对于不正当竞争存在的抱怨、种子公司销售代表、技术人员发现种植物使用了他们尚未销售给对方的基因等。其次是对这些信息进行验证，如果存在一定的可信度，则向有权处理的部门告发，提供嫌疑人姓名、温室地址、GPS坐标图以及其他比如照片、标签等证据。最后政府部门会对种植者进行检查。AIB在西班牙和意大利就是按照上述的步骤采取的措施，该局对情报进行验证，然后交由调查机构进行检查，收到机密报告后与当局合作，执法取得了非常好的效果。

从他的发言中可以看到欧洲的蔬菜侵权行为的概况。截至目前，通过反欺诈部门已经证明有20起品种侵权案件，分别是番茄和生菜，大部分是有组织的犯罪行为。他呼吁从国家层面应当建立一个具有技术能力的机构执行品种权的执法，当然，能够有一个审理品种权的专门法院更加重要。此外，立法者应当指定一个测试实验室接受法院委托进行官方测试。如果立法能够将严重的侵权行为认定为犯罪行为将取得更大的成效。他反复重申，法院和政府当局应当肯定DNA鉴定结论可以作为初步证据的前提下采取下一步的行动。对于育种者，致力于建立一个讨论问题、游说、相互联络、采取共同行动和支持执行机构的平台非常重要。此外，寻找可以得到帮助的公权力机构，如税务、卫生、公共健康以及打击有组织犯罪的部门，以及培训职员对涉嫌侵权行为进行准确的报告，在采取行动之前由值得信赖的人掌握信息都是育种权人可以努力的方向。

5. 刑事处罚

Kempen先生还介绍了品种权的刑事处罚问题。在欧洲，种子法和其他法律如公平竞争法中明确的侵权行为有，经营者没有标注品种的名称、用虚假标注品种名称、用A品种名称交易B品种，用不同名称标注同一品种。在西班牙和意大利，侵害育种者权利的行为被认定为犯罪行为。育种者可以有两个选择，如果提起民事诉讼，优点在于可以要求获得赔偿，缺点是费用很高，而如果案件进入刑事程序，则没有花费，通常也可以随后提出附带民事诉讼的赔偿请求，但缺点是需要依靠当局，案件的结果取决于采取的措施是否及时有力。AIB在绝大多数情况下采取的是刑事手段。他再次坦言，育种者权的执法需要私人组织与公共政府部门联合行动，只有这样才能取得好的成效。这个观点在他介绍该组织在意大利和西班牙的成功经验时得到了充分的展示。AIB在西班牙执法的最佳经验就是与当地的警察取得了密切的有效联系。

AIB 将西班牙种子协会的蔬菜种子综合集团提供线索进行核实后告知西班牙检验机构,经过检查该机构向当地检查进行了检举,经过品种权测试办公室的测试认定后,检察院提起了公诉,最终案件进入了刑事诉讼。AIB 在 2012 ~ 2014 年成功地提起了几起刑事诉讼。但到了 2015 年警方以缺少证据拒绝实行调查,LMERIA POLICE 警方认为,因为没有初步证据不能依职权对嫌疑人采取措施。在意大利,AIB 与意大利农业局反欺诈部(ICQRF)保持了密切的伙伴关系,通过反欺诈部以及税收和海关当局、品种测试部门合同,进行是否侵权的测试,继而由检察官提起刑事诉讼。AIB 还与 ICQRF 保持着长期的交流,有着良好的反馈机制,ICQRF 也在自行进行着侵权犯罪的调查。

在对番茄品种的维权活动中,通过关税总局也取得了一些进展。在意大利有 25% ~30% 的用于沙拉产品的玉米是以非法繁殖的种子生产的,生菜的非法种植也非常普遍,这些侵权者有严密的组织体系。蔬菜成长期很短,如夏天生菜只有 2 ~4 周,打击侵权时间紧迫,他分享了在取得证据方面的可贵经验,如可以通过获得种子发票得到侵权的第一手法定证据,然后将 DNA 检测结果作为证据进行提交。AIB 提起的 43 起案件均是作物处于幼株和成株期间,AIB 会对作物样本进行了 DNA 的检测,采取措施对财务文件进行了查封并进行分析。

(六)阿根廷国家种子研究所的发言内容

阿根廷国家种子研究所 National Institute of Seeds(简称 INASE)的法律顾问 María Laura 女士介绍该国的育种者权利的法律规定和执行情况。阿根廷是农业大国、大豆供应大国,该国对于育种者权利规定的细致程度超过了本人之前对其的认识。农民留种问题是品种权保护中的难点,该国通过较为完善的行政措施,对主要经济作物大豆和小麦进行了有效的规范。

María Laura 女士其所在的部门隶属于该国的农用工业部 AGROINDUSTRY MINISTRY,是一个分散的政府机构 DESCENTRALIZED GOVERNMENTAL AGENCY,该国的基本法律框架由上到下是:宪法、国际条约、法律、法令、有执行力的规章和惯例、与规章相关的在先规则。该国宪法规定,每个作者和发明者对其作品和发明以及法律授权的物体有排他独占的权利。该国于 1994 年成为 UPOV 公约的成员。涉及育种者权的法律有种子法、监管法、检验检疫法以及植物遗传法。其在 20247 法令规定,授权品种的保护期为 10 ~20 年,对于育种者的权利,监管法令 2183/1991 规定的具体内容为,生产和再生产、许诺销售、进口和出口、对样品进行广告宣传和展示、销售或以其他形式营销、转让或以其他形式进行商业性的交易、为上述任何目的的储藏、任何环节的递送交付。该监管法令还规定,育种者可以按照他的授权来定义作物的质量控制检查以及许可费率。20247 法令在行政处罚中规定,未经授权任何人销售和交易授权品种将处以罚金或者没收种子。该法令在监督权中规定,INASE 的官员依法采取行动,对储存、运输、销售、许诺销售的种子可以予以控制、提取种子样品和进行分析,在任何时间和地点都可以进入种子商店并检查相关的账册和文档,有权停止或者检查种子的销售和分销。据介绍,阿根廷的执法体系与我国相同,分行政和司法。INASE 下属种子控制和交易部对种子企业以及种子包装持续进行检查。

阿根廷对农民留种问题有具体的操作规定,INASE 在 187/2015 规则对该局在先的 80/2007 规则进行了细化规定,要求大豆和小麦的用户进行注册,以便政府对农民自己使用的种子或者认证的种子的情况获得准确的信息,也有便于追踪和验证此类种子交易时所需要的文件,确保农民留种的行为符合公共利益的立法要求。INASE 对超过 2 千吨种子需要进行申报注册,申报表在 INASE 的网站下载后填写,规定的截止时间大豆为每年 6 月 31 日,小麦为 1 月 31 日。这样做的目的在于有更加可靠的信息判断是否种子用于自用,以便确保各自的利益,也有利于 INASE 在种子执法以及植物遗传法中的相关执法行为。对于调整播种,使用者必须已经能够满足 INASE 的 No. 80/07 结论,当年的年度发票的总额超过了相应类别的最高赋税 3 倍,如果当年的营业额没有超过 3 倍但该农户注册在农业工业部的国家家庭农户 NATIONAL REGISTRY OF FAMILY FARMING(RENAF)则可以成为例外。INASE 通过在线系统进行自我管理,有专门的软件进行数据控制和统计,上传的数据将与农户的 RENSPA 数据绑定在一起。农户需要通报的事项有,所在土地的具体位置,面积以及种植种子的数量品种、种子来源的文件。此外,还有种子留给自己使用数量、具体的品种和其存储的地址。上述信息分开进行汇报,并且都有申报的最终期限。如果上述的条件达到了 INASE 的要求则会给农户发放相应的资格证书允许其对大豆或者小麦进行留种。INASE207/2016 规则是对 187/2015 规则的细化,规定收获的繁殖材料是最适合用来验证种子基因型的工具之一。在 2015 年收获大豆的活动中,种植大豆的农户和种子繁育者的种子样本将在第一时间送到 INASE,INASE 与布宜诺斯艾利斯谷物中心有协议,对于种子样品进行交换和分析确定是否有专利基因种子,如果存在侵权行为将会根据国家种子法 207 条进行惩罚。从介绍中可以看出,INASE 通过在线系统进行管理,既经济又快捷,时效性强。

(七)欧盟植物品种办公室的发言内容

欧盟植物品种办公室主任 Martin Ekvad 介绍了欧盟品种权制度。涉及海关管理的相关规定以及是否应当有刑事制裁,并介绍了农民留种的案例。在欧盟体系下最基本的管理规定是委员会规章2100/94。委员会发布了知识产权清单,品种权在其中,在理事会规章中,育种者权利被特别强调是一项知识产权。执行指令2004/48规定,采取的执行措施可以是民事措施、正当的程序、补救措施。

Martin Ekvad先生强调,侵权的形态多样使立法者应当建立必要的立法保证育种者的权利。他介绍在欧盟各国法院对于侵权行为进行审理,可以按照被告所在地、原告所在地、办公所在地以及损害发生地确定管辖法院。欧盟的各国内法承认实质性派生品种。对侵权行为可以颁发禁止令、判决赔偿损失。理事会规章608/2013规定,在海关监管中,实施海关措施时权利人必须介入,必须是涉及进出口行为,涉嫌侵权的货物可以是出口、进口,或者是存放在一个自由贸易区或者自由仓库。海关监管可以适用于假冒和盗版商品上,海关当局可以对涉嫌侵权的商品下发禁令甚至销毁。

对于侵害品种权是否应当规定刑事责任的问题,我国国内争论较为激烈,对欧盟的法律规定也有多种解读。在这个问题上,Martin Ekvad先生称,在欧盟领域没有对于刑事处罚的立法规定,然而,对于育种者权利的保护在国家层面可以被适用,国内法的处罚可以是限制人身自由、罚款、没收货物以及关闭机构。对于行政权力在品种权保护的角色定位,Martin Ekvad先生也谈了自己的看法,认为行政机关如CPVO在侵权行为中的行为应当是有限制的,过于活跃的行为会危及其公正性,行政机关、法院以及授权机关之间应当互相协作,比如作物的样品以及相关文件应当可以互享。

对于农民留种的问题,他介绍,豁免的情形列举在第14条(2)中,饲料、谷物、土豆以及油料和纤维植物。在2100/94规章第14条对育种者权给予了限制性规定,农民有权以繁殖为目的在自己所有的土地上种植授权品种,除了杂交和合成的品种。因此,农民留种应当在有限的范围,必须支付使用的报酬,小农民免除。权利人进行监督,信息可能由官方提供。对于报酬,农民应当支付一个明显低于繁殖材料的许可使用费的金额报酬。具体的费用可以在农户个人和权利人的合同中进行约定,在欧盟植物保护办公室的公报刊载的农户组织和品种权人之间的合同可能用于作为指导。如果没有合同,则收取繁殖材料使用许可费的50%,或者相同地区的相近品种的50%或者办公室认证的最低品种费用的50%。

对于具体支付费用的问题,Martin Ekvad先生提到了Saatgut-Treuhandverwaltungs GmbH v Deppe and others Cases C－7/05 to C－9/05的

案件,这个案件的一个焦点就是以 80% 作为比例计算费用是否适当。按照上述规则,由于该数额在农户组织和品种权人达成的协议是明确的,但该合同没有刊载在公报中,因此法院认为不能依照这个比例来认定支付的款项。他介绍,在欧盟,农民应当按要求向权利人提供相关的信息,具体的细节可能会记载在合同中,如果没有合同则相关的信息按照第 8 条提供,如使用的具体数量以及由谁在处理这些繁殖材料等。同样,在 C – 305/00 Schulin v. Saatgut-Treuhandverwaltungs GmbH 案件中也涉及有迹象表明该农户使用了受保护的品种权,因此权利人要求农户提供信息的情况。

从其发言可以看到,农民留种的生产繁殖行为较为一致的观点是需要支付一定报酬的。作为种子的加工者 Processor,也需要按照要求提供相关的信息,具体的内容根据合同的约定,如果没有合同约定则按照规则第 9 条的内容提供其处理的种子数量以及具体由谁提供该项服务等信息。Martin Ekvad 先生总结到,欧盟的立法者在育种者保护领域是活跃的而且执法也是严肃的,法律工具对品种权人是随时可以获取的,然而被告的权利也应当给予考虑,成员国应当对共同体的法律给予尊重和实施,作为品种办公室在行使权力时应当有所限制。

(八)法国国际关系和公共事务局种子苗木跨行业联合会的发言内容

法国国际关系和公共事务局种子苗木跨行业联合会外部事务处主任 François Burgaud 先生提纲挈领地介绍了法国育种者权利及其执行情况,尤其是对品种权的例外着重进行了强调,突出了对权利人利益保护的同时对育种研究活动的平衡。他介绍该国对育种者权利的保护以及对育种活动给予支持是为了实现如下的目标:提供人类的食物、饲料和工业运用的必需品,与干旱寒冷等气候和环境的变化相适应,改进抗病虫害的能力,提高生产率,提供高质量和多样的农产品,保证食物和饲料的质量,满足蔬菜、谷物等方面多元化的产品需求,有针对性地开发植物的复合成分如马铃薯淀粉向日葵油等。品种权制度建立的理论在于,支持育种和研究,促进传播遗传获得量(genetic progress)。

François Burgaud 先生认为,品种权的授予可以使育种者享有新品种的排他的独占权,在一个有限的时间内对于私人研究和公共研究都是非常重要的。他认为 UPOV 系统是一个自成一格(sui generis)独特系统,UPOV 成员国通过授予新品种权这一知识产权,鼓励育种者,法国作为成员国于 1970 年加入公约。Burgaud 先生着重谈了两个例外,育种者豁免和农民特权,并对于品种权和专利权的共存提到了法国最新的法律规定。他认为,按照 UPOV 公约的规定品种权在欧洲只有一个体系,这是一个平衡的体系,法律保护育种者但对于育种和研究目的的活动是免费的,将品种权与专利进行比较可以发现,育种者豁免和农民特权问题的区别还是比较明显的。在专利和欧盟的品种权体系下,没有市场商业目的,在私人和农场框架下的传播行为是允许的,但是在育种以及进行实验时,品种权体系会存在豁免而专利体系不会。此外,农民用其自己所留种在其土地上使用该授权品种的行为在一定情况下是可以的,而在专利法体系则不可。他介绍说,法国作为生产和出口高达30亿欧元的世界领先者,种子产业有着巨大的创新能力,是真正的"金块",相比医药产业而言,大约13%的销售额用于研究,大约每年有产生500个新的品种,品种的营业额是动态的,主要作物的生命期是2~6年。而育种者豁免是植物基因获得量的关键,如研究显示,小麦的8个最重要的品种的系谱包括了70%其他育种者受保护的近交系。而育种者豁免权的根本是在于对植物基因资源的免费获取是育种活动所必需的。因此,交换育种材料,加速遗传获得量,保护创新的规范是迫在眉睫的。但是,生物发明的可专利性以及在TRIPs协定下明确存在第27.3条的规定也使育种者豁免的执行存在一些危险。

François Burgaud先生在后边的演讲内容中又提到了品种权与专利权共存的问题,在1998年7月欧盟指令98/44/EC对于生物技术发明的规定中明确,基因信息或者植物的元素具有可专利性,植物品种不具有专利性即便其包括了一个专利基因,因此在欧盟规章2100/94下品种仅仅能够通过育种者权进行保护,然而随着技术的发展实务中已经出现了两种权利共存的情况,品种权所保护的品种是进行过基因修饰的品种。2012年法国最高法院受理的一起申请再审案件中就遇到了这个问题。法国在2004年9月2004—1338的部分繁育豁免一章规定,对于包括专利基因的品种给予保护(Free Availability),如果一个新品种的繁育是来源于一个包含了专利基因的品种,则当这个专利基因被表达(从专利权人处得到许可开发新的品种)或者没有专利基因(繁育者可以自由开发并保护该新品种)时。到了2012年12月17日的1257/2012条例的执行规定中要建立统一的欧洲专利,在统一专利下进行部分繁育豁免的规定,对于研究和繁育品种是开放可专利的发明。到了2016年8月9日,法律对可专利性的问题规定,通过一个实质性的生物过程获得的产品没有可专利性;基于自然特性获得的专利不能够覆盖相同的通过生物过程获得的这些自然特性(常规繁育或者偶然占先)。

François Burgaud先生介绍,法国品种权保护具有执行力的两个管理规定都是符合1991文本的,并对欧盟体系下的1994年7月27日的2100/94(CE)

以及国家保护体系下的2006年3月1日和2011年11月8日的法律加入新内容,如5年的补充保护期、明确非实质性派生品种、农民留种的具体条款(对于一些品种规定了农民在自己所有的土地上使用受保护的品种可能给予监管的规定)。法国在符合1991文本和欧盟规定的情况下的其他规定还有,延长了保护期,葡萄、水果和观赏树木、狗牧草和多年生的饲料豆类植物为30年,其他作物为25年。他强调了品种权的对象仅仅是对培育的品种给予保护而不是对新发现或者发展的品种。对于农民特权问题,在UPOV公约的第一个版本并没有这个规定,成员国可以自己决定对农民权的去留,因此法国就没有进行规定。农民豁免在1991年文本中被提了出来,允许成员国自己对农民留种进行授权,法国在2011年的法律第16条引入了农民留种的具体条款。这可能会涉及传统的21种的种子,农民将支付给品种权人一定的费用,这个费用通过农民和品种权人的合同约定或者农民组织和品种权的集体合同,或者在种子苗木行业联合会GNIS下的专门条款(比如农民协会优选的协议)下确定具体数额。

Burgaud先生介绍了法国管理品种权的原始声明系统。该系统对被许可人所要求提供的数据进行交流,大大减少了纠纷。生产者必须同意其缴纳一定比例的许可费,SICASOV系统(SICASOV的基本职能是建立育种者和种子生产者之间的联系,力促两者达成许可合同,收取许可费)通过内部进行监督并加强控制,常年监测记录的数据一致性,按照表面接受的数据和SOC-GNIS认证核发资质的种子数量比较监督,对许可办公室如财务会计、股票注册账户、购买销售的认证种子数量等进行监测,并对侵害品种权的知识产权纠纷行为受委托提起法律诉讼。

(九)国际品种权保护联盟的发言内容

来自UPOV的法律顾问Yolanda Huerta女士就植物新品种在UPOV公约下的执行情况进行了介绍。她从为什么对执行植物品种的保护予以高度重视进行了举例,指出如果没有有效的执行,所给予的品种权没有任何价值。重申了UPOV的任务,即鼓励发展植物新品种,提供和促进植物新品种保护制度的有效体系,以有利于社会的进一步发展。截至2016年,UPOV公约的国家已经达到74个,其中有15个发起国和一个组织,有56个国家加入的是91文本,18个国家是其他文本。她回答了为什么必须在UPOV的层面强调对育种者保护给予保护,因为按照UPOV公约,每一个UPOV公约的缔约方应当采用一切必要的措施去履行公约,尤其应当规定适当的法律措施,以便于有效地行使育种者的权利。具体的执行措施包括民事措施、海关措施、行政措施、刑事措施、替代性争端解决机制和专门法庭。在民事措施中,具体的有要求提供临时措施,如从温室中收集侵权材料的样品的临时措施、允许民事诉讼、提供赔偿、销毁或者处置侵权材料、支付制止侵权产生的费用,包括律师费用、生产传播侵权材料的相关个人信息的措施等。在海关措施中,最为重要的是对侵权材料暂停其自由流通、停止出口、没收、扣押或者销毁。在行政措施中有提供临时措施、销毁或者处置侵权材料、防止侵权的扩大化以及对生产传播侵权材料的相关个人信息。没收扣押的侵权材料对育种者新品种的繁殖材料进行测试和给予认证授权、对于与公约不一致的行为或者滥用行为给予制裁或者罚金。对于刑事措施,规范的是对有意的对育种者权利具有商业规模的侵害。

图书在版编目(CIP)数据

中国知识产权审判研究. 第七辑 / 中国法学会审判理论研究会知识产权审判理论专业委员会编. -- 北京 : 法律出版社, 2018

ISBN 978 - 7 - 5197 - 2385 - 9

Ⅰ. ①中… Ⅱ. ①中… Ⅲ. ①知识产权 - 民事诉讼 - 审判 - 研究 - 中国 Ⅳ. ①D923.404

中国版本图书馆 CIP 数据核字(2018)第 138194 号

中国知识产权审判研究(第七辑)
ZHONGGUO ZHISHI CHANQUAN SHENPAN YANJIU(DI-QI JI)

中国法学会审判理论研究会知识产权审判理论专业委员会 编

责任编辑 朱海波
装帧设计 贾丹丹

出版 法律出版社
总发行 中国法律图书有限公司
经销 新华书店
印刷 三河市兴达印务有限公司
责任校对 王晓萍
责任印制 吕亚莉

编辑统筹 法律应用 · 大众读物出版第二分社
开本 720 毫米 × 960 毫米 1/16
印张 37
字数 656 千
版本 2018 年 11 月第 1 版
印次 2018 年 11 月第 1 次印刷

法律出版社/北京市丰台区莲花池西里 7 号(100073)
网址/www. lawpress. com. cn
投稿邮箱/info@ lawpress. com. cn
举报维权邮箱/jbwq@ lawpress. com. cn
销售热线/010 - 83938336
咨询电话/010 - 63939796

中国法律图书有限公司/北京市丰台区莲花池西里 7 号(100073)
全国各地中法图分、子公司销售电话:
统一销售客服/400 - 660 - 6393
第一法律书店/010 - 83938334/8335 西安分公司/029 - 85330678 重庆分公司/023 - 67453036
上海分公司/021 - 62071639/1636 深圳分公司/0755 - 83072995

书号:ISBN 978 - 7 - 5197 - 2385 - 9 **定价**:108.00 元
(如有缺页或倒装,中国法律图书有限公司负责退换)